U

N

50 JAHRE ZUKUNFT
FH BIELEFELD

50 YEARS OF FUTURE
BIELEFELD UAS

Aus einer Reihe von Vorgängerinstitutionen entstanden, entwickelte sich die FH Bielefeld seit ihrer Gründung am 1. August 1971 bis heute zur größten Hochschule für angewandte Wissenschaften in Ostwestfalen-Lippe – mit über 11.000 Studierenden, mehr als 230 Professorinnen und Professoren sowie mehr als 630 Mitarbeiterinnen und Mitarbeitern – und seit 2015 mit einem beeindruckenden zentralen Hochschulgebäude am Campus Bielefeld. In dem anlässlich des 50-jährigen Jubiläums der FH Bielefeld erscheinenden Buch berichten mehr als 90 Autorinnen und Autoren aus Wissenschaft, Wirtschaft, Kultur und Politik über Bildung, Forschung, Lehren und Lernen aus ihrem jeweiligen Kontext und werfen so individuelle Schlaglichter auf Momente, Ereignisse und Erlebnisse aus Vergangenheit, Gegenwart und Zukunft der Bildung.

Emerged from a number of predecessor institutions, the Bielefeld UAS has developed from its founding on August 1, 1971 to the present day into the largest university of applied sciences in East Westphalia-Lippe - with over 11,000 students, more than 230 professors, and more than 630 employees – and since 2015 with an impressive central university building at the Campus Bielefeld. In the book published on the occasion of the Bielefeld UAS's 50th anniversary, more than 90 authors from science, business, culture and politics report on education, research, teaching and learning from their respective contexts, casting individual spotlights on moments, events and experiences from the past, present and future of education.

Digitale Bucherweiterung

Im Zeitalter der Digitalisierung und Internationalisierung ist diese Festschrift auch als E-Book erhältlich und über den Open-Access-Zugang international frei nutzbar. Darüber hinaus sind das Buchcover und die Seiten 183, 271, 407, 501, 579, 599, 629, 661 mit Augmented-Reality-Markern versehen. Die für die Augmentierung notwendige App 50years AR ist mit der Website http://50years.fh-bielefeld.de verknüpft, die mit dem unten stehenden QR-Code erreicht werden kann. Auf der Website finden sich auch die digitalen spekulativen Visualisierungen, auf die die Lesezeichen in diesem Buch verweisen. Die Augmented Reality App ist über den Apple Store www.apple.com/app-store bzw. Google Play www.store.google.com abrufbar.

Digital Book Extension

In the age of digitalisation and internationalisation, this commemorative publication is also available as an e-book and can be freely used internationally via open access. In addition, the book cover and pages 183, 271, 407, 501, 579, 599, 629, 661 are provided with augmented reality markers. The 50years AR app required for augmentation is linked to the website http://50years.fh-bielefeld.de, which can be accessed using the QR code below. The website also contains the digital speculative visualisations referred to by the bookmarks in this book. The augmented reality app can be accessed via the Apple Store www.apple.com/app-store or Google Play www.store.google.com.

FH BIELEFELD
FB ELEKTROTECHNIK
-- HS LABOR --
ERZEUGUNG VON
BLITZSTOSS-
SPANNUNGEN
BIS 350 KV
commodore
CBM
Model 4032
computer

50 Jahre Zukunft

FH Bielefeld 1971–2021

50 Years of Future

Bielefeld UAS 1971–2021

Andreas Beaugrand (Hg.)

Andreas Beaugrand (ed.)

INHALT
CONTENT

Internes *Internal* 418

F

PRÄLUDIUM

PRELUDE

ZUM GELEIT

AS A PRELUDE

Ingeborg Schramm-Wölk

Präsidentin der FH Bielefeld
President of the Bielefeld UAS

Am 1. August 2021 ist die FH Bielefeld 50 Jahre alt geworden. Nun halten Sie die Festschrift ›50 Jahre Zukunft‹ in Ihren Händen. Der Titel lässt uns in den Sinn kommen, dass wir nach dem Gleichnis von Bernhard von Chartres (um 1120) wie Zwerge auf den »Schultern von Riesinnen und Riesen sitzen«[1] und die Früchte der Arbeit aller Kolleginnen und Kollegen genießen, die in den vergangenen 50 Jahren ihr Bestes gaben, um die FH Bielefeld zu dem zu machen, was sie heute ist. Wir ahnen, dass die Zukunft auch in der Vergangenheit schon immer mitgedacht wurde, um den optimalen Rahmen für Lehre und Forschung zu gestalten, und wir wissen, dass seit jeher mit weitem Blick Zukunftsfähigkeit angestrebt und fortschrittlich, zukunftsorientiert und wegweisend gehandelt wurde.

1 Vgl. dazu Walter Haug: Die Zwerge auf den Schultern von Riesen. Epochales und typologisches Geschichtsdenken und das Problem der Interferenzen, in: Ders.: Strukturen als Schlüssel zur Welt, Tübingen 1989, S. 86–109.

On 1 August 2021, the Bielefeld UAS turned 50 years old. Now you are holding the commemorative publication ›50 Years of Future‹ in your hands. The title makes us think that, according to the parable of Bernard of Chartres (c. 1120), we are sitting like dwarfs on the »shoulders of giants«[1] and enjoying the fruits of the labour of all our colleagues who have given their best over the past 50 years to make the Bielefeld UAS what it is today. We suspect that the future has always been considered in the past as well, in order to create the optimal framework for teaching and research, and we know that future viability has always been strived for with a broad view and that progressive, future-oriented and pioneering actions have always been taken.

1 Translated according to Walter Haug: Die Zwerge auf den Schultern von Riesen. Epochales und typologisches Geschichtsdenken und das Problem der Interferenzen, in: ibid.: Strukturen als Schlüssel zur Welt, Tübingen 1989, pp. 86–109.

Wir sehen uns gefordert, unsere eigenen Vorstellungen einzubringen. Unwillkürlich drängt sich der Gedanke an die nächsten 50 Jahre auf und wir ziehen respektvoll den Hut vor allen visionären Geistern, die es vermochten, weit in die Zukunft zu blicken.

Die Festschrift ›50 Jahre Zukunft‹, konzipiert und herausgegeben von Prof. Dr. Andreas Beaugrand, Mitglied des Fachbereichs Gestaltung unserer Hochschule, versammelt Autorinnen und Autoren der FH Bielefeld und aus ihrem erweiterten Umfeld: Studierende, Lehrende, Forscherinnen und Forscher, Absolventinnen und Absolventen sowie Partner aus Wirtschaft, Wissenschaft, Kultur und Politik. Es geht darum, »Aspekte der Zeit der FH Bielefeld zu diskutieren, ohne dabei ihre 50-jährige Geschichte mehr als nötig zu rekonstruieren«, wie es Andreas Beaugrand in einem Briefing-Papier an die Mitautorinnen und Mitautoren der Festschrift formuliert hat. Kritisch sollten wir uns mit den Begriffen Vorhersage, Planung und Prognose auseinandersetzen und gleichzeitig den Blick nach vorn auf die Zukunft des Hochschulwesens richten.

Der Umstand, dass Zukunft im allgemeinen Sprachgebrauch oft ein konstruierter Begriff ist, diente als Leitlinie der Gestaltung der Festschrift, für die der Grafikdesigner Alessandro Sommer, ein Absolvent unserer Hochschule, die Federführung übernommen hat. Typografie, Text- und Bildsprache arbeiten mit Reminiszenzen an die Vergangenheit, die neu und zukunftsweisend arrangiert werden, sodass ein »retrofuturistisches« Blätter- und Leseerlebnis ent-

We see ourselves challenged to contribute our own ideas. Involuntarily, thoughts of the next 50 years come to mind and we respectfully take our hats off to all the visionary spirits who were able to look far into the future.

The commemorative publication ›50 Years of Future‹, conceived and edited by Prof. Dr. Andreas Beaugrand, a member of the Faculty of Design at our University, brings together authors from the Bielefeld UAS and its extended environment: students, teachers, researchers, graduates and partners from business, science, culture and politics. The aim is to »discuss aspects of the time of the Bielefeld UAS without reconstructing its 50-year history more than necessary«, as Andreas Beaugrand put it in a briefing paper to the co-authors of the commemorative publication. Critically, we should look at the terms prediction, planning and forecasting while looking ahead to the future of higher education.

The fact that the future is often a constructed concept in common parlance served as a guideline for the design of the commemorative publication, for which graphic designer Alessandro Sommer, a graduate of our University, took the lead. Typography, text and visual language work with reminiscences of the past, which are arranged in a new and forward-looking way, so that a »retrofuturistic« page-turning and reading experience is created – a gem with a silver finish and creative inner life, which encourages remembrance and reflection and at the same time reflection on future perspectives. Let us follow David Foster Wallace's steht – ein Kleinod mit Silberveredelung und kreativem Innenleben, das zu Erinnerung und Reflexion und zugleich zum Nachdenken über zukünftige Perspektiven anregt. Folgen wir dabei der ›Anstiftung zum Denken‹ von David Foster Wallace[2] – mit Aufmerksamkeit, Offenheit, Disziplin, Mühe und Empathie, mit »Kopf, Herz und Hand«, wie das Motto des Fachbereichs Gesundheit lautet, und schaffen wir so mit Menschlichkeit, Humor und Unvoreingenommenheit neue Freiräume und Möglichkeitsträume für die Zukunft. »Die Atmosphäre der Aufregung, die aus phantasievoller Betrachtung entsteht, verwandelt Wissen. Eine Tatsache ist nicht länger eine nackte Tatsache: Sie ist ausgestattet mit all ihren Möglichkeiten. Sie belastet nicht länger unser Gedächtnis: Sie erfüllt uns mit Energie als Dichter unserer Träume und als Architekt unserer Zwecke. Phantasie ist nicht von den Tatsachen zu scheiden: Sie stellt einen Weg dar, die Tatsachen zu erhellen.«[3] Das ist ein guter Weg für die FH Bielefeld, der ich mit einem Dank an alle, die sich für das 50-jährige Jubiläum unserer Hochschule engagiert haben, im Namen des gesamten Präsidiums eine gedeihliche Zukunft wünsche. Und Ihnen wünsche ich für die nächste Zukunft viel Freude bei der Lektüre dieses Buches.

2 David Foster Wallace: Das hier ist Wasser. Anstiftung zum Denken. Übersetzt aus dem amerikanischen Englisch von Ulrich Blumenbach, Köln 2012.
3 Alfred North Whitehead: Die Ziele von Erziehung und Bildung und andere Essays. Herausgegeben, übersetzt und eingeleitet von Christoph Kann und Dennis Sölch, Berlin 2012, S. 144 (1929 erstmals erschienen).

›instigation to think‹[2] – with attention, openness, discipline, effort and empathy, with »head, heart and hand«, as the motto of the Faculty of Health reads, and thus create new spaces and dreams of possibility for the future with humanity, humour and impartiality. »This atmosphere of excitement, arising from imaginative consideration, transforms knowledge. A fact is no longer a bare fact: it is invested with all its possibilities. It no longer a burden on the memory, it is energising as the poet of our dreams, and as the architect of our purposes. Imagination is not to be divorced from the facts: it is a way of illuminating the facts.«[3] This is a good path for the Bielefeld UAS, to which I wish a prosperous future on behalf of the entire Executive Board, with thanks to all who have been involved in the 50th anniversary of our University. And I hope you enjoy reading this book for the near future.

2 *David Foster Wallace: This is Water. Some Thoughts, Delivered on a Significant Occasion about Living a Compassionate Life, New York, Boston, London 2009.*
3 *Alfred North Whitehead: The Aims of Education and Other Essays, New York 1967², p. 93 (first published in 1929).*

ÜBER DAS BUCH

ABOUT THE BOOK

Andreas Beaugrand

»Vergangenheit ist gegenwärtige Erinnerung. Zukunft ist gegenwärtige Erwartung. Gegenwart ist der Moment, in dem die Vergangenheit in die Zukunft fließt.«[1]
Augustinus von Hippo (354–430)

1 Vgl. Augustinus: Confessiones, 11. Buch, 28. Kapitel, nach Otto F. Lachmann: Die Bekenntnisse des heiligen Augustinus, Leipzig 1888, in: https://www.ub.uni-freiburg.de/fileadmin/ub/referate/04/augustinus/bekennt1.htm (28.2.2021).

»Past is present memory. Future is present expectation. Present is the moment when the past flows into the future.«[1]
Augustinus of Hippo (354–430)

1 Cf. Augustinus: Confessiones, 11th book, 28th chapter, translated according to Otto F. Lachmann: Die Bekenntnisse des heiligen Augustinus, Leipzig 1888, in: https://www.ub.uni-freiburg.de/fileadmin/ub/referate/04/augustinus/bekennt1.htm (28.2.2021).

Vorbemerkung

Im Herbst 2019 begannen die ersten Gespräche über denkbare Veranstaltungen und Veröffentlichungen anlässlich des 50-jährigen Jubiläums der am 1. August 1971 gegründeten FH Bielefeld. Im Frühjahr 2020 wurde ich vom Präsidium beauftragt, zu diesem Anlass bis zum Spätsommer 2021 eine Festschrift zu konzipieren. Schnell wurde offensichtlich, dass ein derartiges Vorhaben angesichts der langen Zeit des Bestehens dieser Hochschule und ihrer heutigen Größe zu einem umfangreichen Buch führen würde, weil die Entwicklungsgeschichte dieser inzwischen größten ostwestfälischen Hochschule für angewandte Wissenschaften komplex ist, wie schon ein erster Blick auf ihre Gründungszeit veranschaulicht.[2]

Buchkonzept und Layout

Nach einer Reihe von einleitenden Grußworten umreißt meine ›Kleine Geschichte der Zukunft‹ Aspekte der Vergangenheit, Gegenwart und Zukunft der FH Bielefeld. Darauf folgend werden die Fachbereiche in der historisch begründeten aktuellen Reihenfolge gemäß ihrer Nummerierung von 1 (Gestaltung) bis 6 (Gesundheit) vorgestellt, in deren Kapitel jeweils Kolleginnen und Kollegen, kooperierende Institute sowie Absolventinnen und Absolventen unserer Hochschule zu Wort kommen. Das Kapitel ›Internes‹ ermöglicht Einblicke in hochschulisches Arbeiten, Lehren und Lernen sowie in das Selbstverständnis und die Organisationsstrukturen der FH Bielefeld. Die Autoren des Diludium-Kapitels stellen das bildungspolitische Engagement unserer Hochschule in einen weit gefassten akademischen Kontext und erörtern durchaus kontrovers und mit zahlreichen innovativen Ideen und Vorschlägen die

2 Die FH Bielefeld entstand 1971 aus sechs Vorgängerinstitutionen: Der Fachbereich (FB) Design (seit 1999: Gestaltung) ging aus der Städtischen Werkkunstschule Bielefeld hervor. Aus der Staatlichen Ingenieur-Schule für Maschinenwesen Bielefeld wurden die Fachbereiche Elektrotechnik und Maschinenbau. Die Landeshauptmann-Salzmann-Schule (Höhere Fachschule für Sozialarbeit) in Bielefeld und das Paritätische Sozialseminar (Höhere Fachschule für Sozialarbeit) in Detmold bildeten den FB Sozialwesen und die Staatliche Höhere Wirtschaftsfachschule Bielefeld wurde zum FB Wirtschaft. Die Staatliche Ingenieur-Schule für Bauwesen in Minden schließlich wurde zum FB Bautechnik in Minden und zugleich die Abteilung Minden der FH Bielefeld.
Im Verlauf ihrer Geschichte wurden die Fachbereiche mehrfach umstrukturiert. 2001 hatte die FH Bielefeld durch vorherige Umstrukturierungen noch acht Fachbereiche: Gestaltung (FB 1), Elektrotechnik und Informationstechnik (FB 2), Maschinenbau (FB 3), Sozialwesen (FB 4), Wirtschaft (FB 5), Architektur und Bauingenieurwesen (FB 6), Mathematik und Technik (FB 7), Pflege und Gesundheit (FB 8). 2008 wurde der Mindener Fachbereich zum FB 2: Architektur und Bauingenieurwesen, dem seit 2009 der FB Technik (im Aufbau) zur Seite gestellt wurde, aus dem 2015 wiederum der heutige FB 2: Campus Minden wurde. Aus den ehemaligen Fachbereichen 2, 3 und 7 wurde 2008 der heutige FB 3: Ingenieurwissenschaften und Mathematik, zu dem strukturell und organisatorisch der seit 2010 bestehende Studienort Gütersloh gehört, und im selben Jahr wurde der bisherige FB 8 mit dem bisherigen FB 5 zum neuen FB 5: Wirtschaft und Gesundheit zusammengelegt – bis 2020, das Jahr, in dem die bisherige Lehreinheit Pflege und Gesundheit des FB 5 zum neuen FB 6: Gesundheit wurde.

Preliminary Note

In autumn 2019, the first discussions began about conceivable events and publications to mark the 50th anniversary of the Bielefeld UAS, which was founded on 1 August 1971. In spring 2020, I was commissioned by the Presidential Board to design a commemorative publication for this occasion by late summer 2021. It quickly became apparent that such a project would lead to a voluminous book, given the long time of this University's existence and its current size, because the history of the development of what is now the largest university of applied sciences in East Westphalia is complex, as even a first look at its founding period illustrates.[2]

Book Concept and Layout

After a series of introductory greetings, my ›Little History of the Future‹ outlines aspects of the past, present and future of the Bielefeld UAS. This is followed by a presentation of the Faculties in the historically based current order according to their numbering from 1 (Design) to 6 (Health), in each of whose chapters colleagues, cooperating institutes and graduates of our University have their say. The chapter ›Internal‹ provides insights into university work, teaching and learning as well as into the self-image and organisational structures of the Bielefeld UAS. The authors of the Diludium chapter place our University's commitment to education policy in a broad academic context and discuss the possibilities and perspectives of the current academic discourse in a

2 The Bielefeld UAS emerged in 1971 from six predecessor institutions: The Faculty of Design (since 1999: Gestaltung) emerged from the Städtische Werkkunstschule Bielefeld (Municipal School of Applied Arts). The Staatliche Ingenieur-Schule für Maschinenwesen Bielefeld (State Engineering School for Mechanical Engineering) became the faculties of Electrical Engineering and of Mechanical Engineering. The Landeshauptmann-Salzmann-Schule (Höhere Fachschule für Sozialarbeit, Higher Technical School for Social Work) in Bielefeld and the Paritätische Sozialseminar (Höhere Fachschule für Sozialarbeit, Higher Vocational School for Social Work) in Detmold formed the Faculty of Social Sciences and the Staatliche Höhere Wirtschaftsfachschule Bielefeld (State Secondary School of Economics) became the Faculty of Economics. Finally, the Staatliche Ingenieur-Schule für Bauwesen (State School of Civil Engineering) in Minden became the Faculty of Civil Engineering in Minden and at the same time the Minden Department of the Bielefeld UAS. In the course of its history, the faculties have been restructured several times. In 2001, the Bielefeld UAS still had eight faculties due to previous restructuring: Design (Faculty 1), Electrical Engineering and Information Technology (Faculty 2), Mechanical Engineering (Faculty 3), Social Sciences (Faculty 4), Business (Faculty 5), Architecture and Civil Engineering (Faculty 6), Mathematics and Technology (Faculty 7), Nursing and Health (Faculty 8). In 2008, the Minden Faculty became Faculty 2: Architecture and Civil Engineering, which was joined in 2009 by the Faculty of Technology (under construction), which in turn became today's Faculty 2: Campus Minden in 2015. In 2008, the former Faculties 2, 3 and 7 became today's Faculty 3: Engineering and Mathematics, which structurally and organisationally includes the Gütersloh study location, which has existed since 2010, and in the same year, the former Faculty 8 was merged with the former Faculty 5 to form the new Faculty 5: Business and Health – until 2020, the year in which the former Teaching Unit Nursing and Health of Faculty 5 became the new Faculty 6: Health.

Möglichkeiten und Perspektiven des aktuellen Wissenschaftsdiskurses. Im finalen Postludium-Kapitel bekommen die ehemalige Präsidentin Prof. Dr. Beate Rennen-Allhoff und die derzeitige Präsidentin Prof. Dr. Ingeborg Schramm-Wölk das letzte Wort. Der umfangreiche Anhang schließlich enthält detaillierte Informationen über die FH Bielefeld und stellt die an diesem Buch Beteiligten vor.

Schon früh wurde der Buchtitel ›50 Jahre Zukunft‹ festgelegt, der in signalhafter Weise verdeutlicht, dass alle Angehörigen der FH Bielefeld zu allen Zeiten ihres 50-jährigen Bestehens innovative, zukunftsorientierte Entscheidungen für relevante, zukunftsfähige Wissensvermittlung sowie Bildung für Lehr- und Lernerfolge getroffen haben. Diesen Überlegungen folgt das Buchkonzept, indem die vielfältigen Entwicklungslinien der heutigen Bielefelder Hochschule für angewandte Wissenschaften in einem Text-Bild-Band reflektiert werden, der asymmetrisch in moderner Typografie konzipiert ist, wobei er retrofuturistische Gestaltungselemente aus der Entstehungszeit der FH Bielefeld aufgreift.[3] Aspekte des Zeitkolorits der späten 1960er- und frühen 1970er-Jahre, die Atmosphäre der seinerzeit typischen Gestaltung, hat Alessandro Sommer eingefangen und über verschiedene typografische Entwicklungsschritte[4] bis zur Anlehnung an das vor dem Haupteingang der FH Bielefeld in den Boden eingelassene taktile blinden- sowie sehbehindertengerechte Leitsystem ins Buchlayout integriert und damit in eine ebenso zeitgemäße wie zukunftsweisende Form transferiert. Die im Leitsystem verwendeten Wörter FORSCHEN, LEHREN, STUDIEREN und INSPIRIEREN[5] sowie ihre englischen Varianten führen nun in der auf dem Vorplatz gewählten Reihenfolge durch das gesamte Buch. Abgeleitet vom Selbstverständnis der FH Bielefeld

3 Buchgestalter Alessandro Sommer ließ sich dabei u.a. inspirieren durch die Hamburger Spiegel-Kantine des dänischen Innenarchitekten und Designers Verner Panton (1926–1998) aus dem Jahr 1969, die seit 2012 im Museum für Kunst und Gewerbe Hamburg ausgestellt ist, durch Filmszenarien des US-amerikanischen Designers Syd Mead (1933–2019), die Corporate-Identity-Entwürfe Otl Aichers (1922–1991), des Mitbegründers der Hochschule für Gestaltung Ulm, der beispielsweise das Corporate Design für die Olympischen Spiele 1972 in München entwickelt hat, oder die Textgestaltung von Willy Fleckhaus (1925–1983), der u.a. für die Typografie der Zeitschrift Twen (von 1959 bis 1971 in Deutschland erschienen), das Erscheinungsbild des Suhrkamp Verlages (Bibliothek Suhrkamp, 1959, Edition Suhrkamp, 1962), das Magazin der Frankfurter Allgemeinen Zeitung sowie für die Logos der Zeitschrift Quick, der Aktion ›Ein Herz für Kinder‹ und des WDR verantwortlich gewesen ist.

4 Die Schriften Antique Olive Nord und Olive Compact (Italic), die für Titel und Untertitel der Textbeiträge verwendet werden, wurden 1962 von Roger Excoffon (1910–1983) für die Air France entwickelt. Die Schrift für den Fließtext ist die Maxima (Next) Regular, eine Interpretation der Helvetica, die 1957 von der Haas'schen Schriftgiesserei AG in Münchenstein bei Basel entwickelt worden ist, und der Univers, 1956 von Adrian Frutiger (1928–2015) konzipiert. Die auf diesen Schriften basierende Neuinterpretation der Maxima wurde 1971 von Gert Wunderlich (*1933) in der Hochschule für Grafik und Buchkunst Leipzig bzw. dem VEB Typoart Dresden entwickelt. Alessandro Sommer hat seine Inspirationsquellen auf den Seiten 44/45 grafisch visualisiert.

5 Die Wörter wurden im Arbeitskreis Campus Marketing ausgewählt, die Idee stammt vom Architekturbüro Auer+Weber. 636 Buchstaben stehen auf dem Vorplatz. Dazu kommen in diesem Buch 29 Buchstaben für ›50 JAHRE ZUKUNFT‹ und ›50 YEARS OF FUTURE‹, insgesamt sind es also 665 Buchstaben. Die fehlende Differenz bis zur Seitenzahl dieses Buches wurde durch Einfügung weiterer studienspezifischer Begriffe in deutscher und englischer Sprache ausgeglichen.

thoroughly controversial manner and with numerous innovative ideas and proposals. In the final Postlude chapter, former President Prof. Dr. Beate Rennen-Allhoff and the current President Prof. Dr. Ingeborg Schramm-Wölk get the last word. Finally, the extensive appendix contains detailed information about the Bielefeld UAS and introduces the people involved in this book.

The title of the book ›50 Years of Future‹ was decided early on, which makes it clear in a signal-like manner that all members of the Bielefeld UAS have made innovative, future-oriented decisions for relevant, future-oriented knowledge transfer as well as education for teaching and learning success at all times during its 50-year existence. The book concept follows these considerations by reflecting the diverse lines of development of the today's Bielefeld UAS in a text-image volume, asymmetrically conceived in modern typography, taking up retrofuturistic design elements from the time when the Bielefeld UAS was founded.[3] Alessandro Sommer has captured aspects of the period styles and moods of the late 1960s and early 1970s, the atmosphere of the typical design of the time, and integrated them into the book layout via various typographical development steps[4] up to and including the tactile guidance system for the blind and visually impaired embedded in the floor in front of the main entrance to the Bielefeld UAS, thus transferring them into a form that is both contemporary and forward-looking. The words RESEARCH, TEACH, STUDY and INSPIRE[5] used in the guidance system, as well as their German variants, now lead through the entire book in the order chosen on the forecourt.

Derived from the self-image of the Bielefeld UAS as a learning organisation, the book design represents a process that stands for the

3 Book designer Alessandro Sommer was inspired by, among other things: the Hamburg Spiegel Canteen by the Danish interior architect and designer Verner Panton (1926–1998) from 1969, which has been on display at the Museum für Kunst und Gewerbe Hamburg since 2012, and film scenarios by the US designer Syd Mead (1933–2019), the corporate identity designs of Otl Aicher (1922–1991), the co-founder of the Ulm School of Design, who, for example, developed the corporate design for the 1972 Olympic Games in Munich, or the text design of Willy Fleckhaus (1925–1983), who, among other things, was responsible for the typography of the magazine Twen (published in Germany from 1959 to 1971), the corporate design of Suhrkamp Verlag (Bibliothek Suhrkamp, 1959, Edition Suhrkamp, 1962), the magazine of the Frankfurter Allgemeine Zeitung as well as for the logos of the magazine Quick, the campaign ›Ein Herz für Kinder‹ and the WDR (West German Broadcasting). Alessandro Sommer has graphically visualised his sources of inspiration on the pages 44/45.

*4 The typefaces Antique Olive Nord and Olive Compact (Italic), which are used for the titles and subtitles of the text contributions, were developed in 1962 by Roger Excoffon (1910–1983) for Air France. The typeface used for body text is Maxima (Next) Regular, an interpretation of Helvetica, developed in 1957 by Haas'sche Schriftgiesserei AG in Münchenstein near Basel, and Univers, conceived in 1956 by Adrian Frutiger (1928–2015). The new interpretation of Maxima based on these typefaces was developed in 1971 by Gert Wunderlich (*1933) at the Hochschule für Grafik und Buchkunst Leipzig (Academy of Visual Arts Leipzig) and VEB Typoart Dresden respectively.*

5 The words were chosen by the Campus Marketing working group, the idea came from the architecture firm Auer+Weber. 636 letters are on the forecourt. In addition, there are 29 letters for ›50 JAHRE ZUKUNFT‹ and ›50 YEARS OF FUTURE‹ in this book, making a total of 665 letters. The missing difference up to the page number of this book was made up by inserting further study-specific terms in German and English.

als lernende Organisation, stellt die Buchgestaltung einen Prozess dar, der für den stetigen Wandel der Hochschule steht: beginnend auf der Titelseite, endend im wahrsten Wortsinne auf der letzten.

Um die Texte übersichtlich zu halten, wurden sie in verschiedenen Satzspiegelbreiten angelegt: Der breiteste Zeilenlauf findet bei den Wissenschafts- und Fachbereichsbeiträgen im Blocksatz Anwendung, der zweispaltige Zeilenlauf im linksbündigen Flattersatz wird für die Statements und Grußworte aus Politik und Kultur, die Stellungnahmen der Absolventinnen bzw. Absolventen sowie der Kooperationspartner angewendet, der breite Satzspiegel mit größerer Typografie bei kürzeren Grußworten genutzt. Der Flattersatz folgt den Innovationen der in den 1920er-Jahren entstandenen ›Neuen Typographie‹ des deutschen Typografen und Schriftentwicklers Jan Tschichold (1902–1974) und der nach dem Zweiten Weltkrieg darauf aufbauend entwickelten ›Schweizer Typografie‹, wie sie seit der Mitte der 1950er-Jahre von den Schriftgestaltern Max Bill (1908–1994), Adrian Frutiger (1928–2015), Karl Gerstner (1930–2017) oder Armin Hofmann (1920–2020) und vielen anderen mehr geprägt wurde. Die Typografie ist streng sachlich und der Flattersatz soll im wahrsten Wortsinne flattern – lange und kurze Zeilen wechseln sich ab, wobei die rhythmisch vor- und zurücktretenden Zeilenenden dem rechten Rand der Kolumne ihre Form geben.

Darüber hinaus werden einige Textteile in kleineren Typen oder eingerücktem Satzspiegel gesetzt, die beim Lesen überschlagen werden können, ohne dass das Verständnis für die Gesamtlinie der Darstellung verloren geht.

Gebrauchsanweisung zur Buchlektüre

Hätte das Buch nicht schmaler sein können? Hätte es weniger breit gefächert sein können? Tatsächlich nein, denn hochschulische Bildungsarbeit ist komplex wie interdisziplinär, sie ist extern wie intern stark vernetzt und berührt nahezu alle Gesellschaftsbereiche regional, national bzw. international, wie im vorliegenden Buch immer wieder festzustellen ist, was denn auch die Entscheidung beflügelt hat, es als zweisprachige Ausgabe in Deutsch und Englisch zu veröffentlichen.

Das Buch ist so angelegt, dass es über das detaillierte Inhaltsverzeichnis als Nachschlagewerk benutzt, aber auch wie ein Buch mit Geschichtsdarstellungen und Geschichten gelesen werden kann. Vielleicht ist es nicht immer ratsam, die Lektüre am Anfang zu beginnen. Viele beginnen eine erste Buchbetrachtung mit einem Durchblättern von hinten nach vorne. Sie stoßen in diesem Fall zunächst auf die Porträts bzw. Kurzbiografien der an diesem Buchprojekt Beteiligten und könnten von dort zu den jeweiligen Artikeln blättern. Anschließend bietet sich meine ›Kurze Geschichte der Zukunft‹ an, weil in diesem Aufsatz die Entwicklungslinien der FH Bielefeld mit Reflexionen über *constant change of the University: Beginning on the title page and literally ending on the last.*

In order to keep the texts clear, they have been laid out in different typesetting widths. The widest line spacing is used for the academic and faculty contributions in justified type, and the two-column medium-width line spacing in flush left flat set is used for the statements and greetings from politics and culture, as well as for the statements by the graduates and the cooperation partners. The wide type area with larger typography is used for the shorter greetings. The flat typeface follows the innovations of the ›new typography‹ developed in the 1920s by the German typographer and type designer Jan Tschichold (1902–1974); and of the ›Swiss typography‹ developed on this basis after the Second World War – as shaped since the mid-1950s by the type designers Max Bill (1908–1994), Adrian Frutiger (1928–2015), Karl Gerstner (1930–2017) or Armin Hofmann (1920–2020) and many others. The typography is strictly matter-of-fact and the flat type is meant to flutter in the truest sense of the word; long and short lines alternate, with the rhythmically advancing and receding line ends giving the right margin of the column its shape.

In addition, some parts of the text are set in smaller types or indented type area, which can be skipped over while reading without losing the understanding of the overall line of presentation.

Instructions for Reading the Book

Couldn't the book have been narrower? Could it have been less broad? Actually, no, because higher education work is complex and interdisciplinary, it is strongly networked externally and internally and touches almost all areas of society regionally, nationally and internationally. This can be seen again and again in this book, and this also inspired the decision to publish it as a bilingual edition in German and English.

The book is designed to be used as a reference book via the detailed table of contents, but it can also be read like a book of historical accounts and stories. Perhaps it is not always advisable to start reading at the beginning. Many start a first book reading by leafing through from back to front. In this case, you will first come across the portraits or short biographies of the people involved in this book project and from there you could browse to the respective articles. Afterwards, my ›Short History of the Future‹ is a good choice, because in this essay the lines of development of the Bielefeld UAS are interwoven with reflections on the past, present and future. However, it might be just as useful to begin by reading the Faculty chapters of individual interest, a greeting or a statement. But you can also read the book from a purely educational perspective and turn to the contributions by Ayad Al-Ani, Klaus Hurrelmann, Julian Nida-Rümelin or Martin Sternberg – or jump straight into it with the question »Who do I know, who do I not know?«

Vergangenheit, Gegenwart und Zukunft verwoben sind. Es könnte jedoch ebenso sinnvoll sein, mit der Lektüre der individuell interessierenden Fachbereichskapitel, eines Grußwortes oder eines Statements einzusteigen. Man kann das Buch aber genauso unter rein bildungspolitischen Gesichtspunkten lesen und sich den Beiträgen von Ayad Al-Ani, Klaus Hurrelmann, Julian Nida-Rümelin oder Martin Sternberg zuwenden – oder sich gleich mit der Frage »Wen kenne ich, wen nicht?« darauf stürzen.

Sprachgebrauch

Die Autorinnen und Autoren sind beim Verfassen ihrer Beiträge in der Regel meinen Hinweisen zur Schreibtechnik gefolgt, in denen unter anderem der Umgang mit Hervorhebungen, Zitaten und einer gendergerechten sowie gendersensiblen Schreibweise geregelt ist, um ein so umfangreiches Buch wie das vorliegende gut lesbar zu machen. Jede Sprache verändert sich und mit ihr das, was man ausdrücken möchte – alte Begriffe verschwinden, neue entstehen. Bei einem Wort wie Webraum denkt kaum einer noch an einen Raum, in dem ein Webstuhl steht. Sprache ermöglicht Stil, der sichtlich und hörbar verloren geht, wenn man »Geschlechteridentitäten in die Stotterpausen von Bürger*innen« verbannt, wie der Schriftsteller und Übersetzer Eugen Ruge Anfang 2021 in der ZEIT feststellte. »Die Idee, die Welt durch die Sprache zu verbessern, hat ihren Ursprung ja keineswegs im Feminismus. Es bedurfte der aus dem Umfeld des Poststrukturalismus stammenden These, dass die Wirklichkeit durch Denken und Sprache konstituiert werde.«[6] Maßgeblich ist dabei die Erkenntnis, dass Sprache Realität nicht nur abbildet, sondern mittels ihrer Kategorien und Unterscheidungen erst herstellt. Kryptische Wortbildungserfindungen lösen emanzipatorische Diskurse ebenso wie patriarchalisches Gehabe nicht in Wohlgefallen auf. Diesem Gedanken folgt die Empfehlung, dass in diesem Band möglichst immer die weibliche und männliche Form oder aber nominalisierte Partizipien gebraucht werden.[7]

6 Eugen Ruge: Eine Frage der Endung, in: Die ZEIT vom 21.1.2021, S. 61. Wie mit dem Präsidium und der Gleichstellungsbeauftragten unserer Hochschule abgestimmt, werden Wortkonstruktionen mit Binnen-I, Doppelpunkt oder Genderstern und Gendergap in diesem Buch nicht verwendet. Siehe dazu den Podcast Das Politikteil/Gendergerechte Sprache: Sprachzwang oder Gerechtigkeit?, in: https://www.zeit.de/politik/2021-02/gendergerechte-sprache-gendern-politikpodcast (28.2.2021). Möglicherweise fehlt auch etwas Humor. Vgl. beispielsweise Harald Martensteins Kolumne zum Thema im ZEITmagazin Nr. 8 vom 18.2.2021, aber auch das Titelthema ›Gendergerechte Sprache. Ist das noch Deutsch? Der Kulturkampf um die Sternchen‹, in: Der Spiegel Nr. 10 vom 6.3.2021, Titel sowie S. 8–17.

7 DIE ZEIT hat sich ebenso begründet wie dezidiert gegen »heftig umstrittene Formen wie eine Schreibung mit Genderstern …, Unterstrich oder eingefügtem x …« gewendet (DIE ZEIT Nr. 16 vom 15.4.2021, S. 12) und der anerkannte Buchgestalter, Typograf, Gebrauchsgrafiker und Fachautor Friedrich Forssmann hat sich im Deutschlandfunk Kultur schon früh ähnlich zum Thema geäußert: Die Schrift soll dem Inhalt dienen, in: https://www.deutschlandfunkkultur.de/buchgestalter-friedrich-forssman-die-schrift-soll-dem.970.de.html?dram:article_id=446597 (25.1.2021) und: Typograf zum

Use of Language

In writing their contributions, the authors have generally followed my instructions on writing technique (which regulate, among other things, the use of emphasis, quotations and gender-appropriate as well as gender-sensitive writing), in order to make a book as extensive as this one is easy to read. Every language changes and with it what one wants to express – old terms disappear, new ones emerge. When we hear a word like web room, hardly anyone thinks of a room adorned with cobwebs! Language enables style, which is visibly and audibly lost when, for example, trying to remove gender altogether from the language in order to promote gender equality in society, as the writer and translator Eugen Ruge noted in the German paper ZEIT at the beginning of 2021. »The idea of improving the world through language did not originate in feminism. It required the thesis, stemming from the environment of post-structuralism, that reality is constituted by thought and language.«[6] *The decisive factor here is the realisation that language not only depicts reality, but also creates it by means of its categories and distinctions. Cryptic inventions of word formation do not dissolve emancipatory discourses or patriarchal behaviour. In line with this idea, it is recommended that the feminine and masculine forms or nominalised participles are always used in this volume.*[7]

In the translation into English, we have chosen to use a natural-sounding, pleasant and easy-to-read style of expression and to retain a certain minimum degree of ›foreignness‹ resulting from the national characteristics of the source language, German. The English language, as understood and appreciated by native speakers, is, like all languages, in a constant state of change and at the same time allows considerable

6 Eugen Ruge: Eine Frage der Endung (A Question of the Suffix), in: Die ZEIT of 21.1.2021, p. 61. As agreed with the Presidential Board and the Equal Opportunities Officer of our University, (German) word constructions with indented I, colon or gender star and gender gap are not used in this book. See the podcast Das Politikteil/ Gendergerechte Sprache: Sprachzwang oder Gerechtigkeit? (The Policy Section/Gender Equitable Language: Language Compulsion or Equity?), in: https://www.zeit.de/politik/2021-02/gendergerechte-sprache-gendern-politikpodcast (28.2.2021). It is also possible that some humour is missing. See, for example, Harald Martenstein's column on the topic in ZEITmagazin No. 8 of 18.2.2021, but also the cover topic ›Gendergerechte Sprache. Ist das noch Deutsch? Der Kulturkampf um die Sternchen‹, in: Der Spiegel No. 10 of 6.3.2021, title and pp. 8–17.

7 DIE ZEIT has just as justifiably as resolutely opposed »fiercely controversial forms such as a spelling with a gender star ..., underscore or inserted x ...« (Translated according to DIE ZEIT No. 16 of 15.4.2021, p. 12) and the recognised book designer, typographer, commercial graphic designer and specialist author Friedrich Forssmann has already expressed a similar opinion on the subject early on in Deutschlandfunk Kultur: Die Schrift soll dem Inhalt dienen (The Typeface Should Serve the Content), in: https://www.deutschlandfunkkultur.de/buchgestalter-friedrich-forssman-die-schrift-soll-dem.970.de.html?dram:article_id=446597 (25.1.2021) and: Typograf zum Genderstern. »Das grenzt an eine Verschwörungstheorie«. Friedrich Forssman im Gespräch mit Frank Meyer (Typographer to the Gender Star. »This borders on a conspiracy theory«. Friedrich Forssman in conversation with Frank Meyer), in: https://www.deutschlandfunkkultur.de/typograf-zum-genderstern-das-grenzt-an-eine.1270.de.html?dram:article_id=491501 (26.1.2021).

Bei der Übersetzung ins Englische haben wir uns dazu entschieden, einen natürlich klingenden, angenehmen und gut lesbaren Ausdrucksstil anzuwenden und ein gewisses Mindestmaß an ›Fremdheit‹ beizubehalten, das sich aus den nationalen Eigenheiten der Ausgangssprache Deutsch ergibt. Die englische Sprache, wie sie von Muttersprachlerinnen und Muttersprachlern verstanden und geschätzt wird, ist wie alle Sprachen in einem stetigen Wandel begriffen und erlaubt zugleich einen beträchtlichen Spielraum in ihrer Anwendung, den wir genutzt haben – auch etwa bei den Bezeichnungen der hier genannten Hochschulen, die wir, als öffentliche Einrichtungen und Institutionen der Bildung Hauptgegenstand dieser Festschrift, mit dem bestimmten Artikel versehen haben. Auch das macht den Charme und den eigenständigen Charakter dieses Sammelbandes aus.

Dank

Ein Buch wie das vorliegende fertigzustellen, ist das Ergebnis eines vielschichtigen Systems, das ich gelegentlich mit einem überdimensionalen Ameisenhaufen verglichen habe: Man erkennt es nicht auf den ersten Blick, aber dennoch ist alles bestens organisiert und hält zusammen. Dass dies bei diesem Buch funktioniert hat, verdanke ich der außergewöhnlich guten Zusammenarbeit mit allen Beteiligten. So habe ich vielfachen Dank zu sagen:

Ich danke allen Autorinnen und Autoren aufs Herzlichste dafür, dass sie meiner Einladung zur Mitarbeit gerne gefolgt sind und vielfältige interessante Beiträge aus ihrem jeweiligen Tätigkeits- bzw. Wissenschaftsgebiet beigesteuert haben.[8] Diese berühren sämtlich das Thema Hochschulbildung.

Genderstern. »Das grenzt an eine Verschwörungstheorie«. Friedrich Forssman im Gespräch mit Frank Meyer, in: https://www.deutschlandfunkkultur.de/typograf-zum-genderstern-das-grenzt-an-eine.1270.de.html?dram:article_id=491501 (26.1.2021).

8 Ehemalige und heutige Hochschulangehörige sollten in diesem Buch zu Wort kommen. Aus diesem Grund habe ich Anfang 2020 Lehrende unserer Hochschule um Vorschläge für Beiträge von Studierenden oder Absolventinnen und Absolventen gebeten. Viele davon sind in diesem Buch vertreten. Bedauerlicherweise haben einige durchaus erfolgreiche Ehemalige auf meine Anfrage nicht reagiert. Dazu zählen unter anderen Serhat Işik vom Modelabel GmbH in Berlin, der seit Mai 2021 zusammen mit Benjamin A. Huseby Kreativdirektor des Mailänder Modekonzerns Trussardi S.p.A. ist, Sabine Brandt bzw. Nedelchev, Chefredakteurin der monatlich in München erscheinenden Frauenzeitschrift ELLE aus dem Hause Burda, die Absolventinnen Sandra Hindahl und Sabine Skudelny des 1997 in Bielefeld gegründeten und bis heute hier erfolgreichen Modelabels Hindahl & Skudelny, Karlheinz Busen, seit 2017 FDP-Abgeordneter im Deutschen Bundestag, Christoph Tritt von der IAA Ingenieurgesellschaft für Abfall und Abwasser in Kalletal, Wolfgang Urban, während seiner Berufstätigkeit bis 2004 Sprecher von drei DAX-Konzernen (Kaufhof AG, METRO AG, KarstadtQuelle AG), oder Dr. Roland Merten, seit 2004 Professor für Sozialpädagogik an der Friedrich-Schiller-Universität Jena und von 2009 bis 2014 auch Staatssekretär im Thüringer Ministerium für Bildung, Wissenschaft und Kultur. Wir hätten uns über einen Beitrag auch von ihnen sehr gefreut!

leeway in its use, which we have exploited – also, for example, in the designations of the universities mentioned here, which, as public institutions and institutions of education the main subject of this commemorative publication, we have provided with the definite article. This, too, accounts for the charm and the independent character of this anthology.

Thanks to

Completing a book like this one is the result of a multi-layered system that I have occasionally compared to an oversized anthill: You don't recognise it at first glance, but nevertheless everything is perfectly organised and holds together. I owe the fact that this worked for this book to the extraordinarily good cooperation with all those involved. So I have many thanks to say:

I would like to thank all the authors most sincerely for their willingness to accept my invitation to contribute and for their many interesting contributions from their respective fields of activity and research.[8] They all touch on the subject of higher education.

I would like to thank the Executive Board of the Bielefeld UAS and in particular the President, Prof. Dr. Ingeborg Schramm-Wölk, for the trust they have placed in me and the freedom they have given me in the conception of this commemorative publication, as well as the corresponding reduction of my teaching obligations in order to allow me the capacity.

I would like to thank the graphic artist and book designer Alessandro Sommer M.A., a graduate of the Graphic and Communication Design course at the Faculty of Design and currently a master student at the Hochschule für Grafik und Buchkunst Leipzig (Academy of Visual Arts in Leipzig), for his creative, persistent and meticulous design work.

Thanks are due to photographer Julia Autz, Jan Düfelsiek and Kirill Starodubskij, Photography and Visual Media students at the Faculty of Design, for their impressive portraits of people and buildings at our

8 Former and current University members should have their say in this book. For this reason, at the beginning of 2020 I asked colleagues from at our University for suggestions for contributions from students or graduates. Many of them are represented in this book. Regrettably, some quite successful alumni did not respond to my request. These include Serhat Işik from the fashion label GmbH in Berlin, who since May 2021 together with Benjamin A. Huseby has been Creative Director of the Milan-based fashion group Trussardi S.p.A., Sabine Brandt or Nedelchev, editor-in-chief of the monthly women's magazine ELLE published in Munich by Burda, the graduates Sandra Hindahl and Sabine Skudelny of the fashion label Hindahl & Skudelny, founded in Bielefeld in 1997 and still successful here, Karlheinz Busen, FDP member of the German Bundestag since 2017, Christoph Tritt of IAA Ingenieurgesellschaft für Abfall und Abwasser in Kalletal, Wolfgang Urban, during his professional career until 2004 spokesman for three DAX corporations (Kaufhof AG, METRO AG, KarstadtQuelle AG), or Dr. Roland Merten, Professor of Social Education at the Friedrich Schiller University in Jena since 2004 and also state secretary in the Thuringian Ministry of Education, Science and Culture from 2009 to 2014. We would have been very pleased to receive a contribution from them as well!

Ich danke dem Präsidium der FH Bielefeld und insbesondere der Präsidentin Prof. Dr. Ingeborg Schramm-Wölk für das in mich gesetzte Vertrauen und die mir überlassene Freiheit in der Konzeption dieser Festschrift samt der damit verbundenen Entlastung bei meinen Lehrverpflichtungen.

Zu danken habe ich dem Grafiker und Buchgestalter Alessandro Sommer M.A., Absolvent der Studienrichtung Grafik und Kommunikationsdesign am Fachbereich Gestaltung, derzeit Meisterschüler an der Hochschule für Grafik und Buchkunst in Leipzig, für seine ebenso kreative wie beharrliche und sorgfältige Gestaltungsarbeit.

Zu danken ist der Fotografin Julia Autz sowie den Fotografen Jan Düfelsiek und Kirill Starodubskij, Fotografie- und Bildmedienstudierende am Fachbereich Gestaltung, für ihre eindrucksvollen Porträts von Menschen und Gebäuden unserer Hochschule. Sie geben diesem Band sein besonderes visuelles Flair. Hier danke ich besonders meinem Kollegen Prof. Roman Bezjak für seine fachkundige Beratung bei den fotografischen Entscheidungen.

Dem ›Fehlerfinder‹ Hartmut Breckenkamp danke ich für das wie immer außergewöhnlich sorgfältige Lektorat und dem Native Speaker Lawrie Kerr für sein zuverlässiges Proofreading der englischen Übersetzungen, die wir unserer Freundin Susan Black sowie unseren Freunden Morton Davies und Johnathan W. Smith verdanken – verbunden mit dem vielfachen Austausch über die Bedeutung und den Gebrauch von Wörtern in verschiedenen Sprachen.

Ich danke Thomas Degenhardt von der Datenverarbeitungszentrale (DVZ) unserer Hochschule, der mir für die Durchforstung ›uralter‹ SyQuest-Datenträger (¾-Zoll-Disketten, 1.44 MB) aus dem Archiv der Hochschulkommunikation ebenso alte Laufwerke organisiert und dafür einen 20 Jahre alten Mac-OS9-Rechner revitalisiert hat, dessen Erhalt wir der Sammelleidenschaft von Benjamin Rohde M.A., Mitarbeiter der DVZ am Fachbereich Gestaltung, zu verdanken haben. Anna-Lena Pohle, Mitarbeiterin im Fotobereich des Fachbereichs Gestaltung, danke ich für die Digitalisierung von Kleinbildnegativen und Großbilddias.

Zu danken habe ich Bianca Knuth, der Sekretärin des Präsidiums, für ihre immer liebenswürdige Hilfe sowie die Zurverfügungstellung der von ihr aufbewahrten Vorlesungsverzeichnisse und Rektoratsberichte von 1971 bis 2001.

Ich danke Petra Tötemeyer-Schmidt von der Hochschulkommunikation für die freundschaftliche Zusammenarbeit und die souveräne Begleitung des gesamten Herstellungsprozesses.

Prof. Dr. Beate Rennen-Allhoff, der langjährigen Präsidentin, Prof. Dr. Anna Zika, meiner Theoriekollegin am Fachbereich, und Prof. Dr. Dr. h.c. Klaus Hurrelmann, ehedem Kollege an der Universität Bielefeld, heute an der Hertie School of Governance in Berlin, danke ich ebenso wie Ass. jur. Marcus Miksch, Leiter des FH-Weiterbildungsressorts, und Lucia Thiede M.A., wissenschaftliche Hilfskraft am Fach-

University. They give this volume its special visual flair. Here I would especially like to thank my colleague Prof. Roman Bezjak for his expert advice on the photographic decisions.

I would like to thank the ›error finder‹ Hartmut Breckenkamp for his, as always, exceptionally careful editing and the native speaker Lawrie Kerr for his reliable proofreading of the English translations, which we owe to our friends Susan Black, Morton Davies and Johnathan W. Smith – combined with many exchanges about the meaning and use of words in different languages.

I would like to thank Thomas Degenhardt from the Data Processing Centre (Datenverarbeitungszentrale, DVZ) of our University, who organised equally old drives for me to sift through ›ancient‹ SyQuest data carriers (¾-inch floppy disks, 1.44 MB) from the archives of the University Communication and revitalised a 20-year-old Mac OS9 computer for this purpose, the preservation of which we owe to the collecting passion of Benjamin Rohde M.A., DVZ staff member at the Faculty of Design. I would like to thank Anna-Lena Pohle, a member of staff in the Photography Department of the Faculty of Design, for digitalisation 35 mm negatives and large-format slides.

I have to thank Bianca Knuth, the secretary of the President's Office, for her ever-gracious help and for making available the lecture lists and rectorate reports she kept from 1971 to 2001.

I would like to thank Petra Tötemeyer-Schmidt from the University Communications Department for her friendly cooperation and her sovereign guidance throughout the entire production process.

Prof. Dr. Beate Rennen-Allhoff, the long-time President, Prof. Dr. Anna Zika, my theory colleague at the Faculty of Design, and Prof. Dr. Dr. h.c. Klaus Hurrelmann, former colleague at the University of Bielefeld, now at the Hertie School of Governance in Berlin, as well as Ass. jur. Marcus Miksch, head of the University Department of Continuing Education, and Lucia Thiede M.A., research assistant at the Faculty of Design, for their constant review of the texts, multiple support and numerous constructive comments.

Finally, I would like to thank my colleagues Prof. Claudia Rohrmoser and Prof. Florian Kühnle together with their students in the Digital Media and Experiment course for the inspiring transfers of selected contents of this book into a visually impressive digital dimension,[9] which can bei accessed online via the bookmarks and the Augmented Reality Markers in this book.

I would like to thank Roswitha Gost and Dr. Karin Werner from the Bielefeld-based transcript publishing house for including this book in their programme, as well as the publishing staff member Gero Wierichs (Managing Director/Project Management) for his helpful cooperation.

I thank Henrike Gieselmann and her entire team at Hans Gieselmann Druck und Medienhaus GmbH & Co. KG, Bielefeld, for the

9 *Cf. the references on p. 10.*

bereich Gestaltung, für die immer wieder neue Durchsicht der Texte, vielfache Unterstützung sowie zahlreiche konstruktive Hinweise.

Schließlich danke ich meiner Kollegin Prof. Claudia Rohrmoser und meinem Kollegen Prof. Florian Kühnle samt ihren Studierenden in der Studienrichtung Digital Media and Experiment für die inspirierenden Transfers ausgewählter Inhalte dieses Buches in eine visuell beeindruckende digitale Dimension, die über die Buchlesezeichen und die Augmented Reality Marker in diesem Buch online abrufbar ist.[9]

Roswitha Gost und Dr. Karin Werner vom Bielefelder transcript Verlag danke ich für die Aufnahme dieses Buches in ihr Programm sowie dem Verlagsmitarbeiter Gero Wierichs (Managing Director/ Project Management) für die hilfreiche Kooperation.

Ich danke Henrike Gieselmann und ihrem gesamten Team in der Hans Gieselmann Druck und Medienhaus GmbH & Co. KG, Bielefeld, für die sorgfältige Gesamtherstellung dieses Buches, das zugleich als E-Book erhältlich und über den Open-Access-Zugang international frei nutzbar ist.

Last, but not least danke ich meiner Frau Georgia Beaugrand, die die schier pausenlosen Debatten zum Thema Festschrift mit stoischer Gelassenheit begleitet und mir immer wieder aufs Neue wichtige Hinweise gegeben hat, um ein Buch wie das vorliegende entstehen zu lassen.

Unsere Zeit

Die Jahre 2020/2021 waren von der wohl epochalen SARS-CoV-2/ COVID-19-Pandemie geprägt, die alles relativierte – das physische und psychische Leben, den Alltag, die Gegenwart wie auch die erhoffte Zukunft, die immer schon ungewiss gewesen ist. Das lehrte uns bereits, wie eingangs zitiert, Augustinus von Hippo, der römische Bischof und Kirchenvater des Frühchristentums zur Zeit der Spätantike.

Möge das vorliegende Buch in diesem Sinne als eine Momentaufnahme von 50 Jahren Bildungsgeschichte im späten 20. bzw. frühen 21. Jahrhundert viele Freundinnen und Freunde finden. Auf die nächsten 50 Jahre, FH Bielefeld!

Bielefeld, am 1. August 2021

9 Vgl. dazu die Hinweise auf S. 9.

careful overall production of this book, which is also available as an e-book and which can be freely used internationally via open access.

Last, but not least, I would like to thank my wife Georgia Beaugrand, who accompanied the almost non-stop debates on the topic of this commemorative publication with stoic composure and gave me important hints again and again to make a book like this one come into being.

Our Time

The years 2020/2021 were marked by the arguably epoch-making SARS-CoV-2/COVID-19 pandemic, which put everything into perspective – physical and mental life, everyday life, the present as well as the hoped-for future, which has always been uncertain. This is what Augustinus of Hippo, the Roman bishop and church father of early Christianity at the time of late antiquity, already taught us, as quoted at the beginning.

In this sense, may this book find many friends as a snapshot of 50 years of educational history in the late 20th and early 21st centuries. Here's to the next 50 years, Bielefeld UAS!

Bielefeld, 1st August 2021

Alessandro Sommer

Zur Gestaltung

About the Design

E

GRUSSWORTE

GREETINGS

DREIZEHN JAHRE HOCHSCHULRAT

THIRTEEN YEARS OF UNIVERSITY COUNCIL

Marianne Assenmacher

Vorsitzende des Hochschulrats
Chairwoman of the University Council

Am 4. Juli 2008 traf sich der erste Hochschulrat der FH Bielefeld zu seiner konstituierenden Sitzung, ein weiterer Schritt in eine Zeit mit mehr Autonomie und Unabhängigkeit für die Hochschule. Mit dem Hochschulfreiheitsgesetz von 2006 wurden die Hochschulen in Nordrhein-Westfalen weitgehend aus den Fesseln der Ministerialbürokratie entlassen. Dem Hochschulrat wurden Aufsichts- und Kontrollfunktionen übertragen. Dieses neue Gremium war nicht unumstritten. Kritiker mahnten eine fehlende demokratische Legitimierung und Kontrolle an. Durch die oftmals verbale Gleichsetzung mit einem Aufsichtsrat wurde zudem eine zu hohe Abhängigkeit von der Wirtschaft befürchtet.

On 4 July 2008, the first University Council of the Bielefeld UAS met for its constituent meeting, a further step towards a time of more autonomy and independence for the University. The Higher Education Freedom Act (Hochschulfreiheitsgesetz) of 2006 largely freed the universities in North Rhine-Westphalia from the shackles of the ministerial bureaucracy. The university council was given supervisory and control functions. This new body was not without controversy. Critics warned of a lack of democratic legitimacy and control. The often verbal equation with a supervisory board also led to fears of excessive dependence on the economy.

Der Hochschulrat der FH Bielefeld hat diese teilweise nachvollziehbare Kritik von Beginn an sehr ernst genommen. Die ersten Jahre waren geprägt durch ein Zusammenfinden der acht Persönlichkeiten aus anderen Hochschulen, der Wirtschaft und ehemaliger Kollegen der FH Bielefeld. Diese Zusammensetzung war ein Glücksfall, da mit dem Blick von außen und der Expertise auch von innen heraus die Strukturen und Befindlichkeiten der Hochschule besser einzuschätzen waren. Zugleich konnte eine vertrauensvolle Zusammenarbeit untereinander aufgebaut werden, in der auch das eigene Selbstverständnis regelmäßig hinterfragt wird. Unter der Leitung von Frau Prof. Dr. Anne Friedrichs gelang es, die anfängliche Skepsis zwischen den Mitgliedern, aber insbesondere in der Hochschule gegenüber diesem Aufsichts- und Kontrollgremium abzubauen. Langsam entwickelte sich ein vertrauensgeprägter gegenseitiger Respekt. Eine kritisch-konstruktive Partnerschaft mit einer offenen Gesprächskultur bildete sich heraus – auch über regelmäßige Gespräche nicht nur mit dem Präsidium, sondern auch mit Personalräten, Schwerbehindertenvertretungen, Studierenden, Dekanen.

Die Entwicklung der Hochschule hat dem Hochschulrat die Arbeit leicht gemacht. Die Hochschule hat die Spielräume der Autonomie genutzt und strategische Weichenstellungen vollzogen, die vom Hochschulrat begleitet und unterstützt wurden. Inhaltliche Profilierung, Internationalisierung, Qualitätsmanagement sind einige Bausteine der außerordentlich positiven Entwicklung der FH Bielefeld in den letzten Jahren.

The University Council of the Bielefeld UAS has taken this partly understandable criticism very seriously from the very beginning. The first few years were characterised by a coming together of eight personalities from other universities, the business community and former colleagues from the Bielefeld UAS. This composition was a stroke of luck, as the structures and sensitivities of the University could be better assessed from the outside and the expertise also from the inside. At the same time, it was possible to establish a trustful cooperation among each other, in which one's own self-image is also regularly questioned. Under the leadership of Prof. Dr. Anne Friedrichs, it was possible to reduce the initial scepticism among the members, but especially within the university, towards this supervisory and control body.

Slowly a mutual respect based on trust developed. A critical-constructive partnership with an open culture of discussion developed – also through regular talks not only with the Executive Board, but also with staff councils, representatives of disabled persons, students and deans.

The development of the University has made the work of the University Council easier. The University has made use of the scope for autonomy and implemented strategic decisions, which have been accompanied and supported by the University Council. Content profiling, internationalisation, and quality management are some of the building blocks of the extraordinarily positive development of the Bielefeld UAS in recent years.

Mehr als 11.000 Studierende, ein ästhetisch ansprechender und technisch moderner Neubau, Pionierarbeit bei der Systemakkreditierung in Deutschland, eine Öffnung in Forschung und Lehre in die Region sind mittlerweile wichtige Markenzeichen der Hochschule.

Der Hochschulrat ist stolz darauf, diese Entwicklung begleitet zu haben, und freut sich auf die weitere Arbeit in und mit der Hochschule. Anerkennung und Dank an alle Mitglieder dieser Hochschule, deren Engagement für uns als Mitglieder des Hochschulrates auch weiterhin Ansporn und Motivation darstellt.

50 Jahre FH Bielefeld: Herzlichen Glückwunsch!

More than 11,000 students, an aesthetically pleasing and technically modern new building, pioneering work in system accreditation in Germany, an opening in research and teaching to the region are now important trademarks of the University.

The University Council is proud to have accompanied this development and is looking forward to further work in and with the University. Recognition and thanks to all members of this University, whose commitment continues to be an incentive and motivation for us as members of the University Council.

50 years of the Bielefeld UAS: Congratulations!

50 JAHRE FACHHOCHSCHULEN

50 YEARS OF UNIVERSITIES OF APPLIED SCIENCES

Isabel Pfeiffer-Poensgen
Ministerin für Kultur und Wissenschaft des Landes Nordrhein-Westfalen
Minister for Culture and Science of the State of North Rhine-Westphalia

Seit nunmehr fünfzig Jahren sind die Fachhochschulen fester und eigenständiger Bestandteil der Hochschullandschaft. Sie haben die Anwendungsorientierung in Lehre und Forschung zu ihrer unverwechselbaren, starken Marke entwickelt und zeigen damit eindrucksvoll, wie Wissenschaft und Praxis erfolgreich miteinander verbunden werden können. Ebenso wurden und werden hier neue Konzepte wissenschaftlicher Ausbildung entwickelt und erfolgreich umgesetzt.

For fifty years now, the universities of applied sciences have been an integral and independent part of the higher education landscape. They have developed the application orientation in teaching and research into their unmistakable, strong brand and thus impressively demonstrate how science and practice can be successfully combined. New concepts of scientific education have also been, and are being, developed and successfully implemented here.

Heute bieten die Fachhochschulen als Hochschulen für angewandte Wissenschaften einen breit gefächerten Lehr- und Forschungsbetrieb mit moderner Infrastruktur. In Kooperation mit regionalen wie internationalen Unternehmen, aber auch anderen Wissenschaftseinrichtungen werden immer wieder neue Ideen, Technologien, Produkte, Verfahren und Dienstleistungen entwickelt und realisiert. Die Fachhochschulen sind stark in der praxisnahen wissenschaftlichen Ausbildung hoch qualifizierter Fachkräfte und haben so großen Anteil an der Entwicklung Nordrhein-Westfalens als starkem Wissenschafts- und Wirtschaftsstandort.

Mit großer Kreativität und Motivation ist es den Fachhochschulen zuletzt gelungen, auf die Maßnahmen zur Eindämmung der Corona-Pandemie mit einem Angebot digitaler Lehr- und Lernformate zu reagieren, um die praxisnahe Lehre auch auf Distanz zu ermöglichen.

All dies zeigt: Die Fachhochschulen sind gut aufgestellt, um auch in Zukunft erfolgreich zu sein. Ich gratuliere herzlich zum Jubiläum und wünsche alles Gute für die nächsten fünfzig Jahre und darüber hinaus!

Today, the UAS offer a broadly diversified teaching and research operation with a modern infrastructure. New ideas, technologies, products, processes and services are constantly being developed and realised in cooperation with regional and international companies, but also with other scientific institutions. The UAS are strong in the practice-oriented scientific training of highly qualified specialists and thus play a major role in the development of North Rhine-Westphalia as a strong science and business location.

With great creativity and motivation, the UAS have recently succeeded in responding to the measures to contain the Corona pandemic by offering digital teaching and learning formats to enable practice-oriented teaching even at a distance.

All this shows: The UAS are well positioned to continue to be successful in the future. I congratulate them on their anniversary and wish them all the best for the next fifty years and beyond!

HERZLICHE GRÜSSE

BEST REGARDS

Andreas Pinkwart

Minister für Wirtschaft, Innovation, Digitalisierung und Energie des Landes Nordrhein-Westfalen | *Minister for Economic Affairs, Innovation, Digitalisation and Energy of the State of North Rhine-Westphalia*

Bei der Gestaltung gesellschaftlicher Veränderungsprozesse, wie sie die digitale Transformation und ein ressourcenschonenderes Wirtschaften in einer global vernetzten Welt erforderlich machen, kommt den Hochschulen eine Schlüsselrolle zu: als akademischen Zentren von Wissensgewinn und -vermittlung und vor allem als weltoffenen, wirtschaftlich und gesellschaftlich vernetzten Knotenpunkten eines fruchtbaren Theorie-Praxis-Dialogs.

When it comes to shaping the social changes made necessary by the digital transformation and a more resource-efficient economy in a globally networked world, universities have a key role to play: As academic centres of knowledge acquisition and transfer and, above all, as cosmopolitan, economic and social hubs in a productive dialogue of theory and practice.

Best Regards

Das Jubiläumsmotto ›50 Jahre Zukunft‹ spiegelt diese aus der Stärke der Erfahrung gewonnene Zukunftsorientierung wider. Als größte staatliche Fachhochschule in Ostwestfalen-Lippe verkörpert die FH Bielefeld als fester Bestandteil der nordrhein-westfälischen Wissenschaftslandschaft die den Fachhochschulen eigene Stärke bei Transferleistungen zwischen Forschung und Praxis auf vorbildliche Weise.

Der zukunftsweisende Anspruch dieser Erfolgsgeschichte zeigt sich nicht zuletzt in der Fokussierung auf die Schlüsselbereiche Gesundheit, Mobilität und Kommunikation sowie Klima und intelligente Netze für die Energieversorgung von morgen. Neben zahlreichen internationalen Partnerschaften setzt die FH Bielefeld mit Kooperationen auch wichtige regionale Akzente. Bestes Beispiel dafür ist das Engagement im Spitzencluster it's OWL, um die Potenziale von Künstlicher Intelligenz für den Mittelstand zu erschließen. Im Wettbewerb um die klügsten Köpfe und besten Ideen, derer Nordrhein-Westfalen als starker Wissenschafts-, Wirtschafts- und Innovationsstandort im Herzen Europas dringend bedarf, leistet die FH Bielefeld damit einen wertvollen Beitrag.

Für diesen Beitrag gilt den Lehrenden, allen Mitarbeiterinnen und Mitarbeitern und der Hochschulleitung sowie den engagierten Studierenden mein Dank, der mit der herzlichen Gratulation zum 50-jährigen Jubiläum verbunden ist.

This focus on what lies ahead comes on the strength of lessons learnt and is reflected in the motto of the anniversary, ›50 Years of Future‹. As the biggest state-run university of applied sciences in the Eastern Westphalia/Lippe region, the Bielefeld UAS is an integral part of North Rhine-Westphalia's higher education landscape and exemplifies a key asset of all applied-science universities – the translation of research into practice.

A success story boldly going forward – demonstrated not least by the focus on the crucial areas of health, transport and communication, along with climate and smart grids for the energy supply of tomorrow. Next to its various international partnership schemes, the Bielefeld UAS attaches importance to regional cooperation as well. A big case in point is the UAS's involvement in the trailblazing it's OWL cluster, where the idea is to tap the potential of artificial intelligence for use by small and medium-sized businesses (SMEs). When it comes to competing for the brightest minds and best ideas – which we need in North Rhine-Westphalia to retain our position as a hub of science, business and innovation in the heart of Europe – the Bielefeld UAS makes an enormous contribution.

For this, I would like to thank teaching staff, support personnel and University management, and of course all the dedicated students. Please accept my heartfelt congratulations on the 50th anniversary.

Best Regards

GRUSSWORT

GREETING

Lambert Tobias Koch

Vorsitzender der Landesrektorenkonferenz der Universitäten NRW
Chairman of the Rectors' Conference of the Universities of North Rhine-Westphalia

50 Jahre FH Bielefeld – ein schönes Jubiläum, Anlass zum Feiern und Gelegenheit für retrospektive und perspektivische Überlegungen rund um das Erreichte. Doch zunächst ganz herzlichen Glückwunsch auch seitens der Landesrektorenkonferenz der Universitäten in Nordrhein-Westfalen!

Bielefeld, seine Hochschullandschaft und die umgebende Region stehen schon lange für ein Modell kooperativen Mehrwerts, das zum Vorbild für viele Orte Deutschlands gereichen kann. Zum Nukleus im energetischen Innovationssystem Ostwestfalens gehört ohne Zweifel die enge Zusammenarbeit zwischen der FH Bielefeld und der Universität Bielefeld. Sie belegt, dass eine vorbehaltlose, wertschätzende Partnerschaft zwischen den verschiedenen Hochschularten

50 years of the Bielefeld UAS – a wonderful anniversary, an occasion to celebrate and an opportunity for retrospective and perspective thoughts on what has been achieved. But first of all, congratulations also from the Rectors' Conference of the Universities of North Rhine-Westphalia!

The city of Bielefeld, its university landscape and the surrounding region have long stood for a model of cooperative added value that can serve as a model for many places in Germany. Without doubt, the close cooperation between the Bielefeld UAS and the University of Bielefeld is part of the nucleus of East Westphalia's energy innovation system. It proves that ein riesiges Potenzial für Forschung, Lehre, Transfer und die Profilierung des jeweiligen Wissenschafts-, Wirtschafts- und Kulturstandorts hat. Noch immer gibt es Orte in Deutschland, wo Verantwortliche, aus welchen Gründen auch immer, Chancen einer strategischen Partnerschaft von Universitäten, Hochschulen für Angewandte Wissenschaften und anderen innovationsorientierten Playern verstreichen lassen.

Völlig anders in Bielefeld: Gemeinsame Forschung, zum Teil im Rahmen kooperativer Zentren und Graduiertenkollegs, die Zusammenarbeit in thematischen Clustern sowie die Förderung von Gründung und Innovation, all dies und mehr trägt dazu bei, dass Wissenschaft und Gesellschaft vor Ort von einer offenen Kooperationsatmosphäre profitieren. Wie gesagt, hierzulande gibt es viele Wissenschaftsstandorte, die noch vom Bielefelder Vorbild lernen können. Die Bündelung komplementärer Ressourcen macht gerade mit Blick auf Lösungsbedarfe für die großen gesellschaftlichen Herausforderungen viel Sinn. Treffliche Beispiele lassen sich nicht nur rund um die Themen Digitalisierung, Künstliche Intelligenz, Gesundheit und Vorsorge finden. Vor diesem Hintergrund bezieht sich mein Glückwunsch nicht nur auf den Geburtstag selbst, sondern auch auf das Erreichte und die daraus erwachsenden Zukunftschancen. Möge es Ihnen gelingen, Ihre strategischen Netzwerke weiter auszubauen, Kraft daraus zu ziehen für eigene Aufgaben in Lehre und Forschung und zugleich das zum Wohle der Allgemeinheit hineinzugeben, was die Region stark macht. Viel Erfolg für die nächsten 50 Jahre!

an unconditional, appreciative partnership between the various types of higher education institutions has enormous potential for research, teaching, transfer and for raising the profile of the respective science, business and cultural location. There are still places in Germany where, for whatever reason, those in positions of responsibility let opportunities for strategic partnerships between universities, universities of applied sciences, and other innovation-oriented players slip by.

Completely different in Bielefeld: Joint research, partly in the framework of collaborative centres and research training groups, cooperation in thematic clusters, and support for start-up and innovation, all these and more contribute to ensuring that local science and society benefit from an open atmosphere of cooperation. As I said, there are many science locations in Germany that can still learn from the Bielefeld example. The pooling of complementary resources makes a lot of sense, especially in view of the need to find solutions to major social challenges. Excellent examples can be found not only in the areas of digitalisation, artificial intelligence, health and prevention. Against this background, my congratulations do not only relate to the birthday itself, but also to what has been achieved and to the future opportunities it offers. May you succeed in further expanding your strategic networks, drawing strength from them for your own tasks in teaching and research and at the same time contributing to the common good, which makes the region strong. Good luck for the next 50 years!

INNOVATIONS-MOTOREN IN DER REGION

ENGINES OF INNOVATION WITHIN THE REGION

Marcus Baumann Vorsitzender der Landesrektor:innenkonferenz der Hochschulen für Angewandt Wissenschaften in NRW | *Chairman of the State Rectors' Conference of the Universities of Applied Sciences in North Rhine-Westphalia*

Herzlichen Glückwunsch zum 50. Geburtstag! Als Hochschulen für Angewandte Wissenschaften (HAW) in Nordrhein-Westfalen feiern wir 2021 dieses Jubiläum alle gemeinsam. Denn 50 Jahre ist es her, dass wir aus der Taufe gehoben wurden. Seither sind wir eine tragende Säule des Bildungs- und Wissenschaftsstandorts NRW. Dass wir überaus wichtig sind, haben wir immer wieder unter Beweis gestellt und daran sei mit dieser Festschrift und ihren vielfältigen Beiträgen erinnert.

Wir sind die Wegbereiterinnen einer beispiellosen Bildungsexpansion seit Ende der 1960er-Jahre gewesen. Wir haben breiten Schichten den Weg zu akademischer Bildung eröffnet. Wir haben Fachrichtungen und Berufe immer mehr professionalisiert und tun dies bis heute, man denke beispielsweise nur an die Akademisierung der Pflege- und Gesundheitsberufe. Wir haben einen immensen Anteil bei der Ausweitung der Studierendenplätze im zurückliegenden Jahrzehnt getragen. Wir sind von Stätten praxisnaher Lehre zu Orten ausgezeichneter anwendungsorientierter Forschung geworden, an denen das forschende Lernen wesentliches Charakteristikum ist. Wir sind gewachsen und haben dabei stets mit den gesellschaftlichen und wissenschaftlichen Entwicklungen Schritt gehalten. Ja, wir haben uns vielfach als Schrittmacherinnen der Entwicklung selbst erwiesen, so verstehen wir uns – und das ganz selbstbewusst. Wandel und Entwicklung sind für uns Alltag. In Bielefeld wird dies schon baulich sichtbar, ebenso wie das Wachstum unseres Hochschultyps.

Als Vorsitzender der Landesrektor:innenkonferenz der Hochschulen für Angewandte Wissenschaften in NRW möchte ich den Fokus anlässlich dieses Jubiläums auf eine wichtige Rolle legen, die wir als HAW in der Region spielen. Denn wir sind wesentliche Innovationsmotoren in der Region und damit wichtiger Teil des deutschen Innovationssystems insgesamt. Dies zeigt sich in Ostwestfalen gleichermaßen wie in der ABCD-Region um

Happy 50th birthday! We, the universities of applied sciences (UAS) in North Rhine-Westphalia are celebrating a remarkable anniversary in 2021. Founded 50 years ago, we have been a supporting pillar of NRW's educational and scientific landscape. We have proven again and again that we are incredibly important, and this commemorative publication and its many contributions are a reminder of that.

We have been the pioneers of an unprecedented expansion of education since the late 1960s. We have opened the way to academic education for broad sections of the population. We have increasingly professionalised disciplines and professions and continue to do so today, just think of the academisation of the nursing and health care professions, for example. We have played an immense role in expanding student places over the past decade. We have gone from being places of practice-oriented teaching to places of excellent application-oriented research, where research-oriented learning is an essential characteristic. We have grown and have always kept pace with social and scientific developments. Yes, we have often proved ourselves to be pacemakers of development itself, which is how we see ourselves, and we do so with great self-confidence. Change and development are part of our everyday life. In Bielefeld, this is already structurally visible, as is the growth of our university type.

As Chairman of the State Rectors' Conference of the Universities of Applied Sciences in North Rhine-Westphalia, I would like to use this anniversary to focus on an important role that we as UAS play in the region. After all, we are major innovation drivers in the region and thus an important part of the German innovation system as a whole. This can be seen in East Westphalia as well as in the ABCD region around Aachen, Bonn, Cologne and Düsseldorf. This is visible in the structural change processes in the Ruhr Area and Lower Rhine

Aachen, Bonn, Köln und Düsseldorf und wird in den Strukturwandelprozessen des Ruhrgebiets und Niederrheins ebenso wie in den mittelstandsgeprägten Wachstumsregionen Südwestfalens und des Münsterlandes sichtbar.

Die Maschinenbauerinnen und Maschinenbauer an unseren Hochschulen wissen es viel besser als ich, doch vereinfachend darf ich wohl sagen: Wesentlich für die Ermöglichung und den Erhalt von Bewegung in einem Getriebe sind Zahnräder und ihr mechanisches Ineinandergreifen. Stellt man sich den Innovationsprozess ebenfalls als ein Zusammenspiel von Zahnrädern vor, so steht am Anfang das Zahnrad der Invention, die Erkenntnis oder Erfindung.

Kluge Menschen forschen, um diese Erkenntnisse zu gewinnen, und zwar ohne dass sie bereits zu Beginn die Frage nach dem Nutzen beantworten müssen oder können. Dieser kommt meist erst viel später an die Oberfläche, wenn aus den Erkenntnissen früher oder später Anwendungsideen, also Applikationsideen heranreifen. Diese stellen das zweite wesentliche Zahnrad im Innovationsprozess dar. Applikationen können schließlich zu Innovationen, also zu innovativen Produkten oder Dienstleistungen weiterentwickelt werden, die dann tatsächlich in Wirtschaft und Gesellschaft zum Einsatz kommen – das dritte Zahnrad. Ohne derartige Innovationen ist eine sich wandelnde Gesellschaft, die ständig mit neuen Herausforderungen und Fragestellungen konfrontiert ist, auf Dauer nicht überlebensfähig. Für den (wirtschaftlichen) Erfolg von Unternehmen oder Institutionen sind Innovationen ebenfalls überlebensnotwendig, da sie die Anpassungsfähigkeit an ein sich änderndes Umfeld und sich ändernde Problemstellungen sicherstellen.

Klassischerweise findet die Inventionsforschung – man kann auch sagen: Grundlagenforschung – in Deutschland an Universitäten und außeruniversitären Forschungseinrichtungen statt. Besondere Stärke der HAW sind die Zahnräder Applika-

regions as well as in the growth regions of South Westphalia and the Münsterland region, which are characterised by small and medium-sized enterprises.

The mechanical engineers at our universities know this much better than I do, but to put it simply, I can say that gearwheels and their mechanical intermeshing are essential for enabling and maintaining movement in a gear system. If you imagine the innovation process as an interplay of gears, then the cogwheel of invention, recognition or discovery is at the beginning.

Clever people do research to gain these insights, without having to, or being able to, answer the question of benefit right from the start. This usually only comes to the surface much later, when theoretical ideas mature to become practical applications. These represent the second essential gearwheel in the innovation process. Applications can ultimately be developed into innovations, i.e. innovative products or services, which are then actually used in the economy and society – the third gearwheel. Without such innovations, a changing society, which is constantly confronted with new challenges and issues, cannot survive in the long term. For the (economic) success of companies or institutions, innovations are also essential for survival, as they ensure adaptability to a changing environment and changing problems.

Traditionally, invention research – one could also say: basic research – takes place in Germany at universities and non-university research institutions. UAS's particular strengths are application and innovation. Making scientific findings usable for practical application ideas and developing concrete innovations from them is the daily business of researchers at our universities. Involving students in this process is a matter of course for our understanding of practice-oriented teaching. Our understanding of application orientation also includes, to a very large extent, that innovation development should tion und Innovation. Erkenntnisse aus der Wissenschaft für praktische Anwendungsideen nutzbar zu machen und daraus konkrete Innovationen zu entwickeln, ist das tägliche Geschäft von Forscherinnen und Forschern an unseren Hochschulen. Studierende in diesen Prozess einzubeziehen, ist für unser Verständnis von praxisnaher Lehre selbstverständlich. Unser Verständnis von Anwendungsorientierung umfasst ganz wesentlich auch, die Innovationsentwicklung nicht allein im Labor der Hochschule zu betreiben. Wir betreiben Forschung nicht im Elfenbeinturm der Hochschule, sondern verstehen uns mit unseren Kompetenzen als Partnerinnen für die Praxis in der Region. Besonders im Blick haben wir dabei die kleinen und mittleren Unternehmen in der Region, die selbst nicht über größere Forschungs- und Entwicklungsabteilungen verfügen. Gleiches gilt für soziale oder administrative Einrichtungen, mit denen wir kooperieren. Denn unser Fächerspektrum legt nahe: Wir ermöglichen nicht nur technische Innovationen, sondern selbstverständlich auch soziale Innovationen, die zunehmend an Bedeutung gewinnen.

Besonderes Augenmerk erfährt zuletzt die Stärkung der Rolle der HAW als Innovationsmotoren in der Region auch in der Politik. Programme wie die Innovative Hochschule setzen genau dort an. Dies ist auch eine Folge der deutlich gesteigerten Anstrengungen der HAW, auf die Bedeutung der HAW im deutschen Innovationssystem aufmerksam zu machen und die Förderung anwendungsorientierter Forschung und des Transfers deutlich auszubauen. Wie in 50 Jahren Hochschul- und Wissenschaftsgeschichte so oft erlebt, gilt auch hier, dass die selbst gesetzten Ziele und die selbstbewusst formulierten Erwartungen an die politischen Entscheidungsträgerinnen und -träger sowie die öffentlichen Geldgeber größer sind als das bisher Erreichte. Dennoch ist ein Bewusstseinswandel bei den politischen Akteurinnen und Akteuren festzustellen.

not take place in the university laboratory alone. We do not carry out research in the ivory tower of the university, but see ourselves with our competences as partners for the practice in the region. We pay particular attention to the small and medium-sized enterprises in the region, which do not themselves have large research and development departments. The same applies to social or administrative institutions with which we cooperate. Because our range of subjects suggests that we not only facilitate technical innovations, but also social innovations, which are becoming increasingly important.

Recently, special attention has been paid to strengthening UAS's role as drivers of innovation in the region, also in the political arena. This is precisely where programmes such as the Innovative University come in. This is also a consequence of the UAS's significantly increased efforts to draw attention to the importance of the UAS in the German innovation system and to significantly expand the promotion of application-oriented research and transfer. As so often experienced in 50 years of higher education and science history, it is also true here that the goals that the UAS have set themselves and the self-confidently formulated expectations of political decision-makers and public funding bodies are greater than what has been achieved so far. Nevertheless, a change in awareness can be observed among the political actors. UAS concern and especially the importance of the performance dimensions of research and transfer are more present than ever in the debates at the decision-making level. Further expanding its own efforts in this field therefore remains one of the UAS's main tasks for the future.

»50 years of the future« is the fitting motto for the anniversary we can celebrate together this year. It not only aptly describes the development of the UAS themselves, but is also a statement about the role our universities play in the region. As drivers of

HAW-Anliegen und besonders die Bedeutung der Leistungsdimensionen Forschung und Transfer sind in den Debatten auf Entscheidungsebene heute präsenter denn je. Die eigenen Bemühungen auf diesem Feld weiter auszubauen, bleibt daher eine der wesentlichen Zukunftsaufgaben der HAW.

»50 Jahre Zukunft« ist das passende Motto für das Jubiläum, das wir in diesem Jahr gemeinsam feiern können. Es beschreibt nicht nur die Entwicklung der HAW selbst treffend, sondern ist auch eine Aussage über die Rolle, die unsere Hochschulen in der Region spielen. Als Innovationsmotoren sind wir auch Zukunftsgaranten für die Entwicklung unseres regionalen Umfeldes. Der daraus erwachsenden besonderen Bedeutung und Verantwortung sind wir uns bestens bewusst.

innovation, we are also guarantors of the future for the development of our regional environment. We are well aware of the special significance and responsibility this entails.

AUF DASS NICHTS BLEIBT, WIE ES WAR …

SO THAT NOTHING REMAINS AS IT WAS …

Pit Clausen

Oberbürgermeister der Stadt Bielefeld
Lord Mayor of the City of Bielefeld

Nicht wenige sprachen von einer Notlösung – damals, vor 50 Jahren, als die ersten Fachhochschulen in Deutschland gegründet wurden. Laut wurde über das angeblich wenig begründete und nicht durchdachte Hochschulkonzept nachgedacht und gemutmaßt, dass dieser neue Hochschultyp wohl eher eine Übergangslösung sei.

Falsch gedacht! Längst sind die Fachhochschulen aus unserem Land nicht mehr wegzudenken. Ganz bestimmt auch nicht aus Bielefeld. Denn Lehrende und Studierende haben in den vergangenen 50 Jahren die Chance genutzt, die sich ihnen bot, und aus dieser vermeintlichen Notlösung eine erste Wahl gemacht – im Wintersemester 2020/2021 für mehr als 11.000 Studierende in sechs Fachbereichen.

Not a few people spoke of an emergency solution – back then, 50 years ago, when the first universities of applied sciences were founded in Germany. The allegedly ill-founded and ill-conceived university concept was loudly discussed and it was assumed that this new type of university was more of a temporary solution.

Wrong thinking! It has long been impossible to imagine our country without universities of applied sciences. Certainly not from Bielefeld either. Because in the past 50 years, teachers and students have seized the opportunity presented to them and turned this supposed emergency solution into a first choice – in the winter semester 2020/2021 for more than 11,000 students in six faculties.

Tatsächlich waren die Anfänge der FH Bielefeld eher ostwestfälisch … bescheiden. Aus verschiedenen Vorgängereinrichtungen entstanden, hat es gedauert, bis sie als das wahrgenommen wurde, was sie bis heute ist: eine moderne Hochschule mit exzellenten Bedingungen für Forschung, Lehre und Studium, die im nationalen und internationalen Wettbewerb bestehen kann. Dank der Arbeit und des Engagements vieler kluge Köpfe. Bis heute.

Wie Bielefeld hat sich die FH ständig weiterentwickelt. Sich nie ausgeruht, sich nicht bequem zurückgelehnt. Stadt und Fachhochschule sind in den vergangenen 50 Jahren gewachsen, auch zusammengewachsen, haben neue Herausforderungen gemeistert und Veränderungen nicht gescheut. Auf dass nichts bleibt, wie es war …

Dieser andauernde Prozess beschreibt letztlich auch Bielefelds Weg zur Wissenschaftsstadt. Ein Weg, den die Stadt seit Beginn des neuen Jahrtausends konsequent geht. Die Fachhochschule ist dabei ein zentraler Akteur und unverzichtbarer Akteur. Mit enormem Innovationspotenzial, als kommunikativer und strategischer Motor und als verlässlicher Partner.

Nichts bleibt, wie es war … so soll es sein. Nur so funktionieren Forschung, Wissenschaft und Lehre. Nur so funktioniert Fachhochschule. Und genau so funktioniert Zukunft.

In fact, the beginnings of the Bielefeld UAS were rather East Westphalian … modest. Emerging from various predecessor institutions, it took time for it to be perceived as what it still is today: a modern university with excellent conditions for research, teaching and studying that can hold its own in national and international competition. Thanks to the work and commitment of many bright minds. Until today.

Like Bielefeld itself, the Bielefeld UAS has constantly evolved. It has never rested, never leaned back comfortably. The city and the Bielefeld UAS have grown, and grown together, over the past 50 years, mastering new challenges and not shying away from change. So that nothing remains as it was …

This ongoing process ultimately also describes Bielefeld's path to becoming a city of science. A path that the city has been consistently following since the beginning of the new millennium. The Bielefeld UAS is a central and indispensable player in this process. With enormous innovation potential, as a communicative and strategic motor, and as a reliable partner.

Nothing remains as it was … that's how it should be. This is the only way research, science and teaching work. This is the only way universities of applied sciences work. And this is exactly how the future works.

KOMPLEMENTÄRE PARTNERSCHAFT

COMPLEMENTARY PARTNERSHIP

Gerhard Sagerer

Rektor der Universität Bielefeld
Rector of the University of Bielefeld

1971 wurde die FH Bielefeld gegründet – nur zwei Jahre überhaupt nach Einführung der neuen Hochschulform Fachhochschule, auch sie ein Resultat des damals dominierenden Fortschrittsglaubens und der Freude an (nicht nur) bildungspolitischen Reformen. 1971 war aber auch – die über Sechzigjährigen erinnern sich – ein besonders ertragreiches Jahr in der Rockmusik, von den Stones (1971 erstmals mit herausgestreckter Zunge) bis zum innovativen Krautrock, und vielleicht ist das ja eine schöne Metapher, ein gutes Omen für die seither vergangenen erfolgreichen 50 Jahre. In der Rückschau hat man allerdings nicht den Eindruck, dass die nur zwei Jahre ältere Universität und die neu gegründete FH Bielefeld zu Beginn großes gegenseitiges Interesse aneinander hatten. Sehr überraschend ist das nicht, wenn man bedenkt, wie komplex der Aufbau solcher Institutionen ist. Man hatte erst einmal mehr als genug mit sich selbst zu tun. Aber auch in den Folgejahren blieben es zwei eher voneinander getrennte Welten. Hier die in einem Koloss von Hauptgebäude einbetonierte, zu Beginn besonders von den Sozial- und Kulturwissenschaften geprägte Universität, da die auf viele Standorte verteilte und aus vielen Vorgängereinrichtungen hervorgegangene FH, die von außen gern auf ihre ingenieurwissenschaftlichen Kompetenzen eingeengt wurde – in Wahrheit hatte sie ja von Beginn an viel mehr zu bieten. Und – ja, es mag wohl auch das eine oder andere gegenseitige Vorurteil gegeben haben. Mancher in der Universität dürfte die FH als irgendwie illegitimen Parvenu empfunden haben. Keine ›echte‹ theoriegeleitete Wissenschaft, sondern Arbeit eher nach dem Trial-and-Error-Prinzip und damit ein Ort für Leute, die, seien sie nun Professorinnen, Professoren oder Studierende, es nicht an die Universität geschafft hatten (aus diesem Geist erwuchsen damals übrigens auch die Bezeichnungen Universitätsprofessorin bzw. Universitätsprofessor). Solche Vorbehalte förderten umgekehrt den Verdacht der intellektuellen

The Bielefeld UAS was founded in 1971 – only two years after the introduction of the new type of higher education, which was also a result of the dominant belief in progress and the joy of (not only) educational policy reforms at that time. But 1971 was also – the over sixty year olds remember – a particularly productive year in rock music, from the Stones (1971 for the first time with outstretched tongue) to innovative Krautrock, and perhaps that is a nice metaphor, a good omen for the 50 successful years that have passed since then. In retrospect, however, one does not get the impression that the University of Bielefeld, which is only two years older than the newly founded Bielefeld UAS, had great mutual interest in each other at the beginning. This is not very surprising when you consider how complex the structure of such institutions is. At first, one had more than enough to do with oneself. But even in the years that followed, they remained two rather separate worlds. Here, the University set in concrete in a colossus of the main building, which was at the beginning particularly characterised by the social and cultural sciences, and there the Bielefeld UAS, which was distributed over many locations and emerged from many predecessor institutions, which was often restricted to its engineering expertise – in reality it had much more to offer from the very beginning. And – yes, there may well have been the odd mutual prejudice. Some in the University may have felt that the UAS was somehow illegitimate parvenu. Not a ›real‹ theory-based science, but rather a trial-and-error approach to work, and thus a place for people who, whether they were professors or students, had not made it to university (this was the spirit that gave rise to the specific term university professor). Conversely, such reservations fostered suspicions of intellectual arrogance and a lack of down-to-earthness – not ideal conditions for good neighbourly relations, but rather for mutual isolation and living side by side. Gradually, however, they began to realise that it would be advan-

Arroganz und mangelnder Bodenhaftung – keine idealen Voraussetzungen für gutnachbarliche Beziehungen, sondern eher für gegenseitige Abkapselung und ein Nebeneinanderherleben. Allmählich aber begann man zu begreifen, dass es für beide Seiten von Vorteil wäre, systematisch gemeinsame wissenschaftliche Interessengebiete zu identifizieren und sich gegenüber der Politik enger aneinander zu orientieren, wenn es um die Artikulation gemeinsamer Anliegen ging. Das hing nicht zuletzt damit zusammen, dass sich die Universität im Lauf der Jahrzehnte stärker zur Anwendungsorientierung öffnete, besonders gut sichtbar in den Bereichen Biotechnologie, Informatik und Gesundheitswissenschaften. Aber auch generell gingen die Berührungsängste zurück, nicht zuletzt, weil eine Generation von Wissenschaftlerinnen und Wissenschaftlern herangewachsen war, der es weniger um Standesunterschiede als um Inhalte ging. Kein Wunder, aber höchst erfreulich, dass es dann fast naturwüchsig zu immer mehr Kooperationen kam. 2010 wurde eine Rahmenvereinbarung für die gegenseitige Forschungspartnerschaft unterzeichnet und nicht zuletzt: Angesichts der Raumprobleme beider Hochschulen entschloss man sich zu Nägeln mit Köpfen in Form eines großen gemeinsamen Campus und dabei war klar, dass mit der neuen räumlichen Nähe weitere Synergieeffekte eintreten würden. Heute ist deutlicher denn je: Universität und Fachhochschule sind zwei komplementäre Institutionen innerhalb des Wissenschaftssystems, die viel voneinander und miteinander lernen können. Angewandte Forschung hat es natürlich viel leichter, die Frage: »Wozu kann man das brauchen?« zu beantworten. An der Universität heißt es an vielen Stellen: »Tja, das ist eben Grundlagenforschung …« Aber auch und gerade die muss selbstverständlich gemacht werden, ohne vorschnell auf einen praktischen Nutzen zu schielen. Der stellt sich dann oft an Stellen ein, an

tageous for both sides to systematically identify common areas of scientific interest and to orient themselves more closely to each other vis-à-vis politics when it came to articulating common concerns.

This was not least due to the fact that the University opened up more towards application orientation over the decades, especially in the fields of Biotechnology, Computer and Health Sciences. But also in general, the fear of contact declined, not least because a generation of scientists had grown up who were less concerned with differences in status than with content. It is no wonder, but highly gratifying, that more and more collaborations were then established, almost as a matter of course. In 2010 a framework agreement for mutual research partnership was signed and last but not least: In view of the spatial problems of both universities, the decision was made to put their heads together in the form of a large joint campus and it was clear that the new physical proximity would generate further synergy effects. Today, it is clearer than ever: University and UAS are two complementary institutions within the science system, which can learn a lot from each other and with each other. Applied research naturally has a much easier time answering the question: »What is it for?« At the university, it is often said: »Well, this is basic research …« But even and especially basic research has to be done as a matter of course, without rushing to look for practical benefits. The practical benefit often arises in places that you hadn't thought of before or that hadn't been visible before.[1]

Complementarity also makes sense from a student perspective and plays a major role. Thanks to the joint campus, there is now a natural growing together and mixing of students and student culture, starting with

1 There is always a debate about whether the distinction between applied and basic research is not long obsolete, because the boundaries between them are becoming increasingly blurred. Thinking about this from a Bielefeld perspective would be interesting at this point, but it would go beyond the scope of this discussion.

die man zuvor nicht gedacht hatte oder die zuvor noch gar nicht sichtbar gewesen waren.[1]

Auch aus studentischer Sicht ist die Komplementarität sinnvoll und spielt eine große Rolle. Durch den gemeinsamen Campus gibt es nun ein selbstverständliches Zusammenwachsen und eine Vermischung der Studierenden und der studentischen Kultur, angefangen mit der gemeinsamen Mensa. Niemand hat mehr ein Etikett vor dem Kopf. Zum anderen ist die Komplementarität aber auch hinsichtlich der Studienorientierung bedeutsam und wert, aufrechterhalten zu werden. Wer eher praktisch interessiert ist, vielleicht schon entsprechende Vorerfahrungen und Fähigkeiten mitbringt, wird eher zur FH neigen. Umgekehrt wird, wer etwas theoretisch durchdringen möchte, die Universität präferieren. Diese Differenzierung des Systems wird, vor allem aus dem Ausland, anerkennend und neidvoll betrachtet.

Das Spektrum gemeinsamer Forschungen hat im Laufe der Zeit eine so imponierende Breite erreicht, dass man auch als Insider leicht den Überblick verliert: von Biogas bis Robotik, von der Pflege bis zur Logistik, von der Materialforschung bis zur vernetzten Mobilität, um nur einige Beispiele zu nennen. Und sehr erfreulich ist nicht zuletzt, dass Fragen des Umweltschutzes immer wieder eine herausragende Rolle spielen. Häufig sind dabei weitere Kooperationspartner im Boot: Unternehmen oder öffentliche Einrichtungen wie Stadtwerke oder Kliniken, wobei als ganz großer Player in dieser Stadt die von Bodelschwinghschen Stiftungen zu nennen sind. Man muss kein Prophet sein, um vorherzusagen, dass die neue Medizinische Fakultät weitere Kooperationsmöglichkeiten eröffnen wird. Natürlich arbeitet man auch gegenseitig in den Forschungseinrichtungen der beiden Hochschulen mit wie im Centrum

1 Es gibt immer wieder mal die Diskussion darüber, ob die Unterscheidung von angewandter und Grundlagenforschung nicht längst obsolet ist, weil die Grenzen dazwischen immer mehr verschwimmen. Darüber aus Bielefelder Sicht nachzudenken, wäre auch an dieser Stelle interessant, würde aber den Rahmen sprengen.

the joint cafeteria. No one has a label in front of their head any more. On the other hand, complementarity is also significant and valuable in terms of student orientation and must be maintained. Those who are more interested in practical matters and perhaps already have the relevant previous experience and skills will be more inclined to go to a UAS. Conversely, those who want to penetrate something theoretically will prefer the university. This differentiation of the system is viewed with recognition and envy, especially from abroad.

The spectrum of joint research has reached such an impressive breadth over time that even insiders can easily lose track: from Biogas to Robotics, from Care to Logistics, from Materials Research to Networked Mobility, to name just a few examples. And it is very gratifying to note that environmental protection issues play a prominent role time and again. Frequently, other cooperation partners are also involved: Companies or public institutions such as public utilities or hospitals, whereby the von Bodelschwinghschen Stiftungen (local but significant charitable foundations) should be mentioned as a very large player in this city. You don't have to be a prophet to predict that the new Medical Faculty will open up further cooperation opportunities. Of course, there is also mutual cooperation in the research facilities of the two universities, such as the Centre for Biotechnology (CeBiTec) at the University and the Centre for Interdisciplinary Materials Research and Technology Development (Centrum für interdisziplinäre Materialforschung und Technologieentwicklung, CiMT) at the UAS. At the same time, the joint doctoral colleges have found a satisfactory way of enabling UAS graduates to pursue a doctorate after completing their Master's degree.

Of course, there is cooperation not only in research, but also in teaching, culture and infrastructure. Currently, the UAS and the University are running two joint degree für Biotechnologie (CeBiTec) der Universität und dem Centrum für interdisziplinäre Materialforschung und Technologieentwicklung (CiMT) der FH. Mit den gemeinsamen Promotionskollegs wurde zugleich eine zufriedenstellende Form gefunden, FH-Absolventinnen und -Absolventen nach dem Masterabschluss eine Promotion zu ermöglichen.

Kooperation gibt es selbstverständlich nicht nur in der Forschung, sondern auch im Lehrbetrieb, in der Kultur oder im Bereich Infrastruktur. Augenblicklich betreiben FH und Universität zwei gemeinsame Studiengänge, nämlich in Biomechatronik und molekularer Biotechnologie. Das ist noch sehr überschaubar und sicher ausbaufähig. Man veranstaltet aber schon jetzt gemeinsame Informationswochen zu Studiengängen und Berufsperspektiven oder kümmert sich zusammen mit der Universität Paderborn darum, die Data Literacy der Studierenden auszubauen. Die beiden Hochschulbibliotheken engagieren sich zudem gemeinsam für Open Access – die möglichst leichte Zugänglichkeit von wissenschaftlichen Publikationen – und man bemüht sich um Zusammenarbeit hinsichtlich der IT-Infrastruktur der beiden Hochschulen.

Vergessen darf man auf keinen Fall neben den eindrucksvollen technischen Kompetenzen an der FH die Ausstrahlung der Fachbereiche Sozialwesen, Gesundheit und Gestaltung. Erstere sind im schon erwähnten Bereich Pflege natürliche Partner der Gesundheitswissenschaftlerinnen und -wissenschaftler der Universität, haben aber natürlich viel mehr zu bieten, auch kulturell und hier besonders hinsichtlich des Theaters. Nicht zuletzt um den Fachbereich Gestaltung mit seinen sehr vielfältigen – und man darf durchaus sagen: weltweiten – Ausstrahlungen beneidet die Universität die FH aufrichtig und freut sich besonders, wenn es an dieser Stelle zu Kooperationen kommt; etwa wenn Studierende der FH versuchen, wissenschaftliche Erkenntnisse aus der Universität

programmes, namely in Biomechatronics and molecular Biotechnology. This is still very manageable and certainly expandable. However, joint information weeks on degree programmes and career prospects are already being organised or, together with the University of Paderborn, the two universities are working on expanding student data literacy. The two university libraries are also jointly committed to Open Access – the easiest possible access to scientific publications – and efforts are being made to cooperate on the IT infrastructure of both universities.

In addition to the impressive technical skills at the UAS, the charisma of the Faculties of Social Sciences, Health and Design should not be forgotten. The former are natural partners of the University's health scientists in the aforementioned field of nursing, but of course it has much more to offer, also culturally and here especially with regard to the theatre. Not least of all, the Faculty of Design with its very diverse – and one may well say: worldwide – radiance is something the University truly envies and is particularly pleased when cooperation is established at this point; for example, when students at the UAS try to visualise scientific findings from the University in their own very imaginative way or when their competence can be called upon, for example, for exhibition projects or graphically particularly demanding tasks. But that the technical sciences also have cultural potential is demonstrated by the magnificent collection of models of Leonardo da Vinci's inventions and designs built by students. This could be admired in 2019/2020 in the Historical Museum of the City of Bielefeld, which brings me (again) to the topic of Universities and the City, or more simply University City Bielefeld. The impact that the now numerous local universities have had on the city's culture – and that means far more than ›just‹ artistic things – can hardly be overestimated. Of course, students and teachers form a large audience potential auf ihre ganz eigene fantasievolle Weise zu visualisieren, oder wenn deren Kompetenz beispielsweise bei Ausstellungsprojekten oder grafisch besonders anspruchsvollen Aufgaben in Anspruch genommen werden kann. Dass aber auch die Technikwissenschaften kulturelles Potenzial haben, beweist die großartige Sammlung der von Studierenden gebauten Modelle der Erfindungen und Entwürfe Leonardo da Vincis. Diese war 2019/2020 im Historischen Museum der Stadt Bielefeld zu bewundern und damit bin ich (wieder) beim Thema Hochschulen und Stadt oder einfacher Hochschulstadt Bielefeld. Wie die inzwischen zahlreichen Hochschulen vor Ort auf die Kultur der Stadt – und damit ist weit mehr als ›nur‹ Künstlerisches gemeint – gewirkt haben, kann kaum überschätzt werden. Natürlich bilden Studierende und Lehrende ein großes Publikumspotenzial für die außerordentlich lebendige Kulturszene in Bielefeld und manche von ihnen sind wichtige Akteurinnen und Akteure innerhalb dieser Szene geworden, etwa wenn man an das Filmhaus und das Lichtwerkkino denkt – aber mindestens so wichtig ist die Auswirkung, die Zehntausende von jungen Leuten auf das allgemeine Klima einer von außen oft unterschätzten Stadt gehabt haben: auf ihre Offenheit für Ungewöhnliches, Experimentelles, ihre Internationalität, ihre Neugier auf neue Ideen und neue Gesichter. Der Mentalitätswandel, den wir hier in den letzten 50 Jahren erlebt haben, ist nicht nur kosmetisch erfreulich, sondern hat sehr handfeste Folgen für die Stadtentwicklung und ihren wirtschaftlichen Erfolg. Dass Universität und FH, die den Löwenanteil der Bielefelder Studierenden stellen, schon durch ihre schiere Größe dabei eine besondere Rolle spielen, versteht sich von selbst.

Gerade die FH Bielefeld ist nicht zuletzt auf die Region hin mit ihrer robusten, stark mittelständisch und innovationsfreudig geprägten Wirtschaftsstruktur ausgerichtet. Längst hat aber auch die Universität diese Region als interessantes Feld für Kooperatio-

for the extraordinarily lively cultural scene in Bielefeld, and some of them have become important actors within this scene, for example when you think of the Filmhaus and the Lichtwerkkino – but at least as important is the impact that tens of thousands of young people have had on the general climate of a city that is often underestimated from the outside: on their openness for the unusual, the experimental, their internationality, their curiosity for new ideas and new faces. The change in mentality that we have experienced here over the last 50 years is not only cosmetically pleasing, but has very tangible consequences for urban development and its economic success. It goes without saying that the University and the UAS, which make up the lion's share of Bielefeld's students, play a special role in this, if only because of their sheer size.

The Bielefeld UAS in particular is geared not least to the region with its robust, strongly medium-sized and innovative economic structure. However, the University has also long since discovered this region as an interesting field for cooperation, and has been able to build on existing partnerships, some of which already exist via the UAS. For the public, this is most evident in the technology network it's OWL, which now has around 200 partners from companies and research institutions, who support SMEs, especially in their digitisation efforts, test new technologies and thus maintain their competitiveness in global competition. In this context, the joint strategy of the regional universities to attract EU research funds in the context of the major Horizon 2020 programme is also important. And in general: Not only in Bielefeld, but also on a regional level, universities are moving closer together. In 2016, the five state universities in the region founded the Campus OWL association, organizing their cooperation in every conceivable field and jointly representing their interests to the outside world. In 2019, a liaison office was even opened in New York. This is not megalomania, but nen entdeckt und sie konnte dabei zum Teil an schon über die FH bestehende Partnerschaften anknüpfen. Für die Öffentlichkeit wird dies am deutlichsten im Technologienetzwerk it's OWL mit mittlerweile rund 200 Partnern aus Unternehmen und Forschungseinrichtungen, die die mittelständische Wirtschaft vor allem bei ihren Digitalisierungsbemühungen unterstützen, neue Technologien erproben und damit ihre Konkurrenzfähigkeit im globalen Wettbewerb erhalten. In diesem Zusammenhang ist auch die gemeinsame Strategie der regionalen Hochschulen bedeutsam, EU-Forschungsgelder im Kontext des Großprogramms Horizon 2020 einzuwerben. Und überhaupt: Nicht nur in Bielefeld gibt es ein Zusammenrücken der Hochschulen, sondern auch regional. 2016 gründeten die fünf staatlichen Hochschulen der Region den Verein Campus OWL, organisieren in diesem Rahmen ihre Kooperationen auf allen nur denkbaren Feldern und vertreten gemeinsam ihre Interessen nach außen. 2019 wurde dann sogar ein Verbindungsbüro in New York eröffnet. Das ist kein Größenwahnsinn, sondern das ambitionierte Bestreben, eine leistungsfähige Hochschullandschaft in einer wirtschaftlich sehr beachtlichen und innovationsfreudigen Region international noch bekannter zu machen und von hier aus Kooperationen mit nordamerikanischen Partnern zu fördern.

Zurück auf den gemeinsamen Campus: Inzwischen gibt es da ein imponierendes Ensemble von Bauwerken – und das Ende der Fahnenstange ist damit sicher noch nicht erreicht. Für mich als Informatiker ist es zudem ein schönes Symbol, dass das CITEC-Gebäude so etwas wie eine Brückenfunktion zwischen FH und Universität hat: räumlich, aber auch inhaltlich, weil hier ebenfalls anwendungsorientiert geforscht wird und Universitätsinformatikerinnen und -informatiker erfolgreich mit Wissenschaftlerinnen und Wissenschaftlern aus der FH kooperieren. Jüngstes Projekt einer strategischen Entwicklung der wissenschaftlichen Kapazitäten auf

rather the ambitious endeavour to make an efficient higher education landscape in an economically significant and innovative region even better known internationally and to promote cooperation with North American partners from here.

Back to the joint campus: There is now an impressive ensemble of buildings – and the end of the line has certainly not yet been reached. For me as a computer scientist, it is also a beautiful symbol that the CITEC building has something of a bridging function between the UAS and the University: spatially, but also in terms of content, because application-oriented research is also carried out here and University computer scientists successfully cooperate with scientists from the UAS. The most recent project of a strategic development of scientific capacities on Campus North in close connection with research and development in companies is the planning of the Bielefeld Research and Innovation Campus (BRIC). A building complex is to be created on Campus North between the CITEC and the UAS building, in which cooperation between University and UAS can manifest and organise itself in the hope of significant synergy effects. Here, companies and institutions will be offered the opportunity to locate research, innovation and development departments or parts thereof in direct contact with research groups from both universities. An important aspect is room for research-oriented start-up companies. At present, the focus of possible activities is on the fields of Biotechnology, Data Science, Health and Care, Materials Research, Human-Machine Interaction and Artificial Intelligence as well as Smart Systems and Smart Products – and more is conceivable. From a university perspective, the following aspect is also particularly important: BRIC should also create the conditions for cooperation with non-university research institutions and their establishment. To put it somewhat casually: Bielefeld is finally getting a facility from the Max Planck dem Campus Nord in enger Verbindung mit Forschung und Entwicklung in Unternehmen sind die Planungen zum Bielefeld Research und Innovation Campus (BRIC). Auf dem Campus Nord soll zwischen dem CITEC- und dem FH-Gebäude ein Gebäudekomplex entstehen, in dem sich Kooperationen von Universität und FH in der Hoffnung auf signifikante Synergieeffekte manifestieren und organisieren können. Hier soll Unternehmen und Institutionen die Möglichkeit geboten werden, Forschungs-, Innovations- und Entwicklungsabteilungen oder Teile davon im direkten Kontakt mit Forschungsgruppen der beiden Hochschulen anzusiedeln. Ein wichtiger Aspekt ist dabei Platz für forschungsorientierte Start-up-Unternehmen. Gegenwärtig richtet sich der Fokus möglicher Aktivitäten auf die Themenfelder Biotechnologie, Data Science, Gesundheit und Pflege, Materialforschung, Mensch-Maschine-Interaktion und Künstliche Intelligenz sowie Smart Systems und Smart Products – und Weiteres ist denkbar. Aus Universitätssicht ist zudem folgender Aspekt besonders wichtig: Im Rahmen von BRIC sollen auch Voraussetzungen für Kooperationen mit außeruniversitären Forschungseinrichtungen und deren Ansiedlung geschaffen werden. Um es etwas salopp auszudrücken: Bielefeld ist endlich mal dran, eine Einrichtung aus der Kategorie Max-Planck-Institut, Fraunhofer-Institut und Helmholtz-Zentrum zu bekommen! Die Universität bemüht sich schon seit Jahrzehnten um solche Ansiedlungen und bietet dafür – auch mit Blick auf die FH Bielefeld – hervorragende Voraussetzungen. Wir setzen dabei nicht zuletzt auf die eigens gegründete BRIC Entwicklungsgesellschaft mbH, der auch die Stadt angehört.

Neben ihren ureigensten Aufgaben in Forschung, Lehre und Transfer haben Hochschulen auch eine weitergehende allgemeine gesellschaftliche Verantwortung als Orte der Toleranz, des Diskurses und der Begegnung unterschiedlicher Kulturen. Gerade in Zeiten eines rauer gewordenen

Institute, Fraunhofer Institute and Helmholtz Centre category! The University has been trying to attract such institutions for decades and offers excellent conditions for this – also with regard to the Bielefeld UAS. We rely not least on the specially founded BRIC Entwicklungsgesellschaft mbH, to which the City of Bielefeld also belongs.

In addition to their very own tasks in research, teaching and transfer, universities also have a wider general social responsibility as places of tolerance, discourse and encounter between different cultures. Especially in times of a rougher social climate, it is good to know that UAS and University agree on this point: Both take intensive care of fugitives, both have joined the Scholars at Risk network to support persecuted academics, both place great emphasis on diversity, gender equality and the advancement of women or even on a barrier-free campus, and this list could be extended much further.

»Much is already done,
more remains to be done,
said the water tap
to the water hen«

rhymed Robert Gernhardt approximately in the founding period of the University of Bielefeld and the Bielefeld UAS. If we leave aside the nice nonsense of these four lines, in the case of the two universities this means: We have indeed achieved a lot together, but at the same time there is still a lot of room for joint projects, innovations, great visions …

And for the next 50 years, I wish the Bielefeld UAS that it continues to rock – this also creates resonance at the University!

gesellschaftlichen Klimas ist es gut zu wissen, dass FH und Universität sich an dieser Stelle einig sind. Beide kümmern sich intensiv um Geflüchtete, beide sind dem Netzwerk Scholars at Risk zur Unterstützung verfolgter Wissenschaftlerinnen und Wissenschaftler beigetreten, beide legen großes Augenmerk auf Diversität, Geschlechtergerechtigkeit und die Förderung von Frauen oder auch auf einen barrierefreien Campus und diese Aufzählung ließe sich noch um vieles verlängern.

»Viel schon ist getan,
mehr noch bleibt zu tun,
sprach der Wasserhahn
zu dem Wasserhuhn«

reimte Robert Gernhardt ungefähr in der Gründungszeit von Universität und FH Bielefeld. Wenn man den schönen Nonsens dieser vier Zeilen mal beiseitelässt, will das im Fall der beiden Hochschulen sagen: Wir haben tatsächlich zusammen viel erreicht, aber gleichzeitig ist noch viel Luft nach oben für gemeinsame Projekte, Innovationen, große Visionen …

Und für die nächsten 50 Jahre wünsche ich der FH Bielefeld, dass es auch weiterhin bei ihr rockt – das erzeugt zugleich an der Universität Resonanz!

ampus Gütersloh

E

ZUR GESCHICHTE DER FH BIELEFELD 1971–2021

ABOUT THE HISTORY OF THE BIELEFELD UAS 1971–2021

KLEINE GESCHICHTE DER ZUKUNFT

A LITTLE HISTORY OF THE FUTURE

Andreas Beaugrand

»… die Zeit ist niemals festgestellt: Sie ist immer offen für die Zukunft. Im Denken entspricht dieser Struktur die reine Form der offenen Frage. Es greift über alle möglichen Antworten hinaus, und gerade dadurch, dass es sich durch keine Antwort zum Schweigen bringen lässt, ist es der Wahrheit geöffnet.«
Georg Picht (1913–1982)[1]

1 Georg Picht: Einleitung, in: Ders., Enno Rudolph (Hg.): Theologie – was ist das?, Stuttgart, Berlin 1977, S. 30.

»… time is never fixed: It is always open to the future. In thinking, this structure corresponds to the pure form of the open question. It reaches beyond all possible answers, and precisely because it cannot be silenced by any answer, it is open to truth.«[1]
Georg Picht (1913–1982)

1 Translated according to Georg Picht: Einleitung, in: same, Enno Rudolph (ed.): Theologie – was ist das?, Stuttgart, Berlin 1977, p. 30.

›Promenade‹[2]

Der Titel ›50 Jahre Zukunft‹ dieser anlässlich des 50-jährigen Bestehens der FH Bielefeld 2021 erscheinenden Publikation hat programmatischen Charakter, weil und indem er einen Blick auf die Geschichte(n) der Zukunft dieser Hochschule ermöglicht. Zukunft ist die Zeit, die auf die Gegenwart folgt – und die Zeit, in der ich diesen Text für den aus damaliger Sicht zukünftig erscheinenden Band geschrieben habe, ist in diesem gegenwärtigen Moment, in dem Sie diesen Text in diesem Buch lesen, längst Vergangenheit: ›Days of Future Passed‹, um es mit dem Titel des legendären Konzeptalbums der britischen Band The Moody Blues aus dem Jahr 1967 zu formulieren.

Ähnlich verhält es sich mit der 1964 durch den Philosophen, Theologen und Pädagogen Georg Picht diagnostizierten »Bildungskatastrophe in Deutschland«,[3] in deren Folge der deutsch-britische Soziologe, Publizist und Politiker Rolf Dahrendorf (1929–2009)[4] sich intensiv für eine »aktive Bildungspolitik« und die »beste Ausbildung« einsetzte – mit erstaunlicher Wirkung. Am 5. Juli 1968 einigten sich die Ministerpräsidenten der deutschen Bundesländer darauf, mit der Fachhochschule einen neuen Hochschultyp in Deutschland einzuführen, zumal die Universitäten wegen ihres Muffs aus »Tausend Jahren unter den Talaren«[5] zunehmend in die Kritik geraten waren. Initiatoren der Hochschulinnovation waren insbesondere die oftmals traditionsreichen Ingenieurschulen, die die Kultusministerkonferenz 1964 als »Ausbildungsstätten eigenen Typs würdigte und bereits hier oberhalb des übrigen beruflichen Fachschulwesens stellte.«[6] Darüber hinaus konnten die in den Höheren Fachschulen ausgebildeten Betriebswirte und Sozialarbeiter »mit den wachsenden Anforderungen an eine wissenschaftlich fundierte Ausbildung nicht mehr Schritt halten, und ihr halbakademischer Status entsprach nicht mehr der Forderung der Bildungsplaner nach einer drastischen Erhöhung des Akademikeranteils in der nachwachsenden Bevölkerung.«[7] Hinzu kamen die Folgen des sogenannten Sputnikschocks – die wirtschaftspolitischen und gesellschaftlichen Reaktionen der westlichen Welt und der USA auf den Start des ersten künstlichen Erdsatelliten Sputnik 1 am 4. Oktober 1957 durch die Sowjetunion –, der auch die Bundesrepublik Deutschland zu Reformen drängte und zu massiven Investitionen

2 ›Promenade‹ ist das erste Stück auf der LP ›Pictures at an Exhibition‹, dem dritten Album der britischen Progressive-Rock-Band Emerson, Lake and Palmer. Es wurde am 26. März 1971 live in der Newcastle City Hall aufgenommen und ist als titelgebendes Stück dieser Langspielplatte eine freie Bearbeitung von Modest Mussorgskis Klavierzyklus ›Bilder einer Ausstellung‹. Die ›Promenade‹ wurde von Keith Emerson auf der Orgel der City Hall gespielt.

3 Georg Picht: Die deutsche Bildungskatastrophe. Analyse und Dokumentation, Freiburg im Breisgau 1964, und Ders.: Die deutsche Bildungskatastrophe, in: Christ und Welt vom 31.1.1964.

4 Ralf Dahrendorf: Bildung ist Bürgerrecht, Hamburg 1965. Vgl. dazu auch die am 4.12.2015 veröffentlichte Analyse der Gesellschaft für Bildung und Wissen e.V. (GBW), in: https://bildung-wissen.eu/fachbeitraege/buergerrecht-auf-bildung-ralf-dahrendorf-1965.html (30.11.2020).

5 Jon Mendrella, Philipp Dudek: Schon 40 Jahre ohne Muff, in: die tageszeitung (taz) vom 9.11.2007.

6 Olaf Bartz: Expansion und Umbau. Hochschulreformen in der Bundesrepublik Deutschland zwischen 1964 und 1977, in: https://www.hof.uni-halle.de/journal/texte/07_2/Bartz_Expansion.pdf (20.10.2020). Vgl. darüber hinaus die Begleitpublikation zur Ausstellung Gaudeamus ... Das Hochschulland wird 50, herausgegeben vom Ministerium für Wissenschaft und Forschung des Landes Nordrhein-Westfalen, Düsseldorf 1996, und darin den Beitrag von Joachim Metzner: Lehre und Forschung für die Praxis. Fachhochschulen in NRW, S. 60–77.

7 Joachim Metzner: Die Gründerzeit ist schon Geschichte; in: Christian Bode, Werner Becker, Claudius Habbich, Rainer Klofat (Hg.): Fachhochschulen in Deutschland, München 1997, S. 14.

›Promenade‹[2]

The title ›50 Years of Future‹ of this publication, which is published in 2021 on the occasion of the 50th anniversary of the Bielefeld UAS, has a programmatic character because, and in that, it enables a look at the history and the stories of the future of this University. Future is the time that follows the present. And the time in which I wrote this text – appeared to be future, from the perspective of that time – has long been past at this present moment in which you are reading this text in this book: ›Days of Future Passed‹, to use the title of the legendary concept album by the British band The Moody Blues from 1967.

The situation is similar with the »educational catastrophe in Germany« diagnosed in 1964 by the philosopher, theologian and educationalist Georg Picht,[3] in the wake of which the German-British sociologist, publicist and politician Rolf Dahrendorf (1929–2009)[4] campaigned intensively for an »active education policy« and the »best education« – with astonishing effect. On 5 July 1968, the Minister Presidents of the Federal States of Germany agreed to introduce a new type of higher education institution in Germany, the university of applied science, especially as the universities had come under increasing criticism for their mustiness from »a thousand years under the robes.«[5] Initiators of higher education innovation were in particular the often-traditional engineering schools, which the Conference of Ministers of Education and Cultural Affairs recognised in 1964 as »training centres of their own type and already here placed above the rest of the vocational technical school system.«[6] In addition, the business economists and social workers trained in the colleges of higher education could no longer keep up »with the growing demands for academically based training, and their semi-academic status no longer corresponded to the education planners‹ demand for a drastic increase in the proportion of academics in the upcoming population.«[7] In addition, there were the consequences of the so-called Sputnik shock – the economic-political and social reactions of the Western world and the USA to the launch of the first artificial earth satellite, Sputnik 1, by the Soviet Union on 4 October 1957 – which also pushed the Federal Republic of Germany to reform and led to massive investments in higher

2 ›Promenade‹ is the first track on the LP ›Pictures at an Exhibition‹, the third album by the British progressive rock band Emerson, Lake and Palmer. It was recorded live at Newcastle City Hall on 26 March 1971 and, as the title track of this LP, is a free arrangement of Modest Mussorgsky's piano cycle ›Pictures at an Exhibition‹. ›Promenade‹ was played by Keith Emerson on the City Hall organ.

3 Georg Picht: Die deutsche Bildungskatastrophe. Analyse und Dokumentation, Freiburg in the Breisgau 1964.

4 Ralf Dahrendorf: Bildung ist Bürgerrecht, Hamburg 1965. Cf. also the analysis of the Gesellschaft für Bildung und Wissen (GBW) published on 4.12.2015, in: https://bildung-wissen.eu/fachbeitraege/buergerrecht-auf-bildung-ralf-dahrendorf-1965.html (30.11.2020).

5 Translated according to Jon Mendrella, Philipp Dudek: Schon 40 Jahre ohne Muff, in: die tageszeitung (taz) from 9.11.2007.

6 Translated according to Olaf Bartz: Expansion und Umbau. Hochschulreformen in der Bundesrepublik Deutschland zwischen 1964 und 1977, in: https://www.hof.uni-halle.de/journal/texte/07_2/Bartz_Expansion.pdf (20.10.2020). Cf. also the publication accompanying the exhibition Gaudeamus ... Das Hochschulland wird 50, published by the Ministerium für Wissenschaft und Forschung des Landes Nordrhein-Westfalen (Ministry of Science and Research of the State of North Rhine-Westphalia), Düsseldorf 1996, and in it the contribution by Joachim Metzner: Lehre und Forschung für die Praxis. Fachhochschulen in NRW, pp. 60–77.

7 Translated according to Joachim Metzner: Die Gründerzeit ist schon Geschichte; in: Christian Bode, Werner Becker, Claudius Habbich, Rainer Klofat (eds.): Fachhochschulen in Deutschland, München 1997, p. 14.

Fachhochschule Bielefeld

Fachhochschule Bielefeld

Seit Sommer 2015 Sitz der FH Bielefeld: Interaktion 1, 33619 Bielefeld.

Since summer 2015, the headquarters of the Bielefeld UAS: Interaktion 1, 33619 Bielefeld.

in die hochschulische Bildung führte, um die »technologischen Lücken« zu schließen sowie die ersten Krisen im nordrhein-westfälischen Bergbau zu bewältigen, die alternative Berufsausbildungsstrukturen erforderlich machten. Nicht zuletzt sollten Bildungsprivilegien beseitigt und »Bildung für alle« ermöglicht werden.

Die anderthalb Jahrzehnte nach 1960 sind in der Geschichte der Bundesrepublik eine Zeitspanne des gesellschaftlichen Umbruchs, der inneren Liberalisierung, des politisch-kulturellen Wandels und schließlich auch der sozialreformerischen Erneuerung gewesen. In dieser Zeit verschoben sich die parteipolitischen Koordinaten des Regierungssystems, die sich in den Gründerjahren der Bonner Republik herausgebildet und während der autoritären Kanzlerdemokratie Konrad Adenauers geradezu versteinert hatten. Nach ihrer formativen Phase in den 1950er-Jahren, die von Wiederaufbau und Wirtschaftswachstum geprägt worden war, durchlebte die Republik in den 1960er-Jahren ein Jahrzehnt der politischen Veränderung und des parlamentarischen Wechsels: »Wir wollen mehr Demokratie wagen« war das Motto der ersten Regierungserklärung von Bundeskanzler Willy Brandt im Herbst 1969 und die Aufbruchstimmung der frühen 1970er-Jahre war treibende Kraft für Reformen. Der Demokratisierungselan ging weit über die Arbeitswelt hinaus, denn als sich die Grenzen des Wachstums zeigten, galt es, das Erreichte abzusichern.

Als wesentliches bildungspolitisches Motiv für die Gründung von Fachhochschulen kam die Erkenntnis hinzu, dass eine zunehmende Differenzierung der Nachfrage des Arbeitsmarktes »neben dem universitären und damit eher theorie- und grundlagenorientierten Studium eine anwendungsorientierte Ausbildung der jungen Menschen verlangt.«[8] Das Verhältnis der Fachhochschulen zu den Universitäten wurde seitdem mit dem Slogan »andersartig, aber gleichwertig« zum Ausdruck gebracht, weil es zwischen den Hochschultypen keine Hierarchie geben sollte – lange Zeit nicht mehr als ein frommer Wunsch. Immerhin gelang in den ersten drei Jahrzehnten nach der FH-Gründung das, was NRW-Ministerpräsident Johannes Rau 1996 in der Bielefelder Stadthalle anlässlich der 25-Jahr-Feier der Fachhochschulen formulierte: »Die Fachhochschulen können stolz sein auf wesentlich kürzere Studienzeiten, die Anwendungs- und Praxisorientiertheit der Ausbildung und Forschung, die hervorragenden Kontakte zur örtlichen und regionalen Wirtschaft und ihre internationalen Studiengänge.«[9]

Als am 31. Oktober 1968 das Abkommen zwischen den Ländern der Bundesrepublik zur Vereinheitlichung auf dem Gebiet des Fachhochschulwesens geschlossen wurde, war es bis zu ihrem 25-jährigen Jubiläum noch ein langer Weg, der Ende der 1960er-Jahre in weiter Zukunft lag. Der Auftrag für die Fachhochschulen war jedoch erstmals formuliert: »Sie vermitteln eine auf wissenschaftlicher Grundlage beruhende Bildung«[10] – ein Auftrag, der wie jede Aussage über eine denkbare Zukunft notwendigerweise vom damals gegenwärtigen Standpunkt aus vergeben wurde, ohne die weitere Entwicklung ahnen, geschweige denn kennen zu können. Wohl aber nahmen die Beteiligten ihrerzeit eine pragmatische Perspektive ein und planten aufgrund vorliegender Erkenntnisse den künftigen Verlauf. Im Anschluss folgten die einzelnen Abkommen der Bundesländer. In Nordrhein-Westfalen war

8 Hans-Uwe Eriksen: Andersartig, aber gleichwertig; in: Ders., S. 44.

9 Vgl. Pressestelle der Fachhochschule Bielefeld (Hg.): fh-news.special 1/97. Dokumentation der Festverstaltung 25 Jahre Fachhochschulen in Nordrhein-Westfalen – Hochschulen mit Zukunft, Bielefeld 1997, S. 8.

10 Elisabeth Holuscha: Das Prinzip Fachhochschule. Erfolg oder Scheitern? Eine Fallstudie am Beispiel Nordrhein-Westfalen, Marburg 2012, S. 71.

education to close the »technological gaps«, as well as to cope with the first crises in the mining industry in North Rhine-Westphalia, which made alternative vocational training structures necessary. Last but not least, educational privileges were to be eliminated and »education for all« made possible.

In the history of the Federal Republic of Germany, the decade and a half after 1960 was a period of social upheaval, internal liberalisation, political-cultural change and, finally, social-reform renewal. During this period, there was a shift in the party-political coordinates of the government system, which had formed in the founding years of the Bonn Republic and had virtually become petrified during Konrad Adenauer's authoritarian chancellor democracy. After its formative phase in the 1950s, which had been marked by reconstruction and economic growth, the Republic experienced a decade of political change and parliamentary change in the 1960s: »We want to dare more democracy« was the motto of Chancellor Willy Brandt's first government declaration in autumn 1969, and the spirit of optimism of the early 1970s was the driving force for reforms. The drive for democratisation went far beyond the world of work, because when the limits of growth became apparent, it was necessary to safeguard what had been achieved.

A major educational policy motive for the founding of the universities of applied sciences was the realisation that an increasing differentiation of labour market demand »calls for an application-oriented education of young people in addition to the university-based and thus more theory- and foundation-oriented studies.«[8] The relationship of the universities of applied sciences to the universities has since been expressed with the slogan »different, but equal« because there should be no hierarchy between the types of higher education institutions – for a long time no more than a pious wish. After all, in the first three decades after the founding of the universities of applied sciences, they were indeed able to achieve that which what the Prime Minister of the State of North Rhine-Westphalia, Johannes Rau, formulated in 1996 in the Bielefeld City Hall on the occasion of the 25th anniversary of the universities of applied sciences: »The universities of applied sciences can be proud of considerably shorter study times, the application and practice orientation of the education and research, the excellent contacts to local and regional business and their international degree programmes.«[9]

When the ›Abkommen zwischen den Ländern der Bundesrepublik zur Vereinheitlichung auf dem Gebiet des Fachhochschulwesens‹ (Agreement Between the States of the Federal Republic of Germany on Unification in the Field of the Universities of Applied Sciences) was concluded on 31 October 1968, it was still a long way to their 25th anniversary, which, at the end of the 1960s, lay in the distant future. However, the mission for the universities of applied sciences was formulated for the first time: »They provide education based on science«[10] – a mission that, like every statement about a conceivable future, was necessarily given from the point of view of the present, without being able to foresee, let alone know, the further development. However, the participants at the time took a pragmatic perspective and

8 Translated according to Hans-Uwe Eriksen: Andersartig, aber gleichwertig; in: ibid., p. 44.

9 Translated according to Pressestelle der Fachhochschule Bielefeld (ed.): fh-news.special 1/97. Dokumentation der Festveranstaltung 25 Jahre Fachhochschulen in Nordrhein-Westfalen – Hochschulen mit Zukunft, Bielefeld 1997, p. 8.

10 Translated according to Elisabeth Holuscha: Das Prinzip Fachhochschule. Erfolg oder Scheitern? Eine Fallstudie am Beispiel Nordrhein-Westfalen, Marburg 2012, p. 71.

es das Fachhochschulgesetz (FHG)[11] vom 29. Juli 1969, das sich die anderen Bundesländer zum Teil als Vorbild nahmen. In Schleswig-Holstein starteten in Lübeck, Flensburg und Kiel die ersten Fachhochschulen der Bundesrepublik schon zum 1. August 1969. 1970 folgte Hamburg, während die überwiegende Mehrheit der deutschen Fachhochschulen am 1. August 1971 gegründet wurden.[12] In Nordrhein-Westfalen entstanden 15 Fachhochschulen, die aus insgesamt über 100 öffentlichen oder privaten Höheren Fachschulen und Werkkunstschulen im Land hervorgegangen sind – so auch die FH Bielefeld. Zum ersten Semesterbeginn waren 2.763 Studentinnen und Studenten eingeschrieben: 2.073 kamen aus den sechs Vorgängerinstituten,[13] weitere 690 waren Studienanfängerinnen und -anfänger, drei Jahre später waren es bereits mehr als 4.000.[14] Heute ist die FH Bielefeld mit 11.005 Studierenden (Stand 12/2020), 222 Professorinnen und Professoren, 50 Lehrkräften für besondere Aufgaben sowie 568 wissenschaftlichen und weiteren Mitarbeiterinnen und Mitarbeitern die größte staatliche Fachhochschule in Ostwestfalen-Lippe:[15] akademisch, bildungsoffen, durchlässig, gendergerecht,[16] für Haltung und Bildung und seit dem Einzug in das neue Fachhochschulgebäude an der Interaktion 1 im August 2015 nicht nur wissenschaftspolitisch und kulturell, sondern auch architektonisch eine eindeutige Marke in der wachsenden Wissenschaftsstadt Bielefeld.

›Time‹[17] – Vergangenheit, Gegenwart und Zukunft

Befasst man sich nun angesichts des 50-jährigen Jubiläums der FH Bielefeld mit den Themen Zeit, Vergangenheit, Gegenwart und Zukunft, wird sehr schnell offenkundig, dass sie in vielfältiger Weise wissenschaftlich, psychologisch, soziologisch und literarisch das Leben und Arbeiten, das

11 Vgl. http://protokolle.archive.nrw.de/pdf_texte/_1018x.pdf (15.8.2020): 1018. Kabinettsitzung am 29. Juli 1969. I. Landesangelegenheiten. 1. Ausfertigung und Verkündung des Gesetzes über die Fachhochschulen im Lande Nordrhein-Westfalen (Fachhochschulgesetz – FHG), S. 956, und http://recht.nrw.de/GV_NRW_1969_48-1: Gesetz- und Verordnungsblatt für das Land Nordrhein-Westfalen vom 8. August 1969 (15.8.2020), S. 571–575.

12 Vgl. dazu ausführlich Jörg-Peter Pahl: Fachhochschule. Von der Fachschule zur Hochschule für angewandte Wissenschaften, Bielefeld 2018.

13 Vgl. dazu das Kapitel ›Back to the Future‹ weiter unten in diesem Beitrag.

14 Pressestelle der Fachhochschule Bielefeld (Hg.): fh-news.special 1/97, S. 8.

15 Vgl. https://www.fh-bielefeld.de/hochschule/zahlen-daten-fakten (4.1.2021).

16 40 Prozent der Studierenden sind Frauen, in der Professorenschaft liegt ihr Anteil bei 29 Prozent. Fragen der Gleichstellung haben an der FH Bielefeld eine lange Tradition. Schon 1988 ist das Amt der Frauenbeauftragten in der Grundordnung der FH Bielefeld verankert worden und bereits seit März 1994 betreibt die Hochschule die KiTa EffHa an der Wertherstraße 16. Ebenfalls im März 1994 startete der Bund-Länder-Modellversuch ›Frauen im Ingenieurstudium an Fachhochschulen‹, aus dem 1999 das Kompetenzzentrum Technik-Diversity-Chancengleichheit hervorgegangen ist, das seit 2016 seinen Sitz Am Stadtholz 24 hat; vgl. https://www.kompetenzz.de (13.12.2020).
Im Dezember 2011 wurde die FH Bielefeld mit dem Zertifikat für Familienfreundlichkeit des audits familiengerechte hochschule ausgezeichnet. Vgl. u.a. https://www.fh-bielefeld.de/familiengerechte-hochschule (20.9.2020). Wie kaum eine andere Hochschule in Deutschland hat die FH Bielefeld insbesondere nach dem Amtsantritt von Rektorin Prof. Dr. Beate Rennen-Allhoff die Empfehlungen des Wissenschaftsrates zur Chancengleichheit für Frauen umgesetzt. Vgl. dazu Wissenschaftsrat (Hg.): Empfehlungen zur Chancengleichheit von Frauen in Wissenschaft und Forschung, Köln 1998.

17 ›Time‹ ist ein Song der deutschen Rockband La Düsseldorf aus dem Jahr 1978, die 1975 aus der Gruppe Neu hervorgegangen ist. Man höre mit Vergnügen: https://www.youtube.com/watch?v=rQnnODwYUxo (20.1.2021).

planned the future course on the basis of available knowledge. This was followed by the individual agreements of the federal states. In North Rhine-Westphalia it was the Fachhochschulgesetz (Universities of Applied Sciences Act, FHG)[11] of 29 July 1969, which the other federal states partly took as a model. In Schleswig-Holstein, the first universities of applied sciences in the Federal Republic started in Lübeck, Flensburg and Kiel as early as 1 August 1969. Hamburg followed in 1970, while the vast majority of German universities of applied sciences were founded on 1 August 1971.[12] In North Rhine-Westphalia, 15 universities of applied sciences emerged from a total of more than 100 public or private colleges of higher education and of art and crafts in the state – including the Bielefeld UAS. At the beginning of the first semester, 2,763 students were enrolled: 2073 came from the six predecessor institutes,[13] another 690 were first-year students, and three years later there were already more than 4,000.[14] Today, the Bielefeld UAS is the largest state university of applied sciences in East Westphalia-Lippe with 11,005 students (as of 12/2020), 222 professors, 50 lecturers for special tasks and 568 academic and other staff: Since moving into the new University of Applied Sciences building on Interaktion 1 in August 2015, it is a clear brand in the growing science city of Bielefeld, not only in terms of science policy and culture, but also architecturally,[15] and in terms of academic, open to education, permeable, gender-appropriate,[16] for attitude and education.

›Time‹[17] – Past, Present and Future

If, in view of the 50th anniversary of the Bielefeld UAS, one now looks at the themes of time, past, present and future, it very quickly becomes apparent that they affect life and work, teaching, learning and research at this University in a variety of scientific, psychological, sociological and

11 Cf. http://protokolle.archive.nrw.de/pdf_texte/_1018x.pdf (15.8.2020): 1018. Kabinettsitzung am 29. Juli 1969. I. Landesangelegenheiten. 1. Ausfertigung und Verkündung des Gesetzes über die Fachhochschulen im Lande Nordrhein-Westfalen (Fachhochschulgesetz – FHG), S. 956, and http://recht.nrw.de/GV_NRW_1969_48-1: Gesetz- und Verordnungsblatt für das Land Nordrhein-Westfalen from 8. August 1969 (15.8.2020), p. 571–575.

12 Cf. in detail Jörg-Peter Pahl: Fachhochschule. Von der Fachschule zur Hochschule für angewandte Wissenschaften, Bielefeld 2018.

13 See the chapter ›Back to the Future‹ later in this article.

14 Pressestelle der Fachhochschule Bielefeld (Hg.): fh-news.special 1/97, p. 8.

15 Cf. https://www.fh-bielefeld.de/hochschule/zahlen-daten-fakten (4.1.2021).

16 40 percent of the students are women, and 29 percent of the professors are women. Gender equality issues have a long tradition at the Bielefeld UAS. As early as 1988, the office of the women's officers was anchored in the basic regulations of Bielefeld UAS, and the University has been operating the EffHa daycare centre at Wertherstrasse 16 since March 1994. Also in March 1994, the federal-state pilot project ›Women in Engineering Studies at Universities of Applied Sciences‹ was launched, from which the Kompetenzzentrum Technik-Diversity-Chancengleichheit (Competence Centre for Technology Diversity Equal Opportunities) emerged in 1999, which has been located at Am Stadtholz 24 since 2016; cf. https://www.kompetenzz.de (13.12.2020).
In December 2011, the Bielefeld UAS was awarded the certificate for family friendliness by the audit familiengerechte hochschule (family-friendly university audit). Cf. among others https://www.fh-bielefeld.de/familiengerechte-hochschule (20.9.2020). The Bielefeld UAS has implemented the recommendations of the German Council of Science and Humanities on equal opportunities for women like hardly any other university in Germany, especially after Rector Prof. Dr. Beate Rennen-Allhoff took office. Cf. Wissenschaftsrat (ed.): Empfehlungen zur Chancengleichheit von Frauen in Wissenschaft und Forschung, Cologne 1998.

17 ›Time‹ is a song by the German rock band La Düsseldorf from 1978, which emerged from the group Neu in 1975. Listen with pleasure: https://www.youtube.com/watch?v=rQnnODwYUxo (20.1.2021).

Lehren, Lernen und Forschen an dieser Hochschule betreffen. So wie in der Physik, der klassischen Mechanik, der Mathematik, der Informatik, der Psychologie, der Soziologie, der Sprachwissenschaft, der Philosophie u.a.m. Zeit eine Dimension zur Parametrisierung[18] eines Ereignisses ist, bei der nicht notwendigerweise zwischen Vergangenheit, Gegenwart und Zukunft unterschieden wird, werden in dieser Festschrift Aspekte der Zeit der FH Bielefeld diskutiert, ohne ihre 50-jährige Geschichte mehr als nötig zu rekonstruieren, zumal darüber analog und digital vielfach berichtet worden ist und viele Details auf den Webseiten der Hochschule zu finden sind.[19] Im Gegenteil: Zeitempfinden, Wahrnehmung, Gedankenprozesse, Erinnerungen und Bewusstsein sind im Menschen so eng miteinander verknüpft, dass sie im Erleben normalerweise nicht getrennt werden können. »Denkt man quantentheoretisch, ist die simpelste Form, die Zukunft zu schematisieren, die Frage: ›Welcher von zwei möglichen Zuständen wird eintreten?‹. Klar ist, dass einer eintritt, also Gegenwart wird, und ein anderer nicht eintritt, obwohl er möglich war. Es ›gibt‹ also Zukünfte, die nie Gegenwart werden: versäumte, verworfene, übersehene, vermiedene, verhinderte, entgangene, entzogene, unbekannte und zufällig nie eingetretene Möglichkeiten! ... Die Zukunft ist vergangen, bevor sie eingetreten ist. Das kann funktional und dysfunktional sein, ... (denn) Systeme unterliegen aufgrund dieser Zeitstruktur dem Entscheidungszwang, aus künftigen Möglichkeiten, die kommen und geschaffen werden, zu wählen.«[20] Gedanken über und Projektionen auf die Zukunft betreffen zudem grundlegend das Bedürfnis des Menschen nach Vorhersage, Planung und Prognose, wie der Zukunftsforscher Robert Jungk bereits Anfang der 1950er-Jahre feststellte: »Das Morgen ist schon im Heute vorhanden, aber es maskiert sich noch als harmlos, es tarnt und entlarvt sich hinter dem Gewohnten. Die Zu-

18 In der Mathematik beispielsweise versteht man unter einer Parametrisierung eine Darstellung, bei der die Punkte einer Kurve oder Fläche als Funktion einer oder mehrerer Variablen – also der Parameter – durchlaufen werden.

19 Vgl. u.a. gruppe intermedia 70 (Hg.): Werkkunstschule/Fachhochschule Bielefeld 1971, Bielefeld 1971; Rektor der Fachhochschule Bielefeld (Hg.): Aspekte aus Lehre, Forschung und Entwicklung, Bielefeld 1981; Rektorat der Fachhochschule Bielefeld (Hg.): Hochschule der Praxis. Fachhochschule Bielefeld 25 Jahre, Bielefeld 1996; Andreas Beaugrand (Hg.): Stadtbuch Bielefeld. Tradition und Fortschritt in der ostwestfälischen Metropole, Bielefeld 1996; Christian Bode, Werner Becker, Claudius Habbich, Rainer Klofat (Hg.): Fachhochschulen in Deutschland, München 1997; Andreas Beaugrand, Gerhard Renda (Hg.): Werkkunst. Kunst und Gestaltung in Bielefeld 1907–2007 (Schriften der Historischen Museen der Stadt Bielefeld, Band 25), Bielefeld 2007; Jürgen Büschenfeld, Martina Bauer: Das Ding mit dem Ing. 50 Jahre Ingenieurwissen aus Bielefeld, Bielefeld 2009; Andreas Beaugrand (Hg.): Stadtbuch Bielefeld 1214–2014, Bielefeld 2013, sowie https://www.fh-bielefeld.de (31.12.2020), sowie die FH-Bielefeld-Chronik 1971–2021 des Verfassers, in: https://www.fh-bielefeld.de/hochschule/50years/chronik (2.2.2021).

20 Klaus Eidenschink in: https://metatheorie-der-veraenderung.info/wpmtags/vergangene-zukunft (5.10.2020). In einem Schreiben vom 6. Oktober 2020 bestätigt Klaus Eidenschink, dass dieses Zitat »etwas von dem Picht'schen Denken« wiedergibt, das jedoch »in gleichem Ausmaß Bezug zu Carl Friedrich von Weizsäckers Theorie der Ur-Alternativen« von 1985 habe. Vgl. dazu auch Constanze Eisenbart (Hg.): Georg Picht. Von der Zeit. Vorlesungen und Schriften. Studienausgabe, Stuttgart 1999, sowie Georg Picht: Mut zur Utopie, in: Ders.: Hier und Jetzt. Philosophieren nach Auschwitz und Hiroshima, Band II, Stuttgart 1981, S. 23–127, und Ders: Die Idee des Fortschritts und das Problem der Zeit, in: Ders.: Hier und Jetzt. Philosophieren nach Auschwitz und Hiroshima, Band I, S. 375 ff., insbesondere aber auch Stephen Hawking: Eine kurze Geschichte der Zeit. Die Suche nach der Urkraft des Universums, Reinbek bei Hamburg 1988.

literary ways. Just as in Physics, Classical Mechanics, Mathematics, Computer Science, Psychology, Sociology, Linguistics, Philosophy and many more, time is a dimension for parameterising[18] an event, in which no distinction is necessarily made between past, present and future. This commemorative publication discusses aspects of time at the Bielefeld UAS without reconstructing its 50-year history any more than necessary, especially since it has been reported on many times in analogue and digital form and can be found in many details on the University's website.[19] On the contrary: Time perception, awareness, thought processes, memories and consciousness are so closely linked in humans that they cannot normally be separated in experience. If one thinks in terms of quantum theory, the simplest form of schematising the future is the question: »Which of two possible states will occur? It is clear that one will occur, i.e. become the present, and another will not occur, although it was possible. So there are futures that never become present: missed, rejected, overlooked, avoided, prevented, escaped, withdrawn, unknown and, by chance, never-occurred possibilities! ... The future is past before it has occurred. This can be functional and dysfunctional, ... (because) systems, as a result of this time structure, are subject to the decision-making constraint of choosing from future possibilities that come and are created.«[20] Thoughts about, and projections of, the future also fundamentally concern man's need for prediction, planning and forecasting, as futurologist Robert Jungk noted as long ago as the early 1950s: »Tomorrow is already present in today, but it still masks itself as harmless, it camouflages and exposes itself behind the familiar. The future is not a utopia cleanly detached from the respective present: The future has already begun. But it can still be changed, if recognised in time.«[21]

18 In mathematics, for example, a parametrisation is a representation in which the points of a curve or surface are traversed as a function of one or more variables – i.e. the parameters.

19 Cf. among others gruppe intermedia 70 (ed.): Werkkunstschule/Fachhochschule Bielefeld 1971, Bielefeld 1971; Rektor der Fachhochschule Bielefeld (ed.): Aspekte aus Lehre, Forschung und Entwicklung, Bielefeld 1981; Rektorat der Fachhochschule Bielefeld (ed.): Hochschule der Praxis. Fachhochschule Bielefeld 25 Jahre, Bielefeld 1996; Andreas Beaugrand (ed.): Stadtbuch Bielefeld. Tradition und Fortschritt in der ostwestfälischen Metropole, Bielefeld 1996; Christian Bode, Werner Becker, Claudius Habbich, Rainer Klofat (eds.): Fachhochschulen in Deutschland, Munich 1997; Andreas Beaugrand, Gerhard Renda (eds.): Werkkunst. Kunst und Gestaltung in Bielefeld 1907–2007 (Schriften der Historischen Museen der Stadt Bielefeld, vol. 25), Bielefeld 2007; Jürgen Büschenfeld, Martina Bauer: Das Ding mit dem Ing. 50 Jahre Ingenieurwissen aus Bielefeld, Bielefeld 2009; Andreas Beaugrand (ed.): Stadtbuch Bielefeld 1214–2014, Bielefeld 2013, and https://www.fh-bielefeld.de (31.1.2021) as well as the author's Bielefeld UAS chronicle 1971–2021, in: https://www.fh-bielefeld.de/hochschule/50years/chronik (2.2.2021).

20 Translated according to Klaus Eidenschink in: https://metatheorie-der-veraenderung.info/wpmtags/vergangene-zukunft (5.10.2020). In a letter dated 6 October 2020, Klaus Eidenschink confirms that this quotation reflects »something of Picht's thinking«, which, however, has »equal reference to Carl Friedrich von Weizsäcker's theory of primordial alternatives« from 1985. Cf. also Constanze Eisenbart (ed.): Georg Picht. Von der Zeit. Vorlesungen und Schriften. Studienausgabe, Stuttgart 1999, as well as Georg Picht: Mut zur Utopie, in: same: Hier und Jetzt. Philosophieren nach Auschwitz und Hiroshima, Vol. II, Stuttgart 1981, pp. 23–127, and same: Die Idee des Fortschritts und das Problem der Zeit, in: same: Hier und Jetzt. Philosophieren nach Auschwitz und Hiroshima, Vol. I, pp. 375 ff., but especially Stephen Hawking: A Brief History of Time. The Search for the Primordial Force of the Universe, German edition: Reinbek near Hamburg 1988.

21 Translated according to the classic by Robert Jungk: Die Zukunft hat schon begonnen. Entmenschlichung – Gefahr unserer Zivilisation, Bern, Stuttgart 1952, p. 17, as well as Ulrich Grober: Der leise Atem kunft ist keine sauber von der jeweiligen Gegenwart abgelöste Utopie: Die Zukunft hat schon begonnen. Aber noch kann sie, wenn rechtzeitig erkannt, verändert werden.«[21]

›Back to the Future‹[22]

Die neu gegründete FH Bielefeld nutzte in den ersten Jahren die Gebäude der früheren Höheren Fachschulen weiter. »Aufbruchstimmung und Pioniergeist« prägten nach dem ersten gewählten FH-Gründungsrektor Prof. Dr. Germanus Wegmann die Arbeit der Anfangsjahre und durch sie konnten Startschwierigkeiten überwunden werden.[23] So blieb der Fachbereich Design (Fachbereich 1) zunächst im bis 1913 errichteten Jugendstilbau der ehemaligen Werkkunstschule am Sparrenberg 2c, in dem bis dahin Architektur, Grafik und Textil unterrichtet worden war, sowie im 1935 errichteten Gebäude an der Meindersstraße 1, in dem Industriedesign studiert werden konnte, und in der Alten Villa aus dem Jahr 1911 am Johanniskirchplatz, die für Mode und Textildesign genutzt wurde. 1978 zog der Fachbereich mit den Studienrichtungen Fotografie, Grafik, Mode- und Textildesign in das von 1956 bis 1960 errichtete Gebäude der ehemaligen Pädagogischen Hochschule in der Lampingstraße 3, wo er sich bis heute befindet und in den Bachelor- und Masterstudiengängen Gestaltung die Studienrichtungen Digital Media and Experiment, Fotografie und Bildmedien, Kommunikationsdesign und Mode anbietet.[24]

21 Vgl. den Klassiker von Robert Jungk: Die Zukunft hat schon begonnen. Entmenschlichung – Gefahr unserer Zivilisation, Bern, Stuttgart 1952, S. 17, sowie Ulrich Grober: Der leise Atem der Zukunft. Vom Aufstieg nachhaltiger Werte in Zeiten der Krise, München 2016, und Joachim Radkau: Geschichte der Zukunft: Prognosen, Visionen, Irrungen in Deutschland von 1945 bis heute, München 2017. Das Thema wird längst auch wirtschaftlich ausgeschlachtet: »Die Zukunft erfinden wir alle gemeinsam … Gemeinsam schreiben wir Geschichte. Die der Zukunft.« Werbung der BMW Group mit dem Slogan »The Next 100 Years« Ende 2020.

22 ›Back to the Future‹ ist ein Science-Fiction-Film von Robert Zemeckis (siehe dazu weiter unten), der am 3. Juli 1985 in die amerikanischen und am 3. Oktober 1985 in die deutschen Kinos kam. https://de.wikipedia.org/wiki/Zur%C3%BCck_in_die_Zukunft_(Film) (20.10.2020).

23 Prof. Dr. Germanus Wegmann (*1928), der von der Staatlichen Höheren Wirtschaftsfachschule (HWF) in Bielefeld kam, war von Januar 1972 bis Herbst 1984 erster gewählter Gründungsrektor der FH Bielefeld. Sein Vorgänger war von August 1971 bis Januar 1972 der von der Landesregierung als Rektorbeauftragter eingesetzte Prof. Dr. rer. pol. Walter Wolff (1921–2013), der von der Staatlichen Ingenieurschule für Maschinenwesen in Bielefeld gekommen war. Nachfolger Wegmanns wurde von 1984 bis 1993 Dr.-Ing. Heinrich Ehlebracht (1931–2006) vom Fachbereich Architektur und Bauingenieurwesen in Minden. Ihm folgte Prof. Dr.-Ing. Heinrich Ostholt (1937–2021) vom Fachbereich Maschinenbau bis 2001; danach war Prof. Dr. Beate Rennen-Allhoff (*1951) vom Fachbereich Pflege und Gesundheit von 2001 bis 2009 Rektorin und von 2009 bis 2015 Präsidentin. Seit 2015 und im April 2021 für weitere fünf Jahre im Amt bestätigt ist Prof. Dr. rer. medic. Ingeborg Schramm-Wölk (*1963), aus der Hochschule Rhein-Waal kommend, erste extern gewählte Präsidentin der FH Bielefeld.

24 Vgl. dazu Andreas Beaugrand, Gerhard Renda (Hg.): werkkunst. Kunst und Gestaltung in Bielefeld 1907–2007 (Schriften der Historischen Museen der Stadt Bielefeld, Band 25), Bielefeld 2007. Der seit 2008 geplante und 2015 bezogene Ersatzneubau der FH Bielefeld an der Interaktion 1 erwies sich von Anfang an als zu klein, sodass der Fachbereich Gestaltung in seinem Gebäude an der Lampingstraße 3 verblieb. Zum 31. Dezember 2020 hatte die Bielefelder Niederlassung des Bau- und Liegenschaftsbetriebs Nordrhein-Westfalen (BLB-NRW) den Mietvertrag gekündigt, ein Umzug in einen noch zu errichtenden Neubau am Campus Bielefeld ist seit Anfang 2021 in Planung, 2020 wurde das mietfreie Nutzungsrecht bis 2027 verlängert. Bis dahin soll ein Neubau neben dem CITEC-Gebäude an der Inspiration 1 errichtet werden, in den dann auch der Fachbereich Gestaltung umziehen soll. Das Gebäude des Fachbereichs Gestaltung an der Lampingstraße 3, der ursprünglich denkmalgeschützte und seit seiner Errichtung ausschließlich für Bildung konzipierte Bau der »Hochschule im Grünen« (Planer der späten 1950er-Jahre für die Abteilung Bielefeld der Pädagogischen Hochschule Westfalen-

›Back to the Future‹[22]

The newly founded Bielefeld UAS continued to use the buildings of the former Higher Technical Colleges in the first years. According to the first elected Founding Rector of the Bielefeld UAS, Prof. Dr. Germanus Wegmann, »a spirit of optimism and pioneering spirit« characterised the work of the early years, and it was through them that initial difficulties were overcome.[23] Thus, the Faculty of Design (Faculty 1) initially stayed in the Art Nouveau building of the former Werkkunstschule (Municipal School of Applied Arts) at Sparrenberg 2c, which had been built until 1913 and in which Architecture, Graphics and Textiles had been taught until then. Also in the building at Meindersstrasse 1, built in 1935, in which Industrial Design could be studied, and in the Old Villa from 1911 at Johanniskirchplatz, which was used for Fashion and Textile Design. In 1978, the Faculty with the study programmes Photography, Graphic, Fashion and Textile Design moved to the building of the former Pädagogischen Hochschule (University of Education) at Lampingstrasse 3, which was built from 1956 to 1960, where it is still located today, and where it offers Bachelor's and Master's programmes in Digital Media and Experiment, Photography and Visual Media, Communication Design and Fashion.[24]

der Zukunft. Vom Aufstieg nachhaltiger Werte in Zeiten der Krise, Munich 2016, and Joachim Radkau: Geschichte der Zukunft: Prognosen, Visionen, Irrungen in Deutschland von 1945 bis heute, Munich 2017. The topic has long been exploited commercially: »We are all inventing the future together ... Together we are writing history. That of the future.« BMW Group advertising with the slogan »The Next 100 Years« at the end of 2020.

22 ›Back to the Future‹ is a science fiction film directed by Robert Zemeckis (see more below), released in American cinemas on 3 July 1985 and in German cinemas on 3 October 1985. https://de.wikipedia.org/wiki/Zur%C3%BCck_in_die_Zukunft_(film) (20.10.2020).

*23 Prof. Dr. Germanus Wegmann (*1928), who came from the Staatliche Höhere Wirtschaftsfachschule (State Secondary School of Economics, HWF) in Bielefeld, was the first elected Founding Rector of the Bielefeld UAS from January 1972 to autumn 1984. His predecessor from August 1971 to January 1972 was Prof. Dr. rer. pol. Walter Wolff (1921–2013), who had been appointed Rector by the state government and had come from the State School of Engineering in Bielefeld. Wegmann's successor from 1984 to 1993 was Dr.-Ing. Heinrich Ehlebracht (1931–2006) from the Faculty of Architecture and Civil Engineering in Minden. He was followed by Prof. Dr.-Ing. Heinrich Ostholt (1937–2021) from the Faculty of Mechanical Engineering until 2001, after which Prof. Dr. Beate Rennen-Allhoff (*1951) from the Teaching Unit of Nursing and Health was Rector from 2001 to 2009 and President from 2009 to 2015. Since 2015 and confirmed in office for another five years in April 2021 is Prof. Dr. rer. medic. Ingeborg Schramm-Wölk (*1963), who comes from the Rhine-Waal UAS, is the first externally elected President of the Bielefeld UAS.*

24 Cf. Andreas Beaugrand, Gerhard Renda (eds.): werkkunst. Kunst und Gestaltung in Bielefeld 1907–2007 (Schriften der Historischen Museen der Stadt Bielefeld, Vol. 25), Bielefeld 2007. The new replacement building of the Bielefeld UAS at Interaktion 1, planned since 2008 and occupied in 2015, proved to be too small from the start, so that the Faculty of Design remained in its building at Lampingstrasse 3. On 31 December 2020, the Bielefeld branch of the Bau- und Liegenschaftsbetrieb Nordrhein-Westfalen (Building and Property Management of the State of North Rhine-Westphalia, BLB-NRW) terminated the rental agreement; a move to a new building yet to be constructed on the Campus Bielefeld is being planned since early 2021; in 2020, the rent-free right of use was extended until 2027. By then, a new building is to be constructed next to the CITEC building at Inspiration 1, into which the Faculty of Design is also to move. The building of the Faculty of Design at Lampingstrasse 3, originally a listed building and designed exclusively for education since its construction by the »Hochschule im Grünen« (»university in the green«, planners in the late 1950s for the Bielefeld Department of the Pädagogische Hochschule Westfalen-Lippe – Westphalia-Lippe University of Education), will become the property of the Bielefeld UAS and will be extensively renovated. In a Zoom conversation with the Faculty, Bielefeld UAS President Prof. Dr. Ingeborg Schramm-Wölk promised on 7 December 2020 that the Faculty can move back to Lampingstrasse after the refurbishment, if it still wants to then (around 2030 ff.).

Aus der 1964 gegründeten Staatlichen Ingenieurschule für Bauwesen in Minden wurde zusammen mit dem Bielefelder Studienbereich Architektur der Fachbereich Architektur und Bauingenieurwesen in Minden (Fachbereich 2). Der Fachbereich hat seinen Sitz in den Gebäuden der ehemaligen Springbok Barracks in der Artilleriestraße 9, der seit dem Ausbau des Standorts seit 2009[25] sowie der Errichtung eines Neubaus 2015[26] Fachbereich Campus Minden heißt.[27]

Der heutige Fachbereich Ingenieurwissenschaften und Mathematik[28] (Fachbereich 3) entstand aus der 1959 gegründeten Staatlichen Ingenieurschule für Maschinenwesen in Bielefeld[29] und nutzte bis zum Umzug in den Fachhochschulneubau deren zwischen 1962 und 1965 errichtete Gebäude an der Wilhelm-Bertelsmann-Straße 10/Ecke Werner-Bock-Straße.[30] Steigende Studierendenzahlen führten zu neuem Raumbedarf, der bis zum Umzug durch weitere Anmietung von Räumen und Gebäudeteilen im Horten-Haus in der Zimmerstraße, später durch

Lippe), wird in den Besitz der FH Bielefeld übergehen und umfassend saniert. In einem Zoom-Gespräch mit dem Fachbereich hat die FH-Präsidentin Prof. Dr. Ingeborg Schramm-Wölk am 7. Dezember 2020 zugesagt, dass der Fachbereich nach der Sanierung in die Lampingstraße zurückziehen kann, wenn er dann noch will (etwa 2030 ff.).

25 Ministerium für Innovation, Wissenschaft, Forschung und Technologie des Landes Nordrhein-Westfalen, Der Minister (Hg.): Wettbewerb ›Ausbau der Fachhochschulen in Nordrhein-Westfalen‹, Düsseldorf 2008.

26 Der Neubau auf dem Campus Minden wurde am 13. November 2015 offiziell eröffnet. Nach 21 Monaten Bauzeit hatte der Bauherr, der Bau- und Liegenschaftsbetrieb NRW (BLB-NRW), das rund 14 Millionen Euro teure Gebäude Anfang Juli 2015 an die FH Bielefeld übergeben. Nötig geworden war die bauliche Erweiterung, weil der Hochschulstandort Minden in den letzten Jahren stark gewachsen ist. Im Rahmen des Ausbauprogramms der Fachhochschulen in NRW erhielt die FH Bielefeld 2008 den Zuschlag, 500 zusätzliche Studienplätze bis 2015 an ihrem Standort Minden zu schaffen. Das Soll wurde bereits 2013 erfüllt. Inzwischen sind gut 1.000 Studierende mehr in Minden immatrikuliert als noch 2008: Insgesamt waren Ende 2020 1.712 Studierende eingeschrieben.

27 Die Artilleriekaserne wurde von 1896 bis 1897 durch die Stadt Minden außerhalb der Festung Minden für die IV. Abteilung des 2. Westfälischen Feldartillerie-Regiments Nr. 22 errichtet (ab 1899 die II. Abteilung des neu aufgestellten Feldartillerie-Regiments Nr. 58, seit 1902 das Mindensche Feldartillerie-Regiment Nr. 58). Die Kaserne wurde bis 1945 militärisch genutzt. Ein Teil des Areals wurde dann mit den Springbok Barracks bis zum 27. Februar 1992 Sitz der in Minden stationierten British Army of the Rhine, andere Teile wurden seit 1949 gewerblich sowie von der Kreisberufsschule genutzt, in deren Räume 1964 die Staatliche Ingenieurschule für Bauwesen Minden zog, aus der der neue Fachbereich entstand. 2013 wurde der Campus Minden der FH Bielefeld durch einen Neubau erweitert und das seit 2010 angemietete sogenannte Offiziershaus von der FH Bielefeld gekauft. Vgl. dazu Hans Nordsiek: »Kaiserwetter« in Minden. Stadtentwicklung in wilhelminischer Zeit, in: Joachim Meynert, Josef Mooser, Volker Rodekamp (Hg.): Unter Pickelhaube und Zylinder. Das östliche Westfalen im Zeitalter des Wilhelminismus 1888 bis 1914, Bielefeld 1991, S. 29–134, hier S. 96 ff., die den Mindener Fachbereich betreffenden Rechenschaftsberichte des Präsidiums der FH Bielefeld sowie http://www.baor-locations.org/springbokbks.aspx.html und http://www.baor-locations.org/historybaor.aspx.html (31.12.2020). Siehe auch https://www.fh-bielefeld.de/minden (31.12.2020).

28 Siehe https://www.fh-bielefeld.de/ium (20.12.2020).

29 Die Fachschule war 1959 von der Stadt Bielefeld, dem Wirtschafts- und Kulturministerium Nordrhein-Westfalen, der Bezirksregierung Detmold, der gleichzeitig ins Leben gerufenen Gesellschaft der Förderer und Freunde der Staatlichen Ingenieurschule, dem Verein Deutscher Ingenieure/Teutoburger Bezirksverein e.V., dem Arbeitgeberverband Metall und dem Deutschen Gewerkschaftsbund gegründet worden.

30 Ende März 2009 wurden unter einem missverständlichen Titel und mit großem Tamtam, das nicht in allen Fällen gendergerechten Ansprüchen gerecht wurde – u.a. hüpften halb nackte Tänzerinnen synchron aus Mülltonnen –, sowie etwa 1.700 Gästen in der Stadthalle Bielefeld 50 Jahre Ingenieurausbildung in Bielefeld gefeiert. Vgl. die Website https://www.fh-bielefeld.de/ium/ueber-uns/fachbereichskommunikation/archiv/veranstaltungen/50-jahre-ingenieurwissen (25.11.2020) und die aus diesem Anlass erschienene Publikation von Jürgen Büschenfeld, Martina Bauer (Hg.): Das Ding mit dem Ing. 50 Jahre Ingenieurwissen aus Bielefeld, Bielefeld 2009, die einen guten Überblick über die Geschichte der Ingenieurschule und des Fachbereichs vermittelt.

The State School of Civil Engineering in Minden, which was founded in 1964, together with the Bielefeld Department of Architecture, became the Faculty of Architecture and Civil Engineering in Minden (Faculty 2). The faculty is located in the buildings of the former Springbok Barracks in Artilleriestrasse 9, which has been called Faculty Campus Minden[25] since the expansion of the location since 2009[26] and the construction of a new building in 2015.[27]

The today's Faculty of Engineering and Mathematics[28] (Faculty 3) evolved from the State School of Engineering for Mechanical Engineering in Bielefeld,[29] which was founded in 1959, and used its building at Wilhelm-Bertelsmann-Strasse 10/corner of Werner-Bock-Strasse,[30] which was constructed between 1962 and 1965, until it moved to the new University building.[31] Rising student numbers led to a new demand for space, which was met until the move by renting further rooms and

25 Ministerium für Innovation, Wissenschaft, Forschung und Technologie des Landes Nordrhein-Westfalen, Der Minister (ed.): ›Wettbewerb Ausbau der Fachhochschulen in Nordrhein-Westfalen‹, Düsseldorf 2008.

26 The new building on the Campus Minden was officially opened on 13 November 2015. After 21 months of construction, the client, Bau- und Liegenschaftsbetrieb NRW (BLB-NRW), handed over the building, which cost around 14 million euros, to the Bielefeld UAS at the beginning of July 2015. The structural expansion had become necessary because the university location in Minden has grown strongly in recent years. As part of the expansion programme of the universities of applied sciences in North Rhine-Westphalia, the Bielefeld UAS was awarded the contract in 2008 to create 500 additional study places at its Minden location by 2015. The target was already met in 2013. In the meantime, a good 1,000 more students are enrolled in Minden than in 2008. A total of 1,712 students were enrolled at the end of 2020.

27 The artillery barracks were built from 1896 to 1897 by the City of Minden outside the Minden fortress for the IV. Division of the 2nd Westphalian Field Artillery Regiment No. 22 (from 1899 the II. Division of the newly formed Field Artillery Regiment No. 58, since 1902 the Minden Field Artillery Regiment Nr. 58). The barracks were used for military purposes until 1945. Part of the area then became the headquarters of the British Army of the Rhine stationed in Minden with the Springbok Barracks until 27 February 1992, other parts were used commercially since 1949 as well as by the District Vocational School, into whose rooms the Minden State School of Civil Engineering moved in 1964, from which the new Faculty emerged. In 2013, the Campus Minden of the Bielefeld UAS was expanded with a new building and the so-called Officers' House, which had been rented since 2010, was purchased by the Bielefeld UAS. Cf. Hans Nordsiek: »Kaiserwetter« in Minden. Stadtentwicklung in wilhelminischer Zeit, in: Joachim Meynert, Josef Mooser, Volker Rodekamp (eds.): Unter Pickelhaube und Zylinder. Das östliche Westfalen im Zeitalter des Wilhelminismus 1888 bis 1914, Bielefeld 1991, pp. 29–134, here p. 96 ff., the accounts of the Executive Board of the Bielefeld UAS concerning the Minden location as well as http://www.baor-locations.org/springbokbks.aspx.html and http://www.baor-locations.org/historybaor.aspx.html (31.12.2020). See also https://www.fh-bielefeld.de/minden (31.12.2020).

28 See https://www.fh-bielefeld.de/ium (20.12.2020).

29 The Technical School had been founded in 1959 by the City of Bielefeld, the Ministry of Economic Affairs and Culture of the State of North Rhine-Westphalia, the District Government of Detmold, the Society of Sponsors and Friends of the State School of Engineering (Gesellschaft der Förderer und Freunde der Staatlichen Ingenieurschule), which was established at the same time, the Association of German Engineers/Teutoburger Bezirksverein (Teutoburg District Association), the Employers' Association for Metal and the German Federation of Trade Unions.

30 At the end of March 2009, 50 years of engineering education in Bielefeld were celebrated under a misleading title and with great fanfare that did not in all cases meet gender-equitable standards – among other things, half-naked female dancers jumped synchronously out of bins – and about 1,700 guests in the Bielefeld City Hall. Cf. the website https://www.fh-bielefeld.de/ium/ueber-uns/fachbereichskommunikation/archiv/veranstaltungen/50-jahre-ingenieurwissen (25.11.2020) and the publication by Jürgen Büschenfeld, Martina Bauer (eds.) published on this occasion: Das Ding mit dem Ing. 50 Jahre Ingenieurwissen aus Bielefeld, Bielefeld 2009, which gives a good overview of the history of the Engineering School and the Faculty.

31 The Bielefeld UAS is one of the universities in North Rhine-Westphalia with the most intensive cooperation with the local economy. See also the article by Marian Brackmann and Marcus Miksch on the Gütersloh location of the Bielefeld UAS in this book and https://www.fh-bielefeld.de/guetersloh (20.12.2020).

Teile der früheren Richmond-Kaserne Am Stadtholz 24, in der Wilhelm-Bertelsmann-Straße 8 und 19, in einem Neubau an der Universitätsstraße 27 sowie am Campus Gütersloh in der Schulstraße 10 (Flöttmann-Haus) und im Langen Weg 9a (Gleis 13) gedeckt wurde. Im Rahmen des Ausbauprogramms der Fachhochschulen in NRW war der Antrag der FH Bielefeld zur Errichtung eines Studienortes Gütersloh 2008 nicht erfolgreich gewesen, was die Beteiligten von Stadt und Kreis Gütersloh, zahlreicher kooperierender Unternehmen und der FH Bielefeld danach nicht daran hinderte, in eigener Regie einen Studienort aufzubauen, der sich zwischenzeitlich durch politisches, wirtschaftliches und hochschulisches Engagement und die weithin anerkannten praxisintegrierten Studiengänge äußerst erfolgreich entwickelt hat. Der Campus Gütersloh hat sich längst als Hochschulstandort etabliert und ist seit Anfang 2021 auch offiziell nicht mehr ein Studienort, sondern wie Bielefeld und Minden ein Standort der FH Bielefeld.[31]

Der Fachbereich Sozialwesen (Fachbereich 4) entstand aus der Fusion von zwei Höheren Fachschulen für Sozialarbeit: aus der Landeshauptmann-Salzmann-Schule in der Spenger Straße 15 bzw. auf dem Areal zwischen Bökenkampstraße 14–17 und der Kurzen Straße 36 in Bielefeld[32] und dem Paritätischen Sozialseminar bzw. der Höheren Fachschule für Sozialarbeit in der Detmolder Schorenstraße 14.

1941 war die Wohlfahrtsschule für Sozialarbeit als erste überkonfessionelle Schule in Dortmund gegründet worden, um – anfangs nur weibliche – Fürsorgekräfte auszubilden.[33] Nach 1945 und der Gründung des Landschaftsverbandes Westfalen-Lippe (LWL) 1953 hatte die Schule am 1. Oktober 1954 zunächst ein früheres Mädchenwohnheim des Bielefelder Johanneswerks genutzt, das schnell zu klein wurde, sodass der LWL die Errichtung eines neuen Schul- und Internatsgebäudes beschloss, das 1959 bezogen wurde: die Landeshauptmann-Salzmann-Schule, benannt nach dem ersten Direktor des Landschaftsverbandes Westfalen-Lippe, Bernhard Salzmann (1886–1959). In Detmold hatte der Deutsche Paritätische Wohlfahrtsverband (DPWV) 1964 das Paritätische Sozialseminar (PSS) als Höhere Fachschule für Sozialarbeit mit dem gleichen Ziel gegründet. Beide Schulen erhielten durch das neue Fachhochschulgesetz vom 2. Juli 1969 den Rechtsstatus einer Fachhochschule und gingen zum 1. August als Fachbereich 4 der FH Bielefeld in die Trägerschaft des Landes Nordrhein-Westfalen über. In Bielefeld war der Fachbereich in der Paulusstraße 10, in der Paulusstraße 36 – dem sogenannten Tschach-Haus –, in der Bökenkampstraße und zusammen mit der Hochschulverwaltung in der Prinzenstraße 10 untergebracht,[34] bis er 1976 mit der

31 Die FH Bielefeld ist eine der nordrhein-westfälischen Hochschulen mit den intensivsten Kooperationen mit der heimischen Wirtschaft. Siehe dazu auch den Artikel von Marian Brackmann und Marcus Miksch über den Standort Gütersloh der FH Bielefeld in diesem Band sowie https://www.fh-bielefeld.de/guetersloh (20.12.2020).

32 Vgl. die Übersicht über die Höheren Fachschulen für Sozialarbeit vom 23.3.1959, veröffentlicht auf der Website https://recht.nrw.de/smbl_22306_19590323_a_anlage1.pdf (26.11.2020). Die Schulgebäude an der Kurzen Straße gehören heute zum Areal der Opticus-Schule – LWL-Förderschule Sehen, der Ravensberger Schule LWL und der Lebenshilfe-Wohnstätten.

33 Siehe hierzu und für das Folgende das digitale Archiv des Landschaftsverbandes Westfalen-Lippe: https://archivamt.hypotheses.org/5788 sowie die Website der Kolping Schulwerk GmbH https://www.kolping-schulwerk.de/Schulen/Kolping-Sozialseminar-Detmold/Schulgeschichte-1/ (beide 28.12.2020).

34 Der Verwaltungsapparat der FH Bielefeld war zu dieser Zeit noch vergleichsweise überschaubar: Das Fernsprech-Verzeichnis der Fachhochschule Bielefeld umfasste zum 1.9.1973 acht maschinengeschriebene Seiten im DIN-A5-Format (Archiv Bianca Knuth).

parts of buildings in the Horten house in Zimmerstrasse, later parts of the former Richmond barracks at Am Stadtholz 24, in Wilhelm-Bertelsmann-Strasse 8 and 19, in a new building at Universitätsstrasse 27 as well as at the Campus Gütersloh in Schulstrasse 10 (Flöttmann-Haus) and in Langer Weg 9a (Gleis 13). As part of the Expansion Programme of the Universities of Applied Sciences in North Rhine-Westphalia the application of the Bielefeld UAS to establish a Gütersloh study location had not been successful in 2008. But this did not prevent those involved in the City and District of Gütersloh, numerous cooperating companies and the Bielefeld UAS from subsequently establishing a study location on their own, which in the meantime has developed extremely successfully through political, economic and higher education commitment and the widely recognised work-integrated degree programmes. The Campus Gütersloh has long since established itself as a university location and, since the beginning of 2021, has also officially ceased to be a place of study and, like Bielefeld and Minden, has become a location of the Bielefeld UAS.

The Faculty of Social Sciences (Faculty 4) was created from the merger of two Higher Technical Schools for Social Work: From the Landeshauptmann-Salzmann-Schule in Bielefeld's Spenger Strasse 15 (or on the area between Bökenkampstrasse 14–17 and Kurze Strasse 36)[32] and the Paritätische Sozialseminar (Parity Social Seminar) or Höhere Fachschule für Sozialarbeit (Higher Technical School for Social Work) in Detmold's Schorenstrasse 14.

In 1941, the Wohlfahrtsschule für Sozialarbeit (Welfare School for Social Work) had been founded as the first interdenominational school in Dortmund to train – initially only female – welfare workers.[33] After 1945 and the founding of the Landschaftsverband Westfalen-Lippe (Regional Association of Westphalia-Lippe, LWL) in 1953, the school had initially used a former girls' dormitory of the Bielefeld Johanneswerk on 1 October 1954, which quickly became too small. The LWL decided to construct a new school and boarding school building, which was occupied in 1959: The Landeshauptmann-Salzmann-Schule – a school, named after the first Director of the Landschaftsverband Westfalen-Lippe, Bernhard Salzmann (1886–1959). In Detmold, the Deutsche Paritätische Wohlfahrtsverband (German Parity Welfare Association, DPWV) had founded the Paritätische Sozialseminar (Parity Social Seminar, PSS) in 1964 as a Higher Technical School for Social Work with the same aim. Both schools were given the legal status of a university of applied sciences by the new Universities of Applied Sciences Act of 2 July 1969, and on 1 August they were transferred to the sponsorship of the State of North Rhine-Westphalia as Faculty 4 of the Bielefeld UAS. In Bielefeld, the Faculty was housed in Paulusstrasse 10, also in Paulusstrasse 36 – the so-called Tschach-Haus – in Bökenkampstrasse and together with the University administration in Prinzenstrasse 10,[34]

32 Cf. the overview of the Higher Technical Schools for Social Work from 23.3.1959, published on the website https://recht.nrw.de/smbl_22306_19590323_a_anlage1.pdf (26.11.2020). The school buildings on Kurze Strasse are now part of the grounds of the Opticus School – LWL-Förderschule Sehen (LWL Special School for Vision), the Ravensberger Schule LWL (Ravensberg School LWL) and the Lebenshilfe-Wohnstätten (Lebenshilfe Residential Homes).

33 For this and the following, see the digital archive of the Landschaftsverband Westfalen-Lippe (Regional Association of Westphalia-Lippe): https://archivamt.hypotheses.org/5788 and the website of the Kolping Schulwerk gGmbH (Kolping School Society) https://www.kolping-schulwerk.de/Schulen/Kolping-Sozialseminar-Detmold/Schulgeschichte-1/ (both 28.12.2020).

34 The administrative apparatus of the Bielefeld UAS was still comparatively manageable at that time: the telephone directory of the Bielefeld UAS comprised eight typewritten pages in DIN A5 format as of

Verwaltung in das ehemalige Aufbau- und Verfügungszentrum der Universität Bielefeld (AVZ) an die Kurt-Schumacher-Straße 6 umzog.[35]

Der Fachbereich Wirtschaft (Fachbereich 5) geht auf die im März 1962 gegründete Staatliche Höhere Wirtschaftsfachschule (HWF) zurück, deren Lehrbetrieb zunächst in der Bielefelder Diesterwegstraße 10 begann, bis der Fachschulneubau in der Lerchenstraße 2 1966 fertiggestellt worden war.[36] 1979 zog der Fachbereich Wirtschaft der FH Bielefeld in das dann fertiggestellte Gebäude der Universität Bielefeld.[37]

1996 entstand mit dem Aufbau der neuen Lehreinheit Pflege und Gesundheit in den ehemaligen Kasernengebäuden Am Stadtholz 24 ein neuer Fachbereich, der seit 2008 zum Fachbereich Wirtschaft und Gesundheit gehörte.[38] Seit 2020 ist die Lehreinheit als Fachbereich Gesundheit (Fachbereich 6) der FH Bielefeld wieder selbstständig.

›Here I am‹[39] – Standortfaktor FH Bielefeld

Es ist kaum verwunderlich, dass Taxifahrer am Bielefelder Hauptbahnhof, die auf die Frage nach dem Fahrtziel die Antwort »FH Bielefeld« erhielten, jahrzehntelang und noch bis in die 2010er-Jahre müde lächelnd mit den Achseln zuckten. Die FH Bielefeld gab es zwar organisatorisch, jedoch nicht räumlich und strukturell, weil die verschiedenartigen Ursprünge der Fachbereiche und ihre über das Stadtgebiet weit verteilten Gebäude keine verbindliche und verbindende Identifikation mit der gesamten Hochschule ermöglichten. Bereits zum zehnjährigen FH-Jubiläum 1981 hatte die Bielefelder Presse mit Recht festgestellt, dass die »Fachhochschule ... ein ›eigenes Profil‹, aber noch ›kein Gesicht‹« hat.[40] Jedoch wurde das Wirken der FH Bielefeld zunächst lokal und regional, dann aber zunehmend überregional sichtbarer, weil die Beteiligten größeres Selbstbewusstsein entwickelt und hochschulpolitische Erfolge erzielt hatten. Dazu zählen die sukzessive immer intensiver werdenden Kontakte zur Industrie und Wirtschaft, nicht unwesentlich unterstützt durch den 1988 unterzeichneten Kooperationsvertrag zur Fort- und Weiterbildung und zum Wissens- und Technologietransfer zwischen der Industrie- und Handelskammer Ostwestfalen zu Bielefeld und der FH Bielefeld, der es ihrerseits gelang,

35 Siehe https://www.fh-bielefeld.de/sozialwesen (20.11.2020).
36 Hier ist heute der Sitz des Polizei-Sportvereins Bielefeld e.V.
37 Vgl. Fachbereich Wirtschaft und Gesundheit, Fachhochschule Bielefeld (Hg.): 50 Jahre Wirtschaftswissenschaften, Bielefeld 2012, und die Website https://www.fh-bielefeld.de/wug (20.12.2020).
38 Vgl. dazu Ursula Walkenhorst: Gesundheitsberufe zwischen beruflicher und hochschulischer Bildung, in: Andreas Beaugrand (Hg.): Bildung anführen. Über Hochschulmanagement nach der Bologna-Reform, Bielefeld 2015, S. 278–299, Annette Nauerth: Innovationen in Pflege und Gesundheit im Spiegel der Forschung, in: ebd., S. 300–323, sowie Barbara Knigge-Demal: Die einphasige Pflegelehrerinnen- und Pflegelehrerbildung, in: ebd., S. 324–343.
39 ›Here I am‹ ist ein Song des kanadischen Musikers Bryan Adams aus dem Jahr 2012.
40 Neue Westfälische vom 28. März 1981. Aus ähnlichen Gründen scheiterte noch bis ins erste Jahrzehnt des 21. Jahrhunderts der immer wieder neu gestartete Versuch, ein allen Fachbereichen gemeinsames Alumni-Netzwerk an der FH Bielefeld zu etablieren. Seit einigen Jahren gibt es immerhin eine gemeinsame Alumni-Datenbank, vgl. die Website https://www.fh-bielefeld.de/minden/alumni/alumni-faq/kategorie/alumni-datenbank (16.12.2020).

until it moved with the administration to the former Aufbau- und Verfügungszentrum der Universität Bielefeld (Structure and Disposal Centre of the University of Bielefeld, AVZ) at Kurt-Schumacher-Strasse 6 in 1976.[35]

The Faculty of Business (Faculty 5) goes back to the Staatliche Höhere Wirtschaftsfachschule (State Secondary School of Economics, HWF), which was founded in March 1962 and whose teaching initially began at Diesterwegstrasse 10 in Bielefeld until the new technical school building at Lerchenstrasse 2 was completed in 1966.[36] *In 1979, the Faculty of Business of the Bielefeld UAS moved into the then completed building of the University of Bielefeld.*[37]

In 1996, with the establishment of the new teaching unit Nursing and Health in the former barracks buildings at Am Stadtholz 24, a new Faculty was created, which had belonged to the Faculty of Business and Health since 2008.[38] *Since 2020, the teaching unit has been independent again as the Faculty of Health (Faculty 6) of the Bielefeld UAS.*

›Here I am‹[39] – The Bielefeld UAS as a Location Factor

It is hardly surprising that when taxi drivers at Bielefeld's main railway station who, when asked to drive to the »Bielefeld UAS«, shrugged their shoulders with a tired smile for decades and even into the 2010s. The Bielefeld UAS existed organisationally, but not spatially and structurally, because the diverse origins of the faculties and their buildings, which were widely scattered across the city, did not allow for a binding and unifying identification with the entire University. Already on the occasion of the tenth anniversary of the Bielefeld UAS in 1981, the Bielefeld press had rightly stated that the »University of Applied Sciences ... has its ›own profile‹, but still ›no face‹.«[40] *However, the activities of the Bielefeld UAS became more visible, first locally and regionally, but then increasingly supra-regionally, because those involved had developed greater self-confidence and achieved successes in higher education policy. These include the successively more intensive contacts with industry and business, not insignificantly supported by the cooperation agreement signed in 1988 for further education and training and for the transfer of knowledge and technology between the East Westphalia Chamber of Industry and*

1.9.1973 (Archive Bianca Knuth).
35 See https://www.fh-bielefeld.de/sozialwesen (20.11.2020).
36 Today, this is the headquarters of the Bielefeld Police Sports Club.
37 Cf. Fachbereich Wirtschaft und Gesundheit, Fachhochschule Bielefeld (ed.): 50 Jahre Wirtschaftswissenschaften, Bielefeld 2012, and the website https://www.fh-bielefeld.de/wug (20.12.2020).
38 Cf. Ursula Walkenhorst: Gesundheitsberufe zwischen beruflicher und hochschulischer Bildung, in: Andreas Beaugrand (ed.): Bildung anführen. Über Hochschulmanagement nach der Bologna-Reform, Bielefeld 2015, pp. 278–299, Annette Nauerth: Innovationen in Pflege und Gesundheit im Spiegel der Forschung, in: ibid., pp. 300–323, and Barbara Knigge-Demal: Die einphasige Pflegelehrerinnen- und Pflegelehrerbildung, in: ibid., pp. 324–343.
39 ›Here I am‹ is a song by Canadian musician Bryan Adams from 2012.
40 Translated according to Neue Westfälische of 28 March 1981. For similar reasons, the repeatedly relaunched attempt to establish an alumni network common to all Faculties of the Bielefeld UAS failed until the first decade of the 21century. For some years now there has been a joint alumni database, cf. the website https://www.fh-bielefeld.de/minden/alumni/alumni-faq/kategorie/alumni-datenbank (16.12.2020).

Das für die Handwerker- und Kunstgewerbeschule Bielefeld bis 1913 errichtete Jugendstilgebäude war bis 1971 Hauptsitz der Werkkunstschule mit der Schulverwaltung sowie den Abteilungen Architektur und Design; die Architektur wurde nach 1971 zum Standort Minden verlegt. Am Sparrenberg 2 blieb bis 1978 Sitz des Fachbereichs Design der FH Bielefeld.

The Art Nouveau building erected for the Bielefeld School of Crafts and Applied Arts until 1913 was the headquarters of the Werkkunstschule (Municipal School of Applied Arts) with the school administration, the Faculties of Architecture and Design until 1971; Architecture was moved to the Minden location after 1971. Am Sparrenberg 2 remained the headquarters of the Faculty of Design of the Bielefeld UAS until 1978.

Heute befindet sich die Musik- und Kunstschule der Stadt Bielefeld im Jugendstilgebäude der früheren Werkkunstschule.

Today, the Music and Art School of the City of Bielefeld is located in the Art Nouveau building of the former Werkkunstschule.

Im 1935 errichteten Gebäude an der Meindersstraße 1 befand sich die Abteilung Industriedesign der Werkkunstschule.

The department of Industrial Design of the Werkkunstschule was located in the building at Meindersstrasse 1, which was built in 1935.

Die 1911 errichtete Villa am Johanniskirchplatz im Bielefelder Westen war Sitz der Abteilungen Mode- und Textildesign der Werkkunstschule.

Built in 1911, the villa on Johanniskirchplatz in the west of Bielefeld was home to the departments of Fashion and Textile Design of the Werkkunstschule.

Hochschule im Grünen. Das von 1956 bis 1960 an der Bielefelder Lampingstraße 3 errichtete Gebäude für die Abteilung Bielefeld der Pädagogischen Hochschule Westfalen-Lippe. Postkarte aus den 1960er-Jahren.

University in the green. The building erected from 1956 to 1960 at Lampingstrasse 3 in Bielefeld for the Bielefeld department of the Westphalia-Lippe University of Education. Postcard from the 1960s.

Seit 1978 Sitz des Fachbereichs Gestaltung: Lampingstraße 3, 33615 Bielefeld.

Since 1978, headquarters of the Faculty of Design: Lampingstrasse 3, 33615 Bielefeld.

Das historische Gebäude der FH Bielefeld am Campus Minden, 1896/1897 im historistischen Baustil als Artilleriekaserne außerhalb der Festung Minden errichtet.

The historic building of the Bielefeld UAS at the Campus Minden, built in 1896/1897 in the historicist architectural style as artillery barracks outside the Minden fortress.

Der 2015 eröffnete Neubau am Campus Minden, Artilleriestraße 9, 32427 Minden.

The new building opened in 2015 at Campus Minden, Artilleriestrasse 9, 32427 Minden.

Fachhochschule Bielefeld
Elektrotechnik • Informationstechnik • Maschinenbau
10

Fachhochschule
P
FML

Linke Seite, oben: Die zwischen 1962 und 1965 für die Staatliche Ingenieurschule für Maschinenwesen errichteten Gebäude an der Wilhelm-Bertelsmann-Straße 10/Ecke Werner-Bock-Straße waren bis 2015 Sitz des Fachbereichs Ingenieurwissenschaften und Mathematik und seiner Vorgänger.

Left side, top: The buildings at Wilhelm-Bertelsmann-Strasse 10/corner of Werner-Bock-Strasse, constructed between 1962 and 1965 for the State School of Engineering for Mechanical Engineering, were home to the Faculty of Engineering and Mathematics and its predecessors until 2015.

Linke Seite, unten: Gebäudeteile der ehemaligen Richmond Barracks der British Army of the Rhine Am Stadtholz 24, bis 1939 für das Luftwaffenbekleidungsamt der deutschen Wehrmacht errichtet, beherbergten bis zum Umzug in den FH-Neubau 2015 den Studiengang Produktentwicklung des Fachbereichs Ingenieurwissenschaften und Mathematik sowie die Lehreinheit Pflege und Gesundheit des Fachbereichs Wirtschaft und Gesundheit.

Left side, bottom: Parts of the former Richmond Barracks of the British Army of the Rhine at Am Stadtholz 24, built until 1939 for the Luftwaffe Clothing Office of the German Wehrmacht, housed the Product Development degree programme of the Faculty of Engineering and Mathematics and the Nursing and Health Teaching Unit of the Faculty of Business and Health until the move to the new University building in 2015.

Oben: 2009 bezog der Studiengang Apparative Biotechnologie des Fachbereichs Ingenieurwissenschaften und Mathematik Teile des für das Centrum für Biotechnologie (CeBiTec) der Universität Bielefeld 2008/2009 errichteten Gebäudes an der Universitätsstraße 27.

Top: In 2009, the Apparative Biotechnology programme of the Faculty of Engineering and Mathematics moved into parts of the building erected for the Centre for Biotechnology (CeBiTec) of the University of Bielefeld in 2008/2009 at Universitätsstrasse 27.

Beim Ausbauprogramm der Fachhochschulen in NRW 2008 war der Antrag für einen Studienort Gütersloh nicht erfolgreich, was die FH Bielefeld, den Kreis und die Stadt Gütersloh zusammen mit der heimischen Wirtschaft nicht daran hinderte, selbst einen Studienort aufzubauen – hier dafür angemietete Etagen des heutigen Standorts der FH Bielefeld im Flöttmann-Haus in der Schulstraße 10, 33330 Gütersloh.

In the 2008 Expansion Programme for Universities of Applied Sciences in North Rhine-Westphalia, the application for a study location in Gütersloh was unsuccessful, but this did not prevent the Bielefeld UAS, the District and the City of Gütersloh, together with local businesses, from setting up a study location themselves: Floors rented for this purpose at the current location of the Bielefeld UAS in the Flöttmann-Haus at Schulstrasse 10, 33330 Gütersloh.

Erfolgreiche Wissenschaftsexpansion: Durch die Vermittlung der Stadt Gütersloh war es möglich geworden, zu Beginn des Wintersemesters 2018/2019 ein weiteres Gütersloher Hochschulgebäude in Betrieb zu nehmen: Gleis 13 am Langen Weg 9a, 33332 Gütersloh.

Successful academic expansion: Through the mediation of the City of Gütersloh, it had become possible to put another Gütersloh university building into operation at the beginning of the winter semester 2018/2019: Gleis 13 at Langer Weg 9a, 33332 Gütersloh.

Das 1947/1948 errichtete Haus an der Paulusstraße 36 beherbergte einen Teil der Höheren Fachschule für Sozialarbeit, aus der 1971 der Fachbereich Sozialwesen der FH Bielefeld entstand.

The house at Paulusstrasse 36, built in 1947/1948, housed part of the Higher Technical School for Social Work, which became the Faculty of Social Sciences at the Bielefeld UAS in 1971.

Im Tschach-Haus – benannt nach der Herren- und Knabenkleiderfabrik Erwin Tschach – aus dem Jahr 1912 war ein weiterer Teil der Höheren Fachschule für Sozialarbeit untergebracht. Eigentlich hätte das Gebäude Junkermann & Speyer-Haus heißen müssen, denn bis zur ›Arisierung‹ 1938 war die Kleiderfabrik in jüdischem Besitz.

The Tschach House – named after the men's and boys' clothing factory Erwin Tschach – dating from 1912 housed another part of the Higher Technical School of Social Work. Actually, the building should have been called the Junkermann & Speyer House because until the ›Aryanisation‹ in 1938, the clothing factory was Jewish-owned.

1959 bezog die Höhere Fachschule für Sozialarbeit Bielefeld ihren Neubau, die Landeshauptmann-Salzmann-Schule auf dem Areal zwischen Bökenkampstraße 14–17 und der Kurzen Straße 36, aus der zusammen mit dem Detmolder Paritätischen Sozialseminar 1971 der Fachbereich Sozialwesen der FH Bielefeld entstand.

In 1959, the Higher Technical School for Social Work Bielefeld moved into its new building, the Landeshauptmann-Salzmann-Schule, on the site between Bökenkampstrasse 14–17 and Kurze Strasse 36, which, together with the Paritätisches Sozialseminar Detmold (Detmold Parity Social Seminar), became the Faculty of Social Sciences at the Bielefeld UAS in 1971.

Von 1976 bis 2015 befand sich der Fachbereich Sozialwesen zusammen mit Rektorat bzw. Präsidium, Verwaltung, Mensa und der FH für Öffentliche Verwaltung auf dem Gelände der Kurt-Schumacher-Straße 6, in dem das zwischen 1969 und 1972 errichtete Aufbau- und Verfügungszentrum der Universität Bielefeld (AVZ) bis zur Fertigstellung der Universität untergebracht war; hier ein Foto von 1981.

From 1976 to 2015, the Faculty of Social Sciences, together with the Executive Board or Presidium, administration, refectory and the Public Administration UAS, were located on the Kurt-Schumacher-Strasse 6 site, which housed the Aufbau- und Verfügungszentrum der Universität Bielefeld (Structure and Disposal Centre of the University of Bielefeld, AVZ), built between 1969 and 1972, until the University of Bielefeld was completed; here a photo from 1981.

Oben: Von 1979 bis zum Wintersemester 2014/2015 befand sich der Fachbereich Wirtschaft, später als Fachbereich Wirtschaft und Gesundheit, in einem Gebäudeteil der Universität Bielefeld. Wegen der geplanten Komplettsanierung des Universitätsgebäudes hatte der Fachbereich noch Ende 2014 für eine Reihe von Monaten in den Gebäudeteil C der Kurt-Schumacher-Straße 6 umziehen müssen, bis dann im August 2015 der Umzug in den FH-Neubau möglich war.

Top: From 1979 until the winter semester 2014/2015, the Faculty of Business, later known as the Faculty of Business and Health, was located in a part of the building at the University of Bielefeld. Due to the planned complete renovation of the University building, the Faculty still had to move to building section C of Kurt-Schumacher-Strasse 6 for a number of months at the end of 2014, until it was then possible to move into the new Bielefeld UAS building in August 2015.

Linke Seite: 1966 wurde das neue Gebäude für die Höhere Wirtschaftsfachschule an der Bielefelder Lerchenstraße 2 fertiggestellt. Hier befindet sich heute der Sitz des Polizei-Sportvereins Bielefeld e.V.

Left side: In 1966, the new building for the Higher Business School was completed at Lerchenstrasse 2 in Bielefeld. Today, the headquarters of the Police Sports Club Bielefeld is located here.

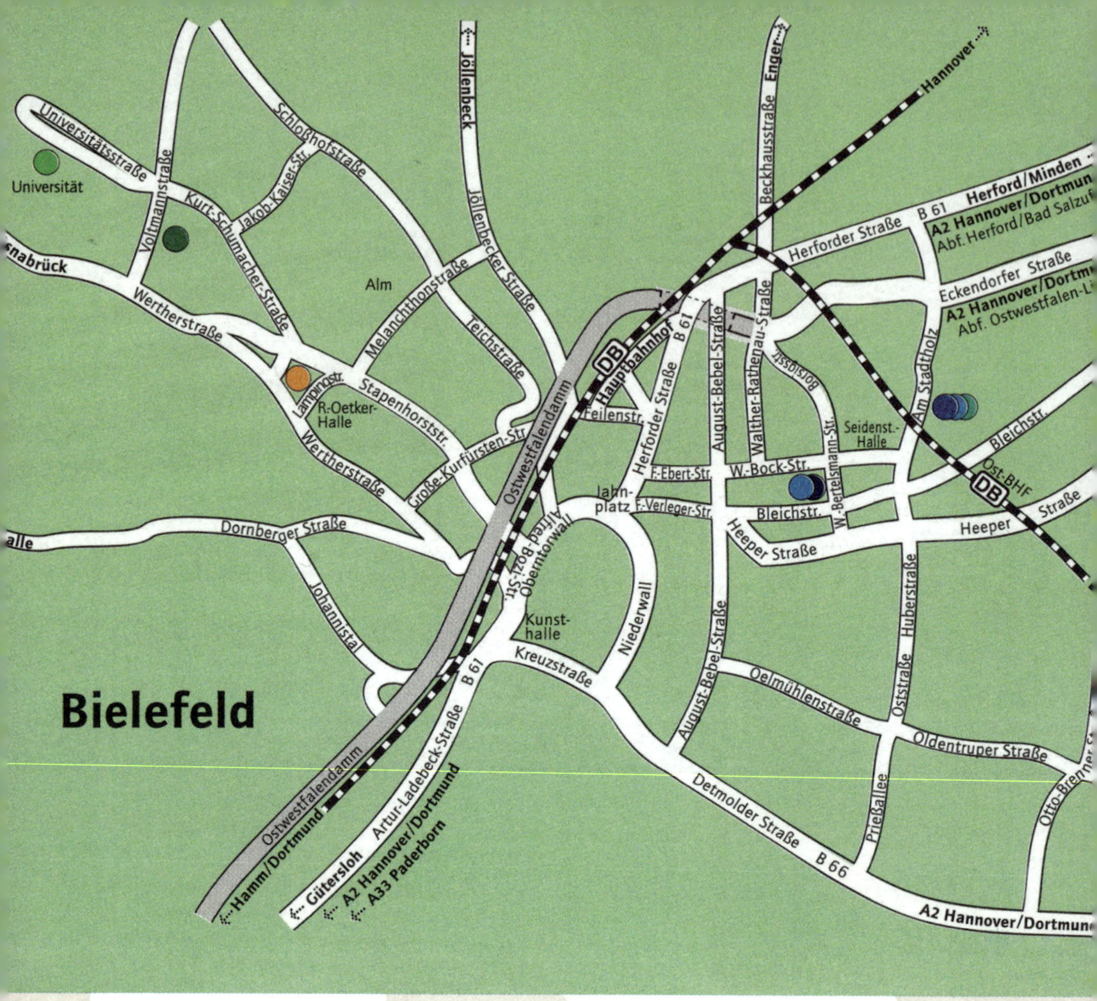

Die Fachbereiche in Bielefeld:

● Fachbereich Gestaltung: Lampingstraße 3

●● Fachbereich Ingenieurwissenschaften und Mathematik, Bereich Elektrotechnik, Informationstechnik und Maschinenbau: Wilhelm-Bertelsmann-Straße 10, Bereich Mathematik und Technik: Am Stadtholz 24

● Fachbereich Sozialwesen, Rektorat bzw. Präsidium, AStA, Zentralverwaltung: Kurt-Schumacher-Straße 6

● Fachbereich Wirtschaft und Gesundheit, Lehreinheit Wirtschaft: Universitätsstraße 25, Lehreinheit Pflege und Gesundheit: Am Stadtholz 24.

In Minden: Fachbereich Architektur und Bauingenieurwesen, seit 2008 Fachbereich Technik (im Aufbau), heute Fachbereich Campus Minden.

Campus Gütersloh: praxisintegrierte Studiengänge in der Schulstraße 10 und im Langen Weg 9a (Gleis 13).

In Herford: 2009–2015 Hochschulrepräsentanz im Museum Marta Herford.

The Faculties in Bielefeld:

● *Faculty of Design: Lampingstrasse 3*

●● *Faculty of Engineering and Mathematics, Teaching Units Electrical Engineering, Information Technology and Mechanical Engineering: Wilhelm-Bertelsmann-Strasse 10, Teaching Units Mathematics and Technology: Am Stadtholz 24*

● *Faculty of Social Sciences, Rectorate or Executive Board, AStA, Central Administration: Kurt-Schumacher-Strasse 6*

● *Faculty of Business and Health, Teaching Unit of Business: Universitätsstrasse 25, Teaching Unit of Nursing and Health: Am Stadtholz 24.*

In Minden: Faculty of Architecture and Civil Engineering, since 2008 Faculty of Technology (under construction), today Faculty Campus Minden.

Campus Gütersloh: work-integrated degree programmes in Schulstrasse 10 and in Langer Weg 9a (Gleis 13).

In Herford: 2009–2015 University Representative Office in the Marta Museum Herford.

Commerce in Bielefeld and the Bielefeld UAS. This, for its part, succeeded in founding further research and development focal points[41] and – which became possible since the amendment of the Universities of Applied Sciences Act in 1987 – two affiliated institutes: In 1990, the CAE Institute, Beckum, with the two focal points of Electrical Engineering (ECAE) and Mechanical Engineering (MCAE), and in 1992 the affiliated institute Gründer- und Anwendungszentrum für Fördertechnik und Automatisierung (Founder and Application Centre for Conveying Technology and Automation, GAZ) in Espelkamp. In addition, in 1994, there were the offers of combined study courses in cooperation with the Institut für Verbundstudien der Fachhochschulen Nordrhein-Westfalen, Hagen (Institute for Combined Studies of the Universities of Applied Sciences of North Rhine-Westphalia, Hagen), which are particularly appreciated by industry and business.

In addition, the Bielefeld UAS often received special attention from higher education policy during these years. In 1987, for example, it succeeded in dissuading the Minister of Science of North Rhine-Westphalia, Anke Brunn, from annexing the Minden location to the Lippe UAS. The University received widespread attention when it introduced a course in Mathematics in the winter semester of 1994/1995, the first course of its kind at North Rhine-Westphalia universities of applied sciences, and again a short time later when it established a new teaching unit in Nursing and Health in the former barracks buildings at Am Stadtholz 24 from 1996 onwards – early in this subject area.[42]

The Bielefeld UAS continued to grow, which was also made possible by the changing or improving legal situation for this type of higher education institution. Whereas the Fachhochschulgesetz (Universities of Applied Sciences Act, FHG) of 9 July 1969, the Fachhochschulerrichtungsgesetz (Universities of Applied Sciences Establishment Act, FHEG) of 8 July 1971 and even the FHGs of 1979 and 1993 stated that the universities of applied sciences were to impart »education based on science or art through practice-related teaching«[43] and that research and development tasks were only to be carried out within the framework of this educational mission or »at their request, the Rector, on the proposal of the Senate after hearing the faculty council, could carry out these activities as service tasks«, this did not change fundamentally until the Higher Education Act (HG) of 14 March 2000.[44]

41 As early as 1984, the Bielefeld UAS research focus on Photography and Media had been founded at the Faculty of Design, in 1988 the research and development focus on System Optimisation and Noise Reduction in Mechanical Engineering was founded at the Faculty of Mechanical Engineering, and in 1994 the interdisciplinary research focus on Electrical Energy – Mobility – Environment was founded by the Faculties of Electrical Engineering, Social Sciences, Design and Business.

42 See also the contributions by Beate Rennen-Allhoff and Michaela Brause, Annette Nauerth and Norbert Seidl in this book.

43 Cf. on this and for the following the Laws on Universities of Applied Sciences in the State of North Rhine-Westphalia (Fachhochschulgesetz – FHG) of 29 July 1969, of 20 November 1979, here in particular the amendment of 20 October 1987 and of 3 August 1993.

44 Law on Higher Education Institutions of the State of North Rhine-Westphalia (Higher Education Act – HG) of 14 March 2000.
The development of higher education policy up to 2000 is also reflected in the numerous ›universities of applied science guides‹ published since the 1970s. See, among others, Länderausschuss der Ständigen Konferenz der Rektoren und Präsidenten der Staatlichen Fachhochschulen der Länder in der Bundesrepublik Deutschland (FRK) (ed.): Deutscher Fachhochschulführer 1976 (previously Deutscher Ingenieurschulführer durch die deutschen Fachhochschulen und Gesamthochschulen, 20th edition), Berlin 1976; Der Minister für Wissenschaft und Forschung des Landes Nordrhein-Westfalen (ed.): Roter Faden. Für das Studium an Fachhochschulen und Universitäten-Gesamthochschulen des Landes Nordrhein-West-

weitere Forschungs- und Entwicklungsschwerpunkte[41] und – was seit der Novellierung des Fachhochschulgesetzes 1987 möglich wurde – zwei An-Institute zu gründen: 1990 das CAE-Institut, Beckum, mit den beiden Schwerpunkten Elektrotechnik (ECAE) und Maschinenbau (MCAE) und 1992 das An-Institut Gründer- und Anwendungszentrum für Fördertechnik und Automatisierung (GAZ) in Espelkamp. Hinzu kamen 1994 die insbesondere von Industrie und Wirtschaft geschätzten Angebote von Verbundstudiengängen in Kooperation mit dem Institut für Verbundstudien der Fachhochschulen Nordrhein-Westfalen, Hagen.

Zudem erhielt die FH Bielefeld in diesen Jahren oftmals besondere hochschulpolitische Aufmerksamkeit. So gelang es ihr beispielsweise 1987, die Wissenschaftsministerin von Nordrhein-Westfalen, Anke Brunn, davon abzubringen, die Abteilung Minden der FH Lippe anzugliedern. Weithin beachtet wurde die Hochschule, als sie zum Wintersemester 1994/1995 als ersten Studiengang dieser Art an NRW-Fachhochschulen den Studiengang Mathematik einführte, und kurze Zeit später nochmals, als sie von 1996 an – früh auf diesem Fachgebiet – eine neue Lehreinheit Pflege und Gesundheit in den ehemaligen Kasernengebäuden Am Stadtholz 24 aufbaute.[42]

Die FH Bielefeld wuchs kontinuierlich weiter, was auch durch die sich verändernde bzw. für diese Art von Hochschule sich verbessernde Gesetzeslage ermöglicht worden ist. War im Fachhochschulgesetz (FHG) vom 9. Juli 1969, im Fachhochschulerrichtungsgesetz (FHEG) vom 8. Juli 1971 und sogar noch in den FHG von 1979 und 1993 davon die Rede, dass die Fachhochschulen »durch praxisbezogene Lehre eine auf wissenschaftlicher oder künstlerischer Grundlage beruhende Bildung«[43] vermitteln sollten und Forschungs- und Entwicklungsaufgaben nur im Rahmen dieses Bildungsauftrages bzw. »auf ihren Antrag der Rektor auf Vorschlag des Senates nach Anhörung des Fachbereichsrats diese Tätigkeit als Dienstaufgaben« durchführen konnten, änderte sich das grundlegend erst im Hochschulgesetz (HG) vom 14. März 2000.[44]

41 Schon 1984 war der FH-Forschungsschwerpunkt Fotografie und Medien am Fachbereich Design gegründet worden, 1988 wurde der Forschungs- und Entwicklungsschwerpunkt Systemoptimierung und Lärmminderung im Maschinenbau am Fachbereich Maschinenbau und 1994 der interdisziplinäre Forschungsschwerpunkt Elektrische Energie – Mobilität – Umwelt der Fachbereiche Elektrotechnik, Sozialwesen, Design und Wirtschaft gegründet.

42 Vgl. dazu auch die Beiträge von Beate Rennen-Allhoff sowie von Michaela Brause, Annette Nauerth und Norbert Seidl in diesem Buch.

43 Vgl. hierzu und für das Folgende die Gesetze über die Fachhochschulen im Lande Nordrhein-Westfalen (Fachhochschulgesetz – FHG) vom 29. Juli 1969, vom 20. November 1979, hier insbesondere die Novellierung vom 20. Oktober 1987 und vom 3. August 1993.

44 Gesetz über die Hochschulen des Landes Nordrhein-Westfalen (Hochschulgesetz – HG) vom 14. März 2000.

Die hochschulpolitische Entwicklung bis 2000 spiegeln auch die zahlreichen Fachhochschulführer, die seit den 1970er-Jahren veröffentlicht worden sind. Vgl. u.a. Länderausschuss der Ständigen Konferenz der Rektoren und Präsidenten der Staatlichen Fachhochschulen der Länder in der Bundesrepublik Deutschland (FRK) (Hg.): Deutscher Fachhochschulführer 1976 (bisher Deutscher Ingenieurschulführer durch die deutschen Fachhochschulen und Gesamthochschulen, 20. Ausgabe), Berlin 1976; Der Minister für Wissenschaft und Forschung des Landes Nordrhein-Westfalen (Hg.): Roter Faden. Für das Studium an Fachhochschulen und Universitäten-Gesamthochschulen des Landes Nordrhein-Westfalen, Bonn 1986; Ders.: Hochschule 2001. Fakten, Fragen, Thesen, Düsseldorf 1988; Ders.: Bericht zur Entwicklung der Fachhochschulen in Nordrhein-Westfalen, Wuppertal 1992; Ständige Konferenz der Rektoren und Präsidenten der staatlichen Fachhochschulen der Länder in der Bundesrepublik Deutschland (Fachhochschulrektorenkonferenz – FRK) (Hg.): Fachhochschulführer, Frankfurt am Main, New York 1989, sowie beispielsweise das (Fach-)Hochschul- und Weiterbildungsportal Deutschland

After the founding of the universities of applied sciences and for many years afterwards, the new type of higher education institution, the young partner in higher education in the haze of the many centuries of tradition of some universities, had to be constantly and intensively advertised. The arrogant statements from some university circles about the ›little UAS professors‹ and the jibes against the ›high‹ (›hoch‹) in the term ›Fachhochschule‹ reach into the present day, although the legislator had already acknowledged the high level of education of the universities of applied sciences predecessor institutions around 1970 and had continuously sharpened the profile of the ever-changing and developing UAS with consistent updates of the laws, rules and requirements.[45] *This includes the successive changes in the self-organisation of the university. From 1971 until the new version of the Higher Education Act in March 2000, in addition to the Rectorate and the Senate, the Convention was one of the organs of the Bielefeld UAS, which elected the Rector and the Vice Rectors, decided on the enactment and amendments of the Basic Regulations on the proposal of the Senate and received the annual accountability report of the Rectorate.*[46] *Since then, these tasks have been performed by the Senate and, since the Higher Education Freedom Act of the State of North Rhine-Westphalia came into force on 1 January 2007, by the University Council*[47] *or, since 2014, by the University Election Assembly,*[48] *as far as the election of the Presidential Board is concerned.*

In its five decades of educational work to date, the Bielefeld UAS has released thousands of graduates into professional life, in which they have proven themselves through their application-oriented studies – for many decades diplomas,

falen, Bonn 1986; same: Hochschule 2001. Fakten, Fragen, Thesen, Düsseldorf 1988; same: Bericht zur Entwicklung der Fachhochschulen in Nordrhein-Westfalen, Wuppertal 1992; Ständige Konferenz der Rektoren und Präsidenten der staatlichen Fachhochschulen der Länder in der Bundesrepublik Deutschland (Fachhochschulrektorenkonferenz – FRK) (Hg.): Fachhochschulführer, Frankfurt on the Main, New York 1989, as well as, for example, the (Fach-)Hochschul- und Weiterbildungsportal Deutschland (University of Applied Sciences and Continuing Education Portal Germany) on the website https://www.fachhochschule.de and the information and application portal https://www.hochschulstart.de (20.11.2020).

45 See the contributions by Klaus Hurrelmann, Gerhard Sagerer, Julian Nida-Rümelin and Martin Sternberg in this book.

46 Cf. the Annual Reports of the Rectorate of the Bielefeld UAS from the winter semester 1971/1972 to the winter semester 1999/2000 (until the dissolution of the Convention in March 2000), published by the Rectorate of the Bielefeld UAS, which Bianca Knuth, secretary of the President's Office and long-time Bielefeld UAS employee, has commendably archived together with the course catalogues from the winter semester 1972/1973 to the winter semester 2002/2003 and made available for the research for this article.

47 The inclusion of a University Council in the higher education body structure usually leaves the previous division of competences between the academic Senate as the legislature on the one hand and the Rectorate or Executive Board as the executive on the other quite far behind. On the one hand, the members of the University Councils are often predominantly people from outside the university who come from the fields of business, politics, culture and (non-university) science – as a result, the University Council is no longer part of the direct self-administration. On the other hand, tasks that traditionally belong to the core competences of the academic Senate are transferred to the University Council. See the overview of the University Councils of the Bielefeld UAS and their members in the appendix of this book.

48 Cf. https://recht.nrw.de/lmi/owa/br_vbl_detail_text?anw_nr=6&vd_id=14567 (20.10.2020). According to § 22a of the Higher Education Act of the State of North Rhine-Westphalia (Hochschulgesetz – HG), one half of the university Electoral Assembly consists of all members of the Senate and the other half of all members of the University Council. The votes of the members of the two halves shall be in equal proportion to each other. The members of the University Electoral Assembly who are also members of the Senate shall have voting rights if they are also entitled to vote in the Senate.

Nach der Gründung der Fachhochschulen und noch viele Jahre danach musste ebenso lange wie intensiv für den neuen Hochschultyp, den jungen Partner im Hochschulbereich im Dunstkreis der vielhundertjährigen Tradition mancher Universitäten, geworben werden. Bis in die Gegenwart reichen die arroganten Stellungnahmen aus manchen Universitätskreisen über die ›FH-Professörchen‹ und die Sticheleien gegen das ›hoch‹ im Begriff ›Fachhochschule‹, obwohl der Gesetzgeber bereits um 1970 das hohe Ausbildungsniveau der Fachhochschulvorgängereinrichtungen gewürdigt und mit konsequenten Aktualisierungen der Gesetze, Regeln und Voraussetzungen das Profil der sich immer wieder wandelnden und weiterentwickelnden Fachhochschulen kontinuierlich geschärft hat.[45] Dazu gehören die sukzessiven Veränderungen in der Selbstorganisation der Hochschule. Von 1971 bis zur Neufassung des Hochschulgesetzes im März 2000 gehörte neben Rektorat und Senat der Konvent zu den Organen der FH Bielefeld, der den Rektor und die Prorektoren wählte, über den Erlass und die Änderungen der Grundordnung auf Vorschlag des Senats beschloss und den jährlichen Rechenschaftsbericht des Rektorates entgegennahm.[46] Diese Aufgaben nimmt seitdem der Senat und seit dem Inkrafttreten des Hochschulfreiheitsgesetzes des Landes Nordrhein-Westfalen am 1. Januar 2007 der Hochschulrat[47] bzw. seit 2014 die Hochschulwahlversammlung wahr,[48] was die Wahl des Präsidiums betrifft.

Die FH Bielefeld hat in ihren bis heute fünf Jahrzehnten Bildungsarbeit Tausende Absolventinnen und Absolventen ins Berufsleben entlassen, in dem sie sich durch ihr anwendungsorientiertes Studium bewähren – über viele Jahrzehnte diplomiert, seit dem Bologna-Prozess und dem Europäischen und Deutschen Qualifikationsrahmen (EQR/DQR) 2012 durch Bachelor- und Masterabschlüsse.[49]

auf der Website https://www.fachhochschule.de und das Informations- und Bewerbungsportal https://www.hochschulstart.de (20.11.2020).

45 Vgl. dazu die Beiträge von Klaus Hurrelmann, Gerhard Sagerer, Julian Nida-Rümelin und Martin Sternberg in diesem Buch.

46 Vgl. dazu die vom Rektorat der FH Bielefeld herausgegebenen Jahresberichte des Rektorates der Fachhochschule Bielefeld vom Wintersemester 1971/1972 bis zum Wintersemester 1999/2000 (bis zur Auflösung des Konvents im März 2000), die die Präsidiumssekretärin und langjährige FH-Bielefeld-Mitarbeiterin und Präsidiumssekretärin Bianca Knuth zusammen mit den Vorlesungsverzeichnissen vom Wintersemester 1972/1973 bis zum Wintersemester 2002/2003 lobenswerterweise archiviert und für die Recherchen für diesen Beitrag zur Verfügung gestellt hat.

47 Die Einbeziehung eines Hochschulrates in die Hochschulgremienstruktur lässt die bisherige Aufteilung der Kompetenzen zwischen akademischem Senat als Legislative einerseits und Rektorat bzw. Präsidium als Exekutive andererseits meist recht weit hinter sich. Zum einen gehören den Hochschulräten oft überwiegend hochschulexterne Personen an, die aus den Bereichen Wirtschaft, Politik, Kultur und (hochschulexterner) Wissenschaft kommen – der Hochschulrat ist dadurch nicht mehr Teil der unmittelbaren Selbstverwaltung. Zum anderen gehen Aufgaben, die traditionell zu den Kernkompetenzen des akademischen Senats gehören, auf den Hochschulrat über. Siehe dazu die Übersicht der Hochschulräte der FH Bielefeld und ihrer Mitglieder im Anhang dieses Buches.

48 Vgl. https://recht.nrw.de/lmi/owa/br_vbl_detail_text?anw_nr=6&vd_id=14567 (20.10.2020). Nach § 22a des Gesetzes über die Hochschulen des Landes Nordrhein-Westfalen (Hochschulgesetz – HG) besteht die Hochschulwahlversammlung in ihrer einen Hälfte aus sämtlichen Mitgliedern des Senats und in ihrer anderen Hälfte aus sämtlichen Mitgliedern des Hochschulrats. Die Stimmen der Mitglieder der beiden Hälften stehen im gleichen Verhältnis zueinander. Die Mitglieder der Hochschulwahlversammlung, die zugleich Mitglieder des Senats sind, haben Stimmrecht, wenn sie auch im Senat stimmberechtigt sind.

49 Vgl. dazu https://www.dqr.de/media/content/Der_Deutsche_Qualifikationsrahmen_fue_lebenslanges_Lernen.pdf (20.11.2020), aber auch Bundesministerium für Bildung und Forschung (Hg.): Bachelor-Studierende. Erfahrungen in Studium und Lehre. Eine Zwischenbilanz, Bonn 2009; Hochschulrektorenkonferenz (HRK) (Hg.): Statistische Daten zur Einführung von Bachelor- und Masterstudiengängen Wintersemester 2009/2010 (= Statistiken zur Hochschulpolitik, 2/2009), Bonn 2009,

and since the Bologna Process and the European and German Qualifications Framework (EQF/DQF) in 2012 through Bachelor's and Master's degrees.[49]

Innovations, reforms and renewals have been guiding principles of the Bielefeld UAS since its inception, especially to be an attractive learning and teaching institution for young students, but also for all university members.[50] *From the discussion of the social question in the context of the sociology of knowledge around the German psychiatrist and psychiatric historian Prof. Dr. Klaus Dörner (born 1933),*[51] *the equality of women and men, the increasing internationalisation and the continuous improvement of teaching to the consistent further development of research, development and transfer, all Rectorates or Presidencies of the Bielefeld UAS*[52] *were fundamentally concerned with increasing the attractiveness of their University.*[53] *These include, for example:*

- *the Fachhochschulgesellschaft – Verein der Freunde und Förderer (Association of Friends and Supporters of the University of Applied Sciences)*[54] *founded on 31 January 1997 in the Chamber of Industry and Commerce of East Westphalia in Bielefeld (IHK) to anchor the University of Applied Sciences Bielefeld more intensively in business and society,*
- *the establishment in the winter semester of 1996/1997 of the Product Development course of the then Faculty of Mathematics and Technology with the necessary laboratories and seminar rooms at Am Stadtholz 24, from which the University founded in 2004 by Prof. Dr.-Ing. Horst Langer in 2004, the*

49 Cf. https://www.dqr.de/media/content/Der_Deutsche_Qualifikationsrahmen_fue_lebenslanges_Lernen.pdf (20.11.2020), but also Bundesministerium für Bildung und Forschung (ed.): Bachelor-Studierende. Erfahrungen in Studium und Lehre. Eine Zwischenbilanz, Bonn 2009; Hochschulrektorenkonferenz (HRK) (ed.): Statistische Daten zur Einführung von Bachelor- und Masterstudiengängen Wintersemester 2009/2010 (= Statistiken zur Hochschulpolitik, 2/2009), Bonn 2009, and same (ed.): Kreative Vielfalt. Wie deutsche Hochschulen den Bologna-Prozess nutzen, Bonn 2010.
The event on the occasion of the appointment of the first University Council of the Bielefeld UAS on 3 June 2008 in the video studio of the Faculty of Design is still vividly remembered by many, mainly because of the massive student protest against the planned introduction of tuition fees organised on that day: »Boycott tuition fees!« – a protest that eventually dissolved into nothingness, as tuition fees in North Rhine-Westphalia were abolished again for the winter semester 2011/2012 and their abolition compensated for by state-financed Qualitätsverbesserungsmittel (Quality Improvement Funds).

50 The Hanover-based Hochschul-Informations-System GmbH (HIS) has organised numerous conferences on this topic and published research results, including Hochschul-Informations-System GmbH (HIS) (ed.): Perspektive Studienqualität. Themen und Forschungsergebnisse der HIS-Fachtagung »Studienqualität«, Bielefeld 2010. But see also Bettina Jorzik, Stifterverband für die Deutsche Wissenschaft (ed.): Charta guter Lehre. Grundsätze und Leitlinien für eine bessere Lehrkultur, Essen 2013, and the website https://www.his.de (24.10.2020). The comparison with the ideas for the future 15 years earlier is exciting. See, for example, Bayerisches Staatsministerium für Unterricht, Kultus, Wissenschaft und Kunst (ed.): Wissen und Werte für die Welt von morgen. Dokumentation zum Bildungskongress des Bayerischen Staatsministeriums für Unterricht, Kultus, Wissenschaft und Kunst. 29./30. April 1998 in der Ludwig-Maximilians-Universität, Munich 1998.

51 From 1980 to 1996 Dörner was Medical Director of the Westphalian Clinic for Psychiatry, Psychosomatics and Neurology in Gütersloh, and he taught psychiatry at the University of Witten/Herdecke.

52 Cf. the overview of the Rectorates and Presidencies of the FH Bielefeld UAS in the appendix of this book.

53 As promotional and information material, writings on the fields of activity of UAS teachers appeared comparatively regularly, such as: Der Rektor der Fachhochschule Bielefeld (ed.): Aspekte aus Lehre, Forschung und Entwicklung, Bielefeld 1981; same (ed.): FH-Forum. Beiträge aus Lehre, Forschung und Entwicklung. Wintersemester 1984/85 und Sommersemester 1985, Bielefeld 1986, as well as the fh-news published in the 1990s by the Press Office of the Bielefeld UAS, which was often regarded as a platform for academic publications. Because of this misunderstanding, they were discontinued in 2001.

54 In 2013, the Fördergesellschaft FH Bielefeld emerged from the Fachhochschulgesellschaft, which has also had a Minden section since 2014. Cf. the website http://www.fh-foerdergesellschaft.de (20.11.2020).

Innovationen, Reformen und Erneuerungen waren seit ihrem Bestehen Leitmotive der FH Bielefeld, insbesondere für junge Studentinnen und Studenten, aber auch für alle Hochschulmitglieder eine attraktive Lern- und Lehrinstitution zu sein.[50] Von der Diskussion der sozialen Frage im Kontext der Wissenssoziologie um den deutschen Psychiater und Psychiatriehistoriker Prof. Dr. Klaus Dörner (Jg. 1933),[51] der Gleichstellung von Frau und Mann über die zunehmende Internationalisierung und die kontinuierliche Verbesserung der Lehre bis hin zur konsequenten Weiterentwicklung von Forschung, Entwicklung und Transfer ging es allen Rektoraten bzw. Präsidien der FH Bielefeld[52] grundsätzlich um die Steigerung der Attraktivität ihrer Hochschule.[53] Dazu gehören beispielsweise:

— die am 31. Januar 1997 in der Industrie- und Handelskammer Ostwestfalen zu Bielefeld (IHK) gegründete Fachhochschulgesellschaft – Verein der Freunde und Förderer e.V. zur intensiveren Verankerung der FH Bielefeld in Wirtschaft und Gesellschaft,[54]

— die zum Wintersemester 1996/1997 erfolgte Einrichtung des Studiengangs Produktentwicklung des damaligen Fachbereichs Mathematik und Technik mit den dafür erforderlichen Laboren und Seminarräumen Am Stadtholz 24, aus dem das 2004 von Prof. Dr.-Ing. Horst Langer initiierte und bis heute erfolgreiche Ausstellungsprojekt ›Leonardo da Vinci – Bewegende Erfindungen‹[55] hervorging,

— die Etablierung einer hochschulweiten Evaluation seit 2002,

— die Integration von fachspezifischem Wissenschaftsenglisch in jeden FH-Studiengang seit etwa 2005,

sowie Dies. (Hg.): Kreative Vielfalt. Wie deutsche Hochschulen den Bologna-Prozess nutzen, Bonn 2010. Die Veranstaltung anlässlich der Ernennung des ersten Hochschulrates der FH Bielefeld am 3. Juni 2008 im Videostudio des Fachbereichs Gestaltung ist vielen vor allem wegen des an diesem Tag veranstalteten massiven studentischen Protests gegen die geplante Einführung von Studiengebühren noch in lebhafter Erinnerung: »Boykottier' Studiengebühren!« – ein Protest, der sich schließlich in Wohlgefallen auflöste, da die Studiengebühren in NRW zum Wintersemester 2011/2012 wieder abgeschafft sind und ihr Wegfall durch staatlich finanzierte Qualitätsverbesserungsmittel kompensiert worden ist.

50 Die Hannoveraner Hochschul-Informations-System GmbH (HIS) hat zu diesem Thema zahlreiche Tagungen veranstaltet und Forschungsergebnisse veröffentlicht, u.a. Hochschul-Informations-System GmbH (HIS) (Hg.): Perspektive Studienqualität. Themen und Forschungsergebnisse der HIS-Fachtagung ›Studienqualität‹, Bielefeld 2010. Siehe aber auch Bettina Jorzik, Stifterverband für die Deutsche Wissenschaft (Hg.): Charta guter Lehre. Grundsätze und Leitlinien für eine bessere Lehrkultur, Essen 2013, sowie die Website https://www.his.de (24.10.2020). Spannend ist der Vergleich mit den Zukunftsideen 15 Jahre zuvor. Vgl. dazu beispielsweise Bayerisches Staatsministerium für Unterricht, Kultus, Wissenschaft und Kunst (Hg.): Wissen und Werte für die Welt von morgen. Dokumentation zum Bildungskongress des Bayerischen Staatsministeriums für Unterricht, Kultus, Wissenschaft und Kunst. 29./30. April 1998 in der Ludwig-Maximilians-Universität, München 1998.

51 Von 1980 bis 1996 war Dörner ärztlicher Leiter der Westfälischen Klinik für Psychiatrie, Psychosomatik und Neurologie in Gütersloh, an der Universität Witten/Herdecke lehrte er Psychiatrie.

52 Vgl. die Übersicht der Rektorate und Präsidien der FH Bielefeld im Anhang dieses Buches.

53 Als Werbe- und Informationsmaterial erschienen vergleichsweise regelmäßig Schriften zu den Tätigkeitsfeldern der Fachhochschullehrenden wie z.B.: Der Rektor der Fachhochschule Bielefeld (Hg.): Aspekte aus Lehre, Forschung und Entwicklung, Bielefeld 1981; Ders. (Hg.): FH-Forum. Beiträge aus Lehre, Forschung und Entwicklung. Wintersemester 1984/85 und Sommersemester 1985, Bielefeld 1986, sowie die in den 1990er-Jahren erschienenen fh-news, die von der Pressestelle der FH Bielefeld herausgegeben und vielfach als Plattform für wissenschaftliche Veröffentlichungen angesehen wurden. Wegen dieses Missverständnisses wurden sie 2001 eingestellt.

54 Aus der Fachhochschulgesellschaft entstand 2013 die Fördergesellschaft FH Bielefeld e.V., die seit 2014 auch eine Sektion Minden hat. Vgl. die Website http://www.fh-foerdergesellschaft.de (20.11.2020).

55 Vgl. dazu u.a. die Websites https://www.fh-bielefeld.de/davinci500 und https://www.fh-bielefeld.de/schuelerlabor/leonardo-da-vinci-bewegende-erfindungen (19.12.2020).

exhibition project ›Leonardo da Vinci – Moving Inventions‹,[55] initiated by Prof. Dr.-Ing. Horst Langer in 2004 and still successful today, emerged,

- *the establishment of a University-wide evaluation since 2002,*
- *the integration of subject-specific scientific English into every UAS degree programme since about 2005,*
- *the continuously improved offer of joint degree programmes in cooperation with the Institute for Joint Studies of the Universities of Applied Sciences of North Rhine-Westphalia as an institute of the South-Westphalia UAS,[56]*
- *the introduction of the work-integrated degree programmes developed by the Bielefeld UAS for the Campus Bielefeld, the Campus Minden as well as the study location or the current location Campus Gütersloh of the Bielefeld UAS since 2009,*
- *the establishment of the laboratories for Process Engineering and Biochemistry/Microbiology of the Faculty of Engineering and Mathematics, also since 2009,*
- *the establishment of the Bachelor's degree programme in Business Psychology of the Faculty of Business and Health in the winter semester 2011/2012, or*
- *the consistent commitment over many years to the construction of a new building, which was completed in 2015.*

Last but not least, the successful system accreditation for the Bielefeld UAS in 2015 was a further step towards the independent and autonomous orientation of the degree programme.[57]

The Rectorates and Executive Boards of the Bielefeld UAS have fundamentally faced up to the respective current challenges, the ever more complicated technology with constantly new technologies and their social and creative effects, in order to enable future-oriented further development in the respective time – through practice-oriented studies with a future.

With the Bologna Reform[58] passed on 19 June 1999 and the associated introduction of Bachelor's and Master's degree programmes, the difference between universities of applied sciences and universities became smaller once again.[59] At the same time, criticism of the spatial situation of the Bielefeld UAS increased proportionally with the rising student numbers. The buildings were all from previous institutions and were mostly in a poor state of repair. Therefore, at the end of the 1990s, the then Rectorate with Prof. Dr. Heinrich Ostholt, together with Pro Grün (Pro Green registered society), drew up plans for the realisation of a new campus

55 *See, among others, the websites https://www.fh-bielefeld.de/davinci500 and https://www.fh-bielefeld.de/schuelerlabor/leonardo-da-vinci-bewegende-erfindungen (19.12.2020).*
56 *See the Website https://www.verbundstudium.de (20.12.2020).*
57 *See https://www.fh-bielefeld.de/hochschule/profil/qualitaetsverstaendnis/systemakkreditierung (20.12.2020).*
58 *Cf. the commentary by Dietrich Spitta: Das Erziehungs- und Bildungsideal Wilhelm von Humboldts, in: Humboldt-Gesellschaft für Wissenschaft, Kunst und Bildung (ed.): Der Bologna-Prozess und Beiträge aus seinem Umfeld, Roßdorf 2009, pp. 21–36, and Doris Pack, Annette Groh: Bologna – quo vadis? Die Umsetzung des Bologna-Prozesses. Versuch einer Standortbestimmung, without place and year (2010), and Stifterverband für die Deutsche Wissenschaft (ed.): Hochschulbildungsreport 2020, Essen 2015.*
59 *Cf. Wissenschaftsrat (ed.): Empfehlungen zur Differenzierung der Hochschulen, Cologne 2011, and same (ed.): Empfehlungen zur Rolle der Fachhochschulen im Hochschulsystem, Cologne 2011.*

- das kontinuierlich verbesserte Angebot von Verbundstudiengängen in Kooperation mit dem Institut für Verbundstudien der Fachhochschulen Nordrhein-Westfalen als Institut der FH Südwestfalen,[56]
- die Einführung der durch die FH Bielefeld entwickelten praxisintegrierten Studiengänge für die Standorte Campus Bielefeld und Campus Minden sowie den Studienort bzw. den heutigen FH-Bielefeld-Standort Campus Gütersloh seit 2009,
- die Einrichtung der Labore für Verfahrenstechnik und Biochemie/Mikrobiologie des Fachbereichs Ingenieurwissenschaften und Mathematik, ebenfalls seit 2009,
- die Einrichtung des Bachelorstudiengangs Wirtschaftspsychologie des Fachbereichs Wirtschaft und Gesundheit zum Wintersemester 2011/2012 oder
- das konsequente jahrelange Engagement zur Errichtung eines Neubaus, der 2015 vollendet werden konnte.

Nicht zuletzt war 2015 die erfolgreiche Systemakkreditierung für die FH Bielefeld ein weiterer Schritt zur eigenverantwortlichen und selbstständigen Ausrichtung des Studienangebots.[57]

Die Rektorate und Präsidien der FH Bielefeld haben sich grundsätzlich den jeweils aktuellen Herausforderungen, der immer komplizierter werdenden Technik mit ständig neuen Technologien und ihren gesellschaftlichen und gestalterischen Auswirkungen gestellt, um in der jeweiligen Zeit eine zukunftsträchtige Weiterentwicklung zu ermöglichen – durch ein praxisbezogenes Studium mit Zukunft.

Mit der am 19. Juni 1999 beschlossenen Bologna-Reform[58] sowie der damit verbundenen Einführung von Bachelor- und Masterstudiengängen wurde der Unterschied zwischen Fachhochschulen und Universitäten ein weiteres Mal kleiner.[59] Zugleich nahm die Kritik an der räumlichen Situation der FH Bielefeld proportional mit den steigenden Studierendenzahlen zu. Die Gebäude stammten sämtlich von Vorgängerinstitutionen und waren zumeist in einem schlechten Bauzustand. Das damalige Rektorat mit Prof. Dr. Heinrich Ostholt hatte deshalb Ende der 1990er-Jahre gemeinsam mit Pro Grün e.V. Pläne für eine Realisierung eines neuen Campus im früheren Luftwaffenbekleidungsamt Am Stadtholz[60] erarbeitet, die jedoch später fallen gelassen wurden, weil sich andere Möglichkeiten boten.

Zum Jahr 2001 hatte das Land NRW den Bau- und Liegenschaftsbetrieb NRW (BLB NRW) als teilrechtsfähiges Sondervermögen des Landes Nordrhein-Westfalen mit eigener Wirtschafts- und Rechnungsführung gegründet. Mit seiner Gründung durch das BLB-Gesetz hat der BLB NRW die im NRW-Eigentum befind-

56 Hierzu die Website https://www.verbundstudium.de (20.12.2020).

57 Vgl. https://www.fh-bielefeld.de/hochschule/profil/qualitaetsverstaendnis/systemakkreditierung (20.12.2020).

58 Vgl. dazu den Kommentar von Dietrich Spitta: Das Erziehungs- und Bildungsideal Wilhelm von Humboldts, in: Humboldt-Gesellschaft für Wissenschaft, Kunst und Bildung (Hg.): Der Bologna-Prozess und Beiträge aus seinem Umfeld, Roßdorf 2009, S. 21–36, und Doris Pack, Annette Groh: Bologna – quo vadis? Die Umsetzung des Bologna-Prozesses. Versuch einer Standortbestimmung, ohne Ort und Jahr (2010), sowie Stifterverband für die Deutsche Wissenschaft (Hg.): Hochschulbildungsreport 2020, Essen 2015.

59 Vgl. dazu Wissenschaftsrat (Hg.): Empfehlungen zur Differenzierung der Hochschulen, Köln 2011, und Ders. (Hg.): Empfehlungen zur Rolle der Fachhochschulen im Hochschulsystem, Köln 2011.

60 Pro Grün e.V. und Fördergesellschaft der Fachhochschule Bielefeld e.V. (Hg.): Grüne Insel – Alte Richmond-Kaserne. Gestaltungskonzept für eine Planungschance in Bielefelds V. Kanton, Bielefeld 2000.

in the former Luftwaffe clothing office Am Stadtholz,[60] *which were later dropped, however, because other possibilities presented themselves:*

In 2001, the State of North Rhine-Westphalia founded the Bau- und Liegenschaftsbetrieb NRW (Building and Real Estate Operation North Rhine-Westphalia, BLB NRW) as a special fund of the State of North Rhine-Westphalia with partial legal capacity and its own economic and accounting management. When it was established by the BLB-Gesetz (Building and Real Estate Operation North Rhine-Westphalia Act), the BLB NRW was assigned the properties owned by North Rhine-Westphalia for management, and leases them to universities, the judiciary, the prison system, the police, the financial administration, ministries, state authorities and other users.[61] *Since then, the Bielefeld BLB NRW has been responsible for the buildings of the public universities in East Westphalia-Lippe and thus also for the University of Bielefeld and the Bielefeld UAS. Negotiations were difficult from the start, however, »individual solutions were discussed rather than a grand plan«, as Prof. Dr. Beate Rennen-Allhoff, Rector or President from 2001 to 2015, put it. »This only became vivid again after an informal meeting of the University (Rector Prof. Dr. Dieter Timmermann, Chancellor Hans-Jürgen Simm, Head of the Planning Department Hartmut Krauß) and the University of Applied Sciences (Vice Rectors Prof. Dr. Bruno Fuhrmann and Prof. Dr. Uwe Rössler as well as Rector Prof. Dr. Beate Rennen-Allhoff) in February 2005. At the time, the University feared that the BLB NRW could sell the extension areas at Lange Lage, as it had previously done with the grounds at Hof Hallau (Hallau Farm). This would have buried all hopes of attracting non-university research institutions. It also became apparent that the University needed to be renovated, and alternative sites had to be found. In these talks, joint planning was agreed upon: The Bielefeld UAS would build its Campus University on the Lange Lage expansion areas, but not yet move immediately with all faculties, and the University would use parts of the new UAS building as alternative areas during the renovation of its main building.«*[62] *A timely plan, as the future would show.*

60 *Pro Grün e.V. und Fördergesellschaft der Fachhochschule Bielefeld e.V. (ed.): Grüne Insel – Alte Richmond-Kaserne. Gestaltungskonzept für eine Planungschance in Bielefelds V. Kanton, Bielefeld 2000.*
61 *Ministerium für Inneres und Kommunales des Landes Nordrhein-Westfalen: Gesetz zur Errichtung eines Sondervermögens »Bau- und Liegenschaftsbetrieb des Landes Nordrhein-Westfalen/Bau- und Liegenschaftsbetrieb NRW« (Bau- und Liegenschaftsbetriebsgesetz – BLBG), in: Gesetz- und Verordnungsblatt (GV. NRW), Nr. 56 from 29.12.2000, pp. 753–788 (https://recht.nrw.de, 30.9.2020).*
62 *Translated according to Beate Rennen-Allhoff: Zur Entwicklung der Fachhochschule Bielefeld. Der Neubau auf dem Campus Bielefeld, in: Beaugrand (ed.): Stadtbuch Bielefeld, pp. 776–781, here p. 779.*

lichen Liegenschaften zur Bewirtschaftung übertragen bekommen und vermietet sie an Hochschulen, Justiz, Justizvollzug, Polizei, Finanzverwaltung, Ministerien, Landesbehörden und weitere Nutzer.[61] Der Bielefelder BLB NRW ist seitdem für die Gebäude der öffentlich-rechtlichen Hochschulen in Ostwestfalen-Lippe und damit auch für die Universität und die FH Bielefeld zuständig, wobei die Verhandlungen allerdings von Anfang an schwierig waren. »Es wurden eher Einzellösungen diskutiert als ein großer Wurf geplant«, wie Prof. Dr. Beate Rennen-Allhoff, FH-Rektorin bzw. -Präsidentin von 2001 bis 2015, lapidar feststellte. »Dieser wurde erst wieder plastisch nach einem informellen Treffen von Universität (Rektor Prof. Dr. Dieter Timmermann, Kanzler Hans-Jürgen Simm, Planungsdezernent Hartmut Krauß) und Fachhochschule (Prorektoren Prof. Dr. Bruno Fuhrmann und Prof. Dr. Uwe Rössler sowie Rektorin Prof. Dr. Beate Rennen-Allhoff) im Februar 2005. Die Universität befürchtete damals, der BLB NRW könne die Erweiterungsflächen an der Langen Lage veräußern wie zuvor das Gelände am Hof Hallau. Damit hätten alle Hoffnungen auf Ansiedlung außeruniversitärer Forschungseinrichtungen begraben werden müssen. Auch zeichnete sich für die Universität Sanierungsbedarf ab, es mussten Ausweichflächen gefunden werden. In diesem Gespräch wurde eine gemeinsame Planung verabredet: Die Fachhochschule würde ihre Campushochschule auf den Erweiterungsflächen Lange Lage errichten, allerdings noch nicht sofort mit allen Bereichen umziehen, und die Universität würde Teile der neuen Hochschule als Ausweichflächen während der Sanierung ihres Hauptgebäudes nutzen.«[62] Ein rechtzeitig beschlossener Plan, wie die Zukunft zeigen sollte.

›Stairway to Heaven‹[63]

Parallel zu dieser lokalen Entwicklung hatten in Nordrhein-Westfalen drei Gesetzesreformen aus den Jahren 2000,[64] 2007[65] und 2014[66] die Hochschullandschaft gänzlich, in weiten Teilen durchaus widersprüchlich und zugleich betriebswirtschaftlich umzuorganisieren versucht, um den Erfordernissen der Auswirkungen weltweiter Veränderungen zu einer international vernetzten Kommunikations-, Informations- und Hightech-Gesellschaft gerecht werden zu können.[67] Bei aller

61 Ministerium für Inneres und Kommunales des Landes Nordrhein-Westfalen: Gesetz zur Errichtung eines Sondervermögens »Bau- und Liegenschaftsbetrieb des Landes Nordrhein-Westfalen/Bau- und Liegenschaftsbetrieb NRW« (Bau- und Liegenschaftsbetriebsgesetz – BLBG), in: Gesetz- und Verordnungsblatt (GV. NRW), Nr. 56 vom 29.12.2000, S. 753–788 (https://recht.nrw.de, 30.9.2020).
62 Beate Rennen-Allhoff: Zur Entwicklung der Fachhochschule Bielefeld. Der Neubau auf dem Campus Bielefeld, in: Beaugrand (Hg.): Stadtbuch Bielefeld, S. 776–781, hier S. 779.
63 Das Stück ist eine achtminütige Rock-Ballade der britischen Rockband Led Zeppelin, im Dezember 1970 aufgenommen und im März 1971 uraufgeführt. Auf LP erschien sie am 8. November 1971.
64 Gesetz über die Hochschulen des Landes Nordrhein-Westfalen (HG) vom 14. März 2000, in: https://recht.nrw.de (21.1.2021).
Zur Entwicklung des Verhältnisses zwischen Gesetzeslagen und Wissenschaft siehe auch Hartmut Heuermann: Wissenschaftskritik. Konzepte Positionen Probleme, Tübingen, Basel 2000.
65 Gesetz über die Hochschulen des Landes Nordrhein-Westfalen (HG) in der Fassung des Hochschulfreiheitsgesetzes vom 1. Januar 2007, in: https://recht.nrw.de (21.1.2021).
66 Gesetz über die Hochschulen des Landes Nordrhein-Westfalen (HG) in der Fassung des Hochschulzukunftsgesetzes vom 16. September 2014, in: https://recht.nrw.de (21.1.2021).
67 Thomas Sattelberger, von 2007 bis 2012 im Vorstand der Deutschen Telekom, befürwortete die Studienstrukturreform, sah aber schon 2009 Mängel in deren Umsetzung, die sich bewahrheitet haben. Vgl. Kristina Enderle: Bildung ist der Schlüssel, in: DWS Journal. Das Magazin des Deutschen

›Stairway to Heaven‹[63]

Parallel to this local development, three legislative reforms in North Rhine-Westphalia in 2000,[64] 2007[65] and 2014[66] had attempted to reorganise the higher education landscape completely – in large parts quite contradictorily and at the same time in a business-like manner – in order to be able to meet the requirements of the effects of global changes to an internationally networked communication, information and high-tech society.[67] Despite all the criticism of his Higher Education Freedom Act voiced at the time, and to some extent still voiced today, against the then NRW Minister of Science, Prof. Dr. Andreas Pinkwart, in retrospect one can probably attest this reform the greatest courage and to this day the most far-reaching success: Without this law, which promoted the autonomy and flexibility of higher education institutions, the massive increase in students in the higher education landscape since 2008 would not have been manageable. Through the Hochschulmodernisierungsprogramm (Higher Education Modernisation Programme, HMoP) of the State of North Rhine-Westphalia, which was also adopted, numerous educational buildings were initially renovated and technically upgraded until 2015. The State of North Rhine-Westphalia invested five billion (thousand million) euros to modernise the universities in NRW and, among other things, to prepare them for the double Abitur class of 2013. Until 2020, a further 1,2 billion euros will be invested in the structural development of the universities, with no end in sight. A third pillar of higher education policy proved to be the Hochschulpakt (Higher Education Pact),[68] through which the federal and state governments have made funds available to the universities for the admission of additional students since 2007.

After the informal meeting in February 2005, which once again confirmed the good and close cooperation between the University of Bielefeld and the Bielefeld UAS,[69] the application to build a Campus UAS on the Lange Lage site could be

63 The track is an eight-minute rock ballad by the British rock band Led Zeppelin recorded in December 1970 and premiered in March 1971. It was released on LP on 8 November 1971.

64 Gesetz über die Hochschulen des Landes Nordrhein-Westfalen (Law on Higher Education Institutions of the State of North Rhine-Westphalia, HG) of 14 March 2000, in: https://recht.nrw.de (21.1.2021). On the development of the relationship between legal positions and science, see also Hartmut Heuermann: Wissenschaftskritik. Konzepte Positionen Probleme, Tübingen, Basel 2000.

65 Gesetz über die Hochschulen des Landes Nordrhein-Westfalen (HG) in der Fassung des Hochschulfreiheitsgesetzes vom 1. Januar 2007 (Law on Higher Education Institutions of the State of North Rhine-Westphalia (HG) in the Version of the Higher Education Freedom Act of 1 January 2007), in: https://recht.nrw.de (21.1.2021).

66 Gesetz über die Hochschulen des Landes Nordrhein-Westfalen (HG) in der Fassung des Hochschulzukunftsgesetzes vom 16. September 2014 (Higher Education Act of the State of North Rhine-Westphalia (HG) in the Version of the Higher Education Future Act of 16 September 2014), in: https://recht.nrw.de (21.1.2021).

67 Thomas Sattelberger, a member of the Deutsche Telekom Board of Management from 2007 to 2012, was in favour of the study structure reform, but saw shortcomings in its implementation as early as 2009, which have come true. Cf. Kristina Enderle: Bildung ist der Schlüssel, in: DWS Journal. Das Magazin des Deutschen Studentenwerks, issue 4, Berlin 2009, pp. 10–15. See also the contribution by Julian Nida-Rümelin in this book.

68 Published in the Bundesanzeiger (Federal Gazette) No. 171 of 12.9.2007, p. 7480.

69 Only a short time later – on 6 July and 7 August 2007 respectively – an agreement on Cooperative Doctoral Procedures was concluded between the Faculty of Design, the Faculty of Literary Studies and Linguistics, the Bielefeld UAS and the University of Bielefeld – incidentally one of the first of its kind, followed by others.

seinerzeit und zum Teil bis heute gegenüber dem damaligen NRW-Wissenschaftsminister Prof. Dr. Andreas Pinkwart geäußerten Kritik an dessen Hochschulfreiheitsgesetz wird man dieser Reform rückblickend wohl den größten Mut und bis heute den weitestgehenden Erfolg bescheinigen können: Ohne dieses Gesetz, das Eigenständigkeit und Flexibilität der Hochschulen gefördert hat, wäre der seit 2008 massive Zuwachs von Studierenden in der Hochschullandschaft nicht zu bewältigen gewesen. Durch das darüber hinaus beschlossene Hochschulmodernisierungsprogramm (HMoP) des Landes NRW wurden zunächst bis 2015 zahlreiche Bildungsbauten saniert und technisch aufgerüstet. Fünf Milliarden Euro investierte das Land NRW, um die Hochschulen in NRW zu modernisieren und unter anderem auch auf den doppelten Abiturjahrgang 2013 vorzubereiten. Bis 2020 flossen weitere 1,2 Milliarden Euro in die bauliche Entwicklung der Hochschulen, ein Investitionsende ist nicht abzusehen. Als ein dritter hochschulpolitischer Stützpfeiler erwies sich der Hochschulpakt,[68] durch den Bund und Länder seit 2007 den Hochschulen Mittel für die Aufnahme zusätzlicher Studierender zur Verfügung stellten.

Nach dem informellen Treffen von Februar 2005, das einmal mehr die gute und enge Zusammenarbeit zwischen Universität und FH Bielefeld bestätigte,[69] konnte schon am 3. Mai 2005 der Antrag zur Bebauung des Grundstücks Lange Lage mit einer Campus-Fachhochschule im Wissenschaftsministerium gestellt werden, dem auch der BLB NRW und die Stadt Bielefeld positiv gegenüberstanden. Ebenfalls im Mai 2005 beantragten FH und Universität Bielefeld die Aufstellung eines Bebauungsplans bei der Stadt. Ein raumbezogenes Entwicklungskonzept[70] wurde erarbeitet, dem der Hauptausschuss des Rates der Stadt Bielefeld im August 2006 einvernehmlich zustimmte.[71] Ohne Finanzierungssicherheit und trotz nachbarschaftlicher Proteste gegen den Neubau veranstaltete die Bielefelder Niederlassung des BLB NRW 2007 einen städtebaulichen Wettbewerb mit fünf geladenen Architekturbüros, den das Team der Städteplaner und Architekten Döll-Atelier voor Bouwkunst b.v., Rotterdam, und GTL Gnüchtel Triebswetter Landschaftsarchitekten, Kassel, gewann.[72] Bis Mai 2008 legte die von der FH Bielefeld beauftragte HIS Hochschul-Informations-System eG, Hannover, den Flächenbedarfsplan für den Ersatzneubau vor[73] und im Juni 2008 begann der Wettbewerb für den Generalplaner.[74] Aus 63 Bewerbungen wählte eine Jury im Januar 2009 davon zwei zur weiteren Überarbeitung aus und im März 2009 ging schließ-

Studentenwerks, Heft 4, Berlin 2009, S. 10–15. Vgl. dazu auch den Beitrag von Julian Nida-Rümelin in diesem Buch.

68 Veröffentlicht im Bundesanzeiger Nr. 171 vom 12. September 2007, S. 7480.

69 Nur einige Zeit später – am 6. Juli bzw. 7. August 2007 – wurde zwischen dem Fachbereich Gestaltung, der Fakultät für Literaturwissenschaft und Linguistik, der FH Bielefeld und der Universität Bielefeld eine Vereinbarung über kooperative Promotionsverfahren geschlossen – übrigens eine der ersten dieser Art, der weitere folgten.

70 Pressestelle der Universität Bielefeld (Hg.): Hochschulstandort Bielefeld. Ein raumbezogenes Entwicklungskonzept für die Universität und die Fachhochschule Bielefeld, Bielefeld 2006.

71 Rat der Stadt Bielefeld: Auszug aus dem Protokoll vom 31.8.2006; siehe auch: http://www.fh-bielefeld.de/presse/rat-der-stadt-unterstuetzt-entwicklungskonzept (10.11.2020).

72 Bau- und Liegenschaftsbetrieb NRW (Hg.): Hochschulcampus Bielefeld. Dokumentation des kooperativen Wettbewerbs mit vier öffentlichen Diskussionsforen, Bielefeld 2007.

73 Jan Fehlberg, Georg Jongmanns, Christine Zienc: Bauliche Entwicklung der Fachhochschule Bielefeld. Flächenbedarfsplanung und Raum- und Funktionsprogramm für den Neubau auf dem Hochschulcampus Bielefeld (HIS-Projektbericht), Hannover 2008.

74 Bau- und Liegenschaftsbetrieb NRW (Hg.): Hochschulcampus Bielefeld. Neubau der Fachhochschule Bielefeld, Wettbewerb für Generalplaner, Bielefeld 2008.

submitted to the Ministry of Science as early as 3 May 2005, to which the BLB NRW and the City of Bielefeld also responded positively. Also in May 2005, the Bielefeld UAS and the University of Bielefeld applied to the City to draw up a development plan. A spatial development concept[70] *was drawn up, which the main committee of the Bielefeld City Council approved by consensus in August 2006.*[71] *Without certainty of financing and despite neighbourly protests against the new building, the Bielefeld branch of the BLB NRW organised an urban planning competition with five invited architectural firms in 2007, which was won by the team of urban planners and architects Döll-Atelier voor Bouwkunst b.v., Rotterdam, and GTL Gnüchtel Triebswetter Landschaftsarchitekten (landscape architects), Kassel.*[72] *By May 2008, the HIS Hochschul-Informations-System eG, Hanover, commissioned by the Bielefeld UAS, had submitted the space requirement plan for the new replacement building*[73] *and in June 2008 the competition for the general planner began.*[74] *From 63 applications, a jury selected two of them for further revision in January 2009, and in March 2009 the architectural firm Auer+Weber Assoziierte GmbH, Stuttgart and Munich, finally emerged as the winner of the competition.*[75]

Parallel to this dynamic development in building design, in the second half of 2008, after years of futile efforts, the outdated logo of the Bielefeld UAS from the late 1970s – actually no more than a monogram – was replaced by a new corporate design with a clear logo and typography, which has since signalled awakening, advancement and future. In summer 2008, an internal communication design competition was announced at the Faculty of Design, in which nine student teams participated. On 26 August 2008, an internal and external jury[76] *decided on the winning team,*[77] *whose design was implemented by summer 2009 by the Bielefeld design agency Beierarbeit, which specialises in identity, communication, space and interactive. The second term of office of President Prof. Dr. Beate Rennen-Allhoff then began with a new corporate identity and a new Executive Board.*

On 21 September 2009, representatives of the Bielefeld UAS, the University of Bielefeld, the North Rhine-Westphalian Ministries of Science and Finance and the BLB NRW signed the contracts for the replacement new building for the

70 Pressestelle der Universität Bielefeld (ed.): Hochschulstandort Bielefeld. Ein raumbezogenes Entwicklungskonzept für die Universität und die Fachhochschule Bielefeld, Bielefeld 2006.

71 Rat der Stadt Bielefeld (Bielefeld City Council): Auszug aus dem Protokoll (Extract from the Minutes) 31.8.2006; see also: http://www.fh-bielefeld.de/presse/rat-der-stadt-unterstuetzt-entwicklungskonzept (10.11.2020).

72 Bau- und Liegenschaftsbetrieb NRW (ed.): Hochschulcampus Bielefeld. Dokumentation des kooperativen Wettbewerbs mit vier öffentlichen Diskussionsforen, Bielefeld 2007.

73 Jan Fehlberg, Georg Jongmanns, Christine Zienc: Bauliche Entwicklung der Fachhochschule Bielefeld. Flächenbedarfsplanung und Raum- und Funktionsprogramm für den Neubau auf dem Hochschulcampus Bielefeld (HIS-Projektbericht), Hanover 2008.

74 Bau- und Liegenschaftsbetrieb NRW (ed.): Hochschulcampus Bielefeld. Neubau der Fachhochschule Bielefeld, Wettbewerb für Generalplaner, Bielefeld 2008.

75 Bau- und Liegenschaftsbetrieb NRW (ed.): Hochschulcampus Bielefeld. Neubau der Fachhochschule Bielefeld, Dokumentation Wettbewerb für Generalplaner, Bielefeld 2009.

76 Jury members were Prof. Robert Paulmann (Corporate Identity Institute, Mainz UAS), Prof. Ralf Weißmantel (Corporate Design, Information Design, Aachen UAS), Prof. Dr. Beate Rennen-Allhoff (Rector, Bielefeld UAS), Gehsa Schnier (Chancellor, Bielefeld UAS), Frank-Rüdiger Bürgel (Press Officer, Bielefeld UAS), Prof. Dr. Andreas Beaugrand (Prorector, Theory of Design, Bielefeld UAS), Prof. Uwe Göbel (Visual Communication, Bielefeld UAS) and Prof. Dirk Fütterer (Institute for Book Design, Typography, Bielefeld UAS).

77 The winning team was the ›Drei Punkte‹ group with students Mareike Knocks, Michael Erdmann and Robert Fischer.

lich das Architekturbüro Auer+Weber Assoziierte GmbH, Stuttgart und München, als Sieger aus dem Wettbewerb hervor.[75]

Parallel zu dieser dynamischen bauplanerischen Entwicklung gelang es in der zweiten Jahreshälfte 2008, nach jahrelangen vergeblichen Bemühungen das überalterte Logo der FH Bielefeld aus den späten 1970er-Jahren – eigentlich nicht mehr als ein Monogramm – durch ein neues Corporate Design mit eindeutigem Logo und klarer Typografie zu ersetzen, das seitdem Aufbruch, Aufstieg und Zukunft signalisiert. Im Sommer 2008 war am Fachbereich Gestaltung ein interner CD-Wettbewerb ausgeschrieben worden, an dem sich neun studentische Teams beteiligt hatten. Am 26. August 2008 entschied eine in- und extern besetzte Jury[76] über das Siegerteam,[77] dessen Entwurf bis Sommer 2009 durch die Bielefelder Designagentur Beierarbeit implementiert wurde, die auf die Schwerpunkte Identity, Communication, Space und Interactive spezialisiert ist. Mit neuer CI und neuem Präsidium begann dann die zweite Amtszeit von Präsidentin Prof. Dr. Beate Rennen-Allhoff.

Am 21. September 2009 unterzeichneten Vertreterinnen und Vertreter der FH Bielefeld, der Universität Bielefeld, des nordrhein-westfälischen Wissenschafts- und Finanzministeriums und des BLB NRW die Verträge über den Ersatzneubau der Fachhochschule und ein Ausweichgebäude für die Universität und sorgten damit dafür, dass die Bielefelder Hochschulbauten am stärksten vom Hochschulmodernisierungsprogramm in NRW profitierten.

Die weitere Entwicklung der steigenden Studierendenzahlen führte dazu, dass die FH Bielefeld statt einer Neubauvornutzung durch die Universität nun eigenen Bedarf im Rahmen des Hochschulpaktes anmeldete, sodass beide Hochschulen ihre Ersatzbauten selbstständig planen konnten. Ende 2009 begannen die Bauarbeiten, am 1. April 2011 wurde der Grundstein für die neue Fachhochschule gelegt und am 17. April 2012 das Richtfest gefeiert. Im Sommer 2015 – wegen Organisations- und Bauschwierigkeiten knapp zwei Jahre später als geplant – konnte der Neubau bezogen und zum Wintersemester 2015/2016 der Lehrbetrieb aufgenommen werden. Das homogene Erscheinungsbild der Fassade wurde nach dem Konzept des österreichischen Künstlers Josef Schwaiger (*1962) durch einen freien Wechsel von transparenten und opaken farbigen Fassadenelementen gestaltet. Die neue Hochschule hat 31.500 Quadratmeter Hauptnutzfläche mit 2.000 Räumen, darunter 16 Hörsäle und mehr als 220 Seminarräume, eine 200 Meter lange Magistrale, eine zentrale Hochschulbibliothek und eine Cafeteria.

In diesem Neubau befinden sich alle Bielefelder Fachbereiche mit Ausnahme des Fachbereichs Gestaltung in der Lampingstraße 3 und dem Studiengang Apparative Biotechnologie des Fachbereichs Ingenieurwissenschaften und Mathematik, der zusammen mit der Universität Bielefeld Teile des für das Centrum für

75 Bau- und Liegenschaftsbetrieb NRW (Hg.): Hochschulcampus Bielefeld. Neubau der Fachhochschule Bielefeld, Dokumentation Wettbewerb für Generalplaner, Bielefeld 2009.

76 Jurymitglieder waren Prof. Robert Paulmann (Corporate Identity Institute, FH Mainz), Prof. Ralf Weißmantel (Corporate Design, Informationsdesign, FH Aachen), Prof. Dr. Beate Rennen-Allhoff (Rektorin, FH Bielefeld), Gehsa Schnier (Kanzlerin, FH Bielefeld), Frank-Rüdiger Bürgel (Pressesprecher, FH Bielefeld), Prof. Dr. Andreas Beaugrand (Prorektor, Theorie der Gestaltung, FH Bielefeld), Prof. Uwe Göbel (Visuelle Kommunikation, FH Bielefeld) und Prof. Dirk Fütterer (Institut für Buchgestaltung, Typografie, FH Bielefeld).

77 Das Siegerteam war die Gruppe ›Drei Punkte‹ mit den Studierenden Mareike Knocks, Michael Erdmann und Robert Fischer.

Bielefeld UAS and an alternative building for the University of Bielefeld, thus ensuring that Bielefeld's University buildings benefited the most from the University Modernisation Programme in North Rhine-Westphalia.

*The further development of the rising student numbers meant that instead of the University pre-using the new building, the Bielefeld UAS now registered its own needs under the Higher Education Pact, so that both Universities could plan their replacement buildings independently. The construction work began at the end of 2009, the foundation stone for the new university of applied sciences was laid on 1 April 2011 and the topping-out ceremony was celebrated on 17 April 2012. In summer 2015 – almost two years later than planned due to organisational and construction difficulties – the new building was occupied and teaching began in the winter semester 2015/2016. The homogeneous appearance of the façade was designed according to the concept of the Austrian artist Josef Schwaiger (*1962) through a free alternation of transparent and opaque coloured façade elements. The new university has 31,500 square metres of main floor space with 2,000 rooms, including 16 lecture halls and more than 220 seminar rooms, a 200-metre-long main thoroughfare, a central university library and a cafeteria.*

All Bielefeld faculties are located in this new building, with the exception of the Faculty of Design at Lampingstrasse 3 and the Apparative Biotechnology programme of the Faculty of Engineering and Mathematics, which, together with the University of Bielefeld, uses parts of the building at Universitätsstrasse 27 constructed for the Centre for Biotechnology (CeBiTec) in 2008/2009.[78]

According to the original plans and in line with the decline in student numbers expected at the time, the Faculty of Design was to move out of Lampingstrasse 3 into the new building at the end of 2020, which has not happened and will not happen because the Bielefeld UAS continues to grow and is planning further new buildings on the Campus Bielefeld. This is due, on the one hand, to its highly successful teaching, which produces highly qualified graduates, and, on the other hand, to its equally successful research, in which numerous professors are involved with their institutes, associated institutes and research networks, which in turn are networked in many ways with other universities and external institutions such as the East-Westphalia Chamber of Industry and Commerce in Bielefeld and the Chamber of Trade, as well as numerous commercial enterprises.

At the Bielefeld UAS there is the Institut für Bildungs- und Versorgungsforschung im Gesundheitsbereich (Institute for Education and Care Research in the Health Sector, InBVG) of the former Teaching Unit Nursing and Health of the Faculty of Business and Health or, since 2020, of the new Faculty of Health, in which research is conducted in the areas of Nursing Science, Therapy and Health Sciences, Vocational Education and Medicine.[79] *In the Institut für Systemdynamik und Mechatronik (Institute for System Dynamics and Mechatronics, ISyM), professors of Mechanical Engineering, Electrical Engineering and Information Technology work together in the fields of Model-based System Development, Control Engineering and System Dynamics and Mechatronics.*[80] *The Bielefelder Institut für Angewandte Materialforschung (Bielefeld Institute for Applied Materials Research,*

78 *See also the website https://www.cebitec.uni-bielefeld.de (30.10.2020).*
79 *Cf. https://www.fh-bielefeld.de/inbvg (14.12.2020).*
80 *Cf. https://www.fh-bielefeld.de/isym (14.12.2020).*

Biotechnologie (CeBiTec) 2008/2009 errichteten Gebäudes an der Universitätsstraße 27 nutzt.[78]

Nach den ursprünglichen Plänen und entsprechend dem seinerzeit erwarteten Rückgang der Studierendenzahlen sollte der Fachbereich Gestaltung Ende 2020 aus der Lampingstraße 3 in den Neubau nachziehen, was jedoch nicht geschehen ist und nicht passieren wird, weil die FH Bielefeld weiter wächst und weitere Neubauten am Campus Bielefeld plant. Das liegt einerseits an einer vielfach erfolgreichen Lehre, die hoch qualifizierte Absolventinnen und Absolventen hervorbringt, andererseits an einer ebenso erfolgreichen Forschung, an der zahlreiche Professorinnen und Professoren mit ihren Instituten, An-Instituten und Forschungsverbünden beteiligt sind, die ihrerseits wieder vielfach mit anderen Hochschulen und externen Institutionen wie der Industrie- und Handelskammer Ostwestfalen zu Bielefeld und der Handwerkskammer sowie zahlreichen Wirtschaftsunternehmen vernetzt sind.

So gibt es an der FH Bielefeld das Institut für Bildungs- und Versorgungsforschung im Gesundheitsbereich (InBVG) der bisherigen Lehreinheit Pflege und Gesundheit des Fachbereichs Wirtschaft und Gesundheit bzw. seit 2020 des neuen Fachbereichs Gesundheit, in dem in den Bereichen Pflegewissenschaft, Therapie- und Gesundheitswissenschaften, Berufspädagogik und Medizin geforscht wird.[79] Im Institut für Systemdynamik und Mechatronik (ISyM) arbeiten Professorinnen und Professoren des Maschinenbaus, der Elektrotechnik und der Informationstechnik auf den Gebieten der modellbasierten Systementwicklung, Regelungstechnik und Systemdynamik sowie der Mechatronik zusammen.[80] Das Bielefelder Institut für Angewandte Materialforschung (BIfAM) beschäftigt sich mit Grundlagenuntersuchungen zu physikalischen Eigenschaften neuartiger Materialien sowie mit der intelligenten Verknüpfung, Weiterentwicklung bzw. Industrialisierung grundsätzlich bekannter Methoden und Materialien.[81] Das am Campus Minden ansässige Institut für intelligente Gebäude (InfinteG), das aus dem ehemaligen Forschungsschwerpunkt InteG-F: Gebäudetechnologien unter einem Dach hervorgegangen ist, befasst sich mit aktuellen und zukünftigen Forschungsfragen zum Thema Leben und Arbeiten im intelligenten Gebäude (Wohlbefinden, Sensorik, Energieeffizienz, Datensicherheit, Brandschutz).[82] Im Institut für Technische Energie-Systeme (ITES) werden schließlich inter- bzw. transdisziplinäre Fragestellungen der systemtechnischen Integration sowie der ökonomischen, ökologischen Optimierung und gesellschaftlichen Integration von dezentralen Energiesystemen erforscht.[83]

Darüber hinaus gibt es als An-Institut der FH Bielefeld das Kompetenzzentrum Technik-Diversity-Chancengleichheit e.V. mit Sitz Am Stadtholz, das vor allem für die Ausrichtung des bundesweit jährlich stattfindenden Girls' und Boys' Day bekannt ist,[84] das Institut für Buchgestaltung[85] am Fachbereich Gestaltung sowie

78 Siehe dazu auch die Website https://www.cebitec.uni-bielefeld.de (30.10.2020).
79 Vgl. https://www.fh-bielefeld.de/inbvg (14.12.2020).
80 Vgl. https://www.fh-bielefeld.de/isym (14.12.2020).
81 Vgl. https://www.fh-bielefeld.de/bifam (14.12.2020).
82 Vgl. https://www.fh-bielefeld.de/minden/forschung/infinteg/institut-fuer-intelligente-gebaeude (14.8.2020).
83 Vgl. https://www.fh-bielefeld.de/ium/ites (14.8.2020).
84 Vgl. https://www.kompetenzz.de/ (14.8.2020).
85 Vgl. http://www.institut-buchgestaltung.de/ (30.9.2020).

BIfAM) deals with basic research into the physical properties of new types of materials as well as with the intelligent linking, further development or industrialisation of fundamentally known methods and materials.[81] *The Institut für intelligente Gebäude (Institute for Intelligent Buildings, InfinteG), located at the Campus Minden and which emerged from the former research focus InteG-F: Gebäudetechnologien unter einem Dach (InteG-F: Building Technologies under One Roof), deals with current and future research questions on the topic of living and working in intelligent buildings (well-being, sensor technology, energy efficiency, data security, fire protection).*[82] *Finally, the Institut für Technische Energie-Systeme (Institute for Technical Energy Systems, ITES) researches interdisciplinary and transdisciplinary issues of system technology integration as well as the economic, ecological optimisation and social integration of decentralised energy systems.*[83]

Furthermore, as an affiliated institute of the Bielefeld UAS, there is the Kompetenzzentrum Technik-Diversity-Chancengleichheit (Competence Centre Technology-Diversity-Equal Opportunities registered association) based at Am Stadtholz, which is best known for organising the annual nationwide Girls' and Boys' Day,[84] *the Institute for Book Design*[85] *at the Faculty of Design, and in the Faculty of Engineering and Mathematics the research priorities IFE – Interdisziplinäre Forschung und Anwendungsentwicklung in der Umweltinformatik (IFE – Interdisciplinary Research and Application Development in Environmental Informatics),*[86] *which deals with machine learning, applications of artificial intelligence, photovoltaic technology, AMMO – Angewandte Mathematische Modellierung und Optimierung (AMMO – Applied Mathematical Modelling and Optimisation),*[87] *which is dedicated to modelling, optimisation and mathematical methods, as well as – again at the Faculty of Design – the one on ›Erkenntnisformen der Fotografie‹ (›Forms of Cognition in Photography‹) with the topics ›Images of Living‹, ›Architectures in the Image and Moving Images‹.*[88] *These research focuses no longer exist in this form since autumn 2020. Instead, the Presidential Board of the Bielefeld UAS has set up a research fund through which applications for research projects can be submitted with lean rules.*[89]

The Centre for Applied Data Science (CfADS) at the Campus Gütersloh[90] *works on application and implementation-oriented research and development projects in the areas of data acquisition, processing and analysis, for example for the*

81 Cf. https://www.fh-bielefeld.de/bifam (14.12.2020
82 Cf. https://www.fh-bielefeld.de/minden/forschung/infinteg/institut-fuer-intelligente-gebaeude (14.8.2020).
83 Cf. https://www.fh-bielefeld.de/ium/ites (14.8.2020).
84 Cf. https://www.kompetenzz.de/ (14.8.2020).
85 Cf. http://www.institut-buchgestaltung.de/ (30.9.2020).
86 Not to be confused with the Institute for Research and Development Services – IFE – Technology Transfer, which accompanied the cooperation between the University and industry since the founding of the Bielefeld UAS and until the end of the 1980s. Cf. Fachhochschule Bielefeld/IFE (ed.): Forschung, Entwicklung, Beratung. Leistungskatalog 1989, Bielefeld 1989, and on the IFE research focus the website https://www.fh-bielefeld.de/forschung/forschungsprofil/forschungsschwerpunkte/ife-interdisziplinaere-forschung-fuer-dezentrale-nachhaltige-und-sichere-energiekonzepte (14.8.2020).
87 Cf. https://www.fh-bielefeld.de/forschung/forschungsprofil/forschungsschwerpunkte/ammo-angewandte-mathematische-modellierung-und-optimierung (14.8.2020).
88 The research focus came to an end in 2019 with a symposium. Cf. among others https://www.fh-bielefeld.de/gestaltung/presse/bilder-des-wohnens-2 (30.12.2020).
89 Decision of the Executive Board in October 2020.
90 Cf. https://www.its-owl.de, https://www.owl-maschinenbau.de (20.8.2020) and Ingeborg Schramm-Wölk (ed.): FH Bielefeld. Jahresbericht 2019, p. 114 f.

im Fachbereich Ingenieurwissenschaften und Mathematik die FH-Forschungsschwerpunkte IFE – Interdisziplinäre Forschung und Anwendungsentwicklung in der Umweltinformatik,[86] bei dem es um maschinelles Lernen, Anwendungen der Künstlichen Intelligenz und Photovoltaiktechnologie geht, AMMO – Angewandte Mathematische Modellierung und Optimierung,[87] der sich der Modellierung, Optimierung und mathematischen Methoden widmet, sowie – wieder am Fachbereich Gestaltung – den zu ›Erkenntnisformen der Fotografie‹ mit den Themen ›Bilder des Wohnens‹, ›Architekturen im Bild und Bewegtbilder‹.[88] Diese Forschungsschwerpunkte gibt es in dieser Form seit Herbst 2020 nicht mehr. Stattdessen hat das Präsidium der FH Bielefeld einen Forschungsfonds aufgelegt, über den mit schlanken Regeln Anträge für Forschungsvorhaben gestellt werden können.[89]

Das Center for Applied Data Science (CfADS) am Campus Gütersloh[90] arbeitet an anwendungs- und umsetzungsorientierten Forschungs- und Entwicklungsprojekten in den Bereichen Datenerfassung, -aufbereitung und -analyse, beispielsweise für die Digitalisierung und Optimierung von Arbeits- und Geschäftsprozessen, und wird im Rahmen des Wettbewerbs Forschungsinfrastrukturen mit Mitteln des Europäischen Fonds für regionale Entwicklung (EFRE) und des Landes NRW gefördert.

Im gemeinsamen Centrum für interdisziplinäre Materialforschung und Technologieentwicklung (CiMT) von Universität und FH Bielefeld arbeiten das BifAM (FH) und das Bielefeld Institute for Nanoscience (BINAS, Universität) in einer Forschungs- und Entwicklungsplattform der angewandten Materialforschung zusammen.

Das Mieletec FH Bielefeld konnte Anfang 2021 das zehnjährige Bestehen feiern und ist eine langfristige Forschungskooperation über Methoden, Verfahren und Konzepte in den Bereichen Elektrodynamik, Thermodynamik und Strömungsmechanik zur Entwicklung innovativer Hausgeräte.[91]

Das Center for Entrepreneurship (CfE)[92] schließlich intensiviert die an der FH Bielefeld seit vielen Jahren bestehende berufliche Gründungsförderung fachbereichsübergreifend, um Studierende, Lehrende und Mitarbeiterinnen und Mitarbeiter auf allen Stufen des beruflichen Gründungsprozesses zu unterstützen. Das CfE wird im Rahmen der Programme EXIST-Potentiale durch das Bundesministerium für Wirtschaft und Energie (BMWi) und das Exzellenz Start-up Center. NRW durch das NRW-Ministerium für Wirtschaft, Innovation, Digitalisierung und Energie gefördert.

86 Nicht zu verwechseln mit dem Institut für Forschungs- und Entwicklungsdienstleistungen – IFE – Technologietransfer, das seit Bestehen der FH Bielefeld und bis Ende der 1980er-Jahre die Zusammenarbeit von Hochschule und Wirtschaft begleitete. Vgl. dazu Fachhochschule Bielefeld/IFE (Hg.): Forschung, Entwicklung, Beratung. Leistungskatalog 1989, Bielefeld 1989, sowie zum IFE-Forschungsschwerpunkt die Website https://www.fh-bielefeld.de/forschung/forschungsprofil/forschungsschwerpunkte/ife-interdisziplinaere-forschung-fuer-dezentrale-nachhaltige-und-sichere-energiekonzepte (14.8.2020).

87 Vgl. https://www.fh-bielefeld.de/forschung/forschungsprofil/forschungsschwerpunkte/ammo-angewandte-mathematische-modellierung-und-optimierung (14.8.2020).

88 Der Forschungsschwerpunkt ist 2019 mit einem Symposium zu Ende gegangen. Vgl. u.a. https://www.fh-bielefeld.de/gestaltung/presse/bilder-des-wohnens-2 (30.12.2020).

89 Präsidiumsbeschluss im Oktober 2020.

90 Vgl. https://www.its-owl.de, https://www.owl-maschinenbau.de (20.8.2020) sowie Ingeborg Schramm-Wölk (Hg.): FH Bielefeld. Jahresbericht 2019, S. 114 f.

91 Vgl. https://www.fh-bielefeld.de/ium/forschung/forschungslabore/mieletec (15.9.2020).

92 Vgl. https://www.fh-bielefeld.de/forschung/cfe (20.11.2020).

digitalisation and optimisation of work and business processes, and is funded by the European Regional Development Fund (ERDF) and the State of North Rhine-Westphalia as part of the Research Infrastructures competition.

In the joint Centrum für interdisziplinäre Materialforschung und Technologieentwicklung (Centre for Interdisciplinary Materials Research and Technology Development, CiMT) of the University of Bielefeld and the Bielefeld UAS, BifAM (UAS) and the Bielefeld Institute for Nanoscience (BINAS, University) work together in a research and development platform for applied materials research.

The Mieletec FH Bielefeld (Mieletec Bielefeld UAS) is a long-term research cooperation on methods, processes and concepts in the fields of Electrodynamics, Thermodynamics and Fluid Mechanics for the development of innovative household appliances.[91]

Finally, the Center for Entrepreneurship (CfE)[92] *intensifies the professional start-up support that has existed at the Bielefeld UAS for many years across all faculties in order to support students, lecturers and employees at all stages of the professional start-up process. The CfE is funded as part of the EXIST-Potentiale-Programm (EXIST Potentials programme) by the Bundesministerium für Wirtschaft und Energie (Federal Ministry for Economic Affairs and Energy, BMWi) and the Excellence Start-up Center.NRW by the Ministerium für Wirtschaft, Innovation, Digitalisierung und Energie (the State of North Rhine-Westphalia's Ministry for Economic Affairs, Innovation, Digitalisation and Energy).*

At the beginning of 2020, CareTech OWL[93] *was founded: The Centre for Health, Social Affairs and Technology. 30 researchers from three disciplines are currently bringing their expertise together here. Their inter-professional collaboration makes it possible to research overlapping, application-related problems in the private and professional application areas and in healthcare, as well as to develop tools and technical systems to support them. One planning perspective is to establish a care centre in which practical, needs-based solutions can be found for users and the results and impulses for innovation and optimisation can be passed on to the health system. Close cooperation and regional networking with industry, the health care sector and other partners in practice is being sought. These approaches are to flow together synergistically in a research, training and application centre.*

Last, but not least, the Bielefeld UAS is a partner in the cooperation platform it's OWL (Intelligente Technische Systeme OstWestfalenLippe – Intelligent Technical Systems East Westphalia-Lippe),[94] *which was founded in 2011 by over 180 companies, universities, scientific competence centres and business-related organisations with the aim of obtaining funding in the third round of the Leading-Edge Cluster Competition of the Federal Ministry of Education and Research. In January 2012, it's OWL was awarded the contract and 40 million euros for innovation and high-tech projects in the fields of Automation, Automotive and Mechanical Engineering. In total, the cluster has financial assets of 100 million euros, with which*

91 *Cf. https://www.fh-bielefeld.de/ium/forschung/forschungslabore/mieletec (15.9.2020).*
92 *Vgl. https://www.fh-bielefeld.de/forschung/cfe (20.11.2020).*
93 *Cf. https://www.fh-bielefeld.de/caretech (14.8.2020).*
94 *Cf. https://www.its-owl.de (23.12.2020).*

Anfang 2020 wurde CareTech OWL[93] gegründet: das Zentrum für Gesundheit, Soziales und Technologie. 30 Forscherinnen und Forscher aus drei Fachbereichen führen hier derzeit ihre Expertise zusammen. Ihre interprofessionelle Zusammenarbeit ermöglicht es, übergreifende, anwendungsbezogene Problemstellungen im privaten und professionellen Anwendungsbereich und im Gesundheitswesen zu erforschen sowie Werkzeuge und technische Systeme zu deren Unterstützung zu entwickeln. Dabei ist eine Planungsperspektive, ein Versorgungszentrum aufzubauen, in dem praxisnahe, bedarfsbezogene Lösungen für Anwendende gefunden werden und daraus gewonnene Ergebnisse und Impulse zur Innovation und Optimierung an das Gesundheitssystem weitergegeben werden können. Eine enge Kooperation und regionale Vernetzung mit Industrie, Gesundheitswirtschaft und weiteren Praxispartnern wird angestrebt. In einem Forschungs-, Ausbildungs- und Anwendungszentrum sollen diese Ansätze synergetisch zusammenfließen.

Last, but not least ist die FH Bielefeld Partner der Kooperationsplattform it's OWL (Intelligente Technische Systeme OstWestfalenLippe),[94] die 2011 von über 180 Unternehmen, Hochschulen, wissenschaftlichen Kompetenzzentren und wirtschaftsnahen Organisationen mit dem Ziel gegründet wurde, im Rahmen der dritten Runde des Spitzencluster-Wettbewerbs des Bundesministeriums für Bildung und Forschung Fördermittel zu erlangen. Im Januar 2012 erhielt it's OWL den Zuschlag und 40 Millionen Euro für Innovations- und Hightech-Projekte in den Bereichen Automatisierung, Automotive und Maschinenbau. Insgesamt verfügt das Cluster über ein Finanzvermögen von 100 Millionen Euro, mit dem sieben Hochschulen[95] und eine Reihe von hochschulnahen Kompetenzzentren[96] zusammen mit vielen mittelständischen Unternehmen aus Ostwestfalen-Lippe[97] methodische Grundlagen und anwendungsorientierte Technologien erforschen.

93 Vgl. https://www.fh-bielefeld.de/caretech (14.8.2020).
94 Vgl. https://www.its-owl.de (23.12.2020).
95 Das sind die Universität Bielefeld mit dem Center of Excellence Cognitive Interaction Technology (CITEC) und dem Research Institute for Cognition and Robotics (CoR-Lab), die Universität Paderborn und das Heinz Nixdorf Institut, die Technische Hochschule Ostwestfalen-Lippe und das Institut für industrielle Informationstechnik (inIT) in Lemgo, die FH Bielefeld, die Fachhochschule der Wirtschaft in Bielefeld, die Hochschule Hamm-Lippstadt, die Universität Münster und das Institut für Anlagen und Systemtechnologien (IAS).
96 Die außeruniversitären Forschungseinrichtungen und Kompetenzzentren sind: Fraunhofer ENAS, Abteilung Advanced System Engineering, Paderborn; Fraunhofer IOSB-INA, Institutsteil für Industrielle Automation, Lemgo; Fraunhofer-Institut für Entwurfstechnik Mechatronik (IEM), Paderborn; Centrum Industrial IT (CIIT), Lemgo; SmartFactoryOWL, Lemgo.
97 Beteiligte Unternehmen sind von Anfang an: Beckhoff Automation (Verl), Behr-Hella Thermocontrol (Lippstadt), Benteler Automobiltechnik (Paderborn), Claas (Harsewinkel), Delta Energy Systems (Soest), Denios (Bad Oeynhausen), DMG Mori Seiki (Bielefeld), GEA Group (Düsseldorf), Goldbeck (Bielefeld), Harting (Minden), Hella (Lippstadt), Herbert Kannegiesser (Vlotho), Hesse Mechatronic (Paderborn), KEB Automation (Barntrup), Lenze (Aerzen-Groß Berkel bei Hameln), Miele (Gütersloh), Paul Hettich (Kirchlengern), Phoenix Contact (Blomberg), Unity AG (Büren), WAGO (Minden), Weidmüller (Detmold), Wincor Nixdorf (Paderborn), Wittenstein motion control (Harthausen), WP Kemper (Rietberg). Träger des Clusters ist die it's OWL Clustermanagement GmbH, Paderborn.

seven universities,[95] and a number of university-related competence centres,[96] together with many medium-sized companies from East Westphalia-Lippe,[97] are researching methodological principles and application-oriented technologies.

Present and Outlook – #Future #LifeIsGood #HighOffLife[98]

This brings us to the present – the time for which the US science fiction author Philip Kindred Dick (1928–1982) envisaged the collapse of the global ecosystem in 2019[99] in his 1968 novel ›Do Androids Dream of Electric Sheep?‹, – the literary model for the legendary 1982 film ›Blade Runner‹ by director Ridley Scott (*1937) and the 2017 follow-up ›Blade Runner 2049‹ directed by Denis Villeneuve (*1967).[100] Reality is not that far removed from this dystopia, as it was also prophesied by the Polish philosopher, visionary, utopian and science fiction author Stanisław Herman Lem (1921–2006), who imagined numerous complex technologies decades before they were actually developed. As early as the 1960s and 1970s, he wrote about topics such as nanotechnology, neural networks and virtual reality (»phantomatics«), which have only existed in real terms since the mid-1990s, for example in the form of video conferencing via NetMeeting from Microsoft – now Skype.[101] Around the same time, in

95 These are the University of Bielefeld with the Center of Excellence Cognitive Interaction Technology (CITEC) and the Research Institute for Cognition and Robotics (CoR-Lab), the University of Paderborn and the Heinz Nixdorf Institute, the East Westphalia-Lippe UAS and the Institute for Industrial Information Technology (inIT) in Lemgo, the Bielefeld UAS, the FHDW UAS in Bielefeld, the Hamm-Lippstadt UAS, the University of Münster and the Institute for Plant and System Technologies (IAS).

96 The non-university research institutions and competence centres are: Fraunhofer ENAS, Advanced System Engineering Department, Paderborn; Fraunhofer IOSB-INA, Institute for Industrial Automation, Lemgo; Fraunhofer Institute for Mechatronic Design (IEM), Paderborn; Centrum Industrial IT (CIIT), Lemgo; SmartFactoryOWL, Lemgo.

97 Participating companies from the beginning are: Beckhoff Automation (Verl), Behr-Hella Thermocontrol (Lippstadt), Benteler Automobiltechnik (Paderborn), Claas (Harsewinkel), Delta Energy Systems (Soest), Denios (Bad Oeynhausen), DMG Mori Seiki (Bielefeld), GEA Group (Düsseldorf), Goldbeck (Bielefeld), Harting (Minden), Hella (Lippstadt), Herbert Kannegiesser (Vlotho), Hesse Mechatronic (Paderborn), KEB Automation (Barntrup), Lenze (Aerzen-Groß Berkel near Hameln), Miele (Gütersloh), Paul Hettich (Kirchlengern), Phoenix Contact (Blomberg), Unity AG (Büren), WAGO (Minden), Weidmüller (Detmold), Wincor Nixdorf (Paderborn), Wittenstein motion control (Harthausen), WP Kemper (Rietberg). The cluster is supported by it's OWL Clustermanagement GmbH, Paderborn.

98 Enjoy https://www.youtube.com/watch?v=l0U7SxXHkPY (18.12.2020).

99 It is interesting in this context how in the past people thought about the future that we have already experienced today and which is thus already in the past again. A reference to some books and films will suffice here: George Orwell (actually Eric Arthur Blair): 1984, German edition Zurich 1950; Arthur C. Clarke: Odyssey in Space, German edition 1969 – filmed in 1968 with more detailed content by Stanley Kubrick; the 1960s US science fiction television series ›Starship Enterprise‹, conceived by US screenwriter Eugene Wesley ›Gene‹ Roddenberry; the film franchise ›Star Wars‹ by US screenwriter, producer and director George Lucas from 1977 to 2017, consisting of nine parts so far; or the film trilogy ›Back to the Future‹ by US director Robert Zemeckis in 1985, 1989 and 1990, among others. Cf. also Gregor Tholl: Als unsere Gegenwart Science-Fiction war, in: Neue Westfälische of 25.1.2021.

100 Philip K. Dick: Do Androids Dream of Electric Sheep?, New York 1968, German first edition: Träumen Androiden von elektrischen Schafen?, Hamburg 1969.

101 Stanisław Lem: Solaris, German edition Frankfurt on the Main 1961; same: Summa technologiae, German edition Frankfurt on the Main 1981; same: Golem XIV, German edition Frankfurt on the Main 1984, as well as same: Unsaubere Schnittstelle Mensch/Maschine, in: Christa Maar, Ernst Pöppel, Thomas Christaller (eds.): Die Technik auf dem Weg zur Seele. Forschungen an der Schnittstelle

Gegenwart und Ausblick – #Future #LifeIsGood #HighOffLife[98]

Damit sind wir in der Gegenwart angekommen – in der Zeit, für die der US-amerikanische Science-Fiction-Autor Philip Kindred Dick (1928–1982) in seinem 1968 erschienenen Roman ›Träumen Androiden von elektrischen Schafen?‹[99] – die literarische Vorlage für den 1982 erschienenen legendären Film ›Blade Runner‹ des Regisseurs Ridley Scott (*1937) und den 2017 erschienenen Nachfolgefilm ›Blade Runner 2049‹ unter der Regie von Denis Villeneuve (*1967) – für 2019 den Zusammenbruch des weltweiten Ökosystems vorgesehen hatte.[100] So weit entfernt von dieser Dystopie, wie sie auch der polnische Philosoph, Visionär, Utopist und Science-Fiction-Autor Stanisław Herman Lem (1921–2006) prophezeit hat, der zahlreiche komplexe Technologien Jahrzehnte vor ihrer tatsächlichen Entwicklung erdachte, ist die Wirklichkeit nicht. So schrieb er bereits in den 1960er- und 1970er-Jahren über Themen wie Nanotechnologie, neuronale Netze und virtuelle Realität (»Phantomatik«), die es real etwa in Form von Videokonferenzen via NetMeeting von Microsoft – heute Skype – erst seit Mitte der 1990er-Jahre gibt.[101] Etwa zur selben Zeit, 1995, war das Siemens-S4-Mobiltelefon – ›der Knochen‹ – auf den Markt gekommen, das lediglich das D-Netz bei 900 MHz mit dem Fullrate-Codec unterstützte, was futuristisch klingt, aber nicht ist. Erst 2007 kam mit dem iPhone die Smartphone-Modellreihe des US-amerikanischen Unternehmens Apple auf den Markt, von dem es bis 2020 29 verschiedene Modelle gibt[102] und das zusammen mit anderen Smartphone-Herstellern wie Sony Ericsson (seit 2001), Huawei (seit 2004), Samsung (seit 2009), Instagram (seit 2010), den Suchmaschinen von Yahoo! (seit 1994), Google (seit 1998), Ecosia (seit 2009) oder Swiftype (seit 2012), den Social-Media-Plattformen Facebook (seit 2004), Twitter

98 Viel Freude mit https://www.youtube.com/watch?v=l0U7SxXHkPY (18.12.2020).
99 Philip K. Dick: Do Androids Dream of Electric Sheep?, New York 1968, deutsche Erstausgabe: Träumen Androiden von elektrischen Schafen?, Hamburg 1969.
100 Interessant ist in diesem Zusammenhang, wie in der Vergangenheit über die Zukunft nachgedacht wurde, die wir heute schon erlebt haben und die damit schon wieder Vergangenheit ist. Ein Hinweis auf einige Bücher und Filme sei hier ausreichend: George Orwell (eigentlich Eric Arthur Blair): Neunzehnhundertvierundachtzig, deutschsprachige Ausgabe Zürich 1950; Arthur C. Clarke: Odyssee im Weltraum, deutsche Ausgabe 1969 – 1968 mit ausführlicherem Inhalt verfilmt von Stanley Kubrick; die US-amerikanische Science-Fiction-Fernsehserie Raumschiff Enterprise aus den 1960er-Jahren, die von dem US-amerikanischen Drehbuchautor Eugene Wesley ›Gene‹ Roddenberry konzipiert wurde; das aus bisher neun Teilen bestehende Film-Franchise ›Star Wars‹ des US-amerikanischen Drehbuchautors, Produzenten und Regisseurs George Lucas von 1977 bis 2017 oder die Filmtrilogie ›Back to the Future‹ des US-amerikanischen Regisseurs Robert Zemeckis 1985, 1989 und 1990 u.a.m. Vgl. auch Gregor Tholl: Als unsere Gegenwart Science-Fiction war, in: Neue Westfälische vom 25.1.2021.
101 Stanisław Lem: Solaris, deutsche Ausgabe Frankfurt am Main 1961; Ders.: Summa technologiae, deutsche Ausgabe Frankfurt am Main 1981; Ders.: Golem XIV, deutsche Ausgabe Frankfurt am Main 1984, sowie Ders: Unsaubere Schnittstelle Mensch/Maschine, in: Christa Maar, Ernst Pöppel, Thomas Christaller (Hg.): Die Technik auf dem Weg zur Seele. Forschungen an der Schnittstelle Gehirn/Computer, Reinbek bei Hamburg 1996, S. 30–58. Golem XIV, das als Zusammenfassung des utopischen und philosophischen Denkens Stanisław Lems gilt, handelt von einem intelligenten Lichtcomputer der 14. Generation im Jahre 2029.
102 Plus- und Max-Modelle mitgezählt.

1995, the Siemens S4 mobile phone – ›the bone‹ – had come onto the market, which only supported the D-network at 900 MHz with the full-rate codec, which sounds futuristic but is not. It was not until 2007 that the US company Apple launched its smartphone range, the iPhone, of which there will be 29 different models by 2020,[102] along with other smartphone manufacturers such as Sony Ericsson (since 2001), Huawei (since 2004), Samsung (since 2009), Instagram (since 2010), the search engines of Yahoo! (since 1994), Google (since 1998), Ecosia (since 2009) or Swiftype (since 2012), the social media platforms Facebook (since 2004), Twitter (since 2006) or Pinterest (since 2009) or the messenger service WhatsApp (also since 2009), have dynamically revolutionised worldwide internet communication.[103]

In this context, it is exciting to take a look back: A good 110 years ago, the journalist Arthur Brehmer (1858–1923) asked 23 authors from very different fields to write forecasts, as factual as possible, about »the world in 100 years«,[104] and it is astonishing that the experts of 1909/1910 pulled a few hits »out of the lottery wheel of the future«, as Georg Ruppelt put it in his introductory essay Zukunft von gestern (Future of Yesterday).[105]

Under the leadership of Prof. Dr. Ingeborg Schramm-Wölk, President since 1 September 2015 and re-elected on 12 April 2021, the Bielefeld UAS has set itself more intensive internationalisation as one of its main strategic goals. This includes continuous cooperation with more than 160 partner universities[106] in almost 40 countries around the world, which is maintained by the International Office of the Bielefeld UAS, founded back in 1991, as well as participation in the Campus OWL liaison office in New York, Campus OWL Inc., founded in 2019.[107] As an academic speciality and certainly as a further unique selling point, the Bielefeld UAS has been planning since the beginning of 2020 to set up an independent international university in Yangpu, Hainan, China, which is to start in the winter semester of 2021/2022 with the internationally oriented degree programmes Business Informatics and Industrial Engineering.[108] Finally, on 13 April 2021, another major project was started in Minden with the RailCampus OWL, which is being funded with 20 million euros

Gehirn/Computer, Reinbek bei Hamburg 1996, pp. 30–58. Golem XIV, which is considered a summary of Stanisław Lem's utopian and philosophical thinking, is about an intelligent 14th generation light computer in the year 2029.

102 Plus and Max models included.

103 Hajo Schumacher: Kein Netz! Geld, Zeit, Laune, Liebe. Wie wir unser wirkliches Leben zurückerobern, Berlin 2020.

104 Arthur Brehmer (ed.): Die Welt in 100 Jahren, Berlin 1910, reprint of the edition in the Staats- und Stadtbibliothek Augsburg by the Verlagsbuchhandlung Georg Olms Verlag AG, Hildesheim 2014. It is exciting to read this book in parallel with the collection of essays edited by Ernst A. Grandits, published by the same publisher: Die Welt in 100 Jahren, Hildesheim, Zurich, New York 2012, as well as the book by the computer scientist and Club of Rome member Franz Josef Radermacher: Die Zukunft unserer Welt. Navigieren in schwierigem Gelände, Essen 2010.

105 Translated according to Georg Ruppelt, in: Brehmer, p. XII.

106 Of these, about 110 are in Europe.

107 Campus OWL is the association of the five state universities in East Westphalia-Lippe (OWL): The University of Bielefeld, the University of Paderborn, the Bielefeld UAS, the East Westphalia-Lippe UAS and the Detmold University of Music.

108 Cj. among others https://www.fh-bielefeld.de/presse/pressemitteilungen/internationale-hochschule-in-hainan-in-planung (31.10.2020) and Global Times, Hainan, 10.9.2020.

Oben: Im Herbst 2008 gelang es nach jahrelangen vergeblichen Bemühungen, das überalterte Logo der FH Bielefeld aus den späten 1970er-Jahren – eigentlich nicht mehr als ein Monogramm – durch ein neues Corporate Design mit eindeutigem Logo und klarer Typografie zu ersetzen, das seitdem Aufbruch, Aufstieg und Zukunft signalisiert.

Top: In autumn 2008, after years of futile efforts, the outdated logo of the Bielefeld UAS from the late 1970s – actually no more than a monogram – was successfully replaced by a new corporate design with a clear logo and typography, which has since signalled departure, advancement and future.

Rechte Seite: Auf dem Vorplatz des neuen Fachhochschulhauptgebäudes an der Interaktion 1 sind leitmotivisch für die Hochschule die Worte FORSCHEN, LEHREN, STUDIEREN und INSPIRIEREN sowie ihre englischen Varianten als taktiles blinden- und sehbehindertengerechtes Leitsystem zu lesen. Die Wortwahl wurde im Arbeitskreis Campus Marketing entwickelt, die Idee stammt vom Architekturbüro Auer+Weber.

Right side: On the forecourt of the new UAS main building at Interaktion 1, the words RESEARCH, TEACH, STUDY and INSPIRE as well as their German variants can be read as a tactile guidance system suitable for the blind and visually impaired. The choice of words was developed in the Campus Marketing working group, the idea came from the architecture firm Auer+Weber.

STUDIEREN·INSPIRE

(seit 2006) oder Pinterest (seit 2009) oder dem Messenger-Dienst WhatsApp (ebenfalls seit 2009) die weltweite Internetkommunikation dynamisch revolutioniert hat.[103]

Spannend ist in diesem Zusammenhang ein Blick zurück: Vor inzwischen gut 110 Jahren hatte der Journalist Arthur Brehmer (1858–1923) 23 Autorinnen und Autoren aus sehr unterschiedlichen Sparten gewonnen, möglichst sachliche Prognosen über »die Welt in 100 Jahren« zu verfassen,[104] und es ist erstaunlich, dass die Expertinnen und Experten von 1909/1910 einige Treffer »aus der Lostrommel der Zukunft« gezogen haben, wie es Georg Ruppelt in seinem einführenden Essay ›Zukunft von gestern‹ ausgedrückt hat.[105]

> Unter der Leitung der seit dem 1. September 2015 amtierenden und am 12. April 2021 wiedergewählten Präsidentin Prof. Dr. Ingeborg Schramm-Wölk hat sich die FH Bielefeld eine intensivere Internationalisierung als eines der strategischen Hauptziele gesetzt. Dazu gehört die kontinuierliche Kooperation mit mehr als 160 Partnerhochschulen[106] in fast 40 Ländern der ganzen Welt, die durch das bereits 1991 als Akademisches Auslandsamt gegründete International Office der FH Bielefeld gepflegt werden, sowie die Beteiligung an dem 2019 gegründeten Campus-OWL-Verbindungsbüro in New York, Campus OWL Inc.[107] Als akademische Besonderheit und sicherlich als weiteres Alleinstellungsmerkmal plant die FH Bielefeld seit Anfang 2020 die Einrichtung einer eigenständigen internationalen Hochschule im chinesischen Yangpu, Hainan, die zum Wintersemester 2021/2022 mit den international ausgerichteten Studiengängen Wirtschaftsinformatik und Wirtschaftsingenieurwesen starten soll.[108] Am 13. April 2021 schließlich wurde in Minden mit dem RailCampus OWL ein weiteres Großprojekt begonnen, das mit 20 Millionen Euro aus Bundesmitteln gefördert wird. Die Universität Bielefeld, die FH Bielefeld, die Universität Paderborn und die Technische Hochschule Ostwestfalen-Lippe schaffen hier in Zusammenarbeit mit zahlreichen Unternehmen und der Deutschen Bahn AG ein einzigartiges Ökosystem für intelligente und effiziente Bahntechnologie.

Wie sich die Zukunft dieser vielfachen Initiativen entwickelt, bleibt wie immer abzuwarten. Die nicht mehr zu überblickende Zahl heute verfügbarer Daten durch immer bessere technische Erfassungs- und Speicher-

103 Hajo Schumacher: Kein Netz! Geld, Zeit, Laune, Liebe. Wie wir unser wirkliches Leben zurückerobern, Berlin 2020.

104 Arthur Brehmer (Hg.): Die Welt in 100 Jahren, Berlin 1910, Nachdruck der in der Staats- und Stadtbibliothek Augsburg liegenden Ausgabe durch die Verlagsbuchhandlung Georg Olms Verlag AG, Hildesheim 2014. Spannend ist die Lektüre dieses Buches parallel zur im selben Verlag erschienenen und von Ernst A. Grandits herausgegebenen Aufsatzsammlung 2112 – Die Welt in 100 Jahren, Hildesheim, Zürich, New York 2012, sowie zur vom Stifterverband herausgegebenen Schrift des Informatikers und Club-of-Rome-Mitglieds Franz Josef Radermacher: Die Zukunft unserer Welt. Navigieren in schwierigem Gelände, Essen 2010.

105 Georg Ruppelt, in: Brehmer, S. XII.

106 Davon etwa 110 in Europa.

107 Campus OWL ist der Verbund der fünf staatlichen Hochschulen in Ostwestfalen-Lippe (OWL): Universität Bielefeld, Universität Paderborn, Fachhochschule Bielefeld, Technische Hochschule Ostwestfalen-Lippe und Hochschule für Musik Detmold.

108 Vgl. u.a. https://www.fh-bielefeld.de/presse/pressemitteilungen/internationale-hochschule-in-hainan-in-planung (31.10.2020) sowie Global Times, Hainan, 10.9.2020.

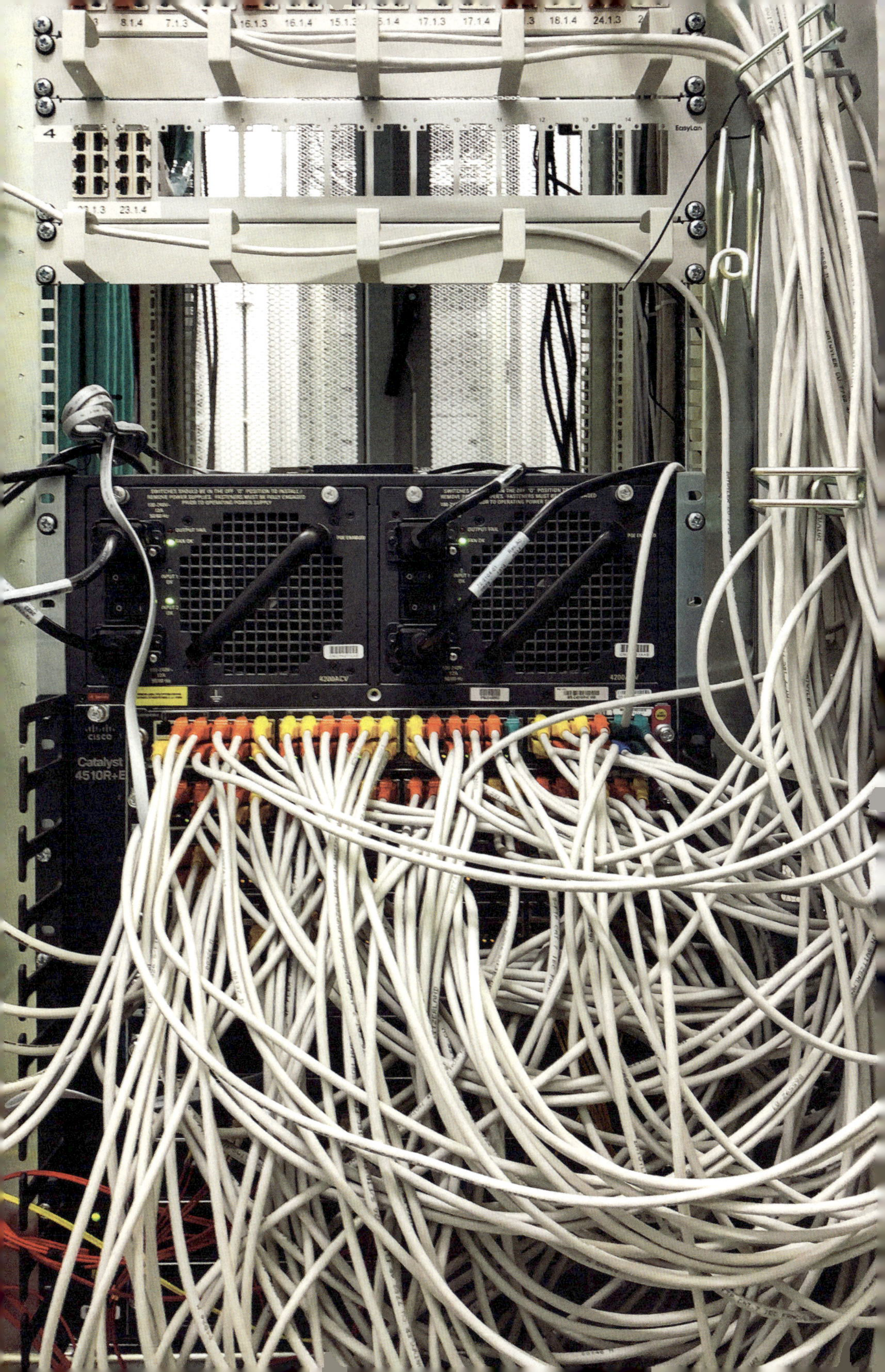
8.1.4
7.1.3
16.1.3
16.1.4
17.1.3
17.1.4
18.1.4
24.1.3
4
EasyLan
23.1.4
4200ACV
CISCO
Catalyst
4510R+E

möglichkeiten, die ›Intelligenz‹ und Geschwindigkeit der Datenauswertung in nahezu jedem Lebensbereich verdeutlichen die Big-Data-Dynamik und die der digitalen Technologien, die schon heute eine neue Ära digitaler Kommunikation und Produktion sowie in sozialer Hinsicht einen gesellschaftlichen Umbruch eingeleitet haben, dessen Ergebnis offen ist.[109] Industrie 4.0 und das Prinzip der cyberphysischen Systeme stehen für das jüngste Paradigma der industriellen Produktion und für einen Innovationssprung in der Zusammenarbeit von Mensch und Maschine, die digitale Vernetzung von Mensch, Maschine und Werkstück generiert das Internet der Dinge (Internet of Things, IoT+).[110] Schon heute sind weltweit mehr als 20 Milliarden Geräte im IoT vernetzt, im Jahr 2018 waren es nicht einmal halb so viele. Wie viele werden es 2071 sein? Künstliche Intelligenz (KI), selbstlernende Algorithmen und die gleichzeitige Analyse größter Datenmengen befähigen KI-Anwendungen, komplexeste Aufgaben zu bewältigen.[111] Die digitale Transformation wird den unternehmerischen Betrieb als physischen Ort der Wertschöpfung weiter auflösen und die Möglichkeiten der digital und grenzüberschreitend vernetzten Herstellung von smarten oder individualisierten Produkten und Dienstleistungen weiterentwickeln. Flexibilisierung des Arbeitsortes, räumliche Dezentralisierung, E-Commerce und die Verwischung von Arbeits- und Lebenswelt, wie es die SARS-CoV-2/COVID-19-Pandemie seit März 2020 in besonderem Maße initiiert hat, werden gänzlich andere Gesellschaftsverhältnisse entstehen lassen als die, die wir jahrzehntelang gewohnt gewesen sind.[112] Die

109 Vgl. dazu u.a. Bundesministerium für Arbeit und Soziales, Abteilung Grundsatzfragen des Sozialstaats, der Arbeitswelt und der sozialen Marktwirtschaft (Hg.): Weißbuch Arbeiten 4.0., Potsdam 2017. Die größte Kritik an diesem Buch, etwa durch die Deutsche Gesellschaft für Personalführung e.V. (DGFP) oder den Bundesverband der Arbeitsrechtler in Unternehmen (BVAU), war der fehlende Mut für eine weitergehende und weitreichende Digitalisierung, die erst durch Ausbruch der SARS-CoV-2/COVID-19-Pandemie seit März 2020 den geforderten Schub erhielt. Oder um es anders auszudrücken: Angesichts der wegen der Pandemie schier endlosen Zoom-Meetings hat der uralte Schlagerreim von Klaus Lage aus dem Jahr 1984, ›Tausend und eine Nacht | Und es hat Zoom gemacht‹, eine ganz neue Bedeutung bekommen. Vgl. zum Thema auch den Beitrag von Ayad Al-Ani in diesem Buch.

110 Dazu gehört auch das Projekt M2X-Ökonomie (»machine to everything«) von Benjamin Leiding u.a.: Wenn Maschinen wirtschaften, in: Klaus Tschira Stiftung eGmbH (Hg.): KlarText 2020. Preis für Wissenschaftskommunikation, Heidelberg 2020, S. 43–45.

111 Vgl. u.a. aus der letzten Zeit Cathy O'Neil: Angriff der Algorithmen. Wie sie Wahlen manipulieren, Berufschancen zerstören und unsere Gesundheit gefährden, München 2017; Philipp Otto, Eike Gräf (Hg.): 3TH1CS. A reinvention of ethics in the digital age?, Berlin 2017; Toby Walsh: It's alive. Wie Künstliche Intelligenz unser Leben verändern wird, Hamburg 2018; Armin Nassehi: Muster. Theorie der digitalen Gesellschaft, München 2019, sowie James Bridle: New Dark Age. Der Sieg der Technologie und das Ende der Zukunft, München 2020.
Fantasien zum Thema gibt es schon vergleichsweise lange, auch im Film: Noch 2003 hat beispielsweise Arnold Schwarzenegger alias Terminator T-850 im Spielfilm ›Terminator 3 – Rebellion der Maschinen‹ nach dem Drehbuch von Michael Ferris und John D. Brancato äußerst actionhaltig die potenziell ungünstige Dominanz von Künstlicher Intelligenz demonstriert.

112 Der Titel der Werkreihe ›Rien ne sera plus comme avant‹ (Nichts wird je wieder so sein wie früher) des Schweizer Künstlers Jean-Luc Manz (*1952) aus dem Jahr 1990, die aus elf identischen Acrylbildern auf Leinwand mit je einem blauen Rechteckumriss auf weißem Grund (160 x 120 cm) besteht, bekommt im Pandemiekontext der Jahre 2020 ff. eine völlig neue Bedeutung. Vgl. Arbeitsgemeinschaft deutscher Kunstvereine e.V. (AdKV) (Hg.): Kunst, Europa. 63 deutsche Kunstvereine zeigen Kunst aus 20 Ländern, Mainz 1991, S. 10.20–21. Vgl. darüber hinaus das Zukunftsbuch von Benjamin Kasten, Friedrich von Borries: Stadt der Zukunft. Wege in die Globalopolis, Berlin 2019, und die Dystopie von David Wallace-Wells: Die unbewohnbare Erde. Leben nach der Erderwärmung, München 2019.

by the Federal Republic of Germany. The University of Bielefeld, the Bielefeld UAS, the University of Paderborn and the Ostwestfalen-Lippe UAS are creating a unique ecosystem for intelligent and efficient rail technology here in cooperation with numerous companies and Deutsche Bahn AG.

How the future of these multiple initiatives will develop remains to be seen, as always. The unmanageable amount of data available today due to ever better technical collection and storage possibilities, the ›intelligence‹ and speed of data evaluation in almost every area of life illustrate the Big Data dynamic and that of digital technologies, which have already ushered in a new era of digital communication and production as well as, in social terms, a social upheaval, the outcome of which is open.[109] Industry 4.0 and the principle of cyber-physical systems stand for the latest paradigm of industrial production and for an innovative leap in the cooperation of man and machine, the digital networking of man, machine and work piece generates the Internet of Things (IoT+).[110] Already today, more than 20 billion devices are networked in IoT worldwide; in 2018, there were not even half as many. How many will there be in 2071? Artificial intelligence (AI), self-learning algorithms and the simultaneous analysis of the largest amounts of data enable AI applications to handle the most complex tasks.[111] The digital transformation will further dissolve the entrepreneurial enterprise as the physical place of value creation and further develop the possibilities of digitally and cross-border networked production of smart or individualised products and services.

Flexibilisation of the place of work, spatial decentralisation, e-commerce and the blurring of the world of work and the world of life, as initiated in particular by the SARS-CoV-2/COVID-19 pandemic since March 2020, will give rise to completely different social relationships

109 Cf. among others Bundesministerium für Arbeit und Soziales, Abteilung Grundsatzfragen des Sozialstaats, der Arbeitswelt und der sozialen Marktwirtschaft (ed.): Weißbuch Arbeiten 4.0., Potsdam 2017. The greatest criticism of this book, for example by the Deutsche Gesellschaft für Personalführung (German Association for Personnel Management, DGFP) or the Bundesverband der Arbeitsrechtler in Unternehmen (Federal Association of Labour Lawyers in Enterprises, BVAU) was the lack of courage for a more far-reaching and far-reaching digitalisation, which only received the required push due to the outbreak of the SARS-CoV-2/COVID-19 pandemic since March 2020. Or, to put it another way: In view of the almost endless Zoom meetings due to the pandemic, the age-old pop rhyme ›Tausend und eine Nacht | Und es hat Zoom gemacht‹ (A Thousand and One Nights | And It Made ›Zoom‹) by Klaus Lage from 1984 has taken on a whole new meaning. On this topic, see also the contribution by Ayad Al-Ani in this book.

110 This also includes the M2X economy project (»machine to everything«) by Benjamin Leiding et al.: Wenn Maschinen wirtschaften, in: Klaus Tschira Stiftung eGmbH (ed.): KlarText 2020. Preis für Wissenschaftskommunikation, Heidelberg 2020, pp. 43–45.

111 See, among others, the recent Cathy O'Neil: Angriff der Algorithmen. Wie sie Wahlen manipulieren, Berufschancen zerstören und unsere Gesundheit gefährden, Munich 2017; Philipp Otto, Eike Gräf (eds.): 3TH1CS. A reinvention of ethics in the digital age?, Berlin 2017; Toby Walsh: It's alive. Wie Künstliche Intelligenz unser Leben verändern wird, Hamburg 2018; Armin Nassehi: Muster. Theorie der digitalen Gesellschaft, Munich 2019; and James Bridle: New Dark Age: Technology and the End of the Future, London, New York 2019.
Fantasies on the subject have been around for a comparatively long time, including in film: as recently as 2003, for example, Arnold Schwarzenegger alias Terminator T-850 demonstrated the potentially unfavourable dominance of artificial intelligence in an extremely action-packed way in the feature film ›Terminator 3 – Rebellion of the Machines‹, based on the screenplay by Michael Ferris and John D. Brancato.

Hochschulen, für die angesichts der Pandemie »Forschung und Leere« gilt und die sich dadurch möglicherweise für immer verändern,[113] beteiligen sich mit Blended Learning und Design Thinking, der Erforschung von Cloud-Technologien u.v.m. an der Etablierung einer neuen Wissensgesellschaft, in der Wissen und dessen Organisation zur Grundlage des sozialen Zusammenlebens und zu einer ökonomischen Ressource werden, die in hohem Maße über die Wettbewerbsfähigkeit einer Volkswirtschaft wie der Bundesrepublik Deutschland, aber auch über die Lebensqualität entscheidet.[114] Schon heute ist KI überall. Alexa macht die Musik an, Siri witzelt herum, Bots-Programme beschimpfen sich auf Twitter, ausgeklügelte Assistenzsysteme lassen Autos heute bereits weitgehend selbstständig fahren, Apps führen Inspektionen durch, Maschinen lernen, nach Algorithmen zu malen, und erobern die Kunstwelt. Vielleicht gelingt ja doch noch der »Aufbruch nach Utopia«, wie das Spiegel-Sonderheft zur Klimakrise im Oktober 2020 titelte.[115]

Die zukünftige soziale Frage gilt dem Zugang zu Wissen und der Teilhabe an Wissen über Bildung[116] – nicht nur über technische und betriebswirtschaftliche Zusammenhänge, sondern insbesondere über kulturelle, sozialwissenschaftliche, gestalterische und gesundheitswissenschaftliche, für die die FH Bielefeld in besonderem Maße steht. Gerade im gesundheitswissenschaftlichen Kontext bieten sich für den Wissenschaftsstandort Bielefeld mit der im Januar 2021 erteilten Genehmigung des neuen Modellstudiengangs Humanmedizin der Medizinischen Fakultät OWL der Universität Bielefeld und mit derjenigen der Angewandten Hebammenwissenschaft des Fachbereichs Gesundheit der FH Bielefeld durch das Land NRW vielversprechende Zukunftsperspektiven,[117] die in Verbindung mit den Forschungs- und Drittmittelakquisitionserfolgen der sechs Fachbereiche auch die FH Bielefeld zu einem »Zukunftsort der Wissenschaft« werden lassen können.[118]

113 Vgl. dazu ausführlich Kristin Haug, Armin Himmelrath, Marie-Charlotte Maas: Forschung und Leere, in: Der Spiegel Nr. 45 vom 30.10.2020, S. 42 ff.

114 Im Herbst 2020 hat der argentinische Theologe Jorge Mario Bergoglio SJ, besser bekannt als Papst Franziskus, mit seiner Enzyklika ›Fratelli tutti‹ ein fast utopisch anmutendes Konzept für eine »brüderliche Welt« und ein Postulat gegen Ungerechtigkeit, Ungleichheit und Unterdrückung verfasst, auf dessen Basis die technisierte Welt eine gute Zukunft hätte: Vgl. https://www.vaticannews.va/de/papst/news/2020-10/papst-franziskus-sozial-enzyklika-fratelli-tutti-wortlaut.html (10.10.2020). Aber es könnte auch schlimmer kommen! Intelligente Maschinen machen die digitale Wiederauferstehung möglich, siehe Moritz Riesewieck, Hans Block: Die digitale Seele. Unsterblich werden im Zeitalter Künstlicher Intelligenz, München 2020, aber auch – erdbezogener – das neueste Buch des 101-jährigen britischen Klimaforschers und Erdsystemwissenschaftlers James Lovelock: Novozän. Das kommende Zeitalter der Hyperintelligenz, München 2020.

115 Vgl. dazu Manfred Dworschak: Armee der Lügenroboter, in: Der Spiegel, Nr. 44, 24.10.2020, S. 108 ff., Carola Padtberg: Tulpen und Bitcoins, in: ebd., S. 128 f., sowie die Spiegel-Sonderausgabe ›Klimakrise. Aufbruch nach Utopia. So retten wir Umwelt und Wohlstand. Ein Lösungsheft‹, Der Spiegel, Nr. 44a, 27.10.2020. Es ist sinnvoll, dass die Enquetekommission des Bundestages im Herbst 2020 eine Richtlinie vorgelegt hat, die das Problem der Kontrolle Künstlicher Intelligenz aufgreift.

116 Harald Lesch, Ursula Forstner: Wie Bildung gelingt. Ein Gespräch, Darmstadt 2020 – wobei die öffentliche Debatte über zukünftige Strategien im Bildungswesens, über Chancengleichheit und Bildungsgerechtigkeit dringend neu initiiert werden müsste. Vgl. dazu Heinz-Elmar Tenorth: Die Rede von Bildung. Tradition, Praxis, Geltung – Beobachtungen aus der Distanz, Stuttgart 2020.

117 Zum Wintersemester 2021/2022 beginnen die Studiengänge. Ab 2025 können ca. 300 Studierende der Humanmedizin pro Jahr ihr Studium an der Universität Bielefeld aufnehmen. Siehe zu diesem Thema auch die Ideen und Vorschläge von Klaus Hurrelmann in diesem Buch.

118 Siehe dazu das Spezial des Zeitverlags: Forschungswelten. 75 Zukunftsorte der Wissenschaft, in: DIE ZEIT Nr. 9 vom 25.2.2021.

than those we have been used to for decades.[112] *The universities, for which »research and emptiness« applies in the face of the pandemic and which may change forever as a result,*[113] *are participating in the establishment of a new knowledge society with blended learning and design thinking, research into cloud technologies and much more, in which knowledge and its organisation will become the basis of social coexistence and an economic resource that decides to a great extent on the competitiveness of an economy such as the Federal Republic of Germany, but also on the quality of life.*[114] *AI is already everywhere today. Alexa turns on the music, Siri jokes around, bots programmes insult each other on Twitter, sophisticated assistance systems already allow cars to drive largely autonomously, apps carry out inspections, machines learn to paint according to algorithms and conquer the art world. Perhaps the »departure to utopia« will succeed after all, as the Spiegel special issue on the climate crisis headlined in October 2020.*[115]

The future social question is about access to knowledge and participation in knowledge through education[116] *– not only about technical and business contexts, but especially about Cultural, Social Science, Design and Health Science Contexts, for which the Bielefeld UAS stands. Particularly in the context of Health Sciences, the State of North Rhine-Westphalia's approval in January 2021 of the new model course of study in Human Medicine at the Faculty of Medicine OWL at the University of Bielefeld and that of Applied Midwifery at the Faculty of Health at the Bielefeld UAS*

112 The title of the series of works ›Rien ne sera plus comme avant‹ (Nothing Will Ever be the Same Again) by the Swiss artist Jean-Luc Manz (*1952) from 1990, which consists of eleven identical acrylic paintings on canvas, each with a blue rectangular outline on a white background (160 x 120 cm), takes on a completely new meaning in the pandemic context of the years 2020 ff. Cf. Arbeitsgemeinschaft deutscher Kunstvereine (AdKV) (ed.): Kunst, Europa. 63 deutsche Kunstvereine zeigen Kunst aus 20 Ländern, Mainz 1991, pp. 10.20–21. Cf. furthermore the future book by Benjamin Kasten, Friedrich von Borries: Stadt der Zukunft. Wege in die Globalopolis, Berlin 2019, and the dystopia by David Wallace-Wells: Die unbewohnbare Erde. Leben nach der Erderwärmung, Munich 2019.

113 Cf. in detail Kristin Haug, Armin Himmelrath, Marie-Charlotte Maas: Forschung und Leere, in: Der Spiegel No. 45 of 30.10.2020, p. 42 ff.

114 In autumn 2020, the Argentinian theologian Jorge Mario Bergoglio SJ, better known as Pope Francis, wrote an almost utopian concept for a ›fraternal world‹ and a postulate against injustice, inequality and oppression with his encyclical Fratelli tutti, on the basis of which the technologised world would have a good future: Cf. https://www.vaticannews.va/de/papst/news/2020-10/papst-franziskus-sozial-enzyklika-fratelli-tutti-wortlaut.html (10.10.2020). But it could be worse! Intelligent machines make digital resurrection possible, see Moritz Riesewieck, Hans Block: Die digitale Seele. Unsterblich werden im Zeitalter Künstlicher Intelligenz, Munich 2020, but also – more earth-related – the latest book by 101-year-old British climate researcher and earth system scientist James Lovelock: Novocene. The Coming Age of Hyperintelligence, London 2019 (German edition Munich 2020).

115 Cf. Manfred Dworschak: Armee der Lügenroboter, in: Der Spiegel, No. 44, 24.10.2020, p. 108 ff., Carola Padtberg: Tulpen und Bitcoins, in: ibid., p. 128 f., as well as the Spiegel special edition ›Klimakrise. Aufbruch nach Utopia. So retten wir Umwelt und Wohlstand. Ein Lösungsheft‹, Der Spiegel, No. 44a, 27.10.2020. It makes sense that the Enquete Commission of the Bundestag has presented a directive in autumn 2020 that takes up the problem of controlling artificial intelligence.

116 Harald Lesch, Ursula Forstner: Wie Bildung gelingt. Ein Gespräch, Darmstadt 2020 – whereby the public debate on future strategies in education, on equal opportunities and educational justice urgently needs to be re-initiated. Cf. Heinz-Elmar Tenorth: Die Rede von Bildung. Tradition, Praxis, Geltung – Beobachtungen aus der Distanz, Stuttgart 2020.

Fachhochschule Biele
Konferenzbereich

Den akademischen Diskurs, die regionalen, nationalen und internationalen Kooperationen sowie das prosperierende Miteinander der Lehrenden, Lernenden und Mitarbeiterinnen und Mitarbeiter – der Universitas Magistrorum et Scholarium der FH Bielefeld – veranschaulicht in künstlerisch-konzeptueller Weise die Plastik ›Sphère Trames‹ des französischen Künstlers François Morellet (1926–2016), die seit 1974 und später viele Jahre lang ramponiert auf der Freifläche zwischen den in den 1960er-Jahren errichteten Gebäuden des Aufbau- und Verfügungszentrums der Universität Bielefeld (AVZ) in der Bielefelder Kurt-Schumacher-Straße 6 gestanden hatte – dem früheren Standort des Fachbereichs Sozialwesen, der Fachhochschulleitung und -verwaltung, der FH-Mensa und des Gebäudes der Fachhochschule für öffentliche Verwaltung.[119] Nach lange Zeit verzögerter und schließlich seit Anfang 2020 doch noch durch den BLB NRW verantworteter Sanierung steht die Plastik seit dem 1. Juli 2021 im größten Innenhof des Fachhochschulhauptgebäudes gegenüber dem Konferenzbereich und hat hier eine neue Zukunft bekommen:[120] Per aspera ad astra!

Auch das gilt für die FH Bielefeld. »Alles, was ist, ist in der Zeit. Alles, was gewesen ist, ist in der Zeit gewesen. Alles, was sein wird, wird in der Zeit sein«[121] – die Zukunft dieses Buches, die Zukunft der FH Bielefeld und die Zukunft der Menschen, die in ihr gelebt und gearbeitet haben, leben und arbeiten und gelehrt und studiert haben werden. Reflexionen über die Zukunft und über Möglichkeiten des Fortschritts führen, wie Georg Picht mit Recht feststellte, »immer wieder an die Grenzen, die menschlichem Wissen und menschlichem Eingriff gesetzt sind. Vielleicht würde uns eine Erkenntnis dieser Grenzen auf jene Stufe der Aufklärung führen, zu der wir heute berufen sind. Das wäre dann im wahren Sinne des Wortes: ein Fortschritt.«[122]

119 Andreas Beaugrand: Die Bielefelder Plastik ›Sphère Trames‹ (›Sphärisches Raster‹) von François Morellet. Ein Rettungsversuch mit gutem Ausgang 2008–2021, in: http://www.beaugrand-kulturkonzepte.de/index.php?cat=Texte%20zu%20Kunst%20und%20Kultur (01.07.2021).

120 Siehe dazu die Seiten 158/159. Vom 28. Juni bis zum 30. Juni 2021 wurde die Plastik vor dem Hauptgebäude der FH Bielefeld von den Mitarbeitern des Duisburger Restaurierungsateliers ›Die Schmiede‹ zusammengesetzt und am Morgen des 1. Juli 2021 mit einem großen Kran der Herforder Firma Franz Bracht in den Innenhof an der Magistrale gesetzt. Ganz großartig!
Am 1. Juli 2021 wurde ebenfalls die Plastik ›Entfaltung‹ (1965) aus anthrazitfarbenem Chromnickelstahl auf einem Betonsockel im etwas kleineren Innenhof an der Magistrale aufgestellt. Sie war 1966 als Kunst am Bau vor der früheren Staatlichen Ingenieurschule für Maschinenwesen an der Wilhelm-Bertelsmann-Straße aufgestellt worden. Sie stammt von dem Berliner Zeichner und Bildhauer Hans Uhlmann (1900–1975), der als Begründer der Metallplastik in Deutschland gilt.

121 Georg Picht: Die Zeit und die Modalitäten, in: Ders.: Hier und Jetzt. Philosophieren nach Auschwitz und Hiroshima, Band I, Stuttgart 1980, S. 362.

122 Ders.: Die Idee des Fortschritts und das Problem der Zeit, in: ebd., S. 389.

offers promising prospects for the future of Bielefeld as a centre of science,[117] *which, in conjunction with the research and third-party funding acquisition successes of the six faculties, can also make the Bielefeld UAS a »future place of science«.*[118]

The academic discourse, the regional, national and international cooperation as well as the prospering togetherness of teachers, students and staff – the Universitas Magistrorum et Scholarium of the Bielefeld UAS – is illustrated in an artistic-conceptual way by the sculpture ›Sphère Trames‹ by the French artist François Morellet (1926–2016), which had stood since 1974 and battered for many years in the open space between the buildings of the Aufbau- und Verfügungszentrum of the University of Bielefeld (AVZ, Structure and Disposal Centre) erected in the 1960s at Kurt-Schumacher-Strasse 6 – the former location of the Faculty of Social Sciences, the management and administration of the Bielefeld UAS, the UAS refectory and the building of the Public Administration UAS.[119] *After a long delay (since the beginning of 2020, the BLB NRW has been responsible for the renovation), the sculpture has been standing in the largest courtyard of the main UAS building opposite the conference area since 1 July 2021 and has been given a new future here:*[120] *Per aspera ad astra!*

This also applies to the Bielefeld UAS. »Everything that is, is in time. Everything that has been, has been in time. Everything that will be will be in time«[121] *– the future of this book, the future of the Bielefeld UAS and the future of the people who have lived and worked in it, who live and work in it, and who will have taught and studied in it. Reflections on the future and on possibilities for progress lead, as Georg Picht rightly observed, »again and again to the limits set by human knowledge and human intervention. Perhaps a recognition of these limits would lead us to that level of enlightenment to which we are called today. That would then be progress in the true sense of the word.«*[122]

117 The degree programmes will begin in the winter semester of 2021/2022. From 2025 onwards, approximately 300 students of Human Medicine per year will be able to begin their studies at the University of Bielefeld. On this topic, see also the ideas and proposals by Klaus Hurrelmann in this book.
118 See the Zeitverlag special: Forschungswelten. 75 Zukunftsorte der Wissenschaft, in: DIE ZEIT No. 9 from 25.2.2021.
119 Andreas Beaugrand: Die Bielefelder Plastik ›Sphère Trames‹ (›Sphärisches Raster‹) von François Morellet. Ein Rettungsversuch mit gutem Ausgang 2008–2021, in: http://www.beaugrand-kulturkonzepte.de/index.php?cat=Texte%20zu%20Kunst%20und%20Kultur (1.7.2021).
120 See pages 158/159. From 28 June to 30 June 2021, the sculpture was assembled in front of the main building of the Bielefeld UAS by the staff of the Duisburg restoration studio ›Die Schmiede‹ and placed in the inner courtyard on the Magistrale on the morning of 1 July 2021 by a large crane from the Herford-based company Franz Bracht. Quite magnificent!
On 1 July 2021, the sculpture ›Entfaltung‹ (1965) made of anthracite-coloured chromium-nickel steel was also erected on a concrete plinth in the somewhat smaller inner courtyard on the Magistrale. It was erected in 1966 as art in architecture in front of the former State School of Mechanical Engineering on Wilhelm-Bertelsmann-Strasse. It was created by the Berlin draughtsman and sculptor Hans Uhlmann (1900–1975), who is considered the founder of metal sculpture in Germany.
121 Georg Picht: Die Zeit und die Modalitäten, in: same: Hier und Jetzt. Philosophieren nach Auschwitz und Hiroshima, Band I, Stuttgart 1980, p. 362.
122 Translated according to same: Die Idee des Fortschritts und das Problem der Zeit, in: ibid., p. 389.

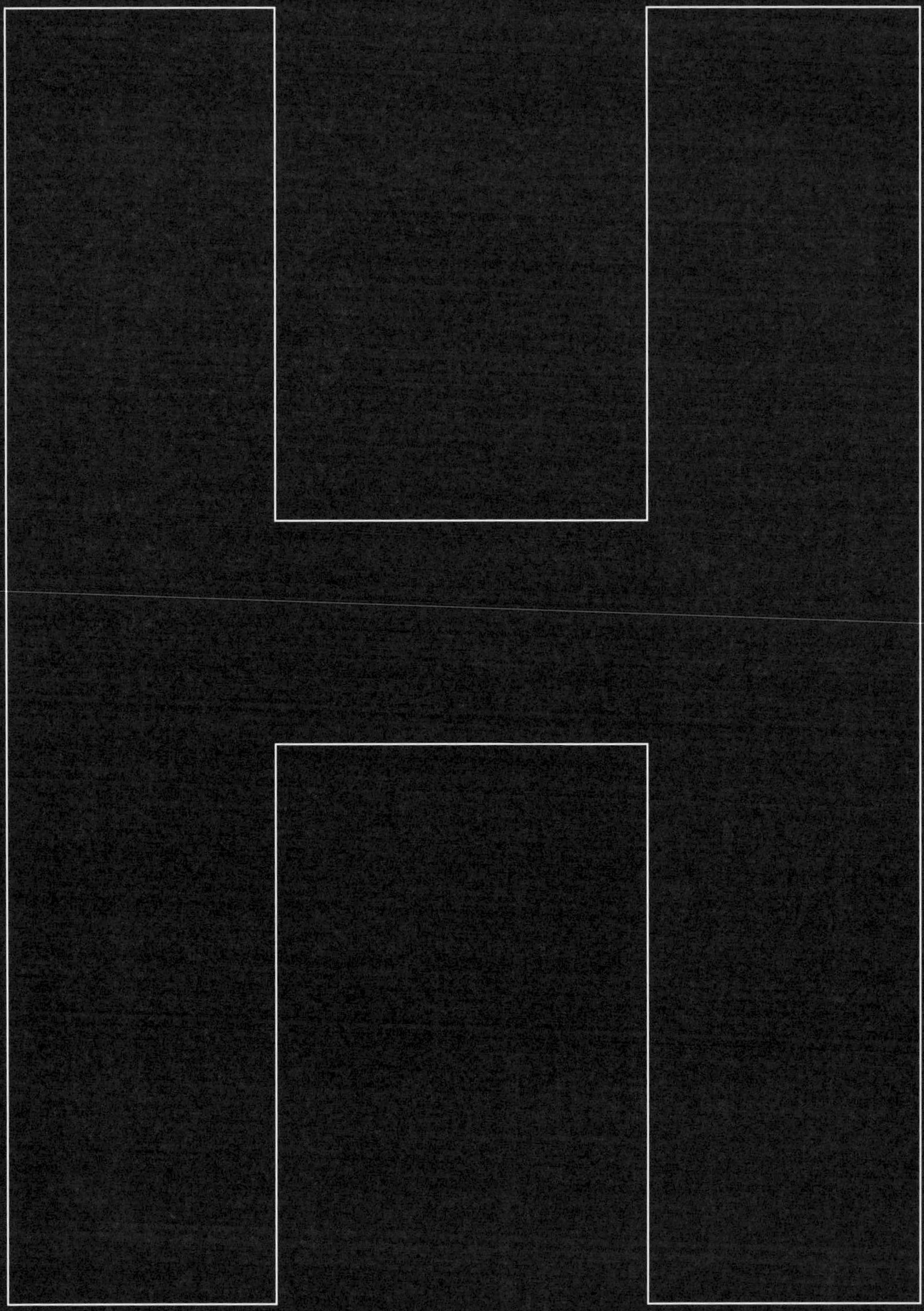

DIE FACHBEREICHE DER FH BIELEFELD

THE FACULTIES OF THE BIELEFELD UAS

FACHBEREICH GESTALTUNG

FACULTY OF DESIGN

MIT EIGENEM KOPF ZU KREATIVEN SPITZENLEISTUNGEN

WITH YOUR OWN HEAD TO CREATIVE EXCELLENCE

Roman Beziak, Dirk Fütterer in Zusammenarbeit mit Rainer Middelberg

Vier verschiedene Fachrichtungen und ein sehr freies Curriculum fordern und befördern eine eigene gestalterische Standortbestimmung der Studierenden. Ein Gespräch von Rainer Middelberg, Dekan Professor Dirk Fütterer und seinem Vorgänger Professor Roman Bezjak über die Kultur am Fachbereich Gestaltung, seine bisherigen Erfolge und aktuelle Herausforderungen.

Four different disciplines, and a very free curriculum, demand and encourage students to determine their own creative position. A conversation by Rainer Middelberg, Dean Professor Dirk Fütterer and his predecessor Professor Roman Bezjak about the culture at the Faculty of Design, its successes to date and its current challenges.

Rainer Middelberg (R.M.): Worin liegt das Besondere des Fachbereichs Gestaltung der FH Bielefeld?
Roman Bezjak (R.B.): Es ist die Kombination unserer vier Fachrichtungen. Zu dem häufiger an Hochschulen unseres Typs angebotenen Kommunikationsdesign kommen das im Vergleich dazu seltenere Fach Fotografie und das noch seltenere Fach Mode, das in Nordrhein-Westfalen nur in Bielefeld an einer staatlichen Hochschule angeboten wird. Ergänzt werden diese am Fachbereich Gestaltung tradierten Fächer durch die neu gegründete Studienrichtung Digital Media and Experiment, kurz DMX, die einen weiteren Schritt in den digitalen Raum macht. Die Schnittmengen und Kooperationsmöglichkeiten dieser recht autonomen Studienrichtungen sind gelebte Praxis am Fachbereich.

Zahlen
Am Fachbereich Gestaltung lehren aktuell 17 Professorinnen und Professoren sowie vier Lehrkräfte für besondere Aufgaben, elf Mitarbeiterinnen und Mitarbeiter in den Werkstätten und der Fachbereichsverwaltung. Jedes Jahr stehen 110 Plätze für den Bachelorstudiengang und 40 Plätze für den Masterstudiengang zur Verfügung.

R.M.: Wer das Gebäude an der Lampingstraße betritt, bemerkt sofort ein eigenes Arbeitsklima. Wie erklären Sie sich das?
Dirk Fütterer (D.F.): Das rührt daher, dass unsere Kolleginnen und Kollegen am Dialog mit den Studierenden interessiert sind. Man nimmt sich gegenseitig auch als Person wahr. Das ist nicht selbstverständlich, an vielen anderen Hochschulen verbringt man im Schnitt weniger Zeit im Gespräch. Das familiäre Miteinander bei uns kann für die Studierenden natürlich auch anstrengend sein, da sie kaum in die Anonymität flüchten können. Ich denke aber, dass die Vorteile eines persönlichen Lehrverhältnisses insgesamt überwiegen und dass dies von den meisten Angehörigen des Fachbereichs Gestaltung wertgeschätzt wird.

Gleichberechtigung
Nicht nur unter den Studierenden am Fachbereich sind viele Frauen. Vielmehr lehren aktuell im Fachbereich Gestaltung neun Professorinnen und acht Professoren. Eine Pionierin findet sich bereits in der Handwerker- und Kunstgewerbeschule Bielefeld: Dort erhielt Prof. Gertrud Kleinhempel (1875–1948) im Jahr 1921 als erste Frau an einer preußischen Handwerker- und Kunstgewerbeschule den Professorentitel.

R.M.: Welche Faktoren prägen noch die besondere Atmosphäre?
R.B.: Unter den Professorinnen und Professoren sind nicht nur die verschiedenen Disziplinen vertreten. Wir sind auch verschieden beruflich sozialisiert. Da sind Künstlerinnen und Künstler, die an Akademien studiert haben und im Kunstmarkt wirksam sind. Daneben forschen und lehren Geisteswissenschaftlerinnen und Geisteswissenschaftler, die

Rainer Middelberg (R.M.): What is special about the Faculty of Design at the Bielefeld UAS?

Roman Bezjak (R.B.): It is the combination of our four disciplines. In addition to communication design, which is offered more frequently at universities of our type, there is photography, which is rarer by comparison, and the even rarer subject of fashion, which only we in Bielefeld – as a state university – offer in North Rhine-Westphalia. These traditional subjects at the Faculty of Design are complemented by the newly founded field of study Digital Media and Experiment, (DMX for short), which takes another important step into the digital space. The intersections and cooperation possibilities of these quite autonomous fields of study are experienced in practice at the Faculty.

Numbers

At the Faculty of Design, there are currently 17 professors and four teachers for special tasks, eleven staff members in the workshops and the department administration. Every year, 110 places are available for the Bachelor's programme and 40 places for the Master's programme.

R.M.: Anyone who enters the building on Lampingstrasse immediately notices its own working atmosphere. How do you explain that?

Dirk Fütterer (D.F.): It stems from the fact that our colleagues are interested in dialogue with the students. They also perceive each other as persons. That's not a matter of course; at many other universities where generally less time is spent with personal interaction, or with mutual communication, on average. On the other hand, the family-like atmosphere at our University can also be stressful for students because they can hardly escape into anonymity. However, I think that the advantages of a personal teaching relationship outweigh the disadvantages overall, and that this is valued by most members of the Faculty of Design.

Equality

Not only among the students are there many women in the Faculty. In fact, nine female professors and eight male professors currently teach in the Faculty of Design. A female pioneer could already be found in the Handwerker- und Kunstgewerbeschule Bielefeld (Bielefeld School of Crafts and Applied Arts): There, in 1921, Prof. Gertrud Kleinhempel (1875–1948) was the first woman to be awarded the title of professor at a Prussian school for crafts and art.

R.M.: What other factors shape the special atmosphere?

R.B.: Not only are the different disciplines represented among the professors. We also have different professional backgrounds. There are artists who have studied at academies and are active in the art market. In addition, there are humanities scholars who have pursued a typical

eine typische Hochschulkarriere mit Assistentenstelle und Promotion durchlaufen haben. Und es gibt zahlreiche gestaltungspraktisch Tätige, die nach ihrem Studium etwa in Agenturen oder als selbstständige Kreative aktiv gewesen sind. Sie bringen Berufserfahrung und Anwendungswissen in Lehre und Forschung ein. Die verschiedenen Sichten auf Dinge machen den ausgesprochenen Reiz und die produktive Reibung an unserem Fachbereich aus.
D.F.: Von den verschiedenen Arbeitsweisen und -kulturen der Lehrenden profitieren die Studierenden sehr. In meiner eigenen Berufspraxis habe ich erfahren, dass kreative Spitzenleistungen vor allem dann entstehen, wenn Menschen aus unterschiedlichen Disziplinen mit möglichst internationalem Erfahrungshorizont und aus einem diversen Spektrum sozialer Schichten interdisziplinär zusammenarbeiten. Studierende sollten im Studium verschiedene Ausdrucksformen kennenlernen und sich mit dem manchmal auch verwirrenden und widersprüchlichen Angebot an Lehrmeinungen, Gestaltungsphilosophien und Geisteshaltungen auseinandersetzen und dabei lernen, ihren eigenen Standpunkt zu finden und zu verteidigen.

Handwerkliches Geschick
Technisch ist der Fachbereich etwa für die neuen Studienrichtungen mit moderner Hard- und Software ausgestattet. Daneben wird unverändert Wert auf die Pflege handwerklicher Fertigkeiten gelegt. Hierzu unterhält der Fachbereich eine Vielzahl an Werkstätten: Buchbindewerkstatt, Druckwerkstatt, Fotografiewerkstätten (Studios und Labore), Handsatzwerkstatt, Nähwerkstatt, Objektwerkstätten (Holz, Metall und Kunststoff), Siebdruckwerkstatt sowie Stoffdruckwerkstatt.

R.M.: Sie haben vier Fachrichtungen, aber nur jeweils einen Bachelor- und einen Masterstudiengang Gestaltung. Wie passt das zusammen?
D.F.: Wir bieten den Studierenden große Freiheiten. Die Aufnahme läuft getrennt nach den einzelnen Studienrichtungen, in denen im ersten Jahr fachspezifische Grundlagen vermittelt werden. Danach können sich die Studierenden in ihrer Kerndisziplin spezialisieren und in benachbarten Disziplinen erproben. Dieses praxisorientierte und wenig verschulte Studium hat am Fachbereich Gestaltung eine gute Tradition und ist in Teilen vergleichbar mit der Lehre an einer Kunstakademie. Dies wird an vielen anderen Fachhochschulen nicht in dieser Form praktiziert.
R.B.: Wir arbeiten hauptsächlich in Projekten – sowohl innerhalb als auch außerhalb der Disziplinen. Kolleginnen und Kollegen starten im Teamteaching immer wieder Kooperationen, etwa Kommunikationsdesign und Mode bei einem Gestaltungsprojekt zu Handtaschen, Mode und Fotografie beim Modefotografie- bzw. Stylingangebot oder Theorie und Fotografie bei Ausstellungs- und Buchprojekten. Und bei größeren Events wie der Modenschau arbeiten alle miteinander. Häufig finden

university career with assistantships and doctorates. And there are numerous practitioners of design who have been active in agencies or as independent creatives after their studies. They bring professional experience and applied knowledge to teaching and research. The different ways of looking at things are what make our Faculty so appealing and productive.

D.F.: The students benefit greatly from the different working methods and cultures of the teachers. In my own professional practice, I have experienced that top creative achievements are mainly produced when people from different disciplines, with as international a horizon of experience as possible, and from a diverse spectrum of social classes, work together in an interdisciplinary way. Students should get to know different forms of expression during their studies and to deal with the sometimes confusing and contradictory range of doctrines, design philosophies and intellectual attitudes and to learn to find and defend their own point of view.

Craftsmanship

Technically, the Faculty is equipped with modern hardware and software for the new fields of study. In addition, value continues to be placed on cultivating craft skills. To this end, the Faculty maintains a large number of workshops: Bookbinding workshop, printing workshop, photography workshops (studios and laboratories), hand-setting workshop, sewing workshop, artifact workshops (wood, metal and plastic), screen printing workshop and fabric printing workshop.

R.M.: You have four fields of study, but only one Bachelor's and one Master's programme in Design. How does that fit together?

D.F.: We offer the students a great amount of freedom. Admission runs separately according to the individual fields of study, in which subject-specific basics are taught in the first year. After that, students can specialise in their core discipline and try out neighbouring disciplines. This practice-oriented and less school-like study programme has a good tradition at the Faculty of Design and is in part comparable to teaching at an art academy. This is not practised in this form at many other universities of applied sciences.

R.B.: We mainly work in projects – both within and outside the disciplines. Colleagues always start collaborations in team teaching, for example communication design and fashion in a design project on handbags. Or fashion and photography in fashion photography or styling. Or theory and photography in exhibition and book projects. And at larger events like the fashion show, everyone works together. Often such collaborations also take place in cooperation with partners from culture and business, such as the Goethe-Institut, other universities abroad, festivals or museums. In this way, the Faculty of Design solche Kooperationen auch in Zusammenarbeit mit Partnerinnen und Partnern aus Kultur und Wirtschaft statt, wie dem Goethe-Institut, anderen Hochschulen im Ausland, Festivals oder Museen. Hierin erbringt der Fachbereich Gestaltung eine ausgesprochen große und kontinuierliche Transferleistung von gestalterischem Wissen und Ergebnissen in die Gesellschaft.

Ausgezeichnete Gestaltung

Seit Jahren dokumentieren hochkarätige Preise und Auszeichnungen Leistungen besonders begabter Studentinnen und Studenten. Eine Auswahl gewonnener Wettbewerbe bestätigt diese Besonderheit: Fotowettbewerb gute aussichten, Dokumentarfotografie Förderpreis der Wüstenrot Stiftung, European fashion award (FASH), Förderpreis Wilhelm Lorch Stiftung, ITS international talent support, ADC Junior Award, Type Directors Club New York Award, Auszeichnungen der Stiftung Buchkunst.

R.M.: Ein Blick zurück: Was waren besondere Leistungen des Fachbereichs Gestaltung in den vergangenen 50 Jahren?

D.F.: Unsere größte Leistung sehe ich darin, dass es uns immer wieder gelungen ist und gelingt, gestalterische Persönlichkeiten hervorzubringen. Ehemalige Studentinnen und Studenten betonen, dass hier schon immer viel Wert auf eine gründliche gestalterische Ausbildung und intensive inhaltliche Auseinandersetzung gelegt wurde. Auch von Arbeitgeberinnen und Arbeitgebern bekommen wir positive Feedbacks, dass viele unserer Absolventinnen und Absolventen großes Engagement, hohes Qualitätsbewusstsein und persönliche Integrität mitbringen.

R.B.: Die theoretische Fundierung und die Reflexion des gestalterischen Handelns besitzen an unserem Fachbereich seit jeher eine große Bedeutung. Dazu tragen alle Kolleginnen und Kollegen bei, insbesondere die aus Theorie und Kunst. Gleichzeitig legen wir viel Wert auf gestalterische Handlungsfähigkeit und handwerkliches Können. Nur wenn beide zusammenkommen, führt ein Studium zum Erfolg. Damit ist eine grundsätzliche Frage des Lehrbetriebs an einer Fachhochschule angesprochen, die ja schon mit dem Bachelorabschluss zur Berufsfähigkeit führt: Wie zielgerichtet auf einen Markt muss oder darf das Studium sein und wie viel spielerischen und gedanklichen Freiraum kann es bieten? Verkürzt gefragt: Ausbildung oder Bildung? Die besondere Leistung des Fachbereichs besteht darin, diese Widersprüche immer wieder miteinander zu versöhnen und sie produktiv zu nutzen.

Design oder Gestaltung

Produkt oder Prozess? Im Deutschen wird Design vielfach funktional und gegenständlich als Qualitätsmerkmal für ein vorhandenes Produkt verstanden. Ganz anders am Fachbereich Gestaltung. Das gestalterische Konzept und die theoretische Auseinandersetzung stehen am Anfang jedes Projekts. Ge-

provides an exceptionally large and continuous transfer of design knowledge and results to society.

Award-winning Design

For years, top-class prizes and awards have documented the achievements of particularly talented students. A selection of competitions won confirms this special feature: Photography competition ›gute aussichten‹, documentary photography sponsorship award of the Wüstenrot Foundation, European fashion award (FASH), sponsorship award Wilhelm Lorch Foundation, ITS international talent support, ADC Junior Award, Type Directors Club New York Award, awards of the Stiftung Buchkunst.

R.M.: A look back: What were the special achievements of the Faculty of Design in the past 50 years?

D.F.: I see our greatest achievement in the fact that we have always succeeded in producing creative personalities. Former students emphasise that a great deal of importance has always been attached here to a thorough design education based on an intensive and content-driven approach. We also receive positive feedback from employers that many of our graduates bring with them great commitment, high quality awareness and personal integrity.

R.B.: The theoretical foundation, and the reflection on design work, have always been of great importance in our Faculty. All colleagues contribute to this – especially those from theory and art. At the same time, we place great value on the ability to act creatively and on craftsmanship. Only when both come together does a degree programme lead to success. This addresses a fundamental question of teaching at a university of applied sciences, which, after all, already leads to professional employability with the Bachelor's degree: How targeted towards a market must, or may, the study programme be, and how much playful and intellectual freedom can it offer? To put it briefly: Training or education? The special achievement of the Faculty is to reconcile these contradictions again and again and to use them productively.

Design or Creation

Product or process? In German language, design is often understood functionally and objectively as a quality feature for an existing product. This is quite different at the Faculty of Design. The design concept and the theoretical analysis are at the beginning of every project. Design is understood as a process of experimenting, creating and planning, as the English verb ›to design‹ implies.

staltung wird als Prozess des Experimentierens, Entwerfens und Planens verstanden, wie es das englische Verb ›to design‹ impliziert.

R.M.: Können Sie dazu Beispiele nennen?
D.F.: Der aus der Bielefelder Handwerker- und Kunstgewerbeschule hervorgegangene Fachbereich Gestaltung hat nach und nach eine Akademisierung und Intellektualisierung vollzogen. Nehmen wir Gerd Fleischmann, der von 1971 bis 2003 am Fachbereich tätig war. Er war und ist ein universell gebildeter Professor und strenger Lehrmeister mit sehr hohem gestalterischen Anspruch. Ihm ist es gelungen, handwerkliches Können mit intellektueller Durchdringung zu verbinden. Spätestens durch ihn wurde Bielefeld zu einer Adresse für gute Typografie – das wirkt bis heute nach.
R.B.: Oder nehmen wir Gottfried Jäger, der schon seit 1960 an der Werkkunstschule und hier am Fachbereich bis 2002 lehrte. Er hat den Forschungsschwerpunkt Fotografie und Medien mit dem damaligen Kollegen Jörg Boström gegründet. Auf sie geht das bis heute in der Fachwelt anerkannte Bielefelder Fotosymposium zurück. Von Anfang an ging es um die Verknüpfung von Fotografie mit Theorie. Dies war damals eine Innovation in der Fotografenausbildung und gehört heute zum guten Ton einer ernst zu nehmenden Einrichtung.

Diskurs mit Expertinnen und Experten
Stets offen für Fachleute, Studierende und Gäste: Das hoch angesehene Bielefelder Fotosymposium diskutiert seit 1979 jedes Jahr aktuelle Fragen zur Theorie und Praxis der Fotografie. Auf der CXI, der größten Corporate- und Brand-Identity-Konferenz Europas, stellen seit 2009 in Mainz und seit 2015 in Bielefeld Verantwortliche von Unternehmen und Kreative internationaler Agenturen jährlich innovative Projekte vor. Das Typografie-Festival ULTRAFETT schließlich brachte 2017 renommierte Fachleute aus den Bereichen Typografie, Schriftgestaltung und Kommunikationsdesign zum Dialog in Bielefeld zusammen.

R.M.: Inwiefern profitieren die Studierenden davon?
R.B.: In allen unseren Disziplinen können wir seit Jahrzehnten den Anspruch erheben, uns mit anderen guten Hochschulen messen zu können und dabei immer wieder zur Spitzengruppe zu gehören. Das sehen wir zum Beispiel bei der Vergabe von Stipendien, Preisen und Ausstellungs- und Modenschaubeteiligungen. Diese Spitzenleistungen gründen darauf, dass wir unseren Studierenden Freiheiten zum Experimentieren lassen und sie dabei gut betreuen.
D.F.: Gleichzeitig bietet das interdisziplinäre Denken nicht wenige praktische Vorteile für das spätere Berufsleben. Zahlreiche Fotografinnen und Fotografen unserer Hochschule machen exzellente Arbeit in Werbeagenturen oder Bildredaktionen – weil sie nicht nur auf ihre Disziplin, sondern auch über den Tellerrand hinausgeschaut haben. Dieses Denken

R.M.: Can you give examples of this?
D.F.: The Faculty of Design, which emerged from the Bielefeld School of Crafts and Applied Arts, has gradually become more academic and intellectualised. Take Gerd Fleischmann, who worked at the Faculty from 1971 to 2003. He was, and is, a universally-educated Professor and a strict teacher with very high design standards. He succeeded in combining craftsmanship with intellectual understanding. It was at the latest through him that Bielefeld became an address for good typography – and this continues to have an effect today.
R.B.: Or let's take Gottfried Jäger, who taught at the Bielefeld School of Arts and Crafts since 1960 and here at the Faculty until 2002. He founded the research focus on photography and media with his colleague at the time, Jörg Boström. The Bielefeld Photo Symposium, which is still recognised in the professional world, can be traced back to them. From the beginning, the focus was on linking photography with theory. At that time, this was an innovation in photographer training and today it is part of the good tone of an institution that is to be taken seriously.

Discourse with Experts
Always open to experts, students and guests: The highly regarded Bielefeld Photography Symposium has been discussing current issues in the theory and practice of photography every year since 1979. At CXI, (Europe's largest corporate and brand identity conference), corporate executives and creatives from international agencies have presented innovative projects every year since 2009 in Mainz and since 2015 in Bielefeld. Finally, the typography festival ULTRAFETT brought together renowned experts from the fields of typography, type design and communication design for dialogue in Bielefeld in 2017.

R.M.: How do the students benefit from this?
R.B.: In all our disciplines, we have been able to claim for decades to be able to measure ourselves against other good universities and to be among the top group time and again. We see this, for example, in the awarding of scholarships, prizes and participation in exhibitions and fashion shows. These top performances are based on the fact that we give our students freedom to experiment and take good care of them in the process.
D.F.: At the same time, interdisciplinary thinking offers many practical advantages for later professional life. Numerous photographers from our University do excellent work in advertising agencies or picture editorships – because they have not only focused on their discipline but also thought outside the box. This way of thinking also helps, for example, students of fashion who later find work not only as fashion designers but also in related fields such as fashion journalism, fashion marketing or fashion buying.

hilft beispielsweise auch Modestudierenden, die später nicht nur als Modedesignerinnen und Modedesigner, sondern auch in angrenzenden Bereichen wie Modejournalismus, Modemarketing oder Modeeinkauf Arbeit finden.

Die freie Ausrichtung unseres Masterstudiums hat schon einige Studentinnen und Studenten zum Studienortwechsel nach Bielefeld bewegt. Denn damit ist die Chance verbunden, eigene Studienschwerpunkte zu setzen und – im Hinblick auf ein eigenes Studien- und Abschlussziel – weitgehend selbstbestimmt zu studieren. Idealerweise gelingt es unseren Studierenden so bereits im Studium, sich optimal auf die Anforderungen einer Kreativwirtschaft und Kommunikationslandschaft vorzubereiten, die einem stetigen und rasanten Wandel unterworfen ist.

R.M.: Welchen Stellenwert hat der Standort Bielefeld für Ihren Fachbereich?

D.F.: Der Standort Bielefeld bietet durch seine überschaubare Größe und sein begrenztes Angebot an Ablenkungen hervorragende Bedingungen, sich auf Studium, Lehre und Forschung zu konzentrieren. Gleichzeitig vermag es der Studienort Bielefeld durch eine stetig zunehmende Internationalisierung, viele Türen und Perspektiven für Studierende und Dozierende zu öffnen.

R.B.: Die Zusammenarbeit mit der Kunsthalle Bielefeld, dem Marta Herford oder etwa dem Kunstverein Bielefeld ist hervorragend. Diese Institutionen stehen uns freundschaftlich gegenüber und räumen den Studierenden für Ausstellungen Platz ein. Die Stadtgesellschaft nimmt an den Präsentationen des Fachbereichs aktiv teil, etwa zweimal im Jahr an der Werkschau. Ein anderes gutes Beispiel ist die jährliche Modenschau. Was in den Anfangsjahren als Präsentation in der Lampingstraße begann, wurde zunehmend größer und suchte sich andere Locations in der Stadt. Heute setzt die Modenschau zusätzlich innovative Akzente in der Zusammenarbeit mit der noch jungen Studienrichtung Digital Media and Experiment.

Schaufenster für Absolventinnen und Absolventen

Die jährliche Modenschau ist ein regionales Ereignis, bei dem Studierende ihre Kollektionen einer größeren Öffentlichkeit präsentieren. Regelmäßige Gäste sind dabei auch Verantwortliche der Modebranche auf der Suche nach Talenten. Die zu Semesterende stattfindenden Werkschauen der Absolventinnen und Absolventen werden traditionsgemäß auch von Verantwortlichen von Agenturen und Redaktionen besucht, um Kontakte zu Nachwuchskräften zu knüpfen.

The free orientation of our Master's programme has always persuaded some students to change their place of study to Bielefeld. This is because it gives them the chance to set their own study focus and – with regard to their own study and graduation goals – to study in a largely self-determined way. Ideally, our students are thus able to prepare themselves optimally for the demands of a creative industry and communications landscape that is subject to constant and rapid change.

R.M.: How important is Bielefeld as a location for your Faculty?
D.F.: Due to its manageable size and limited range of distractions, the Bielefeld location offers excellent conditions for concentrating on studying, teaching and research. At the same time, Bielefeld as a place to study is able to open many doors and perspectives for students and lecturers through its steadily increasing internationalisation.
R.B.: The cooperation with the Kunsthalle Bielefeld, the Marta Herford or the Kunstverein Bielefeld, for example, is excellent. These institutions are on friendly terms with us and give students space for exhibitions. The city community takes an active part in the Faculty's presentations, for example twice a year at the Werkschau. Another good example is the annual fashion show. What began in the early years as a presentation in the Lampingstrasse grew increasingly larger and sought out other locations in the city. Today, the fashion show additionally sets innovative accents in cooperation with the still-young study programme Digital Media and Experiment.

Graduate Fashion Showcase
The annual fashion show is a regional event where students present their collections to a wider audience. Regular guests include fashion industry executives on the lookout for talent. The degree shows of the graduates that take place at the end of the semester are traditionally also visited by those responsible for agencies and editorial offices in order to establish contacts with young professionals.

R.M.: Then the students obviously don't need to leave their home nest at all – or do they?
R.B.: On the contrary: The students are supposed to leave the ivory tower of the university in between and expose themselves to everyday professional life. Work excursions to European or non-European countries are a voluntary form. A practical semester, or semester abroad, is compulsory. Students spend several months working in an agency or company. Or they study at one of our international partner universities. In doing so, they make their first contacts for a later professional practice or begin to build up an international network.

R.M.: Dann brauchen die Studierenden das heimische Nest offenbar gar nicht zu verlassen – oder doch?
R.B.: Im Gegenteil: Die Studierenden sollen den Elfenbeinturm der Hochschule zwischendurch verlassen und sich dem beruflichen Alltag aussetzen. Eine freiwillige Form sind Arbeitsexkursionen, die ins europäische oder außereuropäische Ausland führen. Verpflichtend wiederum ist ein Praxis- oder Auslandssemester. Dabei sind die Studierenden mehrere Monate in einer Agentur oder einem Unternehmen tätig. Oder aber sie studieren an einer unserer internationalen Partnerhochschulen. Dabei knüpfen sie erste Kontakte für eine spätere Berufspraxis oder beginnen mit dem Aufbau eines internationalen Netzwerks.
D.F.: Außerdem präsentieren Studierende ihre Praxisprojekte regelmäßig auf Veranstaltungen wie der Leipziger und Frankfurter Buchmesse, auf Independent Publishing Fairs, auf Fotofestivals wie UNSEEN in Amsterdam oder BredaPhoto beziehungsweise der Neo.Fashion in Berlin, der führenden deutschen Veranstaltung für den Modenachwuchs. Ein anderer Weg sind selbst konzipierte Ausstellungen, zu denen parallel ein Buch produziert wird. Solche Ausstellungen werden dann nach Möglichkeit an verschiedenen Orten präsentiert.

Projekte weltweit
Die Vernetzung mit Einrichtungen weltweit ist regelmäßige Praxis: Das ›4 Academies‹-Projekt mit Hochschulen in Paris, Amsterdam und Modena ermöglicht etwa an wechselnden Orten Ausstellungen. Die viel beachtete ›Bielefelder Bibel‹ wurde nicht nur in Deutschland, sondern auch in England, China und beim Type Directors Club in New York vorgestellt. Die Ergebnisse des Seminars ›Bags from Bielefeld‹ konnten auf Einladung des Goethe-Institutes im Minneapolis Skyway System gezeigt werden.

R.M.: Wie stellt sich der Fachbereich auf aktuelle und zukünftige Herausforderungen ein?
D.F.: Das machen wir unter anderem mit neuen Studienangeboten, die aktuelle Entwicklungen in Kunst und Design aufnehmen. Nehmen wir die im Wintersemester 2019/2020 gestartete Studienrichtung Digital Media and Experiment. Dort geht es um zeitbasierte, interaktive und immersive Medien, also virtuelle Umgebungen, die als real empfunden werden. Oder um reale Umgebungen, die virtuell erweitert werden. DMX bewegt sich also an der Schnittstelle von physisch-realem Material und digital erstelltem Raum. Hier entwickelt sich ein inspirierender und gewinnbringender Dialog mit den bestehenden Studienrichtungen und Disziplinen. Das konnten wir schon bei der Modenschau 2020 feststellen, bei der Lehrende und Studierende aus Mode, DMX und Kommunikationsdesign die Inszenierung der Schau im Verbund entwickelt haben. Ich habe den Eindruck, dass unsere Studierenden die Grenzen ihrer Fachdisziplinen immer weiter überschreiten und sich die

D.F.: In addition, students regularly present their practical projects at events such as the Leipzig and Frankfurt Book Fairs, Independent Publishing Fairs, photo festivals such as UNSEEN in Amsterdam. Also at BredaPhoto and/or Neo.Fashion in Berlin, the leading German event for young fashion designers. Another way is to organise exhibitions of their own, for which a book is produced in parallel. If possible, such exhibitions are then presented at different locations.

Projects Worldwide

Networking with institutions worldwide is a regular practice: The ›4 Academies Project‹ with other universities in Paris, Amsterdam and Modena, for example, enables exhibitions at changing locations. The much acclaimed ›Bielefeld Bible‹ was presented not only in Germany but also in England, China and at the Type Directors Club in New York. The results of the seminar ›Bags from Bielefeld‹ were shown in the Minneapolis Skyway System at the invitation of the Goethe-Institut.

R.M.: How is the Faculty adapting to current and future challenges?

D.F.: Among other things, we establish and introduce new study programmes that reflect current developments in art and design. Take the study programme Digital Media and Experiment (DMX), which started in the winter semester 2019/2020. It is about time-based, interactive and immersive media, i.e. virtual environments that are perceived as real. Or real environments that are virtually expanded. DMX thus moves at the interface of physical-real material and digitally created space. This is where an inspiring and profitable dialogue develops with existing fields of study and disciplines. We could already see this with the 2020 fashion show, where teachers and students from Fashion, DMX and Communication Design developed the staging of the show together. I have the impression that our students are increasingly crossing the boundaries of their disciplines and embracing the possibilities of the latest technologies. I consider this an important step in ensuring their own digital future viability.

R.B.: Another example is the new professorship for Photography and Generative Image Systems. The name takes up conceptual ideas from Gottfried Jäger, who was mentioned above, and Karl-Martin Holzhäuser. They were already working on Generative Photography in the 1970s and 1980s. Their camera-less photographs produced images that did not depict reality, but rather dealt with it in a variety of ways. With the new digital tools, Generative Photography is gaining completely new ways of dealing with the still image. We do not yet know where exactly this path will lead to. In any case, media history has shown that new technological possibilities have always led to aesthetic and creative forms of expression. In this respect, we are entering an experimental field with a lot of innovation potential.

Möglichkeiten der neuesten Technologien zu eigen machen. Dies halte ich für einen wichtigen Schritt, um die eigene digitale Zukunftsfähigkeit sicherzustellen.

R.B.: Ein weiteres Beispiel ist die neue Professur für Fotografie und generative Bildsysteme. Der Name nimmt konzeptionelle Gedanken von dem eben schon genannten Gottfried Jäger sowie von Karl-Martin Holzhäuser auf. Sie befassten sich bereits in den 1970er- und 1980er-Jahren mit der Generativen Fotografie. Bei ihren kameralosen Fotografien entstanden Bilder, die nicht Wirklichkeit abbildeten, sich jedoch mit ihr auf vielfältige Weise beschäftigten. Mit den neuen digitalen Tools bekommt die Generative Fotografie vollkommen neue Möglichkeiten, mit dem stillen Bild umzugehen. Wir wissen noch nicht, wohin dieser Weg genau führen wird. Die Mediengeschichte hat jedenfalls gezeigt, dass neue technologische Möglichkeiten auch immer ästhetische und gestalterische Ausdrucksformen nach sich gezogen haben. Insofern betreten wir ein experimentelles Feld mit viel Innovationspotenzial.

Unser Name

Seit seiner Gründung hieß der Fachbereich zunächst Fachbereich Design. Im Jahr 1999 erfolgte die Umbenennung in Fachbereich Gestaltung, da dieser Begriff im deutschsprachigen Raum mehrdeutiger ist und die verschiedenen Facetten von Design, Kunst und Wissenschaft besser abbilden kann.

R.M.: Setzen diese Lehrangebote besonderes technologisches Wissen bei Lehrenden und Studierenden voraus?

D.F.: Auf jeden Fall! Andererseits scheinen in der Lehre trotz beinahe täglich wachsender neuer digitaler Möglichkeiten die wesentlichen Grundregeln der Gestaltung ihre Gültigkeit zu behalten. Primär glaube ich an die Bedeutung von Kommunikation und Narration. Mit welchen gestalterischen Mitteln diese umgesetzt oder mit welchen technischen Medien diese transportiert werden, ist für mich zunächst nachrangig. Dabei bin ich mir bewusst, dass schon das Medium selbst eine Botschaft ist und dass eine Botschaft durch die Wahl eines Mediums entscheidend beeinflusst werden kann. Dennoch sind auch die neuen digitalen Mittel erst einmal nur Werkzeuge, die man zumindest kennen und in gewissem Maße beherrschen sollte, weil sie unsere Fähigkeiten bezüglich Wahrnehmung, Vorstellung und Darstellung verändern und erweitern. Mir ist wichtig, dass Studierende neugierig sind und Lehrende neugierig bleiben. Wir sollten neue technische Möglichkeiten erkunden und erproben. Da ich als Lehrender zugleich auch Lernender bin, setze ich mich gerne in einen Workshop, in dem etwa ein neues digitales Tool vorgestellt wird.

Our Name

Since its inception, the Faculty was called the ›Fachbereich Design‹ (Faculty of Design). In 1999, it was renamed the ›Fachbereich Gestaltung‹ (Faculty of Design in the sense of composition or creation), as this term is more ambiguous in German-speaking countries and better reflects the various facets of design, art, and science.

R.M.: Do these courses require special technological knowledge on the part of teachers and students?

D.F.: Definitely! On the other hand, despite the almost daily increase of new digital possibilities, the essential basic rules of design seem to remain valid in teaching. Primarily, I believe in the importance of communication and narration. Which design means are used to realise these, or which technical media are used to transport them, is of secondary importance to me. I am aware that the medium itself is a message and that a message can be decisively influenced by the choice of a medium. Nevertheless, even the fanciest digital means are first of all tools that one should at least know and master to a certain extent, because they change and expand our abilities in terms of perception, imagination and representation. It is important to me that students are curious and that teachers remain curious. We should explore and test new technical possibilities. As a teacher, I am also a learner, so I like to sit in on a workshop where, for example, a new digital tool is presented.

R.M.: In this situation, what does a balanced relationship between technical know-how and design skills look like in the future?

D.F.: The constantly changing technical means and possibilities are too complex, in my opinion, to ever be mastered completely and in personal union, and to become an excellent designer at the same time. That's why I have to make a decision at some point: Either I become a software wizard, or I concentrate on conception and design. For good reason, the best design agencies work according to the principle of division of labour. In their studies, students have to go through a learning process and find out for themselves which job they want to take and to fill in the future. For us as a Faculty, the challenge will be to provide students with the fundamental theoretical and practical tools so that they are equipped for future challenges.

R.M.: Wie sieht in dieser Situation künftig ein ausgewogenes Verhältnis von technischem Know-how und gestalterischem Können aus?

D.F.: Die sich ständig verändernden technischen Mittel und Möglichkeiten sind meiner Meinung nach zu komplex, um diese jemals vollständig und in Personalunion zu beherrschen und gleichzeitig exzellent gestalten zu können. Deswegen muss ich mich mittelfristig entscheiden: Entweder werde ich Software-Wizard oder ich konzentriere mich auf Konzeption und Entwurf. Aus gutem Grund arbeiten die besten Designagenturen nach dem Prinzip der Arbeitsteilung. Im Studium müssen Studierende einen Lernprozess durchlaufen und für sich selbst herausfinden, welchen Arbeitsplatz sie zukünftig einnehmen und besetzen möchten. Für uns als Fachbereich wird die Herausforderung darin bestehen, den Studierenden das fundamentale theoretische und praktische Handwerkszeug zu vermitteln, damit sie für zukünftige Herausforderungen gerüstet sind.

50 years AR

GESTALTUNG STUDIEREN IN BIELEFELD

STUDYING DESIGN IN BIELEFELD

Es ist Mittwochabend. Ich bin im ersten Semester und sitze im legendären Filmseminar von Prof. Dr. Martin Deppner. Punk ist das Thema dieses Theoriekurses und das Audimax des Fachbereichs Gestaltung ist gut besucht. Auf großer Leinwand und mit durchdringender Lautstärke beginnt eine Dokumentation über die Sex Pistols, um mich herum wird angestoßen und ich denke: »Wow. Das ist also Studieren.« Frei, laut und bis spät in die Nacht.

Nachtschichten sind zu dieser Zeit nicht unüblich in den Räumen an der

It's a Wednesday evening, and I am in my first semester. I attend Prof. Dr. Martin Deppner's legendary film seminar. The topic of this theory course is Punk, and the Faculty of Design's major lecture hall is nearly a full house. On the large screen, at a piercing volume, begins a documentary about the Sex Pistols – students around me are toasting and I think: »Wow. So this is studying.« Free, loud and going until late into the night.

Night shifts are not uncommon at the Lampingstraße building. Like the others, I deposit a toothbrush in my first ›office‹,

Lampingstraße. Auch ich deponiere mir eine Zahnbürste in meinem ersten ›Büro‹, einem kleinen, viel zu vollen Raum, in dem wir zu viert über der Publikation werkkunst[1] brüten.

Besuche beim BAföG-Amt in der Universität Bielefeld lassen mich ahnen, wie anders das studentische Umfeld und die Idee von Studium sein können. Überfordert von vollen Hallen und immer gleichen Gängen eile ich zurück zur »Hochschule im Grünen«.[2] Die schwere Holztür fällt hinter mir zu.

Gestaltung studieren ist anders. Das Wenigste kann man pauken – es geht um Ausprobieren, Erleben, Sehen, Verinnerlichen. Das alles funktioniert am Fachbereich Gestaltung so gut, weil die Räume es zulassen und weil der interdisziplinäre, lebendige Austausch es fördert. Auf Unverständnis treffen Designerinnen und Designer in der Arbeitswelt noch oft genug. Im Studium ist die familiäre Atmosphäre, in der auch das Scheitern gewagt wird, Gold wert.

Die Gleichzeitigkeit verschiedener gestalterischer Prozesse ist für mich mit Beginn meines Studiums zum Idealzustand geworden.[3] Meine Begeisterung für das, was seit nun zehn Jahren mein Beruf ist, entwickelte sich durch die enthusiastische Lehre im Bereich Typografie (90 Prozent meiner Nachtschichten können dort verbucht werden) und die Mitarbeit im Institut für Buchgestaltung.

Beides, Typografie und Buchgestaltung, lehre ich mittlerweile selbst, zurzeit auch an der FH Bielefeld. So schließt sich dieser Kreis – aber der nächste kommt bestimmt.

a small, cluttered room in which four of us brood over a publication titled werkkunst.[1]

Visits to the BAföG (education allowance) office at the University of Bielefeld show me how different the student environment and the idea of studying can be elsewhere. Overwhelmed by the crowded halls and identical-looking corridors, I hurry back to my »university in the green«.[2] *The heavy wooden door slams shut behind me.*

Studying Design is different. There is just very little that can be ›crammed for‹ – design education is about trying out, experiencing, seeing, taking things in. All this works very well within the Faculty of Design, as the rooms allow it and the interdisciplinary, lively exchange promotes it. When entering the working world, designers will come across a lack of understanding often enough. During our study, the familial atmosphere in which we even dare to risk failure is worth gold.

The simultaneity of different creative processes has become an ideal state of affairs for me since my early days as a student.[3] *My enthusiasm for what has now been my profession for ten years was then developed thanks to the enthusiasm of the teaching in the field of typography (where 90 percent of my night shifts took place), and through being part of the faculty's Institut für Buchgestaltung (Institute for Book Design).*

I now teach both typography and book design myself, currently also at the Bielefeld UAS. And so this circle closes – but the next one will certainly come.

1 Andreas Beaugrand, Gerhard Renda (Hg.): werkkunst. Kunst und Gestaltung in Bielefeld 1907–2007, Bielefeld 2007.

2 Unter dieser Bezeichnung wurde das Gebäude an der Lampingstraße 3 im Jahr 1960 das Gebäude für die Abteilung Bielefeld der Pädagogischen Akademie Westfalen-Lippe eröffnet. Quelle: https://www.fh-bielefeld.de/gestaltung/about/geschichte (13.10.2020).

3 Diese Erkenntnis trieb mich 2006 in die Arme von Artists Unlimited, in denen ich viele Jahre glücklich verweilte.

1 Andreas Beaugrand, Gerhard Renda (ed.): werkkunst. Kunst und Gestaltung in Bielefeld 1907–2007, Bielefeld 2007.

2 The building at Lampingstrasse 3 was opened under this name in 1960 as the building for the Bielefeld department of the Pedagogical Academy of Westphalia-Lippe. Source: https://www.fh-bielefeld.de/gestaltung/about/geschichte (13.10.2020).

3 This realization drove me into the arms of Artists Unlimited in 2006, where I happily stayed for many years.

DIE BIELEFELDER SCHULE DER FOTOGRAFIE

THE BIELEFELD SCHOOL OF PHOTOGRAPHY

Zu Beginn des dritten Jahrtausends wechselte ich als Student der Fotografie an die FH Bielefeld. Der gute Ruf lockte mich an den Fachbereich Gestaltung. Ich hatte von starken fotografischen Positionen, offener Lehre und spannenden Symposien gehört. Ich war begeistert – nahbare Professoren mit unterschiedlichen Fotografieschwerpunkten, anregende Diskurse, motivierte Mitstudierende, magische Nachtschichten in der Dunkelkammer, zahlreiche Partys und ein sehr familiäres Gefühl. Die Zeit verging wie im Fluge. Ehe ich mich versah, hatte ich das Diplom in der Tasche, zog nach Hamburg und arbeitete als Fotograf im In- und Ausland. In der professionellen Fotografie vollzog sich der tiefgreifende Wandel von analog zu digital.

Etwa zeitgleich nahm auch die Umstrukturierung des europäischen Hochschulraums erste Formen an. Nach den

At the beginning of the third millennium, I moved to the Bielefeld UAS as a student of Photography. The good reputation attracted me to the Faculty of Design. I had heard about strong photographic positions, open teaching and exciting symposia. I was enthusiastic – approachable professors with different photographic priorities, stimulating discourses, motivated fellow students, magical night shifts in the darkroom, numerous parties and a very familiar feeling. The time flew by. Before I knew it, I had the diploma in my pocket, moved to Hamburg and worked as a photographer at home and abroad. In professional photography, the profound change from analogue to digital took place.

At about the same time, the restructuring of the European Higher Education Area began to take shape. Following the Bologna resolutions on transnational higher education

Bologna-Beschlüssen zur transnationalen Hochschulreform startete die FH Bielefeld im Jahr 2005 als erste Hochschule Deutschlands mit einem Master-of-Arts-Studiengang in Gestaltung. Als ich damals davon las, bewarb ich mich sofort erneut für ein Studium der Fotografie in Bielefeld. Zwei Jahre später wurde bei meiner mündlichen Abschlussprüfung verkündet, dass ich der erste Master-of-Arts-Absolvent in der Studienrichtung Fotografie in Deutschland sei. Doch viel interessanter war: Es waren sehr spannende Semester mit einer wissenschaftlichen Tiefe, wie ich sie aus dem gestalterischen Diplomstudiengang zuvor nicht kannte. Gerade die intensive theoretische und inhaltlich-konzeptuelle Auseinandersetzung mit dem Fach war damals Neuland für mich. Rückblickend betrachtet erlangte ich in der Zeit an der FH Bielefeld wichtige theoretisch-wissenschaftliche Kompetenzen, die mir seit vielen Jahren bei meiner eigenen Tätigkeit in der Hochschule und Lehre zugutekommen.

Die Zauberformel der Bielefelder Schule lautet aus meiner Sicht ›Offenheit und Pluralismus‹. Abbildende und bildgebende Fotografie stehen sich in einem nutzbringenden Spannungsfeld gegenüber. Die Studierenden sind in der Lage, sich in dem dargebotenen breiten Spektrum von künstlerischen Positionen selbst zu verorten, ihre eigene Bildsprache zu entwickeln und auch davon abweichende Standpunkte wertzuschätzen. Perfekt komplementiert wird die gestalterische Praxis durch wissenschaftliche Theorien und Diskurse der Fotografie. In dieser gewinnbringenden Kombination werden laterales Denken, Flexibilität und Offenheit besonders gefördert und in ausgezeichnete Arbeiten überführt.

Des Öfteren werde ich von Studierenden gefragt, wo ich selbst studiert habe. Dann antworte ich – noch immer begeistert: an der Bielefelder Schule der Fotografie!

reform, in 2005 the Bielefeld UAS became the first university in Germany to launch a Master of Arts degree programme in Design. When I read about it at the time, I immediately reapplied to study Photography in Bielefeld. Two years later, at my oral final examination, it was announced that I was the first Master of Arts graduate in the field of photography in Germany. But what was much more interesting was that there were very exciting semesters with a scientific depth that I had not previously known from the Design diploma course. Especially the intensive theoretical and conceptual examination of the subject was new territory for me at the time. Looking back, I acquired important theoretical-scientific skills during my time at the Bielefeld UAS that have benefited me for many years in my own work at the university and in teaching.

In my view, the magic formula of the Bielefelder Schule (Bielefeld School of Photography) is ›openness and pluralism‹. Documentary and generative photography face each other in a beneficial field of tension. The students are able to locate themselves in the broad spectrum of artistic positions presented, to develop their own visual language and also to appreciate points of view that deviate from it. The creative practice is perfectly complemented by scientific theory and discourses in photography. In this winning combination, lateral thinking, flexibility and openness are particularly promoted and transferred into excellent works.

Students often ask me where I studied, and I answer – still enthusiastically: At the Bielefeld School of Photography!

GESTALTUNG ALS LEBENSTRAUM

DESIGN AS A LIFELONG DREAM

Zu Beginn meines Studiums war ich schon etwas älter, weil ich zuvor eine Ausbildung zur Krankenschwester mit einer Weiterbildung im Bereich Intensivmedizin gemacht hatte. Mit dem Kommunikationsdesignstudium wollte ich mir einen lang gehegten Wunsch erfüllen und im Rahmen meiner

At the beginning of my studies, I was already a little older because I had previously trained as a nurse with further training in intensive care medicine. By studying communication design, I wanted to fulfil a long-cherished wish and in the course of my Master's thesis I even succeeded in combining both fields

Masterarbeit ist es mir dann sogar gelungen, beide Arbeitsfelder miteinander zu verbinden: 2009 erschien mein Buch ›Visuelle Kommunikation für Menschen mit Demenz. Grundlagen zur visuellen Gestaltung des Umfeldes für Senioren mit (Alzheimer-) Demenz‹ im Verlag Hans Huber in Bern, Schweiz.

Am Anfang war es eine unerwartete Umstellung. Es dauerte etwas, bis ich aus dem durchgetakteten Arbeitsleben auch mental im Studium ankam, und es war ein längerer Prozess, bis ich die Freiheit genießen konnte, kreativ zu denken und gestalterische Experimente durchzuführen. Schließlich hat insbesondere das Masterstudium mein konzeptionelles Denken gefördert, mir Mut gemacht und Visionen entstehen lassen, welche Wege sich für mich eröffnen. Nachdem ich eine Zeit lang als Grafikerin für Agenturen gearbeitet hatte, bin ich durch einen günstigen Umstand zur Fassadengestaltung gekommen. Hier entdeckte ich die Möglichkeit, Fassaden nicht nur als zu gestaltende Flächen zu sehen, sondern mit künstlerischen Ansätzen Zusammenhänge zu Bewohnerinnen, Bewohnern und Umgebungen herzustellen.

Doch wie vieles in der heutigen Zeit unterliegt auch die ästhetische Wahrnehmung meiner Fassadengestaltung einem Wandel und so verändere ich mich mit. Darüber hinaus wurden meine Auftraggeber auf meine privat weiterentwickelten Fähigkeiten als Zeichnerin aufmerksam. Heute arbeite ich sowohl an Fassaden als auch im Bereich der (digitalen) Illustration.

Durch mein Studium an der FH Bielefeld bin ich zu einer Gestalterin geworden, die interdisziplinär denken und sich immer wieder neue berufliche Aufgaben erschließen kann – nicht zuletzt auch dank eines lebendigen Netzwerks, das im Laufe der Jahre entstanden ist. Kommilitoninnen und Kommilitonen wurden zu langjährigen Freundinnen und Freunden und Auftraggeber sind Weggefährten geworden.

of work: In 2009, with my book ›Visuelle Kommunikation für Menschen mit Demenz. Grundlagen zur visuellen Gestaltung des Umfeldes für Senioren mit (Alzheimer-) Demenz‹ published by Hans Huber in Bern, Switzerland.

At the beginning it was an unexpected change. It took a while until I mentally arrived at my studies from my busy working life, and it was a longer process until I was able to enjoy the freedom to think creatively and carry out design experiments. In the end, the Master's degree in particular encouraged my conceptual thinking, gave me courage and allowed visions to emerge as to what paths would open up for me: After working for a while as a graphic designer for agencies, I came to façade design through a favourable circumstance. Here I discovered the possibility of seeing façades not only as surfaces to be designed, but to use artistic approaches to create connections to inhabitants and environments.

But like many things in today's world, the aesthetic perception of my façade design is subject to change and so I change with it. In addition, my clients became aware of my privately developed skills as a draughtswoman. Today I work on façades as well as in the field of (digital) illustration.

Through my studies at the Bielefeld UAS, I have become a designer who can think in an interdisciplinary way and always find new professional tasks - not least thanks to a lively network that has developed over the years: Fellow students have become long-time friends and clients have become companions.

COUNTESS MARRIN

Nach meinem Abitur bin ich schnell in Unsicherheit darüber geraten, wie es weitergehen soll. Da ich kein festgelegtes Berufsziel hatte, suchte ich vorerst nach Dingen, die mich interessieren, und kam zu dem Entschluss, mich am Fach-

After my A-levels, I quickly became uncertain about what to do next. Since I didn't have a fixed career goal, I first looked for things that interested me and came to the decision to apply to the Faculty of Design at the Bielefeld UAS to study Fashion. In fact, I passed the

Marvin Glißmann

Countess Marrin

bereich Gestaltung der FH Bielefeld in der Studienrichtung Mode zu bewerben. Tatsächlich habe ich die künstlerisch-gestalterische Eignungsprüfung bestanden. Ich habe das Studium dann für mich selbst als eine Art Initiativstudium aufgefasst, aus dem ich neue Perspektiven schöpfen kann; zugleich wusste ich aber auch, dass ich niemals Modedesigner werden wollte.

Während des Studiums befasste ich mich viel mit mir selbst und erlangte neue Kenntnisse über meinen Lebensweg. Ich verabschiedete mich vom Modestudium und nutzte die Möglichkeit des interdisziplinären Studierens, die die FH Bielefeld bietet. Dies war für mich eine besondere Chance, Themen wie Illustration oder Videotechnik zu erlernen – Dinge, mit denen ich mich viel in meiner Jugend befasst hatte. Dadurch hatte ich das Gefühl, frei zu sein und mich Aufgaben widmen zu können, die mir Freude machten.

Trotz der neuen Perspektiven geriet ich immer in Situationen, in denen mir lange Zeit die Motivation fehlte, mein Studium zu beenden. Ich war zwar klar dagegen, das Studium abzubrechen, wusste aber nicht genau, wie ich es beenden wollte bzw. konnte.

Letztlich begann ich, mich mit dem Thema ›Drag und Drag Queens als Kunstform‹ auseinanderzusetzen und eine eigene Drag-Persona zu erschaffen. Als ich die Idee, eine Prüfung mit dem Thema ›Drag‹ zu gestalten, einer meiner Professorinnen mitteilte, machte sie mich darauf aufmerksam, dass dies auch ein gutes Thema für meine Bachelorarbeit sei.

Durch diese Option konnte ich meine Motivation zurückgewinnen, mich ausleben und weiterformen, aber auch das Studium auf einem Weg beenden, mit dem ich zufrieden war.

Mir hat die FH Bielefeld viele Möglichkeiten und Freiheiten gegeben, ohne die ich möglicherweise nicht die Richtung gewählt hätte, die ich nach dem Studium eingeschlagen habe. Vielen Dank!

artistic-design aptitude test. I then saw the degree programme for myself as a kind of initiative study from which I could draw new perspectives, but at the same time I knew that I never wanted to become a fashion designer.

During my studies, I reflected much and often about my own being, and gained new knowledge about the direction of my life. I said goodbye to studying Fashion and took advantage of the opportunity for interdisciplinary study offered by the Bielefeld UAS. This was a special chance for me to learn subjects like illustration or video technology – things I had dealt with a lot in my youth. This gave me the feeling of being free and being able to devote myself to tasks that I enjoyed.

Despite the new perspectives, I always found myself in situations where I lacked the motivation to finish my studies for a long time. Although I was clearly against dropping out of my studies, I didn't know exactly how I wanted to, or was able to, finish them.

Eventually, I began to explore Drag, and Drag Queens, as an Art Form and to create my own drag persona. When I shared the idea with one of my professors, of creating an exam with the theme of drag, she made me aware that this would also be a good topic for my Bachelor's thesis.

This option allowed me to regain my motivation, to live out and further shape myself, but also to finish my studies on a path that I was happy with.

The Bielefeld UAS has given to me many opportunities and freedoms without which I might not have chosen the direction I did after graduation. Thank you very much!

Countess Marrin

BIELEFELD UND DIE WELT DER FOTOGRAFIE

BIELEFELD AND THE WORLD OF PHOTOGRAPHY

Milena Carstens

Ich bin in Hamburg geboren, zur Schule gegangen und groß geworden. Bis ich Bielefeld kennenlernen musste, war ich eine Großstadt gewöhnt. Und von dort kam ich dann in ein größeres Dorf im Nachkriegsdeutschlanddesign, nicht unter zwei Stunden von irgendeiner ›ernsthaften‹ Stadt entfernt, so dachte ich damals.

Der Fachbereich Gestaltung war seinerzeit noch unsaniert und ein toller würfeliger Bau mit viel Holz und Glas. Darin nur Designstudierende – die Werkstätten standen offen, faszinierende Menschen aus älteren Semestern. Ein kleiner Vibe von Kunstakademie. Das ließ das Dorf draußen vergessen.

2005, als ich anfing zu studieren, gab es eigentlich nur eine Handvoll Schulen, an denen man in Deutschland Fotografie studieren wollte. Und deswegen ging es fast allen anderen in meinem Semester genauso: einsame Ankömmlinge von woanders, etwas ratlos, was jetzt anzufangen an diesem Ort.

Das aber stellte sich als beste Basis heraus: Die Größe des Fachbereichs, das Gebäude, die wenigen Leute und deren Unbefangenheit, der enge Kontakt zu den Lehrenden – das alles schuf unheimlich schnell eine familiäre Stimmung, eine Kreativgemeinschaft, in der sich alle gegenseitig in ihrem gestalterischen Output ansteckten, anfeuerten und unterstützten.

Wir alle haben es nur rund drei Jahre in Bielefeld ausgehalten. Als die ersten fortzogen, zog es die anderen hinterher. Nach Berlin. Hier hatte ich bereits während des Studiums ein Praktikum in der Bildredaktion des ZEITmagazins gemacht. Hier arbeite ich, seitdem ich in Berlin lebe.

Meine Bielefeld-Familie wohnt Steinwürfe entfernt: Die Fotografinnen und Fotografen, die Grafikerinnen und Grafiker, mit denen ich immer noch arbeite, wohne, reise – das sind meine Freunde, die Ankömmlinge von damals.

I was born in Hamburg, and went to school and grew up there. Until I got to know Bielefeld, I was used to a big city. And from there I came to a bigger ›village‹ in post-war German design – at least two hours away from any sort of ›serious‹ city, or so I thought at the time.

The Faculty of Design was still unrenovated at the time and was a wonderful cube-shaped building with lots of wood and glass. Inside, only design students – the workshops were open, intriguing people from older semesters. A little vibe of an art academy that made me forget the village outside.

In 2005, when I started studying, there were actually only a handful of schools where people wanted to study photography in Germany. And that's why almost everyone else in my semester felt the same way: lonely newcomers from elsewhere, a bit at a loss as how to begin in this place.

But this turned out to be the best foundation: The size of the faculty, the building, the few people and their impartiality, the close contact with the lecturers – all this quickly created a familiar atmosphere, a creative community in which everyone infected, cheered and supported each other in their creative output.

We all only lasted about three years in Bielefeld. When the first ones moved away, the others followed. To Berlin. Here I had already done an internship in the picture department of ZEITmagazin during my studies. I've been working here ever since I came to Berlin.

My Bielefeld family still lives a stone's throw away, the photographers, the graphic designers with whom I still work, live and travel – these are my friends, the newcomers from back then.

RAUM FÜR IDEEN

SPACE FOR IDEAS

Annette Görtz

Raum für Ideen

Die FH Bielefeld bedeutet für mich vor allem Vielfalt. Die interdisziplinäre Inspiration und der freie gestalterische Ansatz haben mich damals dazu bewogen, in Bielefeld zu studieren. Als Designerin ist es essenziell, sich von besonderen, aber auch alltäglichen Dingen und Begegnungen inspirieren zu lassen. Die räumliche Nähe zu freien Künstlerinnen und Künstlern sowie Fotografiestudierenden wirkte wie ein Inkubator. Bis heute fühle ich mich der FH Bielefeld verbunden. Als Unternehmerin beschäftige ich einige Absolventinnen und Absolventen. Auch meine Tätigkeit als Jurorin in verschiedenen Gremien ist immer eine willkommene Abwechslung und wie eine kleine Reise in die Vergangenheit.

For me, the Bielefeld UAS means diversity above all. The interdisciplinary inspiration and the free design approach made me decide to study in Bielefeld back then. As a designer, it is essential to be inspired by special, but also everyday things and encounters. The close proximity to independent artists and photography students acted as an incubator. I still feel connected to the Bielefeld UAS today. As an entrepreneur, I employ several graduates. My work as a juror on various committees is also always a welcome change and like a little trip down memory lane.

MIT DEM SUCHER FINDEN

FINDING WITH THE VIEWFINDER

Das erste Mal weg von zu Hause, alleine in einer fremden Stadt. Das erste Mal das Gefühl, am richtigen Ort zu sein. Das erste Mal die Erkenntnis, dass es noch andere

The first time away from home, alone in an unfamiliar city. The first time I felt I was in the right place. The first time I realised that there were others like me – but unlike me, wie mich gibt – die aber im Gegensatz zu mir alle genau zu wissen scheinen, was sie an diesem Ort wollen.

Vor dem Fotografiestudium an der FH Bielefeld hatte ich keinen Austausch mit anderen Fotografinnen und Fotografen, ich hatte quasi im Verborgenen agiert und kaum jemandem meine Bilder gezeigt. Als ich die Aufnahmeprüfung bestanden hatte, freute ich mich, war aber auch verunsichert. Während meine Kommilitoninnen und Kommilitonen auf mich den Eindruck machten, fotografisch viel weiter zu sein, stellte ich mir noch immer die Frage nach dem Sinn und Zweck des Ganzen – hatte aber eine leise Ahnung, dass mir die Fotografie selbst Antworten geben könnte.

Durch das Studium lernte ich, mich aus meiner Deckung zu begeben, an fremde Türen zu klopfen, Fragen zu stellen und mitunter auch Antworten zu erhalten. Wenn man so will, half mir der Sucher beim Finden.

Meine Studienzeit in Bielefeld hat mir tatsächlich viel gegeben: Freunde fürs Leben – und das Vertrauen, dass sich die Dinge schon finden werden, wenn man bereit ist, danach zu suchen.

Und so kam es tatsächlich auch. Ein Auslandssemester in Kapstadt führte nicht nur zu einem Buch über Südafrika zehn Jahre nach dem Ende der Apartheid, das sogar verlegt wurde, sondern inspirierte mich auch dazu, mich im Rahmen meiner Diplomarbeit mit den Deutschen in Namibia zu beschäftigen.

Kurz nach meiner Diplomprüfung lag ein Zettel in meiner WG: Bitte Agentur OSTKREUZ zurückrufen! Ein Bildredakteur, dem ich beide Arbeiten unaufgefordert zugeschickt hatte, hatte sie von sich aus an OSTKREUZ weitergeleitet – und so lernte ich meine zweite fotografische Heimat kennen.

Noch heute vertraue ich bei jeder fotografischen Arbeit, ob es sich um ein freies Projekt handelt oder einen Auftrag, darauf, dass ich etwas finden werde. Im besten Fall ein Bild von der Welt, das Fragen aufwirft.

they all seemed to know exactly what they wanted in this place.

Before studying photography at the Bielefeld UAS, I had no exchange with other photographers, and I had acted more or less in secret and shown hardly anyone my pictures. When I passed the entrance exam, I was happy but also insecure. While my fellow students gave me the impression of being much further ahead photographically, I still asked myself the question of the meaning and purpose of it all – but had a faint inkling that photography itself could give me answers.

Through my studies I learned to come out of hiding, knock on other people's doors, ask questions and sometimes get answers. If you like, the viewfinder helped me to find.

The years I spent studying in Bielefeld actually gave me a lot: Friends for life – and the confidence that things will turn up if you're willing to look for them.

And that's how it actually turned out. A semester abroad in Cape Town not only led to a book about South Africa ten years after the end of apartheid, which was even published, but also inspired me to deal with the Germans in Namibia as part of my diploma thesis.

Shortly after my diploma exam, there was a note in my flat-share: Please call back OSTKREUZ Agency! A picture editor, to whom I had sent both works without being asked, had forwarded them to OSTKREUZ on his own initiative – and that's how I got to know my second photographic home.

Even today, with every photographic work, whether it is a freelance project or a commission, I trust that I will find something. In the best case, an image of the world that raises questions.

FREIHEIT ALS KATALYSATOR

FREEDOM AS A CATALYST

Direkt nach dem Abitur begann ich mit meinem Bachelorstudium an der FH Bielefeld und merkte schnell, dass mir die Vielseitigkeit des Studiengangs Gestaltung und besonders der Studienrichtung

I started my Bachelor's degree course at the Bielefeld UAS directly after gaining my A levels and quickly realised that I really liked the versatility of the design degree programme and especially the fashion field

Mode sehr gut gefällt. Ich konnte viele neue Ideen entwickeln und umsetzen. Und – ganz wichtig – ich bekam die Freiheit dazu.

Bei Seminaren wie Modeillustration, Kunst- und Modetheorie, Plastik und Objekt, Fotostyling, Siebdruck, Schnittkonstruktion, Drapieren und Modedesign konnte ich unglaublich viel neues Wissen erwerben, frei arbeiten und eine eigene Formsprache entwickeln. Ich lernte schnell die gestalterische und strukturelle Freiheit schätzen, wofür ich meinen Professorinnen und Professoren sowie allen Lehrenden sehr dankbar bin, da dies keine Selbstverständlichkeit ist.

Sehr wichtig finde ich, dass jederzeit die Möglichkeit bestand, entwickelte Projekte in den vorhandenen Werkstätten selbst umzusetzen, was diese Einrichtungen in meinen Augen für das weitere Fortbestehen des Fachbereichs unabdingbar macht. Ebenfalls dankbar bin ich für die Möglichkeit, die eigenen Ideen und schließlich meine Kollektionen in Modenschauen und Ausstellungen des Fachbereichs Gestaltung, aber auch außerhalb des Hochschulkontextes zu präsentieren.

In der Zeit meines Studiums habe ich sehr viel erlernen und kennenlernen können. Vor allem lernte ich hierbei, verschiedene Perspektiven der Gestaltung zunächst einmal grundsätzlich zu sehen und dann in eine eigene Sprache umzusetzen sowie Mode in ihrem Äußeren wie Inneren zu verstehen und somit mehr und mehr eigene Ausdrucksweisen dafür zu finden.

Als Modestudent hatte ich zudem die Möglichkeit, Einblicke in die Bereiche Grafikdesign und Fotografie – mittlerweile gleichermaßen Digital Media and Experiment – zu gewinnen und gemeinsam mit Studierenden der verschiedenen Studienrichtungen interdisziplinär an Projektideen zu arbeiten und diese umzusetzen. Auch das ist eine große Stärke des Fachbereichs Gestaltung und macht ihn einzigartig. Der Gestaltungsstudiengang der FH Bielefeld hat dadurch meiner Erfahrung nach eine eigene positive

of study. I was able to develop and implement many new ideas. And – very important – I was given the freedom to do so.

In seminars such as fashion illustration, art and fashion theory, sculpture and object, photo styling, screen printing, pattern construction, draping and fashion design, I was able to acquire an incredible amount of new knowledge, to work freely and to develop my own unique style. I quickly learned to appreciate the creative and structural freedom, for which I am very grateful to my professors and all the teachers, as this is not something that can be taken for granted.

I also think it is very important that there was always the possibility to implement developed projects in the existing workshops, which makes them indispensable for the continued existence of the Faculty. I am also grateful for the opportunity to present my own ideas, and finally my collections, in fashion shows and exhibitions of the Faculty of Design, but also outside the university context.

During my studies I was able to learn and get to know a lot. Above all, I learnt to take different perspectives on design in principle and then to translate them into my own language, as well as to understand fashion in its outer and inner aspects and thus to find more and more of my own ways of expressing it.

As a fashion student, I had the opportunity to gain insights into the fields of Graphic Design and Photography – now equally Digital Media and Experiment – and to work on and realise project ideas in an interdisciplinary way together with students from the various fields of study. This is also a great strength of the Faculty of Design and makes it unique. In my experience, this gives the design degree programme at the Bielefeld UAS its own positive dynamic, which is additionally promoted by the spatial separation of Lampingstrasse from the main building.

During my Master's degree, I worked for six months at the luxury label Balmain in

Dynamik, die durch die räumliche Abtrennung der Lampingstraße vom Hauptgebäude zusätzlich gefördert wird.

Während meines Masterstudiums arbeitete ich für ein halbes Jahr bei dem Luxuslabel Balmain in Paris und konnte kostbare Erfahrungen sammeln, die mich stark prägten und den weiteren Verlauf meines Studiums deutlich beeinflussten. Ich bin davon überzeugt, dass solche freiwilligen Praktika sehr hilfreich sein können und Eigeninitiativen in diesem Studiengang generell von besonderer Bedeutung sind.

Die inhaltlich-konzeptionellen und die gestalterischen Experimente sowie die flexible Einteilung des Studiums sind für mich wichtige Faktoren, die mich als Student angetrieben haben, mit Eigeninitiative, Engagement, Neugier und Freude trotz der viel diskutierten besonderen Bedingungen des Modemarktes immer wieder neue Ideen voranzubringen, sie umzusetzen und gleichermaßen zu zeigen.

In Gesprächen mit Branchenkennern stellte ich fest, dass im Gegensatz zu vielen international renommierten Modeschulen am Fachbereich Gestaltung neben der eigentlichen Gestaltung gleichfalls Technik und Theorie eine wichtige Rolle spielen. Dies kann meines Erachtens zu einem intensiveren Verständnis des Aufbaus und der Herstellung von Kleidungsstücken sowie zu einer fundierten Auseinandersetzung mit Modetheorie und damit zu einem wichtigen Wettbewerbsvorteil führen. Es ist ein Studium, das nicht nur einseitig auf einen Bereich der Modeerstellung wie beispielsweise die alleinige äußerliche Gestaltgebung abzielt, sondern Design ganzheitlich betrachtet und seine Vielseitigkeit lehrt. Für mich war es eine persönlich und beruflich wie auch professionell sehr bereichernde Zeit, für die ich sehr dankbar bin.

Paris and was able to gain valuable experience that had a strong impact on me and clearly influenced the further course of my studies. I am convinced that such voluntary internships can be very helpful and that self-initiatives are generally of particular importance in this degree programme.

The experiments in terms of content, concept and design, as well as the flexible arrangement of the study programme, are important factors for me that have driven me as a student to always bring forward new ideas with my own commitment, curiosity and joy, despite the much-discussed special conditions of the fashion market, to realize them and to be able to show them in equal measure.

In conversations with industry insiders, I found out that, (in contrast to many internationally renowned fashion schools), technology and theory play just as an important a role in the Faculty of Design as the actual design. This can lead to a more intensive understanding of the construction and manufacture of garments, a well-founded examination of fashion theory and thus an important competitive advantage. It is a degree that does not focus unilaterally on one area of fashion creation, such as external design alone, but looks at design holistically and teaches its versatility. For me it was a personally and professionally very enriching time for which I am very grateful.

URGROSSVATER-STRASSE

GREAT GRANDFATHER STREET

Wiebke Leister

Urgroßvaterstraße

WL. Wilhelm Lamping (Komponist, 1861–1929). Ich benutze noch seinen silbernen Serviettenring mit der geschwungenen Jugendstilgravur, wenn ich mal wieder im Lande bin. Wir haben dieselben Initialen. Als Kind habe ich regelmäßig Zeit in der Rudolf-Oetker-Halle verbracht, deren musikalischer Baumeister er als Generalmusikdirektor der Stadt Bielefeld war. Meine Eltern probten mit dem ortsansässigen Musikverein, während wir Kinder dunkle Ecken der ungewöhnlichen Architektur inspizierten und hinter den langen gelben Vorhängen der hohen Art-déco-Fenster Verstecken spielten. Immer wieder wurde auch sein Bronzebildnis vor dem Eingang zum Kleinen Saal besucht, dessen Gipsentwurf heute in meinem Londoner Arbeitszimmer steht. Ich bin immer gerne in der Lampingstraße gewesen, auch als ich noch gar nicht wusste, dass man da Fotografie studieren kann. Als ich dann angefangen habe, über Fotografie nachzudenken, bin ich allerdings nach Essen zum Studieren gegangen und dann nach London zum Promovieren. Bielefeld war zu der Zeit einfach ›too close to home‹.

Der Beginn meiner sich wiederholenden Reisen in die Lampingstraße war im akademischen Jahr 2008/2009, als ich als Vertretungsprofessorin für Künstlerische Fotografie an den Fachbereich Gestaltung kam, der direkt gegenüber der Rudolf-Oetker-Halle residiert. Da ich seit 2004 im MA Photography am London College of Communication (LCC) der University of the Arts London lehre, waren diese Ausflüge nach Bielefeld ein sehr willkommener Anlass, meine deutschen Kontakte aufzufrischen und meine Lehransätze aus der künstlerischen Forschung in einem anderen Kontext zu erproben.

Während fortlaufender Lehraufträge von 2009 bis 2014 habe ich dann mit Martin Deppner und Roman Bezjak einen erfolgreichen Erasmus-Austausch unserer jeweiligen Bachelorstudierenden etabliert, was auch zu einem Austausch verschiedener Ausstellungsprojekte führte. 2006 hatten wir zum

WL. Wilhelm Lamping (composer, 1861–1929). I still use his silver napkin ring with the curved art nouveau engraving when I am back in the country. We have the same initials. As a child I regularly spent time in the Rudolf-Oetker-Halle, whose musical master builder he was, as Director General of Music of the City of Bielefeld. My parents rehearsed with the local choir while we children inspected dark corners of the unusual architecture and played hide-and-seek behind the long yellow curtains of the high Art déco windows. Regularly, we visited his bronze portrait at the entrance to the Small Hall, the plaster draft of which is now in my London study. I have always enjoyed being in Lampingstrasse, even when I did not even know that one could study photography there. But when I started thinking about photography, I went to Essen to study and then to London to do my doctorate. At that time, Bielefeld was simply ›too close to home‹.

The beginning of my repeated trips to Lampingstrasse was in the academic year 2008/2009, when I came to the Faculty of Design as a guest professor for Artistic Photography, which is located directly opposite the Rudolf-Oetker-Halle. As I have been teaching the MA Photography at the London College of Communication (LCC) of the University of the Arts London since 2004, these trips to Bielefeld were a very welcome occasion to refresh my German contacts and to test my teaching approaches from artistic research in a different context.

During ongoing teaching assignments from 2009 to 2014, I established a successful Erasmus exchange of our respective Bachelor students with Martin Deppner and Roman Bezjak, which also led to an exchange of various exhibition projects. In 2006, for example, we hosted the Bielefeld exhibition ›Jewish life in Germany today‹ in London, and in 2007 and 2010 my London Master students exhibited their degree projects in the faculty's gallery in Lampingstrasse. In 2010, my Bielefeld students also came to LCC with

Beispiel die Bielefelder Ausstellung ›Jewish life in Germany today‹ in London zu Gast, 2007 und 2010 stellten meine Londoner Masterstudierenden ihre Abschlüsse in der Galerie des Fachbereichs in der Lampingstraße aus. 2010 kamen auch meine Bielefelder Studierenden mit unserer Porträtausstellung ›Figuring Out, Taking Shape, Facing In‹ zum LCC und kampierten im Gegenzug bei den Londonern. Suse Wiegand, Anna Zika, Axel Grünewald und Emmanuel Raab waren ebenso gern gesehener Besuch in London.

Und dann kam im Juni 2016 das Austrittsvotum, die schleichenden Brexit-Verhandlungen begannen und damit entstand ein bis dahin unbekanntes Heimweh. Wie bei vielen anderen überzeugten Europäern in London warf das für mich Fragen der Zugehörigkeit auf, waren wir schließlich unter anderen Bedingungen hier angekommen und hatten unsere Lebensgrundlage dementsprechend aufgebaut. Gerne bin ich daher im Sommer 2018 mit Kind und Kegel in den Teutoburger Wald gezogen, um eine DAAD-Gastprofessur an der FH Bielefeld anzutreten – eine wichtige Zeit, in der ich verschiedene Lehrkonzepte weiterentwickeln konnte, insbesondere in einem interdisziplinären Lehransatz für die Masterprojektentwicklung, der bei den visuellen Gesten des künstlerischen Zweifels ansetzt, um Studierende darin zu unterstützen, sich kritisch zu positionieren und auf diese Weise einen eigenständigen Arbeitsansatz zu entwickeln. Die Arbeitsergebnisse wurden im Juni 2019 in der multimedialen Ausstellung ›Ultimate Questions of Life, the Universe, and Everything‹ in der Bielefelder Galerie Artists Unlimited gezeigt.

Da ich mich noch nicht entschließen konnte, wieder ins Brexit-England zurückzukehren, habe ich im Anschluss die Chance genutzt, im Projekt Optimierung von Studienverläufen des vom Bundesministerium für Bildung und Forschung geförderten Qualitätspakts Lehre mitzuwirken, und konnte in diesem Rahmen am Fachbereich Gestaltung

our portrait exhibition ›Figuring Out, Taking Shape, Facing In‹ and in return camped out with the Londoners. Suse Wiegand, Anna Zika, Axel Grünewald and Emmanuel Raab were equally welcome visitors to London.

And then in June 2016 came the EU exit vote, the creeping Brexit negotiations began, and with it came a hitherto unknown homesickness. As with many other convinced Europeans in London, this raised questions of belonging for me, after all we had arrived here under different conditions and had built up our livelihoods accordingly. That's why I was happy to move to the Teutoburg Forest in the summer of 2018 with kith and kin to take up a DAAD Visiting Professorship at Bielefeld UAS – an important time in which I was able to further develop various teaching concepts, especially an interdisciplinary teaching approach for Master's project development, which starts from visual gestures of artistic doubt, in order to support students in taking a critical position and thus developing an independent approach to their work. The results were shown in June 2019 in the multimedia exhibition ›Ultimate Questions of Life, the Universe, and Everything‹ in the Bielefeld gallery Artists Unlimited.

Since I could not yet decide to return to Brexit England, I then took the opportunity to participate in the project Optimisation of Study Progression of the Teaching Quality Pact funded by the German Federal Ministry of Education and Research, and was able to organise courses on artistic writing skills and media aesthetics at the Faculty of Design.

On 31 January 2020, the not-quite-so United Kingdom of today actually left Europe; I was sitting in the Teutoburg Forest – and could have cried! Approaching restrictions on working conditions in the context of Brexit for European foreigners then drove me back to London and back to my old life, where with the SARS-CoV-2/COVID-19 travel restrictions then introduced, Bielefeld suddenly seems very far away after years of commuting back and forth.

Kurse für künstlerische Schreibkompetenz und Medienästhetik veranstalten.

Am 31. Januar 2020 hat dann das heute nicht mehr ganz so Vereinigte Königreich angeblich tatsächlich Europa verlassen; ich saß im Teutoburger Wald – und hätte heulen können! Nahende Beschränkungen der Arbeitsbedingungen im Rahmen des Brexit für europäische Ausländerinnen und Ausländer haben mich dann wieder nach London und zurück in mein altes Leben getrieben, wo mit den dann eingeführten SARS-CoV-2/COVID-19-Reisebeschränkungen Bielefeld auf einmal nach Jahren des Hin- und Herpendelns sehr weit entfernt zu sein scheint.

Heute ist der 20. November 2020 und weiterhin laufen die Austrittsverhandlungen. Deal oder No-Deal ist dabei nicht mehr wirklich eine Frage. Wenn, wird es ein schlechter Deal, der nächste Woche dann also vielleicht doch noch geschlossen wird. Nach vier Jahren von Schmutzkampagnen und politischem Sich-in-die-Tasche-Lügen … Aber ich sollte aufhören, Großvater Lamping guckt mich schon ganz schräg von der Seite an: »Das will doch in Deutschland keiner mehr wissen; sonst heißt es, der Text ist zu lang!«

Daher also: Meine Gratulation zum 90. Jahrestag, Rudolf-Oetker-Halle (das war vor drei Wochen, am 31. Oktober 2020), und alles Gute zum 50. Jubiläum, FH Bielefeld (das ist dann im Spätsommer 2021). Wie wir hier sagen: »Keep up the good work! It has been a pleasure working with you.«

Today is 20 November 2020 and the exit negotiations are still ongoing. Deal or no deal is no longer really an issue. If it is, it will be a bad deal, which may be concluded next week. After four years of dirty campaigns and political lies in the pockets … But I should stop, Grandfather Lamping is looking at me slightly irritated: »Nobody in Germany wants to know that any longer; otherwise they'll say the text is too long!«

So, congratulations on the 90th anniversary, Rudolf-Oetker-Halle (that was three weeks ago, on 31 October 2020), and all the best on the 50th anniversary, Bielefeld UAS (that will be in late summer 2021). As we say here: »Keep up the good work! It has been a pleasure working with you.«

EINE EXZELLENTE TALENTSCHMIEDE

AN EXCELLENT TALENT FACTORY

Roland Nachtigäller

Jedes Museum lebt vom wissenschaftlichen und kreativen Austausch: vom diskursiven Kontakt mit Lehrenden und Studierenden über gemeinsame Veranstaltungen bis hin zu Praktikumsplätzen, Gastvorträgen und studentischer Mitarbeit. Erst recht ein international ausgerichtetes Museum für zeitgenössische Kunst mit einem lebendigen Interesse an den Grenzbereichen zu Architektur und Design samt Standort in Ostwestfalen pflegt einen solchen Dialog über die Wissenschafts- und Stadtgrenzen hinaus intensiv.

Die FH Bielefeld nimmt hier von Anfang an eine besondere Stellung ein. Über individuelle Kontakte, eine interdisziplinäre Neugier und viel persönliches Engagement hat sich mit dem Forschungsschwerpunkt Fotografie und Medien ein beständiger Austausch ent-

Every museum thrives on academic and creative exchange: From discursive contact with teachers and students to joint events, internships, guest lectures and student collaboration. An internationally oriented museum for contemporary art with a lively interest in the border areas of architecture and design, and located in East Westphalia, cultivates such a dialogue intensively beyond the boundaries of science and the city.

The Bielefeld UAS has had a special position here from the very beginning. Through individual contacts, an interdisciplinary curiosity and a great deal of personal commitment, a constant exchange has developed with the research focus on photography and media: from studio or class visits to study trips or term papers to wickelt: von Atelier- oder Klassenbesuchen über Studienfahrten oder Semesterarbeiten bis hin zu Projektideen, die den gegenseitigen Diskurs bereichern und das künstlerisch-wissenschaftliche Leben in beiden Institutionen inspirieren.

Der Fachbereich Gestaltung und seine Studienrichtung Fotografie und Medien der FH Bielefeld zählen fraglos zu den herausragenden akademischen Ausbildungsstätten in Deutschland, die immer wieder einzigartige Haltungen und wegweisende Perspektiven auf das fotografische, digitale Bild im Verhältnis zum Gegenstand und zur allgemeinen Bildwissenschaft hervorbringen. Die Bielefelder Schule ist fast zu einer Art Gütesiegel für Fotografinnen und Fotografen geworden, die bis heute durch eine starke Reflexionskraft, grenzüberschreitende Bildfindungsprojekte und einen präzisen, stets überraschenden Kameraeinsatz auffallen.

Diese gegenseitige Verbundenheit führte auch zu konkreten Projekten. Im November 2011 konnten wir gemeinsam die Ausstellung ›Prix Leica – Junge Fotokunst‹ im Marta-Forum eröffnen, in der Auswahl ›gute aussichten – junge deutsche fotografie 2012/2013‹ wurde unter anderen der Bielefelder Preisträger Nicolai Rapp präsentiert und mit ›Kosmos – Erkundungen in der Republik Moldau und Transnistrien‹ war 2017 ein beeindruckendes Ausstellungsprojekt von Studierenden um Andrea Diefenbach und Roman Bezjak zu Gast. Diesen so gewinnbringenden Austausch setzen wir seit Kurzem auch mit einem festen Kooperationsvertrag fort. Gratulation zu 50 Jahren Zukunft!

project ideas that enrich the mutual discourse and inspire the artistic and academic life in both institutions.

The Faculty of Design, and its Photography and Media course at the Bielefeld UAS, is unquestionably one of the most outstanding academic training institutions in Germany, repeatedly producing unique attitudes to, and ground-breaking perspectives on, the photographic, digital image in relation to its subject and to general image science. The Bielefeld School has almost become a kind of seal of quality for photographers who to this day stand out for their strong power of reflection, cross-border image-finding projects and precise, always surprising use of the camera.

This mutual bond also led to concrete projects. In November 2011, we were able to jointly open the exhibition ›Prix Leica – Young Photographic Art‹ at the Marta Forum. The selection ›gute aussichten – junge deutsche fotografie 2012/2013‹ among others featured the Bielefeld prize winner Nicolai Rapp, and with ›Kosmos – Erkundungen in der Republik Moldau und Transnistrien‹ an impressive exhibition project by students led by Andrea Diefenbach and Roman Bezjak was hosted in 2017. We have also recently continued this so profitable exchange with a firm cooperation agreement. Congratulations on 50 years of future!

ZUKUNFT VERGEGENWÄRTIGEN

ENVISIONING THE FUTURE

Nadine Droste

Gemeinsam haben sich der Fachbereich Gestaltung und der Kunstverein Bielefeld in den letzten Jahrzehnten der Produktion und Reflexion zeitgenössischer Kunst gewidmet und eine Vielzahl an Projekten umgesetzt. Den kulturellen Austausch förderte die Präsentation ›Junge Kunst im Fokus – Der Bielefelder Kunstverein als temporäres Atelier‹ (2003) und unternahm die Neubetrachtung grafischer künstlerischer Prozesse mit Arbeiten von Studierenden der kanadischen University of Alberta, der FH Münster sowie der FH Bielefeld. Das Ausstellungs- und Publikationsprojekt ›Gibt es die Welt auch ohne mich‹ (2008) thematisierte mit ausgewählten Abschlussarbeiten der Studienrichtung Fotografie und Bildmedien die mediale Instanz der Fotografie und positionierte sich zu Fragen einer sich ändernden Welt. Der Sammelleidenschaft widmete sich ›Bielefeld Contemporary. Zeitgenössische Kunst aus Bielefelder Sammlungen‹ (2014). Im Rahmen der Ausstellung und des Katalogs zeigten Fotografiestudentinnen und -studenten Bildserien, in denen die Charakteristika von sechs privaten Sammlungen individuell künstlerisch interpretiert wurden. Die jüngste Zusammenarbeit fand im Sommersemester 2020 im Rahmen des Projekts ›In This Layered World All Perception Is Real‹ mit der neu etablierten Studienrichtung Digital Media and Experiment und damit erstmals eine Kooperation im digitalen Raum statt. Für die Online-Plattform des Kunstvereins gestalteten Studierende eigene Werke, die hochaktuelle Fragen nach den gegenwärtigen Bedingungen medialer Räume reflektierten. Dem inspirierenden und produktiven Dialog, der in weitaus mehr als den hier genannten Projekten mit Studierenden und Lehrenden geführt wurde, gebührt unser herzlichster Dank. Wir freuen uns auf die gemeinsame Zukunft!

Together, the Faculty of Design and the Kunstverein Bielefeld have dedicated themselves to the production and reflection of contemporary art in recent decades and have implemented a variety of projects. The presentation ›Young Art in Focus – The Bielefeld Kunstverein as a Temporary Studio‹ (2003) promoted cultural exchange and undertook a re-examination of graphic artistic processes with works by students from the Canadian University of Alberta, the Münster UAS and the Bielefeld UAS. The exhibition and publication project ›Does the World Exist Without Me‹ (2008) thematised the medial instance of photography with selected final theses from the Photography and Visual Media course and positioned itself on questions of a changing world. The passion for collecting was the subject of Bielefeld Contemporary. ›Contemporary Art from Bielefeld Collections‹ (2014). As part of the exhibition and catalogue, photography students showed series of images in which the characteristics of six private collections were individually interpreted artistically. The most recent collaboration took place in the summer semester 2020 as part of the project ›In This Layered World All Perception Is Real‹ with the newly established study programme Digital Media and Experiment, and thus for the first time a cooperation in digital space. Students created their own works for the Kunstverein's online platform, which reflected highly topical questions about the current conditions of media spaces. For the Kunstverein's online platform, students created their own works that reflected highly topical questions about the current conditions of media spaces. We owe our heartfelt thanks to the inspiring and productive dialogue that took place with students and teachers in far more projects than those mentioned here. We look forward to the future together!

DIE ZUKUNFT IN DER GEGENWART

THE FUTURE IN THE PRESENT

In der Bildung liegt das Versprechen der Zukunft. Aktuell erscheint im Taumel der globalen Pandemie eine Orientierung schwieriger denn je: Wie wird die Welt nach der Pandemie aussehen oder gibt es

Education holds the promise of the future. At present, in the frenzy of the global pandemic, orientation seems more difficult than ever: what will the world look like after the pandemic, or is there even such a thing as afterwards?

überhaupt so etwas wie ein Danach? Umso beherzter gilt es, der FH Bielefeld zu ihrem 50. Jubiläum zu gratulieren! Schließlich sind es ihre Absolventinnen und Absolventen, die mit ihrer Energie und ihrem Know-how die Zukunft unmittelbar gestalten.

Auf der Suche nach Erfindungen aller Art – neuen Formen des Sehens, des Denkens, der Kommunikation – hat die FH Bielefeld in ihrer jungen Geschichte Großes vorzuweisen. Wie gerne hätte ich Vilém Flusser in einem der berühmten Bielefelder Symposien zugehört und im Anschluss einen gemeinsamen Rundgang in der Kunsthalle gemacht! Ich freue mich, wenn wir in Zukunft die Kooperation zwischen Fachhochschule und Kunsthalle intensivieren, ganz im Sinne von John Baldessari, der nicht nur herausragender Künstler, sondern auch begnadeter Lehrer war: »Create an environment where art can happen. Be able to be exposed to real art in city and visitors gallery program. A bar open 24 hours. Learning situations by working together. What goes into planning a school should be what goes into a work of art – it should be ever recreating itself.«[1]

Ich bin froh, dass wir in der Kunsthalle ›real art‹ zur Auseinandersetzung anbieten können, und ich bin sicher, dass wir gemeinsame Lernsituationen herstellen können, und ich besuche gerne eine Bar an der Hochschule, die rund um die Uhr offen ist! Ich wünsche weiterhin eine glückliche Hand, auf dass sich die FH Bielefeld weiterhin stets neu erfindet, um die Zukunft in der Gegenwart zu wissen.

1 Aus den Notizen von John Baldessari 1970/1971, John Baldessari Estate, Los Angeles. Vgl. Philipp Kaiser, Christina Végh (Hg.): Where Art Might Happen. The Early Years of CalArts, München 2020, S. 9. Von Walt Disney 1961 initiiert, wurde die Kunsthochschule CalArts (California Institute of the Arts) in Los Angeles 1969/1970 eröffnet. Gestalterische und darstellende Künste waren in Anlehnung an das Bauhaus unter einem Dach angelegt, der Bereich Kunst erregte in kürzester Zeit internationale Aufmerksamkeit. Erstmals waren konzeptuelle und feministische Ansätze in der Lehre vertreten.

All the more reason to congratulate the Bielefeld UAS on its 50th anniversary! After all, it is its graduates who directly shape the future with their energies and know-how.

In the search for inventions of all kinds – new forms of seeing, thinking, communicating – the Bielefeld UAS has achieved great things in its young history. How I would have loved to listen to Vilém Flusser in one of the famous Bielefeld Symposia and then take a joint tour of the Kunsthalle! I look forward to intensifying the cooperation between the Bielefeld UAS and the Kunsthalle in the future, in the spirit of John Baldessari, who was not only an outstanding artist but also a gifted teacher: »Create an environment where art can happen. Be able to be exposed to real art in city and visitors gallery programme. A bar open 24 hours. Learning situations by working together. What goes into planning a school should be what goes into a work of art – it should be ever recreating itself.«[1]

I am glad that we can offer ›real art‹ to engage with in the Kunsthalle, and I am sure that we can produce shared learning situations, and I like visiting a bar at the university that is open around the clock! I continue to wish a happy hand, so that the Bielefeld UAS continues to reinvent itself, to know the future in the present.

1 From John Baldessari's notes 1970/1971, John Baldessari Estate, Los Angeles. Cf. Philipp Kaiser, Christina Végh (eds.): Where Art Might Happen. The Early Years of CalArts, Munich 2020, p. 9. Initiated by Walt Disney in 1961, the CalArts (California Institute of the Arts) art school in Los Angeles opened in 1969/1970. The creative and performing arts were under one roof, in the style of the Bauhaus, and the field of art soon attracted international attention. Conceptual and feminist approaches were represented in teaching for the first time.

FACHBEREICH CAMPUS MINDEN

FACULTY CAMPUS MINDEN

50 JAHRE ZUKUNFT – CAMPUS MINDEN

50 YEARS OF FUTURE – CAMPUS MINDEN

Britta Leineweber, Oliver Nister, Kathrin Sander

Die FH Bielefeld und den Dekan des Campus Minden, Prof. Dr.-Ing. Oliver Nister, verbindet das gemeinsame Geburtsjahr 1971. Beide sind nun 50 Jahre alt. Für einen Menschen sind 50 Jahre sicherlich eine lange Zeit. Weitere 50 Jahre zu erleben, ist eher unwahrscheinlich. Aber wie sieht es mit der Entwicklung einer Hochschule als Ganzes oder einem einzelnen Standort aus? Lassen sich die kommenden 50 Jahre vorhersehen oder sogar planen?

The Bielefeld UAS and the Dean of Campus Minden, Prof. Dr.-Ing. Oliver Nister, are united by their common birth year 1971. Both are now 50 years old. For a person, 50 years is certainly a long time. To experience another 50 years is rather unlikely. But what about the development of a university as a whole or an individual location? Can the next 50 years be predicted or even planned?

Was benötigt eine Hochschule, um auch noch weitere 50 Jahre erfolgreich zu bestehen? Zunächst eine gute Physis, bestehend aus engagierten, motivierten und talentierten Lehrenden und Mitarbeitenden. Ein flexibles Umfeld, das kreatives Arbeiten ermöglicht, ständige Herausforderung bietet und Leistung würdigt. Eine Orientierung der Lehre und Forschung am Bedarf der Menschen, eine optimistische Grundeinstellung, Neugierde, Mut und Glück.

Umfeld – Entwicklung des Campus Minden

Am 1. August 1971 wurde die FH Bielefeld durch den Zusammenschluss von sechs Fachschulen aus dem Raum Bielefeld, Detmold und Minden gegründet. Es wurden zwei Organisationseinheiten aufgebaut: die Abteilung Bielefeld und die Abteilung Minden. Die Abteilung Minden bestand damals lediglich aus dem Fachbereich Bautechnik, der aus der Staatlichen Ingenieurschule für Bauwesen hervorging.

Gegründet wurde die Staatliche Ingenieurschule für Bauwesen in Minden durch einen Erlass des Kultusministeriums vom 9. April 1964. Am 18. September 1964 folgte ein weiterer Erlass dieser Behörde, der die Gründung der nachfolgenden vier Abteilungen vorsah:

- Allgemeiner Ingenieurbau (1. Oktober 1964),
- Baubetrieb (1. Oktober 1965),
- Verkehrsbau, Verkehrswasserbau (1. April 1966),
- Verkehrsplanung und -gestaltung (1. Oktober 1966).

Das erste Semester startete mit 23 Studierenden. Die ersten Diensträume der Ingenieurschule befanden sich im Gebäude des Stadtarchivs an der Königstraße. Da diese aber völlig unzureichend und provisorisch waren, wurden nach Instandsetzung schon am 1. Oktober 1964 geeignete Räume im Nebengebäude der Artilleriekaserne bezogen. Diese Räume in der ehemaligen Kaserne an der Artilleriestraße werden noch heute vom Campus Minden genutzt.

Zur Historie: Die Gebäude wurden 1896/1897 als Kaserne errichtet. Planung und Bauleitung oblagen Garnisionsbauinspektor Löfgen. Die Neubauten wurden erforderlich, um den Wohnungsmarkt in Minden zu entlasten. Soldaten nutzten private Unterkünfte, da die Anzahl von Quartieren auf militärischen Standorten nicht ausreichte. Von 1897 bis zum Ende des Zweiten Weltkriegs 1945 wurde die Kaserne von Artillerieeinheiten genutzt. Von 1945 bis 1957 beherbergten Teile der Gebäude britische Besatzungstruppen. Andere Gebäudeteile wurden ab 1948 von Gewerbebetrieben und der Kreisberufsschule verwandt.

Die Stadt Minden als Pächterin der ehemaligen Artilleriekaserne stellte der Ingenieurschule diese Räume damals kostenlos bereit und kam damit ihrer Verpflichtung gegenüber dem Land NRW nach, die besagte, dass die Stadt die erforderlichen Räumlichkeiten der Ingenieur-

What does a university need in order to survive successfully for another 50 years? First of all, a good physique, consisting of committed, motivated and talented teachers and staff. A flexible environment that allows creative work, offers constant challenge and recognises achievement. An orientation of teaching and research to the needs of the people, an optimistic basic attitude, curiosity, courage and happiness.

Environment – Development of the Campus Minden

On August 1, 1971, the Bielefeld UAS was founded by the merger of six technical colleges from the Bielefeld, Detmold and Minden area. Two organisational units were established: the Bielefeld department and the Minden department. At that time, the Minden department consisted only of the Faculty of Civil Engineering, which emerged from the State Engineering School for Civil Engineering.

The State Engineering School for Civil Engineering in Minden was founded by a decree of the Ministry of Education and Cultural Affairs on 9th April 1964, followed by another decree of this authority on 18th September 1964, which provided for the foundation of the following four departments:

- *General Civil Engineering (1 October 1964),*
- *Construction Operation (1 October 1965),*
- *Transport Construction, Waterway Construction (1 April 1966),*
- *Transport Planning and Design (1 October 1966).*

The first semester started with 23 students. The first offices of the engineering school were located in the city archive building in Königstrasse. However, as these were completely inadequate and provisional, suitable rooms were occupied in the annexe of the artillery barracks after repairs as early as 1 October 1964. These rooms in the former barracks in Artilleriestrasse are still used by the Campus Minden today.

History: The buildings were erected as barracks in 1896/1897. Planning and construction management were the responsibility of garrison building inspector Löfgen. The new buildings became necessary to relieve the housing market in Minden. Soldiers used private accommodation because the number of quarters on military sites was insufficient. From 1897 until the end of the Second World War in 1945, the barracks were used by artillery units. From 1945 to 1957 parts of the buildings housed British occupation troops. Other parts of the buildings were used by commercial enterprises and the district vocational school from 1948.

The city of Minden, as the leaseholder of the former artillery barracks, provided the engineering school with these rooms free of charge at the time, thus fulfilling its obligation to the state of North Rhine-Westphalia, which stated that the city had to provide the necessary rooms for the engineering school until the construction of schule bis zum Bau eines neuen Schulgebäudes zur Verfügung stellen musste. Zum Umzug in ein neues Gebäude kam es jedoch nie.

Die Staatliche Ingenieurschule für Bauwesen nutzte bis 1967 als Gast Räumlichkeiten in der Kreisberufsschule, der Landwirtschaftsschule am Rosental und in der Königsschule. Die Fachrichtungen Allgemeiner Ingenieurbau (110 Studierende), Baubetrieb (41 Studierende) sowie Verkehrs- und Verkehrswasserbau (14 Studierende) existieren noch heute in ähnlicher Form im Studiengang Bauingenieurwesen. Unterrichtet wurden diese 165 Studierenden von 21 Dozenten (vier Oberbauräten, acht Bauräten auf Lebenszeit und neun Bauräten im Probedienst) – ein Betreuungsschlüssel, der auch heute wünschenswert wäre. Später wurde der Fachbereich Bautechnik in Architektur und Bauingenieurwesen umbenannt. Eine Erweiterung des Studienangebots erfolgte 2000 mit der Einführung des Studiengangs Projektmanagement Bau.

Im Mai 2008 gab das Ministerium für Innovation, Wissenschaft, Forschung und Technologie des Landes NRW folgenden Wettbewerb zum Ausbau der Fachhochschulen in NRW bekannt:

»Wettbewerb Ausbau der Fachhochschulen in Nordrhein-Westfalen: Vor dem Hintergrund des sich abzeichnenden Mangels an hochqualifizierten Ingenieurinnen und Ingenieuren und der insgesamt weiter steigenden Nachfrage nach Studienplätzen hat die Landesregierung beschlossen, das Studienangebot der Fachhochschulen im Land deutlich auszubauen. Vorgesehen ist die Gründung von drei neuen Fachhochschulen im Umfang von jeweils 2.500 (flächenbezogenen) Studienplätzen und der Ausbau bestehender Fachhochschulen in der Größenordnung von insgesamt 2.500 (flächenbezogenen) Studienplätzen an bis zu fünf Standorten.«[1]

Wesentliche Auswahlkriterien waren eine Schwerpunktsetzung in den Ingenieurwissenschaften, eine Anbindung des Studienangebots an die regionale Entwicklung unter Einbeziehung der regionalen Wirtschaft sowie eine starke Verknüpfung zwischen Studium und praktischer Tätigkeit in Unternehmen.

Im Zusammenhang mit dem Campus Minden wurden zwei Anträge gestellt. Der Kreis Minden-Lübbecke beantragte die Neugründung der Fachhochschule ›Ganz oben in NRW‹. Der Fachhochschulverbund Westfalen, bestehend aus den Fachhochschulen Bielefeld, Münster, Ostwestfalen und Südwestfalen, beantragte den Ausbau an unterschiedlichen Standorten und die Integration neuer Studienorte. Als Ergebnis des Wettbewerbs empfahl die Jury, den Standort Minden der FH Bielefeld um 500 Studienplätze in dualen ingenieurwissenschaftlichen Studiengängen in enger Kooperation mit dem Kreis Minden-Lübbecke zu erweitern. Eine selbstständige Fachhochschule in Minden wurde durch die Jury aus Kapazitätsgründen als nicht tragfähig bewertet. Die bestehende Unterversorgung mit Studienplätzen und das regional

1 Ministerium für Innovation, Wissenschaft, Forschung und Technologie des Landes Nordrhein-Westfalen, Der Minister: Wettbewerb Ausbau der Fachhochschulen in Nordrhein-Westfalen, Düsseldorf, Mai 2008, S. 1.

a new school building. However, the school never moved to a new building.

The State School of Civil Engineering was established three years previously in 1964 and until 1967 used premises in the District Vocational School, the Agricultural School at Rosental and the Königsschule as their guest.

The subjects of General Civil Engineering (110 students), Construction Management (41 students) and Waterway Construction (14 students) still exist in a similar form in the Civil Engineering degree programme. These 165 students were taught by 21 lecturers (four senior building councillors, eight lifetime building councillors and nine trial service building councillors) – a staffing ratio that would still be desirable today. Later, the Faculty of Civil Engineering was renamed to Architecture and Civil Engineering. The range of courses on offer was expanded in 2000 with the introduction of the degree course in Project Management Construction.

In May 2008, the Ministry of Innovation, Science, Research and Technology of the State of North Rhine-Westphalia (NRW) announced the following competition to expand the universities of applied sciences in North Rhine-Westphalia:

»Competition for the Expansion of Universities of Applied Sciences in North Rhine-Westphalia: Against the background of the emerging shortage of highly qualified engineers and the continuing overall increase in demand for study places, the state government has decided to significantly expand the range of courses offered by the universities of applied sciences in the state. Planned is the establishment of three new universities of applied sciences, each offering 2,500 (area-based) study places, and the expansion of existing universities of applied sciences in the order of a total of 2,500 (area-based) study places at up to five locations.«[1]

The main selection criteria were a focus on engineering sciences, a link between the range of courses on offer and regional development, including the regional economy, and a strong link between studies and practical work in companies.

Two applications were made in connection with the Campus Minden. The district of Minden-Lübbecke applied for the establishment of a new university of applied sciences at the very top of North Rhine-Westphalia. The Association of Universities of Applied Sciences, consisting of the Bielefeld, Münster, East Westphalia and South Westphalia UAS, applied for expansion at different locations and the integration of new study sites. As a result of the competition, the jury recommended expanding the Minden location of the Bielefeld UAS by 500 study places in dual engineering degree programmes in close cooperation with the Minden-Lübbecke district. An independent university of applied sciences

1 Ministerium für Innovation, Wissenschaft, Forschung und Technologie des Landes Nordrhein-Westfalen, Der Minister: Wettbewerb Ausbau der Fachhochschulen in Nordrhein-Westfalen, Düsseldorf, Mai 2008, p. 1.

vorhandene wirtschaftliche Potenzial am Standort Minden waren die ausschlaggebenden Argumente für die Erweiterung des Standortes.

Als Variante des dualen Studiums entstand das Studienmodell des praxisintegrierten Studiums. Hierbei wechseln sich Theoriephasen an der Hochschule mit Praxisphasen in den Unternehmen ab. Als erster Studiengang des Ausbauprogramms im neu gegründeten Fachbereich Technik (im Aufbau) ging im Herbst 2009 der Studiengang Wirtschaftsingenieurwesen an den Start. Es folgten zum Wintersemester 2010/2011 der Studiengang Elektrotechnik und zum Wintersemester 2012/2013 der Studiengang Maschinenbau.

Seit dem Wintersemester 2011/2012 ist der Bachelorstudiengang Informatik als grundständiger Studiengang akkreditiert. Im Fachbereich Architektur und Bauingenieurwesen wurde im Herbst 2009 der Studiengang Projektmanagement Infrastruktur und Logistik eingeführt, der zum Studiengang Infrastrukturingenieurwesen weiterentwickelt wurde. Der zeitgleich entstandene Masterstudiengang Integrales Bauen ermöglicht allen Absolventinnen und Absolventen des Bauwesens, ihre akademische Ausbildung durch einen Masterabschluss zu ergänzen.

Nach erfolgreicher Ausbauphase des Fachbereichs Technik (im Aufbau) am Standort Minden wurde dieser 2015 mit dem Fachbereich Architektur und Bauingenieurwesen zusammengelegt. Der neue Fachbereich wurde nach längerer interner Diskussion Campus Minden benannt. Ebenfalls 2015 wurde ein Neubau eröffnet, in dem sich unter anderem Büroräume, Labore, Seminarräume, die Bibliothek und die Mensa befinden.

Inzwischen gibt es für jeden Bachelorstudiengang am Fachbereich Campus Minden einen aufbauenden Masterstudiengang, sodass allen Studierenden ein umfassendes Bildungsangebot unterbreitet werden kann.

Am Fachbereich Campus Minden waren im Wintersemester 2020/2021 38 Professorinnen und Professoren, sechs Lehrkräfte für besondere Aufgaben (LfbA) und 70 Mitarbeiterinnen und Mitarbeiter beschäftigt. 1.646 Studierende waren in zwölf Studiengängen eingeschrieben.[2]

Engagement, Motivation, Talent – Lehre

Die Lehre zählt zu den Kernaufgaben einer Hochschule. Gemäß dem Leitbild Lehre der FH Bielefeld ist sie das Wichtigste, was wir tun. Die darin formulierten gemeinsamen Werte bilden die Grundlage für unser Handeln: »Lehre und Studium an der FH Bielefeld beruhen auf gemeinsamen Werten, die von allen Mitgliedern und Angehörigen der Hochschule getragen werden. Im Mittelpunkt stehen Einheit von Lehre und

2 Vorläufige Studierendenzahlen zum Wintersemester 2020/2021; Datenstand: 6.10.2020.

in Minden was not considered viable by the jury for capacity reasons. The existing undersupply of study places and the regional economic potential available at the Minden location were the decisive arguments for the expansion of the location.

The study model of work-integrated studies was developed as a variant of the dual study programme. Here, theoretical phases at our University alternate with practical phases in the companies. In autumn 2009, the Industrial Engineering and Management course was launched as the first course of the expansion programme in the newly founded Faculty of Engineering (under construction). This was followed in the winter semester 2010/2011 by Electrical Engineering and in the winter semester 2012/2013 by Mechanical Engineering.

Since the winter semester 2011/2012, the Bachelor's programme in Computer Science has been accredited as an undergraduate programme. In autumn 2009, the Faculty of Architecture and Civil Engineering introduced the study programme Project Management Infrastructure and Logistics, which was further developed into the study programme Infrastructure Engineering. The Master's programme Integral Construction, which was created at the same time, enables all graduates of civil engineering to supplement their academic education with a Master's degree.

Following the successful expansion phase of the Faculty of Technology (under construction) at the Minden site, this was merged with the Faculty of Architecture and Civil Engineering in 2015. The new faculty was named Campus Minden after lengthy internal discussions. A new building was also opened in 2015, which includes offices, laboratories, seminar rooms, the library and the canteen, among others.

In the meantime, there is an advanced Master's programme for each Bachelor's programme at the Campus Minden, so that all students can be offered a comprehensive range of courses.

In the winter semester 2020/2021, 38 professors, six lecturers for special tasks (LfbA) and 70 staff members were employed at Campus Minden. 1,646 students were enrolled in twelve degree programmes.[2]

Commitment, Motivation, Talent – Teaching

Teaching is one of the core tasks of a university. According to the mission statement for teaching at the Bielefeld UAS, it is the most important thing we do. The common values formulated therein form the basis for our actions: »Teaching and studying at the Bielefeld UAS are based on common values which are supported by all members and affiliates of the University. The focus is on the unity of teaching and research, academic excellence and explicit application orientation as well as the

2 Preliminary student numbers for the winter semester 2020/2021. Data status: 6.10.2020.

Forschung, Wissenschaftlichkeit und expliziter Anwendungsbezug sowie die Förderung von Demokratie, Vielfalt, Internationalität und eines respektvollen Miteinanders.«[3]

Vielfältige Lehrformate, praktische Tätigkeit in Laboren, Praxisphasen in Unternehmen, unmittelbarer Kontakt und ständiger Austausch zwischen Lehrenden und Studierenden sichern den Lernerfolg. Die Lehre bietet Studierenden die Möglichkeit, ihre Talente zu entdecken, zu erproben sowie erkannte Fähigkeiten weiter auszubauen.

Aktuell besteht am Campus Minden die Möglichkeit, aus zwölf Studiengängen auszuwählen. Abgedeckt wird ein breites Spektrum an Ingenieurwissenschaften, Informatik, Wirtschaft und Architektur. Alle Studierenden haben bei entsprechender Leistung die Möglichkeit, ihr Bachelorstudium in einem passenden Masterstudium fortzusetzen. Angeboten werden klassische Präsenzstudiengänge in Voll- und Teilzeit sowie praxisintegrierte Studiengänge, bei denen sich vierteljährlich Praxisphasen in einem Unternehmen mit Theoriephasen an der Fachhochschule abwechseln. Alle Studiengänge werden einer der vier Lehreinheiten zugeordnet:

- Architektur,
- Bauingenieurwesen,
- Praxisintegrierte Ingenieurwissenschaften,
- Informatik.

Der Bachelorstudiengang Architektur, der als einziger Studiengang am Campus Minden nach erfolgreichem Abschluss zur Führung des akademischen Grades Bachelor of Arts (B.A.) berechtigt, bildet für ein breites Tätigkeitsfeld im Bereich des Planens und Bauens von Hochbauprojekten aus. Der Studiengang vereint baufachlich-technische mit künstlerisch-gestalterischen Inhalten. Die Absolventinnen und Absolventen finden ihren späteren Arbeitsplatz in klassischen Architekturbüros, der Bauwirtschaft oder im öffentlichen Dienst, aber auch in anderen künstlerischen, industriellen oder handwerklichen Bereichen, in denen Technik mit Kreativität und gesellschaftlichen Aspekten zusammenkommt.

Die Bachelorstudiengänge Bauingenieurwesen, Projektmanagement Bau und Infrastrukturingenieurwesen bereiten auf unterschiedliche Ingenieurtätigkeiten und Managementtätigkeiten in der Bauwirtschaft, in Ingenieurbüros, bei weiteren Dienstleistern im Baubereich sowie bei der öffentlichen Hand vor. Durch ihren synergetischen Aufbau bieten sie den Studierenden ein breites Feld an individuellen Vertiefungsmöglichkeiten.

Der Masterstudiengang Integrales Bauen bietet allen Absolventinnen und Absolventen der Studiengänge des Bauwesens am Campus Minden bei entsprechender Leistung die Möglichkeit, den Studienabschluss Master of Arts (M.A.) oder Master of Engineering (M.Eng.) zu erlangen. Ziel ist es, den Studierenden während des Studiums die

3 FH Bielefeld: Leitbild Lehre. Lehre und Studium an der Fachhochschule Bielefeld, Stand: 13.1.2020, S. 1.

promotion of democracy, diversity, internationality and respectful cooperation.«[3]

Diverse teaching formats, practical work in laboratories, practical phases in companies, direct contact and constant exchange between teachers and students ensure learning success. Teaching offers students the opportunity to discover and test their talents and to further develop their recognised skills.

Currently, students can choose from twelve study programmes at the Campus Minden. A broad spectrum of engineering sciences, computer science, business and architecture is covered. All students have the opportunity with appropriate performance to continue their Bachelor's studies in a suitable Master's programme. Classical attendance courses are offered full-time and part-time as well as work-integrated courses, in which practical phases in a company alternate with theoretical phases at the university every quarter. All study programmes are assigned to one of the four teaching units:

- *Architecture,*
- *Civil Engineering,*
- *Work-integrated Engineering Sciences,*
- *Computer Science.*

The Bachelor's degree programme in architecture, which is the only programme at the Campus Minden that entitles students to hold the academic degree of Bachelor of Arts (B.A.) after successful completion, provides training for a broad field of activity in the field of planning and construction of building construction projects. The course of studies combines constructional, technical and artistic design contents. Graduates will find their future jobs in traditional architectural offices, the construction industry or in the public sector, but also in other artistic, industrial or craft areas in which technology meets creativity and social aspects.

The Bachelor's programmes in Civil Engineering, Project Management Construction and Infrastructure Engineering prepare students for various engineering and management activities in the construction industry, in engineering offices, at other service providers in the construction sector and in the public sector. Due to their synergetic structure, they offer students a wide range of individual opportunities for specialisation.

The Master's programme in Integral Building offers all graduates of the Civil Engineering courses on the Campus Minden the opportunity to obtain the degree of Master of Arts (M.A.) or Master of Engineering (M.Eng.) if they perform well. The aim is to provide students during their studies with a holistic and interdisciplinary view of the planning and execution of construction tasks. The close cooperation between architects and engineers from the construction sector should be practised during the course of studies.

3 *FH Bielefeld: Leitbild Lehre. Lehre und Studium an der Fachhochschule Bielefeld, status: 13.1.2020, p. 1.*

ganzheitliche und fachübergreifende Sicht für die Planung und Ausführung von Bauaufgaben zu vermitteln. Die enge Zusammenarbeit zwischen Architekten und Ingenieuren aus dem Baubereich soll schon während des Studiums eingeübt werden.

Im praxisintegrierten Bachelorstudiengang Elektrotechnik erfolgt eine breite Ausbildung in den elektrotechnischen Bereichen von Hardware, Software und Automatisierungstechnik. Ergänzt wird die Ausbildung durch ausgewählte Aspekte der Betriebswirtschaftslehre und des Projektmanagements.

Der praxisintegrierte Bachelorstudiengang Maschinenbau vermittelt die Fähigkeit zum ingenieurmäßigen Arbeiten in den verschiedenen Branchen des Maschinenbaus. Studierende haben die Möglichkeit, zwischen den drei fachlichen Vertiefungsrichtungen Konstruktion, Fertigung und Kunststofftechnik zu wählen.

Interdisziplinäre Kompetenzen sind in einer stark arbeitsteiligen und komplexen Arbeitswelt wesentliche Erfolgsfaktoren. Zahlreiche Aufgaben im Berufsleben setzen sowohl wirtschaftliches als auch technisches Wissen voraus. Hierauf bereitet der praxisintegrierte Bachelorstudiengang Wirtschaftsingenieurwesen entsprechend vor. Aus einem umfangreichen Wahlpflichtkatalog können dabei Schwerpunkte in den Bereichen Technik und Betriebswirtschaftslehre durch die Studierenden gesetzt werden.

2020 wurde der Masterstudiengang Integrierte Technologie- und Systementwicklung (ITSE) in Voll- und Teilzeit aufgenommen. Er bietet den Absolventinnen und Absolventen der drei zuvor genannten praxisintegrierten Bachelorstudiengänge sowie der technischen Informatik die Möglichkeit, ihre akademische Bildung auf Masterniveau zu erweitern. Ziel des Studiengangs ist es, aktuelle industriebetriebliche Technologien, Systeme und Prozesse disziplinübergreifend zu analysieren und zu entwickeln.

Informatik wird als Bachelor- und Masterstudiengang angeboten. Im Bachelorstudiengang werden neben den grundlegenden Disziplinen der Informatik auch Kenntnisse und praktische Erfahrungen zu aktuellen Technologien vermittelt. Die breit angelegten Studieninhalte befähigen Absolventinnen und Absolventen unter anderem für Tätigkeiten im Bereich der Softwareentwicklung, der IT-Sicherheit oder der eingebetteten Systeme. Das anschließende Masterstudium befähigt zur Lösung komplexer Aufgabenstellungen. Ein Schwerpunkt liegt dabei in den Bereichen Softwareengineering und maschinelles Lernen.

Herausforderung, Neugierde, Kreativität – Forschung

Eine zunächst unüberwindbar erscheinende Herausforderung aus eigener Kraft zu meistern, zählt aus unserer Sicht zu den wichtigsten Erfahrungen, die junge Menschen im Studium machen sollten. Dazu

The work-integrated Bachelor's degree in Electrical Engineering provides a broad education in the electrotechnical fields of hardware, software and automation technology. The training is supplemented by selected aspects of business administration and project management.

The work-integrated Bachelor's programme in Mechanical Engineering provides the ability to work as an engineer in the various branches of mechanical engineering. Students have the opportunity to choose between the three specialisations of Design, Manufacturing and Plastics Technology.

Interdisciplinary competences are essential factors for success in a complex working world with a strong division of labour. Numerous tasks in professional life require both economic and technical knowledge. The Bachelor's programme in Industrial Engineering and Management prepares students accordingly. Students can choose from an extensive catalogue of compulsory electives to set priorities in the fields of technology and business administration.

In 2020, the Master's degree programme in Integrated Technology and Systems Engineering (ITSE) was launched on a full-time and part-time basis. This offers graduates of the three work-integrated Bachelor's programmes mentioned above as well as of technical computer science the opportunity to expand their academic education to Master's level.

Computer science is offered as a Bachelor's and Master's programme. In the Bachelor's programme, knowledge and practical experience of current technologies are taught in addition to the basic disciplines of computer science. The broadly based course contents enable graduates to work in the fields of software development, IT security or embedded systems, among others. The subsequent Master's programme qualifies students to solve complex tasks. One focus is on software engineering and machine learning.

Challenge, Curiosity, Creativity – Research

In our view, mastering a challenge that at first seems insurmountable by one's own efforts is one of the most important experiences young people should have during their studies. This also includes dealing with and answering previously open questions: research.

In accordance with the legal situation, Campus Minden, like the entire Bielefeld UAS, was initially dedicated exclusively to teaching. In the 1990s research was added as a new task. With application-oriented research and development, the universities of applied sciences were to provide impulses for innovation, especially for small and medium-sized companies. The research achievements in the Laboratory for Hydromechanics and Hydraulic Engineering are particularly noteworthy for this initial period. A research hall with a combined flow and wave channel gehört auch die Auseinandersetzung mit und die Beantwortung von bisher offenen Fragen: die Forschung.

Der Campus Minden widmete sich entsprechend der Gesetzeslage wie die gesamte FH Bielefeld zunächst ausschließlich der Lehre. In den 1990er-Jahren kam als neue Aufgabe die Forschung hinzu. Mit anwendungsorientierter Forschung und Entwicklung sollten die Fachhochschulen vor allem kleinen und mittleren Unternehmen Impulse für Innovationen geben. Für diese Anfangszeit sind die Forschungsleistungen im Labor für Hydromechanik und Wasserbau besonders hervorzuheben. Es wurde eine Forschungshalle mit einem kombinierten Strömungs- und Wellenkanal errichtet. Die damalige Bauzeit war geprägt von viel Eigenleistung der Mitarbeiter. Entwickelt wurde in diesem neuen Labor unter anderem ein durchströmbares Uferschutzbauwerk (Hohldeckwerk), mit dem Wellenlasten reduziert werden konnten.

Ein nächster Schritt in Sachen Forschung war im Jahr 2013 eine kooperative Promotion im Bauingenieurwesen gemeinsam mit der Universität Hannover. In der Architektur und im Bauingenieurwesen wurde unter anderem im Bereich soziale Stadtbausteine sowie Deponie und Abwasser geforscht.

Einen neuen Impuls bekam die Forschung am Campus Minden durch den neu gegründeten Fachbereich Technik. Mit der Berufung der Professorinnen und Professoren der Ingenieurwissenschaften und der Informatik ergaben sich neue sowie interdisziplinäre Forschungsgebiete. Zunächst wurden kleinere Projekte durchgeführt, zumeist finanziert aus internen Mitteln der Fachhochschule. 2014 startete dann der Forschungsschwerpunkt InteG-F, aus dem das Institut für Intelligente Gebäude (InfinteG) hervorging. Wohlbefinden, Sicherheit und das Zusammenspiel verschiedener technischer Geräte im intelligenten Gebäude bilden den Kern der Forschungsaktivitäten, die ergänzt werden durch Forschungen auf den Gebieten Sozialinformatik und intelligente Planungsmethoden.

Eine zweite Arbeitsgruppe arbeitet am Forschungsschwerpunkt Interdisziplinäre Forschung und Anwendungsentwicklung in der Umweltinformatik (IFE) an Lösungen zur klimaschonenden Sanierung von Wohngebäuden und der Überwachung von Solaranlagen.

Ergänzt wurde die Forschung durch den Aufbau des Labors für elektromagnetische Verträglichkeit, das aus zusätzlichen Bundes- und Landesmitteln geschaffen werden konnte. Es bietet optimale Bedingungen für Forschung und Lehre und steht auch Unternehmen mit Prüfleistungen zur Verfügung.

Aktuelle Trends wie Digitalisierung und speziell die verstärkte Integration Künstlicher Intelligenz (KI) in Produkte, Prozesse und Dienstleistungen finden Eingang in zahlreiche Forschungsprojekte und liefern Lösungen für fast alle Lebensbereiche. Besonders beliebt sind unsere Unterstützungsroboter, die vielfältige Aufgaben des Alltags übernehmen können.

was built. The construction period at that time was characterised by a great deal of personal contribution by the employees. Among other things, a flow-through bank protection structure (hollow deck) was developed in this new laboratory, with which wave loads could be reduced.

The next step in research was a cooperative doctorate in civil engineering together with the University of Hanover in 2013. In architecture and civil engineering, research was carried out in the fields of social city building blocks as well as landfill and sewage, among others.

Research at Campus Minden received a new impetus from the newly founded Faculty of Technology. With the appointment of professors of engineering and computer science, new and interdisciplinary fields of research emerged. Initially, smaller projects were carried out, mostly financed from internal funds of the Bielefeld UAS. In 2014, the research focus Intelligent Building Technologies (InteG-F) was launched, from which the Institute for Intelligent Buildings (InfinteG) emerged. Well-being, security and the interaction of different technical devices in intelligent buildings form the core of the research activities, which are complemented by research in the fields of social informatics and intelligent planning methods.

A second working group is working on solutions for the climate-friendly refurbishment of residential buildings and the monitoring of solar energy systems at the research focus Interdisciplinary Research and Application Development in Environmental Informatics (IFE).

The research was supplemented by the establishment of the Laboratory for Electromagnetic Compatibility, which was built up with additional federal and state funds. It offers optimal conditions for research and teaching and is also available to companies with testing services.

Current trends such as digitalisation and especially the increased integration of Artificial Intelligence (AI) in products, processes and services are being incorporated into numerous research projects and provide solutions for almost all areas of life. Particularly popular are our support robots, which can take over a wide range of everyday tasks.

Graduates are regularly employed as research assistants in the research projects, enabling them to gain further qualifications up to the doctorate. As assistants, students gain insight into research during their studies and become curious about the solution to current technological and social issues.

Regional companies benefit from the research activities on the campus. By involving students in projects and transferring the project results into teaching, they receive suitably trained graduates. Research cooperations enable them to carry out application-oriented research together with the Bielefeld UAS and thus improve their competitiveness.

The scientists of the Campus Minden contribute their know-how to regional development projects such as the Smart Recycling Factory at the Pohlsche Heide landfill site or the Minden Innovation and Technology Initiative and the associated start-up centre. An intensive

In den Forschungsprojekten werden regelmäßig Absolventinnen und Absolventen als wissenschaftliche Mitarbeiterinnen und Mitarbeiter eingesetzt, die sich auf diese Weise bis hin zur Promotion weiterqualifizieren können. Studierende bekommen als Hilfskräfte bereits im Laufe ihres Studiums Einblick in die Forschung und werden neugierig auf die Lösung aktueller technologischer und gesellschaftlicher Fragestellungen.

Regionale Unternehmen profitieren von den Forschungsaktivitäten am Campus. Durch die Einbindung der Studierenden in Projekte und die Überführung der Projektergebnisse in die Lehre erhalten sie passend ausgebildete Absolventinnen und Absolventen. Durch Forschungskooperationen können sie gemeinsam mit der FH Bielefeld anwendungsorientierte Forschung betreiben und so ihre Wettbewerbsfähigkeit verbessern.

Die Wissenschaftlerinnen und Wissenschaftler des Campus Minden bringen ihr Know-how in regionale Entwicklungsprojekte wie die Smart Recycling Factory auf dem Deponiestandort Pohlsche Heide oder in die Mindener Innovations- und Technologieinitiative sowie das damit verbundene Gründerzentrum ein. In regelmäßigen Veranstaltungen wie den Tiefbaugesprächen findet ein intensiver Austausch zwischen Wissenschaft und Praxis statt.

Fragt man die Forschenden nach ihrer Motivation, erhält man einheitlich die Antwort: »Weil es mir Spaß macht.« Kann es eine schönere Aufgabe geben als eine, die Spaß macht? Das lässt viele kreative Lösungen und Ergebnisse in den nächsten 50 Jahren erwarten.

Flexibilität, Optimismus, Mut – Corona

Das Sommersemester 2020 war ein außergewöhnliches Semester, das sicher vielen Hochschulangehörigen und Studierenden in Erinnerung bleiben wird.

Nachdem zu Beginn des Jahres 2020 erste Fälle von Corona in Deutschland aufgetreten waren und vielen Menschen bewusst wurde, welche reale Gefahr mit dem SARS-CoV-2-Virus verbunden ist, musste nach Wegen gesucht werden, einen Beitrag zur Vermeidung der weiteren Ausbreitung des Virus zu leisten. Gleichzeitig sollte der Hochschulbetrieb zielorientiert weitergeführt werden. Folgende Ziele hatten wir in dieser Situation vor Augen:

— Den Studierenden sollte die Möglichkeit gegeben werden, ihr Studium fortzusetzen. Die Lehrinhalte sollten möglichst umfänglich angeboten werden. Keine Studentin und kein Student sollte gezwungen werden, wegen Lehrveranstaltungen oder Prüfungen zu reisen bzw. die Hochschule zu betreten.

exchange between science and practice takes place at regular events such as the civil engineering talks.

If you ask the researchers about their motivation, the answer is unanimously: »Because I enjoy it.« Can there be a better task than one which is fun? This leads us to expect many creative solutions and results in the next 50 years.

Flexibility, Optimism, Courage – Corona

The summer semester 2020 was an exceptional semester, which will certainly be remembered by many university members and students.

After the first cases of Corona occurred in Germany at the beginning of 2020 and many people became aware of the real danger associated with the SARS-CoV-2 virus, ways had to be found to help prevent the virus from spreading further. At the same time, university operations were to be continued in a target-oriented manner. In this situation, we had the following goals in mind:

- *Students should be given the opportunity to continue their studies. The course contents should be offered as comprehensively as possible. No student should be forced to travel or enter the university for courses or examinations.*
- *The examinations in the modules taught should also be held under the above-mentioned framework conditions.*
- *Everyone should remain healthy.*

As a university, we have had and still have the opportunity to make a contribution to society as a whole by enabling students to continue their studies from home and take the relevant examinations. The probability of infecting oneself or others on public transport or in crowded lecture halls is minimised. Even in the situation of extensive restrictions on contact, combined with very extensive restrictions on public life, the university should still be able to fulfil its duties.

With effect from 23 March 2020, the NRW state government had issued a far-reaching contact ban for North Rhine-Westphalia. From spring 2020 onwards, daily work was characterised by terms such as situation centre, restricted presence, open book preparation, zoom, online teaching and testing, mouth-and-nose protection, minimum distance 1,50 meter, disinfection and cleaning, contact tracing, hygiene concept, etc.

The corona crisis has shown what enormous achievements the university as a whole and its staff are capable of. Within a few weeks, the entire presence operation was converted to online operation. This included the areas of teaching, examinations and administration. However, some cutbacks had to be made in the area of experimental research in the laboratories.

- Die Prüfungen in den gelehrten Modulen sollten ebenfalls unter den zuvor genannten Rahmenbedingungen stattfinden.
- Alle sollten gesund bleiben.

Als Hochschule hatten und haben wir die Möglichkeit, hier einen gesamtgesellschaftlichen Beitrag zur Eindämmung der Ausbreitung des Virus zu leisten, indem wir Studierenden ermöglichen, von zu Hause aus ihr Studium fortzusetzen und die entsprechenden Prüfungen abzulegen. Die Wahrscheinlichkeit, sich oder andere in öffentlichen Verkehrsmitteln oder voll besetzten Hörsälen zu infizieren, wird minimiert. Auch in der Situation umfangreicher Kontaktbeschränkungen, verbunden mit einer sehr weitreichenden Einschränkung des öffentlichen Lebens, sollte die Hochschule ihren Aufgaben weiter nachkommen können.

Mit Wirkung zum 23. März 2020 hatte die Landesregierung NRW ein weitreichendes Kontaktverbot für Nordrhein-Westfalen erlassen. Ab dem Frühjahr 2020 war die tägliche Arbeit von Begriffen wie Lagezentrum, eingeschränkter Präsenzbetrieb, Open-Book-Ausarbeitung, Zoom, Online-Lehre und -Prüfung, Mund-Nasen-Schutz, Mindestabstand 1,50 Meter, Desinfektion und Reinigung, Kontaktnachverfolgung, Hygienekonzept usw. geprägt.

Die Corona-Krise hat gezeigt, zu welcher enormen Leistung die Hochschule als Ganzes und ihre Mitarbeiterinnen und Mitarbeiter fähig sind. Innerhalb von wenigen Wochen wurde der gesamte Präsenzbetrieb auf Online-Betrieb umgestellt. Dies umfasste die Bereiche Lehre, Prüfung und Verwaltung. Im Bereich der experimentellen Forschung in den Laboren mussten jedoch Abstriche gemacht werden.

Das Ziel wurde erreicht: Die Lehre wurde in rd. 320 Modulen gehalten, 5.400 Prüfungen wurden abgenommen. Der zukünftige Umgang mit dem Virus und die Organisation einer sicheren und möglichst schnellen Rückkehr zu Präsenzveranstaltungen bleiben herausfordernd. Mit der zweiten Welle im Herbst 2020 wurden deutschlandweit über 23.000 Neuinfektionen an einem Tag festgestellt. Als das weitreichende Kontaktverbot im März 2020 verhängt wurde, waren es rd. 6.000 Neuinfizierte. Die tägliche Arbeit der Hochschulen wird sich ändern.

Die nächsten 50 Jahre – ein Ausblick

Wie verhält man sich in einer nicht vorhersehbaren Situation am besten? Eine mögliche Strategie ist, flexibel zu bleiben und auf die eigenen Fähigkeiten zu vertrauen.

Die Corona-Pandemie hat gezeigt, dass die FH Bielefeld und mit ihr der Fachbereich Campus Minden in der Lage sind, flexibel auf unvorhersehbare Situationen zu reagieren. Die weitreichenden Anpassungen im Lehr- und Prüfungsbetrieb sowie in der Organisation wären ohne den Druck durch die Corona-Pandemie nicht entstanden. Unter sehr hoher Belastung sind von allen Beteiligten praktikable Lösungen

The goal was achieved: teaching was provided in around 320 modules, 5,400 examinations were taken. The future handling of the virus and the organisation of a safe and quick return to classroom teaching remains a challenge. With the second wave in autumn 2020, more than 23,000 new infections were detected throughout Germany in one day. When the far-reaching ban on contact was imposed in March 2020, there were around 6,000 newly infected persons. The daily work of the universities will change.

The Next 50 Years – an Outlook

What is the best way to behave in an unpredictable situation? One possible strategy is to remain flexible and trust in your own abilities.

The corona pandemic has shown that the Bielefeld UAS and with it the Campus Minden are able to react flexibly to unforeseeable situations. The far-reaching adjustments in teaching and examination operations and in the organisation would not have come about without the pressure from the corona pandemic. Practicable solutions have been developed and implemented by all those involved under very high pressure. The focused and goal-oriented approach was decisive for the rapid implementation success.

What could a development of the Campus Minden look like if we want to concentrate on our strengths and take advantage of opportunities that arise?

Based on the digital skills and concepts developed during the acute phase of the corona pandemic, these should be carefully evaluated and – where appropriate – established on a permanent basis. This affects all areas of everyday university life, from teaching and examinations to administration.

A mixture of face-to-face and online teaching and face-to-face and online examinations now seems possible. A broad choice between different teaching formats should be shown and made possible.

The choice between home office and office workplaces should be given to all employees where possible. Future work performance should be assessed in a more results-oriented way. It should also be ensured that employees' skills in dealing with digital concepts are constantly updated and that the technical infrastructure is adapted.

An important future challenge for the Campus Minden is to remain attractive for future students. The experiences of the digital semesters will help us in this respect.

It would be conceivable to offer basic lectures online with high numbers of participants. Teaching concepts that are didactically optimally designed across degree programmes and, if applicable, faculties could be developed and adopted here. This would make it possible to erarbeitet und umgesetzt worden. Die auf das Wesentliche konzentrierte und zielgerichtete Arbeitsweise war entscheidend für den schnellen Umsetzungserfolg.

Wie könnte nun eine Entwicklung des Campus Minden aussehen, wenn wir uns auf unsere Stärken konzentrieren und sich bietende Chancen nutzen wollen?

Ausgehend von den in der akuten Phase der Corona-Pandemie entwickelten digitalen Kompetenzen und Konzepten, sollten diese sorgfältig evaluiert und – wo sinnvoll – dauerhaft etabliert werden. Dies betrifft alle Bereiche des Hochschulalltags, beginnend bei der Lehre über die Prüfungen bis hin zur Verwaltung.

Eine Mischung von Präsenz- und Online-Lehre sowie Präsenz- und Online-Prüfungen scheint nun möglich. Eine breite Wahlmöglichkeit zwischen unterschiedlichen Lehrformaten sollte aufgezeigt und angeboten werden.

Die Wahlmöglichkeit zwischen Homeoffice- und Büroarbeitsplätzen sollte allen Beschäftigten gegeben werden, wo es machbar ist. Künftige Arbeitsleistungen sollten eher ergebnisorientiert bewertet werden. Auch ist sicherzustellen, dass die Fähigkeiten der Mitarbeitenden im Umgang mit digitalen Konzepten laufend aktualisiert werden sowie die technische Infrastruktur angepasst wird.

Eine wichtige zukünftige Herausforderung für den Campus Minden ist, auch für kommende Studierende attraktiv zu bleiben. Dabei werden uns die Erfahrungen der digitalen Semester helfen.

Denkbar wäre, Grundlagenvorlesungen mit hohen Teilnehmerzahlen online anzubieten. Hier könnten studiengangs- und gegebenenfalls fachbereichsübergreifend didaktisch optimal gestaltete Lehrkonzepte entwickelt und übernommen werden. Dies ermöglicht, vertiefende Übungen zu Grundlagenveranstaltungen und weiterführende Module in kleineren Gruppen mit einem deutlich höheren Präsenzanteil zu unterrichten.

Da Lehrinhalte vermehrt digital angeboten werden können und damit zeitliche und räumliche Restriktionen hinsichtlich der Aneignung des Lernstoffs für die Studierenden verringert werden, könnte sich die Bedeutung des Campus von einem Ort der überwiegenden Vermittlung von Wissen hin zu einem Ort der sozialen Interaktion entwickeln. Dazu sind die passenden baulichen, räumlichen und inhaltlichen Konzepte zu erarbeiten.

Neue, flexible und an die Bedürfnisse und Interessen von Studierenden angepasste Studienkonzepte könnten den Campus Minden für unterschiedliche Studierendengruppen attraktiv machen.

Denkbar wäre ein Studiengang, den sich die Studierenden aus den Modulkatalogen der einzelnen Studiengänge unter gewissen Rahmenbedingungen selbst zusammenstellen könnten. Hierzu müssten sicherlich zahlreiche Rahmenbedingungen angepasst werden. Dies würde den Studierenden die Möglichkeit eröffnen, sich sehr speziell auf die von ihnen gewünschte spätere Tätigkeit vorzubereiten. Eine *teach in-depth exercises for basic courses and advanced modules in smaller groups with a significantly higher attendance rate.*

Since teaching content can increasingly be offered digitally and thus time and space restrictions with regard to the appropriation of the learning material for students are reduced, the significance of the campus could develop from a place of predominantly knowledge transfer to a place of social interaction. Suitable structural, spatial and content-related concepts must be developed for this purpose.

New, flexible study concepts adapted to the needs and interests of students could make Campus Minden attractive for different groups of students.

One conceivable option would be a degree programme which students could put together themselves from the module catalogues of the individual degree programmes under certain conditions. This would certainly require numerous framework conditions to be adapted. This would open up the possibility for students to prepare themselves very specifically for their desired future activities. Coordination with potential employers and appropriate advice from our University could support the students' selection process. This individual way of studying would be a response to a dynamically changing labour market with constantly new job descriptions and associated new qualification profiles.

There are challenging projects in store for the coming years. The opportunities to positively shape the future with the innovation push in the field of digitalisation which has taken place in recent months are there. We will do our best and look forward to the next 50 years with optimism and excitement.

Abstimmung mit potenziellen Arbeitgeberinnen und Arbeitgebern und eine entsprechende Beratung seitens der Hochschule könnten den Wahlprozess der Studierenden unterstützen. Diese individuelle Art des Studierens wäre eine Antwort auf einen sich dynamisch verändernden Arbeitsmarkt mit ständig neuen Berufsbildern und damit verbundenen neuen Qualifikationsprofilen.

Für die nächsten Jahre liegen herausfordernde Projekte bereit. Die Chancen, mit dem in den vergangenen Monaten stattgefundenen Innovationsschub im Bereich der Digitalisierung die Zukunft positiv zu gestalten, sind vorhanden. Wir werden unser Bestes geben und schauen optimistisch und mit Spannung den kommenden 50 Jahren Zukunft entgegen.

FÜR EINE BESSERE BILDUNGS-LANDSCHAFT

FOR A BETTER EDUCATIONAL LANDSCAPE

Sven Hohorst

Der Campus Minden ist eine Erfolgsgeschichte, die nur durch die enge Zusammenarbeit der FH Bielefeld mit der heimischen Industrie möglich ist. Als Mindener Familienunternehmer, dem die Attraktivität der Region und eine qualifizierte Nachwuchsförderung sehr am Herzen liegen, möchte ich mich deshalb bei allen Verantwortlichen für ihr großes Engagement bedanken.

The Campus Minden is a success story that is only possible thanks to the close cooperation between the Bielefeld UAS and local industry. As a Minden-based family entrepreneur who is very concerned about the attractiveness of the region and the qualified promotion of young talent, I would therefore like to thank all those responsible for their great commitment.

2008 haben wir uns gemeinsam für den Ausbau des Standortes Minden bei der Landesregierung starkgemacht – mit Erfolg: 500 neue Studienplätze waren geplant, heute sind es über 1.000. Das zeigt auch, wie groß in der Region der Bedarf an einer hoch qualifizierten tertiären Ausbildung ist.

Unser Ziel war es, besonders die MINT-Studiengänge zu fördern und mit einem interessanten Angebot Nachwuchskräfte anzuziehen und zu halten. Für WAGO als Unternehmen der Elektro- und Automatisierungstechnik sind die praxisintegrierten Studiengänge Elektrotechnik, Maschinenbau, Informatik und Wirtschaftsingenieurwesen eine großartige Möglichkeit, unsere Fachkräfte von morgen parallel in der Theorie und der Unternehmenspraxis auszubilden.

Die stets konstruktive Zusammenarbeit mit der FH Bielefeld als renommierte Fachhochschule hat dazu geführt, dass wir optimal für unsere Bedarfe ausbilden können und Minden zu einem attraktiven Studienort geworden ist. Mit Prof. Dr.-Ing. Oliver Wetter und Prof. Dr.-Ing. Sven Battermann sind Kollegen aus dem Hause WAGO in die Lehre gewechselt, was den intensiven Austausch noch weiter gefestigt hat.

Der neue Master Integrierte Technologie- und Systementwicklung ist der konsequente nächste Schritt, um den Campus Minden Hand in Hand weiter auszubauen. Ich freue mich auf eine weiterhin gute Zusammenarbeit.

In 2008, we worked together to promote the expansion of the Minden location by jointly lobbying the state government – with success: 500 new study places were planned, today there are over 1,000. This also shows how great the need for highly qualified tertiary education is in the region.

Our aim was to promote the STEM degree programmes in particular and to attract and retain young people with an interesting range of offers. For WAGO, as a company in electrical and automation engineering industry, the practice-integrated study courses in Electrical Engineering, Mechanical Engineering, Computer Science and Industrial Engineering are a great opportunity to train our skilled workers of tomorrow in parallel in theory and in business practice.

The cooperation with the Bielefeld UAS as a renowned university of applied sciences was always constructive and has led to the fact that we can train optimally for our needs. And so Minden has become an attractive place to study. With Prof. Dr.-Ing. Oliver Wetter and Prof. Dr.-Ing. Sven Battermann, colleagues from WAGO have switched to teaching, which has further consolidated the intensive exchange.

The new Master Integrated Technology and System Development is the logical next step in the further expansion of the Campus Minden hand in hand. I am looking forward to continuing the good cooperation.

INNOVATION UND KOMPETENZ

INNOVATION AND COMPETENCE

50 Jahre FH Bielefeld – ein besonders schöner Anlass, zu dem die IMA Schelling Group als langjähriger Kooperationspartner herzlich gratuliert. Wir wünschen der FH Bielefeld, ihren Beschäftigten und Studierenden alles Gute zu diesem Anlass!

Die FH Bielefeld genießt nicht nur inmitten Ostwestfalens einen ausgezeichneten Ruf. Sie ist nicht bloß innerhalb der Region, sondern auch weit darüber hinaus nicht mehr wegzudenken. Das liegt sicherlich auch an dem vielfältigen Studienangebot, das die Hochschule für ihre Studierenden bereithält. Dieses Angebot eröffnet nicht nur den Absolventinnen und Absolventen beste Zukunftsperspektiven, sondern unterstützt auch Unternehmen wie die IMA Schelling Group dabei, geeignete Fach- und Führungskräfte zu finden. So bieten wir regelmäßig Praktika, Projektarbeiten und Einstiegschancen für Studierende. Darüber hinaus kooperieren wir schon seit vielen Jahren mit der FH Bielefeld im Rahmen der praxisintegrierten Studiengänge in den Bereichen Maschinenbau, Elektrotechnik, Wirtschaftsingenieurwesen und Betriebswirtschaftslehre.

50 Jahre sind ein Grund zum Feiern, aber auch aus Unternehmenssicht ein guter Anlass, um Danke zu sagen. Die Lehre, die die Studierenden an der FH Bielefeld erleben, ist erstklassig. Und davon profitieren auch wir als kooperierendes Unternehmen. Somit gilt unser Dank den Beschäftigten auf allen Ebenen und allen Personen, die Verantwortung für die FH Bielefeld übernehmen.

Wir denken, dass die FH Bielefeld mit ihren Eigenschaften bestens für die nächsten 50 Jahre gerüstet ist und wünschen viel Erfolg dabei. Wir freuen uns auf weitere gemeinsame, erfolgreiche und spannende Jahre mit der FH Bielefeld.

50 years of the Bielefeld UAS – a particularly nice occasion on which IMA Schelling Group, as a long-standing cooperation partner, would like to congratulate you. We wish the Bielefeld UAS, its employees and students all the best on this occasion!

The Bielefeld UAS enjoys an excellent reputation not only in the middle of East Westphalia. It would be unimaginable, not only within the region, but also far beyond it, to think of it not being there! This is certainly also due to the diverse range of courses that the university offers its students. This offer not only opens up the best future prospects for graduates, but also supports companies like IMA Schelling Group in finding suitable specialists and executives. We regularly offer internships, project work and entry opportunities for students. In addition, we have been cooperating with the UAS Bielefeld for many years within the framework of practice-integrated study programmes in the fields of mechanical engineering, electrical engineering, industrial engineering and management.

50 years is a reason to celebrate, but also a good occasion to say thank you from the company's point of view. The teaching that students experience at the Bielefeld UAS is first-class. And we, as a cooperating company, also benefit from this. We would therefore like to thank the employees at all levels and all people who take responsibility for the Bielefeld UAS.

We believe that with your qualities, the Bielefeld UAS is well prepared for the next 50 years and wish you every success in this time. We look forward to further successful and exciting years together with the Bielefeld UAS.

FACHBEREICH INGENIEURWISSEN-SCHAFTEN UND MATHEMATIK

FACULTY OF ENGINEERING AND MATHEMATICS

VON BEGINN AN IM WANDEL

UNDERGOING CHANGES FROM THE VERY BEGINNING

1 Tanja Hage M.A. (Fachbereichskommunikation) und Dekan Prof. Dr.-Ing. Rolf Naumann (Lehrgebiet Mehrkörpersimulation – MKS – und Finite Elemente Methoden – FEM – sowie Ingenieurmathematik) unter Mitwirkung von Dr. Kirsten Bergmann (Forschungsreferentin des Fachbereichs), Prof. Dr. rer. nat. Claudia Cottin (Finanz- und Versicherungsmathematik), Prof. Dr.-Ing. Thomas Freund (Elektrotechnik und Automatisierung am Campus Gütersloh), Prof. Dr.-Ing. Jens Haubrock (Regenerative Energiesysteme und Elektrotechnik, stellvertretender Sprecher des Instituts für technische Energiesysteme, ITES), Prof. Dr. rer. nat. Jörg Horst (Mathematik und technische Systeme), Prof. Dr.-Ing. Bruno Hüsgen (Kunststofftechnik, Studiengangsleiter Bachelorstudiengang Maschinenbau), Prof. Dr.-Ing. Andrea Kaimann (Prodekanin Campus Gütersloh, Gender und Diversity in den Ingenieurwissenschaften, Studiengangsleiterin des praxisintegrierten Bachelorstudiengangs Wirtschaftsingenieurwesen und Prodekanin des Fachbereichs IuM am Campus Gütersloh), Prof. Dr. rer. nat. Jörn Loviscach (Ingenieurmathematik und Technische Informatik), Prof. Dr. rer. nat. Dirk Lütkemeyer (Charakterisierung biotechnologischer Produkte), Prof. Dr. rer. nat. Anant Patel (Verfahrenstechnik und alternative Kraftstoffe), Prof. Dr.-Ing. Wolfram Schenck (Ingenieurinformatik, Gründungsmitglied im Center für Applied Data Science Gütersloh, CfADS), Prof. Dr. rer. nat. Axel Schneider (Ingenieurinformatik, Forschungsbeauftragter des Fachbereichs und Prodekan für Forschung, Entwicklung und Transfer), Prof. Dr.-Ing. Rüdiger Schultheis (Kommunikationstechnik/Grundlagen der Elektrotechnik, Studiengangsleiter Bachelorstudiengang Elektrotechnik), Prof. Dr.-Ing. Christian Schwede (Big Data Analytics, Studiengangsleiter Forschungsmaster Data Science am Campus Gütersloh), Prof. Dr.-Ing. Eva Schwenzfeier-Hellkamp (Informationstechnik, Studiengangsleiterin des Bachelorstudiengangs Regenerative Energien, Sprecherin des Instituts für Technische Energie-Systeme, ITES) und Prof. Dr. rer. pol. Hubertus Wameling (Internes/externes Rechnungswesen/Controlling und Grundlagen BWL, Studiengangsleiter Bachelorstudiengang Wirtschaftsingenieurwesen).
Den geschichtlichen Teil dieses Beitrags hat Tanja Hage M.A. verfasst.

1 Tanja Hage M.A. (Faculty Communication) and Dean Prof. Dr.-Ing. Rolf Naumann (teaching field Multibody Simulation – MBS – and Finite Element Methods – FEM – as well as Engineering Mathematics) with the cooperation of Dr. Kirsten Bergmann (research referee of the faculty), Prof. Dr. rer. nat. Claudia Cottin (Financial and Actuarial Mathematics), Prof. Dr.- Ing. Thomas Freund (Electrical Engineering and Automation at the Campus Gütersloh), Prof. Dr.-Ing. Jens Haubrock (Renewable Energy Systems and Electrical Engineering, Deputy Speaker of the Institute for Technical Energy Systems, ITES), Prof. Dr. rer. nat. Jörg Horst (Mathematics and Technical Systems), Prof. Dr.-Ing. Bruno Hüsgen (Plastics Technology, Head of Bachelor's Programme in Mechanical Engineering), Prof. Dr.-Ing. Andrea Kaimann (Gender and Diversity in the Engineering Sciences, Head of the work-integrated Bachelor's degree programme in Industrial Engineering and Management and Vice Dean of the Faculty of IuM at the Campus Gütersloh), Prof. Dr. rer. nat. Jörn Loviscach (Engineering Mathematics and Computer Engineering), Prof. Dr. rer. nat. Dirk Lütkemeyer (Characterisation of Biotechnological Products), Prof. Dr. rer. nat. Anant Patel (Process Engineering and Alternative Fuels), Prof. Dr.-Ing. Wolfram Schenck (Engineering Informatics, founding member of the Center for Applied Data Science Gütersloh, CfADS), Prof. Dr. rer. nat. Axel Schneider (Engineering Informatics, Research Officer of the Faculty and Vice Dean for Research, Development and Transfer), Prof. Dr.-Ing. Rüdiger Schultheis (Communication Technology/Fundamentals of Electrical Engineering, Head of Bachelor's programme in Electrical Engineering), Prof. Dr.-Ing. Christian Schwede (Big Data Analytics, Head of the Research Master Data Science programme at the Campus Gütersloh), Prof. Dr.-Ing. Eva Schwenzfeier-Hellkamp (Information Technology, Head of the Renewable Energies Bachelor's programme, spokesperson of the Institute for Technical Energy Systems, ITES) and Prof. Dr. rer. pol. Hubertus Wameling (Internal/External Accounting/Controlling and Business Administration Fundamentals, Head of the Industrial Engineering Bachelor's programme).
The historical part of this article was written by Tanja Hage M.A.

50 Jahre FH Bielefeld. Grund genug, einmal zurückzuschauen, verbunden mit dem Blick auf »50 Jahre Zukunft«. Der Fachbereich Ingenieurwissenschaften und Mathematik (IuM) blickt dabei genau genommen auf eine mittlerweile 63-jährige Entwicklungsgeschichte zurück – von der 1958 gegründeten Staatlichen Ingenieurschule für Maschinenwesen bis hin zu einem der größten Fachbereiche der FH Bielefeld. Jeder umgesetzte Gedanke, jede realisierte Idee, aber auch die gescheiterten Vorhaben sind ein Baustein für das, was den Fachbereich heute auszeichnet.

Im Sommersemester 1958 nahmen 105 Studierende trotz akuter Raumnot ihr Studium an der Staatlichen Ingenieurschule in Bielefeld auf. Damals bestand zunächst die Wahl zwischen Maschinenwesen und Elektrotechnik.

Bis zur Gründung im Frühjahr 1958 war es ein weiter Weg, denn auch andere Städte wollten den Zuschlag zur Eröffnung einer Ingenieurschule vom Land NRW erhalten. Insbesondere die großen Firmen der Metall- und Elektroindustrie verlangten nach gut ausgebildeten Fachkräften. Neben dem damaligen NRW-Wirtschaftsminister Dr. Hermann Kohlhase sowie dem zu der Zeit amtierenden Oberbürgermeister Bielefelds Artur Ladebeck wurde das Vorhaben zur Gründung einer Ingenieurschule von der Industrie- und Handelskammer unterstützt. Um alle Kräfte zu bündeln und das Anliegen zu forcieren, wurde Ende des Jahres 1956 die Gesellschaft der Förderer und Freunde der Staatlichen Ingenieurschule in Bielefeld e.V. (GFFE) gegründet.

Im August 1957 wurde die Entscheidung für Bielefeld getroffen. Aus einem internen Bericht des Kultusministeriums gingen die Vorteile Bielefelds gegenüber den Mitbewerbern hervor. Dabei wurde insbesondere die ungewöhnliche Aufgeschlossenheit und Aktivität aller Bielefelder Beteiligten hervorgehoben. Die Arbeit der GFFE hatte sich gelohnt.

Heute wie damals war klar, dass gut ausgebildete Ingenieurinnen und Ingenieure der Motor der Wirtschaft für die Region und darüber hinaus sind. Zeitzeuge Prof. Dr.-Ing. Gerhard Weber, mittlerweile pensionierter Lehrender des Fachbereichs IuM, erinnert sich an die Anfänge der Ingenieurschule: »Es hat immer schon eine fachliche Zusammenarbeit mit städtischen Tochtergesellschaften gegeben, im technischen Bereich beispielsweise mit den Stadtwerken. 1958 herrschte in Bielefeld wie überall Aufbruchsstimmung. Die Wirtschaft boomte, Unternehmen wie Anker, Gildemeister, Dürkopp, Droop & Rein oder Miele suchten Ingenieurkräfte. Die Technikbegeisterung der Jugend war groß.« So kam es sieben Jahre nach der Gründung auch zur feierlichen Einweihung des Neubaus der Ingenieurschule an der Wilhelm-Bertelsmann-Straße.

50 years of the Bielefeld UAS. Reason enough to take a look back, combined with a look at »50 years of the future«. Strictly speaking, the Faculty of Engineering and Mathematics (IuM) can look back on 63 years of development – from the State School of Engineering founded in 1958 to one of the largest faculties at the Bielefeld UAS. Every implemented idea, every realised idea, but also the failed projects are building blocks for what distinguishes the faculty today.

In the summer semester of 1958, 105 students began their studies at the State School of Engineering in Bielefeld, despite an acute shortage of space. At that time, there was initially a choice between mechanical engineering and electrical engineering.

It was a long way to the founding in the spring of 1958, because other cities also wanted to get the go-ahead from the state of North Rhine-Westphalia to open an engineering school. In particular, the large companies in the metal and electrical industries demanded well-trained specialists. In addition to the then NRW Minister of Economics, Dr. Hermann Kohlhase, and the then Mayor of Bielefeld, Artur Ladebeck, the plan to establish an engineering school was supported by the Chamber of Industry and Commerce. At the end of 1956, the Society of Sponsors and Friends of the State School of Engineering in Bielefeld (Gesellschaft der Förderer und Freunde der Staatlichen Ingenieurschule in Bielefeld – GFFE) was founded in order to combine all forces and to push the project forward.

In August 1957, the decision was made in favour of Bielefeld. An internal report from the Ministry of Education highlighted Bielefeld's advantages over its competitors. In particular, the unusual open-mindedness and activity of all those involved in Bielefeld were emphasised. The work of the GFFE had been worth it.

Today, as then, it was clear that well-trained engineers are the engine of the economy for the region and beyond. Prof. Dr.-Ing. Gerhard Weber, contemporary witness and now retired lecturer of the Faculty of Engineering and Mathematics, remembers the beginnings of the engineering school: »There has always been professional cooperation with municipal subsidiaries, in the technical field for example with the municipal utilities. In 1958, there was a spirit of optimism in Bielefeld, as everywhere else. The economy was booming, companies like Anker, Gildemeister, Dürkopp, Droop & Rein or Miele were looking for engineers. The enthusiasm for technology among young people was great.« Seven years after its foundation, the new building of the engineering school on Wilhelm-Bertelsmann-Strasse was ceremoniously inaugurated.

1971 geht die Staatliche Ingenieurschule in der neu gegründeten FH Bielefeld auf

Am 1. August 1971 wurde die FH Bielefeld gegründet. Sie gehört damit zu den Fachhochschulen der ersten Gründungswelle in Deutschland. Die Fachbereiche der Ingenieurschule wurden somit Teil der FH Bielefeld.

Die Studierendenzahlen stiegen seither kontinuierlich an, sodass es schließlich in den Jahren 1987 bis 1994 zu einer immensen Nachfrage der technischen Studiengänge Elektrotechnik und Maschinenbau kam. Personell wie auch räumlich war in den Fachbereichen die Grenze des Machbaren erreicht. Zunächst schufen Hochschulsonderprogramme Abhilfe. Die Fachbereiche Elektrotechnik und Maschinenbau wuchsen jedoch schlagartig weiter. Langsam, aber stetig festigte sich die Befürchtung, dass viele Synergieeffekte in der Ingenieurausbildung verloren gingen. Zunächst auf zwei Standorte erweitert, fanden sich die beiden Fachbereiche im Verlauf der Jahre an drei verschiedenen Orten in Bielefeld wieder: in der Wilhelm-Bertelsmann-Straße, in der Zimmerstraße und später dann auch im alten Kasernengebäude Am Stadtholz. Die Sorge, dass das Interesse des Einzelnen am Gesamten und damit das Engagement für die Fachhochschule schwindet, war groß. So gab es von Hochschul- und Fachbereichsseite aus immer wieder Reformüberlegungen.

1996 kam zu den beiden Fachbereichen Maschinenbau und Elektrotechnik, die aus der Ingenieurschule hervorgegangen waren, eine dritte Studienrichtung hinzu: Mathematik. Dies war die erste Studienrichtung der FH Bielefeld, die nicht aus den früheren Fachschulen entstanden ist. Im Jahr 1998 gab es Bestrebungen, den zu groß gewordenen Fachbereich Elektrotechnik in zwei kleine, unabhängige und fachrichtungsbezogene Einheiten aufzuteilen. Auch wenn die Unterstützung groß war, konnte sich diese Idee am Ende nicht durchsetzen und das Projekt wurde aufgegeben.

Ende der 1990er-Jahre wurde der Ruf nach Zusatzqualifikationen für Ingenieurinnen und Ingenieure aus der Industrie immer lauter. Kostendenken, Sozialkompetenz, Teamfähigkeit, Kreativität, erweiterte Sprachkompetenzen, interdisziplinäres Denken, so lauteten die Anforderungen des Arbeitsmarktes, mit denen sich der Fachbereich flexibel weiterentwickelte. Immer wieder wurde nach Lösungen zwischen Hochschulspezialisierung und Endlosstudium gesucht. Die Voraussetzung, so einigte man sich, läge in einer breiten, fachübergreifenden Grundlagenausbildung und anschließender exemplarischer Vertiefung in einem Spezialgebiet sowie der Fähigkeit, sich selbstständig weiterzubilden. Aufbauend auf soliden naturwissenschaftlichen Kenntnissen, könne dann im Bedarfsfall nahezu jede neue Berufsrichtung erarbeitet werden.

In 1971, the State School of Engineering is merged into the newly founded Bielefeld UAS

The Bielefeld UAS was founded on 1 August 1971. It is thus one of the universities of applied sciences of the first founding wave in Germany. The departments of the engineering school thus became part of the Bielefeld UAS.

The number of students has grown continuously since then, so that there was finally an immense demand for the technical degree programmes in electrical and mechanical engineering between 1987 and 1994. The faculties had reached the limits of what was feasible, both in terms of personnel and space. Initially, special university programmes provided a remedy. However, the Faculties of Electrical and Mechanical Engineering continued to grow abruptly. Slowly but steadily, the fear solidified that many synergy effects in engineering education were being lost. Initially expanded to two locations, over the years the two faculties found themselves in three different places in Bielefeld: in Wilhelm-Bertelsmann-Strasse, in Zimmerstrasse and later also in the old barracks building Am Stadtholz. There was great concern that the individual's interest in the whole, and thus the commitment to the university of applied sciences, was waning. So there were repeated considerations of reform from the university and faculty sides.

In 1996, a third field of study was added to the two Faculties of Mechanical and Electrical Engineering that had emerged from the engineering school: Mathematics. This was the first field of study at the Bielefeld UAS that did not emerge from the former technical schools. In 1998, there were efforts to split the Faculty of Electrical Engineering, which had become too large, into two small, independent and subject-related units. Even though there was a lot of support, this idea could not prevail in the end and the project was abandoned.

At the end of the 1990s, the call for additional qualifications for engineers from industry became louder and louder. Cost-consciousness, social competence, teamwork, creativity, extended language skills, interdisciplinary thinking, these were the demands of the labour market, with which the faculty continued to develop flexibly. Again and again, solutions were sought between university specialisation and endless study. It was agreed that the prerequisite was a broad, interdisciplinary basic education followed by exemplary specialisation in a particular field and the ability to continue learning independently. Building on solid scientific knowledge, almost any new occupational field could then be developed if necessary.

The Bologna Declaration, signed in 1999 with the Bologna Process, led to a change in the Framework Act for Higher Education in August 2002. With the subsequent gradual changeover to Bachelor's and Master's

Die mit dem Bologna-Prozess im Jahr 1999 unterzeichnete Bologna-Erklärung sorgte im August 2002 für eine Änderung des Hochschulrahmengesetzes. Mit der darauffolgenden sukzessiven Umstellung auf Bachelor- und Masterstudiengänge stand auch den Absolventinnen und Absolventen der FH Bielefeld die Möglichkeit zur Promotion offen.

Drei Studienrichtungen wachsen zusammen

Im Jahr 2005 wurden die mittlerweile drei Studienrichtungen Elektrotechnik und Informationstechnik, Maschinenbau sowie Mathematik und Technik zum gemeinsamen Fachbereich Ingenieurwissenschaften und Mathematik. Im Oktober 2009 übernahm erstmals ein extern berufener Dekan die Geschicke des Fachbereichs. In dieser Zeit entwickelte sich Bielefeld mehr und mehr als Hochschulstadt. Der damalige Oberbürgermeister Eberhard David äußerte in der Jubiläumsausgabe zum 25-jährigen Bestehen der Ingenieurausbildung in Bielefeld: »Bielefeld ist Hochschulstadt. Sie ist Ostwestfalens Metropole und durch die gute Verkehrsanbindung quasi Vorort von Berlin.«

Aber nicht nur in Bielefeld ist viel passiert. Am 1. August 2010 wurde der Studienort Gütersloh im Verlagshaus Flöttmann an der Schulstraße 10 offiziell eröffnet. Zunächst mit den praxisintegrierten Studiengängen Wirtschaftsingenieurwesen und Mechatronik/Automatisierung erweiterte der Standort das Portfolio des Fachbereichs. Im Jahr 2015 fand der lang ersehnte Umzug der Bielefelder Standorte des Fachbereichs auf den Campus Bielefeld statt. Endlich waren der Großteil aller Fachbereiche sowie die Verwaltung unter einem Dach angesiedelt. In dieser Zeit wuchs auch das Studienangebot in Gütersloh und damit die Zahl der Studierenden, sodass die Eröffnung des heutigen Campus Gütersloh am 1. Oktober 2018 am Langen Weg 9a (Gleis 13) nicht lange auf sich warten ließ.

Der Fachbereich heute

Heute zählt der Fachbereich IuM mit 3.227 Studierenden in 23 Bachelor- und Masterstudiengängen zu den größten der FH Bielefeld. Um den daraus resultierenden Aufgaben angemessen gerecht zu werden, sind aktuell 75 Professorinnen und Professoren, zehn Lehrkräfte für besondere Aufgaben sowie 65 Mitarbeiterinnen und Mitarbeiter in Forschung, Technik und Verwaltung am Fachbereich beschäftigt (Stand: 11/2020).

Das Angebot aus dem MINT-Bereich (Mathematik, Informatik, Naturwissenschaften und Technik) vereint dabei unterschiedliche Lehrgebiete wie Elektrotechnik, Informationstechnik, Maschinenbau, Mechatronik, Wirtschaftsingenieurwesen, Angewandte Mathematik degree programmes, graduates of Bielefeld UAS also had the opportunity to gain a doctorate.

Three Fields of Study Grow Together

In 2005, the now three fields of study: Electrical Engineering and Information Technology; Mechanical Engineering; and Mathematics and Technology, became the joint Faculty of Engineering and Mathematics. In October 2009, an externally appointed Dean took over the direction of the faculty for the first time. During this time, Bielefeld developed more and more as a university city. The Lord Mayor at the time, Eberhard David, commented in the anniversary issue on the 25th anniversary of engineering education in Bielefeld: »Bielefeld is a university city. It is East Westphalia's metropolis and, thanks to its good transport connections, virtually a suburb of Berlin.«

But a lot has happened not only in Bielefeld. On 1st August 2010, the Campus Gütersloh was officially opened in the Flöttmann publishing house at Schulstrasse 10. Initially with the work-integrated study programmes Industrial Engineering, and Mechatronics/Automation, the location expanded the faculty's portfolio. In 2015, the long-awaited move of the faculties' Bielefeld locations to the Campus Bielefeld took place. At last, the majority of all faculties, as well as the administration, were located under one roof. During this time, the range of courses offered in Gütersloh also grew, and with it the number of students, so that the opening of today's Campus Gütersloh on 1 October 2018 at Langer Weg 9a (Gleis 13) was not long in coming.

The Faculty Today

Today, with 3,227 students in 23 Bachelor's and Master's degree programmes, the Faculty of IuM is one of the largest at the Bielefeld UAS. In order to adequately fulfil the resulting tasks, the faculty currently employs 75 professors, ten lecturers for special tasks, as well as 65 employees in research, technology and administration (status: 11/2020).

The courses offered in the STEM area (Sciences, Technology, Engineering and Mathematics), combine different fields of teaching such as Electrical Engineering, Information Technology, Mechanical Engineering, Mechatronics, Industrial Engineering, Applied Mathematics or Apparative Biotechnology, to name but a few. As an alternative to the usual attendance courses, part-time, cooperative and work-integrated study models are also offered.

oder Apparative Biotechnologie, um nur einige zu nennen. Alternativ zu den üblichen Präsenzstudiengängen werden auch berufsbegleitende, kooperative und praxisintegrierte Studienmodelle angeboten.

Lehre am Fachbereich Ingenieurwissenschaften und Mathematik – Stimmen der Professorinnen und Professoren

Claudia Cottin

Da ich in den 1970er-Jahren mein Studium aufgenommen habe, kann ich zu 50 Jahren Studienreform im Schnelldurchlauf berichten. Meine ganz persönliche Geschichte startete an einer Gesamthochschule, sozusagen einer Art Hybrid zwischen Universität und Fachhochschule. Auf diese Weise kam ich schon recht früh mit dem damals neuen Modell der Fachhochschulen in Berührung. Die FH Bielefeld lernte ich kurz nach ihrem 25-jährigen Jubiläum kennen. Damals durfte ich als neu berufene Professorin am Aufbau innovativer Diplomstudiengänge mitwirken, später dann an der erfolgreichen Umstellung auf die Bachelor- und Masterstudiengänge. Diese wurden akkreditiert und reakkreditiert und inzwischen arbeiten wir bereits an der nächsten größeren Studienreform in einigen Jahren. Auch wenn uns die Corona-Krise dabei zunächst ein wenig ausgebremst hat, so hat uns der damit verbundene Digitalisierungsschub auf der anderen Seite pünktlich zum 50. Jubiläum grundlegend neue Impulse für die anstehenden Aufgaben gegeben. Wie auch in der Vergangenheit bin ich gerne bereit, diese Herausforderung anzugehen.

Thomas Freund

Es ist eine spannende Aufgabe, mit Studierenden aus den praxisintegrierten Studiengängen zusammenzuarbeiten. Durch ihre Industrieerfahrung bringen sie konkrete Problemstellungen aus der Praxis mit. Im Rahmen des Fachs Mechatronische Systeme werden anspruchsvolle Maschinen von studentischen Teams in kompletter Eigenarbeit entwickelt und gebaut. Dank der faszinierenden Kreativität unserer Studierenden und der großzügigen Unterstützung aus den Unternehmen entstanden so in der Vergangenheit bereits viele beeindruckende Exponate. Besser kann man einen erfolgreichen Abschluss aus meiner Sicht kaum präsentieren und ich bin dankbar, dies in meiner Funktion als Lehrender betreuen und begleiten zu dürfen. So kann es weitergehen.

Teaching at the Faculty of Engineering and Mathematics – Professors' Voices

Claudia Cottin

Since I started my studies in the 1970s, I can report on 50 years of academic reform in fast forward. My personal history began at a comprehensive university, a kind of hybrid between a university and a university of applied sciences. In this way, I came into contact with the then new model of universities of applied sciences quite early. I got to know the Bielefeld UAS shortly after its 25th anniversary. At that time, as a newly appointed professor, I was able to contribute to the development of innovative diploma degree programmes, and later to the successful conversion to Bachelor's and Master's degree programmes. These were accredited and re-accredited and in the meantime we are already working on the next major study reform in a few years. Even if the Corona crisis initially slowed us down a little, the associated digitalisation push on the other hand has given us fundamental new impetus for the tasks ahead, just in time for our 50th anniversary. As in the past, I am happy to take on this challenge.

Thomas Freund

It is an exciting task to work with students from the work-integrated degree programmes. Through their industrial experience, they bring concrete problems from practice with them. As part of the Mechatronic Systems subject, sophisticated machines are developed and built by student teams entirely on their own. Thanks to the fascinating creativity of our students and the generous support from the companies, many impressive exhibits have already been created in the past. From my point of view, you can hardly present a successful degree better than this and I am grateful to be able to supervise and accompany this in my function as a lecturer. This is how it can continue.

Jens Haubrock

The development and implementation of the latest research findings into usable applications is one of the main tasks of modern universities of applied sciences. Developments in society as a whole, such as the energy turnaround and electromobility, require diverse new processes and methods for the automation and digitalisation of the energy supply system. We at the Faculty of IuM work together with our practical partners to research and realise digital solutions for the challenges of the future. We involve students and doctoral candidates in our current research topics and work according to the Humboldtian ideal of the university, in which research and teaching enter into a close symbiosis.

Jens Haubrock
Die Erarbeitung und die Umsetzung neuester Forschungserkenntnisse in nutzbare Anwendungen sind eines der Hauptaufgabengebiete der modernen Fachhochschulen. Gesamtgesellschaftliche Entwicklungen wie beispielsweise die Energiewende und die Elektromobilität bedürfen vielfältiger neuer Verfahren und Methoden zur Automatisierung und Digitalisierung des Energieversorgungssystems. Wir am Fachbereich IuM arbeiten gemeinsam mit unseren Praxispartnern an der Erforschung und Realisierung von digitalen Lösungen für die Herausforderungen der Zukunft. Wir beteiligen Studierende, Doktorandinnen und Doktoranden an unseren aktuellen Forschungsthemen und arbeiten nach dem humboldtschen Ideal der Hochschule, bei dem Forschung und Lehre eine enge Symbiose eingehen.

Jörg Horst
Gerne schildere ich meine Eindrücke und äußere Wünsche für die zukünftigen Herausforderungen, da ich erst seit 2017 an der FH Bielefeld lehre und nicht weit zurückschauen kann. Die jüngsten Erfahrungen der digitalen Semester seit März 2020 haben gezeigt, dass es für uns als Hochschule wichtiger denn je ist, verstärkt über die Themen digitale Lehre, digitale Tools und auch die Durchführung von digitalen Prüfungen zu diskutieren. In den vergangenen Semestern habe ich gemeinsam mit Kolleginnen und Kollegen anderer Hochschulen an der Entwicklung des digitalen Tools STACK gearbeitet, das sich zur Erstellung von Online-Aufgaben eignet. Diese und andere Entwicklungen mit umsetzen zu können, ist für mich ein Stück Zukunft. Ich wünsche mir, dass weitere Rahmenbedingungen geschaffen werden, um neue Werkzeuge in der digitalen Lehre einsetzen zu können. Ich bin dankbar, mit der FH Bielefeld den passenden Rahmen dafür gefunden zu haben.

Bruno Hüsgen
Erfolgreiche Ingenieurinnen und Ingenieure im Maschinenbau sind schon lange keine Einzelkämpfer mehr. Sie arbeiten heute und in Zukunft noch viel mehr in interdisziplinären, heterogenen Teams über Ländergrenzen hinweg. Soziale Kompetenzen wie Team-, Kommunikations-, aber auch Konflikt- und Durchsetzungsfähigkeit gewinnen neben Fremdsprachenkenntnissen an Bedeutung. Im Studiengang Maschinenbau werden diese Fähigkeiten neben den technischen Kompetenzen schon ab dem ersten Semester gezielt gefördert. Dies geschieht unter anderem durch Gruppen- und Projektarbeiten, von denen auch einige in Kooperation mit Industrieunternehmen erfolgen.

Andrea Kaimann
Unsere Studierenden sind die Gestalterinnen und Gestalter der digitalen Transformation. Die digitale Transformation, die Durchdringung digitaler Technologien in der Arbeits- und Lebenswelt, hat immense Auswirkungen auf künftige Arbeits-, Organisations- und Lebensstruk-

Jörg Horst
I am happy to describe my impressions and express wishes for future challenges, as I have only been teaching at the Bielefeld UAS since 2017 and cannot look back very far. The recent experiences of the digital semesters since March 2020 have shown that it is more important than ever for us as a university to increasingly discuss the topics of digital teaching, digital tools and also the implementation of digital examinations. In the past semesters, I have worked together with colleagues from other universities on the development of the digital tool STACK, which is suitable for creating online assignments. Being able to help implement these and other developments is a piece of the future for me. I hope that further framework conditions will be created so that new tools can be used in digital teaching. I am grateful to have found the right framework for this at the Bielefeld UAS.

Bruno Hüsgen
Successful engineers in mechanical engineering have long ceased to be lone warriors. They work today, and will work even more in the future, in interdisciplinary heterogeneous teams across national borders. Social skills such as teamwork, communication, conflict resolution and assertiveness are becoming increasingly important, along with foreign language skills. In the Mechanical Engineering degree programme, these skills are specifically promoted alongside the technical competences from the first semester onwards. This is done, among other things, through group and project work, some of which is done in cooperation with industrial companies.

Andrea Kaimann
Our students are the shapers of the digital transformation. The digital transformation, the penetration of digital technologies in the world of work and life, has immense effects on future work, organisational and life structures. Responsibly shaping this highly dynamic environment, characterised by complexity and imponderables, will be an important task for our graduates. Against this background, competences such as critical thinking, problem-solving skills, self-organised work and learning as well as intercultural competence are becoming enormously important in addition to solid basic technological knowledge.

Jörn Loviscach
In our times of media that are available everywhere and at all times for free, it is difficult to concentrate. On top of that, it is increasingly difficult to discern what is of substance in the jungle of opinion, advertising, propaganda and even simply sloppy representations; this also affects media which has been long regarded as reliable. The core task of the universities will thus be increasingly to make the motto ›Sapere aude!‹ reality.

turen. Dieses hochdynamische, von Komplexität und Unwägbarkeiten geprägte Umfeld verantwortungsbewusst zu gestalten, wird eine wichtige Aufgabe unserer Absolventinnen und Absolventen sein. Vor diesem Hintergrund gewinnen neben solidem technologischem Basiswissen Kompetenzen wie beispielsweise kritisches Denken, Problemlösungsfähigkeit, selbstorganisiertes Arbeiten und Lernen sowie interkulturelle Kompetenz enorm an Bedeutung.

Jörn Loviscach
In unseren Zeiten der allzeit und überall gratis verfügbaren Medien fällt es schwer, sich zu konzentrieren. Obendrein lässt sich das Substanzielle im Dschungel von Meinung, Werbung, Propaganda und auch schlicht nur schlampigen Darstellungen immer schwerer ausmachen; dies betrifft auch lange als verlässlich bekannte Medien. Die Kernaufgabe der Hochschulen wird damit mehr und mehr, das ›Sapere aude!‹ dennoch gelingen zu lassen.

Dirk Lütkemeyer
2005 gegründet, 2009 in einen hochwertigen Laborneubau umgezogen, ist die Apparative Biotechnologie mit fast 140 Studierenden ein hervorragendes Beispiel für die Diversität des Fachbereichs IuM. Durch das Angebot eines Bachelor- wie auch Masterstudiengangs in Zusammenarbeit mit der Universität Bielefeld trägt die Apparative Biotechnologie wesentlich zur Attraktivität der FH Bielefeld bei. Die Studiengänge zeichnen sich durch einen hohen Praxisanteil aus. Dementsprechend sind die Labore mit modernen Gerätschaften vom Labor- bis in den Pilotmaßstab ausgerüstet, um die Studierenden bestmöglich für ihre zukünftigen Tätigkeiten auszubilden.

Wolfram Schenck
Kern der Informatik ist die kreative und korrekte Entwicklung von komplexen Algorithmen. Diese Fähigkeit an die Studierenden zu vermitteln, ist eine zentrale Herausforderung im Bereich der Didaktik der Informatik. Daran werden auch zukünftige Entwicklungen wie Quantencomputing oder fortgeschrittene Künstliche Intelligenz voraussichtlich nichts Wesentliches ändern. Kurioserweise ist die Programmiersprache C, die heute weiterhin eine grundlegende Rolle spielt, fast so alt wie die FH Bielefeld.

Rüdiger Schultheis
Die Elektrotechnik ist heute mehr denn je mit unserem hohen Lebensstandard verknüpft. Dabei spielt es keine Rolle, ob wir den Bereich Energie, Kommunikation, Gesundheit, Umwelt oder Mobilität in den Blick nehmen. Die Elektrotechnik ist in nahezu jedem Lebensmoment zu finden und dies wird in Zukunft weiter zunehmen. Im Studiengang Elektrotechnik bereiten wir unsere Studierenden darauf vor, diesem Umstand Rechnung zu tragen.

Dirk Lütkemeyer
Founded in 2005 and moved into a high-quality new laboratory building in 2009, the department of Apparative Biotechnology, with almost 140 students, is an excellent example of the diversity of the Faculty of IuM. By offering both a Bachelor's and Master's degree programme in cooperation with University of Bielefeld, Apparative Biotechnology makes a significant contribution to the attractiveness of the Bielefeld UAS. The degree programmes are characterised by a significant practical component. Accordingly, the laboratories are equipped with modern equipment from laboratory to pilot scale in order to train students in the best possible way for their future activities.

Wolfram Schenck
The core of computer science is the creative and correct development of complex algorithms. Teaching this skill to students is a central challenge in the field of computer science didactics. Future developments such as quantum computing, or advanced artificial intelligence, are not likely to change this significantly. Curiously, the programming language C, which continues to play a fundamental role today, is almost as old as the Bielefeld UAS.

Rüdiger Schultheis
Today, electrical engineering is more than ever linked to our high standard of living. It doesn't matter whether we are looking at energy, communication, health, the environment or mobility. Electrical engineering can be found in almost every moment of life and this will continue to increase in the future. In the Electrical Engineering degree programme, we prepare our students to take this into account.

Christian Schwede
I am pleased that the Bielefeld UAS is always breaking new ground in teaching and consistently closing ranks with research and practice. The ›Digital‹ Campus Gütersloh is a good example of this. In addition to close cooperation with companies in the innovative work-integrated degree programmes, young researchers are trained in an application-oriented and project-based manner in the unique Research Master Data Science. New teaching concepts are being courageously tested and show what else is possible if you dare to leave the status quo. For the future, I hope that this courage will be maintained and that new paths, such as internationalisation, will be pushed even further.

Eva Schwenzfeier-Hellkamp
In the Renewable Energies degree programme, we teach students skills that enable them to be multipliers in the energy transition sector. I am particularly fascinated by the opportunity to work in an application-oriented way in teaching and research. Together with students and external cooperation partners, my colleagues and I can carry out inter-

Christian Schwede

Ich freue mich, dass die FH Bielefeld immer neue Wege in der Lehre beschreitet und dabei den Schulterschluss mit Forschung und Praxis konsequent herstellt. Der ›Digital‹-Campus Gütersloh ist hierfür ein gutes Beispiel. Neben enger Zusammenarbeit mit Unternehmen in den innovativen, praxisintegrierten Studiengängen werden im einzigartigen Forschungsmaster Data Science junge Forscherinnen und Forscher anwendungsnah und projektbasiert ausgebildet. Neue Lehrkonzepte werden mutig erprobt und zeigen, was noch möglich ist, wenn man sich traut, den Status quo zu verlassen. Für die Zukunft erhoffe ich mir, dass dieser Mut erhalten bleibt und neue Wege, wie beispielsweise die Internationalisierung, noch weiter vorangetrieben werden.

Eva Schwenzfeier-Hellkamp

Im Studiengang Regenerative Energien vermitteln wir den Studierenden Kompetenzen, die sie in die Lage versetzen, Multiplikatoren im Sektor der Energiewende zu sein. Die Möglichkeit, in Lehre und Forschung anwendungsorientiert arbeiten zu können, fasziniert mich dabei besonders. Gemeinsam mit Studierenden und externen Kooperationspartnern können meine Kolleginnen, meine Kollegen und ich interdisziplinäre Forschungsprojekte durchführen. Das innerhalb der FH Bielefeld gegründete Institut für Technische Energie-Systeme (ITES) stärkt dabei die Unternehmen in der Region OWL und stellt attraktive Arbeitsplätze für unsere Absolventinnen und Absolventen sicher.

Hubertus Wameling

Im Wintersemester 2008/2009 wurde das Angebot der FH Bielefeld um den Studiengang Wirtschaftsingenieurwesen erweitert. Damit sind wir innerhalb des Fachbereichs IuM der jüngste grundständige Studiengang. Im CHE-Hochschulranking sind wir seit Jahren unter den Topplatzierungen. Mit bis zu zehn Bewerbungen pro Studienplatz zählen wir zu den gefragtesten Studiengängen. Daher fühlen wir uns der Region OWL und darüber hinaus verpflichtet, diesen Standard nicht nur zu halten, sondern kontinuierlich und anwendungsnah auszubauen. Aus den jährlich rund 25 Industrieprojekten ergeben sich Praxis- und Bachelorphasen in den kooperierenden Unternehmen, die für unsere Absolventinnen und Absolventen vielfach zum direkten Einstieg ins Berufsleben führen. Das zusammengenommen ist unsere Triebfeder für die Zukunft.

disciplinary research projects. The Institute for Technical Energy Systems (ITES) founded within the Bielefeld UAS strengthens the companies in the OWL region and ensures attractive jobs for our graduates.

Hubertus Wameling
In the winter semester 2008/2009, the Bielefeld UAS added the degree programme in Industrial Engineering and Management. This makes us the youngest undergraduate degree programme within the Faculty of IuM. In the CHE university ranking we have been among the top places for years. With up to ten applications per place, we are one of the most sought-after degree programmes. Therefore, we feel obliged to not only maintain this standard in the OWL region and beyond, but to continuously expand it in an application-oriented manner. The approximately 25 industrial projects each year result in practical and bachelor phases in the cooperating companies, which often lead to direct entry into professional life for our graduates. All this together is our driving force for the future.

Research at the Faculty of Engineering and Mathematics[2]

With its extensive activities in the field of applied research in close cooperation with local industry, but also in the field of basic research in cooperation with other universities and research institutions, the Faculty of Engineering and Mathematics provides important impulses for the Bielefeld UAS and the OWL region. The high level of applied research also supports the attractiveness and practical relevance of teaching. Thanks to the professors' intensive contact with industry, the Faculty sees itself as a competent problem solver for industrial, economic and social issues. We also provide small and medium-sized enterprises with access to important, practice-relevant research and development results.

The research profile of the faculty is characterised by the two guiding themes of technology for people, and technology for energy and materials. In twelve working groups, three research institutes, two research foci and three research centres, professors and scientific staff of the faculty successfully bundle their competences. Last but not least, the faculty helped to launch the CareTech OWL (Centre for Health, Social Affairs and Technology at the Bielefeld UAS) in 2019. This interdisciplinary association of academics develops needs-oriented and practical solutions for social and health care that exploit the potential of new technologies.

Overall, a significant increase in funds raised is becoming apparent over the course of the last few years. For example, the faculty's

2 This section was written by Prof. Dr. rer. nat. Axel Schneider and Dr. Kirsten Bergmann.

Forschung am Fachbereich Ingenieurwissenschaften und Mathematik[2]

Der Fachbereich IuM setzt mit seinen umfangreichen Aktivitäten auf dem Gebiet der angewandten Forschung in enger Zusammenarbeit mit der lokalen Industrie, aber auch im Bereich der Grundlagenforschung in Kooperation mit anderen Hochschulen und Forschungseinrichtungen wichtige Impulse für die FH Bielefeld und die Region OWL. Der hohe Anwendungsbezug der Forschung unterstützt auch die Attraktivität und Praxisnähe der Lehre. Durch den intensiven Kontakt der Professorinnen und Professoren zur Wirtschaft versteht sich der Fachbereich als kompetenter Problemlöser für industrielle, wirtschaftliche und gesellschaftliche Fragestellungen. Dabei eröffnen wir auch kleinen und mittelständischen Unternehmen Zugang zu wichtigen, praxisrelevanten Forschungs- und Entwicklungsergebnissen.

Das Forschungsprofil des Fachbereichs ist durch die beiden Leitthemen Technologie für den Menschen und Technologie für Energie und Stoffe geprägt. In zwölf Arbeitsgruppen, drei Forschungsinstituten, zwei Forschungsschwerpunkten und drei Forschungszentren bündeln Professorinnen und Professoren mit den wissenschaftlichen Mitarbeiterinnen und Mitarbeitern des Fachbereichs erfolgreich ihre Kompetenzen. Nicht zuletzt hat der Fachbereich die Gründung des CareTech OWL (Zentrum für Gesundheit, Soziales und Technologie an der FH Bielefeld) im Jahr 2019 mit auf den Weg gebracht. Dieser interdisziplinäre Zusammenschluss von Wissenschaftlerinnen und Wissenschaftlern entwickelt bedarfsgerechte und praxisnahe Lösungen für die soziale und gesundheitliche Versorgung, die das Potenzial neuer Technologien ausschöpfen.

Insgesamt zeichnet sich im Laufe der letzten Jahre ein deutlicher Anstieg der eingeworbenen Mittel ab. So haben sich die Einnahmen des Fachbereichs für innovative Forschung und Entwicklung seit 2017 mehr als verdoppelt. Im Jahr 2020 wurden im Fachbereich über 60 Forschungs- und Entwicklungsprojekte durchgeführt. Um die Forschung weiter zu stärken, hat der Fachbereich im Jahr 2016 eine erste Forschungsstrategie formuliert und im Jahr 2020 aktualisiert, sodass diese nun mit der Vision 2025 Orientierung für eine weitere dynamische Entwicklung geben soll.

2 Dieser Abschnitt stammt von Prof. Dr. rer. nat. Axel Schneider und Dr. Kirsten Bergmann.

revenue for innovative research and development has more than doubled since 2017. In 2020, more than 60 research and development projects were carried out in the faculty. In order to further strengthen research, the faculty formulated an initial research strategy in 2016 and updated it in 2020, so that this should now provide orientation for further dynamic development with Vision 2025.

»The Lure of Research!« – History of the Development of Research, Told Using the Example of the Patel Working Group[3]

Research has made enormous progress in the last decades. The Patel working group has also benefited from this. It stands for the successful development of a research-active UAS professorship, which is why Prof. Dr. rer. nat. Anant Patel and his working group are singled out here as an example of the development of research.

As the conversation with Professor Patel shows, it was an arduous, but also exciting and above all rewarding path to the establishment of the Patel working group, which deals with the fermentation and formulation of cells and active substances. In 2008, Anant Patel was appointed to the Department of Process Engineering and Alternative Fuels at the Bielefeld UAS and, at that time still at the Wilhelm-Bertelsmann-Strasse location, initially began his teaching activities without staff or laboratory space. His vision, however, was quite different from the beginning. For this reason, the first step in the direction of active research was not long in coming. »While the first laboratory was being built, we were allowed to redesign other rooms at short notice – such as the caretaker's domicile or the cleaning staff's cloakroom – in order to offer improvised practical courses there. This offer was gratefully accepted by the students«, Patel recalls his early days in the faculty.

»The first research money I raised myself – we are talking about a sum of about 2,000 euros for a research project – was a welcome boost, looking back. I felt rich!«, Patel says with a twinkle in his eye. However, the starting point for the actual start of the research work was clearly the research concept, which Patel says he had already submitted with his application without being asked. »The concept brought with it a strong unique selling point and subsequently a clear sharpening of the profile. It also set the strategic course for the development of my teaching and research activities«, Patel explains. This also resulted in another turning point: the hiring of Dr. Desiree Jakobs-Schönwandt, who was committed from the beginning to the now collaborative idea of setting

3 This section was written by Tanja Hage M.A. in dialogue with Prof. Dr. rer. nat. Anant Patel.

»Lockruf der Forschung!« – Entwicklungsgeschichte der Forschung, erzählt am Beispiel der AG Patel[3]

Die Forschung hat in den letzten Dekaden riesige Fortschritte gemacht. Davon hat auch die AG Patel profitiert. Sie steht für den gelungenen Aufbau einer forschungsaktiven FH-Professur, weshalb Prof. Dr. rer. nat. Anant Patel und seine Arbeitsgruppe hier als Beispiel für die Entwicklung der Forschung herausgegriffen werden.

Bis zur Etablierung der Arbeitsgruppe Patel, die sich mit der Fermentation und Formulierung von Zellen und Wirkstoffen beschäftigt, war es, wie das Gespräch mit Professor Patel zeigt, ein anstrengender, aber auch spannender und vor allem lohnenswerter Weg. 2008 wurde Anant Patel für das Lehrgebiet Verfahrenstechnik und alternative Kraftstoffe an die FH Bielefeld berufen und nahm, damals noch am Standort der Wilhelm-Bertelsmann-Straße, seine Lehrtätigkeit zunächst ohne Mitarbeiterinnen und Mitarbeiter oder Laborräume auf. Seine Vision war aber von Anfang an aber eine ganz andere. Aus diesem Grund ließ der erste Schritt in Richtung aktive Forschung auch nicht lange auf sich warten. »Während der erste Laborbau lief, haben wir parallel andere Räume – wie beispielsweise das Domizil des Hausmeisters oder auch die Garderobe der Reinigungskräfte – kurzfristig umgestalten dürfen, um dort improvisierte Praktika anzubieten. Dieses Angebot wurde von den Studierenden dankbar angenommen«, erinnert sich Patel an seine Anfangszeit im Fachbereich.

»Das erste selbst eingeworbene Geld, wir sprechen hier von einer Summe über 2.000 Euro für eine Antragsforschung, war rückblickend betrachtet ein willkommener Anstoß. Ich fühlte mich reich!«, erzählt Patel mit einem Augenzwinkern. Ausgangspunkt für den tatsächlichen Start der Forschungsarbeiten stellte aber ganz klar das Forschungskonzept dar, das Patel nach eigener Aussage ungefragt bereits mit seiner Bewerbung eingereicht hatte. »Das Konzept brachte ein starkes Alleinstellungsmerkmal und in der Folge eine deutliche Profilschärfung mit sich. Damit stellte es auch die strategische Weichenstellung für den Aufbau meiner Lehr- und Forschungstätigkeiten dar«, erklärt Patel. Daraus resultierte auch ein weiterer Wendepunkt: die Einstellung von Dr. Desiree Jakobs-Schönwandt, die von Beginn an engagiert an dem nunmehr gemeinschaftlichen Gedanken des Aufbaus einer Arbeitsgruppe mitgearbeitet hat. »Die anstrengende Phase bis zur Einreichung des ersten gemeinsamen Forschungsantrags werden wir wohl nie vergessen. Trotz aller Hürden hörten wir ihn beide: den Lockruf der Forschung!«, freut sich Patel. Der Antrag im Rahmen des Programms IngenieurNachwuchs sorgte, so Patel weiter, für die Entfaltung

3 Diesen Abschnitt hat Tanja Hage M.A. im Dialog mit Prof. Dr. rer. nat. Anant Patel verfasst.

up a working group. »We will probably never forget the strenuous phase leading up to the submission of the first joint research proposal. Despite all the hurdles, we both heard it: the beckoning call of research!«, says Patel happily. The application within the framework of the Young Engineers Programme ensured, Patel continues, that the full research potential was unleashed. This application enabled him to accept several PhD students at once. They actively supported the further development of the first laboratory. »The key to successful research is highly motivated PhD students«, Jakobs-Schönwandt confirms this important development step.

Another funding instrument was the research professorship initiated by the then Vice President for Research, Development and Transfer, Prof. Dr.-Ing. Joachim Bahndorf. »This created important freedom«, Patel adds. The great personal support from Bahndorf, but also the many other players from the Presidential Board, the Dean's Office and the administration, as well as not least the good and relaxed atmosphere in the faculty corridors, made the difficult initial period easier for him, he says. »We presented the first research results at national conferences without any detours, so that cooperation opportunities quickly arose. The importance of networks in the scientific community is often underestimated«, Patel is convinced. With the first cumulative dissertations came publications and patents. All this provided the necessary visibility to the outside world and thus facilitated further applications. The research thus increasingly fertilised itself. There were requests for Professor Patel as a reviewer of manuscripts for scientific journals and of research proposals, as well as participation in scientific committees and workshops.

The move to the joint university campus represents another milestone. »It simplified the cooperation with the Physics, Chemistry, Biology and Technical Faculties of the University of Bielefeld immensely, not only because of the shorter distances. We have literally moved closer together. New trust was created and interest in the research of other faculties was awakened«, Patel summarises the time of the move from 2015.

From 2017 to 2019, the Bielefeld UAS worked out a joint research strategy, in which Patel played a committed role. »I found the collaboration in this process very motivating. In addition to the fact that some concrete proposals could be implemented, it was especially encouraging to engage in intensive exchange beyond the boundaries of one's own research area and to get to know colleagues with an affinity for research more closely. Our team still benefits from this.«

Today, the Patel working group consists of ten PhD students, two postdocs and a technical assistant. The working group is firmly established in the scientific community and the research is broadly based.

In the areas of sustainability, climate change and health, work is done in a practice-oriented and systematic way on the major societal challenges. Thanks to the methodological orientation of the research concept, this work is open-topic, enables cooperation in multi-actor approaches with various industrial sectors and other practice partners des vollen Forschungspotenzials. Dieser Antrag ermöglichte es ihm, gleich mehrere Promovierende anzunehmen. Diese unterstützten den weiteren Aufbau des ersten Labors tatkräftig. »Der Schlüssel zu erfolgreicher Forschung sind die hoch motivierten Promovierenden«, bestärkt Jakobs-Schönwandt diesen wichtigen Entwicklungsschritt.

Ein weiteres Förderinstrument sei die vom damaligen Vizepräsidenten für Forschung, Entwicklung und Transfer, Prof. Dr.-Ing. Joachim Bahndorf, initiierte Forschungsprofessur gewesen. »Diese schuf wichtige Freiräume«, ergänzt Patel. Die großartige persönliche Unterstützung durch Bahndorf, aber auch die vielen anderen Akteure aus Präsidium, Dekanat und Verwaltung sowie nicht zuletzt die gute und entspannte Atmosphäre in den Fluren des Fachbereichs hätten ihm die schwierige Anfangszeit erleichtert. »Die ersten Forschungsergebnisse stellten wir ohne Umwege zunächst auf nationalen Tagungen vor, sodass sich schnell Kooperationsmöglichkeiten ergaben. Häufig wird die Bedeutung von Netzwerken in der Scientific Community unterschätzt«, so Patels Überzeugung. Mit den ersten kumulativen Dissertationen kamen auch die Publikationen und Patente. All das sorgte für die nötige Sichtbarkeit nach außen und erleichterte damit die weiteren Antragsstellungen. Die Forschung befruchtete sich somit zunehmend selbst. Es ergaben sich Anfragen an Professor Patel als Gutachter von Manuskripten für wissenschaftliche Magazine und von Forschungsanträgen sowie die Mitarbeit in wissenschaftlichen Gremien und Workshops.

Der Umzug auf den gemeinsamen Hochschulcampus stellte einen weiteren Meilenstein dar. »Er vereinfachte die Kooperation mit der Physik, Chemie, Biologie und der Technischen Fakultät der Universität Bielefeld nicht nur aufgrund der verkürzten Wege immens. Wir sind sprichwörtlich zusammengerückt. Es entstand neues Vertrauen und das Interesse an der Forschung anderer Fachbereiche wurde geweckt«, fasst Patel die Zeit des Umzugs ab 2015 zusammen.

Von 2017 bis 2019 arbeitete die FH Bielefeld eine gemeinsame Forschungsstrategie aus, bei der Patel engagiert mitgewirkt hat: »Die Zusammenarbeit in diesem Prozess empfand ich als sehr motivierend. Neben der Tatsache, dass einige konkrete Vorschläge umgesetzt werden konnten, war es vor allem bestärkend, über die Grenzen des eigenen Forschungsgebiets hinaus in intensiven Austausch zu kommen und die forschungsaffinen Kolleginnen und Kollegen näher kennenzulernen. Davon profitiert unser Team noch immer.«

Die AG Patel besteht heute aus zehn Promovierenden, zwei Postdocs sowie einer technischen Assistentin. Die Arbeitsgruppe ist fest in der wissenschaftlichen Gemeinschaft etabliert und die Forschung breit aufgestellt.

In den Bereichen Nachhaltigkeit, Klimawandel und Gesundheit wird praxisorientiert und systematisch an den großen gesellschaftlichen Aufgaben gearbeitet. Dank der methodischen Ausrichtung des Forschungskonzeptes ist diese Arbeit themenoffen, ermöglicht Kooperationen mit verschiedenen Industriebereichen und anderen Praxispartnern *as well as with universities and the Fraunhofer Institutes. For example, the Patel working group, together with the University of Göttingen and a corporate partner, has developed the product ATTRACAP, which has already won several awards. This is used in potato cultivation for biological control of wireworms. Another example is the successful materials research carried out by the Bielefeld Institute for Applied Materials Research in cooperation with the Faculty of Design. The aim is to develop bio-based dyes and adhesives for eco-textiles, to name just a few projects.*

Professor Patel himself is the speaker of the Biological Plant Protection Working Group of the German Phytomedical Society. He is also an active member of the Bioencapsulation Research Group and the Bielefeld Institute for Applied Materials Research. Furthermore, Patel has been the Director of the Life Sciences and Health Technologies Department of the NRW Doctoral College since December 2020. In addition, he organises and accompanies the meeting of supervisors of doctoral students at the Bielefeld UAS, plans the establishment of a graduate centre and supports the internationalisation of research. »All these activities are only possible because I have the support of a great team that pushes the goals of the working group with initiative and a spirit of discovery«, Patel knows.

»The lure of research will ensure that we stick to the path we have chosen in the coming years«, Patel is certain. When asked what his personal motivation is, he concludes: »My drive is first and foremost to work with young people in research and teaching. It gives me great pleasure to put fresh ideas into practice. Beyond that, it is working in teams as a whole. We should not think too short within our own research activities. Cooperations are possible in many forms. There are no boundaries in science. On the contrary: we should build bridges and the Bielefeld UAS offers us the right framework for this. Research makes you happy!«

Outlook of the Dean[4]

When I think about the title of our commemorative publication ›50 Years of Future‹, I believe that the European higher education reform that began a good 20 years ago is a very decisive aspect. The Bologna Process and the accompanying opening of the universities of applied sciences, as well as the permeability to other universities and colleges, is an important turning point in our university history.

The political mandate of the universities to address important social issues can now be implemented in a completely different way. Particularly at the national and international level, new perspectives for the networking of higher education institutions as a whole have opened

4 This section was written by Dean Prof. Dr.-Ing. Rolf Naumann.

sowie mit Universitäten und den Fraunhofer Instituten. Beispielsweise hat die AG Patel mit der Universität Göttingen und einem Unternehmenspartner das bereits mit mehreren Preisen ausgezeichnete Produkt ATTRACAP entwickelt. Dieses wird im Kartoffelanbau zur biologischen Bekämpfung von Drahtwürmern eingesetzt. Ein anderes Beispiel ist die im Rahmen der erfolgreichen Materialforschung des Bielefelder Instituts für Angewandte Materialforschung gelebte Kooperation mit dem Fachbereich Gestaltung. Ziel ist die Entwicklung biobasierter Farb- und Klebstoffe für Ökotextilien, um nur einige konkrete Projekte zu benennen.

Professor Patel selbst ist Sprecher des Arbeitskreises Biologischer Pflanzenschutz der Deutschen Phytomedizinischen Gesellschaft. Weiterhin ist er aktives Mitglied der Bioencapsulation Research Group und des Bielefelder Instituts für Angewandte Materialforschung. Darüber hinaus ist Patel seit Dezember 2020 Direktor der Abteilung Lebenswissenschaften und Gesundheitstechnologien der Promotionskollegs NRW. Zusätzlich organisiert und begleitet er das Treffen der Betreuerinnen und Betreuer von Promovierenden an der FH Bielefeld, plant die Etablierung eines Graduiertenzentrums und unterstützt die Internationalisierung der Forschung. »All diese Aktivitäten sind nur möglich, weil ich die Unterstützung eines großartigen Teams habe, das mit Eigeninitiative und Entdeckergeist die Ziele der Arbeitsgruppe vorantreibt«, weiß Patel.

»Der Lockruf der Forschung wird dafür sorgen, dass wir auch in den kommenden Jahren an dem eingeschlagenen Weg festhalten«, ist sich Patel sicher. Auf die Frage, was seine ganz persönliche Motivation sei, antwortet er mit folgenden Schlussworten: »Mein Antrieb ist zuallererst die Zusammenarbeit mit jungen Menschen in Forschung und Lehre. Die frischen Ideen in die Praxis zu überführen, bereitet mir große Freude. Darüber hinaus ist es das Arbeiten in Teams insgesamt. Wir sollten innerhalb der eigenen Forschungstätigkeiten nicht zu kurz denken. Kooperationen sind in vielfacher Form möglich. Es gibt in der Wissenschaft keine Grenzen. Im Gegenteil: Wir sollten Brücken schlagen und die FH Bielefeld bietet uns dafür den richtigen Rahmen. Forschen macht glücklich!«

Ausblick des Dekans[4]

Wenn ich über den Titel unserer Festschrift ›50 Jahre Zukunft‹ nachdenke, dann ist aus meiner Sicht die vor gut 20 Jahren begonnene europäische Hochschulreform ein ganz entscheidender Aspekt. Der Bologna-Prozess und die damit einhergehende Öffnung der Fachhochschulen sowie die Durchlässigkeit zu anderen Hochschulen und Universitäten sind ein wichtiger Wendepunkt in unserer Hochschulgeschichte.

Der politische Auftrag der Hochschulen, sich wichtigen gesellschaftlichen Fragestellungen zu widmen, ist nun in ganz anderer Weise

4 Diesen Abschnitt hat Dekan Prof. Dr.-Ing. Rolf Naumann verfasst.

up since the harmonisation of higher education institutions at the European level.

This also makes it easier to sharpen one's own profile of application-oriented education and to position oneself in the higher education sector. The reform is also having a positive effect on research and development projects, as the Bologna Process has also broadened the understanding of the Bielefeld UAS to include the aspect of an academic institution. As a result, we have seen an increasing number of application-related research and development projects, especially with companies from OWL.

What was achieved by the Bologna Process on a large scale, we have been able to experience on a small scale in the history of the Bielefeld UAS, with the move to the Campus Bielefeld in 2015. Many disciplines, not only those of other fields of study, but also within our faculty, have come together under one roof for the first time. The spatial proximity has given rise to numerous interdisciplinary projects, from which the teaching and research work has benefited greatly. Three years later, the Campus Gütersloh opened at a second location directly in Gütersloh. New degree programmes and the modern building provide further synergy effects. In addition, we have been able to bundle a large part of the teaching staff within our faculty by jointly finding two guiding themes. We would like to continue such and similar successes in the future.

There are no limits to this process, because the university system thrives on communication and inspiration from people who think differently. We are constantly on the lookout for application-oriented answers, which we carry into society through our students. We want to continue this self-image, oriented towards the Humboldtian ideal of education, for the next 50 years and thus contribute our modest share to the well-being of society.

umsetzbar. Insbesondere auf nationaler und internationaler Ebene bieten sich seit der Angleichung der Hochschulen auf europäischer Ebene neue Perspektiven für die Vernetzung der Hochschulen insgesamt.

Damit ist es auch leichter, das eigene Profil der anwendungsnahen Ausbildung zu schärfen und sich in dem Hochschulsektor zu positionieren. Die Reform wirkt sich zudem positiv auf die Forschungs- und Entwicklungsprojekte aus, da mit dem Bologna-Prozess auch das Verständnis der FH Bielefeld um den Aspekt der wissenschaftlichen Einrichtung erweitert wurde. Als Folge haben wir eine zunehmende Anzahl an anwendungsbezogenen Forschungs- und Entwicklungsprojekten zu verzeichnen, insbesondere mit Unternehmen aus OWL.

Was durch den Bologna-Prozess im Großen erreicht wurde, haben wir in der Geschichte der FH Bielefeld im Kleinen durch den Umzug im Jahr 2015 auf den Campus Bielefeld erleben können. Viele Disziplinen, nicht nur die anderer Studienrichtungen, sondern auch innerhalb unseres Fachbereichs, sind erstmals unter einem Dach zusammengekommen. Durch die räumliche Nähe sind zahlreiche interdisziplinäre Projekte entstanden, wovon die Lehr- und Forschungstätigkeiten sehr profitiert haben. Drei Jahre später öffnete der Campus Gütersloh an einem zweiten Standort direkt in Gütersloh. Neue Studiengänge und das moderne Gebäude sorgen für weitere Synergieeffekte. Darüber hinaus haben wir durch die gemeinsame Findung zweier Leitthemen einen Großteil der Lehrenden innerhalb unseres Fachbereichs bündeln können. Solche und ähnliche Erfolge möchten wir in Zukunft weiterführen.

Diesem Prozess sind keine Grenzen gesetzt, denn das System Hochschule lebt von Kommunikation und Inspiration durch Andersdenkende. Wir sind ständig auf der Suche nach anwendungsbezogenen Antworten, die wir über unsere Studierenden in die Gesellschaft tragen. Dieses Selbstverständnis wollen wir, orientiert am humboldtschen Bildungsideal, auch die kommenden 50 Jahre fortführen und damit unseren bescheidenen Anteil zum gesellschaftlichen Wohl beitragen.

50 years AR

ZUM 50. GEBURTSTAG!

ON THE 50TH BIRTHDAY!

Es war eine gute Entscheidung 1972, mich um einen Studienplatz an der noch jungen Fachhochschule an der Lerchenstraße zu bewerben. Ich kam über den sogenannten zweiten Bildungsweg nach Abschluss der Lehre zum Industriekaufmann und Erwerb der Fachhochschulreife zum Studium. Über diesen Weg bekam ich bereits erste Einblicke in betriebswirtschaftliche Abläufe.

It was a good decision in 1972 to apply for a place at the still young University of Applied Sciences in Lerchenstrasse. I came to the university via the so-called second educational path after completing an apprenticeship as an industrial clerk and obtaining the UAS matriculation school-leaving certificate. This way I already got my first insights into business processes.

Ein wirkliches Plus für ein Studium an der Fachhochschule war dann der ausgeprägte Praxisbezug. Die Professorinnen und Professoren, die ja vor ihrer Lehrtätigkeit ihr berufliches Können bereits unter Beweis gestellt hatten, überzeugten durch ihre realitätsnahe Wissensvermittlung.

Auf der Grundlage dieser soliden Ausbildung hatte ich dann die Chance, national und international in verschiedenen Unternehmen und Unternehmensbereichen Verantwortung zu übernehmen. Dabei half mir immer wieder mein Standbein des relativ breit aufgestellten Betriebswirtschaftsstudiums. Natürlich muss man als Manager sehr viel zusätzliches Wissen erwerben und interkulturelle Erfahrungen sammeln. Über die Zeit wird dann sozusagen das Spielbein immer wichtiger.

Wir haben es heute mit einer globalisierten Wirtschaft zu tun. Das Unternehmen Claas, für das ich 37 Jahre gearbeitet habe, generiert 80 Prozent des Umsatzes im Ausland. Dem sollte man in seiner eigenen Ausbildung Rechnung tragen. Es kommt heute neben der Kenntnis der digitalen Entwicklung immer mehr auf gute Sprach- und Kommunikationsfähigkeiten an. Da hilft ein Auslandssemester enorm weiter. Für einen erfolgreichen Berufsweg empfehle ich zudem ein eigenes Spezialgebiet, auf dem einem möglichst niemand etwas vormacht.

Die Voraussetzungen dafür bietet die FH Bielefeld heute mehr denn je in ausgezeichneter Weise. Die Hochschule hat in den letzten Jahren wirklich Fahrt aufgenommen und mit dem großen Campus in Bielefeld sowie mit dem neuen, vielversprechenden Standort Gütersloh einen großen Schritt in Richtung Zukunft genommen. Ich durfte diese Entwicklung als Hochschulrat über zehn Jahre begleiten.

Meine Gratulation und meine guten Wünsche begleiten die FH Bielefeld samt allen Professorinnen und Professoren sowie allen Mitarbeiterinnen und Mitarbeitern.

A real plus for studying at the UAS was the strong practical relevance. The professors, who had already proven their professional skills before they started teaching, were convincing with their realistic knowledge transfer.

On the basis of this solid training, I then had the opportunity to take on responsibility in various companies and divisions, both nationally and internationally. My relatively broad-based business administration studies helped me in this process time and time again. Of course, as a manager you have to acquire a lot of additional knowledge and gain intercultural experience. But with the profound basis, created at the Bielefeld UAS, the expansion of my educational horizon was easy and comfortable.

Today we are dealing with a globalised economy. The Claas company, for which I worked for 37 years, generates 80 percent of its sales abroad. You should take this into account in your own training. Today, in addition to knowledge of digital developments, good language and communication skills are increasingly important. A semester abroad helps tremendously. For a successful career, I also recommend a special field of study in which no one can take you for a fool.

Today, more than ever, the Bielefeld UAS offers the prerequisites for this in an excellent way. The University has really picked up speed in recent years and has taken a big step towards the future with the large campus in Bielefeld and also with the new, promising location in Gütersloh. As a member of the University Council, I had the privilege of accompanying this development for over ten years.

My congratulations and good wishes go out to all professors and staff at the Bielefeld UAS.

DIE FH BIELEFELD AUS DREI BLICKWINKELN

THE BIELEFELD UAS FROM THREE PERSPECTIVES

Direkt nach dem Abitur habe ich 1988 mein Studium der Elektrotechnik an der FH Bielefeld aufgenommen. Dies stand für mich schon zu Beginn der Oberstufe fest und hat bei einigen naturwissenschaftlichen Lehrern gern auch mal zu dummen Sprüchen geführt. Zu dieser doch eher ungewöhnlichen Wahl kam es nach intensiven Gesprächen mit meinem Vater, der selbst Ingenieur der Elektrotechnik ist und lange Jahre in vertrieblichen Bereichen tätig war. In und auch außerhalb der Schule habe ich immer mit großer Begeisterung Sprachen erlernt, hatte aber das Glück, auch in den naturwissenschaftlichen Fächern gute Noten zu haben. Er empfahl mir, die sprachliche Begabung mit einer soliden technischen Ausbildung zu kombinieren, damit mir dann »alle Türen für eine interessante Tätigkeit rund um den Globus« offen stünden. Für ein Studium an einer Fachhochschule statt an einer Universität habe ich mich entschieden, weil mir der stärkere Praxisbezug bei diesen Planungen wichtig erschien. Außerdem stand für mich eigentlich immer fest, dass ich irgendwann eine eigene Familie haben würde. Auch dies sprach für einen fachhochschulischen Werdegang, um zeitig ins Berufsleben eintreten und vor einer Familienphase solide berufliche Erfahrungen sammeln und tatsächlich in einer vertriebsnahen Tätigkeit etwas von der Welt sehen zu können. Rückblickend betrachtet war es für mich relativ schwierig, mich in mein Semester einzufinden, da der überwiegende Teil meiner Kommilitonen – ich war die einzige Frau – Ausbildung und Berufserfahrung hatte.

Erste Perspektive: Studium und Beruf

Kurz nach Aufnahme des Studiums änderte sich mein privates Umfeld. Mein Vater machte sich mit einem Ingenieurbüro selbstständig. Ich bin Einzelkind und meine Mutter ist früh verstorben. So war es für mich seit meiner Jugend selbstverständlich, dass ich mich zu Hause mit Unterstützung meiner Großmutter um den Haushalt, aber auch um den Papierkram gekümmert habe. Nun war es eine

Immediately after my Abitur (equivalent to A levels) I started my studies of Electrical Engineering at the Bielefeld UAS in 1988. This was already clear to me at the beginning of the upper school and sometimes led to stupid sayings from some science teachers. This rather unusual choice came about after intensive discussions with my father, who is himself an electrical engineer and had worked in sales for many years. I have always been very enthusiastic about learning languages, both in and outside school, but I was lucky enough to get good grades in the natural science subjects. He recommended that I combine a talent for languages with a solid technical education so that »all doors would then be open to me for an interesting job around the globe«. I decided to study at a university of applied sciences instead of a university because I felt it was important for these plans to have a stronger practical focus. Besides, it was actually always clear to me that I would have my own family at some point. This also spoke in favour of a career at a university of applied sciences, so that I could enter working life early and gain solid professional experience before a family phase and actually see something of the world in a sales-related job. Looking back, it was relatively difficult for me to get into my semester, as the majority of my fellow students – I was the only woman – had training and work experience.

First Perspective: Studies and Profession

My private environment changed shortly after I started studying. My father went into business for himself with an engineering office. I am an only child and my mother died early. So since my youth it was a matter of course for me to take care of the household at home with the support of my grandmother, but also to take care of the paperwork. Now it was a logical development for me to ›worm my way‹ into all the tax and accounting necessities of professional independence. However, my studies did not remain logische Entwicklung, dass ich mich dann auch in alle steuer- und buchführungsrelevanten Notwendigkeiten der beruflichen Selbstständigkeit reingefuchst habe. Mein Studium blieb davon allerdings nicht unbeeinträchtigt. Beiden Aufgaben gerecht zu werden, brachte mich immer öfter auch zeitlich in die Bredouille. Meine Lösung bestand darin, eine Art Vorläufer des praxisintegrierten Studiums selbst zu erfinden. Da, wo es ohne Präsenzveranstaltung nicht ging, habe ich versucht, Termine in Bielefeld wahrzunehmen, Skripte aus den Vorlesungen und jede Menge Fachliteratur habe ich mir fürs Selbststudium organisiert. Von Regelstudienzeiten war ich aber schnell meilenweit entfernt, was wiederum zur Folge hatte, dass der Aufbau persönlicher Kontakte schlichtweg unmöglich war, weil ich irgendwo zwischen verschiedensten Semestern schwebte.

Parallel rückte meine berufliche Tätigkeit immer weiter in den Vordergrund. Aus beratenden Tätigkeiten vom Ingenieurbüro entsprang die Gründung einer ersten Firma, die Drucksensoren einer amerikanischen Firma für den europäischen Markt adaptierte – dies hauptsächlich für automotive Anwendungen (Truck, Bahn, PKW). Seitens der Kunden wurden die Forderungen nach einer Fertigungsstätte in Europa immer lauter (Qualität, Inspektion der kundenspezifischen Anlagen, Audits, Lieferzeiten). So entstand die Kavlico GmbH mit einem eigens dafür errichteten Gebäude in Minden. Dieses Unternehmen wuchs rasant. Allein für die Inbetriebnahme der ersten teilautomatisierten Fertigungslinie stellten wir innerhalb einer Woche 21 neue Mitarbeiter ein und gingen in Dreischichtbetrieb. Ende 2000 wirkten in diesem Gebäude 14 Mitarbeiter auf 2.500 Quadratmetern ziemlich verloren, Ende 2006 platzte der Standort mit 165 Mitarbeitern aus allen Nähten und ein komplett neuer Firmenstandort mit knapp dreifacher Größe wurde einige Kilometer entfernt errichtet. Den Umzug habe ich nicht mehr mitgemacht, da ich Ende 2007 zur Firma Krohne gewechselt

unaffected by this. Doing justice to both tasks brought me more and more often into a predicament in terms of time. My solution was to invent a kind of forerunner to work-integrated studies myself. In places where it was impossible to do without classroom instruction, I tried to keep appointments in Bielefeld, scripts from lectures and lots of specialist literature I organised for self-study. But I was soon miles away from the regular study times, which in turn meant that establishing personal contacts was simply impossible because I was hovering somewhere between different semesters.

At the same time, my professional activities moved more and more into the foreground. From consulting activities of the engineering office arose the foundation of a first company, which adapted pressure sensors of an American company for the European market – this mainly for automotive applications (truck, train, car). On the part of the customers, the demands for a production facility in Europe became more and more loud (quality, inspection of the customer-specific equipment, audits, delivery times). This is how Kavlico GmbH came into being with a specially erected building in Minden. This company grew rapidly. For the commissioning of the first semi-automated production line alone, we hired 21 new employees within a week and went into three-shift operation. At the end of 2000, 14 employees in this building on 2,500 square metres seemed rather lost. At the end of 2006, the site was bursting at the seams with 165 employees and a completely new company site almost three times the size was built a few kilometres away. I didn't take part in the move anymore because I moved to Krohne at the end of 2007 to help set up another newly founded company – this time for pressure measurement technology with a focus on industrial/process measurement technology. A funny side story here is that the Kavlico building we built was empty for a long time after the company moved out and the American owners wanted to sell it. Krohne bin, um hier ein weiteres Mal eine neu gegründete Firma mit aufzubauen – dieses Mal für Druckmesstechnik mit dem Schwerpunkt auf Industrie-/Prozessmesstechnik. Eine lustige Randgeschichte hierbei ist, dass das von uns gebaute Kavlico-Gebäude nach dem Auszug der Firma lange Zeit leer stand und die amerikanischen Eigentümer es gerne verkaufen wollten. Krohne hat dieses Gebäude erworben und unser Firmenstandort wurde von Bad Oeynhausen nach Minden verlegt. Ich bin also wieder nach Hause gekommen und arbeite wieder im selben Gebäude. Derzeit sind wir knapp 50 Mitarbeiterinnen und Mitarbeiter und haben hier somit noch hervorragende Rahmenbedingungen, um stetig weiter zu wachsen.

Wie wirkte sich die rasante Firmenentwicklung auf mein Studium aus? Ich bin grundsätzlich zu ehrgeizig, um vorschnell aufzugeben. Daher habe ich mich Prüfung um Prüfung, Schein für Schein weiter durchgebissen. Prinzipiell passte mein Studiengang ja auch zu den Produkten des Unternehmens. Dies war mühselig und dauerte frustrierend lang. Meine letzte Prüfung im ›Angstfach‹ Steuerungs- und Regelungstechnik (schon fast peinlich für die Familienehre, hatte mein Vater doch genau für dieses Fach einige Zeit eine Gastprofessur in Lemgo) absolvierte ich schwanger.

Allerdings war ich über die Schiene Papierkram irgendwie im Bereich Controlling, Finanzen, Personalwesen gelandet, Vertragsrecht und Versicherungen (bei Automobilzulieferern nicht ganz unwichtig) rundeten meinen Aufgabenbereich ab. Als ich nun tatsächlich scheinfrei war, wie man damals sagte, fiel ich in das Loch der Versuchung. Ich hatte einen guten Job auf der Führungsebene, hatte mir alles, was man dazu brauchte, selbst beigebracht und konnte die Dinge aufgrund der technischen Ausbildung gut zusammenbringen. Das Geld stimmte auch ohne Titel und Kind, Familie und Hausbau forderten ebenfalls ihren Tribut. Wozu also noch weiter hinter einem Abschluss

acquired this building and our company location was moved from Bad Oeynhausen to Minden. So I came back home and work in the same building again. We currently have just under 50 employees, so we still have excellent conditions here to grow steadily.

How did the rapid company development affect my studies? I am basically too ambitious to give up prematurely. That's why I've continued to bite my way through, one exam after the other. In principle, my course of studies also suited the company's products. This was laborious and took frustratingly long. I was pregnant as I passed my last exam in the ›fearful subject‹ of control engineering (almost embarrassing for the family honour, as my father had a guest professorship in Lemgo for some time for this very subject).

However, I had somehow ended up in the areas of controlling, finance, human resources, contract law and insurance (not unimportant for automotive suppliers). Now that I had achieved a certain amount of study freedom (major exams behind me), I fell into the hole of temptation. I had a good job at management level, had taught myself everything I needed to know, and was able to bring things together well thanks to my technical training.

I was earning good money, even if my position didn't carry a smart academic title. At the same time, I had my hands full with family responsibilities on top of building a new house. So why chase after a degree I didn't need anyway? Fortunately, the little inner voice kept me from actually exmatriculating myself. After about two years, I finally pulled myself together and finished the whole thing. Again, things miraculously came together again. I've been enthusiastic about computers and programming ever since this technology came along, and I had also chosen to specialise in information processing during my studies. As my final thesis, I developed an automated mobile test stand for pressure sensors together with a colleague. I was, and am, proud to have successfully completed my herjagen, den ich sowieso nicht brauchte? Glücklicherweise hat mich die kleine innere Stimme davon abgehalten, mich tatsächlich zu exmatrikulieren. Nach etwa zwei Jahren habe ich mich dann doch noch einmal aufgerafft und das Ganze zu Ende gebracht. Auch hier fügten sich die Dinge wieder auf wundersame Weise zusammen. Ich begeisterte mich für Computer und Programmieren, seitdem diese Technologie aufgekommen ist, und hatte auch im Studium die Vertiefungsrichtung Informationsverarbeitung gewählt. Als Abschlussarbeit entwickelte ich zusammen mit einem Kollegen einen automatisierten mobilen Teststand für Drucksensoren. Ich war und bin stolz darauf, mein Studium trotz der ungewöhnlichen Umstände erfolgreich beendet zu haben. Besonders als Frau im technischen Umfeld ist es sehr hilfreich, seine Kompetenz auch über eine entsprechende Visitenkarte untermauern zu können. Im Zuge meiner Diplomarbeit entdeckte ich meine Leidenschaft für Fertigungsprozesse und deren Optimierung und Automatisierung. Ich sicherte mir als zusätzliche Stabsfunktion die Aufgabenbereiche zur Einführung digitaler Systeme wie PPS, ERP oder BDE und führte auch einige davon bei Kavlico ein. Als sich dann die Gelegenheit bot, zu Krohne zu wechseln und dort, basierend auf meinen Erfahrungen, noch einmal bei null zu starten, eine Firma aufzubauen und dort auch Technik und Produktion mitzugestalten, musste ich nicht lange überlegen. Diese Entscheidung habe ich bis heute nie bereut.

Zweite Perspektive: Mein Werdegang und meine Erfahrungen – Ausblicke

Das praxisintegrierte Studium ist ein tolles Format: für die Studierenden ebenso wie für die Unternehmen. Es ist aber auch ein anstrengender und anspruchsvoller Weg, auch wenn es besser organisiert ist als meine ›Eigenmarke‹.

Frauen gehören in technische Berufe. Darum unterstütze ich auch die MINT-Initiativen bei OWL-Maschinenbau. Aber es

studies despite the unusual circumstances. Especially as a woman in a technical environment, it is very helpful to be able to underline your competence with an appropriate business card. In the course of my diploma thesis I discovered my passion for manufacturing processes and their optimisation and automation. As an additional staff function, I secured the areas of responsibility for the introduction of digital systems such as PPS, ERP or BDE and also introduced some of them at Kavlico. When the opportunity arose to switch to Krohne and, based on my experience, to start from scratch again, to build up a company and also to help shape technology and production, I did not have to think twice. I have never regretted this decision to this day.

Second Perspective: My Career and My Experiences – Outlook

The work-integrated degree programme is a great format: for students as well as for companies. But it's also a strenuous and demanding path, even if it's better organised than my ›own brand‹.

Women belong in technical professions. That's why I also support the MINT initiatives (STEM fields) at OWL-Maschinenbau (a regional Mechanical Engineering association in East Westphalia and Lippe). But it is still often difficult to gain a foothold in the technical environment as a woman, especially as a manager. Women do not have to be better men for that! On the contrary, it is often an advantage to bring in a different perspective.

For the time being (thank God), women have children by nature. Balancing family and career was and is a nerve-racking challenge. And it is not just a matter of covering working hours with childcare hours. It is one thing to organise this phase of life. What often suffers from this is to create a harmonious family life in which the children can also develop accordingly. My son is now grown up and studying, but looking back, ist weiterhin oft schwierig, im technischen Umfeld als Frau, ganz besonders als Führungskraft, Fuß zu fassen. Frauen müssen dafür keine besseren Männer sein! Es ist im Gegenteil oft von Vorteil, auch eine andere Sicht der Dinge mit einzubringen.

Frauen bekommen (Gott sei Dank) bis auf Weiteres naturbedingt die Kinder. Familie und Beruf unter einen Hut zu bringen, war und ist eine nervenzehrende Challenge. Und da geht es nicht nur darum, die Arbeitszeiten über Betreuungszeiten abzudecken. Die Organisation dieser Lebensphase zu bewerkstelligen, ist das eine. Was häufig darunter leidet, ist, ein harmonisches Familienleben hinzubekommen, in dem die Kinder sich auch entsprechend entfalten können. Mein Sohn ist inzwischen groß und studiert, aber rückblickend betrachtet macht es mich schon ein wenig nachdenklich, vielleicht traurig, wie durchgetaktet seine Kindheit war und wie selten es unbeschwerte Auszeiten gab.

Eine Kombination aus Technik und betriebswirtschaftlichen Kenntnissen ist unschlagbar, der Ausbildungsweg ist jedoch nicht bidirektional kompatibel. Sowohl vom Erlernen der Fähigkeiten als auch für die spätere Akzeptanz im technischen Arbeitsumfeld sollte unbedingt ein solides technisches Studium die Basis sein. Die weiteren Skills kann man sich dann über weitere Qualifikationen, einen Master oder auch on the Job aneignen. Erst BWL und dann Technik zu verstehen, wird nach meiner Ansicht nie das gleiche Niveau erreichen.

Die jungen Menschen unterschätzen die Vielfalt, in der man mit einem rein technischen Studium später in einem Unternehmen tätig sein kann. Die meisten nennen als Berufsziel Entwicklung und Konstruktion. Dass man diese Kenntnisse auch als Basis in den Bereichen Qualität, Vertrieb, Einkauf, Fertigung (und ihre Automatisierung) u.v.m. braucht und sie tatsächlich sogar im Controlling nützlich sind, sorgt in Bewerbungsgesprächen oft für überraschte Reaktionen. Hier würde ich mir wünschen, einen Weg

it makes me a little thoughtful, maybe sad, how carefully scheduled his childhood was and how rarely there were carefree periods of time off.

A combination of technology and business management knowledge is unbeatable, but the training path is not bi-directionally compatible. A solid technical degree course should definitely form the basis both for learning the skills, and for later acceptance, in a technical working environment. The other skills can then be acquired through further qualifications, a master's degree or even ›on the job‹. In my opinion, understanding first business studies and then technology will never reach the same level.

Young people underestimate the diversity of the opportunities that a purely technical course of study offers for later employment in a company. Most of them mention development and construction as their career goal. The fact that this knowledge is also needed as a basis in the areas of quality, sales, purchasing, production (and automation) and much more, and that it is actually useful in controlling, often causes surprised reactions in job interviews. Here I would like to find a way to provide different information early on in school and to address more young women about this.

I miss the good old Dipl.-Ing. (FH) with basic studies and specialisation. The Bachelor's programmes are a little too few for many people, but the business world doesn't need just Master's either – neither in terms of the activities nor in terms of the ambitions and/or salary expectations associated with them.

I observe the fragmentation and specialisation of the (first) degree programmes on offer with increasing scepticism. The economy is increasingly lacking the down-to-earth, sufficiently broad-based basic disciplines in engineering. I believe that this is an attempt to make the courses offered sufficiently modern and attractive and to give them fancy names. That reminds me of the good old caretaker, who is now called Facility zu finden, um schon früh in den Schulen anders zu informieren und auch darüber mehr junge Frauen anzusprechen.

Ich vermisse den guten alten Dipl.-Ing. (FH) mit Grundstudium und Vertiefungsrichtung. Die Bachelorstudiengänge sind für viele etwas zu wenig, aber die Wirtschaft kann auch nicht nur Master gebrauchen – weder bezogen auf die Tätigkeiten noch in Bezug auf damit einhergehende Ambitionen und/oder Gehaltsvorstellungen.

Ich beobachte die Zerstückelung und Spezialisierung der angebotenen (Erst-) Studiengänge mit zunehmender Skepsis. Der Wirtschaft fehlen mehr und mehr die bodenständigen, genügend breit aufgestellten Basisdisziplinen im Ingenieurwesen. Ich glaube, dass damit zum einen versucht wird, die Studienangebote genügend modern und attraktiv zu machen und ihnen Fancy Names zu geben. Das erinnert mich an den guten alten Hausmeister, der heutzutage Facility Manager heißt. Zum anderen aber gilt es, die Hemmschwelle herunterzusetzen, sich überhaupt an ein derartiges Studium zu wagen. Ich bin mir noch nicht schlüssig, inwieweit dies Segen und Fluch gleichermaßen sein wird.

Dritte Perspektive: Im Hochschulrat

Was bedeutet die Tätigkeit im Hochschulrat für mich? Viele Emotionen. Zunächst einmal schließt sich für mich ein persönlicher Lebenskreis. Dies hat schon damit begonnen, mit der Hochschule, an der ich selbst studiert habe, Nachwuchsingenieurinnen und -ingenieure auszubilden. Nun auch noch an der Gestaltung der FH Bielefeld mitwirken zu können und die Hochschule aus einem völlig anderen Blickwinkel und in der Tiefe kennenzulernen, ist unglaublich. Es erfüllt mich mit Stolz, als Gremienmitglied mit dieser Aufgabe betraut worden zu sein. Und es erfüllt mich immer wieder mit Erstaunen, dass ich nicht nur einmal, sondern sogar für eine zweite Amtszeit in dieses Gremium gewählt wurde, dass mein Input zählt. An

Manager. On the other hand, however, it is important to lower the inhibition threshold to even dare to study at all. I am not yet sure to what extent this will be both a blessing and a curse.

Third Perspective: On the University Council

What does being on the University Council mean to me? Many emotions. First of all, it closes a personal circle in my life. This has already begun with the University where I myself studied, which trains young engineers. Now being able to participate in the shaping of the Bielefeld UAS and getting to know the University from a completely different perspective and in depth is incredible. It fills me with pride to have been entrusted with this task as a committee member. And it always fills me with astonishment that I was elected to this body not only once, but even for a second term of office, that my input counts. This task has also allowed me to grow personally, to broaden my perspective, perhaps to question here and there the establishment, and to transfer experiences from the University to my (working) everyday life. In any case, I have already met many great people in this environment whom I would never have met in my usual circle of friends.

How do I see regionalism and internationality? I see myself as a European with German or East Westphalian roots. I was born in Herford and grew up in Porta Westfalica since the age of four. I loved going to Italy or France in the summer and to Austria or Switzerland in the winter, but I also loved being at home where I spent hours with our dog path-finding and exploring the woods behind our house. This bond and the family situation never left me in any doubt that I would stay in the region, study here and look for a job here. In our age of globalisation, it is indispensable to educate the next generation of students internationally and also to attract international students. A combination of lectures in foreign languages and the opportunity to spend a semester abroad is dieser Aufgabe konnte ich auch persönlich wachsen, meinen Blickwinkel erweitern, vielleicht hier und da Etabliertes in Frage stellen und Erfahrungen aus der Hochschule in meinen (Arbeits-)Alltag übertragen. Auf jeden Fall habe ich in diesem Umfeld bisher schon viele großartige Menschen kennengelernt, denen ich in meinem üblichen Dunstkreis so nie begegnet wäre.

Wie sehe ich Regionalität und Internationalität? Ich sehe mich als Europäerin mit deutschen bzw. ostwestfälischen Wurzeln. Ich wurde in Herford geboren, bin seit meinem vierten Lebensjahr in Porta Westfalica aufgewachsen. Ich liebte es, im Sommer nach Italien oder Frankreich und im Winter nach Österreich oder in die Schweiz zu fahren, aber ich war auch immer gern wieder zu Hause, wo ich stundenlang mit unserem Hund querfeldein die Wälder hinter unserem Haus erkundet habe. Diese Verbundenheit und die familiäre Situation ließen für mich nie einen Zweifel daran, dass ich in der Region bleibe, hier studiere und mir hier eine Arbeit suche. In unserer Zeit der Globalisierung ist es unverzichtbar, den Nachwuchs genügend international auszubilden und auch internationale Studierende anzusprechen. Eine Kombination aus Vorlesungsangeboten in Fremdsprachen und der Möglichkeit von Auslandssemestern ist da ein wichtiger Baustein. OWL ist eine fantastische Region mit vielen Firmen, in denen man internationales Arbeiten mit Heimatverbundenheit übereinanderlegen kann, ohne die Region zu verlassen. Es ist in unser aller Interesse, ein zukunftsfähiges Ausbildungsangebot zu haben, bei dem die jungen Menschen nicht in andere Regionen abwandern. Das Risiko, dass sie nicht in die Heimat zurückkehren, ist hoch. Im Wettbewerb mit anderen Regionen sollte es attraktiv sein, nach Ostwestfalen zu kommen. Hier sehe ich die Hochschulen in einer wichtigen Rolle.

Ich liebe es nach wie vor, zu reisen und andere Länder und Kulturen kennenzulernen, bin aber rückblickend betrachtet

an important element in this respect.

OWL is a fantastic region with many companies where you can combine international work with a sense of home without leaving the region. It is in all our interests to have a sustainable training programme where young people do not migrate to other regions. The risk that they will not return home is high. In competition with other regions, it should be attractive to come to East Westphalia. This is where I see the universities in an important role.

I still love travelling and getting to know other countries and cultures, but in retrospect, I am glad that I do not have to do this every day for professional reasons. I am looking forward to my remaining time on the University Council and hope to play a positive role in shaping the future of the Bielefeld UAS. I am curious about the changes and technical achievements that I will encounter in my (professional) life and hope to find ways to help shape a new way of working, in which individual solutions facilitate the balancing act between work and family, the desire for work-life balance is taken into account and we maintain a strong economy. One thing, however, was brought home to me by the Corona pandemic. However enthusiastic I may be about technology, and I have always been and still am an advocate of mobile and flexible work options: Human interaction, the welding together of powerful teams and personal exchange are irreplaceable. The challenge is to find the right balance.

froh, dies nicht berufsbedingt täglich machen zu müssen. Ich freue mich auf meine verbleibende Zeit im Hochschulrat und hoffe, den weiteren Weg der FH Bielefeld positiv mitgestalten zu können. Ich bin neugierig auf die Veränderungen und technischen Errungenschaften, die mir in meinem (Berufs-)Leben noch begegnen werden, und hoffe, Wege zu finden, eine neue Art des Arbeitens mitgestalten zu können, in der individuelle Lösungen den Spagat zwischen Beruf und Familie erleichtern, dem Wunsch nach Work-Life-Balance Rechnung getragen wird und wir dadurch eine leistungsstarke Wirtschaft aufrechterhalten. Eines aber wurde mir durch die Corona-Pandemie vor Augen geführt. So technikbegeistert ich auch sein mag und immer ein Verfechter mobiler und flexibler Arbeitsmöglichkeiten war und bin: Das menschliche Miteinander, das Zusammenschweißen schlagkräftiger Teams, der persönliche Austausch sind unersetzlich. Das richtige Maß zu finden, ist die Herausforderung.

EIN BERUFLICHER RINGSCHLUSS

A PROFESSIONAL RING CLOSURE

Reinhard Kaschuba

Heute bin ich als promovierter Maschinenbauer Professor der FH Bielefeld und dort Leiter des Laborbereichs Sensorik, Automatisierung und Qualität im Fachbereich Ingenieurwissenschaft und Mathematik. In den 1980er-Jahren habe ich hier Maschinenbau studiert. Das insbesondere durch die Professoren Julius Bode, Dr. Bruno Fuhrmann, Dr. Heinrich Ostholt und Reinhold Schulze geprägte engagierte Umfeld im Gebäude der alten Ingenieurschule empfand ich äußerst spannend. Schnell entstand der Berufswunsch, Professor an einer Fachhochschule zu werden, denn der praxisorientierte Ansatz hat mich sofort überzeugt. Einige Voraussetzungen mussten erfüllt werden: ein abgeschlossenes wissenschaftliches Studium an einer Universität, eine Promotion und einschlägige Berufserfahrung, verbunden jeweils mit überdurchschnittlichem Erfolg – ein langjähriger Weg.

Ich habe mein Ziel jedoch nie aus den Augen verloren und so führte mich nach einigen Jahren in der Industrie, zuletzt als Geschäftsbereichsleiter eines Maschinenbauunternehmens in Hamburg, mein Weg dann in meine alte Hochschule zurück.

In den mehr als zwanzig Jahren seitdem habe ich mich intensiv in der Ausbildung engagiert und dabei für viele Studierende den Weg in die Industrie bereitet. Insgesamt ist mir der Austausch zwischen Hochschule und Industrie wichtig. Meiner Meinung nach kann nur so eine attraktive und zeitgerechte Ausbildung gelingen. Auch aus eigener Erfahrung betrachte ich den Kontakt zur Industrie als wichtig. So habe ich mehrere Unternehmen wie Ceres Vision, HoloEye, Imoltec und andere gegründet, die meisten zusammen mit Absolventinnen und Absolventen, die ich so in die Selbstständigkeit begleitet habe. Die unternehmerische Aktivität ist mir besonders wichtig, denn ich sehe diesen Ansatz als wesentliche Grundlage der Befähigung, einen Laborbereich einer Hochschule erfolgreich zu führen und zu entwickeln.

Today I have a doctorate in Mechanical Engineering and I'm Professor at the Bielefeld UAS. There I'm Head of the Laboratory for Sensor Technology, Automation and Quality which is part of the Faculty of Engineering and Mathematics. My studies in Mechanical Engineering began here in the 1980s in the building of the old engineering school. I felt the committed environment to be extremely exciting, in particular the lectures held by Professors Julius Bode, Dr. Bruno Fuhrmann, Dr. Heinrich Ostholt and Reinhold Schulze inspired me a lot.

I quickly wanted to become a professor at a university of applied sciences, because the practice-oriented approach immediately convinced me. Some prerequisites had to be met: A completed academic degree at a university, a doctorate and relevant professional experience, each combined with high-above-average success – a long-term path.

However, I've never lost sight of my goal and so after a few years in industry, most recently as Divisional Manager of a mechanical engineering company in Hamburg, my path then led me back to my old university.

In more than twenty years since then, I have been intensively involved in training and paving the way for students into industry. Overall, the exchange between university and industry is important to me. In my opinion, this is the only way to achieve attractive and up-to-date qualification.

I have founded several companies such as Ceres Vision, HoloEye, Imoltec and others, most of them together with graduates whom I have helped to set up on their own. Entrepreneurial activity is important to me, because I see this approach as an essential basis for the ability to successfully manage and develop a laboratory area at a university.

ZEHN JAHRE AN DER FH BIELEFELD

TEN YEARS AT THE BIELEFELD UAS

Für mich war immer klar, dass ich etwas Technisches machen möchte. Nur was und wo? Meine Wahl fiel auf das Studium der Mechatronik an der FH Bielefeld. Vor allem die hohen Praxisanteile mit vielen Praktika in kleinen Gruppen haben mich überzeugt. Ich selbst bin dabei vermutlich in der ein oder anderen Vorlesung nicht immer nur positiv aufgefallen. Dennoch war ich von Beginn an auch neben dem Studium unter anderem als studentische Hilfskraft aktiv. Zu Beginn meines Masterstudiums bekam ich die Möglichkeit, in den wissenschaftlichen Bereich aufzusteigen. So konnte ich das wissenschaftliche Arbeiten vertiefen und bekam während meiner Tätigkeiten vielfältige Einblicke in die Strukturen und Abläufe.

Während dieser Zeit wuchs auch der Kontakt und Austausch zu den Lehrenden und den Mitarbeiterinnen und Mitarbeitern. Ich wurde in den Kreis aufgenommen und wie es ein ehemaliger Kollege mal sehr treffend beschrieb, habe ich dort viele ›Frollegen‹ gefunden, denn aus K›ollegen‹ wurden ›Fr‹eunde, auch über die Zeit an der Hochschule hinaus. Daneben gab es viele weitere Stationen und Ereignisse an der FH Bielefeld, die mich und mein weiteres Leben geprägt haben, nicht zuletzt die Indian Summer School am Parul Institute in Vadodara, Gujarat, Indien.

Doch wie schafft man nun den Absprung aus der Hochschule? In der Rückschau eigentlich ganz einfach – durch eine Ausgründung aus der Hochschule in die Wirtschaft. Wobei ›einfach‹ in dem Zusammenhang eher relativ ist. Mein ›Frollege‹ Dennis Kaupmann und ich haben mit viel Mühe, Fleiß und Zeiteinsatz unsere Ideen vorangetrieben und durch vielfache Unterstützung ist uns der Schritt in die Selbstständigkeit gelungen.

Zehn Jahre an der Hochschule sind eine lange Zeit aus Sicht eines Studenten. Doch ich hatte die Möglichkeit, vielschichtige Einblicke und Perspektiven zu gewinnen, und schaue ausschließlich positiv auf diese Zeit zurück.

It was always clear to me that I wanted to do something technical. But what and where? I chose to study Mechatronics at the Bielefeld UAS. Above all, the high practical component with many internships in small groups convinced me. I myself probably didn't always make a positive impression in one or two lectures. Nevertheless, from the beginning I was also active as a student assistant alongside my studies. At the beginning of my Master's degree, I was given the opportunity to move up into the scientific area. This allowed me to deepen my knowledge of scientific work and I gained a variety of insights into the structures and processes during my activities.

During this time, the contact and exchange with the teachers and staff also grew. I was accepted into the circle and, as a former colleague once very aptly described it, I found many ›frolleagues‹ there, because c›olleagues‹ became ›fr‹iends, even beyond my time at the University. In addition, there were many other stations and events at the Bielefeld UAS that shaped me and my future life, not least the Indian Summer School at the Parul Institute in Vadodara, Gujarat, India.

But how do you make the jump out of University? In retrospect, it's actually quite simple – by spinning off from the University into the business world. Whereby ›simple‹ is rather relative in this context. My ›frolleague‹ Dennis Kaupmann and I pushed our ideas forward with a lot of effort, diligence and time, and thanks to a lot of support we succeeded in taking the step towards independence.

Ten years at the University is a long time from a student's point of view. But I had the opportunity to gain multi-layered insights and perspectives and look back on this time in an exclusively positive light.

WISSEN, WIE INGENIEURE TICKEN

KNOWING HOW ENGINEERS THINK

Ein halbes Jahrhundert FH Bielefeld – einen Teil dieser Zeit (2007–2017) habe ich als Studentin zunächst im Bachelor, dann im Master sowie als wissenschaftliche Mitarbeiterin aktiv miterlebt. Mein Elektrotechnikstudium hat meine berufliche Laufbahn zunächst in den Bereich der Wissenschaft gelenkt.

Half a century of the Bielefeld UAS – I actively experienced part of this time (2007–2017) as a student, first in my Bachelor's and then in my Master's degree courses, and as a research associate. My studies of Electrical Engineering initially directed my professional career into the field of science. Afterwards,

Anschließend hat es mir den Weg in die Industrie erleichtert. In beiden Bereichen war und ist das technische Wissen natürlich die Grundlage der Arbeit. Darüber hinaus wird im Studium gelehrt, dass es im Job auch auf methodisches Vorgehen ankommt. Das kann ich nur unterstreichen.

An der FH Bielefeld haben mir vor allem die kleinen Kurse und die praxisorientierte Ausrichtung gefallen. Der Austausch zwischen Studierenden und Professorinnen und Professoren ist dadurch besser möglich. Meine Abschlussarbeiten habe ich im Umfeld von verschiedenen Forschungsprojekten im Bereich Lichttechnik erstellt. Projektleiterin und meine Prüferin war Prof. Dr.-Ing. Eva Schwenzfeier-Hellkamp. Daraus ergab sich für mich die Chance, in ihrem Team als wissenschaftliche Mitarbeiterin zu arbeiten und erste Berufserfahrung zu sammeln. Hier hat sich schnell gezeigt, dass neben den fachlichen Kompetenzen auch andere Dinge wichtig sind – beispielsweise ein gutes Netzwerk.

Nach mehreren Jahren als wissenschaftliche Mitarbeiterin wollte ich den Schritt in die Industrie wagen. Durch Praktika während des Studiums hatte ich hier bereits reingeschnuppert. Vor drei Jahren habe ich bei KEB Automation in Barntrup im Bereich Produktmarketing begonnen. Zu meinen Aufgaben gehört unter anderem das technische Marketing für elektrische Antriebstechnik und Automatisierung. Hierbei komme ich mit vielen Menschen aus unterschiedlichen Bereichen in Kontakt – intern wie extern. Die Grundlagen aus meinem Studium helfen mir dabei, mich in die technischen Details der Produkte und Lösungen einzuarbeiten, um sie für die unterschiedlichen Zielgruppen aufzubereiten. Zu wissen, wie Ingenieure ticken, ist dabei von Vorteil.

Die zehn Jahre an der FH Bielefeld haben mich geprägt: fachlich natürlich – aber ich habe auch viele tolle Menschen kennengelernt und erinnere mich gerne an die Zeit.

it made my way into the industry easier. In both areas, technical knowledge was, and is of course, the basis of my work. Furthermore, the study programme teaches that methodical procedures are also important in the job. I can only emphasize that.

At the Bielefeld UAS, I especially liked the small courses and the practical orientation. The possible exchange between students and professors is thus better. I wrote my theses in the context of various research projects in the field of lighting technology. The project manager, and my examiner, was Prof. Dr.-Ing. Eva Schwenzfeier-Hellkamp. This gave me the opportunity to work as a research associate in her team and to gain my first professional experience. It quickly became clear that, in addition to professional skills, other things are also important – for example, a good network.

After several years as a research associate, I wanted to take the step into industry. I already had an idea of it through internships during my studies. Three years ago, I started working in product marketing at KEB Automation in Barntrup. My responsibilities include technical marketing for electrical drive technology and automation. Here I meet many people from different areas – internally and externally. The basics from my studies help me to familiarise myself with the technical details of products and solutions in order to prepare them for the different target groups. Knowing how engineers think is an advantage.

The ten years at the Bielefeld UAS have shaped me: Professionally, of course – but I also met many great people and have fond memories of that time.

BIOGAS – RISIKO-MANAGEMENT – FREUNDSCHAFTEN

BIOGAS – RISK MANAGEMENT – FRIENDSHIPS

Mein Weg an der FH Bielefeld begann 2006, als ich mich für den Studiengang Elektrotechnik mit Studienrichtung Regenerative Energien entschied. An dem Studium gefiel mir vor allem die interdisziplinäre Ausrichtung. Besonders bereichernd empfand ich mein Austauschsemester im finnischen Jyväskylä. Sowohl hier als auch während der Studienzeit in Bielefeld entstanden viele Freundschaften, die bis heute anhalten. Ein Meilenstein war die Anfertigung der Diplomarbeit. Diese führte ich im Bereich technisches Risikomanagement bei Frau Prof. Dr. Eva Schwenzfeier-Hellkamp und Frau Prof. Dr. Hildegard Manz-Schumacher durch. Im Anschluss an das Studium durfte ich Teil des Teams von Frau Schwenzfeier-Hellkamp werden. Dies ebnete mir den Weg in die Wissenschaft. Wir bearbeiteten interessante Forschungsprojekte mit abwechslungsreichen Themenschwerpunkten. Parallel dazu entstand mein Promotionsprojekt im Bereich Risikomanagement für Biogasanlagen, das ich 2019 erfolgreich abschloss.

Nach Beendigung meiner Tätigkeit als wissenschaftlicher Mitarbeiter wechselte ich zur ATS Elektronik GmbH, einem mittelständischen Unternehmen in der Region Hannover. Hier bin ich verantwortlich für die Projektleitung drittmittelgeförderter Forschungsprojekte. Auch im Rahmen dieser Aufgaben blieben die FH Bielefeld und insbesondere die Professorinnen und Professoren des ITES zentrale Partner. Hierbei ist das langjährige vertrauensvolle Verhältnis ein großer Gewinn für die Zusammenarbeit. In der Lehre bin ich der FH Bielefeld durch meinen Lehrauftrag im Seminar Produkt-Risikomanagement nach wie vor eng verbunden.

Zukünftigen Studieninteressierten kann ich ein Studium an der FH Bielefeld aufgrund meiner gesammelten Erfahrungen und der exzellenten Betreuung durch die Professorinnen und Professoren uneingeschränkt weiterempfehlen.

My path at the Bielefeld UAS began in 2006, when I decided to study Electrical Engineering with a focus on Renewable Energies. What I particularly liked about the course was its interdisciplinary orientation. I found my exchange semester in Jyväskylä, Finland, particularly enriching. Both here and during my studies in Bielefeld, I made many friendships which continue to this day. A milestone was the preparation of the diploma thesis. I carried this out in the field of Technical Risk Management under Prof. Dr. Eva Schwenzfeier-Hellkamp and Prof. Dr. Hildegard Manz-Schumacher. After my studies I was allowed to become part of the team of Mrs. Schwenzfeier-Hellkamp. This paved my way into science. We worked on interesting research projects with a variety of topics. At the same time, I completed my doctoral project in the field of Risk Management for biogas plants, which I successfully completed in 2019.

After finishing my work as a research associate, I changed to ATS Elektronik GmbH, a medium-sized company in the Hanover region. Here I am responsible for the project management of third-party funded research projects. The Bielefeld UAS, and especially the professors of the ITES, remained central partners in these tasks. Here, the long-standing relationship based on trust is a great asset for the cooperation. In teaching, I am still closely connected to the Bielefeld UAS through my teaching assignment in the product risk management seminar.

I can unreservedly recommend studying at the Bielefeld UAS to future prospective students due to the experience I have gained and the excellent supervision provided by the professors.

Biogas – Risk Management – Friendships

MEIN AKADEMISCHER WEG

MY ACADEMIC PATH

Als junger Elektriker stellte sich nach der Ausbildung schnell die Frage »Was nun – werde ich mein 40-jähriges Betriebsjubiläum beim örtlichen Installateur feiern?« Nein,

After qualifying as a young electrician, I asked myself: »What now – will I celebrate my 40th anniversary with the local plumber?« No, I was looking for a challenge and

ich suchte die Herausforderung und wagte mich als Erster meiner Familie auf den akademischen Weg. An der Bielefelder Wilhelm-Bertelsmann-Straße sollte ich dann nicht nur mein Studium abschließen, sondern auch die Begeisterung für Licht entdecken. So führte mich der Weg nicht, wie damals im Studium lang ersehnt, zurück in die Industrie, sondern ich blieb als Forschungsmitarbeiter weiterhin an der FH Bielefeld. Dort baute ich den lichttechnischen Laborbereich ganz neu mit auf und war aktiv an der Gründung des Forschungsschwerpunktes Intelligente Technische Energie-Systeme (ITES) beteiligt.

Aber auch dies sollte noch nicht das Ende meiner akademischen Laufbahn sein, sodass ich mir das spannende Thema ›Bedarfsorientierte Beleuchtung in der landwirtschaftlichen Milchviehhaltung‹ suchte und hiermit 2019 an der Naturwissenschaftlichen Fakultät III – Agrar- und Ernährungswissenschaften, Geowissenschaften und Informatik der Martin-Luther-Universität Halle-Wittenberg zum Doktor der Agrarwissenschaften promoviert wurde. Das Thema faszinierte mich derart, da ich hiermit meinen landwirtschaftlichen Hintergrund mit der Begeisterung für Licht interdisziplinär verbinden konnte.

Nun bin ich noch einen weiteren Schritt gegangen und als wissenschaftlicher Mitarbeiter bei der Landwirtschaftskammer Nordrhein-Westfalen tätig. Dort befasse ich mich mit der Entwicklung eines intelligenten Curtain-Lüfter-Sensor-Systems zur Optimierung des thermischen Komforts von Rindern sowie mit simulationsgestütztem und immersivem Lernen in der landwirtschaftlichen Ausbildung. Der FH Bielefeld bleibe ich aber als Lehrbeauftragter im Modul Effiziente Lichttechnik erhalten.

Rückblickend kann ich nur sagen, dass es immer wichtig ist zu wissen, woher man kommt. Das Erlernte von damals kann ich auch heute noch als praxisnaher Agrarwissenschaftler immer wieder anwenden.

was the first in my family to venture on the academic path. At the Wilhelm-Bertelsmann street in Bielefeld, I was not only going to complete my studies, but also to discover my enthusiasm for light. Thus, the path did not lead me back to industry, as I had long yearned for during my studies, but I continued to work as a research assistant at the Bielefeld UAS. There, I helped to build up the lighting technology laboratory area from scratch and was actively involved in the founding of the research focus Intelligent Technical Energy Systems (ITES).

But even this was not to be the end of my academic career, so I looked for the exciting topic of demand-oriented lighting in agricultural dairy farming and was awarded a doctorate in agricultural sciences in 2019 from the Faculty of Natural Sciences III – Agricultural and Nutritional Sciences, Earth Sciences and Computer Science at the Martin Luther University Halle-Wittenberg. I was so enthusiastic about the topic that I was able to combine my agricultural background with my enthusiasm for light in an interdisciplinary way.

Now I have gone one step further and work as a research assistant at the North Rhine-Westphalia Chamber of Agriculture. There I am working on the development of an intelligent curtain fan sensor system to optimise the thermal comfort of cattle and on simulation-based and immersive learning in agricultural training. However, I will remain at the Bielefeld UAS as a lecturer in the module Efficient Lighting Technology.

Looking back, I can only say that it is always important to know where you come from. As a practical agricultural scientist, I can still apply what I learned back then again and again today.

DREI OLDENBURGER IN BIELEFELD

THREE OLDENBURGERS IN BIELEFELD

Schon früh während meines Studiums der Chemie in Oldenburg habe ich den Entschluss gefasst zu promovieren, um weiteren Forschungstätigkeiten nachzugehen und meine beruflichen Perspektiven zu erweitern. In Oldenburg habe ich mich auf die organische

Early on during my chemistry studies in Oldenburg, I decided to obtain a doctorate in order to pursue further research activities and to broaden my career perspectives. In Oldenburg, I specialised in organic chemistry and did research for my Bachelor's and

Chemie spezialisiert und für meine Bachelor- und Masterarbeit im Arbeitskreis von Prof. Dr. Jürgen Martens geforscht. Um meinen Horizont zu erweitern und neue Erfahrungen zu sammeln, habe ich im Anschluss an mein Studium meine Dissertation in der Arbeitsgruppe von Prof. Dr. Anant Patel an der FH Bielefeld begonnen. Da das Promotionsrecht an Fachhochschulen noch in den Kinderschuhen steckt, war mein Promotionsvorhaben nur über eine Kooperation mit einer Universität möglich. Prof. Dr. Harald Gröger von der Fakultät für Chemie der Universität Bielefeld wurde mein Doktorvater, der meine Arbeit zusammen mit Anant Patel betreute. Dazu eine kleine Anekdote: Meine beiden Betreuer und mich hat der Umstand besonders verbunden, dass wir alle an der Universität Oldenburg studiert haben und mit Jürgen Martens bekannt sind – er war der Lieblingsprofessor von Anant Patel und der Doktorvater von Harald Gröger.

Während meiner Zeit an der FH Bielefeld habe ich besonders die interdisziplinäre Arbeit sehr geschätzt, da die Kolleginnen und Kollegen aus den Fachbereichen Biotechnologie, Biologie und Chemie zusammenarbeiten und sich aufgrund des unterschiedlichen wissenschaftlichen Hintergrundes sehr gut ergänzen. Zudem wurde meine Stelle als sogenannte Qualifizierungsstelle direkt von der Fachhochschule finanziert. Dadurch habe ich eine hochschuldidaktische Ausbildung erfahren, die mich für meine vielfältigen Lehrtätigkeiten hervorragend vorbereitet hat.

Derzeit arbeite ich als Chemiker in der Entwicklungsabteilung der Lipoid GmbH in Ludwigshafen am Rhein und bin für die Entwicklung von Hilfsstoffen für die pharmazeutische und kosmetische Industrie zuständig. Aufgrund meiner hochschuldidaktischen Qualifikation ist es mir jedoch generell möglich, aus der Industrie zur Hochschule zurückzukehren und in der Hochschullehre tätig zu sein.

Master's thesis in the working group of Prof. Dr. Jürgen Martens. In order to extend my horizon and to gain new experiences, I started my PhD in the working group of Prof. Dr. Anant Patel at the Bielefeld UAS after my graduation. Since the right to award doctorates at the universities of applied sciences is still in its very beginning, my doctoral project was only possible in cooperation with a university. Prof. Dr. Harald Gröger from the Faculty of Chemistry at the Bielefeld University supervised my work together with Anant Patel. Here is a small anecdote: My two supervisors and I were especially connected by the fact that we all studied at the University of Oldenburg and were linked to Jürgen Martens – he was the favourite professor of Anant Patel and the doctoral supervisor of Harald Gröger.

During my time at the Bielefeld UAS, I particularly appreciated the interdisciplinary work, as colleagues from the fields of Biotechnology, Biology, and Chemistry work together and complement each other very well due to their different scientific backgrounds. In addition, my position as a so-called qualification position was directly financed by the Bielefeld UAS. Thus, I have received an academic didactic education, which has prepared me excellently for my diverse teaching activities.

Currently, I am working as a chemist in the development department of Lipoid GmbH in Ludwigshafen on the Rhine and am responsible for the development of additives for the pharmaceutical and cosmetic industry. Due to my didactic qualifications, however, it is generally possible for me to return to university from industry and work in academic teaching.

WISSENSCHAFT TRIFFT KOMMUNIKATION

SCIENCE MEETS COMMUNICATION

»Meistens kommt es anders und vor allem, als man denkt!« Rückblickend beschreibt dieser Satz meinen Weg wohl am besten. Es fing vielversprechend geradlinig an: Bachelor und Master Molekulare Biotechnologie an der Universität Bielefeld, Praktika, Auslandssemester, Vereinstätigkeit – ich hatte die Zeit sinnvoll genutzt und wollte anschließend direkt in die Industrie wechseln. Dann entdeckte ich zufällig die Ausschreibung

»The best laid schemes o' mice an' men gang aft agley.« Looking back, this sentence probably describes my journey best. It began promisingly straightforward: Bachelor and Master Molecular Biotechnology at the University of Bielefeld, internships, semester abroad, association activities – I had made good use of the time and wanted to move directly into industry. Then, by chance, I discovered the advertisement for my later

für meine spätere Stelle als wissenschaftliche Mitarbeiterin an der FH Bielefeld. Ein für mich persönlich spannendes Thema – die biologische Zeckenbekämpfung –, eine junge Arbeitsgruppe mit Kolleginnen und Kollegen, die ich zum Teil bereits aus dem Studium kannte, die Aussicht auf weitere drei Jahre im schönen Bielefeld und ein netter Chef, der beim ersten Gespräch begeistert von seiner Forschung erzählte: Ich gebe zu, es klang einfach perfekt! Und mal ehrlich, in der Industrie war ich mit einer Promotion doch sicherlich besser aufgehoben, warum also nicht? Mit Prof. Dr. Karl Friehs fand ich an der Universität Bielefeld schnell einen passenden Doktorvater und startete frohen Mutes in meine Arbeit.

Dann kam FameLab 2016: ein Wettbewerb für Wissenschaftskommunikation, der durch meine erfolgreiche Teilnahme alle weiteren Pläne grundlegend durcheinanderbrachte. Aus dem reinen Interesse an Forschung entwickelte sich eine Leidenschaft für Kommunikation. Meine Freude an Lehre wuchs, ich bildete mich fort, präsentierte mein Forschungsthema auf Tagungen und Konferenzen und gab letztlich sogar eigene Workshops für den British Council. Die Begeisterung für meine Promotion war dennoch geblieben, sodass ich diese 2019 erfolgreich abschloss; lediglich der geplante Weg in die Industrie blieb aus. Ich konnte mich erfolgreich auf das Programm Karrierewege FH-Professur bewerben und bin seit Ende 2019 offiziell als Lehrkraft für besondere Aufgaben am Campus Gütersloh für Marketing und technischen Vertrieb sowie als Projektmanagerin im Wissenschaftsbüro der Bielefeld Marketing GmbH tätig. Wie sich mein Weg weiter entwickeln wird, weiß ich selbst noch nicht genau. Heute bin ich vor allem dankbar für die interdisziplinäre Arbeit und für alles, was ich lernen durfte, und die vielen Chancen, die mir meine Promotionszeit und damit sowohl mein Chef an der FH Bielefeld, Prof. Dr. Anant Patel, als auch die FH als Hochschule geboten haben.

position as a scientific assistant at the Bielefeld UAS. A personally fascinating topic for me – biological tick control –, a young research group with colleagues, some of whom I already knew from my studies, the prospect of another three years in the beautiful city of Bielefeld and a nice boss who enthusiastically told me about his research during the first interview: I admit it sounded just perfect! And let's face it, I was certainly better off in industry with a doctorate, so why not? With Prof. Dr. Karl Friehs, I quickly found a suitable doctoral supervisor at the University of Bielefeld and started my work in good spirits.

Then FameLab 2016 happened: a competition for science communication, which, due to my successful participation, fundamentally disrupted all further plans. A pure interest in research developed into a passion for communication. My enjoyment of teaching grew, I continued to educate myself, presented my research topic at meetings and conferences, and eventually even gave my own workshops for the British Council. Nevertheless, the enthusiasm for my doctorate remained, so that I successfully completed it in 2019; only the planned path into industry did not happen. I was able to successfully apply for the Career Paths FH Professorship programme and since the end of 2019 I have been officially employed as a teacher for special tasks at the Campus Gütersloh for Marketing and Technical Sales and as a project manager in the Science Office of the Bielefeld Marketing GmbH. How my path will develop, I myself do not know yet exactly. Today I am especially grateful for the interdisciplinary work, everything I was allowed to learn, and the many opportunities that my doctoral studies and thus my boss at the Bielefeld UAS, Prof. Dr. Anant Patel, as well as the University as an institute have offered me.

WISSENSCHAFT TRIFFT PRAXIS

SCIENCE MEETS PRACTICE

»Erfolg besteht darin, dass man genau die Fähigkeiten hat, die im Moment gefragt sind.«
Henry Ford (1863–1947)

Ostwestfalen-Lippe ist eine starke Wirtschaftsregion mit überwiegend mittelständisch geprägter Industrie. Eingebettet in diese ländliche Region liegt der Kreis Gütersloh mit einer großen Anzahl an wirtschaftsstarken Unternehmen der Metall- und Elektroindustrie, des Maschinenbaus, der Ernährungswirtschaft sowie der Möbel-, Medien- und Logistikbranche. Neben Weltkonzernen sind hier vor allem zahlreiche sehr leistungsfähige kleine und mittelständische Unternehmen unterschiedlichster Maschinenbausparten beheimatet. Sie gelten als Spezialisten auf ihrem Gebiet und sind oftmals führend in ihrer Marktnische. Selbstredend agieren diese Unternehmen nicht nur innerhalb der ortsüblichen, über die Jahre gewachsenen Wertschöpfungsketten, sondern äußerst erfolgreich auch in weltweiten Produktionsnetzwerken. Kontinuierlich bauen sie ihre Marktstellung aus. Ein Hauptfaktor für diesen Erfolg ist die hohe Technologiekompetenz der Unternehmen. Es gilt, diese zu erhalten, auszubauen und so die Technologieführerschaft auch zukünftig zu sichern. Dementsprechend wurden Themen wie Digitalisierung, Industrie 4.0, Smart Factories, das Internet der Dinge, Big Data und Künstliche Intelligenz von den Unternehmen schon frühzeitig als entscheidend erkannt, vorgedacht, weiterentwickelt und umgesetzt – sowohl in den Produkten als auch in der eigenen Arbeitswelt.

Hierzu bedarf es hervorragend ausgebildeter akademischer Fachkräfte – Fachkräfte, die über fundierte ingenieurwissenschaftliche Grundlagenkenntnisse verfügen, die neue Technologien beherrschen und die für das Unternehmen bzw. für Entwicklung, Herstellung und Vertrieb der Produkte über spezifische Kompetenzen verfügen.

Genau hier greifen die praxisintegrierten ingenieurwissenschaftlichen

»Success consists in having exactly the skills that are in demand at the moment.«
Henry Ford (1863–1947)

East Westphalia-Lippe is a strong economic region with predominantly medium-sized industries. Embedded in this rural region is the district of Gütersloh with a large number of economically strong companies in the metal and electrical industries, mechanical engineering, the food industry as well as the furniture, media and logistics sectors. In addition to global corporations, the district is also home to a large number of highly efficient small and medium-sized companies from a wide range of mechanical engineering sectors. They are regarded as specialists in their field and are often leaders in their market niche. It goes without saying that these companies do not only operate within the local value-added chains that have grown over the years, but are also extremely successful in global production networks. They are continuously expanding their market position. A major factor in this success is the high level of technological competence of the companies. It is important to maintain and expand this and thus secure the technological leadership in the future. Accordingly, topics such as digitalisation, Industry 4.0, smart factories, the Internet of Things, Big Data and artificial intelligence were recognised as crucial, thought out, developed further, and implemented by the companies at an early stage – both in their products and in their own working environment.

This required excellently trained academic specialists – specialists who have a sound basic knowledge of engineering, who have mastered new technologies and who have specific skills for the company or for the development, manufacture and distribution of the products.

This is precisely where the work-integrated engineering science courses at the Campus Gütersloh of the Bielefeld UAS come into play. The model of work-integrated

Studiengänge am Campus Gütersloh der FH Bielefeld. Das Modell des praxisintegrierten Studiums ist angelehnt an das der dualen Ausbildung – jedoch auf akademischem Niveau. Umgangssprachlich werden die praxisintegriert Studierenden daher manchmal auch liebevoll als ›akademische Lehrlinge‹ bezeichnet. Analog zu der dualen gewerblichen Ausbildung finden Theorieunterricht und Training on the Job im Wechsel statt. Dadurch erlangen die Studierenden an der FH Bielefeld die für eine Ingenieurin bzw. einen Ingenieur notwendigen Fachkenntnisse und in den Unternehmen das jeweils unternehmensspezifisch erforderliche Spezialwissen sowie die praktischen Fertigkeiten. Hierbei sind sie im Wechsel von jeweils einem Vierteljahr an der Hochschule und im Unternehmen tätig.

An der FH Bielefeld vermitteln die Professorinnen und Professoren ihr Wissen in Vorlesungen und Seminaren. Das erlangte Wissen vertiefen die Studierenden in Übungen, Praktika und Studienprojekten. In den Unternehmen wenden sie ihr Wissen in aktuellen Projekten an und entwickeln dabei die für ihr zukünftiges Arbeitsfeld notwendigen Fähigkeiten – individuell abgestimmt auf ihre jeweiligen Interessen. Selbstverständlich arbeiten die Studierenden von Anfang an mit den neuesten Technologien, entwickeln diese weiter und tragen schon während ihres Studiums zum Erfolg des Unternehmens bei. Die Studierenden erhalten von den Unternehmen eine Vergütung zur Finanzierung ihres Studiums, was ausreichend Zeit zum Lernen ermöglicht. Die finanzielle Sicherheit der Studierenden sowie das enge Zusammenspiel zwischen ihnen, der FH Bielefeld und den Unternehmen unterstützen den Studienerfolg optimal. Nahezu alle Studierenden beenden in der Regelstudienzeit von sieben Semestern ihr Ingenieurstudium mit dem Bachelor of Engineering. Nicht nur die Studierenden profitieren von dieser Form des Studiums, sondern auch die Unternehmen und die Fachhochschule. Denn durch den

studies is based on that of dual training – but at an academic level.

In colloquial language, the work-integrated students are therefore sometimes affectionately referred to as ›academic apprentices‹. Analogous to the dual industrial training, theory lessons and ›training on the job‹ take place alternately. In this way, students at Bielefeld UAS acquire the specialist knowledge required for an engineer and, in the companies, the company-specific specialist knowledge and practical skills. They work alternately for a quarter of a year at the university and in the company.

At Bielefeld UAS, professors impart their knowledge in lectures and seminars. Students deepen the knowledge they have acquired in exercises, internships and study projects. In the companies they apply their knowledge in current projects and develop the skills necessary for their future field of work – individually tailored to their respective interests. It goes without saying that students work with the latest technologies right from the start, develop them further and contribute to the company's success during their studies. The students receive remuneration from the companies to finance their studies, which allows them sufficient time to learn. The financial security of the students and the close interaction between them, Bielefeld UAS and the companies provide optimal support for the success of their studies. Almost all students complete their engineering studies with a Bachelor of Engineering within the standard period of study of seven semesters. Not only the students benefit from this form of study, but also the companies and the Bielefeld UAS. This is because the constant comparison of the contents to be taught between the professors and the companies means that the course contents correspond to the current state of the art and are geared to the industry's demand for specialist skills. In addition, cooperation in joint research activities guarantees a high level of ständigen Abgleich der zu lehrenden Inhalte zwischen den Professorinnen und Professoren sowie den Unternehmen entsprechen die Studieninhalte dem aktuellen Stand der Technik und sind auf die Bedarfe an Fachkompetenzen der Industrie ausgerichtet. Zudem garantiert die Zusammenarbeit in gemeinsamen Forschungsaktivitäten für alle Beteiligten eine hohe Kompetenz in den Zukunftstechnologien.

Beckhoff Automation ist von dem praxisintegrierten Studium überzeugt und schätzt die Zusammenarbeit mit der FH Bielefeld an sich und insbesondere mit dem Campus Gütersloh sehr. Zur Förderung des Campus Gütersloh finanziert Beckhoff für den Bereich Automatisierungstechnik drei Stiftungsprofessuren sowie Laborausstattungen. Seit 2010 bildet Beckhoff am Campus Gütersloh jährlich etwa 25 junge Ingenieurinnen und Ingenieure aus. Aufgrund der räumlichen Nähe können die jungen Menschen direkt vor Ort qualifiziert werden, was lange Anfahrtswege spart und Verbundenheit mit der Hochschule und dem Unternehmen schafft. Beckhoff schätzt neben der hohen fachlichen Kompetenz insbesondere auch die Offenheit, Kreativität, Flexibilität und weltweite Vernetzung der FH Bielefeld. So bietet sie nicht nur den Studierenden vielfältige Möglichkeiten, ihre Sozialkompetenzen weiter auszubauen, sondern sie ermöglicht auch gemeinsam mit Kooperationspartnern, neue und ungewöhnliche, aber zielführende Wege zu gehen. Und das erfolgreich, wie das praxisintegrierte Studium zeigt, das alljährlich eine Vielzahl junger Menschen mit dem Wissen und den Fähigkeiten in das Berufsleben entlässt, die in der Industrie aktuell gefragt sind. Dem Zitat von Henry Ford entsprechend führt genau das zum Erfolg – in diesem Fall zum Erfolg für die Studierenden, die FH Bielefeld, die Unternehmen und die gesamte Region.

competence in future technologies for all those involved.

Beckhoff Automation is convinced of the work-integrated study course and greatly appreciates the cooperation with the Bielefeld UAS in itself and especially with the Campus Gütersloh. To support the Campus Gütersloh, Beckhoff is financing three endowed professorships and laboratory equipment for the field of automation technology. Since 2010, Beckhoff has been training around 25 young engineers each year at the Campus Gütersloh. Due to the close proximity, the young people can obtain qualifications directly on site, which saves long journeys and creates ties with the university and the company. In addition to the high level of technical competence, Beckhoff particularly values the openness, creativity, flexibility and worldwide networking of the Bielefeld UAS. Thus, it not only offers students a wide range of opportunities to further develop their social skills, but also enables them to take new and unusual, but goal-oriented paths together with cooperation partners. And successfully so, as the work-integrated degree programme shows, which every year releases a large number of young people into working life with the knowledge and skills that are currently in demand in industry. According to Henry Ford, this is exactly what leads to success – in this case, success for the students, the Bielefeld UAS, the companies and the entire region.

MIELE UND DIE FH BIELEFELD

MIELE AND THE BIELEFELD UAS

Markus Miele

Was wäre unsere Hightech-Region OWL wohl ohne ihr intensives Zusammenspiel von Hochschulen und Unternehmen? Hätte es zum Beispiel das Spitzencluster it's OWL jemals geben können? Hätten allein inhouse durchgeführte Forschungsprojekte in den Unternehmen die gleichen Erfolge erzielt? Könnten unternehmensnahe Bachelor-, Master- und Doktorarbeiten ebenso effizient und praxisnah vonstattengehen, wenn die betreuende Hochschule Hunderte Kilometer weit weg wäre? Und hätten dann viele dieser hochtalentierten Absolventinnen und Absolventen auch für ihren Berufsstart unsere Region gewählt?

Sicher nicht.

In diesem Kontext bedarf die Bedeutung unserer Fachhochschulen als unverzichtbares Gelenk zwischen Wissenschaft und Praxis keiner Vertiefung. Und hier ergänze ich gerne: Für uns bei Miele ist das Zusammenspiel mit der FH Bielefeld der Leuchtturm unter unseren Hochschulkooperationen.

Ein Meilenstein ist zum Beispiel die Forschungseinrichtung Mieletec mit bislang rund 30 gemeinsamen Grundlagenprojekten aus Bereichen wie Elektrodynamik, Thermodynamik oder Strömungsmechanik (Schwerpunkt: Kochen). Auch hier gibt es im kommenden Jahr ein kleines Jubiläum: zehn Jahre! Nicht weniger spannend ist unsere neue Partnerschaft mit dem Centrum für interdisziplinäre Materialforschung und Technologieentwicklung (CiMT), einer gemeinsamen Plattform von FH Bielefeld und Universität Bielefeld. Wir freuen uns auf grundlegende Erkenntnisse etwa zum Verhalten metallischer Werkstoffe im Laugenumfeld oder zur Alterung von Kunststoffen. Insgesamt acht Doktorandinnen und Doktoranden beschäftigen sich aktuell mit für uns relevanten Fragestellungen.

Dann gibt es natürlich noch die eingangs bereits erwähnten Abschlussarbeiten mit unternehmensbezogener Themenstellung und ihren praktisch verwertbaren Resultaten – anschließender Berufsstart

What would our high-tech OWL region be without its intensive interaction between universities and companies? For example, could there ever have been the excellence cluster it's OWL? Could company in-house research projects have achieved the same success on their own? Could company-related Bachelor's, Master's and doctoral theses be carried out just as efficiently and practically if the supervising university were hundreds of kilometres away? And would many of these highly talented graduates have chosen our region for their career start?

Certainly not.

In this context, the importance of our universities of applied sciences as an indispensable link between science and practice does not need to be emphasised. And here I would like to add: For us at Miele, the interaction with the Bielefeld UAS is the beacon among our university partnerships.

A milestone is, for example, the Mieletec research institute with around 30 joint basic research projects in fields such as Electrodynamics, Thermodynamics or Fluid Mechanics (with a focus on cooking). Here, too, there will be a small anniversary next year: ten years! No less exciting is our new partnership with the Centre for Interdisciplinary Materials Research and Technology Development (CiMT), a joint platform of the Bielefeld UAS and the University of Bielefeld. We are looking forward to fundamental findings, for example on the behaviour of metallic materials in the environment of alkalis or on the aging of plastics. A total of eight doctoral students are currently working on topics relevant to us.

Then, of course, there are the theses mentioned at the beginning of this article with company-related topics and their practical results – including the author's subsequent career start at Miele.

And last, but not least since 2010, the Bielefeld UAS with its Campus Gütersloh has created an attractive range of courses in the immediate vicinity of our company – both

der Autorin oder des Autors bei Miele oft inbegriffen.

Und last, but not least hat die FH Bielefeld mit ihrem Campus Gütersloh seit 2010 auch in unmittelbarer Nähe unseres Unternehmens ein attraktives Angebot geschaffen – gleichermaßen praktisch ausgerichtet wie international orientiert und in enger Kooperation mit der lokalen Wirtschaft.

Mir persönlich war es im Jahr 2002 eine Ehre, zum Vorsitzenden des damals neu eingerichteten Kuratoriums der FH Bielefeld gewählt worden zu sein. Heute freue ich mich darüber, allen Professorinnen und Professoren, Mitarbeitenden und Studierenden im Namen der Miele Gruppe zum 50-jährigen Bestehen zu gratulieren – und auf diesem Weg einmal ausdrücklich und von Herzen Danke zu sagen.

Und natürlich: Gutes Gelingen und viel Erfolg auch für die nächsten 50 Jahre!

practical and internationally oriented and in close cooperation with local businesses.

It was an honour for me personally to be elected Chairman of the then newly established Board of Trustees of the Bielefeld UAS in 2002. Today, on behalf of the Miele Group, I am delighted to congratulate all professors, staff and students on the 50th anniversary – and to take this opportunity to express my heartfelt thanks.

And of course: Good luck and much success for the next 50 years!

BEGEISTERUNG FÜR ERFOLGREICHE VERBINDUNGEN

PASSION FOR SUCCESSFUL JOINING

Michael W. Böllhoff, Wilhelm A. Böllhoff

Seit 144 Jahren ist die Begeisterung für erfolgreiche Verbindungen Vision und Ziel der Böllhoff Gruppe. Verstanden und gelebt nicht nur mit Bezug auf die Produkte des Unternehmens – Verbindungselemente und Montagesysteme –, sondern auch als Brücke in die Gesellschaft.

Mit den Hochschulen in Ostwestfalen, so auch mit der FH Bielefeld, verbinden Böllhoff zahlreiche Forschungs- und Praxisprojekte. Mit Respekt und Freude über den Nutzen für die hervorragende Ausbildung von Nachwuchskräften gratulieren wir den Gründern und heutigen Gremien der FH Bielefeld zum 50-jährigen Jubiläum. Und gleichzeitig freuen wir uns auf die Zusammenarbeit in den kommenden 50 Jahren.

A passion for successful joining has been the vision and goal of the Böllhoff Group, which has been manufacturing all manner of connectors for 144 years. Understood and lived not only with reference to the company's products – fasteners and assembly systems – but also as a bridge to society.

Böllhoff has numerous research and practical projects with the universities in East Westphalia, including the Bielefeld UAS. It is with respect and pleasure that we congratulate the founders and current committees of the Bielefeld UAS on the occasion of the 50th anniversary. And at the same time, we look forward to working together in the coming 50 years.

FOREVER YOUNG!

Man sieht es ihr nicht an: Die FH Bielefeld ist 50 Jahre alt geworden. Sie ist dabei quicklebendig geblieben, denn sie ruht sich nicht auf dem Erreichten aus. Sie wahrt zwar Traditionen, erfindet sich auf deren Basis aber immer wieder neu. Die FH Bielefeld ist so zu einem unverzichtbaren Bestandteil der Bielefelder, ja ostwestfälischen Hochschullandschaft geworden.

Unverzichtbar ist die FH Bielefeld auch für die Unternehmen der Region – und weit darüber hinaus. Auch die Stadtwerke Bielefeld, die seit Jahrzehnten mit der FH Bielefeld kooperieren, profitieren davon. Abschlussarbeiten, die Fachhochschulstudierende in unserem Haus schreiben, bringen neueste wissenschaftliche Erkenntnisse in unsere Unternehmensgruppe und helfen uns so bei der Erfüllung unserer Aufgaben.

Die Fähigkeit der FH Bielefeld, sich immer wieder den aktuellen Anforderungen anzupassen, Überlebtes aus dem Lehrkanon zu streichen und neue Studieninhalte einzuführen, ist ein großes Plus unserer Zusammenarbeit. Ein Musterbeispiel hierfür ist die Mammutaufgabe der Energiewende. Gemeinsame Projekte zu Wind- und Bioenergie oder zur Elektromobilität lassen die Energieversorgung der Zukunft näher rücken.

Die Kooperation mit der Wirtschaft in Lehre und Forschung ermöglicht der FH Bielefeld eine sehr praxisnahe Ausbildung – und gerade die suchen die Studierenden an der FH. Eine Win-win-Situation: Denn viele unserer Fachkräfte haben an der FH Bielefeld studiert – klassisch, dual oder berufsbegleitend – und wissen meist schon recht gut, was sie in einem Unternehmen erwartet. Das gilt für alle Fachbereiche gleichermaßen.

Möge die FH Bielefeld weiterhin praxisnah und stark in Lehre und Forschung bleiben. Dann sind die 100 kein Problem: Forever young!

You cannot tell by looking at her: The Bielefeld UAS has turned 50 years old. She has remained very much alive and kicking, because she does not rest on her laurels. Although she preserves traditions, she continues to reinvent herself on the basis of them. In this way, the Bielefeld UAS has become an indispensable part of Bielefeld's, indeed East Westphalia's, university landscape.

The Bielefeld UAS is also indispensable for companies in the region – and far beyond. Bielefeld's municipal utilities, which have been cooperating with the Bielefeld UAS for decades, also benefit from this. Theses written by students at the Bielefeld UAS bring the latest scientific findings to our group of companies and thus help us to fulfil our tasks.

The ability of the Bielefeld UAS to adapt to current requirements, to remove superfluous elements from the teaching curricula, and to introduce new course content, is a great advantage of our cooperation. A prime example of this is the mammoth task of the energy turnaround. Joint projects on wind and bioenergy or on electromobility bring the energy supply of the future closer.

Cooperation with the business community in teaching and research enables the Bielefeld UAS to provide a very practical education – and it is precisely this that students seek at the University. A win-win situation: Many of our specialists have studied at the Bielefeld UAS – classic, dual or part-time – and usually know quite well what to expect in a company. This applies equally to all faculties.

May the Bielefeld UAS remain practice-oriented and remain strong in teaching and research. Then the ›100‹ will be no problem: Forever young!

CAMPUS GÜTERSLOH

Marian Brackmann, Marcus Miksch

Die ersten 53 Studierenden starteten im August 2010 in den beiden praxisintegrierten Bachelorstudiengängen Wirtschaftsingenieurwesen und Mechatronik/Automatisierung. Studiert wurde im dritten Obergeschoss des Flöttmann-Gebäudes in der Gütersloher Schulstraße 10. Die offiziellen Feierlichkeiten rund um den neuen Standort fanden am 3. September 2010 mit der Begrüßung der ersten Studierenden samt mehr als 200 geladenen Gästen aus Kreis und Stadt Gütersloh, der Hochschule sowie der regionalen Wirtschaft statt. Man spürte die Aufbruchstimmung.

The first 53 students started in August 2010 on the two work-integrated Bachelor's degree programmes in Industrial Engineering and Mechatronics/Automation. They studied on the third floor of the Flöttmann building at Schulstrasse 10 in Gütersloh. The official celebrations for the new location took place on 3 September 2010 with the welcoming of the first students as well as more than 200 invited guests from the district and city of Gütersloh, from the university and from the regional business community. You could feel excitement in the air.

Campus Gütersloh

Um die ersten Studierenden begrüßen zu können, bedurfte es freilich intensiver Vorarbeit, die seit Frühjahr 2009 an Fahrt aufnahm. Zum Studienstart waren bereits 24 Unternehmen dabei, die Praxisplätze für die neuen Studiengänge angeboten hatten. Dieser enorme Zuspruch war nur durch die enge Zusammenarbeit zwischen der Hochschule und der Wirtschaftsförderungsgesellschaft ProWirtschaft GT möglich, deren Geschäftsführer Albrecht Pförtner mit vielen Unternehmen Vorgespräche geführt hatte. Auf dieser Vorarbeit konnte Marcus Miksch aufbauen, der im April 2010 die Koordination der praxisintegrierten Studiengänge für die Standorte Minden und Gütersloh übernommen hatte. Seine Aufgabe bestand darin, Unternehmenskooperationen aufzubauen und zu pflegen – eine Funktion, die heute durch das Ressort Wissenschaftliche Weiterbildung, praxisintegrierte und berufsbegleitende Studienkonzepte wahrgenommen wird.

Der Studiengang Wirtschaftsingenieurwesen wurde zunächst für den am Standort Minden neu gegründeten Fachbereich Technik (im Aufbau) konzipiert – so auch das Konzept des praxisintegrierten Studiums, das im Frühjahr 2009 durch den damaligen Prorektor Prof. Dr. Andreas Beaugrand und Marcus Miksch ausgearbeitet wurde: kleine Studierendengruppen, Berufspraxis von Anfang an sowie eine Vergütung über die gesamte Studienzeit. Durch ein hochflexibles Studienkonzept werden Studium und praktische Tätigkeit im Unternehmen eng verzahnt. In jedem Semester arbeiten die Studierenden in dreimonatigen Praxisphasen im Betrieb mit, übernehmen bereits früh Verantwortung und können ohne weitere Einarbeitung in ihre künftigen betrieblichen Aufgaben hineinwachsen sowie das in den ebenfalls dreimonatigen Theoriephasen erworbene Wissen anwenden.

Am 3. Juni 2009 fanden sich in der konstituierenden Sitzung des Lenkungsrates Gütersloh unter dem Vorsitz der Rektorin Prof. Dr. Beate Rennen-Allhoff Vertreterinnen und Vertreter aus dem Kreis und der Stadt Gütersloh, der ProWirtschaft GT, der Hochschule sowie der Unternehmen Beckhoff Automation GmbH & Co. KG, Miele & Cie. KG und Venjakob Maschinenbau GmbH & Co. KG zusammen, um die Geschicke des Studienortes Gütersloh künftig zu bestimmen. Dieses Gremium dient bis heute unter anderem dazu, Studieninhalte mit aktuellen Erfordernissen der Praxis abzugleichen und diese gegebenenfalls in das Curriculum zu integrieren – ein schönes Beispiel für das gemeinsame Bemühen, innovative Studiengänge mit dem Bedarf der regionalen Wirtschaft zu synchronisieren.

Neben dem Wirtschaftsingenieurwesen sollte ein weiterer Studiengang implementiert werden, der Elemente des Maschinenbaus, der Elektrotechnik sowie Automatisierungstechnik und Informatik enthalten sollte. Zur Erarbeitung der Studieninhalte setzte der Lenkungsrat den Arbeitskreis Planung ein. Unter Beteiligung von Fachleuten der Hochschule sowie Vertreterinnen und Vertretern der im Lenkungsrat engagierten Unternehmen wurde das Curriculum für den Studiengang

In order to be able to welcome the first students, intensive preparatory work was required, which started in spring 2009. At the start of the programme, 24 companies had already offered places of practical work for the new degree programmes. This enormous acceptance was only possible thanks to the close cooperation between the Bielefeld UAS and the business development agency ProWirtschaft GT, whose managing director Albrecht Pförtner had conducted preliminary talks with many companies. Marcus Miksch, who took over the coordination of the work-integrated degree programmes for the Minden and Gütersloh campuses in April 2010, was able to build on this preliminary work. His task was to establish and maintain cooperation with companies – a function that is now carried out by the Department of Scientific Further Education and Concepts for Work-integrated and Part-time studies.

The Industrial Engineering degree programme was initially designed for the newly founded Faculty of Engineering (under construction) at the Minden site – as was the concept of the work-integrated degree programme, which was developed in spring 2009 by the then Prorector Prof. Dr. Andreas Beaugrand and Marcus Miksch: small student groups, professional practice from the very beginning and remuneration throughout the entire period of study. Through a highly flexible study concept, studies and practical work in the company are closely intertwined. In each semester, the students work in the company in three-month work terms, take on responsibility at an early stage and can grow into their future operational tasks without further training as well as apply the knowledge acquired in the academic terms, which also last three months.

On 3 June 2009, the constituent meeting of the Gütersloh Steering Council, chaired by Rector Prof. Dr. Beate Rennen-Allhoff, brought together representatives from the district and city of Gütersloh, ProWirtschaft GT, the Bielefeld UAS and the companies Beckhoff Automation GmbH & Co. KG, Miele & Cie. KG and Venjakob Maschinenbau GmbH & Co. KG to determine the future fate of Gütersloh as a place of study. To this day, this committee serves, among other things, to align study content with current practical requirements and to integrate these into the curriculum where necessary – a fine example of the joint effort to synchronise innovative study programmes with the needs of the regional economy.

In addition to Industrial Engineering, another degree programme was to be implemented that would contain elements of Mechanical Engineering, Electrical Engineering as well as Automation Technology and Computer Science. The Steering Council set up the Planning Working Group to develop the course content. With the participation of experts from the university and representatives of the companies involved in the steering council, the curriculum for the Mechatronics/Automation degree programme was jointly developed in close coordination by the end of 2009.

Mechatronik/Automatisierung bis Ende 2009 in enger Abstimmung gemeinsam erarbeitet.

Seit Anfang 2010 wird durch die Kreissparkasse Wiedenbrück sowie die Stadt und den Kreis Gütersloh eine Stiftungsprofessur finanziert. Durch das große persönliche Engagement von Hans Beckhoff, Inhaber und Geschäftsführer von Beckhoff Automation, wurde eine weitere Stiftungsprofessur für den neuen Studienort ermöglicht. Diese Co-Finanzierung durch die Partner in Wirtschaft und Kommunen erleichterte die Gründung des neuen FH-Standortes ungemein und symbolisiert bis heute die einzigartige Verbundenheit der Akteure.

Parallel war es notwendig, studieninteressierte junge Menschen über das neue Angebot zu informieren und für die neuen Studiengänge zu begeistern. So besuchten seit Juli 2009 Mitglieder des Lenkungsrates die weiterführenden Schulen im Kreis Gütersloh, um technikaffinen Schülerinnen und Schülern Inhalt und Konzept der praxisintegrierten Studiengänge vorzustellen. Wegbereitend für den bis heute guten Kontakt zu den weiterführenden Schulen war hier – einmal mehr – Joachim Martensmeier, der als Bildungsdezernent und Verwaltungsvorstand der Stadt Gütersloh seit vielen Jahren dafür gekämpft hatte, dass Gütersloh Hochschulstandort wird. Die Fachhochschule bot zeitgleich zentrale Informationsveranstaltungen und persönliche Beratungsgespräche für studieninteressierte Schülerinnen, Schüler und Auszubildende an.

Anfang des Jahres 2010 wurde Dr. Thomas Kordisch als Projektleiter und erster Professor für den Aufbau des Studienortes Gütersloh berufen. In den folgenden Monaten stellte er wissenschaftliches und nicht wissenschaftliches Personal ein, organisierte die Lehre sowie Vorkurse für die ersten Studierenden und ließ Seminarräume und Labore einrichten. Für die ersten Jahre des Aufbaus war Thomas Kordisch quasi das Gesicht der Lehre in Gütersloh, bevor er nach Bielefeld wechselte, um Anfang des Jahres 2015 das Labor für Werkstoffprüfung zu übernehmen.

Um allen Kooperationspartnern aus der Industrie die Möglichkeit eines regelmäßigen Austauschs über alle Fragen des Studiums zu ermöglichen, wurde der Unternehmeraustausch ins Leben gerufen. Vertreterinnen und Vertreter kooperierender Unternehmen, Professorinnen und Professoren, weitere Lehrende und Beschäftigte der FH Bielefeld treffen sich seit Juni 2010 zweimal im Jahr. Berichte aus der Lehre und zur Campusentwicklung werden durch studienbezogene Elemente ergänzt. So präsentieren zum Beispiel regelmäßig Studierende der praxisintegrierten Studiengänge ihre Projektarbeiten, die sie während der Praxisphasen im Unternehmen erarbeitet haben.

Nach dem erfolgreichen Start konnten schnell weitere Mitarbeiterinnen und Mitarbeiter sowie Professorinnen und Professoren am Studienort begrüßt werden. Auch die Zahl der Studierenden wuchs stetig; der Studienort und das Konzept der praxisintegrierten Studiengänge entwickelten sich zum – immer wieder zitierten – Erfolgsmodell.

Since the beginning of 2010, an endowed professorship has been financed by the Kreissparkasse Wiedenbrück and the city and district of Gütersloh. Thanks to the great personal commitment of Hans Beckhoff, (owner and managing director of Beckhoff Automation), another endowed professorship was made possible for the new study location. This co-financing by the partners in business and the local authorities facilitated the establishment of the new UAS location immensely and symbolises the unique bond between the stakeholders to this day.

At the same time, it was necessary to inform young people interested in studying about the new offer and to get them excited about the new degree programmes. Since July 2009, members of the Steering Committee have visited secondary schools in the district of Gütersloh to present the content and concept of the work-integrated degree programmes to students with an affinity for technology. Once again, it was Joachim Martensmeier who paved the way for the good contact with secondary schools that continues to this day. As head of the education department and administrative board of the city of Gütersloh, he had fought for many years for Gütersloh to become a university location. At the same time, the Bielefeld UAS offered central information events and personal counselling sessions for pupils and trainees interested in studying.

At the beginning of 2010, Dr. Thomas Kordisch was appointed as project leader and first professor for the establishment of the Gütersloh study location. In the months that followed, he hired academic and non-academic staff, organised teaching and preliminary courses for the first students and had seminar rooms and laboratories set up. For the first few years of the establishment, Thomas Kordisch was more or less the face of teaching in Gütersloh, before he moved to Bielefeld to take over the Materials Testing Laboratory at the beginning of 2015.

In order to provide all cooperation partners from industry with the opportunity for a regular exchange on all study issues, the Entrepreneur Exchange was created. Representatives of cooperating companies, professors, other lecturers and employees of the Bielefeld UAS have been meeting twice a year since June 2010. Reports from teaching and on campus development are supplemented by study-related elements. For example, students of the work-integrated degree programmes regularly present their project work, which they have developed during the work terms in the company.

After the successful start, more employees and professors were quickly welcomed to the study location. The number of students also grew steadily; the study location and the concept of the work-integrated degree programmes developed into a – repeatedly cited – success model.

In the winter semester 2013/2014, well over 80 percent of the first-year students were able to complete their studies on schedule, i.e. after the planned duration of seven semesters, with a Bachelor of Engineering degree – an almost unbeatable rate for Engineering degree programmes. To this day, the Gütersloh location can boast outstanding

Aus dem ersten Jahrgang konnten im Wintersemester 2013/2014 weit über 80 Prozent der Studienanfängerinnen und -anfänger ihr Studium planmäßig, also nach der vorgesehenen Studiendauer von sieben Semestern, mit dem Bachelor of Engineering abschließen – für Ingenieurstudiengänge eine nahezu unschlagbare Quote. Bis heute kann der Standort Gütersloh mit überragenden Absolventinnen- und Absolventenquoten glänzen. Ausschlaggebend dafür sind neben einer sorgfältigen Personalauswahl der Unternehmen das stringente Studienkonzept sowie die intensive Begleitung der Studierenden in Praxis und Theorie.

Im Jahr 2015 wurde ein Diskussionsprozess im Lenkungsrat angestoßen, wie Hochschule und Unternehmen in der Ausbildung auf die durch die Digitalisierung vermittelten Veränderungen und Disruptionen in der Unternehmenswelt reagieren können. Im Ergebnis wurden im Zusammenspiel von verschiedenen Unternehmen sowie den Kolleginnen und Kollegen im Fachbereich in Bielefeld und in Gütersloh drei Studiengänge entwickelt, deren Curricula und Praxisanteile ideal aufeinander abgestimmt den Herausforderungen technologiegetriebenen Wandels gerecht werden sollten. Das Resultat dieses Prozesses wurde den zahlreichen kooperierenden Unternehmen des Studienorts Gütersloh an einem Kaminabend vorgestellt, der von Dr. Marcus Miele moderiert wurde. 2015 waren alle Partner dieses Projektes davon überzeugt, dass es in gemeinsamer Anstrengung gelingen kann, in Gütersloh eine Hochschuldependance aufzubauen, die einen Schwerpunkt auf Digitalisierung und Internationalisierung hat. So entwickelte die FH Bielefeld ein Konzept für den weiteren Ausbau des Studienortes Gütersloh und legte dieses dem Landtag Nordrhein-Westfalen vor. Im Jahr 2016 wurde dieses Konzept positiv vom Landtag beschieden und der Ausbau finanziell gefördert. Zum Wintersemester 2017/2018 sollten bereits neue Studiengänge am Studienort Gütersloh angeboten werden. Dies gelang, da die FH Bielefeld systemakkreditiert ist und der Aufbau der Studiengänge von Bielefelder Kolleginnen und Kollegen unterstützt wurde. Daher konnten die Studiengänge B. Eng. Product-Service Engineering, Digitale Logistik und die weiterbildenden Masterstudiengänge Angewandte Automatisierung und Wirtschaftsingenieurwesen planmäßig angeboten werden. Um den Aufbau und Aufwuchs zu koordinieren, wurde zum September 2017 die Stelle des Projektkoordinators Campus Gütersloh – so der Name des Projekts – mit Dr. Marian Brackmann besetzt. Parallel zum Aufbau der neuen Studiengänge wurden auch neue Professuren ausgeschrieben und besetzt. Zum Start des Wintersemesters 2017/2018 lehrten sechs Professorinnen und Professoren, zwei Lehrkräfte für besondere Aufgaben (LfbA), ein Laboringenieur und eine Laboringenieurin in Gütersloh.

Das Wachstum des Studienortes Gütersloh bedingte, dass neue Flächen für die Lehre gefunden werden mussten. Durch die Vermittlung der Stadt Gütersloh war es möglich geworden, zu Beginn des Wintersemesters 2018/2019 das von der Unternehmensgruppe Hagedorn und der Borchard Group errichtete Gebäude am Gleis 13 als graduation rates. In addition to the careful selection of personnel by the companies, the stringent study concept and the intensive support of the students in practice and theory are decisive for this.

In 2015, a discussion process was initiated in the Steering Council on how the university and companies can react in education to the changes and disruptions in the corporate world brought about by digitalisation. As a result, three degree programmes were developed in cooperation with various companies and colleagues in the Faculty in Bielefeld and Gütersloh, whose curricula and practical components were ideally coordinated to meet the challenges of technology-driven change. The result of this process was presented to the numerous co-operating companies at the Gütersloh study location at a fireside evening, which was moderated by Dr. Marcus Miele. In 2015, all partners in this project were convinced that a joint effort could succeed in establishing a university branch in Gütersloh with a focus on digitalisation and internationalisation. The Bielefeld UAS developed a concept for the further expansion of the Gütersloh study location and submitted it to the North Rhine-Westphalia state parliament. In 2016, this concept was approved by the state parliament and the expansion was financially supported. New degree programmes were to be offered at the Gütersloh location for the 2017/2018 winter semester. This was successful because the Bielefeld UAS is system-accredited and the development of the degree programmes was supported by colleagues from Bielefeld. As a result, the degree programmes B. Eng. Product Service Engineering, Digital Logistics and the postgraduate Master's programmes Applied Automation and Industrial Engineering could be offered as planned. In order to coordinate the development and growth, the position of Project Coordinator Campus Gütersloh – the name of the project – was filled by Dr. Marian Brackmann in September 2017. Parallel to the establishment of the new degree programmes, new professorships were also advertised and filled. At the start of the winter semester 2017/2018, six professors, two teachers for special tasks (LfbA), and two laboratory engineers were teaching in Gütersloh.

The growth of the Gütersloh location meant that new teaching space had to be found. Through the mediation of the city of Gütersloh, it became possible to put the building at Gleis 13, constructed by the Hagedorn Group and the Borchard Group, into operation as another university building in Gütersloh at the beginning of the winter semester 2018/2019. Here, in direct proximity to the railway station, the Bielefeld UAS has access to a good 2,000 square metres of seminar rooms and offices. The degree programmes Digital Technologies (B. Eng.), the postgraduate Master's in Digital Technologies and the Research Master's in Data Science also started on schedule. In the meantime, the central student advisory service, the Talent Scouts and the Department of Studying and Teaching also have various offers and representations at the Campus Gütersloh. The Faculty of Business also offers the extra-occupational Bachelor's programme in Business Administration weiteres Hochschulgebäude in Gütersloh in Betrieb zu nehmen. Hier, in direkter Nähe zum Bahnhof, kann die FH Bielefeld auf gut 2.000 Quadratmeter Seminarräume und Büros zurückgreifen. Planmäßig starteten auch die Studiengänge Digitale Technologien (B. Eng.), der weiterbildende Master Digitale Technologien und der Forschungsmaster Data Science. Mittlerweile haben auch die zentrale Studienberatung, die Talent Scouts und das Dezernat Studium und Lehre verschiedene Angebote und Vertretungen am Campus Gütersloh. Der Fachbereich Wirtschaft und Gesundheit bietet zudem den berufsbegleitenden Bachelorstudiengang Betriebswirtschaft in Gütersloh an. Ende 2018 beschloss der Landtag eine nachhaltige Erhöhung der Förderung des Campus Gütersloh.

Das Center for Applied Data Science (CfADS), das durch die Bielefelder Professoren Dr. Martin Kohlhase und Dr. Wolfram Schenck und den Gütersloher Professor Dr. Pascal Reusch ins Leben gerufen wurde und in Gütersloh beheimatet ist, hat seit 2017 drei erfolgreiche Anträge im Rahmen des Wettbewerbs Forschungsinfrastrukturen gestellt, der aus Mitteln des Europäischen Fonds für regionale Entwicklung (EFRE) und des Landes Nordrhein-Westfalen finanziert wird.

Der Fokus des CfADS liegt auf der anwendungs- und umsetzungsorientierten Durchführung von innovativen Forschungs- und Entwicklungsprojekten im Themenbereich Datenerfassung, -aufbereitung und -analyse. Es forscht auf dem Gebiet der Künstlichen Intelligenz, insbesondere auf den Schwerpunktfeldern Data Science, maschinelles Lernen und Cloud-basierte Automatisierung und Optimierung. Die eigene hochperformante Forschungsinfrastruktur ermöglicht sowohl eine wissenschaftliche als auch eine anwendungsorientierte Forschung zusammen mit den Partnern aus der Wirtschaft.

Durch den Zuwachs an Flächen ergab sich für den Campus Gütersloh die Möglichkeit, eine Forschungsinfrastruktur – hauptsächlich für das CfADS – und moderne Praktikumsräume für die Lehre einzurichten. Dazu wurden im Februar 2020 Umbaumaßnahmen im Flöttmann-Gebäude an der Schulstraße eingeleitet: die Industrial Internet of Things (IIoT) Factory des CfADS.

Im Frühjahr 2020 startete in Gütersloh das Schülerlabor experiMINT diGiTal als Erweiterung des erfolgreichen Schülerlabors experiMINT in Bielefeld. Die Grundlage bildete eine erfolgreiche Antragstellung im EFRE-Programm Zukunft durch Innovation.NRW, zusammen mit den Bielefelder Kolleginnen und Kollegen vom Schülerlabor und unterstützt durch ProWirtschaft GT. Der Fokus des Schülerlabors in Gütersloh liegt auf der Digitalisierung von Industrieprozessen, wobei die Workshops aus Inhalten der Studiengänge am Campus aufgebaut werden. Zusätzliche Workshop-Angebote können aus dem Bielefelder experiMINT übernommen werden, genauso wie in Gütersloh entwickelte Workshops in Bielefeld angeboten werden können.

Um einen finalen Standort innerhalb von Gütersloh für den weiteren Ausbau und die nachhaltige erfolgreiche Entwicklung des *in Gütersloh. At the end of 2018, the state parliament decided to sustainably increase funding for the Campus Gütersloh.*

The Center for Applied Data Science (CfADS), which was launched by Bielefeld professors Dr. Martin Kohlhase and Dr. Wolfram Schenck and Gütersloh professor Dr. Pascal Reusch and is based in Gütersloh, has submitted three successful applications since 2017 as part of the Research Infrastructures competition, which is funded by the European Regional Development Fund (ERDF) and the state of North Rhine-Westphalia.

The focus of CfADS is on the application and implementation-oriented execution of innovative research and development projects in the field of data acquisition, processing and analysis. It conducts research in the field of artificial intelligence, particularly in the focus areas of data science, machine learning and cloud-based automation and optimisation. Its own high-performance research infrastructure enables both scientific and application-oriented research together with partners from industry.

The increase in space gave the Campus Gütersloh the opportunity to set up a research infrastructure – mainly for CfADS – and modern practical rooms for teaching. To this end, conversion measures were initiated in February 2020 in the Flöttmann building on Schulstrasse: The Industrial Internet of Things (IIoT) Factory of CfADS.

In spring 2020, the experiMINT diGiTal school laboratory was launched in Gütersloh as an extension of the successful experiMINT school laboratory in Bielefeld. The basis was formed by a successful application to the ERDF programme Future Through Innovation. NRW, together with the Bielefeld colleagues from the school lab and supported by proWirtschaft GT. The focus of the student lab in Gütersloh is on the digitalisation of industrial processes, with the workshops being built up from content from the study courses on campus. Additional workshop offerings can be taken over from the Bielefeld experiMINT, just as workshops developed in Gütersloh can be offered in Bielefeld.

In order to find a final location within Gütersloh for the further expansion and sustainable successful development of the campus, the Bielefeld UAS conducted a variant analysis. In this analysis, three potential locations for the final campus emerged. These included the expansion of the two current properties in the Flöttmann building and at Gleis 13 as the sole locations in each case, as well as the former barracks site of the Mansergh Barracks on Verler Strasse, which the city of Gütersloh will develop into a modern urban quarter in an urban development process. In summer 2020, the Bielefeld UAS announced that the decision had been made in favour of the barracks site. This is the best place to realise the original vision of the expansion concept.

Today, more than 320 students are studying in the five work-integrated degree programmes and the research master's programme, and another 130 are enrolled in one of the three continuing education master's degree programmes. In addition, 75 young people are studying

Campus zu finden, führte die FH Bielefeld eine Variantenanalyse durch. In dieser Analyse kristallisierten sich drei potenzielle Standorte für den finalen Campus heraus. Diese beinhalteten jeweils den Ausbau der beiden jetzigen Liegenschaften im Flöttmann-Gebäude und am Gleis 13 als jeweils alleinige Standorte sowie das ehemalige Kasernengelände der Mansergh Barracks an der Verler Straße, das die Stadt Gütersloh in einem städtebaulichen Prozess zu einem modernen Stadtquartier entwickeln wird. Im Sommer 2020 gab die FH Bielefeld bekannt, dass die Entscheidung für das Kasernengelände gefallen ist. An diesem Ort lässt sich die ursprüngliche Vision des Ausbaukonzepts am besten umsetzen.

Heute studieren über 320 Studierende in den fünf praxisintegrierten Studiengängen und dem Forschungsmaster, weitere 130 sind für einen der drei weiterbildenden Masterstudiengänge eingeschrieben. Darüber hinaus studieren 75 junge Menschen berufsbegleitend Betriebswirtschaftslehre in Gütersloh. Ende 2020 lehrten bereits 16 Professorinnen und Professoren, vier LfbA und vier Laboringenieurinnen und zwei Laboringenieure am Campus Gütersloh, der seit März 2021 ein gesetzlich verankerter Standort der FH Bielefeld ist – eine wirkliche Erfolgsgeschichte, deren Ende noch lange nicht abzusehen ist.

Business Administration part-time in Gütersloh. By the end of 2020, 16 professors, four teachers for special tasks and four laboratory engineers were already teaching at the Campus Gütersloh, which has been a legally established location of the Bielefeld UAS since March 2021 – a real success story whose end is far from in sight.

11.3.2011
11.3.2006
30.9.1999
26.4.1986
28.3.1979
31.12.1978
21.1.1969
5.10.1966
24.7.1964
3.1.1961
B0

FACHBEREICH SOZIALWESEN

FACULTY OF SOCIAL SCIENCES

ANTWORTEN MIT NEUEN STUDIENGÄNGEN

ANSWERS WITH NEW DEGREE PROGRAMMES

Michael Stricker in Zusammenarbeit mit Rainer Middelberg

»Der Sozialarbeit geht es in den verschiedenen Bereichen darum, bestehende Defizite auszugleichen, Mängel zu beheben und die ›Klienten‹ in die Gesellschaft zu integrieren. Zu untersuchen wäre nun, nach welchen Maßstäben, nach welcher Theorie der Sozialarbeiter die jeweiligen Situationen definiert, die sein Eingreifen erforderlich machen und mit welchen Mitteln er welches Ziel verfolgt. Zwar kann man, wie sich sehr schnell feststellen läßt, nicht von einer Theorie der Sozialarbeit sprechen – es gibt bestenfalls einige Theoriefragmente –, doch lassen sich Aussagen, erreichte Ziele etc. auf bestimmte Theorien gesellschaftlichen und politischen Handelns zurückführen.«

Erläuterungen zum Seminar ›Theorien der Sozialarbeit/Sozialpädagogik‹ im Veranstaltungsverzeichnis Wintersemester 1973/1974

»Social work in the various fields is concerned with compensating for existing deficits, remedying shortcomings, and integrating ›clients‹ into society. It would now be necessary to examine according to which standards, and according to which theory, the social worker defines the respective situations that make his intervention necessary, and with which means he pursues which goal. Although, as can very quickly be seen, one cannot speak of a theory of social work – at best there are some fragments of theory – statements, goals achieved etc. can be traced back to certain theories of social and political action.«

Explanations on the seminar ›Theories of Social Work/Social Pedagogy‹ in the list of events for the winter semester 1973/1974

Der Blick in die Vorlesungsverzeichnisse der vergangenen fünf Jahrzehnte zeigt, dass Soziale Arbeit seit jeher nach Antworten auf die Herausforderungen der jeweiligen Zeit sucht. Die damit verbundenen Diskurse und das methodische Handeln haben sich weiterentwickelt und professionalisiert. Einerseits Konstanz, andererseits gesellschaftlich bedingter Wandel ziehen sich durch die vergangenen fünf Jahrzehnte des Fachbereichs Sozialwesen und lassen sich idealtypisch an den aktuellen Studiengängen ablesen.

Hervorgegangen aus der Landeshauptmann-Salzmann-Schule in Bielefeld und dem Paritätischen Sozialseminar in Detmold – beides höhere Fachhochschulen für Sozialarbeit –, musste sich der neue Fachbereich mit Lehrkräften und Ausrichtung zunächst noch finden. Das wesentliche Kernmerkmal ist allerdings unverändert geblieben: Das theoretisch durchdrungene Studium ist stark mit der Praxis verbunden. Der Fachbereich genießt offenkundig einen guten Ruf in der Fachszene, denn viele Professorinnen und Professoren haben nach ersten Professuren in anderen Städten nach Bielefeld gewechselt.

Die FH Bielefeld zählte in den 1970er-Jahren zu den ersten in Deutschland mit einem Fachbereich Sozialwesen. Laut Statistischem Bundesamt waren im Sommersemester 1975 nur 2.000 Studierende für Sozialwesen und Sozialarbeit an deutschen Hochschulen eingeschrieben. Im Sommersemester 2020 – mit Studienangeboten bundesweit – waren es 98.000 Studierende. Davon 1.600 an der FH Bielefeld.

Natürlich ändern sich mit gesellschaftlichen Veränderungen auch die Anforderungen an den Fachbereich. Problemlagen und Themen wie beispielsweise Rassismus, Diskriminierung oder soziale Ungleichheit finden sich aber unverändert. Auch die praktische Arbeit vieler Einrichtungen öffentlicher und privater Träger der Wohlfahrtspflege hat trotz aller Veränderungen Konstanten: Während der Migrationsbewegungen des Jahres 2015 wurden vielerorts Einrichtungen für die Erstaufnahme, Unterbringung und Betreuung aufgebaut. Im Jahr 2021 werden in den gleichen Einrichtungen Corona-Impfzentren eingerichtet. Mit ihrem großen organisatorischen und fachlichen Know-how können Sozialverbände variabel Maßnahmen anbieten. Diese Flexibilität lernen auch die Studierenden.

Die Arbeitsweise der Hochschule ist dabei heute wesentlich stärker wissenschaftlich fundiert und digitalisiert. Die Einführung und Nutzung eines Medienlabors hat das schon vor Jahrzehnten vorgezeichnet. Die Corona-Pandemie hat den Wandel des Kommunikationsverhaltens forciert, sodass die Lehrenden künftig weit stärker digitale Lernformate nutzen werden. Auch in der Sozialen Arbeit werden Hilfsangebote und Beratungsgespräche digital selbstverständlicher werden. Die Herausforderung wird darin liegen zu erkennen, für welche Klientinnen und Klienten so ein Setting geeignet ist und für welche nicht. Das erhöht die Komplexität der Arbeit für die Mitarbeiterinnen und Mitarbeiter. Sie müssen ein Gespür entwickeln, wann ein Beratungsgespräch über digitale Medien machbar erscheint.

A look at the course catalogues of the past five decades shows that social work has always sought answers to the challenges of the time. The associated discourses and methodological action have developed further and become more professional. On the one hand, constancy, and on the other hand, socially-induced change, run through the past five decades of the Faculty of Social Sciences and can be seen ideally in the current degree programmes.

Emerging from the Landeshauptmann-Salzmann-Schule in Bielefeld and the Paritätisches Sozialseminar in Detmold (Detmold Parity Social Seminar) – both higher technical colleges for social work – the new Faculty had to find its way with teaching staff and orientation at first. The essential core feature, however, has remained unchanged: The theoretically imbued study programme is strongly linked to practice. The Faculty obviously enjoys a good reputation in the professional scene, as many professors have moved to Bielefeld after initial professorships in other cities.

In the 1970s, the Bielefeld UAS was one of the first in Germany to have a Faculty of Social Sciences. According to the Federal Statistical Office, in the summer semester of 1975 only 2,000 students were enrolled in Social Work at German universities. In the summer semester of 2020 – with courses offered nationwide – there were 98,000 students. Of these, 1,600 were at the Bielefeld UAS.

Of course, the demands on social work change with social changes. However, problems and issues such as racism, discrimination or social inequality remain unchanged. The practical work of many public and private welfare institutions also has constants despite all the changes: During the migration movements of 2015, facilities for initial reception, accommodation and care were set up in many places. In 2021, Corona vaccination centres will be established in the same facilities. With their great organisational and professional know-how, social associations can offer variable measures. Students also learn this flexibility.

The way the university works today is much more science-based and digitalised. The introduction and use of a media lab foreshadowed this decades ago. The Corona pandemic has forced the change in communication behaviour, so that teachers will use digital learning formats much more in the future. In social work, too, offers of help and counselling sessions will become more digitally natural. The challenge will be to recognise for which clients such a setting is suitable, and for which it is not. This increases the complexity of the work for the staff. They have to develop a feeling for when a counselling session via digital media seems feasible.

Social Work – the nucleus of the Faculty is still its biggest pillar today with the Bachelor's degree programme of the same name. With good career prospects for today's students: While there were over 800 unemployed social workers in Bielefeld alone in the early 1990s, this is no longer an issue today. The need is growing because, for example, many permanent positions are being created in school social work, and

Soziale Arbeit – die Keimzelle des Fachbereichs ist noch heute mit dem gleichnamigen Bachelorstudiengang sein größtes Standbein. Mit guten Berufsaussichten für die heutigen Studierenden: Gab es Anfang der 1990er-Jahre allein in Bielefeld über 800 arbeitslose Sozialarbeitende, ist das heute kein Thema mehr. Der Bedarf wächst, weil zum Beispiel in der Schulsozialarbeit viele dauerhafte Stellen entstehen und in der Kinder- und Jugendhilfe mehr Kinder aus ihren Familien heraus in Obhut genommen werden müssen. Der Fachbereich hat reagiert: Statt der 100 regulären Studienplätze pro Semester werden im Wintersemester sogar 200 Studienplätze vergeben. Es könnten noch mehr sein angesichts von bis zu 4.000 Bewerbungen.

Prof. Dr. phil. Christian Huppert, Leiter des Studiengangs, sowie Dipl.-Soz. Arb. (FH) Bettina Hartung-Klages heben den Standort hervor. »Bielefeld ist die Sozialhauptstadt in Deutschland«, so Hartung-Klages. »Durch die von Bodelschwinghschen Stiftungen Bethel, das Evangelische Johanneswerk und die Diakonische Stiftung Ummeln finden sich hier im Vergleich zur Bevölkerung so viele große Träger, Einrichtungen und Angebote wie sonst nirgendwo.« Studierende haben vielfältige Möglichkeiten, um Praxiserfahrungen zu sammeln. Und die Hochschule dadurch umfangreiche Zugänge für Kooperationen mit den Einrichtungen.

Die Mehrzahl der Studierenden kommt nach dem Schulabschluss, eine weitere Gruppe mit Berufserfahrung als Heil- und Erziehungspflegerin bzw. -pfleger, als Gesundheits- und Krankenpflegerin bzw. -pfleger sowie als Erzieherin oder Erzieher. »Mit dieser heterogenen Studierendenschaft können wir sehr ertragreich auf verschiedenen Erfahrungsniveaus diskutieren«, betont Professor Huppert.

Der Gegenstand von Forschung und Lehre war und ist naturgemäß die Soziale Arbeit, heute etwa die Gruppenleitung in einer Offenen Ganztagsschule, die Arbeit als Fachkraft für die allgemeine Migrationsberatung oder das Projekt in einem Begegnungszentrum für Quartiersarbeit. An der Hochschule wurde das Fach früher vornehmlich mithilfe von Bezugswissenschaften wie Soziologie, Politik, Recht oder Psychologie betrachtet – gelehrt von jeweiligen Fachwissenschaftlerinnen und Fachwissenschaftlern. Die Sozialarbeitswissenschaft als eigene Disziplin ist erst in den vergangenen Jahren ins Zentrum gerückt und mehrere Professuren bilden mittlerweile diesen Kernbereich ab. Professor Huppert stellt dazu fest: »Wir müssen soziologische Zusammenhänge kennen, um soziale Phänomene zu begreifen, brauchen juristisches Wissen, um Zugang zu sozialen Hilfen zu schaffen, und benötigen gesundheitswissenschaftliche Expertise, damit eine Person mit ihrer Erkrankung ihr Leben gestalten kann. Aber im Kern bleibt die wissenschaftliche Betrachtung der Sozialen Arbeit.« Dieses Vorgehen hat zugleich den Prozess der Professionalisierung des Berufsbildes vorangetrieben.

»Sozialarbeitende sind im Grunde Zehnkämpferinnen und Zehnkämpfer«, ergänzt Bettina Hartung-Klages. »Sie müssen in extrem vielen Handlungsfeldern handlungsfähig sein.« Das spiegelt sich im *in child and youth welfare more children are being taken into care from their families. The Faculty has reacted: Instead of the 100 regular places per semester, as many as 200 places will be allocated in the winter semester. There could be even more in view of up to 4,000 applications.*

Prof. Dr. phil. Christian Huppert, the head of the study programme, and Bettina Hartung-Klages, a graduate social worker, highlight the location. »Bielefeld is the social capital of Germany«, says Hartung-Klages. »Due to the presence of the von Bodelschwinghschen Stiftungen Bethel, the Evangelische Johanneswerk, and the Diakonische Stiftung Ummeln (all long-established welfare foundations), there are more large social support providers and charitable institutions here than anywhere else compared to the population.« Students have many opportunities to gain practical experience. And the university thus has extensive access to cooperation with the institutions.

The majority of the students come after graduating from school. But there is another group with professional experience such as curative and educational nurses, health care and nursing staff, and educators. »With this heterogeneous student body, we can have very fruitful discussions at different levels of experience«, Professor Huppert emphasises.

The subject of research and teaching was, and is, naturally social work. Today for example the group leadership in an open all-day school, the work as a specialist for general migration counselling, or the project in a meeting centre for neighbourhood work. At the university, the subject used to be considered primarily with the help of related sciences such as Sociology, Politics, Law or Psychology – taught by the respective specialist academics. Social Work Science as a discipline in its own right has only moved into the centre in recent years and several professorships now cover this core area. Professor Huppert states: »We need to know sociological contexts in order to understand social phenomena, we need legal knowledge in order to create access to social help, and we need health science expertise so that a person with their illness can shape their life. But at the core remains the scientific approach to social work.« This approach has at the same time driven the process of professionalisation of the profession.

»Social workers are basically decathletes«, adds Bettina Hartung-Klages. »They have to be capable of acting in an extremely wide range of fields.« This is reflected in the Faculty itself. The change from the diploma to the Bachelor's degree – and with it the end of the Social Education Degree – has taken away some freedoms and provides more structure and a tighter schedule. In contrast, large modules are offered in which students can choose their own focus and try out different fields. The Faculty deliberately refrains from setting specific research priorities. Instead, an attempt is made to allow teachers and students as many different projects as possible in terms of content, be it from empiricism, music or art. The spectrum is correspondingly wide and ranges from projects on migration, or the organisational change of sports clubs, to

Fachbereich selbst wider. Die Umstellung vom Diplom- auf das Bachelorstudium – und damit auch das Ende des Studiums der Sozialpädagogik – hat einige Freiheiten genommen und gibt mehr Struktur und einen engeren Zeitplan vor. Demgegenüber werden große Module angeboten, in denen sich die Studierenden eigene Schwerpunkte auswählen und sich in unterschiedlichen Feldern ausprobieren können. Der Fachbereich verzichtet bewusst darauf, bestimmte Forschungsschwerpunkte zu setzen. Stattdessen wird versucht, inhaltlich Lehrenden und Studierenden möglichst viele verschiedene Projekte zu ermöglichen, sei es aus der Empirie, der Musik oder der Kunst. Die Bandbreite ist entsprechend groß und reicht von Projekten zu Migration oder dem organisatorischen Wandel von Sportvereinen über die Transformation der Mobilitätskultur bis hin zu Forschungsansätzen zur Digitalisierung im Gesundheitswesen.

Vielgestaltigkeit bedeutet dabei nicht Beliebigkeit. Die Adressatinnen und Adressaten der Sozialen Arbeit werden aus unterschiedlichen Gründen in der Öffentlichkeit nicht gehört. Um ihnen Gehör zu verschaffen, kann und soll Soziale Arbeit aktiv werden, ist Professor Huppert sicher: »Wir haben für diese Menschen eine anwaltliche Funktion. Wir haben Haltung für sie einzunehmen.« Soziale Arbeit lebt immer in einem politischen Kontext. Denn die Politik gibt den Rahmen mit vor.

Ein großes Anliegen aller Beteiligten ist ein fundierter Theorie-Praxis-Transfer. Studierende müssen schon vor dem Studienbeginn ein Vorpraktikum absolvieren. Hinzu kommen zwei intensive Praxisphasen. Die Studierenden bringen ihre Erfahrungen in die begleitenden Seminare ein. Umgekehrt spiegeln sie mit ihrem theoriegeleiteten Blick ihre Einsichten den Praxisstellen zurück. Dort ist man offen für neue Erkenntnisse. »Wir sind der Überzeugung, dass unsere Absolventinnen und Absolventen mit unserem konsequenten Theorie-Praxis-Transfer gut in den Beruf einsteigen können. Das ist eine Qualität, die bei Arbeitgeberinnen und Arbeitgebern hoch anerkannt ist«, so Professor Huppert.

Vor 50 Jahren noch nicht auf dem Radar, ist der 2007 eingeführte Bachelorstudiengang Pädagogik der Kindheit heute kaum mehr wegzudenken. Auch dieser Studiengang – mit aktuell 50 Studienplätzen pro Semester – ist ein Ergebnis gesellschaftlichen Wandels, wie Studiengangsleiterin Prof. Dr. phil. Juliane Gerland erklärt: »In unserer alternden Gesellschaft ist das Bewusstsein gewachsen, dass der Lebensabschnitt Kindheit komplex und differenzierten Prozessen unterworfen ist. Wir wollen die Arbeit in Kindertageseinrichtungen und den Vollzug von Bildung und Sozialisation in verschiedenen Kindheitssystemen wissenschaftlich betrachten, um sie besser zu verstehen und neue Bildungskonzepte zu entwickeln. Wir stellen uns Fragen über die Anforderungen an Kinderbetreuung und die Bedarfe für die Unterstützung von Familien.«

Die Verortung der Kindheitspädagogik an einer Fachhochschule ist dabei relativ neu – aber eben auch sinnvoll, wie der Vergleich zeigt. Die Ausbildung von Erzieherinnen und Erziehern ist eher praktisch *the transformation of mobility culture, and research approaches to digitalisation in the health sector.*

Diversity does not mean arbitrariness. For various reasons, the receivers of social work are not heard in public. Professor Huppert is certain that social work can and should become active in order to make them heard: »We have an advocacy function for these people. We have to take a stand for them.« Social work has always lived in a political context. After all, politics helps to set the framework.

A major concern of all those involved is a well-founded theory-practice transfer. Students have to complete a pre-study internship before they start their studies. In addition, there are two intensive practical phases. The students contribute their experiences to the accompanying seminars. Conversely, they reflect their insights back to the practical centres with their theory-guided view. They are open to new insights. »We are convinced that our graduates can start their careers well with our consistent theory-practice transfer. This is a quality that is highly recognised by employers«, says Professor Huppert.

Not on the radar 50 years ago, the Bachelor's programme in Childhood Education, introduced in 2007, has become indispensable. This degree programme – with currently 50 places per semester – is also a result of social change, as programme director Prof. Dr. phil. Juliane Gerland explains: »In our ageing society, there is a growing awareness that the childhood stage of life is complex and subject to differentiated processes. We want to take a scientific look at the work in day-care centres and the execution of education and socialisation in different childhood systems in order to better understand them and develop new educational concepts. We ask ourselves questions about the demands on childcare and the needs for supporting families.«

The location of childhood education at a university of applied sciences is relatively new – but also makes sense, as the comparison shows. The training of nursery school teachers is more practically oriented in order to learn what can be offered to children in the day-to-day life of a day-care centre and what suitable materials and methods look like. Educational science courses at universities, on the other hand, look at the topic more from a scientific-theoretical perspective. According to Professor Gerland, the claim to directly change the systems in practice is less pronounced there: »Our childhood education programme, on the other hand, acts from an understanding of practice. In a spiral, the scientific basis is immediately subjected to a practical test.«

The course prepares students primarily for work in institutions for children up to six years of age – day-care centres, programmes for the transition from day-care to school and mother-child facilities. The legal entitlement to day-care places and thus to institutional education and upbringing of children in this age group, as well as support and advice for parents, has triggered a radical change. Only 30 years ago, children went to kindergarten to play with other children outside the family for a few hours in the morning. They were back home for lunch.

ausgerichtet, um zu erlernen, welche Angebote Kindern im Kita-Alltag gemacht werden können und wie geeignete Materialien und Methoden aussehen. Erziehungswissenschaftliche Studiengänge an Universitäten wiederum betrachten das Thema stärker aus einer wissenschaftlich-theoretischen Perspektive. Der Anspruch, direkt die Systeme in der Praxis zu verändern, ist dort laut Professorin Gerland geringer ausgeprägt: »Unser kindheitspädagogischer Studiengang hingegen handelt aus einem Verständnis aus der Praxis heraus. Spiralartig wird die wissenschaftliche Basis immer unmittelbar wieder einem Praxistest unterzogen.«

Vorbereitet wird vor allem für die Arbeit in Einrichtungen für Kinder bis sechs Jahren – Kindertageseinrichtungen, Angeboten zum Übergang von der Kita in die Schule sowie in Mutter-Kind-Einrichtungen. Gerade der Rechtsanspruch auf Kita-Plätze und damit auf eine institutionelle Bildung und Erziehung der Kinder dieser Altersgruppe sowie die Begleitung und Beratung der Eltern hat einen radikalen Wandel ausgelöst. Noch vor 30 Jahren gingen Kinder in den Kindergarten, um in der Regel vormittags für einige Stunden mit anderen Kindern außerhalb der Familie zu spielen. Sie waren zum Mittagessen wieder zu Hause. Die Begleitung musikalischer, literarischer oder politischer Bildung lag weiter vornehmlich bei den Eltern.

Da sich Kinder mittlerweile schon im frühen Alter von morgens bis in den späten Nachmittag in diesen Einrichtungen aufhalten, verschiebt sich die Menge der Bildungsgelegenheiten von der Familie in die Einrichtung. Professorin Gerland: »Damit steigt der Bedarf an Bildungs- und Erziehungskonzepten und einer systematischen Strukturierung vorschulischer Bildung.« Diese können die neuen Absolventinnen und Absolventen vorantreiben, sogar als Leitungen von Kindertagesstätten. »Allerdings muss man die gewachsenen Strukturen von Kitas berücksichtigen«, schränkt sie ein. »Dort sind die Erzieherinnen und Erzieher die mit Abstand größte Berufsgruppe.«

Auch Professorin Gerland lobt die Multiprofessionalität des Fachbereichs: Fachleute aus der Politikwissenschaft, Soziologie, Pädagogik, Psychologie oder Musik bringen ihre jeweils eigenständige Expertise in die Ausbildung ein. »Wir können uns durch die enge Verwobenheit mit den anderen Studiengängen den Luxus dieses qualifizierten Blicks über den Tellerrand leisten.« Die Studierenden lernen vom ersten Tag der Ausbildung an, multiperspektivisch zu denken – ein großer Vorteil auch für den Einsatz an Schulen. Schule versteht sich unverändert stark als Ort des Unterrichts durch die Hauptberufsgruppe der Lehrkräfte. »Der Mehrwert einer Einbindung der Kindheitspädagogik kann bewirken, dass das System Schule von vornherein multiprofessionell gedacht wird«, so Professorin Gerland.

»Wir entlassen die Absolventinnen und Absolventen unserer Studiengänge ohne Materialien oder Technologien in den Arbeitsmarkt. Vielmehr müssen sie pädagogische und sozialarbeiterische Professionalität erlernt haben, um mit ihrer eigenen Persönlichkeit im Sinne

The accompaniment of musical, literary or political education continued to lie primarily with the parents.

Since children now spend time in these facilities from early in the morning until late in the afternoon, the amount of educational opportunities shifts from the family to the facility. Professor Gerland: »This increases the need for educational concepts and a systematic structuring of pre-school education.« The new graduates can drive this forward, even as directors of day-care centres. »However, you have to take into account the grown structures of day-care centres«, she qualifies. »There, the nursery school teachers are by far the largest professional group.«

As in the Social Work degree programme, Professor Gerland praises the multi-professionalism of the Faculty: Experts from Political Science, Sociology, Education, Psychology or Music each bring their independent expertise to the training. »We can afford the luxury of this qualified view beyond our own nose due to the close interweaving with the other degree programmes.« From the very first day of training, students learn to think multi-perspectively – a great advantage also for use in schools. School continues to see itself strongly as a place of teaching by the main professional group of teachers. »The added value of integrating childhood education can have the effect that the school system is thought of as multi-professional from the outset«, says Professor Gerland.

»We release the graduates of our degree programmes into the labour market without materials or technologies. Rather, they must have learned pedagogical and social work professionalism in order to work with their own personality in the sense of a tool. For this, it is important to deal well with one's own biography«, adds Professor Gerland. The four artistic professorships at the Faculty – Music Education, Visual Arts, New Media as well as Theatre Education – have a special significance for this. Such a bundled offer at a university of applied sciences is a rarity. »The students can learn more about their own personality structures through artistic approaches, question patterns of reaction, discuss more about their own and foreign things. That is a fruitful counterpoint to classical scientific approaches.«

The Faculty has taken the change one step further with its Master's programme, which was called Applied Social Sciences until 2018. Programme director Prof. Dr phil. Oliver Bierhoff explains: »The Master's programme in Social Science Transformation Studies, which was introduced in 2019, includes an examination of current, fundamental social transformation processes and examines how various dimensions are interconnected. One important topic, for example, is the socio-ecological transformation. The climate crisis, for example, requires changes in the economy, and in politics, on a cultural level, all the way to our everyday way of life.« Therefore, a first approach is to observe how society discusses a change and thereby changes the processes themselves, eines Werkzeugs zu arbeiten. Dafür ist ein guter Umgang mit der eigenen Biografie wichtig«, ergänzt Professorin Gerland. Dafür haben die vier künstlerischen Professuren am Fachbereich – Musikpädagogik, bildende Kunst, Neue Medien sowie Theaterpädagogik – eine besondere Bedeutung. So ein gebündeltes Angebot an einer Fachhochschule ist eine Rarität. »Die Studierenden können über künstlerische Herangehensweisen mehr über ihre eigenen Persönlichkeitsstrukturen erfahren, Reaktionsmuster hinterfragen, mehr über Eigenes und Fremdes diskutieren. Das ist ein fruchtbarer Gegenpol zu klassisch wissenschaftlichen Herangehensweisen.«

Die Veränderung noch eine Stufe weiter getrieben hat der Fachbereich bei seinem Masterstudiengang, der bis 2018 Angewandte Sozialwissenschaften lautete. Studiengangsleiter Prof. Dr. phil. Oliver Bierhoff erklärt: »Der 2019 eingeführte Masterstudiengang Sozialwissenschaftliche Transformationsstudien beinhaltet die Auseinandersetzung mit aktuellen, grundlegenden gesellschaftlichen Transformationsprozessen und untersucht, wie verschiedene Dimensionen miteinander verknüpft sind. Ein wichtiges Thema ist beispielsweise die sozialökologische Transformation. Die Klimakrise erfordert etwa Veränderungen in der Ökonomie, in der Politik, auf kultureller Ebene bis hin zu unserer alltäglichen Lebensweise.« Daher ist ein erster Zugang die Beobachtung, wie Gesellschaft eine Veränderung diskutiert und dadurch die Prozesse selbst verändert, weil manche Aspekte hervorgehoben werden und andere aus dem Blick geraten – ein Phänomen, das auch an der Corona-Pandemie gut ablesbar ist.

Der Studiengang ist aber kein Schnellschuss. Seit über 20 Jahren nimmt die Organisationsberatung die Transformationsanforderungen in Wirtschaft, Politik und Verwaltung in den Blick. Auch betriebliche Weiterbildung, Zukunftsforschung und Bildung und Beratung für Nachhaltigkeit befassen sich mit dem Thema.

Wie solche Prozesse im Detail ablaufen, ist beispielhaft an Projekten zur Nachhaltigkeit von Kommunen ablesbar. »Um den aktuellen Status zu verstehen, müssen sämtliche Prozesse auf ihre Nachhaltigkeit hin analysiert werden. Die Forschung hat hierfür das Modell einer Gemeinwohlbilanzierung entwickelt«, beschreibt Professor Bierhoff. »Aktuell experimentieren Kommunen mit diesem Instrument. Sie fragen sich etwa: Wie sehen unsere eigenen Lieferketten aus? Wie gehen wir mit unseren investiven Mitteln um? Wo beschaffen wir Waren und Dienstleistungen? Welche Waren und Dienstleistungen kaufen wir bzw. beauftragen wir? Mit welchen Finanzinstituten arbeiten wir zusammen und wie nachhaltig agieren sie? Welche Kriterien spielen bei der Beschaffung überhaupt eine Rolle? Und was müssen wir tun, um in diesen Prozessen nachhaltiger zu werden?« Auch gilt es, so Professor Bierhoff, die Nachhaltigkeit des Personalmanagements, der Arbeitskultur und des Arbeitsklimas einer Kommune zu prüfen. Damit so ein Projekt dauerhaft wirken kann, darf es nicht nur von einigen zufällig interessierten Personen vorangetrieben werden. »Ich muss das *because some aspects are emphasised and others are lost from view – a phenomenon that can also be seen well from the Corona pandemic.*

However, the study programme is not a quick fix. For more than 20 years, organisational consulting has been taking a look at the transformation requirements in business, politics and administration. Continuing education in companies, futurology and education and counselling for sustainability also deal with the topic.

How such processes work in detail can be exemplified by projects on the sustainability of municipalities. »In order to understand the current status, all processes must be analysed in terms of their s ustainability. Research has developed the model of a common-good balance sheet for this purpose«, Professor Bierhoff describes. »Currently, municipalities are experimenting with this instrument. They are asking themselves, for example: What do our own supply chains look like? How do we handle our investment funds? Where do we procure goods and services? What goods and services do we buy or contract? Which financial institutions do we work with and how sustainable are they? What criteria play a role in procurement at all? And what do we have to do to become more sustainable in these processes?« According to Professor Bierhoff, it is also important to examine the sustainability of a municipality's personnel management, working culture and working climate. For such a project to have a lasting effect, it must not only be driven forward by a few randomly interested people. »I have to anchor the topic in an organisation in terms of personnel, structure and culture, so that the transformation can be analysed, advised and driven forward as a complex entity of different dimensions.«

The students deal with central current socially relevant topics and develop a theoretical background. »Since experts from the fields of Sociology, Economics, Law and Natural Sciences look at a topic in very different ways, the students practise a transdisciplinary view of such issues. In this way, design options can be developed that are possibly more realistic, because they are more complex, than monodisciplinary design proposals.«

»There is already growing interest among teachers and students to work together in an interdisciplinary way«, says Professor Bierhoff. Students with a wide variety of Bachelor's degrees have enrolled. In the research-oriented degree programme, three of eleven modules are methods modules, which deal with quantitative and qualitative social research, for example. In the three-semester practical phase, students then see how they can use their theoretical knowledge to connect with a transformation process with its complexity and dynamics and what design options are available. »Through the close interlocking with the practical partners, the students can immediately notice how research projects can have a direct impact on systems and initiate change«, explains Professor Bierhoff. An approach that could be extended to many areas – also in science.

Thema personell, strukturell und kulturell in einer Organisation verankern, sodass darüber die Transformation als komplexes Gebilde verschiedener Dimensionen analysiert, beraten und vorangetrieben werden kann.«

Die Studierenden beschäftigen sich mit zentralen aktuellen gesellschaftlich relevanten Themen und erarbeiten sich einen theoretischen Background. »Da Fachleute aus den Bereichen Soziologie, Ökonomie, Rechts- und Naturwissenschaften ganz verschieden auf ein Thema schauen, üben die Studierenden einen transdisziplinären Blick auf solche Fragestellungen. So können Gestaltungsmöglichkeiten entwickelt werden, die möglicherweise realitätsgerechter, weil komplexer sind als monodisziplinäre Gestaltungsvorschläge.«

»Schon jetzt wächst das Interesse von Lehrenden und Studierenden, interdisziplinär zusammenzuarbeiten«, sagt Professor Bierhoff. Studierende mit verschiedensten Bachelorabschlüssen haben sich eingeschrieben. In dem forschungsorientierten Studiengang sind drei von elf Modulen Methodenmodule, die sich etwa mit quantitativer und qualitativer Sozialforschung befassen. In der über drei Semester angelegten Praxisphase schauen Studierende dann, wie sie mit ihren theoretischen Kenntnissen an einen Transformationsprozess mit seiner Komplexität und Dynamik andocken können und welche Gestaltungsoptionen vorliegen. »Durch die enge Verzahnung mit den Praxispartnern können die Studierenden sofort merken, wie Forschungsprojekte unmittelbar auf Systeme einwirken und Veränderungen anstoßen können«, erläutert Professor Bierhoff. Ein Ansatz, der sich auf viele Bereiche – auch in der Wissenschaft – ausweiten ließe.

NEUE WELTEN ERSCHLIESSEN

OPENING UP NEW WORLDS

Als ich 1998 mein Studium der Sozialpädagogik an der FH Bielefeld aufgenommen habe, war dies erst einmal wie das Betreten einer neuen, für mich unbekannten Welt, da ich eigentlich nicht gedacht hätte, einen akademischen Weg einzuschlagen, geschweige denn selbst einmal als Lehrender vor Studentinnen und Studenten zu stehen. Durch den damals noch abzuleistenden Zivildienst bin ich seinerzeit erstmals mit sozialer Arbeit in Berührung gekommen und wollte dies dann zu meinem zukünftigen Berufsweg machen.

Ich hatte das Glück, an der FH Bielefeld auf Dozentinnen und Dozenten zu treffen, denen es neben der Vermittlung von Fachwissen auch um die Entwicklung einer beruflichen Identität, eines Berufsethos und des damit verbundenen moralischen Kompasses ging. Dieser Kompass führt mich bis heute nicht nur durch mein berufliches, sondern auch durch mein privates Leben.

In einer sich immer schneller wandelnden Gesellschaft Bestehendes zu hinterfragen, Neues zu denken und dabei sein eigener, schärfster Kritiker zu ein, dazu bedarf es nicht nur Mut, sondern auch Menschen, die einen ermutigen. Viele solche Menschen habe ich hier getroffen, sowohl in großen als auch in vielen kleinen Begegnungen.

Zahlreiche Verbindungen, die in dieser Zeit entstanden sind – sei es zu anderen Kommilitoninnen und Kommilitonen oder auch zu Dozentinnen und Dozenten –, haben über viele Jahre Bestand gehabt und haben dies zum Teil noch bis heute. Dieses Netzwerk an der Schnittstelle zwischen Wissenschaft und Praxis habe ich sowohl während des Studiums als auch im späteren beruflichen Alltag immer als enorme Bereicherung erlebt. Es reicht dabei oft über eine reine fachliche Verbundenheit hinaus, sodass im Lauf der Zeit eine Vielzahl von Freundschaften daraus entstanden ist.

When I started studying Social Pedagogy at the Bielefeld UAS in 1998, it was like entering a new, unfamiliar world for me, because I never thought I would take an academic path, let alone stand in front of students as a teacher. At that time, I first came into contact with social work through my civilian service and wanted to make this my future career path.

I was lucky enough to meet lecturers at the Bielefeld UAS who, in addition to imparting specialist knowledge, were also concerned with developing a professional identity, a professional ethos and the moral compass that goes with it. To this day, this compass guides me not only through my professional but also through my private life.

In a society that is changing ever faster, and in order to question the existing, to think in new ways and to be one's own harshest critic, it takes not only courage – but also people who encourage you. I have met many such people here, both in large and in many small encounters.

Numerous connections that developed during this time – be it to other fellow students or also to lecturers –, have endured over many years and in some cases still do today. I have always found this network at the interface between academia and practice to be enormously enriching, both during my studies and later in my professional life. It often goes beyond a purely professional affinity, so that over the course of time a number of friendships have developed from it.

ZWISCHEN KUNST UND SOZIALEM PROZESS

BETWEEN ART AND SOCIAL PROCESSES

»Halte Dich anstellungsfähig!« riet mir Anfang der 1990er-Jahre ein Lehrer, der meinen Lebensweg und manch lehrreichen Umweg viele Jahre aufmerksam verfolgt hatte. Nach der Erzieherausbildung und einigen Lehr- und Wanderjahren mit freiem Theater

»Keep yourself employable!« was the advice I received in the early 1990s from a teacher who had followed my life's path and many illuminating detours attentively for many years. After my apprenticeship as an educator and a few years of learning and

pendelte ich schon eine Weile zwischen Pädagogik und künstlerischer Praxis hin und her. Es fiel mir schwer, mich für die Zukunft eindeutig für das eine oder das andere zu entscheiden.

Das Studium des Sozialwesens an der FH Bielefeld ermöglichte mir nun dank des weiten Spektrums an Lernangeboten und einigem Spielraum beim Belegen der Studienveranstaltungen, den Horizont in beide Richtungen zu erweitern und diese Stränge zunehmend zu verknüpfen. Ich lernte viel über soziologische und politologische Theorien, Philosophie, psychodynamisches Denken, Kunstsoziologie und wissenschaftliche Methoden wie Feldstudien, teilnehmende Beobachtung oder Sozialraumanalysen. Einige Dozenten wie etwa Manfred Klein, Peter Pott oder Ralf Zwiebel forderten vor allem zum eigenen Denken und so zur universellen Selbstbildung heraus. Gleichzeitig war es mir neben dem Studium möglich, meine freiberufliche Arbeit fortzuführen. Dabei konzentrierte ich mich nun darauf, sowohl gesellschaftliche Themen als auch Herausforderungen in sozialen Arbeitsfeldern mit künstlerischen Mitteln anzugehen und zu bearbeiten. Die Offenheit vieler FH-Lehrender dafür, meine extern erworbenen Kenntnisse und Erfahrungen in Diskurse, Facharbeiten und Prüfungen einbringen zu können, bestärkte mich in der Entwicklung fachlicher Positionen und ermutigte weiterhin, zwischen Kunst und sozialem Prozess eigene Wege zu gehen.

Was ein Glück, dass kurz nach dem Diplomabschluss in der Theaterwerkstatt Bethel die Leitungsstelle eingerichtet wurde, dass ich sie – dank des FH-Studiums nun anstellungsfähig qualifiziert – alsbald antreten konnte und seitdem gemeinsam mit anderen viele Ideen für eine inklusive und diverse soziokulturelle Arbeit umsetzen darf.[1]

1 Vgl. Matthias Gräßlin, Nicole Zielke (Hg.): Volxkultur – ein künstlerischer Ansatz für die offene Gesellschaft, Oberhausen 2018.

wandering years with independent theatre, I had been oscillating back and forth between pedagogy and artistic practice for a while. It was difficult for me to decide clearly for one or the other for the future.

Studying Social Work at the Bielefeld UAS allowed me to broaden my horizons in both directions and increasingly link these strands thanks to the wide range of learning opportunities and the freedom of choice concerning my modules. I learned a lot about sociological and political theories, philosophy, psychodynamic thinking, sociology of art and scientific methods such as field studies, participatory observation or social space analyses. Some lecturers, such as Manfred Klein, Peter Pott or Ralf Zwiebel, challenged me to think for myself and promoted my self-education universally. At the same time, it was possible for me to continue my freelance work alongside my studies. Doing so, I concentrated now on approaching and working on social issues as well as on challenges in social fields of work with artistic means. The openness of many university lecturers to integrate my externally acquired knowledge and experience to discourses, subject essays and examinations has strengthened me to develop professional positions and further encouraged me to find my own ways between art and social process.

What luck that shortly after graduating, the management position was created at Theaterwerkstatt Bethel and that I – now qualified for employment thanks to the university's degree – was able to take it up immediately. Since then I have been working to implement many ideas for inclusive and diverse socio-cultural work together with others.[1]

1 Cf. Matthias Gräßlin, Nicole Zielke (eds.): Volxkultur – ein künstlerischer Ansatz für die offene Gesellschaft, Oberhausen 2018.

DIE FH BIELEFELD UND ICH

THE BIELEFELD UAS AND I

Wintersemester 2009. Da stand ich nun und wartete mit äußerst gemischten Gefühlen auf den Beginn der Erstsemesterwoche. Nach einem ersten Studium in Düsseldorf und einer langen Familienphase hatte ich mit knapp 41 Jahren entschieden, mich an der FH Bielefeld im Fachbereich Sozialwesen für den Studiengang Pädagogik der Kindheit (PdK) einzuschreiben. Vieles ging mir durch den Kopf wie: »Was, wenn Dich die jungen Kommilitoninnen und Kommilitonen schräg ansehen oder gar die Lehrenden? Schaffst Du das (drei Kinder im schulpflichtigen Alter, ein Vollzeitstudium …)? Vielleicht bist Du ja mittlerweile geistig beschränkt und blamierst Dich …«

2015 hatte ich nicht nur höchst erfolgreich den Bachelor PdK, sondern ebenso erfolgreich den Master in Angewandten Sozialwissenschaften gemacht.

Was zwischen Beginn und Abschluss des Studiums an der FH Bielefeld liegt, ist unbezahlbar. Alles, was ich in diesen sechs Jahren gemacht habe, hat mich dahin gebracht, wo und wie ich heute im (Arbeits-) Leben stehe.

Ich durfte viele wunderbare Menschen kennenlernen, Netzwerke knüpfen, mich auch mal langweilen, aber vor allem erfahren, wie viel ich schaffen kann, was in mir schlummert, was vor allem vielen Seminaren im Bereich der Ästhetischen Praxis zu verdanken ist. Hier liegt der Grundstein des Füllhorns, aus dem ich heute in meiner beruflichen Praxis immer wieder schöpfen kann. Einerseits durch das Wissen um erlernte Techniken und Theorien, andererseits vor allem deswegen, weil wir so viel ausprobieren konnten, gemeinsam in Theaterseminaren ›lächerlich‹ sein durften, ohne peinlich zu sein, Grenzen – auch persönliche – überwinden konnten und unglaublich viel Unterstützung erfahren haben. Durch und mit der Zeit an der FH Bielefeld habe ich meine persönliche Berufung gefunden: Kulturelle Bildung. Was ich noch gefunden habe, ist ein intrinsisches

Winter semester 2009: There I was, waiting for the start of the first semester week with extremely mixed feelings. After my first degree in Düsseldorf and a long family phase, I had decided, at the age of 41, to enrol at the Bielefeld UAS in the Faculty of Social Sciences for the degree programme in Childhood Education (PdK). Many things went through my mind, such as: »What if the young fellow students look at you askance or even the teachers do? Can you manage that (three school-age children, full-time studies …)? Maybe you are mentally limited by now and embarrass yourself?«

In 2015, I had not only highly successfully completed the Bachelor PdK, but equally successfully the Master in Applied Social Sciences.

What lies between starting and completing my studies at the Bielefeld UAS is priceless. Everything I have done in these six years has brought me to where and how I am today in (working) life.

I was allowed to meet many wonderful people, to network, to be bored from time to time, but above all to experience how much I can create, what is slumbering inside me, which is mainly thanks to many seminars in the field of aesthetic practice. This is the foundation from which I draw upon again and again to fuel my professional practice today. On the one hand, through the knowledge of techniques and theories I have learned. On the other hand, and above all through the experience of trying out so many things, and being allowed to be ›ridiculous‹ together in theatre seminars without being embarrassed, being able to overcome limits – including personal ones – and enjoying an incredible amount of support. Through and with my time at the Bielefeld UAS, I found my personal calling: Cultural Education. What I have also found is an intrinsic trust in my abilities and in the fact that you can do anything if you want to.

In the past years, I have conceived and carried out countless freelance projects

Vertrauen auf meine Fähigkeiten und darauf, dass man alles schaffen kann, wenn man es will.

In den vergangenen Jahren habe ich unzählige freiberufliche Projekte für die unterschiedlichsten Institutionen und Auftraggeber konzipiert und durchgeführt, als Lehrerin am Berufskolleg angehende Erzieherinnen und Erzieher in den Fächern Kunst, Medien und Spiel unterrichtet, als Medien- und Theaterpädagogin am Stadttheater Herford gearbeitet sowie beispielsweise Sonderprojekte für die VHS im Kreis Herford beantragt und durchgeführt. Ehrenamtlich bin ich als Vorstandsmitglied des Kulturankers Herford e.V. jährlich an der Durchführung unter anderem der Kulturnacht beteiligt.

Als 2. Vorsitzende der Landesarbeitsgemeinschaft (LAG) Kunst und Medien NRW e.V. bewerte ich eingereichte Projekte aus ganz NRW als förderungsfähig und durchführbar. Einige meiner aktuellen Projekte sind das ›KnastTheater‹ (ein Projekt mit jungen Inhaftierten der JVA Herford), ›unSICHTbar‹ (Fotoprojekt), ›KulturCare-Pakete‹ und ›KinderKulturTafel‹.

Wo wäre ich heute, wenn ich mich 2009 nicht für ein Studium an der FH Bielefeld entschlossen hätte?

In diesem Sinne vielen Dank für alles, vielen Dank auch an die für mich so besonderen Menschen wie Prof. Dr. Ingrid Hentschel, Prof. Thomas Henke, Prof. Christoph Rust, Prof. Peter Ausländer, Udo Rainer, Stefan Kollertz und Prof. Dr. Sebastian Bamberg.

for a wide variety of institutions and clients, taught art, media and games to prospective educators at a vocational college, worked as a media and theatre pedagogue at Herford's municipal theatre and, for example, applied for and carried out special projects for the adult education centre (Volkshochschule) in the district of Herford. As an honorary board member of Kulturanker Herford, I am involved in organising the annual Kulturnacht, among other things.

As the Second chairwoman of the State Working Group Arts and Media NRW (Landesarbeitsgemeinschaft – LAG – Kunst und Medien NRW), I evaluate submitted projects from all over North Rhine-Westphalia as eligible and feasible. Some of my current projects are ›KnastTheater‹ (a project with young inmates of Herford Prison), ›unSICHTbar‹ (photo project), ›KulturCare-Pakete‹, and ›KinderKulturTafel‹.

Where would I be today, if I hadn't decided to study at the Bielefeld UAS in 2009?

In this sense, many thanks for everything. Many thanks also to the people who are so special to me, such as Prof. Dr. Ingrid Hentschel, Prof. Thomas Henke, Prof. Christoph Rust, Prof. Peter Ausländer, Udo Rainer, Stefan Kollertz and Prof. Dr. Sebastian Bamberg.

WISSEN, KOMPETENZ UND HALTUNG

KNOWLEDGE, COMPETENCE AND ATTITUDE

Ein Studium der Sozialen Arbeit unterscheidet sich gravierend von den meisten anderen Studiengängen, insbesondere von technisch-naturwissenschaftlich geprägten. Der Grund dafür ist, dass die reine Vermittlung von Wissenschaftswissen nicht zu professionellem Handeln in der Sozialen Arbeit befähigt. Deren Handlungssituationen sind geprägt von immenser Komplexität und Zukunftsoffenheit – über den Erfolg entscheidet nie allein das Handeln der Sozialarbeitenden, sondern die Klientinnen und Klienten haben immer selbst einen Anteil am Ergebnis. Handeln in der Sozialen Arbeit findet unter Ungewissheitsbedingungen und gegenüber Widersprüchen statt, es gibt keine erprobten Lösungen, die im Sinne technischer Wirkvorstellungen

Studying social work is very different from most other courses of study, especially those with a technical or scientific focus. The reason for this is that the mere teaching of scientific knowledge does not qualify students to act professionally in social work. Their action situations are characterised by immense complexity and a future-oriented approach. Success is never determined solely by the actions of the social workers, but the clients themselves always have a share in the result. Acting in social work takes place under conditions of uncertainty and in the face of contradictions; there are no tried and tested solutions that can be applied in the sense of technical concepts of effectiveness. In order to be able to act professionally in the angewendet werden könnten. Um in Feldern der Sozialen Arbeit trotzdem professionell handeln zu können, braucht es einen reflexiven Habitus, eine Bereitschaft, permanent eigene Deutungs- und Handlungsroutinen zu hinterfragen, Wissen zu relationieren und Strukturen zu reflektieren.

Der Weg zur Herausbildung einer beruflichen Identität zwischen Wissen, Kompetenz und Habitus kann dabei auch mühsam, widerspruchsvoll und schmerzhaft sein. Rückblickend sind es für mich darum auch erst in zweiter Linie die fachlichen, wissenschaftlichen Inhalte und Theorien, die zwar unbedingt nötig sind und das professionelle Handeln leiten; aber es waren vor allem die Erfahrungen von Widersprüchlichkeiten und Kontingenz, die Aushandlungsprozesse und das Aushalten anderer Meinungen, die mir von meinem Studium prägend im Kopf geblieben sind. So sind es besonders diejenigen Dozentinnen und Dozenten gewesen, die mich bei der Entwicklung eines professionellen, kritisch-reflexiven Bewusstseins unterstützt haben, die mir ein Gespür für Freiräume, Macht und Antinomien vermittelt haben.

Als Geschäftsführerin des Stadtjugendrings Hannover bin ich in meinem beruflichen Handlungsfeld heute mit genau diesen Herausforderungen und Spannungsfeldern konfrontiert. Kinder- und Jugendarbeit hat an sich den Anspruch, die Geltungsmacht bei den Kindern und Jugendlichen selbst zu sehen. Permanent gilt es, sich beispielsweise gegen ökonomische Effizienzvorstöße zu verteidigen. So braucht Soziale Arbeit selbst Freiräume und Fürsprecherinnen und Fürsprecher, die die besonderen Herausforderungen verstehen. Meine Aufgabe ist es, Freiräume zu erkennen, Räume zu schaffen und zu verteidigen! Professionelles Handlungswissen ist dafür zwar unbedingt nötig, aber noch wichtiger ist in meinen Augen eine Haltung, wie sie in meiner Zeit am Fachbereich Sozialwesen an der FH Bielefeld wesentlich geprägt wurde.

field of social work nevertheless, a reflexive habitus is needed, a willingness to question one's own routines of interpretation and action, to relate knowledge and reflect on structures.

The path to the formation of a professional identity between knowledge, competence and habitus can also be arduous, contradictory and painful. In retrospect, it is therefore only secondarily the professional, scientific contents and theories which are absolutely necessary and which guide professional action; but it was above all the experience of contradictions and contingency, the negotiation processes and the endurance of other opinions which left their mark on my student life. So it was especially those lecturers who supported me in developing a professional, critical-reflexive consciousness that gave me a sense of freedom, power and antinomies.

As Managing Director of the Stadtjugendring Hannover (a supportive society for youth workers), I am confronted with precisely these challenges and areas of conflict in my professional field of activity today. Child and youth work itself should demand to see the power of assertion with the children and young people themselves; it is permanently necessary to defend oneself, for example, against moves towards economic efficiency. Social work itself needs freedom and advocates who understand the special challenges. It is my task to recognise spaces of freedom, to create and defend these spaces! Although professional knowledge of action is absolutely necessary for this, in my opinion an attitude is even more important, which was essentially shaped during my time at the Faculty of Social Sciences at the Bielefeld UAS.

ARBEITERKIND IM ASTA

WORKING-CLASS CHILD IN THE ASTA

Vor dem Studium wurde ich 2001 auf der ersten AStA-Veranstaltung aktiv und die Studierendenselbstverwaltung dann gleich mein Hafen im Studium.

Was hat diese Zeit gebracht? Prägende Erfahrungen und Freunde, die bleiben. Während einiger Seminare durfte ich Professorinnen und Professoren kennenlernen, die auch abseits ihres Fachwissens für eine Horizonterweiterung sorgen konnten. Es waren die Momente der Selbstreflexion, der persönlichen Ansprachen und die Momente der Solidarität mit ihren Studierenden, die mir in Erinnerung geblieben sind. Es waren

Before I started studying, I became active at the first AStA event in 2001, and student self-administration then immediately became my port of call during my studies.

What did this time bring? Formative experiences and friends that will stay. During some of the seminars, I was able to get to know professors who were able to broaden my horizons even beyond their subject knowledge. It was the moments of self-reflection, personal speeches and moments of solidarity with their students that have remained in my memory. It was moments of appreciation despite differing opinions, of exchange at eye level,

Momente der Wertschätzung trotz differierender Meinungen, des Austausches auf Augenhöhe, die mich beeindruckten. Da waren die Senatssitzungen, die Arbeit in den Gremien und eben all das, was zu keinen Prüfungsergebnissen – oder heute zu Credit Points – geführt hat, die erhellenden Momente. Wer sich mit Kommilitoninnen und Kommilitonen aller Studienrichtungen beschäftigt, erhält andere Perspektiven und lernt so, bereichsübergreifend zu denken. Während der Proteste zur Einführung der Studienbeiträge seit 2005 waren es dann die Solidarität unter den Studierenden, die Transparenz der Machtstrukturen und die daraus folgenden Aktionen, die sich in mein Gedächtnis gebrannt haben. Mir ist durch meine AStA-Zeit klar geworden, wie Teamstrukturen funktionieren können, wie Leitung auf Augenhöhe bleiben kann und dennoch eine klare Antwort auf das Warum liefert, das sich in den Arbeitsprozessen mit den Kolleginnen und Kollegen stellt. Nach nun fast 15 Jahren im sozialen Bereich kann ich mir nur wünschen, dass möglichst viele Studierende in den Genuss dieser Erfahrung kommen, um so die Diktatur der Angepassten (Blumfeld) zu beenden.

»Ein Brief nach weit weg
So bin ich dir nah
Trotzdem nicht bei dir
Und doch bin ich da
Schattenentblößte
Zieh den Wolken voran
Unkenntlicher wirst du
Unkenntlich feiner
Feiner ein Faden
An dem du herabwillst
Um unten zu schwimmen
Da siehst du dich schimmern
In deinen Farben«[1]

1 2. Strophe aus 2 oder 3 Dinge, die ich von Dir weiß, aus: Blumfeld: L'état et moi, 1994.

that impressed me. There were the Senate meetings, the work in the committees and all the things that did not lead to examination results – or today to credit points – the illuminating moments. When you work with fellow students from all fields of study, you gain different perspectives and learn to think across disciplines.

During the protests on the introduction of tuition fees since 2005, it was then the solidarity among the students, the transparency of the power structures and the resulting actions that burned themselves into my memory. Through my AStA time, it became clear to me how team structures can function, how leadership can remain at eye level and still provide a clear answer to the why that arises in the work processes with colleagues. After almost 15 years in the social sector, I can only wish that as many students as possible can enjoy this experience in order to end the Dictatorship of the Conformists (Blumfeld).

*»A letter to far away
So I am close to you
Yet not with you
And yet I am there
Shadow-blanketed
Move ahead of the clouds
Unrecognisable you become
Unrecognisably finer
Finer a thread
On which you will descend
To swim below
You see yourself shimmering
In your colours.«*[1]

1 2nd verse (translated) from 2 or 3 Things I Know About You, from: Blumfeld: L'état et moi, 1994.

FACHBEREICH WIRTSCHAFT

FACULTY OF BUSINESS

IM JETZT DAS MORGEN DENKEN

THINKING TOMORROW IN THE NOW

Sascha Armutat, Uwe Rössler et al.[1]

Wirtschaftlicher Erfolg in Organisationen erfordert, im Jetzt das Morgen zu denken. Darauf bereitet der Fachbereich Wirtschaft seit 50 Jahren seine Studierenden vor. Gleichgültig, in welcher Organisation sie später arbeiten und in welcher Funktion – die Studierenden erhalten in unseren wirtschaftswissenschaftlichen Studiengängen das Rüstzeug, um erfolgreich ihre Zukunft und die Zukunft ihrer Organisationen zu gestalten.

1 Prof. Dr. rer. pol. Sascha Armutat (Allgemeine Betriebswirtschaftslehre, insbesondere Personalmanagement und Organisation), Prof. Dr. sc. agr. Uwe Rössler (Allgemeine Betriebswirtschaftslehre, insbesondere Marketing) unter Mitwirkung von Prof. Dr. jur. Axel Benning (Wirtschaftsrecht), Prof. Dr. rer. pol. Rainer Bramsemann (Allgemeine Betriebswirtschaftslehre, insbesondere Controlling), Prof. Dr. rer. pol. Detlef Deßaules (Wirtschaftsinformatik), Prof. Dr. rer. oec. Swetlana Franken (Allgemeine Betriebswirtschaftslehre, insbesondere Personal und Schlüsselqualifikationen des Managements), Prof. Dr.-Ing. Peter Hartel (Wirtschaftsinformatik, insb. Algorithmen und Datenbanken), Nora Kruse (Studierende der Wirtschaftspsychologie), Prof. Dr. rer. pol. Riza Öztürk (Mathematik und Statistik) und Prof. Dr. jur. Brunhilde Steckler (Wirtschaftsrecht).

Economic success in organisations requires thinking now about tomorrow. The Faculty of Business has been preparing its students for this for 50 years. Regardless of the organisation in which they will later work and in which function – students in our business degree programs receive the tools to successfully shape their future and the future of their organisations.

1 Prof. Dr. rer. pol. Sascha Armutat (General Business Administration, in particular Human Resource Management and Organisation), Prof. Dr. sc. agr. Uwe Rössler (General Business Administration, in particular Marketing) with the assistance of Prof. Dr. jur. Axel Benning (Business Law), Prof. Dr. rer. pol. Rainer Bramsemann (General Business Administration, especially Controlling), Prof. Dr. rer. pol. Detlef Deßaules (Business Information Systems), Prof. Dr. rer. oec. Swetlana Franken (General Business Administration, especially Human Resources and Key Management Qualifications), Prof. Dr.- Ing. Peter Hartel, (Business Informatics, especially Algorithms and Databases), Nora Kruse (Student of Business Psychology), Prof. Dr. rer. pol. Riza Öztürk (Mathematics and Statistics) and Prof. Dr. jur. Brunhilde Steckler (Business Law).

Nicht ohne Grund erfreut sich der Fachbereich deshalb von Anfang an einer großen Beliebtheit. Im Jahr der Gründung begannen 848 Studierende ein BWL-Studium, im Wintersemester 2020/2021 wurden 3.280 Studierende für den Fachbereich gezählt, ca. 30 Prozent aller Studierenden der FH Bielefeld entfallen auf diesen Bereich. Diese Entwicklung der Studierendenzahlen zeigt sich auch in den Professorenstellen. Während 1971 30 Professorinnen und Professoren im Fachbereich tätig waren, sind es zum Wintersemester 2020/2021 55 Professorinnen und Professoren, elf Lehrkräfte für besondere Aufgaben und elf Mitarbeiterinnen und Mitarbeiter.

Das Jetzt gestalten – der Fachbereich Wirtschaft im Wandel der Zeit

Die qualitative Entwicklung des Fachbereichs zeigt die Verzahnung in den Fragen und Herausforderungen, denen sich die Organisationen in den jeweiligen Zeiten zu stellen hatten, ganz im Sinne eines anwendungsbezogenen, in der Praxis verankerten Wissenschaftsverständnisses.

Die zentralen Fragen und Herausforderungen und die fachbereichsbezogenen Konsequenzen lassen sich grob nach Dekaden seit der Gründung der FH Bielefeld einteilen. Die Wurzeln des Fachbereichs Wirtschaft reichen dabei bis 1962 zurück. In jenem Jahr wurde die staatliche Höhere Wirtschaftsfachschule (HWF) gegründet. Mit drei Dozenten und 54 Studierenden wurde der Lehrbetrieb in einem Wohnhaus an der Diesterwegstraße 10 in Bielefeld aufgenommen. Das dynamische Wachstum des Fachbereichs brachte mehrere Umzüge an andere Standorte in Bielefeld mit sich, zeitweise gab es sogar einen Studienort in Paderborn. Die HWF ging schließlich zum 1. August 1971 als Fachbereich Wirtschaft in der dann gegründeten FH Bielefeld auf. In der bedeutenden Phase des Wandels und des Wachstums hatte Dr. Germanus Wegmann die HWF geleitet, der schließlich der erste gewählte Rektor der neu gegründeten FH Bielefeld wurde, Prof. Dr. Peter Durniok übernahm als erster Dekan den Fachbereich Wirtschaft in der neu gegründeten Hochschule.

Die betriebswirtschaftliche Professionalisierung, die Humanisierung der Arbeit und die Politisierung der Bildung mit der ersten Bildungsreform dominierten unter anderem die Gründungsdekade von 1971 bis 1981.

Der Fachbereich Wirtschaft etablierte zu dieser Zeit die Wirtschaftswissenschaften als akademische, wissenschaftliche Kunstlehre und bot mit der Betriebswirtschaftslehre und dem Wirtschaftsingenieurwesen zwei Vollzeitstudiengänge an. Es dominierte ein praxisorientiertes Verständnis der Ausbildung mit einer Gliederung in Leistungsfunktionen wie beispielsweise Absatz bzw. Marketing, Produktion, Finanzierung und – in Führungsfunktionen – mit Organisation, Planung und Kontrolle. Der

It is therefore not without reason that the faculty has enjoyed great popularity from the very beginning: In the year it was founded, 848 students began studying Business Administration; in the winter semester 2020/2021, 3280 students were counted for the faculty, and approximately 30 percent of all students at the Bielefeld UAS are in this area. This development in student numbers is also reflected in the number of professorships: While in 1971 there were 30 professors in the faculty, in the winter semester 2020/2021 there are 55 professors, eleven lecturers for special tasks and eleven staff members.

Shaping the Now – the Faculty of Business Through the Ages

The qualitative development of the faculty shows the interlocking in the questions and challenges that the organisations had to face in the respective times, entirely in the sense of an application-oriented understanding of science anchored in practice.

The central questions and challenges and the faculty-related consequences can be roughly divided into decades since the Bielefeld UAS was founded: The roots of the Faculty of Business go back to 1962. In that year, the state-run Higher Business School (Höhere Wirtschaftsfachschule, HWF) was founded. Teaching began with three lecturers and 54 students in a residential building at the Diesterwegstrasse 10 in Bielefeld. The dynamic growth of the Faculty brought about several moves to other locations in Bielefeld, and for a time there was even a place of study in Paderborn. Finally, on 1 August 1971, the HWF was absorbed into the then founded Bielefeld UAS as the Faculty of Business. During the significant phase of change and growth, the HWF was led by Dr. Germanus Wegmann, who finally became the first elected Rector of the newly founded Bielefeld UAS, Prof. Dr. Peter Durniok took over as the first Dean of the Faculty of Business in the newly founded university.

The professionalisation of business administration, the humanisation of work and the politicisation of education with the first education reform dominated, among other things, the founding decade from 1971 to 1981.

At this time, the Faculty of Business established business studies as an academic, scientific art form and offered two full-time degree programmes in Business Administration and Industrial Engineering. A practice-oriented understanding of education dominated, with a division into performance functions such as sales or marketing, production, financing and - in management functions – with organisation, planning and control. The canon of subjects taught followed this understanding and reflected the requirements of the time: Social science subjects complemented the classical business subjects. Even today, there is still gelehrte Fächerkanon schloss an dieses Verständnis an und reflektierte die Anforderungen der Zeit: Sozialwissenschaftliche Themen ergänzten die klassischen betriebswirtschaftlichen Fächer. Auch heute herrscht im Fachbereich noch Konsens darüber, dass Studierenden ein breit gefächertes Grundstudium angeboten werden sollte, das durch Spezialisierungsmöglichkeiten zu ergänzen ist – so wie es vor 25 Jahren der damalige Dekan Prof. Dr. Rolf Wöller bereits festgestellt hatte.[2]

Die Geschichte des Fachbereichs Wirtschaft ist in der Vergangenheit immer mit der Suche nach geeigneten Räumlichkeiten für Lehre und Forschung verbunden gewesen. Erfreulich war daher 1976 der Umzug in das neue Hauptgebäude der Universität Bielefeld. Das markante Gebäude bot mit seiner zentralen und modernen Infrastruktur sehr gute Studienbedingungen und prägte als lebhafter Ort der Begegnung und Kommunikation das Miteinander am Fachbereich.

Die sich daran anschließende Konsolidierungsdekade von 1981 bis 1991 wurde durch die wirtschaftlichen Krisenerfahrungen der 1980er-Jahre bestimmt und führte zu einer Reökonomisierung des wirtschaftswissenschaftlichen Diskurses. Der europäische Einigungsprozess und der Zusammenbruch des Warschauer Paktes beschleunigten die Globalisierung. Wertschöpfungsketten wurden neu organisiert und teilweise ins Ausland verlagert. Veränderte wirtschaftliche Rahmenbedingungen erforderten auch eine Internationalisierung der Hochschulausbildung.

Differenzierung des Studiums – an der Praxis orientiert

Prof. Dr. rer. pol. Rainer Bramsemann, Prodekan
und Dekan von 1980 bis 1984

Im Rückblick auf meine Zeit als Prodekan und Dekan erscheinen die Jahre 1980 bis 1984 als Zeit erster Innovationsschritte in der Entwicklung des Fachbereichs, die nicht nur bis heute andauern, sondern auch genügend Potenzial für die Zukunft enthalten. Das nach der Gründung der FH Bielefeld entwickelte Curriculum im Studiengang Betriebswirt grad. sah neben einem viersemestrigen Grundstudium ein zeitlich überlappendes dreisemestriges Hauptstudium mit später elf stundenmäßig hoch dotierten Schwerpunktfächern vor. Als ich zum Wintersemester 1972/1973 als Lehrender im Fachbereich antrat, fühlte ich mich als Schüler Erich Gutenbergs gerade wegen der sich in der breiten Anlage des Studienangebots ausdrückenden ganzheitlichen Sicht der Betriebswirtschaftslehre sofort heimisch. Die vorhandene Fächerstruktur und die im Fachbereich gelebte Lehrfreiheit machten es möglich, bereits ab dem Jahr 1975 neue Lehrinhalte aufzunehmen und damit auch Kenntnisse und Fähigkeiten zur Implementierung und Ausführung der Managementfunktion Controlling zu vermitteln. Der ebenfalls aus den Gründerjahren des Fachbereichs stammende Vollzeitstudiengang Wirtschaftsingenieur-

2 Rolf Wöller: Fachbereich Wirtschaft, in: Rektor der Fachhochschule Bielefeld (Hg.): Hochschule der Praxis. Fachhochschule Bielefeld 25 Jahre, Paderborn 1996, S. 151–181, hier S. 151.

a consensus in the faculty that students should be offered a broad basic course of study, which should be supplemented by specialisation options – as the then Dean Prof. Dr. Rolf Wöller had already stated 25 years ago.[2]

In the past, the history of the Faculty of Business has always been connected with the search for suitable premises for teaching and research. The move to the new main building of the University of Bielefeld in 1976 was therefore gratifying. With its central and modern infrastructure, the striking building offered very good study conditions and shaped the interaction at the faculty as a lively place of encounter and communication.

The subsequent consolidation decade from 1981 to 1991 was determined by the economic crisis experiences of the 1980s and led to a re-economisation of the economic discourse. The European unification process and the collapse of the Warsaw Pact accelerated globalisation. Value chains were reorganised and partly relocated abroad. Changed economic conditions also required an internationalisation of higher education.

Differentiation of Studies – Oriented towards Practice
Prof. Dr. rer. pol. Rainer Bramsemann, Vice Dean and Dean from 1980 to 1984

Looking back on my time as Vice Dean and Dean, the years 1980 to 1984 appear to be a time of first innovative steps in the development of the faculty, which not only continue to this day, but also contain sufficient potential for the future. The curriculum developed after the founding of the Bielefeld UAS in the degree programme in Business Administration provided for a four-semester basic study programme and an overlapping three-semester main study programme with later eleven core subjects with a high number of hours. When I started teaching in the faculty in the winter semester of 1972/1973, I immediately felt at home as a student of Erich Gutenberg, precisely because of the holistic view of Business Administration expressed in the broad structure of the programme. The existing subject structure and the freedom of teaching practised in the faculty made it possible to include new teaching content as early as 1975 and thus also to impart knowledge and skills for the implementation and execution of the management function of controlling. The full-time degree programme in Industrial Engineering, which also dates back to the founding years of the faculty, had also gained regional and national recognition as a supplementary degree programme. From the mid-1970s onwards, the business community realised that, in addition to the initial training in engineering studies, further training of technical managers in economic issues was also necessary. From the winter semester 1979/1980 onwards, the faculty dedicated itself to this topic and, after

2 Rolf Wöller, Fachbereich Wirtschaft, in: Rektor der Fachhochschule Bielefeld (ed.): Hochschule der Praxis. Fachhochschule Bielefeld 25 Jahre, Paderborn 1996, pp. 151–181, here p. 151.

wesen hatte sich zudem als Zusatzstudiengang regionale und überregionale Anerkennung erworben. Ab Mitte der 1970er-Jahre setzte sich in der Wirtschaft die Erkenntnis durch, dass neben der Erstausbildung im Ingenieurstudium auch eine Weiterbildung technischer Führungskräfte in wirtschaftlichen Fragestellungen notwendig sei. Der Fachbereich widmete sich ab dem Wintersemester 1979/1980 diesem Thema und richtete nach umfassenden Befragungen der regionalen Wirtschaft und ihrer Verbände zum Wintersemester 1981/1982 ein viersemestriges berufsbegleitendes Abendstudium zum Diplom-Wirtschaftsingenieur ein. Dieser Studiengang bietet gerade wegen der fachlichen Qualität der Absolventinnen und Absolventen ein Alleinstellungsmerkmal des Fachbereichs Wirtschaft und verzeichnet bis heute als berufsbegleitender Studiengang MBA Management für Naturwissenschaften und Ingenieure (MBA) eine kontinuierlich hohe Nachfrage.

Im Fachbereich Wirtschaft ging man 1981 die ersten Schritte der Internationalisierung, denn eine Gruppe von zwölf Studierenden und zwei Lehrenden von der Université de Valenciennes kündigte einen Besuch in Bielefeld an. Dieser Besuch kann als Initialzündung der Internationalisierung des Fachbereichs angesehen werden, die allerdings mit Ausdauer erkämpft werden musste, denn es fehlte an vielfältiger Unterstützung. So war das engagierte Kollegium gezwungen, die Aktivitäten privat zu organisieren und zu finanzieren, weil kaum Budget für diese Aktivitäten vorhanden war. Dies bedeutete beispielsweise, dass sie in den Häusern der Gastkollegen wohnen mussten. Die erste offizielle ausländische Partnerhochschule wurde dann 1984 die Université de Valenciennes. Es dauerte allerdings bis 1990, bevor der erste international ausgerichtete Studiengang Europäisches Studienprogramm in Betriebswirtschaft und Management (E.S.B.M.) unter Beteiligung von fünf europäischen Hochschulen eingerichtet wurde.

Frauen in Führungspositionen von Lehre und Forschung
Prof. Dr. jur. Brunhilde Steckler, Dekanin von 1997 bis 1999

»Erstmalig leitet eine Frau den Fachbereich Wirtschaft« war im Dezember 1997 in den Regionalzeitungen Bielefelds zu lesen. Prof. Dr. jur. Brunhilde Steckler hatte die Leitung des Fachbereichs Wirtschaft übernommen. Sie konnte auf anwaltliche Erfahrungen in einer Kanzlei am Bundesgerichtshof Karlsruhe und auf mehrjährige Lehrerfahrungen an der Fachhochschule Flensburg zurückblicken, als sie 1991 an die FH Bielefeld berufen wurde und nach längerer Tätigkeit als Prodekanin die Aufgaben als Dekanin fortführte. Die Studienangebote des Fachbereichs Wirtschaft erfuhren eine kontinuierlich steigende Nachfrage; so konnte die Kernkompetenz Betriebswirtschaft um einen weiteren Studiengang Wirtschaftsrecht ergänzt und die Internationalisierung mit dem Europäischen Studiengang Management verstärkt werden. Das Dekanat wurde insbesondere durch den Einstieg in das Verbund-

extensive surveys of the regional economy and its associations, set up a four-semester part-time evening course of study to become a Diploma industrial engineer in the winter semester 1981/1982. This degree programme offers a unique selling point for the Faculty of Business precisely because of the professional quality of its graduates, and to this day it continues to register a continuously high demand as a part-time MBA Management for Natural Sciences and Engineers (MBA) programme.

The first steps towards internationalisation were taken in the Faculty of Business in 1981, when a group of twelve students and two lecturers from the Université de Valenciennes announced a visit to Bielefeld. This visit can be seen as the initial spark for the internationalisation of the faculty, which, however, had to be fought for with perseverance, because there was a lack of diverse support. Thus, the committed faculty was forced to organise and finance the activities privately because there was hardly any budget for them. This meant, for example, that they had to live in the houses of their host colleagues. The first official foreign partner university then became the Université de Valenciennes in 1984. It took until 1990, however, before the first internationally oriented degree programme European Study Programme in Business Administration and Management (E.S.B.M.) was established with the participation of five European universities.

Women in Leadership Positions in Teaching and Research
Prof. Dr. jur. Brunhilde Steckler, Dean from 1997 to 1999

»For the first time, a woman heads the Faculty of Business« was the headline in Bielefeld's regional newspapers in December 1997. Prof. Dr. jur. Brunhilde Steckler had taken over as head of the Faculty of Business. She could look back on legal experience in a law firm at the Federal Court of Justice in Karlsruhe and several years of teaching experience at the Flensburg UAS when she was appointed to the Bielefeld UAS in 1991 and, after a long period as Vice Dean, continued her duties as Dean. The courses of study offered by the Faculty of Business experienced a continuously increasing demand, so that the core competence of Business Administration could be supplemented by another course of study in Business Law and the internationalisation could be strengthened with the European course of Study in Management. The Dean's office was particularly influenced by the entry into the joint study concept of the state of North Rhine-Westphalia with the first part-time degree programme in Business Administration, specialising in Business Law. This development was made possible by the allocation of three posts from the state budget for the expansion of business law at universities of applied sciences and resulted in new part-time Bachelor's and Master's programmes in Business Law LL.B., LL.M. in the Bologna Process. Parallel to the distance learning courses, the online learning offer of the Faculty of Business has been expanded, for example with

studienkonzept des Landes Nordrhein-Westfalen mit dem ersten berufsbegleitenden Studiengang Betriebswirtschaft, Studienrichtung Wirtschaftsrecht, geprägt. Diese Entwicklung ist durch Zuweisung von drei Stellen aus dem Landeshaushalt für den Ausbau des Wirtschaftsrechts an Fachhochschulen ermöglicht worden und mündete im Bologna-Prozess in neue berufsbegleitende Bachelor- und Masterstudien im Wirtschaftsrecht LL.B., LL.M. Parallel zu den Fernstudien ist das Online-Lernangebot des Fachbereichs Wirtschaft ausgebaut worden, beispielsweise mit Durchführung von Prüfungen per Video (Partnerhochschule in Kanada), dem Orientierungskurs Wirtschaftsrecht (Lernplattform ILIAS) und Apps zum Datenschutz-, Marken- und Vertragsrecht (Internet), gefördert mit Drittmitteln für Forschung und Entwicklung an Fachhochschulen von Bund und Land. Die Ausrichtung auf die juristische Begleitforschung in Projekten der Mensch-Technik-Interaktion (Entwicklung von Assistenzprogrammen und Robotern für den Menschen) mündete letztlich in die integrierte Forschung mit Universitäten und Praxispartnern.

In der Entwicklungsdekade von 1991 bis 2001 kam zunehmend die Zielgruppe der Berufstätigen in den Blick – mit Studienangeboten, die sich an die zeitlichen Limitationen dieser Studierendengruppe ausrichten. Hier spielen die praxisorientierten und die in Kooperation mit dem Institut für Verbundstudiengänge durchgeführten Studiengänge eine herausragende Rolle. Der Fachbereich Wirtschaft konnte als erster Fachbereich der FH Bielefeld einen berufsbegleitenden Studiengang im Rahmen des Verbundstudiums anbieten. Zunehmend verbreiterte sich auch das Studienangebot für Studierende, die ein Semester an einer ausländischen Hochschule studieren wollten. Die Zahl der internationalen Partnerhochschulen nahm zu, ein Auslandssemester kann seitdem in allen Studiengängen des Fachbereichs angerechnet werden.

Stärkung der Interdisziplinarität
Prof. Dr. rer. pol. Detlef Deßaules, Dekan von 1999 bis 2003

Die letzten Jahre des auslaufenden Jahrtausends waren maßgeblich durch zwei Tendenzen geprägt: die zunehmende Verrechtlichung aller gesellschaftlichen Bereiche sowie die immer rascher fortschreitende Digitalisierung. Diese Entwicklungen stellten Unternehmen vor Probleme, die sich mit einer rein betriebswirtschaftlichen Herangehensweise nicht mehr lösen ließen. Aus Politik und Wirtschaft wurden deshalb Rufe laut, dass die Hochschulen den neuen Herausforderungen mit innovativen, interdisziplinär ausgerichteten Studienangeboten begegnen müssten. Der Fachbereich Wirtschaft, zu dessen Portfolio schon seit Jahren ein Studiengang Wirtschaftsingenieurwesen zählte, griff diesen Impuls auf und erweiterte sein interdisziplinäres Fächerspektrum um Angebote in den Disziplinen wie Wirtschaftsrecht und Wirtschaftsinformatik.

conducting examinations by video (partner university in Canada), the orientation courses in Business Law (learning platform ILIAS) and apps on data protection, trademark and contract law (internet), funded with third-party funds for research and development at universities of applied sciences from the federal and state governments. The focus on accompanying legal research in human-technology interaction projects (development of assistance programmes and robots for humans) ultimately led to integrated research with universities and practice partners.

In the development decade from 1991 to 2001, the target group of working people increasingly came into view – with study programmes that are geared to the time limitations of this student group. Here, the practice-oriented study programmes and the study programmes carried out in cooperation with the Institute for Combined Study Programmes play a prominent role. The Faculty of Business was the first faculty at the Bielefeld UAS to offer a part-time degree programme within the framework of the joint degree programme. The range of courses offered to students who wanted to study for a semester at a foreign university also increased. The number of international partner universities increased, and a semester abroad can now be credited in all degree programmes offered by the faculty.

Strengthening Interdisciplinarity
Prof. Dr. rer. pol. Detlef Dessaules, Dean from 1999 to 2003

The last years of the millennium were characterised by two trends: The increasing legalisation of all areas of society and the ever more rapid progress of digitalisation. These developments confronted companies with problems that could no longer be solved with a purely business management approach. Calls were therefore heard from politics and business for universities to meet the new challenges with innovative, interdisciplinary study programmes. The Faculty of Business, whose portfolio had already included an Industrial Engineering course for years, took up this impulse and expanded its interdisciplinary range of subjects to include courses in disciplines such as Business Law and Business Informatics.

For a Dean whose professional career led him to study Mathematics, work as a software developer and IT systems consultant, a doctorate at a Business Administration Faculty and a professorship in Business Informatics, it was both a noble duty and a personal vocation to moderate and help shape this process.

Today, from a distance of about two decades, it can be stated that the path taken at that time of expanding interdisciplinary study programmes has proven successful. There are now eight interdisciplinary degree programmes in the faculty, leading to a Bachelor's or Master's degree and catering to different study models, the classic full-time

Für einen Dekan, dessen beruflicher Werdegang über die Stationen Mathematikstudium, Tätigkeiten als Softwareentwickler und IT-Systemberater, die Promotion an einer betriebswirtschaftlichen Fakultät sowie eine Professur für Wirtschaftsinformatik führte, war es hehre Pflicht und persönliche Berufung zugleich, diesen Prozess zu moderieren und mitzugestalten.

Heute, aus einer zeitlichen Distanz von circa zwei Jahrzehnten, lässt sich konstatieren, dass sich der damals eingeschlagene Weg des Ausbaus interdisziplinärer Studienangebote bewährt hat. Es gibt mittlerweile acht interdisziplinäre Studiengänge des Fachbereichs, die zu einem Bachelor- oder Masterabschluss führen und unterschiedliche Studienmodelle bedienen, das klassische Vollzeitstudium ebenso wie das berufsbegleitende oder das praxisintegrierte Studium. Zudem erfreuen sich die Studiengänge einer durchgehend großen Nachfrage und weisen in bundesweiten Hochschulrankings überaus erfreuliche Platzierungen auf.

Die Restrukturierungsdekade von 2001 bis 2011 wurde durch das Platzen der ersten Internet-Blase sowie durch die zweite Studienreform geprägt, mit der das deutsche Hochschulsystem eine internationale Anschlussfähigkeit und eine Nähe zum betrieblichen Anwendungszusammenhang gewinnen sollte. Neben der Umsetzung der gestuften Studiengangsstruktur und den neuen Anforderungen der akademischen Qualitätssicherung entstanden im Fachbereich in jener Zeit weitere Studiengänge, die wirtschaftswissenschaftliche Themen in Verbindung mit anderen sozial- und ingenieurwissenschaftlichen Disziplinen setzten. Eine dynamische Wachstumsphase wurde 2007 durch den Hochschulpakt 2020 eingeleitet, der unter dem Leitgedanken ›Chance, nicht Last: Empfehlungen für einen Hochschulpakt 2020‹[3] stand und dem Fachbereich durch den Zufluss bedeutender finanzieller Mittel die Möglichkeit eröffnete, entsprechend den dort formulierten Anregungen Neues durch Wachstum zu verwirklichen. Im Jahr 2007 wurden der Fachbereich Wirtschaft und der Fachbereich Pflege und Gesundheit zu einem Fachbereich Wirtschaft und Gesundheit zusammengelegt, um administrative Synergien zu nutzen.

Der Umbruch – neue Abschlüsse und neue Wege zur Hochschule

Prof. Dr. jur. Axel Benning, Dekan von 2003 bis 2008

Der Bologna-Prozess mit den damit verbundenen Umstellungen befand sich im Jahre 2003 erst am Anfang. Es standen Überlegungen im Raum, die bestehenden Diplomstudiengänge zu modularisieren. Das war damals jedoch keine Option mehr, sodass am Fachbereich entschieden wurde, die Umstellung auf Bachelor- und Masterstudiengänge durch-

3 Hochschulrektorenkonferenz: Chance, nicht Last: Empfehlungen für einen Hochschulpakt 2020 zur Bewältigung des zu erwartenden Anstiegs der Studierendenzahlen, 2005, in: https://www.hrk.de/themen/hochschulsystem/hochschulpakt/ (28.12.2020).

programme as well as part-time or work-integrated studies. In addition, the degree programmes are in great demand and have achieved very pleasing rankings in national university rankings.

The restructuring decade from 2001 to 2011 was marked by the bursting of the first internet bubble as well as by the second study reform, with which the German higher education system was to gain an international connectivity and a proximity to the context of business application. In addition to the implementation of the tiered degree programme structure and the new requirements of academic quality assurance, further degree programmes were created in the faculty at that time, which placed economic topics in connection with other social science and engineering disciplines. A dynamic growth phase was initiated in 2007 by the Higher Education Pact 2020, which was based on the guiding principle ›Chance, nicht Last: Empfehlungen für einen Hochschulpakt 2020‹[3] (›Opportunity, not Restriction: Recommendations for a Higher Education Pact 2020‹) and, through the influx of significant financial resources, opened up the possibility for the faculty to realise new things through growth in accordance with the suggestions formulated there. In 2007, the two Faculties of Business and of Nursing and Health were merged into one Faculty of Business and Health in order to exploit administrative synergies.

The Upheaval – New Degrees and New Pathways to Higher Education

Prof. Dr. jur. Axel Benning, Dean from 2003 to 2008

In 2003, the Bologna Process and its associated changes were only just beginning. The idea of modularising the existing diploma degree programmes was being considered. At that time, however, this was no longer an option, so the faculty decided to change over to Bachelor's and Master's degree programmes. The then Minister of Science, Hannelore Kraft, was of the opinion that Bachelor's programmes belong at the universities of applied sciences and Master's programmes at the universities. At most, universities of applied sciences can offer a total of three Master's degree programmes. The faculty nevertheless changed its degree programmes and started in the winter semester 2006/2007 with a total of four Bachelor's degree programmes and two Master's degree programmes. In doing so, the faculty took the statement of the then Minister of Science ad absurdum. On this occasion, however, not only were the old diploma programmes transferred to the new structure, but a new, successful programme was created with the Bachelor's programme in Business Information Systems. Furthermore, the faculty was a pioneer in many other areas. This includes, for example, the

3 Hochschulrektorenkonferenz: Chance, nicht Last: Empfehlungen für einen »Hochschulpakt 2020« zur Bewältigung des zu erwartenden Anstiegs der Studierendenzahlen, 2005, in: https://www.hrk.de/themen/hochschulsystem/hochschulpakt/ (28.12.2020).

zuführen. Die damalige Wissenschaftsministerin Hannelore Kraft war zwar der Auffassung, dass Bachelorstudiengänge an die Fachhochschulen gehören und Masterstudiengänge an die Universitäten. Fachhochschulen könnten allenfalls insgesamt drei Masterstudiengänge abbilden, so lautete die Ansage. Der Fachbereich hat dennoch seine Studiengänge umgestellt und ist im Wintersemester 2006/2007 mit insgesamt vier Bachelorstudiengängen und zwei Masterstudiengängen gestartet. Damit hat der Fachbereich die Aussage der damaligen Wissenschaftsministerin ad absurdum geführt. Bei der Gelegenheit wurden aber nicht nur die alten Diplomstudiengänge in die neue Struktur überführt, sondern mit dem Bachelorstudiengang Wirtschaftsinformatik wurde ein neues erfolgreiches Studienangebot geschaffen. Weiterhin war der Fachbereich in vielen weiteren Bereichen als Vorreiter unterwegs. Dazu gehört zum Beispiel die Schaffung der Stelle einer Fachbereichsreferentin bzw. eines Fachbereichsreferenten; heute in allen Fachbereichen selbstverständlich, musste damals darum gekämpft werden. Darüber hinaus hat sich der Fachbereich auch mit der Anrechnung beruflicher Kompetenzen auf Hochschulstudiengänge beschäftigt und ist neben dem damaligen Fachbereich Pflege und Gesundheit auch in diesem Feld Vorreiter gewesen. Heute finden derartige Anrechnungen in großem Umfang statt, sodass damit eine Verkürzung der Studienzeit erreicht wird. Projekte, wie zum Beispiel der Betrieb der Datenbank DAbeKom,[4] die als Projekt gestartet waren, konnten zwischenzeitlich verstetigt werden.

Darüber hinaus engagieren sich viele Lehrende des Fachbereichs in hochschulübergreifenden Organisationen, wie zum Beispiel in Studienförderwerken oder aber in Gremien der Hochschulrektorenkonferenz, um letztlich eine Verbesserung der Studienbedingungen für die Studierenden zu erreichen.

In der Dekade von 2011 bis heute intensivierte der Fachbereich seine Aktivitäten auf den Gebieten Lehre, Forschung und Transfer. Dem Hochschulpakt 2020 folgten zwei weitere Ausbauprogramme mit einer Laufzeit bis 2020. Ausgehend vom Basisjahr 2005, stieg die Zahl der Studierenden im Bereich Wirtschaft von 2.131 auf jetzt 3.280. Die starke Zunahme der Studierenden in Deutschland wurde durch Modernisierung und Ausbau der Hochschulinfrastruktur begleitet. Die FH Bielefeld sollte ein neues, zentrales Gebäude auf dem Campus Nord erhalten, die Universität Bielefeld stand vor einem umfassenden Neu- und Umbau. Die bekannten Verzögerungen bei der Erstellung des Fachhochschulgebäudes bei zunehmendem Raumbedarf der Universität Bielefeld führten dazu, dass Lehrende und Mitarbeiterinnen und Mitarbeiter kurzfristig die Räumlichkeiten des Universitätsgebäudes verlassen

4 FH Bielefeld: DAbeKom – Datenbank zur Anrechnung beruflicher Kompetenzen, in: https://www.fh-bielefeld.de/forschung/berichte-aus-forschung-und-entwicklung/fachbereich-wirtschaft-und-gesundheit-forschungsprojekte-2017/benning-burchert-dabekom (27.12.2020).

creation of the position of a faculty officer; today this is a matter of course in all faculties, but at that time it had to be fought for. In addition, the faculty has also dealt with the crediting of professional competences to university degree programmes and, along with the former Faculty of Nursing and Health, has also been a pioneer in this field. Today, such credits take place on a large scale, so that a shortening of the study period is achieved. Projects, such as the operation of the DAbeKom[4] database, which started as a project, have since been consolidated.

Last but not least, many of the faculty's lecturers are involved in inter-university organisations such as student support organisations or in committees of the German Rectors' Conference, in order to ultimately improve the study conditions for students.

In the decade from 2011 to the present, the faculty intensified its activities in the areas of teaching, research and transfer. The Higher Education Pact 2020 was followed by two further expansion programmes running until 2020. Starting from the base year of 2005, the number of students in the field of economics rose from 2.131 to the current 3.280. The strong increase in the number of students in Germany was accompanied by modernisation and expansion of the university infrastructure. The Bielefeld UAS was to receive a new central building on the North Campus, and the University of Bielefeld was facing extensive new construction and renovation. The well-known delays in the construction of the UAS building with the increasing space requirements of the University of Bielefeld meant that lecturers and staff had to leave the premises of the university building at short notice and were given interim use at Kurt-Schumacher-Strasse 6. At times, the faculties with its business teaching units was housed at four locations. It was only in the winter semester 2015/2016 that teaching was reunited in the new building of the Bielefeld UAS, or FHG for short, at Campus North. Also in 2020, the Faculty of Business and Health was transferred into two independent faculties. Considerable resources were allocated to the new Faculty of Health, which makes a powerful independent organisational unit possible.

The high quality of education with an increasing number of students could only be guaranteed by a largely permanent staffing of lecturers, often through so-called preferred professorships. For a long period of time, however, it was uncertain whether the faculty would have the expansion funds available in the long term. Despite the uncertainty, it was possible to create scope for further Master's degree programmes in which new teaching formats were used that strengthened more intensive cooperation with companies and institutions and promoted the transfer between higher education and business. Finally, towards the

4 FH Bielefeld: DAbeKom – Datenbank zur Anrechnung beruflicher Kompetenzen, in: https://www.fh-bielefeld.de/forschung/berichte-aus-forschung-und-entwicklung/fachbereich-wirtschaft-und-gesundheit-forschungsprojekte-2017/benning-burchert-dabekom (27.12.2020).

mussten und an der Kurt-Schumacher-Straße 6 eine Zwischennutzung erhielten. Zeitweise war der Fachbereich mit seinen wirtschaftlichen Lehreinheiten an vier Standorten untergebracht. Erst im Wintersemester 2015/2016 konnte der Lehrbetrieb wieder vereint im neuen Gebäude der FH Bielefeld, kurz FHG, am Campus Nord aufgenommen werden. Auch wurde im Jahr 2020 der Fachbereich Wirtschaft und Gesundheit in zwei selbstständige Fachbereiche überführt. Dem neuen Fachbereich Gesundheit wurden erhebliche Ressourcen zugewiesen, die eine schlagkräftige eigenständige Organisationseinheit möglich machen.

Die hohe Ausbildungsqualität bei steigender Studierendenzahl konnte nur durch eine weitgehend unbefristete Besetzung mit Lehrenden gewährleistet werden, häufig durch sogenannte Vorzugsprofessuren. Über einen langen Zeitraum war jedoch ungewiss, ob dem Fachbereich auch dauerhaft die Ausbaumittel zur Verfügung stehen würden. Trotz der Unsicherheit gelang es, Freiräume für weitere Masterstudiengänge zu schaffen, in denen neue Lehrformate eingesetzt wurden, die eine intensivere Zusammenarbeit mit Unternehmen und Institutionen stärkten und den Transfer zwischen Hochschule und Wirtschaft förderten. Schließlich konnte gegen Ende des Jahres 2020 der ehrgeizige Aufbau des Fachbereichs durch die Verstetigung der Hochschulpaktmittel stabilisiert werden.

Der quantitative Ausbau des Fachbereichs wurde durch Qualitätsverbesserungsmittel unterstützt, die zur Verbesserung der Lehr- und Studienbedingungen vom Land Nordrhein-Westfalen in erheblichem Umfang zur Verfügung standen. Insbesondere in der Mathematik und Statistik erzielen seitdem die Studierenden durch intensivere Betreuungsmöglichkeiten deutlich bessere Ergebnisse.

Die Bologna-Reform löste im Fachbereich eine umfassende Diskussion über das Studienangebot aus, die sich auf curriculare und hochschuldidaktische Aspekte bezog. Lernziele wurden im Hinblick auf eine umfassende Berufsbefähigung entwickelt und die Didaktik im Hinblick auf fallbasierte Lehre, Projektstudium, Praxisforschung und andere Methoden präzisiert. Auch setzte eine Auseinandersetzung um die Identität und Funktion der Hochschule und des Fachbereichs ganz allgemein ein.

Berufsqualifikation – das Leitmotiv in Studium und Lehre

Prof. Dr.-Ing. Peter Hartel, Studiengangsleiter BA Wirtschaftsinformatik und BA PI Wirtschaftsinformatik

Die Frage nach der Employability, also der berufsbildbezogenen Beschäftigungsfähigkeit, ist durch die Bologna-Reform in das Zentrum der Hochschuldebatte gerückt und zum Leitmotiv in der Entwicklung von Studiengängen geworden. Neben Fachkompetenzen sollen Studierende Methodenkompetenz und personelle Kompetenzen erwerben. Dieser neue Blick auf die Lehre hat bei vielen Kolleginnen und Kollegen zunächst zu Verunsicherung und teils auch Widerstand geführt. Sie end of 2020, the ambitious development of the faculty was stabilised by the continuation of the Higher Education Pact funding.

The quantitative expansion of the faculty was supported by quality improvement funds, which were made available to a considerable extent by the state of North Rhine-Westphalia to improve teaching and studying conditions. Since then, especially in Mathematics and Statistics, students have achieved significantly better results due to more intensive supervision options.

The Bologna reform triggered a comprehensive discussion in the faculty about the range of studies, which related to curricular and university didactic aspects. Learning objectives were developed with a view to comprehensive professional qualification and didactics were specified with regard to case-based teaching, project studies, practical research and other methods. A debate also began about the identity and function of the university and the faculty in general.

Professional Qualification – the Leitmotif in Studying and Teaching
Prof. Dr.-Ing. Peter Hartel, Programme Director BA Business Information Systems and BA work-integrated Business Information Systems

The question of employability has moved to the centre of the higher education debate as a result of the Bologna Reform and has become the leitmotif in the development of degree programmes. In addition to subject-specific competences, students should acquire methodological and personal competences. This new view of teaching initially led to uncertainty and sometimes resistance among many colleagues. Suddenly, they were no longer expected to make their academic view of the world the sole focus of teaching. The persistent collegial exchange ultimately resulted in the integration of modules for the acquisition of key competences in all degree programmes of the faculty, which take into account a special focus on the respective professional profile of the intended university degree. Projects and practical phases have found their way into all curricula and enable students to integrate competences gained in various subject modules and apply them to larger and complex problems in interdisciplinary teams. A very motivated faculty has taken up this innovation in university teaching with great commitment and ensured that practical references have become an integral part of the study programme without losing sight of the essential, i.e. the focus on scientificity. The success of this effort is reflected in the mostly seamless career entry of the graduates, who confirm in surveys the accuracy of fit of the content taught and competences acquired in the programme.

Internationalisation could be realigned and made more efficient. The faculty's goal was to increase the quality and sustainability of internationalisation activities through systematic and successful participation in DAAD programme calls. One highlight was undoubtedly the DAAD's ›New Passage to India‹ project, which promoted the faculty's cooperation sollten jetzt plötzlich nicht mehr alleine den fachlich wissenschaftlichen Blick auf die Welt zum Mittelpunkt des Lehrgeschehens machen. Der beharrliche kollegiale Austausch hatte letztlich zum Ergebnis, dass in allen Studiengängen des Fachbereichs Module zum Erwerb von Schlüsselkompetenzen integriert wurden, die einen besonderen Fokus auf das jeweilige Berufsbild des angestrebten Hochschulabschlusses berücksichtigen. Projekte und Praxisphasen haben in allen Curricula Einzug gehalten und ermöglichen es Studierenden, Kompetenzen, die in verschiedenen Fachmodulen gesammelt wurden, zu integrieren und auf größere und komplexe Problemstellungen in interdisziplinären Teams anzuwenden. Ein sehr motiviertes Kollegium hat diese Innovation in der Hochschullehre mit viel Engagement aufgegriffen und dafür gesorgt, dass Praxisbezüge zum integralen Bestandteil des Studiums geworden sind, ohne den Blick auf das Wesentliche, also die Fokussierung auf die Wissenschaftlichkeit, zu verlieren. Der Erfolg dieser Anstrengung spiegelt sich in dem meist nahtlosen Berufseinstieg der Absolventinnen und Absolventen wider, die in Befragungen die Passgenauigkeit der im Studium vermittelten Inhalte und erworbenen Kompetenzen bestätigen.

Die Internationalisierung konnte neu ausgerichtet und effizienter gestaltet werden. Ziel des Fachbereichs war es, durch eine systematische und erfolgreiche Teilnahme an Programmausschreibungen des DAAD die Qualität und Nachhaltigkeit der Internationalisierungsaktivitäten zu steigern. Ein Highlight war zweifelsohne das Projekt ›New Passage to India‹ des DAAD, der die Zusammenarbeit des Fachbereichs mit der indischen Parul University förderte. Über vier Jahre konnten insgesamt 120 indische und 90 deutsche Studierende an der jeweiligen Gasthochschule lernen. Mit den besonders aktiven Partnern beschloss der Fachbereich im IBSEN-Netzwerk ein gemeinsam abgestimmtes Programm, das sich einem internationalen Austausch von Studierenden und Lehrenden verschreibt, Doppelabschlüsse verfolgt und gemeinsam Forschungsaktivitäten entfaltet.[5] Das in englischer Sprache angebotene Programm International Business Manager bietet seit einigen Jahren unseren internationalen Gaststudierenden ein attraktives Studienprogramm. Schließlich konnte die Zusammenarbeit zwischen dem Fachbereich und den Unternehmen der Region bezüglich einer systematischen internationalen Personalentwicklung auf eine konzeptionelle Grundlage gestellt werden.[6]

5 FH Bielefeld: Purpose and Strategy of the International Business Studies Exchange Network (IBSEN), in: https://www.fh-bielefeld.de/internationales/profil/ibsen-network (28.12.2020).
6 Vgl. Natalie Bartholomäus: Internationalisierung – neue Märkte, veränderte Strukturen, in: Sascha Armutat et al.(Hg.): Personalmanagement in Zeiten von Demografie und Digitalisierung, Wiesbaden 2018, S. 77.

with Parul University in India. Over four years, a total of 120 Indian and 90 German students were able to study at the respective host university. With the particularly active partners, the faculty decided on a jointly coordinated programme in the IBSEN network, which is dedicated to an international exchange of students and teachers, pursues double degrees and jointly develops research activities.[5] The International Business Manager programme, which is offered in English, has been providing our international guest students with an attractive study programme for several years. Finally, the cooperation between the faculty and the companies in the region regarding systematic international human resource development could be put on a conceptual basis.[6]

The Third Mission – More than Teaching and Research

Prof. Dr. sc. agr. Uwe Rössler, Dean from 2008 to 2020

The significance of a third mission in addition to the self-evident missions of Teaching and Research has been the subject of much debate at German universities over the past ten years. This can be understood as opening up universities to society, taking up its expectations and questions and interacting with it. These activities can be assigned to the dimensions of technology transfer and innovation, academic continuing education and social engagement.[7] The Faculty of Business has consciously promoted this third mission and developed tailor-made continuing education formats as master's programmes and certificates. For example, the Certified International Project Manager was developed for and with a company and takes place simultaneously for management staff at various learning locations around the world. Technology transfer and innovation succeed in joint projects with companies, especially from the leading-edge cluster it's OWL. For example, the Future Garage 4.0 offers collaborative developments of intelligent products and digital business models; the Centre for Entrepreneurship promotes start-ups at our University. Finally, corporate social responsibility is firmly anchored in teaching and is developed in regional networks. Responsible corporate governance, voluntary corporate social engagement and sustainable business are topics addressed by the CSR University Circle OWL. The importance of the Third Mission was discussed at the 96th Federal Deans' Conference on Business in 2019, which the Faculty of Business organised under the guiding theme ›Das Morgen gestalten: Fachhochschulen zwischen regionalem Transfer und veränderter Bildungslandschaft!‹ (›Shaping Tomorrow: Universities of Applied Sciences

5 FH Bielefeld: Purpose and Strategy of the International Business Studies Exchange Network (IBSEN), in: https://www.fh-bielefeld.de/internationales/profil/ibsen-network (28.12.2020).

6 Cf. Natalie Bartholomäus: Internationalisierung – neue Märkte, veränderte Strukturen, in: Sascha Armutat et al. (ed.): Personalmanagement in Zeiten von Demografie und Digitalisierung, Wiesbaden 2018, p. 77.

7 Isabell Roessler: Third Mission, in: https://www.wissenschaftsmanagement.de/weiterbildung/third-mission (29.12.2020).

Die dritte Mission – mehr als Lehre und Forschung
Prof. Dr. sc. agr. Uwe Rössler, Dekan von 2008 bis 2020

Um die Bedeutung einer weiteren, dritten Mission neben den selbstverständlichen Missionen Lehre und Forschung wurde besonders in den letzten zehn Jahren an deutschen Hochschulen gerungen. Verstehen kann man darunter eine Öffnung der Hochschulen für die Gesellschaft, die deren Erwartungen und Fragen aufnimmt und in Interaktion mit ihr tritt. Diese Aktivitäten können den Dimensionen Technologietransfer und Innovation, wissenschaftliche Weiterbildung und soziales Engagement zugeordnet werden.[7] Der Fachbereich Wirtschaft hat diese dritte Mission bewusst vorangetrieben und passgenaue Weiterbildungsformate als Masterprogramme und Zertifikate entwickelt. So wurde der Certified International Project Manager für und mit einem Unternehmen entwickelt und findet für das Führungspersonal an verschiedenen Lernorten in der Welt gleichzeitig statt. Technologietransfer und Innovation gelingen in gemeinsamen Projekten mit Unternehmen insbesondere aus dem Spitzencluster it's OWL. So bietet die Zukunftsgarage 4.0 kollaborative Entwicklungen von intelligenten Produkten und digitalen Geschäftsmodellen an; das Center for Entrepreneurship fördert Start-ups der Hochschule. Schließlich ist Corporate Social Responsibility in der Lehre fest verankert und wird in regionalen Netzwerken entwickelt. Verantwortungsvolle Unternehmensführung, freiwilliges gesellschaftliches Engagement von Unternehmen und nachhaltige Wirtschaft sind Themen, mit denen sich der CSR-Hochschulkreis OWL befasst. Die Bedeutung der dritten Mission wurde auf der 96. BundesDekaneKonferenz Wirtschaftswissenschaften im Jahr 2019 diskutiert, die der Fachbereich Wirtschaft unter dem Leitthema ›Das Morgen gestalten: Fachhochschulen zwischen regionalem Transfer und veränderter Bildungslandschaft!‹ in Bielefeld veranstaltete.

Ohne Forschung und Transfer gibt es keinen Erkenntnisgewinn, der die Lehre beflügelt. Das Kollegium nutzt daher intensiv die Möglichkeit von Forschungsprofessuren und treibt Themen wie Blockchain, digitale Transformation, KI, Veränderungen der Arbeitswelt und die rechtlichen Konsequenzen aus diesen Bereichen voran. Im Graduierteninstitut NRW, das kooperative Promotionen an Fachhochschulen, Hochschulen für angewandte Wissenschaften und Universitäten stärken und ausbauen soll,[8] ist der Fachbereich Wirtschaft in der Fachgruppe Unternehmen und Märkte engagiert. In der angewandten Forschung ergeben sich zahlreiche Anknüpfungspunkte durch die Zusammenarbeit mit dem Spitzencluster it's OWL. Eine besondere Erfolgsgeschichte schreibt das Center for Entrepreneurship, das eine wahrnehmbare und aktivierende Unternehmens-

7 Isabell Roessler: Third Mission, in: https://www.wissenschaftsmanagement.de/weiterbildung/third-mission (29.12.2020).

8 Ziele und Aufgaben des GI NRW, in: http://www.gi-nrw.de/gi-nrw/ziele-und-aufgaben.html (28.12.2020).

Between Regional Transfer and a Changed Educational Landscape!‹)
in Bielefeld.

Without research and transfer, there is no gain in knowledge to inspire teaching. The college therefore makes intensive use of the possibility of research professorships and pushes forward topics such as blockchain, digital transformation, AI, changes in the world of work and the legal consequences from these areas. In the Graduate Institute NRW, which aims to strengthen and expand cooperative doctorates at universities of applied sciences and universities,[8] the Faculty of Business is involved in the specialist group Companies and Markets.[9] In applied research, there are numerous points of contact through cooperation with the leading-edge cluster it's OWL. The Centre for Entrepreneurship is a particular success story, creating a perceptible and activating start-up culture at our University, training the founders of the future and thus making a visible contribution to the emergence of a start-up ecosystem in East Westphalia-Lippe. An example of a specific continuing education programme is the Certified International Project Manager, which has been conducted with the company Claas since 2014 and is intended to enable project managers in the internationally active group to develop intercultural skills »while taking into account (inter)cultural, time and location differences, in order to successfully lead international project teams.«[10]

Transdisciplinarity – Researching and Designing Together
Prof. Dr. rer. oec. Swetlana Franken, Head of the Digitalised World of Work Think Tank

For five years now, the Digitalised Working World Think Tank (Denkfabrik Digitalisierte Arbeitswelt)[11] has been dealing with the effects of digitalisation on employment, work tasks, competence requirements, organisational structures and cultures and leadership in research projects such as Fit for Industry 4.0?, Women Resource 4.0, Diversity 4.0, Future Garage 4.0 or Competence Centre KIAM (KI in der Arbeitswelt des industriellen Mittelstandes). The interdisciplinary team, all graduates of the Bielefeld UAS, combines competences in the fields of business administration, business informatics, business psychology and innovation and human resources management and uses agile methods (such as the persona method and design thinking), business model analysis and creativity techniques. Current problems in companies are analysed from

8 Ziele und Aufgaben des GI NRW, in: http://www.gi-nrw.de/gi-nrw/ziele-und-aufgaben.html (28.12.2020).
9 FH Bielefeld: Über das CFE, in: https://www.fh-bielefeld.de/forschung/cfe/ueber-das-cfe (28.12.2020).
10 Translated according to Anette Heiser: Praxisbeispiel Interkulturelle Kompetenzentwicklung bei der Claas KGaA mbH, in: Sascha Armutat et al. (ed.): Personalmanagement in Zeiten von Demografie und Digitalisierung. Wiesbaden 2018, pp. 99–103, here p. 99.
11 FH Bielefeld: Denkfabrik Digitalisierte Arbeitswelt, in: https://www.fh-bielefeld.de/wirtschaft/forschung/denkfabrik-digitalisierte-arbeitswelt (27.12.2020).

gründungskultur an der Hochschule schafft, die Gründerinnen und Gründer der Zukunft ausbildet[9] und somit einen sichtbaren Beitrag zur Entstehung eines Gründerökosystems in Ostwestfalen-Lippe leistet. Beispielhaft für ein spezifisches Weiterbildungsangebot ist der Certified International Project Manager, der seit 2014 mit dem Unternehmen Claas durchgeführt wird und Projektleiterinnen und Projektleiter in dem international agierenden Konzern eine interkulturelle Kompetenzentwicklung »unter Berücksichtigung (inter-)kultureller, zeitlicher und örtlicher Unterschiede ermöglichen soll, um internationale Projektteams erfolgreich zu leiten.«[10]

Transdisziplinarität – gemeinsam forschen und gestalten
Prof. Dr. rer. oec. Swetlana Franken, Leiterin der Denkfabrik Digitalisierte Arbeitswelt

Seit fünf Jahren beschäftigt sich die Denkfabrik Digitalisierte Arbeitswelt[11] mit den Auswirkungen der Digitalisierung auf die Beschäftigung, Arbeitsaufgaben, Kompetenzanforderungen, Organisationsstrukturen und -kulturen und Führung in Forschungsprojekten wie Fit für Industrie 4.0?, Women Ressource 4.0, Diversity 4.0, Zukunftsgarage 4.0 oder Kompetenzzentrum KIAM (KI in der Arbeitswelt des industriellen Mittelstandes). Das interdisziplinäre Team, sämtlich Absolventinnen und Absolventen der FH Bielefeld, bündelt Kompetenzen auf den Gebieten der Betriebswirtschaftslehre, der Wirtschaftsinformatik, der Wirtschaftspsychologie und des Innovations- und Personalmanagements und setzt agile Methoden (wie die Persona-Methode und Design Thinking), Geschäftsmodellanalysen und Kreativitätstechniken ein. Es werden aktuelle Problemstellungen in Unternehmen aus Sicht verschiedener Disziplinen analysiert und in Kollaboration mit Fach- und Führungskräften aus Unternehmen praxisbezogene Gestaltungsoptionen generiert, zum Beispiel geeignete Use Cases für die Künstliche Intelligenz. So wird wissenschaftliches und praktisches Unternehmenswissen für die Gestaltung der Arbeitswelt verknüpft, Akteurinnen und Akteure aus der Forschung und Wirtschaft in kooperativen Arbeitsformen (Workshops, Labs, Zukunftsgaragen) zusammengebracht und die Erkenntnisse der angewandten Forschung in die Hochschulausbildung integriert.

Die studentische Beteiligung an der Entwicklung des Fachbereichs ist auf vielfache Weise gesichert. So werden die Urteile der Studierenden zum Lehrangebot im Rahmen der Evaluationen analysiert, die Bewer-

9 FH Bielefeld: Über das CFE, in: https://www.fh-bielefeld.de/forschung/cfe/ueber-das-cfe (28.12.2020).

10 Anette Heiser: Praxisbeispiel Interkulturelle Kompetenzentwicklung bei der Claas KGaA mbH, in: Sascha Armutat et al. (Hg.): Personalmanagement in Zeiten von Demografie und Digitalisierung. Wiesbaden 2018, S. 99–103, hier S. 99.

11 FH Bielefeld: Denkfabrik Digitalisierte Arbeitswelt, in: https://www.fh-bielefeld.de/wirtschaft/forschung/denkfabrik-digitalisierte-arbeitswelt (27.12.2020).

the perspective of various disciplines and practical design options are generated in collaboration with experts and managers from companies, e.g. suitable use cases for artificial intelligence. In this way, scientific and practical corporate knowledge is linked for the design of the working world, actors from research and business are brought together in cooperative forms of work (workshops, labs, future garages) and the findings of applied research are integrated into university education.

Student participation in the development of the faculty is ensured in many ways. For example, the students' assessments of the courses offered are analysed as part of the evaluations, the ratings in the relevant university rankings are carefully monitored and discussed in the committees. Further opportunities for students to exert influence are provided by their participation in the faculty council and student's council, in the decentralised quality improvement commission and in the study commission. The systematic involvement of students and an open and respectful culture of discussion are intended to ensure that students experience an attractive study programme that enables them to lead a satisfied and successful life.

Studying at the Faculty of Business – Committed and Application-Oriented

Nora Kruse, Business Psychology student

I have been studying at the Bielefeld UAS in the Bachelor's degree programme in Business Psychology since 2017 and am now about to graduate. To this day, I haven't regretted for a second that I decided to study Business Psychology at the Bielefeld UAS. It is not only the exciting content of the degree programme that inspires me, but especially the way in which it is taught. Our lecturers teach with passion and full commitment and provide us with numerous professional, methodical and social skills in a pleasant learning atmosphere. I particularly like how much the scientific and quantitative orientation of our study programme is lived and promoted. Even the Covid pandemic and the measures it entails do not change anything. Studying without face-to-face events poses new challenges for all of us – including the students. Suddenly the daily structure is missing, you have to learn to organise yourself and have the discipline to sit down at your desk in the morning instead of attending the 8 o'clock Zoom event from bed. But we all grow with our tasks and manage the situation not least through close exchange and cooperation with our University and our lecturers. And who knows what new methods and possibilities the current conditions will open up in the future if digital teaching is now further practised and expanded?

As a student, I am very interested in improving the study conditions and thus in the design and continuous development of our Faculty. In the past, I was able to participate as a student member in an appointment committee for market and advertising psychology and thus contribute tungen in den einschlägigen Hochschulrankings sorgsam beobachtet und diese in den Gremien diskutiert. Weitere Einflussmöglichkeiten bieten sich den Studierenden durch die Mitarbeit in Fachbereichsrat und Fachschaftsrat, der Dezentralen Qualitätsverbesserungskommission sowie der Studienkommission. Die systematische Einbeziehung der Studierenden und eine offene und respektvolle Diskussionskultur sollen Sorge dafür tragen, dass die Studierenden ein attraktives Studienangebot erleben, das ihnen ein zufriedenes und erfolgreiches Leben ermöglicht.

Studieren am Fachbereich Wirtschaft – engagiert und anwendungsorientiert

Nora Kruse, Studentin der Wirtschaftspsychologie

Seit 2017 studiere ich an der FH Bielefeld im Bachelorstudiengang Wirtschaftspsychologie und stehe nun kurz vor meinem Abschuss. Bis heute habe ich es keine Sekunde bereut, mich für das Studium der Wirtschaftspsychologie an der FH Bielefeld entschieden zu haben. Nicht nur die spannenden Inhalte des Studiengangs begeistern mich, sondern insbesondere auch die Art und Weise, wie diese vermittelt werden. Unsere Dozentinnen und Dozenten lehren mit Herzblut und vollem Engagement und geben uns in angenehmer Lernatmosphäre zahlreiche fachliche, methodische und soziale Kompetenzen mit auf den Weg. Besonders gefällt mir, wie sehr die wissenschaftliche und quantitative Orientierung unseres Studiengangs gelebt und gefördert wird. Auch die Covid-Pandemie und die Maßnahmen, die diese mit sich bringt, ändern an alledem nichts. Ein Studium ohne Präsenzveranstaltungen stellt uns alle vor neue Herausforderungen auch die Studierenden. Plötzlich fehlt die Tagesstruktur, man muss lernen, sich selbst zu organisieren, und die Disziplin aufbringen, sich morgens an den Schreibtisch zu setzen, statt die 8-Uhr-Zoom-Veranstaltung aus dem Bett heraus zu besuchen. Doch wir alle wachsen mit unseren Aufgaben und bewerkstelligen die Situation nicht zuletzt durch den engen Austausch und die Zusammenarbeit mit der Hochschule und unseren Dozentinnen und Dozenten. Und wer weiß, was die derzeitigen Bedingungen in der Zukunft für neue Methoden und Möglichkeiten eröffnen, wenn die digitale Lehre nun weiter praktiziert und ausgebaut wird.

Mir als Studentin liegt sehr viel an der Verbesserung der Studienbedingungen und damit an der Gestaltung und stetigen Weiterentwicklung unseres Fachbereichs. In der Vergangenheit durfte ich bereits als studentisches Mitglied bei einer Berufungskommission für Markt- und Werbepsychologie mitwirken und so zur Gestaltung unseres Fachbereichs beitragen. Für 2021 habe ich mich zur Wahl des Fachbereichsrates aufstellen lassen, um auch dort die Wünsche und Interessen der Studierenden zu vertreten. Mein größtes Anliegen dabei ist, die Situation bezüglich der wenigen verfügbaren Plätze in den Masterstudiengängen zu verbessern, und vor allem auch, dass an unserer Hochschule endlich *to shaping our Faculty. For 2021, I have put myself up for election to the Faculty Council in order to represent the wishes and interests of the students there as well. My greatest concern is to improve the situation with regard to the few available places in the Master's degree programmes and, above all, that the long-awaited Master's degree programme in Business Psychology will soon be offered at our University.*

Preparing for Tomorrow – The Future Positioning of the Faculty of Business

If transformation experiences, the use of digital technologies in connection with new, digitalised business models, demographic changes and changing values are the defining experiences of the time, then the question arises as to how the business faculty will position itself in the future in this digitalised VUCA world.[12]

Because in a volatile, uncertain, complex world characterised by ambiguity, managers need a different mindset and practices to be able to develop companies successfully.

A first content-related perspective for the Faculty of Business is a didactic return to the characteristics of scientific thinking and acting in the subjects of business. This helps to open up the students for an open future that can be shaped: In terms of scientific evidence-based decision-making, decisions must take into account scientifically validated facts and organisational characteristics and be made on the basis of scientific thinking. According to Rousseau and Barends, this means »... making decisions, promoting practices and advising the organisation's leadership through the conscious combination of four sources of information: the best available scientific evidence; reliable and valid organisational facts, metrics and assessments; practitioner reflection and judgement; and the concerns of affected stakeholders.«[13]

As a didactic principle, this evidence-based approach could shape the future of the content of degree programmes in the field of economics by

- *making the development of a ›scientific mindfullness‹ the aim of the course,*
- *more clearly emphasising the ability to research and critically process scientifically validated information from the ›scientific body of knowledge‹,*
- *training thinking in the systematics of a scientific research process.*[14]

12 *VUCA as an acronym made up of the words volatility, uncertainty, complexity and ambivalence or ambiguity.*

13 *Denise M. Rousseau, Eric G.R. Barends: Becoming an evidence based HR practitioner, in: Human Resource Management Journal, Vol. 21, No. 3, pp. 121–135, here p. 123.*

14 *Sascha Armutat, Heiko Weckmüller, Frank Kohl-Boas: Evidenzbasiertes Management als Leitbild der Fachhochschulausbildung, in: Die Neue Hochschule, Bonn 04/2020, p. 18–21.*

der langersehnte Masterstudiengang Wirtschaftspsychologie angeboten wird.

Vorbereitung auf das Morgen – die zukünftige Positionierung des Fachbereichs Wirtschaft

Wenn Transformationserfahrungen, die Nutzung digitaler Technologien in Verbindung mit neuen, digitalisierten Businessmodellen, demografische Veränderungen und Wertewandel die prägenden Erfahrungen der Zeit sind, dann stellt sich die Frage, wie sich der Fachbereich Wirtschaft zukünftig in dieser digitalisierten VUKA-Welt positioniert.[12]

Denn in einer volatilen, unsicheren, komplexen und durch Ambiguität geprägten Welt brauchen Managerinnen und Manager ein anderes Mindset und andere Praktiken, um Unternehmen erfolgreich entwickeln zu können.

Eine erste inhaltliche Perspektive für den Fachbereich Wirtschaft ist eine didaktische Rückbesinnung auf die Charakteristika des wissenschaftlichen Denkens und Handelns in den wirtschaftswissenschaftlichen Fächern. Diese hilft dabei, die Studierenden für eine offene, gestaltbare Zukunft aufzuschließen. Im Sinne einer wissenschaftlichen Evidenzbasierung müssen Entscheidungen wissenschaftlich abgesicherte Fakten und organisationale Besonderheiten berücksichtigen und auf der Grundlage wissenschaftlichen Denkens getroffen werden. Nach Rousseau und Barends bedeutet das »... making decisions, promoting practices and advising the organisations leadership through the conscious combination of four sources of information: the best available scientific evidence; reliable and valid organisational facts, metrics and assessments; practitioner reflection and judgement; and the concerns of affected stakeholders.«[13]

Diese Evidenzbasierung könnte als didaktisches Prinzip die Zukunft der inhaltlichen Ausgestaltung der Studiengänge im Fachbereich Wirtschaft prägen, indem es

- die Entwicklung einer ›scientific mindfullness‹ zum Studiengangsziel macht,
- die Fähigkeit zur Recherche und zur kritischen Verarbeitung wissenschaftlich abgesicherter Informationen aus dem ›scientific body of knowledge‹ deutlicher betont,
- die Schulung des Denkens an der Systematik eines wissenschaftlichen Forschungsprozesses vornimmt.[14]

12 VUKA als Akronym aus den Worten Volatilität, Unsicherheit, Komplexität und Ambivalenz bzw. Ambiguität.

13 Denise M. Rousseau, Eric G.R. Barends: Becoming an evidence based HR practitioner, in: Human Resource Management Journal, Band 21 (3), S. 121–135, hier S. 123.

14 Sascha Armutat, Heiko Weckmüller, Frank Kohl-Boas: Evidenzbasiertes Management als Leitbild der Fachhochschulausbildung, in: Die Neue Hochschule, 20(4) 2020, S. 18–21.

A second methodological perspective for the Faculty of Business is the increasing design of teaching-learning processes as a combination of present and digitalised-virtual forms of learning. In this way, the advantages of both forms of learning can be used, the learning habits of the future student groups can be met and the students can be prepared for the New Work working conditions of their later professional everyday life.

Digitalisation and Internationalisation – Challenge and Aim at the Same Time

Prof. Dr. rer. pol. Riza Öztürk, Dean since 2020

Digitalisation at universities has been adopted as a topic in recent years and various concepts and instruments have been developed. But it got a real boost and realistic application scenarios in 2020 through the Covid pandemic, which, just like many areas of life, also presented teaching and science with accomplished facts. From one moment to the next, teaching was converted to digital formats and became acquainted with the Zooms and Webex etc. of this world. The entire examination process has also been transformed into digital formats, and with the summer semester of 2021, we will already be entering the third digital semester. Digital teaching has been introduced into our University and now the question is how this effect can be used and expanded in the long term. The next step should be to connect the partners of the business faculty, such as companies and international universities, in a forward-looking way. Digital laboratories with special simulation software for various disciplines of business administration are to be implemented in collaboration with companies in the faculty in order to best prepare students for the ›real digital world‹. The same will be done in international cooperation with other partner universities. In winter semester 2020/2021, the first digital joint module Corporate Learning and Innovation was set up with the partner university Turkish-German University (TDU; Türk-Alman Üniversitesi) in Istanbul as part of the Digital Mobil project.[15] This Master's module brings together students from both universities and company representatives, who learn together digitally face to face and also use simulation software to act out what they have learned in theory. With the TDU, a prestigious project of the German Foreign Office and the DAAD,[16] there is both a double degree programme in the BA Business Administration and in the MA IBM, whereby the faculty belongs to the nationwide squad of leading partners in the TDU consortium under the direction of Prof. Dr. Rita Süssmuth, who has been coordinating the newly built university in Istanbul since 2008. The TDU is a good example of the strong international orientation of the faculty, which continues to coordinate even more closely the

15 FH Bielefeld: Digital Mobil @ FH Bielefeld, in: https://www.fh-bielefeld.de/digitalmobil (27.12.2020).

16 FH Bielefeld: Ein Studium, zwei Abschlüsse, in: https://www.fh-bielefeld.de/presse/pressemitteilungen/ein-studium-zwei-abschluesse (27.12.2020).

Eine zweite methodische Perspektive für den Fachbereich Wirtschaft ist die zunehmende Gestaltung der Lehr-Lern-Prozesse als Verbindung von präsentischen und digitalisiert-virtuellen Lernformen. Dadurch können die Vorteile beider Lernformen genutzt, den Lerngewohnheiten der zukünftigen Studierendengruppen entsprochen und die Studierenden auf die New-Work-Arbeitsbedingungen ihres späteren beruflichen Alltags vorbereitet werden.

Digitalisierung und Internationalisierung – Herausforderung und Ziel zugleich

Prof. Dr. rer. pol. Riza Öztürk, Dekan seit 2020

Digitalisierung an Hochschulen wurde in den letzten Jahren als Thema angenommen und verschiedene Konzepte und Instrumente entwickelt. Doch einen richtigen Boost und realistische Anwendungsszenarien bekam es 2020 durch die Covid-Pandemie, die ebenso wie viele Lebensbereiche auch die Lehre und Wissenschaft vor vollendete Tatsachen gestellt hat. Von jetzt auf gleich wurde die Lehre auf digitale Formate umgestellt und die Bekanntschaft mit den Zooms und Webex etc. dieser Welt gemacht. Auch das ganze Prüfungsgeschehen wurde in digitale Formate transformiert und mit dem Sommersemester 2021 geht man dann schon ins dritte digitale Semester. Der Einzug der digitalen Lehre in die Hochschule ist vollzogen und nun geht man der Frage nach, wie man diesen Effekt nachhaltig weiter nutzen und ausbauen kann. Im nächsten Schritt sollten die Partner des Fachbereichs Wirtschaft wie Unternehmen und internationale Hochschulen zukunftsweisend angebunden werden. Digitale Labore mit spezieller Simulationssoftware für verschiedene Disziplinen der Betriebswirtschaft sollen in Kollaborationen mit Unternehmen im Fachbereich implementiert werden, um die Studierenden am besten für die reale digitale Welt vorzubereiten. Gleiches wird im internationalen Zusammenspiel mit anderen Partnerhochschulen anzusetzen sein. Im Wintersemester 2020/2021 wurde das erste digitale Joint Module Corporate Learning and Innovation mit der Partneruniversität Türkisch-Deutsche Universität (TDU; Türk-Alman Üniversitesi) in Istanbul im Rahmen des Projektes Digital Mobil aufgesetzt.[15] In diesem Mastermodul tummeln sich Studierende beider Hochschulen, Unternehmensvertreter, die digital Face to Face zusammen lernen und zudem über eine Simulationssoftware das theoretisch Erlernte durchspielen. Mit der TDU, einem Prestigeprojekt des Auswärtigen Amtes und des DAAD,[16] besteht sowohl ein Doppelabschlussprogramm im BA BWL als auch im MA IBM, wobei der Fachbereich zu der bundesweiten Riege der federführenden Partner im TDU-Konsortium unter der Leitung von Prof. Dr. Rita Süssmuth gehört, die seit 2008 die

15 FH Bielefeld: Digital Mobil @ FH Bielefeld, in: https://www.fh-bielefeld.de/digitalmobil (27.12.2020).

16 FH Bielefeld: Ein Studium, zwei Abschlüsse, in: https://www.fh-bielefeld.de/presse/pressemitteilungen/ein-studium-zwei-abschluesse (27.12.2020).

topics of double degrees, third-party research and common future trends such as digitalisation, among others, through strategic cooperation with selected partners. A significant example of this is the IBSEN consortium with ten selected partners worldwide, who meet twice a year and have been working together sustainably for 15 years. The Centre for Internationalisation, Qualification and Cooperation (Cintqoop-fh-bielefeld.de/cintqoop) has been implemented in order to be able to play a more structured role in the topic of internationality together with companies and institutions in the region. Of course, this project is also very strongly related to the topic of digitalisation at the university level in teaching and research, but also to the application scenarios in entrepreneurial thinking. In order to ensure that all of these projects are well-founded, the staff position of Research Officer has been filled. It is clear to us: These are topics of the future and we want to be as well prepared as possible as a faculty!

neu gebaute Universität in Istanbul koordiniert. Die TDU ist ein gutes Beispiel für die starke internationale Ausrichtung des Fachbereichs, der durch strategische Kooperationen mit ausgewählten Partnern weiter die Themen der Doppelabschlüsse, die Drittmittelforschung und gemeinsame Zukunftstrends wie unter anderem Digitalisierung noch enger abstimmt. Signifikantes Beispiel hierfür ist das IBSEN-Konsortium mit zehn ausgewählten Partnern weltweit, die sich jährlich zweimal treffen und seit nunmehr 15 Jahren nachhaltig zusammenarbeiten. Um das Thema Internationalität auch gemeinsam mit den Unternehmen und Institutionen in der Region strukturierter bespielen zu können, wurde das Center for Internationalisation, Qualification and Cooperation (Cintqoop-fh-bielefeld.de/cintqoop) implementiert. Natürlich ist auch dieses Projekt sehr stark mit dem Thema Digitalisierung auf Hochschulebene in Lehre und Forschung, aber ebenso mit den Anwendungsszenarien im unternehmerischen Denken behaftet. Damit alle diese Vorhaben fundiert unterfüttert werden können, wurde die Stabsstelle Forschungsreferentin bzw. Forschungsreferent besetzt. Uns ist klar: Das sind Themen der Zukunft und wir wollen als Fachbereich bestmöglich vorbereitet sein!

KULTUR-KOMMUNIKATION

CULTURAL COMMUNICATION

»Mit BWL kannst Du später alles machen.« So motivierte mich mein Vater zum Wirtschaftsstudium. Und er sollte recht behalten, denn mein eher unkonventioneller Weg verknüpfte sich auf besondere Weise mit Kunst und Kultur.

»A business degree allows you to do just about anything in the future.« That's how my father motivated me to study Business Administration. And he was to be proven right. My somewhat unconventional path

Als ich mein Studium an der FH Bielefeld abschloss, lockte die Ferne und irgendwie das, was ich nach einer Ausbildung in der klassischen Industriewelt hinter mir lassen wollte. Sechs Jahre arbeitete ich in Agenturen für Kommunikation und PR, für viele Projekte, für große Marken. Gut gerüstet durch die Vielfältigkeit des Studiums und die Erfahrungen in der Praxis, fühlte ich mich bereit für den Sprung in die Selbstständigkeit. Meine Leidenschaften: Kunst, Architektur, Design und Kulinarik. Die große Neugier auf kreative Künstlerinnen und Künstler. Berlin, meine Stadt seit 2001, nahm mich ein und gab mir mit derselben Intensität alles zurück, was ich aufzunehmen bereit war. Die Galerienszene zog von Köln nach Berlin, Museen professionalisierten sich und begannen, mit Agenturen zu arbeiten. Zu den ersten Kunden gehörten ein noch immer sehr erfolgreiches Galerienfestival und ein Restaurant, das Treffpunkt der Kunst- und Kreativszene ist. Meine Mitarbeiterinnen, meine Mitarbeiter und ich verstehen uns als Geschichtenerzähler. Das Leistungsspektrum ist komplex und wandelt sich stetig mit der Digitalisierung. Wir planen und entwickeln Inhalte für die verschiedenen Plattformen der Kommunikation, wollen für Kunst und Architektur begeistern, interessieren uns für Kulturpolitik und machen auf Themen gesellschaftlicher Transformationen aufmerksam. Durch die Mitarbeit an internationalen Projekten in der Schweiz, Biennalen in Italien und Marokko oder der Architektur in Russland hat sich der Blickwinkel erweitert. Wir möchten zeigen, dass das Leben mit Kultur reicher, beweglicher und vielfältiger ist, dass Kultur uns die Fähigkeit lehrt, sowohl das, was ist, als auch das, was ungewiss ist, zu schätzen.

Mein Dank gilt insbesondere Prof. Dr. Uwe Rössler, mit dem ich in all den Jahren im Austausch stand und der mir mit seinem Interesse an meiner Arbeit immer wieder spannende Impulse gegeben hat.

became linked to the arts and culture in a distinctive way.

When I graduated from the Bielefeld UAS, I was attracted to distance and somehow by what I wanted to leave behind after an apprenticeship in the traditional industrial world. For the next six years, I worked in communication and PR agencies on numerous projects for major brands. Well-equipped by the multifaceted nature of my studies and the practical experience I had gained, I felt ready to take the leap into self-employment. My passions: art, architecture, design and culinary arts. The great curiosity for creative artists. Berlin, my home since 2001, took me in and gave me back everything I was ready to take in with the same enthusiasm. The gallery scene moved from Cologne to Berlin, museums became more professional and began to work with agencies. The first clients included a gallery festival that is still hugely successful and a restaurant where the art and creative scene regularly meets. My colleagues and I see ourselves as storytellers. The range of services is complex and constantly evolving with the digital era. We plan and develop content for various platforms, strive to inspire enthusiasm for the arts and architecture, engage in cultural politics, and draw attention to issues of social transformation. Through our participation in international projects in Switzerland, biennials in Italy and Morocco or on architecture in Russia, our perspective has broadened. We want to show that life with culture is more vibrant, mobile and diverse, that culture teaches us the ability to appreciate both what is, and that which remains, uncertain.

I would especially like to thank Prof. Dr. Uwe Rössler, with whom I have been in contact over the years and whose interest in my work has always provided me with exciting impulses.

LERNEN FÜR DIE ZUKUNFT

LEARNING FOR THE FUTURE

»I believe in a future where the point of education is not to prepare you for another useless job, but for a life well lived.«
Rutger Bregman (*1988), Journalist und Autor

»I Believe in a Future where the Point of Education is not to Prepare you for Another Useless Job, but for a Life Well Lived.«
*Rutger Bregman (*1988), journalist and author*

Samstagabend, 23.30 Uhr. Ich sitze während der Corona-Zeit in unserer Hamburger Wohnung im schönen, aber faszinierend leeren Eimsbüttel. Vor mir steht ein ausgesprochen guter australischer Shiraz, mit mir am Tisch sitzen ein guter Freund und eine wundervolle Frau. Hinter mir liegen ein paar Stunden mit emotionalen, philosophischen Gesprächen, ausufernden politischen Diskussionen und hintergründigen, humorvollen Anekdoten. Die wundervolle Frau ist meine Frau, mit der ich zwei bezaubernde Kinder habe. Wir haben uns während des Studiums kennengelernt. Der gute Freund, der heute bei uns zu Besuch ist, ist einer der vielen gern gesehenen Gäste, über die wir uns immer freuen. Ich bin glücklich in dieser berauschenden Gesprächskonstellation, denn sie vereint so vieles, was für mich einen hohen, vielleicht sogar den höchsten Wert hat – meine Frau, meine Familie, meine Neugierde und Begeisterung für Menschen, Freundschaft, Themen, andere Sichtweisen und Gegenwartsgeschichte.

Der gute Wein und die beschriebene Erkenntnis lassen mich in mir selber ruhen und liefern mir plötzlich die Antwort auf die Frage, was ich denn eigentlich zum Thema ›FH Bielefeld – 50 Jahre Zukunft‹ schreiben könnte. Zugegeben, die Abgabefrist ist längst verstrichen, aber nun liegt die Antwort plötzlich auf dem Tisch und schlängelt sich um die Kristallgläser. In vino veritas.

Für die nächsten 50 Jahre wünsche ich mir und uns, dass die FH Bielefeld weiterhin viele tolle Studierende zukunftsfest machen kann. Vielleicht kann der niederländische Autor und Historiker Rutger Bregman das humboldtsche Bildungsideal ablösen. Oder ergänzen. Oder muss er das gar nicht, weil Humboldt wohl das Gleiche sagen würde wie Bregman, wenn er heute leben würde? Wer weiß.

Herzlichen Glückwunsch,
FH Bielefeld!

Saturday evening, 11.30 pm. I am sitting in our apartment in the wonderful city of Hamburg, and it is fascinatingly quite outside. Corona-Times. On the table is a very good Australian Shiraz, with me are a good friend and a wonderful woman. We have enjoyed a few hours of emotional, philosophical conversations, extensive political discussions and profound humorous anecdotes. The wonderful woman is my wife, we have two adorable children. We got to know each other at the Bielefeld UAS. The good friend visiting us today is one of the many welcome guests whom we are always glad to host. I thoroughly enjoy this exhilarating evening because it unites so many aspects that have a high value for me – my wife, my family, my curiosity and enthusiasm for people, friendship, different perspectives and contemporary history.

The good wine and the situation just described let me rest within myself and suddenly provide me with the answer to the question, what I could actually write about ›Bielefeld UAS – 50 years of future‹. Admittedly, the deadline passed, but now all of a sudden the answer is on the table and meandering around the crystal glasses. In vino veritas.

My wish for the next 50 years is that Bielefeld UAS will continue to prepare many great students for the future. Perhaps the Dutch author and historian Rutger Bregman can replace the Humboldt educational ideal – or supplement it. Or does he even have to, because Humboldt would probably say the same thing as Bregman if he was alive today? Who knows.

Congratulations,
Bielefeld UAS!

QUO VADIS?

Die ewige Frage »Quo vadis?« treibt uns alle zu erhofften und auch ungeahnten Zielen.

Die FH Bielefeld war für mich ein eher ungeahntes Ziel. Nach einer persönlichen Katastrophe suchte ich nach dem weiteren Weg und durch aus heutiger Sicht glückliche Umstände fand ich einen Studienplatz an der FH, an dem ich den neuen Mut für die nächsten Schritte fasste.

Ich bin in meiner Heimat Polen glücklich aufgewachsen und dort konnte ich eine anspruchsvolle schulische Ausbildung inklusive Abitur genießen. Schon damals war ich der deutschen Sprache mächtig, aber das Studium an der FH hat mich in eine neue Sphäre katapultiert: sprachlich und in manch anderer Hinsicht.

Nach relativ kurzer Zeit an der FH Bielefeld wurde mir angeboten, das Mathematiktutorium für BWL-Studierende zu führen. Somit erfuhr ich das Beste, was eine gute Schule bieten kann: Vertrauen, Herausforderung und die großartige Möglichkeit, in einem begrenzten öffentlichen Raum – hier ein Hörsaal – meine eigenen Fehler zu machen.

An der FH Bielefeld wurde mir klar, dass Herkunft, Akzent oder Angst keine Einschränkungen sind, es sei denn, man glaubt es selbst.

Die Erfahrung an der FH gab mir nützliche Verhaltensmuster für den weiteren Weg und zeigte, dass Toleranz, Zusammenarbeit und Gedankenfreiheit unweigerlich zum humanen Erfolg führen. Hätte ich das nicht auch ohne FH wissen können? Bestimmt, aber eine gute Hochschule muss diese Werte vermitteln und die FH tut es!

Ich fand damals eine wunderbare Freundin, die zu meiner ›deutschen Schwester‹ wurde. Darüber hinaus bin ich beruflich eng mit Menschen verbunden, die ich an der FH Bielefeld kennenlernte.

Und zeitlos gilt für mich: Die FH Bielefeld hat für mich als Ausländerin mein positives Bild von Deutschland gravierend geprägt. Das macht Mut!

The eternal question »Quo vadis?« leads all of us all to unexpected destinations and also to those we hoped for.

The Bielefeld UAS was for me a rather unexpected destination. After a personal catastrophe I was looking for the way forward, and by from today's view lucky circumstances I found a study place at the Bielefeld UAS, where I took new courage for the next steps.

I grew up happily in my home country Poland and there I was able to enjoy a sophisticated school education including high school graduation. Even at that time I was already proficient in the German language, but studying at the Bielefeld UAS catapulted me into a new sphere, linguistically and in many other ways.

Quite early during the studies at the UAS, I was offered to lead the Mathematics Tutorial for business students. So I experienced the best that a good school can offer: Trust, challenge and the great opportunity to make my own mistakes in a limited public space – here a lecture hall.

At the Bielefeld UAS I realized that origin, accent or fear are no restrictions unless you believe it yourself.

The experience at the UAS gave me useful patterns of behaviour for the onward way and showed that tolerance, cooperation and freedom of thought inevitably lead to human success. Couldn't I have known this without a UAS? Certainly, but a good university must convey these values and the Bielefeld UAS does!

At that time I found a wonderful friend who became my ›German sister‹. In addition, I am closely connected professionally with people I met at the Bielefeld UAS.

And timelessly applicable to me: The Bielefeld UAS has seriously shaped my positive image of Germany for me as a foreigner. This is really encouraging!

DER ANFANG

THE BEGINNING

Eren Can Sag

Zwölf Monate Work and Travel in Australien oder doch lieber ein Freiwilliges Soziales Jahr? Mit einigen der bedeutsamsten Fragen im Leben eines jungen Menschen wurde ich noch vor Beendigung des Abiturs konfrontiert – ich entschied mich letztlich für den Bachelorstudiengang International Studies in Management an der FH Bielefeld. Ein mehrsprachiger Studiengang mit integriertem Auslandsaufenthalt erschien mir eine reizvolle Alternative zu sein.

Das war eine Entscheidung, auf die ich heute äußerst zufrieden zurückblicke, denn das Studium an der FH Bielefeld hat mir deutlich mehr ermöglicht als den reinen Aufbau fachlicher Kompetenzen. Nach einem kurzweiligen ersten Jahr in Bielefeld reiste ich bereits nach Südkorea, um dort wie vorgesehen meine beiden Auslandssemester zu absolvieren. Der Aufenthalt im Ausland sollte sich als ein einmaliges Abenteuer herausstellen – neben dem Studium erlebte ich eine faszinierende Kultur, großartige Menschen und exotische Speisen. Doch auch zurück in der Heimat nutzte ich das Streben der FH Bielefeld nach Internationalisierung und Förderung der persönlichen Entwicklung durch ein vielfältiges Angebot. So nutzte ich die Gelegenheit zur Teilnahme an der European Summer School, bei der ich zusammen mit Studierenden aus aller Welt sechs Wochen lang studierte, den Friedenspalast in Den Haag besuchte und zusammen mit Abgeordneten den Deutschen Bundestag besichtigte. Auch die restliche Zeit des Bachelors verlief unbeschwert und zog schnell vorüber, wobei der starke Bezug zur Praxis und der persönliche Kontakt zu den Professorinnen und Professoren einen maßgeblichen Anteil daran hatten.

Die FH Bielefeld bleibt mir als prägender Anfang einer sowohl beruflichen als auch persönlichen Reise in Erinnerung – davon profitiere ich auch heute in meiner Tätigkeit als internationaler Produktmanager.

Twelve months of work and travel in Australia or a voluntary social year? I was confronted with some of the most important questions in the life of a young person even before I finished my A-levels – I finally decided to study International Studies in Management at the Bielefeld UAS. A multilingual degree programme with an integrated stay abroad seemed to me to be an attractive alternative.

That was a decision I can look back on with great satisfaction today, because studying at the Bielefeld UAS enabled me to do much more than just build up my professional skills. After an entertaining first year in Bielefeld, I travelled to South Korea to complete my two semesters abroad as planned. The stay abroad turned out to be a unique adventure – in addition to my studies, I experienced a fascinating culture, great people and exotic food. But even back home, I took advantage of the Bielefeld UAS's striving for internationalisation and promotion of personal development through a diverse range of offers. I took the opportunity to participate in the European Summer School, where I studied together with students from all over the world for six weeks, visited the Peace Palace in The Hague and toured the German Bundestag together with members of parliament. The rest of the Bachelor's period was also carefree and passed quickly, whereby the strong connection to practice and the personal contact with the professors played a significant role in this.

I remember the Bielefeld UAS as the formative beginning of both a professional and personal journey. I also benefit from this today in my work as an international product manager.

THINK GLOBAL – ACT LOCAL

Was zeichnet in meinen Augen die FH Bielefeld aus? Auf meiner persönlichen Liste finden sich Stichworte wie ›optimale Praxisnähe zum Wirtschaftsstandort OWL‹, ›sehr gut ausgebautes Unternehmensnetzwerk‹, ›persönlicher Kontakt zu den Professorinnen und Professoren‹ und die ›Mitarbeit in spannenden Forschungsprojekten‹. Aber natürlich auch gute Gespräche auf Hasans Kaffeebrücke, legendäre Westend- und Mensapartys, lebenslange Freundschaften mit Kommilitoninnen und Kommilitonen und mein aufregendes Studienjahr in Barcelona.

Hier möchte ich mich jedoch auf zwei essenzielle Faktoren fokussieren: Zugewandtheit und Internationalität. Obwohl es weitaus mehr Gründe gibt, die für ein Studium an der FH Bielefeld sprechen, haben mich vor allem diese besonders geprägt.

Internationalität – der Grund, warum ich mich für mein Studium entschieden habe.

What, in my opinion, distinguishes the Bielefeld UAS? My personal list includes keywords such as ›optimal practical relevance to the OWL business location‹, ›very well-developed corporate network‹, ›personal contact with professors‹ and ›collaboration in exciting research projects‹. But, of course, I also had good conversations at Hasan's coffee bridge, legendary Westend and cafeteria parties, lifelong friendships with fellow students and my exciting academic year in Barcelona.

Here, however, I would like to focus on two essential factors: affection and internationality. Although there are many more reasons to study at the Bielefeld UAS, it is above all these that have particularly shaped me.

Internationality – the reason why I chose to study at the Bielefeld UAS. No other university that I could finance had such an

Keine andere für mich finanzierbare Hochschule hatte so ein herausragendes Angebot an ausländischen Partnerhochschulen. Der Bachelorstudiengang International Studies in Management wird komplett auf Englisch angeboten und ein Auslandsjahr ist fester Bestandteil des Studiums – hier hinken andere Hochschulen weit hinterher. Auch der anschließende Master in Betriebswirtschaftslehre fokussierte sich auf internationale Wirtschaftsthemen und enthielt Vorlesungen in englischer Sprache. Aber die FH Bielefeld ist nicht auf dem Niveau stehen geblieben, denn das Thema ›Internationalität‹ wird stetig weiter vorangetrieben. Als Studentin durfte ich an internationalen Forschungsprojekten mitarbeiten und war einige Semester als Buddy, als Betreuerin von ausländischen Studierenden tätig.

Bielefeld ist nicht Berlin – es ist somit kein Standort, der aller Welt sofort ein Begriff ist. Internationale Studierende schauen sich für ein Studium in Deutschland möglicherweise erst in den bekannten Metropolen um. Aber durch das Studienangebot vor Ort sticht die FH Bielefeld definitiv heraus und kann so Studieninteressierte aus aller Welt für sich gewinnen. Mit ihrem globalen Spektrum tritt sie lässig aus dem Schatten, den manche große Universität glaubt auf sie werfen zu können.

Ein weiterer Aspekt, der die FH Bielefeld ausmacht, ist die Nähe. Als Studentin hatte ich immer die Möglichkeit, in Kontakt mit den Professorinnen und Professoren zu sein – sie waren stets erreichbar und in vielen Themen geschätzte und wichtige Berater –, gleichgültig, ob es um die Wahl der ausländischen Hochschule ging, um Probleme, die zu lösen waren, oder auch nach dem Studium im Berufsleben. Mit bestem Gewissen empfehle ich das Studium an der FH Bielefeld. Ich werde mich immer mit einem Lächeln an meine Studienzeit in Bielefeld zurückerinnern – die Stadt, die zu Recht auch herzlich Liebefeld genannt wird.

outstanding range of partner universities abroad. The Bachelor's programme International Studies in Management is offered entirely in English and a year abroad is an integral part of the programme – other universities lag far behind in this respect. The subsequent Master in Business Administration also focused on international business topics and included lectures in English. But the Bielefeld UAS has not remained at the same level, because the topic of internationality is constantly being advanced. As a student, I was allowed to work on international research projects and spent a few semesters as a buddy, as a supervisor of foreign students.

Bielefeld is not Berlin – so it is not a location that is immediately known the world over. International students might first look around in the well-known metropolises for a degree programme in Germany. But the Bielefeld UAS definitely stands out because of the range of courses on offer locally and can thus attract prospective students from all over the world. With its global spectrum, it casually steps out of the shadows that some large universities believe they can cast on it.

Another aspect that sets the Bielefeld UAS apart is the proximity. As a student, I always had the opportunity to be in contact with the professors – they were always available and were valued and important advisors on many topics –, whether it was about choosing a foreign university, problems that needed to be solved, or even in professional life after my studies. I recommend studying at the Bielefeld UAS with a clear conscience. I will always remember my time as a student in Bielefeld with a smile – the city that is rightly called Liebefeld.

FACHBEREICH GESUNDHEIT

FACULTY OF HEALTH

VON DEN ANFÄNGEN BIS IN DIE ZUKUNFT

FROM THE BEGINNINGS TO THE FUTURE

Michaela Brause, Annette Nauerth, Norbert Seidl

Die Themen Gesundheit und Pflege sind unter dem aktuellen Eindruck der SARS-CoV-2/COVID-19-Pandemie nicht mehr aus den täglichen Meldungen zu Inzidenz, Infektionsraten, R-Werten, Morbidität, Mortalität oder Letalität von COVID-19 und aus den Berichten über die Versorgung von erkrankten Menschen wegzudenken. Wir sprechen seit 25 Jahren darüber, wie Menschen gesund bleiben und wie sie versorgt werden können, wenn sie doch krank und/oder pflegebedürftig werden. Am Fachbereich Gesundheit wird hoch qualifiziertes Personal für Einrichtungen und Schulen im Gesundheitswesen ausgebildet. Gleichzeitig wird die Forschung gefördert, um zur Klärung zentraler Forschungsfragen und zur Entwicklung von Lösungsansätzen beizutragen und so gegenwärtige und zukünftige Entwicklungen im Gesundheitsbereich mitzugestalten.

Considering the current impact of the SARS-CoV-2/COVID-19 pandemic, it is impossible to imagine the daily reports on the incidence, infection rates, R-values, morbidity, mortality or lethality of COVID-19 and the reports on the care of sick people without encompassing the topics of health and nursing. We have been talking for 25 years about how people can stay healthy and how they can be cared for when they become ill and/or need nursing care. The Faculty of Health educates students to become highly qualified staff for health care institutions and schools. At the same time, research is promoted in order to help clarify central research questions and develop approaches to solutions, thus helping to shape current and future developments in the health sector.

Die Anfänge von Pflege und Gesundheit

Im September 1996 startete der erste Pflegestudiengang an der FH Bielefeld, der Diplomstudiengang Pflegepädagogik. Die Themen Pflege und Gesundheit wurden 1995 beginnend mit der Berufung der Gründungsdekanin und späteren Präsidentin der Fachhochschule Prof. Dr. Beate Rennen-Allhoff und 1996 mit der Gründung des gleichnamigen Fachbereichs (im Aufbau) an der FH Bielefeld etabliert.[1]

Warum der erste Pflegestudiengang erst 25 Jahre nach Gründung der FH implementiert wurde, liegt in der kurzen – zumindest im internationalen Vergleich kurzen[2] – Geschichte der Akademisierung der Pflege begründet. Die Erkenntnis, dass aufgrund gesellschaftlicher Entwicklungen auch die Qualifikation der Pflegenden einer dringenden Modernisierung und Akademisierung bedarf, kam spät in Deutschland. Der erste reguläre Pflegestudiengang wurde erst 1991 als Pflegemanagementstudiengang in Osnabrück ins Leben gerufen.[3] Zwar gab es schon vorher immer wieder Bemühungen, Pflegestudiengänge zu etablieren, aber gerade in Westdeutschland waren diese nicht von dauerhaftem Erfolg gekrönt. Erst Mitte der 1990er-Jahre entstand ein Politikfenster, in dem bis zum Ende des Jahrtausends rund 50 Pflegestudiengänge überwiegend an Fachhochschulen entstehen konnten.[4] Mehrheitlich bezogen sich diese Studiengänge auf Teilbereiche der Pflege – wie Pflegemanagement in Osnabrück oder wie Pflegepädagogik in Bielefeld.

Pflege lehren

Die Pflegepädagogik war somit der Studiengang Nr. 1 des Fachbereichs Pflege und Gesundheit (i.A.). In diesem Studiengang wurden bis zum Jahr 2000 ausschließlich Lehrerinnen und Lehrer für Pflegeschulen ausgebildet. Damit war der Studiengang Studierenden vorbehalten, die bereits eine Ausbildung in einem Pflegeberuf absolviert hatten.

Mit dem neuen Jahrtausend wurde der Diplomstudiengang Lehrerinnen und Lehrer für Gesundheitsberufe etabliert, in den auch Studierende mit einer therapeutischen Berufsausbildung in der Physio-

1 Vgl. Barbara Knigge-Demal: Die einphasige Pflegelehrerinnen- und Pflegelehrerbildung, in: Andreas Beaugrand (Hg.): Bildung anführen. Über Hochschulmanagement nach der Bologna-Reform, Bielefeld, 2015, S. 324–343.
2 Vgl. Christa Büker: Perspektiven der akademischen Pflege, in: Christa Büker, Julia Lademann, Klaus Müller (Hg.): Moderne Pflege heute: Beruf und Profession zeitgemäß verstehen und leben, Stuttgart, 2015, S. 151–178.
3 Vgl. auch Sabine Bartholomeyczik: Zur Entwicklung der Pflegewissenschaft in Deutschland – eine schwere Geburt, in: Pflege und Gesellschaft, 2017 (22), S. 101–117.
4 Doris Schaeffer, Klaus Wingenfeld: Entwicklung von Pflegewissenschaft in Deutschland, in: Dies. (Hg.): Handbuch Pflegewissenschaft, Weinheim, Basel, 2014, S. 9–15, hier S. 10.

The Beginnings of Nursing and Health

In September 1996, the first study programme in nursing was launched at the Bielefeld UAS: the Diploma course in Nursing Education. In 1995 Prof. Dr. Beate Rennen-Allhoff, later President of our University, was appointed as the Founding Dean with the remit of setting up the Faculty of Nursing and Health at the Bielefeld UAS. In 1996 the foundation of the Faculty was implemented.[1]

The reason why the first nursing degree programme was not implemented until 25 years after the founding of the Faculty was due to the brief[2] *– at least brief compared internationally – history of the academisation of nursing. The realisation that due to social developments, the qualification of nursing staff also required urgent modernisation and academisation came late in Germany. The first regular nursing course was only established in 1991 as a Nursing Management Course in Osnabrück.*[3] *Although there had already been repeated efforts to establish nursing courses, these were not crowned with lasting success, especially in West Germany. It was not until the mid-1990s that a policy window was created, in which around 50 study programmes for qualified nurses could be developed by the end of the millennium, mainly at universities of applied sciences.*[4] *The majority of these courses of study related to particular areas of nursing such as Nurse Management in Osnabrück or Nurse Education in Bielefeld.*

Teaching Nursing

Nurse Education was thus the first Diplom (first degree) course of studies to be offered in the field of nursing and health. Until the year 2000, this study programme exclusively aimed at teachers for nursing schools. The course was thus reserved for students who had already qualified as nurses.

With the new millennium, the Diplom course of studies for teachers in health professions was established, to include students with a vocational qualification in physiotherapy or occupational therapy.[5]

1 Cf. Barbara Knigge-Demal: Die einphasige Pflegelehrerin- und Pflegelehrerausbildung, in: Andreas Beaugrand (ed.): Bildung anführen. Über Hochschulmanagement nach der Bologna-Reform, Bielefeld, 2015, pp. 324–343.
2 Cf. Christa Büker: Perspektiven der akademischen Pflege, in: Christa Büker, Julia Lademann, Klaus Müller (eds.): Moderne Pflege heute: Beruf und Profession zeitgemäß verstehen und leben, Stuttgart, 2015, pp. 151–178.
3 See also Sabine Bartholomeyczik: Zur Entwicklung der Pflegewissenschaft in Deutschland – eine schwere Geburt, in: Pflege und Gesellschaft, 2017 (22), pp. 101–117.
4 Doris Schaeffer, Klaus Wingenfeld: Entwicklung von Pflegewissenschaft in Deutschland, in: Same (ed.): Handbuch Pflegewissenschaft, Weinheim, Basel, 2014, pp. 9–15, here p. 10.
5 Cf. Barbara Knigge-Demal: Die einphasige Pflegelehrerinnen- und Pflegelehrerausbildung, and Annette Nauerth: Innovationen in Pflege und Gesundheit im Spiegel der Forschung, in: Andreas Beaugrand (ed.): Bildung anführen. Über Hochschulmanagement nach der Bologna-Reform, Bielefeld, 2015, pp. 300–323.

oder Ergotherapie aufgenommen wurden.[5] Hierdurch entstand die Möglichkeit, neben den fachspezifischen Lehrveranstaltungen auch interdisziplinäre und interprofessionelle Veranstaltungen zu konzipieren, in denen Pflegekräfte, Physiotherapeutinnen und -therapeuten sowie Ergotherapeutinnen und -therapeuten unter dem Dach der Berufspädagogik und der Bezugsdisziplinen mit- und voneinander lernen konnten.[6] Dies war eine Entwicklung, die bis heute Bestand hat und von Studierenden wie Lehrenden äußerst geschätzt wird. Nach und nach wurden die Studiengänge auf weitere Berufsgruppen wie Hebammen, Logopädinnen und Logopäden sowie Notfallsanitäterinnen und -sanitäter ausgeweitet.

Mit der Bologna-Reform wurde der berufspädagogische Studiengang in den Bachelorstudiengang Anleitung und Mentoring und den Masterstudiengang Berufspädagogik umstrukturiert und gleichzeitig ein sogenannter Leitungsbachelor eingeführt. Der Idee dieses Bachelorstudiengangs Pflege und Gesundheit, in dem Studierende für Managementaufgaben ausgebildet wurden, entstand durch einen intensiven Austausch mit der Praxis, was den Fachbereich noch heute kennzeichnet.

Ende der 2000er-Jahre eröffnete sich ein weiteres Politikfenster. Durch die Modellklausel wurde die grundständige Pflegeausbildung auf akademischem Niveau möglich. An der FH Bielefeld wurde ein duales Studiengangsmodell in Kooperation mit den Pflegeschulen aus Minden und Gütersloh entwickelt. Mit dem dualen Studiengang Gesundheits- und Krankenpflege wurde eine zweite Säule neben der Lehrerbildung etabliert: grundständige Ausbildung von Gesundheitspersonal, in diesem Fall von Pflegefachfrauen und -männern.

Forschen und entwickeln

Aufgabe einer wissenschaftlichen Hochschule ist neben der Lehre grundsätzlich auch die Forschung. Im Fachbereich Pflege und Gesundheit wurde mit dem Aufbau des ersten Studiengangs sofort auch die Forschung in den Blick genommen. Diese begann als Einzelforschung, wurde jedoch schnell zu kooperativer Forschung ausgebaut. Dies betraf zunächst eine Kooperation mit Kolleginnen und Kollegen des eigenen Fachbereichs, wurde jedoch erweitert um Kooperationen mit anderen Fachbereichen (Sozialwesen, Gestaltung, Maschinenbau, Architektur und Bauingenieurwesen). Der Fachbereich brachte in diese interdisziplinären Kooperationen in der Regel das Thema Gesundheit ein und setzte sich insbesondere für eine Berücksichtigung der Nutzerperspektive ein.

5 Vgl. Barbara Knigge-Demal: Die einphasige Pflegelehrerinnen- und Pflegelehrerbildung, und Annette Nauerth: Innovationen in Pflege und Gesundheit im Spiegel der Forschung, in: Andreas Beaugrand (Hg.): Bildung anführen. Über Hochschulmanagement nach der Bologna-Reform, Bielefeld, 2015, S. 300–323.
6 Vgl. Nauerth, 2015.

This created the opportunity for designing interdisciplinary and interprofessional events in addition to the subject-specific courses in which nurses, physiotherapists and occupational therapists could learn with and from each other under the umbrella of Vocational Education Science and its reference disciplines.[6] This was a development that has continued to this day and is highly valued by students and teachers alike. Gradually, the courses were extended to other professional groups such as midwives, speech therapists as well as emergency paramedics.

With the Bologna reform, the Vocational Education Science study programme was restructured into a Bachelor's degree in Preceptorship and Mentoring and a Master's degree in Vocational Education Science, and at the same time a Management Bachelor was introduced. The idea for this Bachelor programme in Nursing and Health (Pflege und Gesundheit), in which students were educated for management tasks, was born out of an intensive exchange of thoughts with stakeholders in practice, which still characterises the Faculty today.

Another policy window opened at the end of the 2000s. The legislation's model clause allowed basic nurse education at degree level. A dual study programme model was developed at the Bielefeld UAS in cooperation with the nursing schools in Minden and Gütersloh. With the dual study programme in Health and Nursing (Gesundheits- und Krankenpflege), a second pillar was established alongside teacher education: undergraduate education for health personnel, in this case for nurses.

Research and Development

In addition to teaching, the task of a university also includes research. For the Faculty of Nursing and Health, the establishment of the first degree programme immediately included the focus on research. This began as individual research but quickly expanded into cooperation with colleagues in the own faculty and soon was extended to include cooperation with other faculties (Social Studies, Design, Mechanical Engineering, Architecture and Civil Engineering). As a rule, the faculty brought the topic of health into these interdisciplinary collaborations and was particularly committed to taking the user perspective into account.

The faculty quickly became one of the most successful in the Bielefeld UAS in terms of the per capita third-party funds raised and also helped to shape the expansion of the research structures. A first research focus (Transitions in Professional Life) funded by the State of NRW was created, followed by a competence platform (Competence Development in the Health and Social Sectors), which led to a systematic, decentralised, subject-oriented research infrastructure. The successful work continued with the foundation of the first institute at the Bielefeld

6 Cf. Nauerth, 2015.

Schnell gehörte der Fachbereich in Bezug auf die pro Kopf eingeworbenen Drittmittel zu den starken Fachbereichen der FH Bielefeld und gestaltete auch den Ausbau der Forschungsstrukturen mit. Es entstanden ein erster vom Land NRW geförderter Forschungsschwerpunkt (Übergänge im Berufsleben) und dann eine Kompetenzplattform (Kompetenzentwicklung im Gesundheits- und Sozialbreich), die zu einer systematischen dezentralen, fachlich ausgerichteten Forschungsinfrastruktur führten. Die erfolgreiche Arbeit setzte sich fort in der Gründung des ersten Institutes der FH Bielefeld, des Instituts für Bildungs- und Versorgungsforschung (InBVG).

Gesundheit lehren – zur aktuellen Situation

Seit August 2020 hat die FH Bielefeld einen sechsten Fachbereich, den Fachbereich Gesundheit. Rund zwölf Jahre lang war die Lehreinheit Pflege und Gesundheit aus verwaltungstechnischen Gründen ein Teil des Fachbereichs Wirtschaft und Gesundheit. Pflege und Gesundheit sind – auch jenseits der Pandemie – gesellschaftlich relevante Themen und das zeigt sich auch an der FH Bielefeld durch eine wachsende Anzahl an Studienplätzen am Fachbereich Gesundheit. Letztlich haben die Entwicklungen in Forschung und Lehre dazu geführt, dass die Gesundheit als eigenständiger Fachbereich bestehen kann.

Aktuell studieren rund 500 junge Menschen in den drei Studiengängen des Fachbereichs: im Bachelorstudiengang Gesundheit, in dem die Studierenden aufbauend auf einer Ausbildung im Gesundheitswesen einen ersten akademischen Abschluss erlangen können; im konsekutiven Masterstudiengang Berufspädagogik Pflege und Therapie, der unter anderem auf eine Tätigkeit als Lehrerin bzw. Lehrer an einer Schule im Gesundheitswesen vorbereitet; und im Bachelorstudiengang Pflege, der seit dem Wintersemester 2020/2021 als primärqualifizierender und ausbildungsintegrierender Studiengang angeboten wird. Der Fachbereich ist zudem im Bereich der wissenschaftlichen Weiterbildung aktiv und bietet hier sowohl den berufsbegleitenden Masterstudiengang Erweiterte Pflegeexpertise – Advanced Nursing Practice als auch das Zertifikatsstudium Schulmanagement und Schulentwicklung an.

Umgesetzt wird die Lehre von derzeit zehn Professorinnen und Professoren aus unterschiedlichen Disziplinen (Pflege- bzw. Therapiewissenschaft, Berufspädagogik, Pflegedidaktik, Medizin, Psychologie, Gesundheitswissenschaften) und fünf Lehrkräften für besondere Aufgaben.

UAS, the Institute for Education and Health Services Research (Institut für Bildungs- und Versorgungsforschung, InBVG).

Teaching Health – the Current Situation

Since August 2020, the Bielefeld UAS has had a sixth faculty: the Faculty of Health. For the previous twelve years, for administrative reasons, the Nursing and Health Unit was part of the Faculty of Business and Health. Nursing and health are socially relevant topics – even beyond the pandemic – and this is also reflected at the Bielefeld UAS by the growing number of study places in the Faculty of Health. Ultimately, the developments in research and teaching have led to the recognition that ›health‹ can exist as an independent faculty.

Currently, around 500 young people are studying in the Faculty's three study programmes: the Bachelor programme in Health, in which qualified health professionals can gain a first academic degree. The Master programme in Vocational Education Science for Nursing and Therapy qualifies professionals as teachers in schools in the health sector. The Bachelor programme in Nursing on offer since the winter semester 2020/2021, is a 4-year undergraduate programme integrating state regulated nursing education. The faculty is also active in the field of academic continuing education and offers both the part-time Master programme Advanced Nursing Practice, and the certificate programme School Management and School Development.

Teaching is currently undertaken by ten professors from various disciplines (Nursing Science and Therapy Science, respectively; Vocational Education Science, Nursing Didactics, Medicine, Psychology and Health Sciences) and five teachers for special tasks.

Expanding Research and Promoting Young Talent

The foundation of the InBVG led to an expansion of research in the Faculty. In the InBVG, researchers with different foci within the areas of Nursing Sciences, Therapy Sciences, Health Sciences, Medicine and Vocational Education Science work together on an interdisciplinary basis. Current socially relevant questions and challenges in the health sector are examined and innovative approaches developed in a wide range of research and development projects. At present, more than 20 projects are being carried out and further research applications have been submitted. As application procedures become increasingly complex, the Institute ensures the continuous monitoring of research projects and research support. A total annual funding amount in excess of one million euros was acquired from third-party and second-party sources.

Forschung ausbauen und Nachwuchs fördern

Die Gründung des InBVG führte zu einem Ausbau der Forschung im Fachbereich. Im InBVG arbeiten Forscherinnen und Forscher mit verschiedenen Arbeitsschwerpunkten aus den Bereichen Pflegewissenschaft, Therapiewissenschaften, den Gesundheitswissenschaften, der Medizin sowie der Berufspädagogik interdisziplinär zusammen. In vielfältigen Forschungs- und Entwicklungsprojekten werden aktuelle gesellschaftlich relevante Fragen und Herausforderungen im Gesundheitsbereich untersucht und innovative Handlungsansätze entwickelt. Zurzeit werden mehr als 20 Projekte durchgeführt und weitere Forschungsanträge gestellt. Die kontinuierliche Begleitung der Forschungsvorhaben – bei zunehmend komplexer werdenden Antragsverfahren – und eine Forschungsunterstützung werden durch das Institut sichergestellt. Bei der Einwerbung von Dritt- und Zweitmitteln konnte eine jährliche Gesamtfördersumme von einer Million Euro überschritten werden. Kennzeichnend für die Arbeit des Instituts ist die praxisnahe Forschung in enger Kooperation mit Praxiseinrichtungen, anderen Forschungseinrichtungen und Hochschulen. Dazu gehören die Initiierung und Etablierung von Forschungskooperationen sowie die Förderung und Unterstützung des fachlichen Austauschs der Forscherinnen und Forscher. Auch der Auf- und Ausbau von Netzwerken mit anderen wissenschaftlichen Einrichtungen ebenso wie mit Praxiseinrichtungen gehört zu den Zielen des Instituts. Denn nur auf diese Weise können Fragestellungen aus der Praxis zeitnah in der Forschung aufgegriffen und Ergebnisse der Forschung wiederum in die Praxis implementiert werden.

Ein weiterer Fokus ist die gezielte Förderung des wissenschaftlichen Nachwuchses. Hier ist zunächst die Zielgruppe der wissenschaftlichen Mitarbeiterinnen und Mitarbeiter bedeutsam. Bei dieser Gruppe geht es vor allem darum, sie in ihrer professionellen Weiterentwicklung zu fördern. Zielsetzung ist es darüber hinaus, in Kooperation mit Kolleginnen und Kollegen von Universitäten kooperative Promotionsvorhaben zu fördern und weiterzuentwickeln.

Eine weitere Zielgruppe der Nachwuchsförderung ist die Gruppe der Studierenden. Um mit ihnen aktuelle Erkenntnisse ihres Fachs erarbeiten zu können, werden die Ergebnisse der Forschung unmittelbar in die Lehre transferiert und in diesem Rahmen diskutiert. Zudem werden Studierende von Anfang an und auf unterschiedlichen Niveaus in Forschungsprojekte mit einbezogen. Damit werden in sämtlichen Studiengängen im Studienangebot Pflege und Gesundheit der Hochschule im Sinne forschenden Lernens die Forschungskompetenzen der Lernenden systematisch angebahnt, erweitert und ausgebaut.

A characteristic feature of the Institute's work is practice-oriented research in close cooperation with practice-oriented institutions, other research organisations and universities. This includes the initiation and establishment of research cooperations as well as the promotion and support of the professional exchange of researchers. The establishment and expansion of networks with other scientific institutions as well as with institutions with practical experience are also among the Institute's goals. Only in this way can questions from practice be taken up promptly in research and the results of research be implemented in practice.

A further focus is on the development of young academics, one group being the support academics within the Faculty. For this group it is primarily important to facilitate their professional development, for example through cooperative doctoral projects together with colleagues from other universities.

The promotion of young talent from within the student body is integral to this development. The results of relevant research are directly integrated into teaching and discussed within this framework. In order to present students with current knowledge and developments in their discipline, the results of research are directly integrated and discussed in teaching. Following the approach of research-based learning, students are involved in research projects from the beginning and at different levels. Thus, the students' research competences are systematically initiated, expanded and developed in all courses of study.

Outlook: Digital and International into the Future – Interdisciplinary Teaching and Interprofessional Education

The future of the Faculty can no longer be considered without digitalisation in teaching and research which got a strong push through the pandemic. Research on education using virtual realities was already being conducted before the pandemic. Internationalisation has also already found its place in teaching and research, but it is a topic that is on the Faculty's agenda for the future as something that can be expanded.

Study places in the Faculty will be continuously expanded so that by 2030 we can welcome over 800 students in the Faculty of Health, with a concomitant doubling of the numbers of professors and lecturers.

It is not only quantitatively that changes are imminent. It will be a matter of successfully implementing new study programmes such as the nursing programme that has already been launched. Other models such as the so-called cooperative models are already being planned and are to be implemented in cooperation with schools in the health system from 2021. The Faculty will participate in the process of academisation

Ausblick: Digital und international in die Zukunft – interdisziplinär lehren und interprofessionell ausbilden

Die Zukunft des Fachbereichs Gesundheit lässt sich ohne Digitalisierung in Lehre und Forschung nicht mehr vorstellen, auch wenn alle Beteiligten die Präsenzlehre mit intensivem Austausch und realen, analogen Diskussionen vermisst haben. In der Forschung wurde bereits vor der Pandemie über Bildung mit virtuellen Realitäten geforscht. Auch die Internationalisierung hat in Lehre und Forschung bereits ihren Platz gefunden, ist aber ein Thema, das für die Zukunft als ausbaufähig auf der Agenda des Fachbereichs steht.

Die Studienplätze im Fachbereich werden sukzessive ausgeweitet, sodass wir bis 2030 über 800 Studierende im Fachbereich Gesundheit begrüßen können, die dann durch die doppelte Anzahl an Professorinnen und Professoren sowie Lehrkräften für besondere Aufgaben begleitet werden.

Aber nicht nur quantitativ stehen Veränderungen an. Es wird darum gehen, neue Studiengangsmodelle wie den bereits gestarteten primärqualifizierenden Pflegestudiengang erfolgreich umzusetzen. Andere Modelle wie die sogenannten kooperativen Modelle sind bereits in Planung und sollen ab 2021 in Kooperation mit Schulen des Gesundheitswesens implementiert werden. Der Fachbereich wird sich an der Vollakademisierung der Hebammenausbildung beteiligen und einen grundständigen Hebammenstudiengang anbieten. Hierdurch wird erstmalig auch interdisziplinäres Lernen innerhalb der primärqualifizierenden Studiengänge möglich werden.

Zukunftsweisende Forschung regional verankern

Forschende des InBVG greifen aktuelle und zukunftsträchtige Themen wie beispielsweise Digitalisierung, Gesundheitsförderung und Health Literacy, Fachkräftemangel, Akademisierung der Gesundheitsberufe oder die Umsetzung der Pflegeberufereform auf. Im Bereich der Nachwuchsförderung profiliert sich das InBVG weiterhin mit kooperativen Promotionen, indem die dafür erforderlichen Strukturen ausgebaut werden. Das InBVG ist aufgrund seiner Forschungsstärke einer der beiden offiziell ausgewiesenen Schwerpunkte im Forschungsprofil der FH Bielefeld. Als solcher ist er in der Forschungslandkarte für Fach-of midwifery education and offer an undergraduate midwifery course. For the first time, this will also enable interdisciplinary learning within the study courses which lead to primary qualifications.

Anchoring Forward-Looking Research Regionally

Researchers at the InBVG address current and future-oriented topics such as digitalisation, health promotion and health literacy, shortage of skilled workers, academisation of the health professions as well as the implementation of the reform of the nursing professions. In the area of promoting young talent, the InBVG continues to distinguish itself with cooperative doctoral programmes by expanding the necessary structures. Due to its research strength, the InBVG is one of the two officially designated focal points in the research profile of the Bielefeld UAS. As such, it is listed in the Research Map for Universities of Applied Sciences, which the German Rectors' Conference makes available online.[7]

In the future, cooperation with institutions in the health care sector and scientific research institutions and universities, as well as the inter-facultative and interdisciplinary activities within the Bielefeld UAS, will be continued and further expanded. With the addition of researchers in the field of midwifery science, further interdisciplinary fields of research will be opened up.

With the CareTech OWL centre, a university-wide research association has been established in the field of health, social affairs and technology. The plan is to expand this network into an interdisciplinary and inter-professional centre. Under a (virtual) common roof, research, care, education, meetings and cooperation can take place in the centre. The CareTech OWL centre thus takes up the central concern of university development, namely to promote the expansion of research, development and education in close cooperation between universities and partner institutions from practice and industry.[8]

Of course, we will continue to work in teaching and research over the next 25 years to ensure that the academisation and professionalisation of the health care professions progresses and that the provision of health care services becomes ever better. The problems are becoming more complex and therefore solutions must be found and developed in an inter-professional, interdisciplinary way with the involvement and participation of those affected. In order for this to succeed, work must continue in the future to ensure that the Faculty remains regionally anchored with the Bielefeld UAS and continues to be connected in an international network. Promoting diversity, staying in touch and permanently working on quality are ongoing tasks that are set anew every day.

7 See http://www.forschungslandkarte.de/profilbildende-forschung-an-fachhochschulen/kartensuche.html (1.11.2020).
8 Cf. the transfer strategy of the Bielefeld UAS, 2017.

hochschulen verzeichnet, die die Hochschulrektorenkonferenz online zur Verfügung stellt.[7]

Auch zukünftig werden Kooperationen mit Einrichtungen im Gesundheitswesen und wissenschaftlichen Forschungseinrichtungen und Hochschulen wie auch die fachbereichs- und disziplinübergreifenden Aktivitäten innerhalb der FH Bielefeld fortgesetzt und weiter ausgebaut. Mit den hinzukommenden Forschenden im Bereich der Hebammenwissenschaft werden weitere interdisziplinäre Forschungsfelder eröffnet.

Mit dem Zentrum CareTech OWL ist ein hochschulweiter Forschungsverbund entstanden, der sich im Themenfeld Gesundheit, Soziales und Technologie etabliert hat. Die Idee ist, diesen Verbund zu einem interdisziplinären und interprofessionellen Zentrum auszuweiten. Unter einem (virtuellen) gemeinsamen Dach können im Zentrum Forschung, Versorgung, Ausbildung, Begegnung und Kooperation realisiert werden. CareTech OWL nimmt damit das zentrale Anliegen der Hochschulentwicklung auf, in enger Kooperation von Hochschulen mit Partnerinstitutionen aus der Praxis und Wirtschaft den Ausbau von Forschung, Entwicklung und Bildung voranzutreiben.[8]

Wir werden uns selbstverständlich auch die nächsten 25 Jahre in Lehre und Forschung dafür einsetzen, dass die Akademisierung und die Professionalisierung der Gesundheitsfachberufe fortschreiten und die Versorgung mit gesundheitlichen Leistungen immer besser wird. Die Problemlagen werden komplexer und somit müssen auch Lösungen interprofessionell, interdisziplinär unter Einbeziehung und Partizipation der Betroffenen gedacht und entwickelt werden. Damit dies gelingt, ist auch in Zukunft daran zu arbeiten, dass der Fachbereich mit der FH Bielefeld regional verankert bleibt und gleichzeitig international vernetzt arbeitet. Vielfalt zu fördern, im Gespräch zu bleiben und dauerhaft an Qualität zu arbeiten, sind Daueraufgaben, die sich täglich neu stellen.

7 Vgl. http://www.forschungslandkarte.de/profilbildende-forschung-an-fachhochschulen/kartensuche.html (1.11.2020).
8 Vgl. die Transferstrategie der FH Bielefeld, 2017.

50 years AR

EINE ERSTE BERUFLICHE PRÄGUNG

A FIRST PROFESSIONAL IMPRINT

Marcelina Roos

Als ich im Herbst 2013 als Studentin der Gesundheits- und Krankenpflege an die FH Bielefeld kam, hatte ich nur wenige Wochen zuvor das Bestehen meines Abiturs gefeiert. Ich war mir sicher, dass eine spannende und lehrreiche, aber gleichermaßen herausfordernde Zeit vor mir liegen würde. Herausfordernd zum einen, da ich mich für ein duales Studium entschieden hatte und dies bedeutete, Theorie- und Praxisanteile in Berufsausbildung und Studium zugleich bewältigen zu müssen. Herausfordernd zum anderen, da es auch noch während meiner Studienzeit von vielerlei Seiten mit Argwohn und Skepsis betrachtet wurde, für den Pflegeberuf zu studieren.

Während meines Studiums an der FH Bielefeld wurde ich nicht nur dabei unterstützt, nicht müde zu werden, dem Argwohn und der Skepsis mit Argumenten der zunehmenden Anforderungen und Komplexität pflegerischen Handelns zu begegnen. Ich wurde auch dazu ermutigt, ein berufliches Selbstverständnis zu entwickeln und mein eigenes Handeln fortwährend kritisch zu reflektieren. In Lerneinheiten, in denen auf wissenschaftlicher Grundlage Kompetenzen zur Ausübung einer professionellen Pflege vermittelt wurden, lernte ich zudem eine zuvor ungeahnte Vielseitigkeit des Berufes kennen, für den ich mich entschieden hatte. Inmitten dieser Vielseitigkeit entdeckte ich die Pflegewissenschaft und -forschung für mich.

Werde ich danach gefragt, was meine Studienzeit an der FH Bielefeld besonders beeinflusst hat, so muss ich in erster Linie an das unnachgiebige Engagement der Lehrenden denken, die mich während des Studiums nicht nur begleitet, sondern gefordert und gefördert, unterstützt, beraten und vor allem ermutigt haben. Insbesondere diesen Personen habe ich es zu verdanken, dass ich mein Studium als eine Zeit der fachlichen, aber auch der persönlichen Entwicklung erlebt habe, die mich bis heute bereichert und prägt.

When I came to the Bielefeld UAS in autumn 2013 as a student of Health Care and Nursing, I had celebrated the passing of my baccalaureate (Abitur) just a few weeks earlier. I was sure that an exciting and instructive, but equally challenging time would lie ahead of me. Challenging, on the one hand, because I had decided on a dual study programme and this meant having to cope with theoretical and practical parts in vocational training and studies at the same time. On the other hand, it was also challenging because even during my student days it was viewed with suspicion and scepticism from many sides to study for the nursing profession.

During my studies at the Bielefeld UAS I was not only supported in not getting tired of confronting suspicion and scepticism with arguments referring to the increasing demands and complexity of nursing care. I was also encouraged to develop a professional self-image and to reflect critically on my own actions on an ongoing basis. In learning units, in which competences for the practice of professional nursing were taught on a scientific basis, I also became acquainted with a previously undreamed-of diversity of the profession I had chosen. In the midst of this spectrum of diversity, I discovered nursing science and research for myself.

If I am asked what particularly influenced my time at the Bielefeld UAS, I must first and foremost think of the unyielding commitment of the professors and lecturers who not only accompanied me during my studies, but also challenged and encouraged, supported, advised and, above all, encouraged me. I owe it especially to these people that I experienced my studies as a time of professional, but also personal development, which continues to enrich and shape me to this day.

ANKER UND KOMPASS

ANCHOR AND COMPASS

Franziska Anushi Jagoda

Ein schummeriger Korridor wird zu einem hell erleuchteten Gebäude – dazwischen liegen vier Jahre Studium. Was ist geblieben?

Der Himmel ist grau und irgendwie muss es in der Nacht geregnet haben, denn die Straßen sind nass. Vor mir liegt ein helles Gebäude mit Metalltreppen. Ich gehe durch einen schummerigen Korridor, an den Seiten hängen Schaukästen, beinahe wäre ich über einen Rollwagen mit Tassen darauf gestolpert. Ich nehme die große Treppe, um ein oder zwei Stockwerke nach oben zu gelangen, so langsam fangen meine Hände an zu schwitzen. Vor mir liegt der Raum, kleiner, als ich es von der Universität gewöhnt bin, grauer Teppich, weiße Wände und Holzstühle. Aber irgendwie gemütlich. Es sind noch nicht viele Personen anwesend, ich bin wie immer zu früh und nehme diplomatisch einen Platz in der Mitte der Stuhlgruppe, nicht zu weit hinten, aber auch nicht zu weit vorne. In der vorderen Reihe sehe ich einen blonden Mann, den ich schon im Bus entdeckt und mich gefragt hatte, ob ich ihn hier wiedersehen würde. Ganz vorne erblicke ich einen ernst dreinschauenden Mann mit dunklen Haaren. Nach und nach füllt sich nun der Raum, jede Person bleibt dennoch für sich alleine, vorne erhebt sich ein Mann – es geht los!

Fast Forward – vier Jahre später. Vieles hat sich verändert, manches bleibt (glücklicherweise) immer gleich. Auch an diesem Tag ist es grau, es regnet. Das gläserne Gebäude kann ich schon aus der Ferne sehen, es ist hell erleuchtet. Drinnen begleiten mich meine Eltern über die weiten Flure. Der einst ernst dreinschauende Mann kommt mir lachend auf dem Korridor entgegen, begrüßt mich mit Handschlag und fragt nach den ersten Wochen in meinem Masterstudiengang. Ich gehe in den großen Raum, setze mich nach vorne neben meine ehemaligen Kommilitoninnen. Wir lachen laut, scherzen, erkundigen uns nach der Zukunft. Meine Hände schwitzen, gleich muss ich sprechen, zum Abschluss Worte an die

A dim corridor becomes a brightly lit building – four years of study lie between them. What has remained?

The sky is grey and somehow it must have rained in the night, because the roads are wet. In front of me is a bright building with metal stairs. I walk through a dim corridor, display cases hanging on the sides, I almost tripped over a trolley with cups on it. I take the big stairs to get up one or two floors, my hands slowly start to sweat. In front of me is the room, smaller than I'm used to at university, grey carpet, white walls and wooden chairs. But somehow cosy.

There are not many people present yet, I am, as always, too early and diplomatically take a seat in the middle of the group of chairs, not too far back, but also not too far forward. In the front row I see a blond man I had already spotted on the bus and wondered if I would see him here again. In the front row I see a serious looking man with dark hair. Little by little the room is filling up, but each person remains alone, a man stands up in the front row – off it goes!

Fast Forward – four years later. A lot has changed, some things (fortunately) always remain the same. Also on this day it is grey, it is raining. I can already see the glass building from a distance, it is brightly lit. Inside, my parents accompany me across the wide corridors. The once serious-looking man approaches me laughing in the corridor, greets me with a handshake and asks me about the first weeks of my Master's programme. I go into the large room, sit down in front next to my former fellow students. We laugh out loud, joke, inquire about the future. My hands are sweating, I have to speak in a moment, and at the end I have to address words to the graduates. Once again, I try to review what has happened over the past four years, what I take with me from that time. The intensive time has made friends and companions out of us strangers from the past. We have learned to change our perspective, to understand ourselves and

Absolventinnen und Absolventen richten. Noch einmal versuche ich, Revue passieren zu lassen, was in den letzten vier Jahren passiert ist, was ich aus der Zeit mitnehme. Die intensive Zeit hat aus uns Fremden von einst Freundinnen und Weggefährten gemacht. Wir haben gelernt, unsere Perspektive zu verändern, uns zu verstehen und dies auch in unseren Beruf zu übertragen. Lehrende sind zu Mentorinnen und Mentoren, ja fast zu Freunden und Arbeitskolleginnen geworden, bei denen wir uns Tipps und Tricks, aber auch individuelle Unterstützung für den weiteren Werdegang abholen können. Für mich ist klar, dass ich ohne diese Gespräche heute nicht dort wäre, wo ich jetzt bin. Auch die familiäre Atmosphäre an unserem Studienstandort mache ich zum Gegenstand meiner Worte, sie ist besonders und einzigartig. Nicht zuletzt deswegen wähle ich wieder einen Studiengang, der aus kleinen Gruppen besteht, der mir ›heimelig‹ vorkommt. Ich sitze nun nicht mehr diplomatisch in der Mitte, sondern suche mir aktiv einen Platz in der vordersten Reihe aus, ich bringe mich ein, bin laut, wenn es sein muss. Die FH Bielefeld ist Ausgangspunkt meines Bildungsweges und lange über mein Studium hinweg eine Stütze mit Heimatgefühl, ein Anker, den ich immer wieder ergreifen konnte, wenn sich eine Weggabelung vor mir auftat.

Vieles hat sich mit der Zeit verändert, manches bleibt glücklicherweise immer gleich.

to transfer this to our profession. Teachers have become mentors, almost friends and colleagues from whom we can get tips and tricks, but also individual support for our future careers. It is clear to me that without these talks I would not be where I am today. I also make the familiar atmosphere at our university the subject of my words; it is special and unique. That's one of the reasons why I'm choosing a degree programme again that consists of small groups and seems ›homely‹ to me. I no longer sit diplomatically in the middle, but actively seek a place in the front row, get involved and be loud when I have to be. The Bielefeld UAS is the starting point of my educational path and has been a pillar of support with a sense of home for a long time after my studies, an anchor that I was able to grab again and again when a fork in the road opened up before me.

A lot has changed with time, some things fortunately always remain the same.

WO ZUKUNFT GESTALTET WIRD

WHERE THE FUTURE IS SHAPED

Zu Beginn meines Studiums an der FH Bielefeld im September 1999 war mir sicherlich nicht bewusst, wie prägend die Zeit an der Fachhochschule für mich, aber vor allem für meinen beruflichen Werdegang sein würde. Dabei waren die Zeichen zum Anfang ganz klar auf wissenschaftliche Karriere gestellt. Ergänzend zum Studium war ich zunächst studentische Hilfskraft, dann

When I began my studies at the Bielefeld UAS in September 1999, I certainly didn't realise how formative the time at the University of Applied Sciences would be for me, but above all for my professional career. At the beginning, the signs were clearly set for a ›scientific career‹: In addition to my studies, I first worked as a student assistant, then as a research assistant in various research and development wissenschaftlicher Mitarbeiter in verschiedenen Forschungs- und Entwicklungsprojekten und habe währenddessen mit meiner Dissertation begonnen – all das in einem Themenfeld, das schon damals gesellschaftlich immer mehr an Bedeutung gewann: die voranschreitende Professionalisierung der Pflege- und Gesundheitsfachberufe und die damit verbundenen Anforderungen an Ausbildungen in diesem Bereich.

Die möglichst lebensweltnahen Projekte, in der Regel finanziert von Landes- oder Bundesministerien, brachten den Kontakt zu den und eine erste berufliche Tätigkeit in den Aufsicht führenden und gleichzeitig gestaltenden Ministerien des Landes mit sich. Doch danach ging es zunächst wieder zurück an eine Hochschule. Dieses Mal war es die Hochschule für Gesundheit Bochum. Hier konnte ich mich als Lehrender und als Mitglied der Hochschulleitung weiter intensiv mit der Professionalisierung der genannten Berufe beschäftigen. Als die Anfrage kam, dieses Thema federführend in einem Landesministerium zu begleiten, kam zumindest von Hochschulkolleginnen und -kollegen die erstaunte Frage, wieso ich ernsthaft überlegte, die Hochschule als Ort der Freiheit mit vielfältigen Gestaltungsmöglichkeiten zu verlassen, um stattdessen in einem streng hierarchischen und gleichzeitig direktiven System tätig werden zu wollen.

Aus meiner Perspektive sind die beiden Systeme jedoch gar nicht so unterschiedlich – sie weisen viel mehr Gemeinsamkeiten auf, als manche vielleicht glauben. Denn neben einem ausgeprägten Interesse an sehr unterschiedlichen gesellschaftsrelevanten Themen spielen die vorhandenen Gestaltungsmöglichkeiten, natürlich aber auch Machtfragen eine bedeutsame Rolle. Dabei fokussieren sich beide Strukturen, die Hochschulen für angewandte Wissenschaften und ein Ministerium, in einem nicht unerheblichen Maße auf gestaltende Aspekte – sowohl bezogen auf die Gegen-

projects, and in the meantime I began my dissertation. All of this in a subject area that was already then becoming increasingly important in society: the advancing professionalisation of the nursing and healthcare professions and the associated requirements for training in this field.

The projects, which are as close as possible to the real world, are usually financed by national or federal ministries and therefore they brought contact with the ministries which are both responsible for supervision and at the same time formative. But then the first step was to return to a university. This time it was the University for Health UAS (Hochschule für Gesundheit) Bochum. Here, as a lecturer and as a member of the university management, I was able to continue to work intensively on the professionalisation of the above-mentioned professions. When I was asked to take charge of this topic in a federal ministry, at least some of my colleagues asked me why I was seriously considering leaving the university as a place of freedom with a wide range of options for shaping my own career, in order to work in a strictly hierarchical and at the same time directive system.

From my perspective, however, the two systems are not so different – they have much more in common than some might think. For in addition to a pronounced interest in very different socially relevant issues, the existing possibilities for shaping the system, but of course also questions of power, play a significant role. Both structures, the universities of applied sciences and a ministry, focus to a not inconsiderable extent on shaping aspects – both with regard to the present and the future. The work in both areas is characterised by a multi-perspective examination of the central questions and problems of our time. Or, to put it in the words of the educational scientist Wolfgang Klafki: The examination of current topics and the »concentration on key problems typical of the epoch in our present and supposed wart als auch auf die Zukunft. Die Arbeit ist dabei in beiden Bereichen von einer multiperspektivischen Auseinandersetzung mit zentralen Fragestellungen und Problemen unserer Zeit geprägt. Oder um es mit den Worten des Erziehungswissenschaftlers Wolfgang Klafki zu formulieren: Die Auseinandersetzung mit aktuellen Themen und die »Konzentration auf epochaltypische Schlüsselprobleme unserer Gegenwart und der vermeintlichen Zukunft«[1] sind gerade auf dem komplexen Gebiet von Pflege und Gesundheit besonders interessant. Um sie (möglichst) erfolgreich bewältigen zu können, sind Selbst- und Mitbestimmungsfähigkeit, aber auch die Solidaritätsfähigkeit wesentliche Persönlichkeits- und zugleich Gesellschaftsmerkmale, die die Basis für ein kritisch-konstruktives, aber gelingendes Miteinander darstellen. Diese Fähigkeiten gilt es nicht nur anzubahnen, sondern auch zu stärken. Gerade die aktuell bestehenden, gesamtgesellschaftlichen Herausforderungen machen diese Fähigkeiten sowie eine Einsicht in die Mitverantwortlichkeit aller zwingend notwendig.

Mit diesem Fokus ringen letztlich beide Strukturen – gegebenenfalls mit unterschiedlichen Prioritätensetzungen – um mögliche Strategien zur Bewältigung der bestehenden oder sich anbahnenden Herausforderungen. Damit wird Zukunft gestaltet – unabhängig davon, ob an einer Hochschule für angewandte Wissenschaften oder in einem Ministerium.

1 Wolfgang Klafki: Neue Studien zur Bildungstheorie und Didaktik. Zeitgemäße Allgemeinbildung und kritisch-konstruktive Didaktik, Weinheim, Basel 2007, S. 56.

future«[1] are particularly interesting in the complex field of nursing and health. In order to be able to cope with them (as successfully as possible), the ability to self-determination and co-determination, but also the ability to show solidarity, are essential personality and social characteristics, which form the basis for a critical-constructive but successful coexistence. It is important not only to initiate but also to strengthen these abilities. Especially the current challenges facing society as a whole make these skills and an insight into the shared responsibility of everyone absolutely essential.

With this focus, both structures – possibly with different priorities – ultimately struggle to find possible strategies for coping with existing or emerging challenges. This is how the future is shaped – regardless of whether it is at a university of applied sciences or a ministry.

1 Wolfgang Klafki: Neue Studien zur Bildungstheorie und Didaktik. Zeitgemäße Allgemeinbildung und kritisch-konstruktive Didaktik, Weinheim, Basel 2007, p. 56.

S

INTERNES

INTERNAL

GRATULATIO!

Für mich als langjährigen Rektor der FH Bielefeld – ich war von 1969 bis 1971 der letzte Leiter der Staatlichen Höheren Wirtschaftsfachschule Bielefeld und von 1972 bis 1984 erster gewählter Rektor der FH Bielefeld – ist es eine besondere Freude, das 50-jährige Bestehen dieser Hochschule erleben zu können. Ihre auf wissenschaftlicher Grundlage basierenden anwendungsorientierten Studiengänge werden seit vielen Jahren mit großem Erfolg angeboten. Die hohe Nachfrage ihrer Studienplätze und die gute Aufnahme der Absolventinnen und Absolventen in ihren studierten Tätigkeitsfeldern spiegeln die gesellschaftliche Wertschätzung wider, die sie als seinerzeit neuer Hochschultyp bis heute erreicht hat.

For me as a long-standing Rector of the Bielefeld UAS – I was the last head of the State Secondary School of Economics Bielefeld (Staatliche Höhere Wirtschaftsfachschule Bielefeld) from 1969 to 1971 and the first elected Rector of the Bielefeld UAS from 1972 to 1984 – it is a special pleasure to be able to experience the 50th anniversary of this university. Its application-oriented degree programmes, which are based on a scientific foundation, have been offered for many years with great success. The high demand for its study places and the good reception of graduates in their fields of study reflect the social esteem in which it is held today as a new type of higher education institution.

Germanus Wegmann

Gratulatio!

Nach wie vor steht die FH Bielefeld in einer vielfältigen dynamischen Entwicklung. Generell kann man feststellen, dass die Fachhochschulen mit der sie prägenden Praxisorientierung ihrer Lehre und Forschung eine feste Instanz in der Hochschullandschaft geworden sind.

Das 50-jährige Bestehen der FH Bielefeld ist für mich ein besonderer Anlass zur Rückbesinnung: Was fanden wir beim Start der Fachhochschule 1971 vor?

Das in jenem Jahr verabschiedete NRW-Fachhochschulgesetz sah einen Übergang von Ingenieurschulen und Höheren Fachschulen, die dem sekundären Bildungsbereich Schulen zugeordnet waren, in den tertiären Bildungsbereich Hochschulen vor. Dort bildeten sie neben den Universitäten, Technischen Hochschulen und Kunsthochschulen den neuen Hochschultyp Fachhochschule.

Eine langjährige hochschulpolitische Debatte, die vornehmlich von den Ingenieurschulen geführt wurde, hatte damit zu einem positiven Ergebnis geführt. Zum 25-jährigen Jubiläum der FH Bielefeld 1996 hatte ich rückblickend mit Recht geschrieben: »Die Ingenieurschulen, Höheren Wirtschaftsfachschulen, Werkkunstschulen und Höheren Fachschulen für Sozialarbeit, die mit ihrer Tradition häufig bis ins 19. Jahrhundert reichten, hatten die Ausbildung junger Erwachsener mit mittlerer Reife und abgeschlossener Lehre auf anspruchsvolle Berufe als Ingenieur, Betriebswirt, Designer und Sozialarbeiter übernommen. Sie mussten ihre Aufgabe unter den Rahmenbedingungen eines Schulverwaltungsgesetzes erfüllen, die in zunehmendem Maße eine adäquate Anpassung der Lehrinhalte und Lehrformen an wissenschaftliche, technologische und künstlerische Entwicklungen erschwerten, wenn nicht gar verhinderten. Der Status dieser ›Schulen‹ passte einfach nicht mehr.«

Um diese notwendigen Anpassungen vornehmen zu können, vereinbarten die Ministerpräsidenten der Länder 1968,

The Bielefeld UAS is still undergoing a wide range of dynamic developments. In general, it can be said that the universities of applied sciences have become a permanent fixture in the higher education landscape with the practical orientation of their teaching and research that characterises them.

The 50th anniversary of the Bielefeld UAS is a special occasion for me to look back: What did we find when we started the university in 1971?

The North Rhine-Westphalia Universities of Applied Science Act (NRW-Fachhochschulgesetz, NRW UAS Act) passed in that year provided for a transition from engineering schools and higher technical colleges, which were assigned to the secondary education sector of schools, to the tertiary education sector of universities. There, alongside universities, technical colleges and art colleges, they formed the new type of higher education institution, the universities of applied sciences.

A longstanding higher education policy debate, which was primarily conducted by the engineering schools, had thus led to a positive result. Looking back on the 25th anniversary of the Bielefeld UAS in 1996, I had rightly written: »The engineering schools, higher business schools, schools of applied arts and higher technical schools for social work, whose tradition often stretched back to the 19th century, had taken over the education of young adults with a secondary school leaving certificate and completed apprenticeships to pursue demanding professions as engineers, business economists, designers and social workers. They had to fulfil their task under the framework conditions of a school administration law, which increasingly made it difficult, if not impossible, to adequately adapt the teaching content and forms of teaching to scientific, technological and artistic developments. The status of these ›schools‹ simply no longer suited them.«

In order to be able to make these necessary adjustments, the Minister

bundesweit einen neuen Hochschultyp einzuführen. Prägendes Merkmal sollte sein, dass Lehre und Forschung praxisbezogen sind. Örtliche Gründungsausschüsse bereiteten dann, noch bevor eine gesetzliche Grundlage gegeben war, die Etablierung der neuen Fachhochschulen vor. So auch für Bielefeld.

Mit der Verabschiedung des NRW-Fachhochschulgesetzes 1971 wurde dann die FH Bielefeld gegründet. Die Fachhochschule war keine Gründung auf der grünen Wiese, die von langer Hand und mit großem Mitteleinsatz vorbereitet worden war, sondern eine Übernahme bestehender Einrichtungen mit der Maßgabe, ihr Angebot so zu verändern, dass es in die Hochschullandschaft passte.

Ich bringe hier einige Aufgaben in Erinnerung, die in der Anlaufphase unmittelbar zu leisten waren: Beim Start wurden aus den Vorgängereinrichtungen knapp 2.800 Studierende an die FH Bielefeld übernommen. Ein voller Lehr- und Studienbetrieb musste aufrechterhalten werden. Als Körperschaft des öffentlichen Rechts mit eigener Selbstverwaltung musste aus dem Nichts eine Fachhochschulverwaltung personell und organisatorisch aufgebaut und für sie eine räumliche Unterbringung gefunden werden. Der Fachbereich Sozialwesen war von heute auf morgen völlig neu zunächst in Anmietungsobjekten unterzubringen. Die Selbstverwaltung der FH Bielefeld mit ihren Organen Konvent, Senat und Fachbereichsräten musste eingeführt und ihre Arbeitsweise mit der Verabschiedung vieler Satzungen und Geschäftsordnungen eingeübt werden. Eine Studierendenvertretung mit neuen Organisationsformen musste geschaffen werden. Dass das gelang, ist der damals herrschenden Aufbruchsstimmung zu verdanken, verbunden mit einer intensiven persönlichen Einsatzbereitschaft aller Mitglieder der FH Bielefeld – eine solide Grundlage für die weitere dynamische Entwicklung der FH Bielefeld war gelegt worden.

Presidents of the German federal states agreed in 1968 to introduce a new type of higher education institution nationwide. The defining characteristic should be that teaching and research are practice-oriented. Local founding committees then prepared the establishment of the new UAS even before a legal basis was in place. This was also the case for Bielefeld.

With the passing of the NRW UAS Act in 1971, the Bielefeld UAS was founded. The UAS was not a greenfield establishment that had been prepared over a long period of time and with a large investment of funds, but rather a takeover of existing institutions with the requirement of changing their range of courses so that they would fit into the university landscape.

I would like to remind you of some tasks that had to be carried out immediately during the start-up phase: At the start, just under 2,800 students were transferred to the Bielefeld UAS from the previous institutions. Full teaching and studies operations had to be maintained. As a public corporation with its own self-administration, a UAS administration had to be built up from nothing in terms of personnel and organisation and accommodation had to be found for it. From one day to the next, the Faculty of Social Sciences had to be accommodated in rented premises. The self-administration of the Bielefeld UAS with its organs Convention, Senate and Faculty Councils had to be introduced and its working methods had to be practised with the adoption of many statutes and rules of procedure. A student representation with new forms of organisation had to be created. The fact that this was successful is due to the prevailing mood of optimism at the time, combined with the intensive personal commitment of all members of the Bielefeld UAS – a solid foundation had been laid for the further dynamic development of our University.

I would like to mention just a few keywords for what, from the perspective of that time, was to be achieved in the coming years:

Ich nenne hier nur einige Schlagwörter für das, was aus damaliger Sicht in den kommenden Jahren zu leisten war:

- die internationale Anerkennung der Fachhochschulabschlüsse;
- das Angebot von dualen Studiengängen mit spezieller Praxisorientierung;
- die Weiterentwicklung der Internationalisierung durch Partnerschaften mit ausländischen Hochschulen und Austausch der Studierenden;
- die Mitgliedschaften in bestehenden wissenschaftlichen Organisationen wie der Westdeutschen Rektorenkonferenz (WRK), der späteren Hochschulrektorenkonferenz (HRK), oder dem Deutschen Akademischen Austauschdienst (DAAD);
- die Institutionalisierung von Forschungs- und Entwicklungsaufgaben;
- die Erschließung von Möglichkeiten zur Promotion;
- die Entwicklung und Einführung von Studiengängen für neue Berufs- und Tätigkeitsfelder;
- die räumliche Unterbringung aller Fachbereiche in einem zentralen Hauptgebäude;
- die Kooperation mit der Universität Bielefeld, die sich selbst noch in der Entwicklungsphase befand. Das Hauptgebäude war seinerzeit noch ein Rohbau, die Fakultäten befanden sich im Aufbau.

Heute, 2021, kann man sagen, dass sich die FH Bielefeld all diesen und vielen weiteren neuen Anforderungen, wie beispielsweise dem Bologna-Prozess, aktiv gestaltend zugewandt hat. Sie ist auf einem guten Weg, erfreut sich ständig steigender Wertschätzung in der Öffentlichkeit und wird als gleichberechtigter Partner in der Hochschullandschaft wahrgenommen. Das freut mich und erfüllt mich mit Genugtuung. Glück auf für viele weitere Jahre!

- *the international recognition of the UAS exams;*
- *the offer of dual study programmes with special practical orientation;*
- *the further development of internationalisation through partnerships with foreign universities and student exchanges;*
- *memberships in existing academic organisations such as the West German Rectors' Conference (WRK), the later German Rectors' Conference (HRK), or the German Academic Exchange Service (DAAD);*
- *the institutionalisation of research and development tasks;*
- *the development of opportunities for doctoral studies;*
- *the development and introduction of study programmes for new professional and occupational fields;*
- *the spatial accommodation of all faculties in a central main building;*
- *the cooperation with the University of Bielefeld, which was itself still in the development phase. At that time, the main building was still a shell, the faculties were still under construction.*

Today, in 2021, it can be said that the Bielefeld UAS has actively addressed all these and many other new requirements, such as the Bologna Process, in a formative way. It is on the right track, enjoys constantly increasing public esteem and is perceived as an equal partner in the higher education landscape. This makes me happy and fills me with satisfaction. Good luck for many more years!

FORSCHUNG ALS DIENSTAUFGABE

RESEARCH AS A TASK OF DUTY

Das Thema ›Forschung als Dienstaufgabe‹ spielte seit Gründung der Fachhochschulen von 1969 bis 1971 bei der Profilbildung, in der Hochschulpolitik und in der Diskussion mit den deutschen Universitäten eine gewichtige und zugleich strittige Rolle. Der Gesetzgeber hatte das Thema ›Forschung‹ bei der Gründung nicht ernstlich behandelt und sich vor der Entscheidung gedrückt.[1] Die technische, wirtschaftliche, soziale und künstlerische Praxis, wie sie in der Arbeits- und Berufswelt der Industrienationen auftritt, spielt im Konzept Fachhochschule die zentrale Rolle. Die sich ständig ändernde Arbeitspraxis war bis zur Gründungszeit wenig in der Forschung beachtet worden und in den Universitäten mit ihrem Hauptaugenmerk auf

1 Die Fachhochschulen wurden in bzw. aus einer Schockphase gegründet, verursacht durch den Sputnik-Schock und Georg Picht. Siehe dazu die Beiträge von Andreas Beaugrand in diesem Band.

Since the founding of the universities of applied sciences between 1969 and 1971, research as a task of duty has played an important and at the same time controversial role in profile building, in higher education policy and in discussions with German universities. The legislature had not taken the subject of research seriously when it was founded and had shied away from the decision.[1] Technical, economic, social and artistic practice, as it occurs in the working and professional world of the industrialised nations, plays the central role in the concept of the universities of applied sciences. The constantly changing working practice had received little attention in research up to the time of foundation,

1 The UAS were founded in or out of a shock phase caused by the Sputnik shock and Georg Picht. See the article by Andreas Beaugrand in this book.

Grundlagenforschung wurde sie wenig berücksichtigt. Im Konzept Fachhochschule sollte die Arbeitpraxis die wissenschaftsorientierte Theorie für Lehrveranstaltungen entscheidend beeinflussen und wegweisen.

Von den Anfängen bis zum NRW-Fachhochschulgesetz 1979

Im Gesetz zur Gründung der Fachhochschulen[2] vom 29. Juli 1969 heißt es:

> »§ 2 Aufgaben der Fachhochschulen,
> (1) Die Fachhochschulen vermitteln durch praxisbezogene Lehre eine auf wissenschaftlicher oder künstlerischer Tätigkeit beruhende Bildung, die zu selbständiger Tätigkeit im Beruf befähigt. Sie betreiben auch Fortbildung und Weiterbildung. Sie können im Rahmen ihres Bildungsauftrages eigene Untersuchungen durchführen sowie Forschungs- und Entwicklungsaufgaben wahrnehmen.
> (2) Innerhalb des Hochschulbereiches wirken die Fachhochschulen mit den anderen Hochschulen und Einrichtungen des Hochschulbereichs bei der Erfüllung ihrer Aufgaben zusammen.«

Hinzu kommen die Vorschriften für die Stellenbesetzung:

> »§ 26 Die Stellen für Lehrende an Fachhochschulen sind unverzüglich öffentlich auszuschreiben, sobald feststeht, dass die Stellen frei werden.
> (1) Die Lehrenden müssen nach Eignung und fachlicher Leistung den Anforderungen der Fachhochschule entsprechen.
> § 27 (1) Besetzungsvorschläge sind dem Kultusminister innerhalb von drei Monaten nach Errichtung oder Freiwerden einer Planstelle vorzulegen.«

Der Leitgedanke bei der Errichtung der Fachhochschulen war, im Hochschulbereich neben den Universitäten einen zweiten Bereich für praxisbezogene Lehre auf wissenschaftlicher Grundlage aufzubauen. Dieser Ansatz mit Bezug auf die praxisbezogene Lehre kann im Hochschulbereich langfristig nur gelingen, wenn die sich wandelnde Praxis und deren wissenschaftlichen und künstlerischen Elemente ständig erforscht und kontinuierlich in die Lehre einbezogen werden. Dafür ist grundsätzlich ein gewisser Anteil an eigener Forschung erforderlich, also Dienstaufgabe.

Hinzu kam speziell, dass sich in der Fachhochschulgründerzeit um 1970 durch die Anfänge der Digitalisierung über Großrechner (IBM)[3] die Arbeitswelt einschneidend wandelte.

Wollten und sollten die Fachhochschulen solche Umstrukturierungsprozesse in die praxisbezogene moderne Lehre fließend einbauen, so mussten sie die Praxis

2 Vgl. dazu das FHG vom 29.7.1969 (GV NW, S. 572).

3 Das System/360 oder kurz S/360 bezeichnete eine Großrechnerarchitektur der Firma IBM aus dem Jahr 1964. Ich selber habe diesen Strukturwandel an vorderster Front in einem Rechenzentrum beruflich erfahren und war für den Eingang der Digitalisierung in Kliniken verantwortlich – konkret bei der intraokularen Augenoptik und der Einpflanzung künstlicher Linsen; 15 Publikationen sind dazu erschienen.

and in universities with their main focus on basic research it was given little consideration. In the universities of applied sciences concept, working practice was to have a decisive influence on, and lead the way for, science-oriented theory for courses.

From the Beginnings to the North Rhine-Westphalia Universities of Applied Sciences Act 1979

In the law establishing the universities of applied sciences [2] of 29 July 1969 it says:

> *»§ 2 Tasks of the universities of applied sciences,*
> *(1) Universities of applied sciences shall, by means of practice-related teaching, provide education based on scientific or artistic activity which qualifies students to work independently in their profession. They also provide continuing education and training. Within the scope of their educational mandate, they may conduct their own research and carry out research and development tasks.*
> *(2) Within the higher education sector, universities of applied sciences shall cooperate with other institutions of higher education and equivalent institutions in the fulfilment of their tasks.«*

This is supplemented by the regulations governing the filling of vacancies:

> *»Section 26: The posts for lecturers at the universities of applied sciences shall be advertised publicly without delay as soon as it is established that the posts become vacant.*
> *(1) Teaching staff must meet the requirements of the universities of applied sciences in terms of suitability and professional performance.*
> *§ 27 (1) Proposals for appointments must be submitted to the Minister of Culture within three months of the establishment or vacancy of a position.«*

The guiding principle behind the establishment of the universities of applied sciences was to establish a second area of practice-oriented teaching on a scientific basis in the higher education sector alongside the universities. This approach to practice-oriented teaching can only succeed in the long term in the higher education sector if the changing practice and its scientific and artistic elements are constantly researched and continuously incorporated into teaching. In principle, this requires a certain amount of own research, that is a task of duty.

In addition, the working world changed drastically during the time when the universities of applied sciences were founded around 1970 due to the beginnings of digitalisation via mainframe computers (IBM).[3]

2 Cf. the FHG of 29.7.1969 (GV NW, p. 572).

3 System/360, or S/360 for short, was the name given to a mainframe architecture developed by IBM in 1964. I myself experienced this structural change at the forefront of my profession in a computer centre and was responsible for the arrival of digitalisation in clinics – specifically in intraocular ophthalmic optics and the implantation of artificial lenses; 15 publications have been published on the subject.

und deren Veränderungen erforschen und verfolgen und wenn möglich punktuell darin mitentwickeln. Das war aber nicht erklärte Dienstaufgabe. Sie durften zwar »Forschungs- und Entwicklungsaufgaben wahrnehmen«, das heißt, wenn sie Lust hatten, war es nicht verboten, nebenbei auch Forschung zu betreiben. Zur praxisbezogenen Lehre hat eine solche Forschung wenig Bezug.

Die rechtliche Anfangsstruktur für praxisbezogene Lehre ohne Forschung musste deshalb langfristig automatisch zu einer rückständigen praxisbezogenen Lehre führen, wie es früher bei vielen Fachschulen der Fall gewesen ist. Die Lehre wurde von der Praxis überholt.

Die Hochschulleitungen der Fachhochschulen (LRK) hatten klar erkannt, dass es langfristig ohne eigene angewandte Forschung nie gelingen würde, eine qualifizierte, zeitgerechte praxisbezogene Lehre auf wissenschaftlicher oder künstlerischer Basis beizubehalten, weiterzuentwickeln und sicherzustellen.

Die Lehre als Forschungsfeld im weitesten Sinne ist existenzsichernd. Daher unterstützten die Hochschulleitungen in Nordrhein-Westfalen politisch und finanziell alle Bemühungen und Ansätze für angewandte Forschung, insbesondere mit Bezug zur Lehre.

Das anfängliche Equipment der Fachhochschulen war für Forschung nicht gerade geeignet. Die Ausstattung in den Vorgängereinrichtungen war dazu spärlich verwendbar. Das teilweise große Equipment war zur Demonstration von Abläufen und Prozessen beschafft worden und wurde in Laborpraktika demonstrativ eingesetzt. Bei den Versuchen in bzw. für Vorlesungen gab es kaum Unterschiede zu denen aus den Universitäten. Sie waren in erster Linie zur Demonstration von Grundgesetzen beschafft worden und dafür auch brauchbar, jedoch eignete sich dieses Demonstrationsequipment wenig oder fast gar nicht für die Forschung in der Praxis.

In der Anfangszeit stammte das Personal in erster Linie aus den Vorgängereinrichtungen. Die Lehrenden in den Fachschulen waren ausschließlich und allein auf die fachliche Lehre, zumeist aus Lehrbüchern, ausgerichtet – so wie sie es selbst im Studium erfahren hatten. Viele Lehrende hatten während ihrer Lehrtätigkeit wenig Kontakte zur Praxis in Unternehmen und die eigenen Forschungserfahrungen lagen Jahre zurück. Die hohen Lehrverpflichtungen von 18 Semesterwochenstunden blockierten für viele endgültig alle Bemühungen für Forschung. Zudem wurde bei der Einstellung neuer Lehrender gemäß § 26 FHG zuerst kaum Wert auf Forschungserfahrungen gelegt; daran wurde in der Politik nicht gedacht.

Die Entwicklung des neuen Hochschultyps Fachhochschule neben der Universität konnte nur gelingen, weil man auch die unterschiedliche Geschichte der Fachschulen berücksichtigte, deren Fehler analysierte und beachtete.[4]

4 Vgl. https://de.wikipedia.org/wiki/Fachschule_(Deutschland) (20.12.2020).

If the universities of applied sciences wanted and were to integrate such restructuring processes into practice-oriented modern teaching in a fluent manner, they had to research and follow practice and its changes and, if possible, selectively develop them. But that was not a declared official task. They were allowed to »carry out research and development tasks«, for example if they felt like it, it was not forbidden to do research on the side. Such research has little connection to practice-oriented teaching.

The initial legal structure for practice-oriented teaching without research therefore had to automatically lead in the long term to backward practice-oriented teaching, as was previously the case at many universities of applied sciences: Teaching was overtaken by practice.

The administrations of the universities of applied sciences (Landesrektorenkonferenz, LRK) had clearly recognised that in the long term, without their own applied research, it would never be possible to maintain, further develop and ensure qualified, timely practice-oriented teaching on a scientific or artistic basis.

Teaching as a field of research in the broadest sense of the term is vital to the existence of the university. For this reason, the university administrations in North Rhine-Westphalia provide political and financial support for all efforts and approaches to applied research, especially with regard to teaching.

The initial equipment of the universities of applied sciences was not exactly suitable for research. The equipment at the predecessor institutions was sparsely usable for this purpose. The equipment, some of which was large, had been procured for the demonstration of procedures and processes and was used demonstratively in practical laboratory courses. There were hardly any differences between the experiments in or for lectures and those from the universities. They had been procured primarily for the demonstration of basic laws and were also suitable for this purpose, but this demonstration equipment was hardly or not at all suitable for research in practice.

In the early days, the staff mainly came from the predecessor institutions. Teachers in the technical colleges were exclusively and solely geared to specialist teaching, mostly from textbooks – just as they had experienced it themselves during their studies. Many teachers had little contact with practical experience in companies during their teaching activities, and their own research experience lay years behind. For many, the high teaching commitments of 18 semester hours per week finally blocked all efforts for research. In addition, when new teachers were recruited in accordance with § 26 of the Universities of Applied Sciences Act, little value was initially placed on research experience, and this was not considered in politics.

The development of the new type of higher education institution, the UAS alongside the university, could only succeed because the different histories of the universities of applied sciences were also taken into account and their mistakes analysed and taken into account.[4]

4 See *https://de.wikipedia.org/wiki/Fachschule_(Germany) (24.8.2020).*

Exkurs: Zur Entwicklung in Europa und den USA

Deutschland

Im 18. Jahrhundert bildete sich ein breites Spektrum beruflich-technischer Bildungseinrichtungen. Es richtete sich nach den unterschiedlichen Gesellschaftsgruppen. Für das einfache Volk erfolgte die technische Bildung in den Industrieschulen. Für das Bürgertum wurde im Zuge der Aufklärung in Realschulen, Zeichen- und Bauschulen, Provinzialkunstschulen und Handelsschulen unterrichtet. Höhere Bildungseinrichtungen wie die Ritter-, Militär-, Bau- und Bergakademien dienten in erster Linie dem höheren Bürgertum und dem Adel. Im Ergebnis besaßen die meisten der Fachschulen ein bescheidenes Niveau und waren von kurzer zeitlicher Dauer. Eine Ausnahme bildeten die Bergschulen. Sie wuchsen über das allgemeine Niveau und wurden zu Bergakademien. Entscheidend dafür war, dass versucht wurde, eine mathematisch-naturwissenschaftliche Grundlegung der Praxis der Fachbildung sowie Ansätze zur Verbindung von Lehre und Forschung zu pflegen und weiterzuentwickeln.

In den ersten Jahrzehnten des 19. Jahrhunderts wurde eine Vielzahl von Gewerbeschulen und polytechnischen Schulen gegründet, die bis heute als Technische Hochschulen wichtig und bedeutend sind. Die Mehrheit der Fachkräfte hatte ihre technischen Fachkenntnisse in der industriellen Praxis erworben. Das polytechnische Bildungsniveau lag weit über dem allgemeinen Stand der industriellen Produktion und unter dem der Universitäten. Dies stellte ein großes Problem dar, denn einerseits waren die Absolventen für Arbeitsstellen mit Hochschulvoraussetzung unterqualifiziert, andererseits fehlte ihnen wegen der theorielastigen Ausbildung die Praxis für einen Ingenieurberuf in der Industrie.

Der Anstoß zur künstlerischen Gewerbeförderung wurde durch die industrielle Konkurrenz Frankreichs und Großbritanniens auf den Weltausstellungen in London 1851 und Paris 1855 ausgelöst und in Großbritannien durch die Society of Arts mit dem Aufbau des Londoner South-Kensington-Museums aufgegriffen. Bereits auf der Weltausstellung in London 1862 zeigte sich der Erfolg. Die 1884 gegründete Home Arts and Industries Association machte sich dann die künstlerische Durchbildung der gesamten Gesellschaft zur Aufgabe. Der Verein Deutsches Gewerbemuseum zu Berlin zog seit 1867 nach und gründete 1879 das Kunstgewerbemuseum Berlin und 1885 die Unterrichtsanstalt des Kunstgewerbemuseums. In das gleiche Jahr 1867 fiel die Gründung des Österreichischen Museums für Kunst und Industrie. Die Kölner Werkbundausstellung von 1914 hatte großen Einfluss auf das Programm der Kunstgewerbeschulen.

Frankreich

Die 1794 in Paris gegründete École centrale des travaux publics (später L'École polytechnique) sollte die alten Ingenieurschulen ersetzen, die die Revolutionäre während der Französischen Revolution als Instrumente des Absolutismus angesehen hatten. Die auf staatlich-militärische Aufgaben ausgerichtete L'École polytechnique lehrte in einer ersten zweijährigen Ausbildung die allgemeinen theoretischen Grundlagen. Danach folgte eine praktische Ausbildung an den sogenannten Écoles d' application. Wichtig und bahnbrechend war, dass die Professoren der L'École polytechnique von den besten Schulen Frankreichs ausgewählt und gut bezahlt

Excursus: On Developments in Europe and the USA

Germany

In the 18th century, a broad spectrum of vocational and technical educational institutions was formed. It was geared to the different social groups. For the common people, technical education was provided in industrial schools. For the bourgeoisie, the enlightenment taught in secondary schools, drawing and building schools, provincial art schools and commercial schools. Higher educational institutions such as the academies of knighthood, military, building and mining served primarily the upper middle classes and the nobility. As a result, most of the technical schools were of a modest level and of short duration. One exception were the mining schools. They grew above the general level and became mountain academies. A decisive factor in this was the attempt to maintain and further develop a mathematical and scientific foundation for the practice of specialised education and the approaches to linking teaching and research.

In the first decades of the 19th century, a large number of vocational schools and polytechnic schools were founded, which are still important and significant today as technical colleges. The majority of the skilled workers had acquired their technical skills in industrial practice. The polytechnic educational level was far above the general level of industrial production and below that of universities. This posed a major problem, because on the one hand the graduates were underqualified for jobs with university requirements, on the other hand they lacked the practical experience for an engineering profession in industry due to the theory-based education.

The impulse for the promotion of artistic crafts was triggered by the industrial competition of France and Great Britain at the world exhibitions in London 1851 and Paris 1855, and in Great Britain the Society of Arts took up the idea by establishing the South Kensington Museum in London. Already at the world exhibition in London 1862 the success was obvious. The Home Arts and Industries Association, founded in 1884, then made it its task to educate the whole of society in art. Der Verein Deutsches Gewerbemuseum zu Berlin (Association of the German Trade Museum in Berlin) followed suit from 1867, and in 1879 the Berlin Museum of Decorative Arts was founded, and in 1885 the Unterrichtsanstalt des Kunstgewerbemuseums (School of the Museum of Decorative Arts). In the same year 1867 the Austrian Museum for Art and Industry was founded. The Cologne Werkbund Exhibition of 1914 had a great influence on the programme of the arts and crafts schools.

France

The École centrale des travaux publics (later L'École polytechnique), founded in Paris in 1794, was intended to replace the old engineering schools, which the revolutionaries during the French Revolution had regarded as instruments of absolutism. The L'École polytechnique, which was geared towards state-military tasks, taught the general theoretical foundations in an initial two-year course. This was followed by practical training at the so-called Écoles d'application. It was important and groundbreaking that the professors at L'École polytechnique were selected from the best schools in France and were well paid. Understanding technology as an applied natural science spread from France across the continent.

wurden. Technik als angewandte Naturwissenschaft zu verstehen, verbreitete sich von Frankreich aus über den Kontinent.

England und die USA

Die meisten Polytechnics entstanden im Zuge der Expansion der Hochschulbildung erst spät in den 1960er-Jahren. Die akademischen Abschlüsse in Polytechnics wurden von 1965 bis 1992 vom britischen Council for National Academic Awards (CNAA) überprüft und anerkannt. Die Kurse wurden von externen Gutachtern der Polytechnics streng geprüft. Die Teilstudiengänge an diesen Institutionen wurden vom Business & Technology Education Council (BTEC) validiert.

Derartige Innovationen und die strenge Begutachtung machten eine Polytechnic-Ausbildung für die professionelle Arbeit bei der Anwendung von Wissenschaft und Spitzentechnologie in der Industrie bedeutend.

In der Kultur Großbritanniens wurden Ingenieurwesen, angewandte Wissenschaften und technologische Bildung in der Gesellschaft eher verachtet. Diese Haltung und dieser Einfluss führten in Polytechnics zu einer Ausweitung der beliebteren Fächer in den ›kreativen‹ Industrien wie Mode, Kunst und Design, Medienwissenschaften, Journalismus, Filmwissenschaft und Sportmanagement. Der soziale Einfluss veranlasste viele Polytechnics, ihre Fakultät für Ingenieurwesen in eine Fakultät für Design und Technologie umzuwandeln. Mit dem Gesetz über Weiterbildung und Hochschulbildung von 1992 wurden sie zu vollwertigen Universitäten. Die Polytechnics änderten ihre Namen, als sie den Universitätsstatus erhielten.

Die sogenannten Polytechnics in den USA (MIT, Rensselaer Polytechnic Institute, Worcester Polytechnic Institute, Virginia Tech) werden heute als globale Eliteuniversitäten angesehen, die sich auf die MINT-Ausbildung spezialisieren. Aus diesem kurzen Überblick und Rückblick kann man folgende Schlüsse ziehen:

1. Die zugehörige Forschung zur Lehre war langfristig entscheidend für die qualitative Entwicklung und zeitliche Anpassung der Lehre und die Reputation der Hochschule.
2. Die Historie in Frankreich zeigt die große Bedeutung des qualifizierten Personals für die Qualität und das Prestige der Hochschule.
3. Eine ständige Begutachtung durch Externe steigert die Qualität und die Anerkennung.

Das Hochschulrahmengesetz 1976

In der Aufbauphase der Fachhochschulen kam es 1976 zur Verabschiedung des Hochschulrahmengesetzes (HRG),[5] das die Fachhochschulen rechtlich fast auf die gleiche Ebene wie Universitäten stellte. Das HRG garantierte darüber hinaus die Freiheit von Forschung, Lehre und akademischer Selbstverwaltung an Fachhochschulen. Auch für die weitere Entwicklung der rechtlichen Vorschriften war das HRG wegweisend.

Die Bemühungen um rechtliche Verbesserung von Forschung an Fachhochschulen führten 1979 beim neuen Hochschulgesetz NRW zu grundsätzlichen Veränderungen. Die Forschung wurde als Dienstaufgabe anerkannt und festgeschrieben. Die Dritt-

5 Hochschulrahmengesetz (HRG), in: https://www.gesetze-im-internet.de/hrg/BJNR001850976.html (20.12.2020).

United Kingdom and the USA

Most of the polytechnics only came into being in the late 1960s in the course of the expansion of higher education. The academic degrees in polytechnics were reviewed and recognised by the British Council for National Academic Awards (CNAA) from 1965 to 1992. The courses were rigorously examined by external reviewers of the polytechnics. The partial courses at these institutions were validated by the Business & Technology Education Council (BTEC).

Such innovation and rigorous peer review made polytechnic education important for professional work in the application of science and advanced technology in industry.

Engineering, applied sciences and technological education in British culture tended to be despised by society. This attitude and influence in polytechnics led to an expansion of the more popular subjects in the ›creative‹ industries such as fashion, art and design, media studies, journalism, film studies and sports management. The social influence led many polytechnics to transform their Faculty of Engineering into a Faculty of Design and Technology. With the 1992 Act on Continuing Education and Higher Education they became fully-fledged universities. The polytechnics changed their names when they were granted university status.

The so-called polytechnics in the USA (MIT, Rensselaer Polytechnic Institute, Worcester Polytechnic Institute, Virginia Tech) are now regarded as global elite universities specialising in MINT education. The following conclusions can be drawn from this brief overview and review:

1. *The associated research on teaching was decisive in the long term for the qualitative development and temporal adjustment of teaching and the reputation of the university.*
2. *The history in France shows the great importance of qualified staff for the quality and prestige of the higher education institution.*
3. *Continuous external evaluation increases quality and recognition.*

The Higher Education Framework Act of 1976

In 1976, during the development phase of the universities of applied sciences, the Higher Education Framework Act[5] (Hochschulrahmengesetz, HRG) was passed, which put the universities of applied sciences on almost the same legal level as universities. The Act also guaranteed the freedom of research, teaching and academic self-administration at the universities of applied sciences. The Act was also groundbreaking for the further development of legal regulations.

Efforts to legally improve research at the universities of applied sciences led to fundamental changes in the new Higher Education Act of North Rhine-Westphalia in 1979. Research was recognised and established as a service task. Third-party funded research was allowed, the formation of research foci was permitted by law, and since

5 Hochschulrahmengesetz (HRG), *in*: https://www.gesetze-im-internet.de/hrg/BJNR001850976.html (26.8.2020).

mittelforschung wurde gestattet, die Bildung von Forschungsschwerpunkten wurde gesetzlich erlaubt und die Fachhochschulen müssen seitdem regelmäßig über Forschung berichten.[6] Im Fachhochschulgesetz von 1979 heißt es dazu:

> »§ 3 Aufgaben
> Die Fachhochschulen bereiten durch anwendungsbezogene Lehre auf berufliche Tätigkeiten vor, die die Anwendung wissenschaftlicher Erkenntnisse und Methoden oder die Fähigkeit zu künstlerischer Gestaltung erfordern. In diesem Rahmen nehmen die Fachhochschulen Forschung und Entwicklungsaufgaben wahr, die zur wissenschaftlichen oder künstlerischen Grundlegung und Weiterentwicklung von Lehre und Studium erforderlich sind …
> § 64 Forschungs- und Entwicklungsvorhaben
> Forschungs- und Entwicklungsvorhaben dienen der wissenschaftlichen Grundlegung und Weiterentwicklung der anwendungsbezogenen Lehre und des Studiums in der Fachhochschule und haben in der Regel die Anwendung wissenschaftlicher Erkenntnisse und Methoden in der Praxis einschließlich der Folgen, die sich aus der Anwendung ergeben können, zum Gegenstand. Satz 1 gilt für Entwicklungsvorhaben im künstlerischen gestalterischen Bereich sinngemäß. Forschungs- und Entwicklungsvorhaben sowie Forschungs- und Entwicklungsschwerpunkte werden von der Fachhochschule unter Berücksichtigung des Hochschulentwicklungsplanes koordiniert …
> Die Fachhochschule berichtet in regelmäßigen Abständen über ihre Forschungs- und Entwicklungsvorhaben und die Schwerpunkte. …
> § 65 Forschung mit Mitteln Dritter
> Professoren können in Rahmen ihrer dienstlichen Aufgaben Forschungs- und Entwicklungsaufgaben durchführen, die nicht oder nur teilweise aus den der Fachhochschule zur Verfügung stehenden Haushaltsmitteln finanziert werden (Drittmittelprojekt).«

Erstmalig wurden im Landtag beide Hochschulgesetze gemeinsam beraten und beschlossen. Mit dem ›Bericht aus Forschung und Entwicklung 1980–1982‹ berichtete die FH Bielefeld zum ersten Mal unter den Bedingungen, die das HRG vom 20. November 1979 gesetzt hatte.[7]

Forschung als Dienstaufgabe: erste Erfolge, Warnungen

Seit 1994 haben sich die Rektoren der Fachhochschulen in der neuen gemeinsamen Hochschulrektorenkonferenz (HRK) und die Vertreter der Fachhochschulen in Nordrhein-Westfalen[8] im HRK-Ausschuss Forschung und wissenschaftlicher Nachwuchs kontinuierlich und konsequent für den Ausbau von angewandter Forschung in Fachhochschulen und deren Finanzierung eingesetzt sowie um Verständnis bei den Universitäten geworben.

6 Fachhochschulgesetz (FHG) vom 20.11.1979 (GV_NRW_1979_72): § 3 Aufgaben, § 64 Forschungs- und Entwicklungsvorhaben, § 65 Forschung mit Mitteln Dritter.
7 FH Bielefeld (Hg.): Bericht aus Forschung und Entwicklung 1980–1982, Bielefeld, im Juni 1984.
8 Seit 1994 gibt es eine gemeinsame HRK aus Universitäten (vorher WRK), Fachhochschulen und sonstigen Hochschulen. Von 1994 bis 2002 vertrat der Autor die Fachhochschulen im HRK-Ausschuss Forschung und wissenschaftlicher Nachwuchs. Die Kommission tagte dazu einmal im CAE-Institut in Beckum.

then the universities of applied sciences have had to report regularly on research.[6] *The Higher Education Framework Act of 1976 states*

> *»§ 3 Tasks*
> *The universities of applied sciences prepare students for professional activities which require the application of scientific knowledge and methods or the ability to create artistic designs through application-oriented teaching. Within this framework, the universities of applied sciences perform research and development tasks which are necessary for the scientific or artistic foundation and further development of teaching and studies ...*
> *§ 64 Research and development projects*
> *Research and development projects serve the scientific foundation and further development of application-oriented teaching and studies at the universities of applied sciences and generally concern the application of scientific findings and methods in practice, including the consequences which may result from such application. Sentence 1 shall apply mutatis mutandis to development projects in the field of artistic design. Research and development projects as well as research and development priorities shall be coordinated by the universities of applied sciences taking into account the university development plan. ...*
> *The universities of applied sciences reports at regular intervals on its research and development projects and the focal points ...*
> *§ 65 Research with third-party funds*
> *Within the scope of their official duties, professors may carry out research and development tasks which are not or only partially financed from the budget funds available to the universities of applied sciences (third-party funded project).«*

For the first time, both higher education laws were discussed and passed jointly in the state parliament. With the ›1980–1982 Report from Research and Development‹, the Bielefeld UAS reported for the first time under the conditions set by the Higher Education Framework Act of 20 November 1979.[7]

Research as a Task of Duty: First Successes, Warnings

Since 1994, the rectors of the universities of applied sciences in the new joint German Rectors' Conference (HRK) and the representatives of the universities of applied sciences in North Rhine-Westphalia[8] *on the HRK Committee on Research and Young Academics and Scientists have continuously and consistently advocated the expansion of applied research at the universities of applied sciences and their funding and sought to gain the understanding of the universities.*

6 *Higher Education Framework Act of 20.11.1979 (GV_NRW_1979_72): § 3 Tasks, § 64 Research and Development Projects, § 65 research with third-party funding.*
7 *Bielefeld UAS (ed.): Report from Research and Development 1980–1982, Bielefeld, June 1984.*
8 *Since 1994, there has been a joint HRK comprising universities (previously WRK), UAS and other higher education institutions. From 1994 to 2002, the author represented the UAS in the HRK Committee on Research and Young Academics and Scientists. The Commission met once for this purpose at the CAE Institute in Beckum.*

Die ersten gewichtigen Erfolge waren der erweiterte Zugang der Fachhochschullehrenden zu den Förderprogrammen für Großgeräte. In einigen Haushaltsjahren um 1980 erhielt die FH Bielefeld über eine Million DM für Großgerätebeschaffungen. Neuberufene Professorinnen und Professoren brachten Forschungserfahrungen und -kontakte mit, die sie auch weiterhin pflegen konnten. Die FH Bielefeld hat nach Begutachtung der Anträge aus eigenen Haushaltsmitteln etwa 15 Forschungsprojekte pro Jahr gefördert. Anfänglich war es sehr viel leichter, Kooperationen in Forschung und Lehre mit ausländischen Hochschulen zu realisieren als mit deutschen Universitäten, die oft noch zurückhaltend waren. Aus diesen ersten positiven Anfangschancen entwickelten sich viele praxisbezogene Forschungsprojekte. Das seit 1979 einmal jährlich stattfindende Bielefelder Symposium über Fotografie und Medien hat inzwischen internationalen Zuspruch erfahren. Die Fachbereiche Wirtschaft und Sozialwesen überzeugten durch die Publikation von Forschungsprojekten und die FH Bielefeld beteiligte sich fortlaufend mit den Ergebnissen aus der angewandten Forschung an der Hannover Messe und an mehreren europäischen Messen, etwa in Wien, Moskau, Brno.

Das Land Nordrhein-Westfalen unterstützte diese Bemühungen zum 1. Juni 1985 durch die Einrichtung einer festen Technologietransferstelle und das Institut für Forschungs- und Entwicklungsdienstleitung (IFE) an der FH Bielefeld. Ebenso waren die EU-Programme für angewandte Forschung (EUREKA 1985, BRITE EURAN 1990) nun auch für Fachhochschulen zugänglich.[9]

An der FH Saarbrücken förderte der Bund zwischen 1989 und 1992 den Modellversuch ›Stimulierung der angewandten Forschung an Fachhochschulen‹[10] zum Thema ›Forschung als Dienstaufgabe‹. Im Zeitraum von drei Jahren konnten im Rahmen der SAFF-Projekte und der daraus entstandenen Folgeprojekte die hochschuleigenen Haushaltsmittel etwa verdreifacht werden. Es wurden vier Unternehmen gegründet, 14 Veröffentlichungen generiert, drei Patente erworben und über 100 Diplomarbeiten angefertigt. Die Wissenschaftlerinnen und Wissenschaftler der heutigen Hochschule für Technik und Wirtschaft des Saarlandes hielten in ihrem Abschlussbericht fest, dass eine wissenschaftliche Lehre ohne Forschung Gefahr laufe, an Aktualität zu verlieren. Damit die Lehre nicht gegenüber dem Stand von Wissenschaft und Praxis zurückfalle, sei forschendes Lehren unabdingbar. Ebenso bedeutsam sei auch die Erfahrung, dass Lernen durch Forschen möglich ist. Entsprechend empfahlen die Wissenschaftlerinnen und Wissenschaftler, die Studierenden frühzeitig in Forschungs- und Entwicklungsprojekte einzubinden. Das im Rahmen dieses Vorhabens (SAFF) entstandene Organisations- und Handlungsmodell wurde zur Grundlage des Förderprogramms Förderung an Fachhochschulen des BMBF, das bis heute Bestand hat.

Mehrjährige Forschungsschwerpunkte und -verbünde wurden auch an der FH Bielefeld mit Unterstützung des Landes eingerichtet. Die Kontakte zu den Uni-

9 Der Autor war an den nachfolgenden EU-Projekten beteiligt: 1. Forschungsvorhaben EUREKA 27: Experimental Techniques for Dominant Noise Source Identifikation in Transport Vehicles, Laufzeit: 1.4.1988–30.6.1990; Contract DLR 01VQ8804-0; Partner: LMS International, Leuven, Porsche-Entwicklungszentrum. 2. EURAM-BRITE Projekt 4436, DIANA: Development and Integration of an advanced unified Approach to Structure borne Noise Analysis, 1.6.1992–31.5.1995. Partner: LMS International, Leuven; FIAT, Turin; MIRA, Motor Industry Research Association, England; KELLER, Paris; Sponsoren: Ford, Deutschland; Matra, Frankreich.

10 Der Autor war von 1989 bis 1992 Vorsitzender des wissenschaftlichen Beirats zum Modellversuch SAFF an der damaligen FH Saarbrücken.

The first important success was the extended access of the professors of the universities of applied sciences to funding programmes for large-scale equipment. In some financial years around 1980, the Bielefeld universities of applied sciences received over DM 1 million for the procurement of large-scale equipment. Newly appointed professors brought research experience and contacts with them, which they were able to maintain. After evaluating the applications, the Bielefeld UAS funded around 15 research projects per year from its own budget. In the beginning, it was much easier to establish cooperation in research and teaching with foreign universities than with German universities, which were often still reluctant to do so. Many practice-oriented research projects developed from these initial positive initial opportunities. The Bielefeld Symposium on Photography and Media, which has taken place once a year since 1979, has since gained international acclaim. The faculties of Economics and Social Sciences convinced with the publication of research projects, and the Bielefeld UAS continuously participated with the results of applied research at the Hanover Fair and at several European fairs, for example in Vienna, Moscow and Brno.

The state of North Rhine-Westphalia supported these efforts on 1 June 1985 by setting up a permanent technology transfer office and the Institute for Research and Development Services (IFE) at the Bielefeld UAS. Similarly, the EU programmes for applied research (EUREKA 1985, BRITE EURAN 1990) were now also accessible to the UAS.[9]

At the Saarbrücken UAS, the federal government funded the pilot project ›Stimulation of applied research at UAS‹[10] *on the subject of research as a task of duty between 1989 and 1992: In the course of three years, the university's own budget was approximately tripled within the framework of the SAFF projects and the follow-up projects that resulted from them. Four companies were founded, 14 publications generated, three patents acquired and over 100 theses produced. In their final report, the scientists at today's Saarland UAS stated that scientific teaching without research runs the risk of losing its relevance. Research-based teaching is indispensable to ensure that teaching does not fall behind the state of the art in science and practice. Equally important was the experience that learning through research is possible.*

Accordingly, the academics recommended involving students in research and development projects at an early stage. The organisational and action model developed within the framework of this project (SAFF) became the basis of the BMBF's funding programme Funding at UAS, which is still in place today.

Multi-year research priorities and networks were also established at the Bielefeld UAS with the support of the state. Contacts with the universities developed more and more on a factual basis. In 1995, the author succeeded in arranging a cooperative doctorate[11] *with Prof. Dr. Jörg Wallascheck from the then Gesamthochschule Paderborn – since 2002 a university.*

9 The author was involved in the following EU projects: 1st research project EUREKA 27: Experimental Techniques for Dominant Noise Source Identification in Transport Vehicles, duration: 1.4.1988–30.06.1990; Contract DLR 01VQ8804-0. Partner: LMS International, Leuven, Porsche Development Centre. 2nd EURAM-BRITE Project 4436, DIANA: Development and Integration of an advanced unified Approach to Structure borne Noise Analysis, 1.6.1992–31.5.1995. Partners: LMS International, Leuven; FIAT, Turin; MIRA, Motor Industry Research Association, England; KELLER, Paris; Sponsors: Ford, Germany; Matra, France.

10 From 1989 to 1992, the author was Chairman of the scientific advisory board for the SAFF pilot project at the former Saarbrücken UAS.

11 PhD thesis: Investigation and development of methods for active vibration reduction.

versitäten entwickelten sich mehr und mehr auf einer sachlichen Basis. Dem Autor gelang es 1995, eine kooperative Promotion[11] mit Prof. Dr. Jörg Wallascheck von der damaligen Gesamthochschule Paderborn – seit 2002 Universität – zu vereinbaren.

Auch das NRW-Wirtschaftsministerium hat Forschung und Entwicklung an den Fachhochschulen mit der Technischen Beratung Nordrhein-Westfalen (TBNW) und 1989 mit dem Programm Zukunftsinitiative für die Regionen Nordrhein-Westfalen (ZIN) zur Gründung von An-Instituten gefördert.[12] Der Autor hat mit dem Kollegen Prof. Dr.-Ing. Dietmar Dietrich das CAE-Institut in Beckum, die heutige CAE Innovative Engineering GmbH, mit einer Fördersumme von über elf Millionen DM aufgebaut. Leider, auch das ist eine wichtige Erfahrung, musste die schäbige, charakterlose Zusammenarbeit mit der lokalen Wirtschaftsförderung (Gesellschaft für Wirtschaftsberatung, GfW) und Kreispolitik abgebrochen[13] werden.

Der Rechenschaftsbericht 1998/1999 zeugt von den Fortschritten der FH Bielefeld unter der neuen rechtlichen Setzung der angewandten Forschung als Dienstaufgabe. Es wurden 36 Projekte aus Fachhochschulmitteln gefördert. Die Forschungsschwerpunkte Fotografie und Medien, Systemoptimierung und Lärmminderung im Maschinenbau, Elektrische Energie – Mobilität – Umwelt und Industrielle Bewegungstechnologie berichten über viele FuE-Projekte. Insgesamt wurden 133 Drittmittelprojekte durchgeführt und 2.789.313 DM eingeworben.[14]

11 Promotionsthema: Untersuchungen und Entwicklung von Verfahren zur aktiven Schwingungsreduktion.
12 Der Autor und Kollegen gründeten 1989 das CAE-Institut (11 Mio. DM) in Beckum, das am 15. Juni 1990 vom Ministerium für Wissenschaft und Forschung als An-Institut gemäß § 27a FHG anerkannt wurde. Spezialität: Rechnergestützte Produktentwicklung. Im Jahr 2008 hatte das Institut etwa 75 Mitarbeiterinnen und Mitarbeiter.
13 Neue Westfälische vom 18.8.2014: »Das Geld gehört in Forschungsprojekte. Kreis Warendorf – Der langjährige Vorsitzende der SPD-Kreistagsfraktion und Bundestagsabgeordnete Reinhard Schultz hat die Gründung des CAE-Instituts ebenso wie des INFA in Ahlen von Anfang an begleitet und unterstützt. ›Das sind zwei der wenigen gelungenen Beiträge zum Strukturwandel durch Zusammenarbeit mit benachbarten Hochschulen. Innovationsförderung durch Technologietransfer in Zusammenarbeit mit der regionalen und inzwischen überregionalen Wirtschaft ist das Geheimnis des Erfolgs.‹ Anfangs habe das Land NRW Anschubfinanzierung geleistet, bis sich beide Institute ökonomisch freigeschwommen hatten. Politik des damaligen Chefs der GfW, der Wirtschaftsförderungsgesellschaft des Kreises, sei es gewesen, so Schultz, immer mehr Aktivitäten zu entfalten, ohne bei seinen Gesellschaftern zusätzliche Finanzmittel abrufen zu müssen. Die hätte er auch nicht bekommen. Als es für die GfW enger wurde – politisch wie finanziell – habe er Rückstellungen für eventuelle Rückforderungen des Landes in Sachen CAE, die er in der GfW-Bilanz geparkt hatte, zugunsten der GfW aufgelöst und nicht zugunsten des CAE-Instituts. Diese Vorgänge hatten schon damals Kreispolitiker misstrauisch gemacht. Schultz: ›Aber formal war alles korrekt. Das haben die Gerichte dann ja auch bestätigt.‹ Prof. Dr. Ostholt – sicher ein Feuerkopf, meint Schultz – sei juristisch nicht angreifbar über den Tisch gezogen worden. Und das von den Personen und Institutionen, denen er zum Erfolg verholfen habe. Natürlich verdiene das CAE-Institut heute gutes Geld. Das sei ja auch der Sinn dieser Wirtschaftsförderung gewesen. ›Trotzdem müsste der umstrittene Geldbetrag – politisch und moralisch gesehen – für Forschungsvorhaben des CAE-Instituts zur Verfügung stehen‹, findet der SPD-Mann. Zum Beispiel als Eigenmittel für geförderte Forschungsprojekte, die auch im Interesse der regionalen Wirtschaft sind. ›Hier könnte man einen Kompromiss finden, der den Mittelrückfluss über einige Jahre streckt und an ein regionales Interesse bindet‹, so Schultz. Prof. Dr. Ostholt werde Ernst machen und das CAE-Institut aus dem Dunstkreis von Kreisverwaltung und GfW abziehen. Das sei sein gutes Recht und er verstehe das auch, meint Schultz. ›Aus Sicht von Beckum und des Kreises Warendorf kann ich nur mahnen: Zeigt, dass es Euch um die Sache geht und reicht dem CAE-Institut und seinem Eigentümer die Hand. Ihr habt alle Prozesse gewonnen, aber nicht recht gehabt. Steckt die umstrittenen 3,4 Millionen Euro in Zukunftsprojekte des CAE-Instituts, die der ganzen Region zu Gute kommen.‹«
14 FH Bielefeld (Hg.): Rechenschaftsbericht 1998/1999, S. 20–51.

The North Rheine-Westphalia Ministry of Economic Affairs has also supported research and development at the UAS with the Technical Advisory Service North Rhine-Westphalia (TBNW) and, in 1989, with the Future Initiative for the Regions of North Rhine-Westphalia (ZIN) programme for the establishment of associated institutes.[12] The author, together with his colleague Prof. Dr.-Ing. Dietmar Dietrich, set up the CAE Institute in Beckum, now CAE Innovative Engineering GmbH, with funding of over DM 11 million. Unfortunately, and this is also an important experience, the shabby and characterless cooperation with the local Economic Development Agency (Gesellschaft für Wirtschaftsberatung, GfW) and district politics had to be broken off.[13]

The 1998/1999 annual report bears witness to the progress made by the Bielefeld UAS under the new legal framework of applied research as a task of duty. 36 projects were funded from UAS funds. The main areas of research Photography and Media, System Optimisation and Noise Reduction in Mechanical Engineering, Electrical Energy – Mobility – Environment and Industrial Motion Technology report on many R&D projects. A total of 133 third-party funded projects were carried out and DM 2,789,313 was raised.[14]

12 *In 1989, the author and colleagues founded the CAE Institute (DM 11 million) in Beckum, which was recognised as an affiliated institute by the Ministry of Science and Research on 15 June 1990 in accordance with § 27a FHG. Speciality: Computer-aided product development. In 2008 the institute had about 75 employees.*

13 *Translated according to Neue Westfälische of 18.8.2014. »The money belongs in research projects District of Warendorf – Reinhard Schultz, the long-standing chairman of the SPD district parliament faction and member of the Bundestag, has accompanied and supported the founding of the CAE Institute as well as the INFA in Ahlen from the very beginning. ›These are two of the few successful contributions to structural change through cooperation with neighbouring universities. Promoting innovation through technology transfer in cooperation with regional and now supraregional industry is the secret of success‹. Initially, the State of North Rhine-Westphalia provided start-up funding until both institutes had found their economic freedom. According to Schultz, the policy of the then head of the GfW, the district's economic development agency, was to develop more and more activities without having to call on additional funding from its shareholders. He would not have received any such funds either. When things got tighter for the GfW – both politically and financially – he released provisions for possible claims for recovery by the state in the CAE case, which he had parked in the GfW balance sheet, in favour of the GfW and not in favour of the CAE Institute. These events had already made district politicians suspicious at the time. Schultz: ›But formally everything was correct. That is what the courts confirmed.‹ Prof. Dr. Ostholt – certainly a spitfire, says Schultz – has been pulled over the table without any legal challenge. And this was done by the people and institutions he had helped to succeed. Of course, the CAE Institute is earning good money today. After all, that was the purpose of this economic development. ›Nevertheless, the controversial amount of money should – politically and morally – be available for research projects of the CAE Institute‹, the SPD man says. For example, as own funds for subsidised research projects which are also in the interest of the regional economy. ›Here, a compromise could be found that extends the return of funds over a number of years and ties them to a regional interest,‹ says Schultz. Prof. Dr. Ostholt will take the matter seriously and withdraw the CAE Institute from the circle of the district administration and the GfW. That is his right and he understands that, Schultz says. From the perspective of Beckum and the Warendorf district, I can only admonish: Show that you care about the cause and extend your hand to the CAE Institute and its owner. You have won all the lawsuits, but you were not right. Put the controversial 3.4 million euros into future projects of the CAE Institute, which will benefit the whole region.‹«*

14 Bielefeld UAS (ed.): *Rechenschaftsbericht 1998/1999*, pp. 20–51.

Diese steigenden angewandten Forschungsaktivitäten in allen Fachhochschulen haben erheblich dazu beigetragen, die Reputation von Forschung an Fachhochschulen zu festigen und im Disput mit den Universitäten zu versachlichen.[15]

Damit wurden die anwendungsbezogene Lehre als Forschungsfeld, der Bedarf zur Lehre, und auch das heute besonders wichtige Forschungsfeld Lehre und selbstständiges Studieren als Dienstaufgabe rechtlich festgelegt und anerkannt.

Der Wissenschaftsrat hatte 1996 in den Thesen zur Forschung an Fachhochschulen[16] festgestellt, dass die Hochschulgesetze der Länder den Fachhochschulen nun die Aufgabe von angewandten Forschungs- und Entwicklungsarbeiten als Dienstaufgabe zuweisen. Der Zugang zu qualifiziertem Personal ist von besonderer Bedeutung für die angewandte Forschung. Die Promotionsmöglichkeiten für Fachhochschulabsolventinnen und -absolventen haben sich durch die Vereinheitlichung von Studiengängen und -abschlüssen (Bachelor/Master im Bologna-Prozess) verbessert. Fachhochschulen besitzen bisher kein eigenständiges Promotionsrecht; jedoch ermöglicht man ihnen kooperative Promotionsverfahren, die teilweise im Graduiertenkolleg mit den Universitäten stattfinden.

Nach dem neuen Hochschulgesetz vom 1. Oktober 2019 gibt es inzwischen eigenständige Promotionen im Promotionskolleg für Angewandte Forschung der Fachhochschulen in Nordrhein-Westfalen.[17]

Auf den ersten Blick scheint es so, als sei alles gelöst. Doch die nach wie vor hohe Lehrverpflichtung von 18 Semesterwochenstunden erweist sich immer noch als große Hürde. Das wird jeder einsehen müssen. Will man die angewandte Forschung an Fachhochschulen stärken, muss man das Lehrdeputat für forschungsaktive Professorinnen und Professoren auf etwa zwölf Semesterwochenstunden – zumindest auf Zeit – senken. Die SPD hat in dem Antrag ›17/5376: Forschungstätigkeiten an Hochschulen für angewandte Wissenschaften stärken – Weitere Professuren einrichten‹ an den Landtag Nordrhein-Westfalen diese Problematik aufgegriffen.[18]

Darüber hinaus haben die Fachhochschulen Probleme, Forschung nachhaltig zu finanzieren. Anders als Universitäten verfügen Hochschulen für angewandte Wissenschaften über keine eigenständige Grundfinanzierung für Forschung und sind damit fast gänzlich auf die Einwerbung von Drittmitteln angewiesen.

Heute – 2021 – kooperieren Fachhochschulen in vielfältiger Weise in der Forschung mit Universitäten und Forschungseinrichtungen. Eine herausragende Besonderheit ist das Fraunhofer-Institut an der TU Lemgo. Anfang Oktober 2009

15 Vgl. dazu Hochschulrektorenkonferenz 1997 (Hg.): Zur Forschung an Fachhochschulen, in: https://www.hrk.de/positionen/position/beschluss/detail/zur-forschung-der-fachhochschulen (20.12.2020); die vom Bundesministerium für Bildung und Forschung 2004 veröffentlichte ›Potenzialstudie Forschungslandkarte Fachhochschule‹, in: https://forschungslandkarte.isi-projekt.de/pdf/endbericht.pdf (20.12.2020), die 2014 vom Centrum für Hochschulentwicklung (CHE) herausgegebene Studie ›Gleichzeitigkeit des Ungleichzeitigen? Lage und Zukunft von Fachhochschulen im Hochschulsystem aus Sicht von Fachhochschulleitungen‹, sowie Jörg-Peter Pahl: Fachhochschule. Von der Fachschule zur Hochschule für angewandte Wissenschaften, Bielefeld 2018.

16 Die Thesen wurden vom HRK-Ausschuss Forschung und wissenschaftlicher Nachwuchs vorbereitet, in dem der Autor die Fachhochschulen vertrat. Der Ausschuss tagte auch einmal im CAE-Institut in Beckum.

17 HG vom 1.10.2019, § 67b, in: https://recht.nrw.de/lmi/owa/br_bes_detail?sg=0&menu=1&bes_id=28364&anw_nr=2&aufgehoben=N&det_id=450709 (20.12.2020). Siehe dazu den Artikel von Martin Sternberg in diesem Buch.

18 Vgl. https://philipp-fuer-duisburg.de/wp-content/uploads/2019/07/Antrag_Forschungst%C3%A4tigkeit_an_Hochschulen.pdf (20.12.2020).

These increasing applied research activities at all universities of applied sciences have contributed significantly to consolidating the reputation of research at universities of applied sciences and to objectifying it in disputes with the universities.[15]

Thus, applied teaching as a field of research, the need for teaching, and also the research field of teaching and independent study, which is particularly important today, were legally defined and recognised as a task of duty.

In 1996, in its Theses on research at Universities of Applied Sciences,[16] *the Science Council stated that the higher education laws of the countries now assign the task of applied research and development work to the universities of applied sciences as a task of duty. Access to qualified staff is of particular importance for applied research. Doctoral opportunities for graduates of the universities of applied sciences have improved as a result of the standardisation of study programmes and degrees (Bachelor's/Master's in the Bologna Process). The universities of applied sciences have not previously had an independent right to award doctorates; but they are now able to offer cooperative doctoral programmes, some of which take place in the Graduate Institute with the universities.*

In accordance with the new Higher Education Act of 1 October 2019, there are now independent doctorates at the Doctoral College for Applied Research at the universities of applied sciences in North Rhine-Westphalia.[17]

At first sight it seems as if everything has been solved. But the still high teaching obligation of 18 semester hours per week still proves to be a major hurdle. Everyone will have to realise that. If you want to strengthen applied research at the UAS, you have to reduce the teaching load for professors who are active in research to around twelve semester hours per week – at least for a limited period of time. The SPD has taken up this issue in its motion ›17/5376: Strengthen Research Activities at Universities of Applied Sciences – Further Professorships to be Established‹ in the state parliament of North Rhine-Westphalia.[18]

In addition, the universities of applied sciences have problems financing research on a sustainable basis. In contrast to universities, the universities of applied sciences do not have independent basic funding for research and are therefore almost entirely dependent on the acquisition of third-party funding.

Today – 2021 – the universities of applied sciences cooperate with the universities and research institutions in a variety of ways in research. An outstanding speciality is the Fraunhofer Institute at the Lemgo UAS. At the beginning of October 2009, the Fraunhofer IOSB-INA was founded at the Campus Lemgo. At the beginning of 2012, it was expanded to become the first Fraunhofer application centre in cooperation with

15 Cf. Hochschulrektorenkonferenz 1997 (ed.): *Zur Forschung an Fachhochschulen*, in: https://www.hrk.de/positionen/position/beschluss/detail/zur-forschung-der-fachhochschulen (26.8.2020); the study on potential published by the Federal Ministry of Education and Research in 2004, the research map of UAS, in: https://forschungslandkarte.isi-projekt.de/pdf/endbericht.pdf (24.8.2020), the study published in 2014 by the Centre for Higher Education Development (CHE, ed.): *›Gleichzeitigkeit des Ungleichzeitigen? Lage und Zukunft von Fachhochschulen im Hochschulsystem aus Sicht von Fachhochschulleitungen‹*, and Jörg-Peter Pahl: *Fachhochschule. Von der Fachschule zur Hochschule für angewandte Wissenschaften*, Bielefeld 2018.
16 *The theses were prepared by the HRK Committee on Research and Young Academics and Scientists, in which the author represented the UAS. The Committee also met once at the CAE Institute in Beckum.*
17 *Higher Education Act of 1.10.2019, § 67b*, in: https://recht.nrw.de/lmi/owa/br_bes_detail?sg=0&menu=1&bes_id=28364&anw_nr=2&aufgehoben=N&det_id=450709 (26.8.2020). *See the article by Martin Sternberg in this book.*
18 See https://philipp-fuer-duisburg.de/wp-content/uploads/2019/07/Antrag_Forschungst%C3%A4tigkeit_an_Hochschulen.pdf (26.8.2020).

wurde das Fraunhofer IOSB-INA am Campus Lemgo gegründet. Anfang 2012 wurde es zum ersten Fraunhofer-Anwendungszentrum in Kooperation mit einer Fachhochschule in Deutschland ausgebaut und 2017 nach erfolgreicher Evaluation zum Institutsteil für Industrielle Automation aufgewertet.

Forschung ist heute rechtlich zweifelsfrei Dienstaufgabe der Fachhochschulen. Das gewonnene anwendungsorientierte Erfahrungs- und Handlungswissen in Fachhochschulen schließt Erkenntnisse der Grundlagenforschung ein. Ziel ist die Gewinnung wissenschaftlicher Lösungen für konkrete Herausforderungen in Wirtschaft und Gesellschaft sowie deren Integration in die praxisbezogene Lehre für die berufliche Tätigkeit der Absolventinnen und Absolventen.

a university of applied sciences in Germany and, following successful evaluation, was upgraded in 2017 to become the institute's Industrial Automation unit.

There is no doubt in law that research today is a duty of the universities of applied sciences. The application-oriented experience and action knowledge gained at the universities of applied sciences includes findings from basic research. The aim is to find scientific solutions to concrete challenges in business and society and to integrate them into practice-oriented teaching for the graduates' professional activities.

LERNWELTEN

LEARNING WORLDS

Wer 1971 geboren wurde und knapp zwanzig Jahre später ein Studium in Nordrhein-Westfalen aufnahm, dürfte sich dafür vielfach in Gebäuden aus der Zeit der Hochschulexpansion seit 1960 bewegt haben. Schon in den 1990er-Jahren merkte man ihnen ihr Alter an. Was lange noch als ›morbider Charme‹ durchging, kam spätestens 2012, im Jahr der Düsseldorfer Erklärung zum Hochschulbau,[1] mit negativen Schlagzeilen von bröckelnden Fassaden, Dachschäden und Sanierungsstaus in die Medien und hochschulpolitischen Arbeitsprogramme.[2] Auch an der FH Bielefeld konnte zu diesem Zeitpunkt kein Zweifel bestehen, dass ihre

1 Download unter https://www.uni-kanzler.de/was-wir-machen/die-arbeitskreise/ak-hochschulbau (10.1.2021).
2 Vgl. Jana Stibbe, Friedrich Stratmann: Bau- und Instandsetzungsbedarf in den Universitäten. Soll-Ist-Vergleich für den Zeitraum 2008 bis 2012. HIS-HE im DZHW: Forum Hochschule 5/2014, Hannover 2014; Dies.: Finanzierungsbedarf für den Bestandserhalt der Hochschulgebäude bis 2025. StS-Arbeitsgruppe der KMK »Wege zum Abbau des Sanierungs- und Modernisierungstaus im Hochschulbereich«. HIS-HE: Forum Hochschulentwicklung 1/2016, Hannover 2016.

Those who were born in 1971 and began their studies in North Rhine-Westphalia almost twenty years later probably spent a lot of time in buildings from the period of university expansion since 1960. By the 1990s, they were already showing their age. What had long passed for ›morbid charm‹ made its way into the media and higher education policy work programmes in 2012 at the latest, the year of the Düsseldorf Declaration on University Construction,[1] with negative headlines about crumbling facades, roof damage and renovation backlogs.[2] At that time, there could also be

1 Download at https://www.uni-kanzler.de/was-wir-machen/die-arbeitskreise/ak-hochschulbau (10.1.2021).
2 Cf. Jana Stibbe, Friedrich Stratmann: Bau- und Instandsetzungsbedarf in den Universitäten. Soll-Ist-Vergleich für den Zeitraum 2008 bis 2012: HIS-HE im DZHW: Forum Hochschule 5/2014, Hanover 2014; same: Finanzierungsbedarf für den Bestandserhalt der Hochschulgebäude bis 2025. StS-Arbeitsgruppe der KMK. »Wege zum Abbau des Sanierungs- und Modernisierungstaus im Hochschulbereich«: HIS-HE: Forum Hochschulentwicklung 1/2016, Hanover 2016.

Gebäudeinfrastruktur für ihre wissenschaftliche Innovations-, Leistungs- und Wettbewerbsfähigkeit strategisch ausgesprochen bedeutsam ist. Hier kam erschwerend hinzu, dass die FH ein über Bielefeld und bis nach Minden verstreutes Hochschulbautenkonglomerat bildete, was viel mit der Geschichte ihrer Vorgängereinrichtungen zu tun hatte und insofern historisch gewachsen war. Die Gebäude- und Raumkonzepte folgten weniger den Bedürfnissen einer wissenschaftlichen Einrichtung als der Logik baulich-technischer Unabänderlichkeiten und Mängel. Vor diesem Hintergrund war der 2015 erfolgte Umzug der meisten Standorte der FH Bielefeld in die neuen Campusbauten in Bielefeld und Minden ein epochaler Schritt. Für die bis dahin sechs Bibliotheksstandorte der Hochschulbibliothek gilt dies allemal.

Vom Sanierungsstau zur Lernwelt

Dass die Gebäudesituation einer Hochschule in einem direkten Zusammenhang dazu steht, wie glaubwürdig sich diese als »Lernort« oder »Lernraum« für Studierende präsentiert, ist aus heutiger Sicht evident. Doch die Frage nach dem Wo und Wie studentischen Lernens bildet erst in jüngerer Zeit ein hochschulstrategisches Handlungsfeld im »Zusammenspiel von Raumstruktur, technischer Infrastruktur, didaktischen Konzepten und organisatorischer Rahmung«.[3] Wo kann bzw. konnte man an der Hochschule außerhalb von Hörsälen und Seminarräumen lernen? In der Bibliothek, der Cafeteria oder dem PC-Pool, irgendwo auf dem Flur, in Durchgangsbereichen und Außenflächen, unter Treppenaufgängen oder in zufällig gefundenen Fensternischen? Vor den Campusumzügen hatten insbesondere Lerngruppen an der FH oft das Nachsehen – sofern ihnen nicht der legendäre ›rote Salon‹ zur Verfügung stand, ein offener Verkehrsflächenbereich vor dem Hörsaalcluster am Standort Wilhelm-Bertelsmann-Straße, oder die Ateliers, Werkstätten und Freiflächen am Fachbereich Gestaltung in der Lampingstraße.

3 Vgl. Richard Stang, Christine Gläser, Hans-Dieter Weckmann, Fabian Franke: Zur Situation der Lernwelt Hochschule, in: Alexandra Becker, Richard Stang (Hg.): Lernwelt Hochschule. Dimensionen eines Bildungsbereichs im Umbruch, Berlin, Boston 2020, S. 9–18, hier: S. 12. DOI: https://doi.org/10.1515/9783110591026 (10.1.2021).

no doubt at the Bielefeld UAS that its building infrastructure was strategically extremely important for its academic innovation, performance and competitiveness. This was aggravated by the fact that the University of Applied Sciences formed a conglomerate of university buildings scattered across Bielefeld and as far as Minden, which had much to do with the history of its predecessor institutions and was thus historically grown. The building and room concepts followed less the needs of an academic institution than the logic of structural-technical immutability and deficiencies. Against this backdrop, the move of most of Bielefeld UAS's locations to the new campus buildings in Bielefeld and Minden in 2015 was an epoch-making step. This is certainly true for the six library locations of the University Library by then.

From Renovation Backlog to Learning World

From today's perspective, it is evident that the building situation of a university is directly related to how credibly it presents itself as a »place of learning« or »learning space« for students. However, the question of where and how student learning takes place has only recently become a strategic field of action for higher education in the »interplay of spatial structure, technical infrastructure, didactic concepts and organisational framing«.[3] Where can or could one learn at the university outside of lecture halls and seminar rooms? In the library, the cafeteria or the PC pool, somewhere in the corridor, in passageways and outdoor spaces, under stairways or in window niches found by chance? Before the campus moves, study groups at the University of Applied Sciences in particular were often at a disadvantage – unless they had the legendary ›red salon‹ at their disposal, an open circulation area in front of the lecture theatre cluster at the Wilhelm-Bertelsmann-Strasse location, or the studios, workshops and

3 *Translated according to Richard Stang, Christine Gläser, Hans-Dieter Weckmann, Fabian Franke: Zur Situation der Lernwelt Hochschule, in: Alexandra Becker, Richard Stang (eds.): Lernwelt Hochschule. Dimensionen eines Bildungsbereichs im Umbruch, Berlin, Boston 2020, pp. 9–18, here: P. 12. DOI: https://doi.org/10.1515/9783110591026 (10.1.2021).*

Erst mit der Bologna-Reform, mit dem Paradigma der Kompetenzorientierung und dem geforderten Shift from Teaching to Learning richteten sich die Anstrengungen an den Hochschulen mehr oder weniger konsequent auf die baulichen, organisatorischen, technologischen und didaktischen Rahmenbedingungen, die für eine optimale Unterstützung der Lern- und Arbeitsprozesse Studierender förderlich sind. Über die bloße Gestaltung und Ausstattung von Räumen für studentische Selbstlernsettings geht dies weit hinaus. Vielmehr greifen strategische Hochschulentwicklung, Hochschulinfrastruktur und Serviceleistungen zum Beispiel von Bibliotheken, Didaktikzentren, zentraler IT und Beratungsstellen dabei im Optimalfall gut ineinander. Dieser Anspruch einer integrierenden Sicht auf alle lernrelevanten Angebote ist impliziert, wenn aktuell von »Lernwelten« gesprochen wird.[4]

Homeoffice und Bibliotheksflirt: Orte des Selbststudiums

»Die beliebteste Lernwelt der Studierenden ist das Homeoffice«,[5] stellte eine prominente HIS-Studie bereits vor der Corona-Krise fest. An den Hochschulen sind die wichtigsten (physischen) Orte des Selbststudiums die Bibliotheken, auch wenn dies Ergebnis an Fachhochschulen insgesamt weniger deutlich ausfällt. Für den Lernort Bibliothek sprechen demnach Gründe wie eine ruhige, konzentrationsfördernde Arbeitsatmosphäre, der Zugang zum WLAN und zu gedruckter Literatur; gerade für Fachhochschulstudierende geben zudem Gruppenarbeitsmöglichkeiten und soziale Kontakte an der Hochschule den Ausschlag.[6]

Was durch die HIS im Abstand von sechs Jahren gleich zweimal zutage kam, bestätigt so manche Intuition: Für viele Studierende ist die Bibliothek über Generationen hinweg die Antwort schlechthin auf die Frage nach dem Wo ihres Lernens. Da gibt es Stammplätze, die sehr persönlich eingerichtet sein können,[7] ritualisierte Lern- und Pausenverabredungen sowie die unbeabsichtigten Begegnungen mit immer wieder denselben Unbekannten, die auch ohne Kenntnis von Namen etc. irgendwann wie alte Vertraute sind. Bibliotheken bieten ›Out-of-the-box-Konzentration‹ bis hin zur ständigen ›Psst‹-Botschaft: »Hier wird gearbeitet.«[8] Einige schätzen die Ablenkung, die Bibliotheken bei alledem bieten, etwa wenn man durch ihre Bereiche flaniert oder zwanglos mit anderen Menschen in Kontakt tritt, quasi als Flirt mit oder in der Bibliothek, wie Jonas Fansa tituliert.[9] Andere empfinden die »Aura der Gelehrsamkeit«[10] als bedrückenden Appell. Eine Professorin des Fachbereichs Gestaltung der FH Bielefeld erzählte einmal, dass sie »so viel Schuld« beim Aufenthalt in der Bibliothek empfinde, weil da so viel sei, was sie noch nicht gelesen habe.

4 Alexandra Becker, Richard Stang (Hg.): Lernwelt Hochschule. Dimensionen eines Bildungsbereichs im Umbruch. Berlin/Boston 2020. DOI: https://doi.org/10.1515/9783110591026 (10.1.2021).
5 Bernd Vogel, Janka Willige, Judith Grützmacher, Swetlana Sudheimer: Orte des Selbststudiums 2018. Eine empirische Studie zur zeitlichen und räumlichen Organisation des Lernens von Studierenden. HIS-HE: Forum Hochschule 1/2019, Hannover 2019, S. 1.
6 Ebd., S. 1, 2 und 63.
7 Vgl. Jens Ilg: Lernen wie Wohnen? Ergebnisse einer Befragung zum Lernraum Bibliothek, in: B.I.T.online 17 (2014) Nr. 3, S. 231–239, und http://www.b-i-t-online.de/heft/2014-03-fachbeitrag-ilg.pdf (10.1.2021).
8 Jonas Fansa: Bibliotheksflirt. Bibliothek als öffentlicher Raum, Bad Honnef 2008, S. 79, und https://edoc.hu-berlin.de/handle/18452/14096 (10.1.2021).
9 Vgl. Fansa 2008.
10 Ebd., S. 91.

open spaces at the Faculty of Design in Lampingstrasse. It was not until the Bologna reform, with the paradigm of competence orientation and the required shift from teaching to learning, that efforts at universities were directed more or less consistently towards the structural, organisational, technological and didactic framework conditions conducive to optimal support of students' learning and work processes. This goes far beyond the mere design and equipment of rooms for student self-learning settings. Rather, strategic higher education development, higher education infrastructure and services, for example from libraries, didactics centres, central IT and counselling centres, optimally intertwine. This claim of an integrating view of all learning-relevant offers is implied when »learning worlds« are currently spoken of.[4]

Home Office and Library Flirtation: Places of Self-Study

»The most popular learning world for students is the home office«,[5] *stated a prominent HIS study even before the Corona crisis. At universities, the most important (physical) places for self-study are the libraries, even if this result is less clear at universities of applied sciences overall. According to this study, reasons such as a quiet working atmosphere that promotes concentration, access to WLAN and printed literature speak in favour of the library as a place of learning; especially for students at universities of applied sciences, group work opportunities and social contacts at the university are also decisive.*[6]

What HIS has uncovered twice within six years confirms many believes: For many students, over generations, the library is the answer par excellence to the question of where they learn. There are regular places that can be very personally furnished,[7] *ritualised study and break appointments as well as the unintentional encounters with the same strangers over and over again who, even without knowing their names, etc., eventually become like old acquaintances. Libraries offer ›out-of-the-box concentration‹ up to the constant ›psst‹ message: »Work is being done here.«*[8] *Some appreciate the distraction that libraries offer in all of this, such as when one strolls through their areas or casually makes contact with other people, quasi flirting with or in the library, as Jonas Fansa dubs it.*[9] *Others find the »aura of erudition«*[10] *an oppressive appeal. A professor in the Faculty of Design at the Bielefeld UAS once said that she felt »so much guilt« when she spent time in the library because there was so much there that she hadn't read yet.*

If you want, you can see in it the modern idea of the library as an ordered space of knowledge and memory: In libraries, the knowledge of a time is spatially

4 Alexandra Becker, Richard Stang (eds.): Lernwelt Hochschule. Dimensionen eines Bildungsbereichs im Umbruch, Berlin/Boston 2020. DOI: https://doi.org/10.1515/9783110591026 (10.1.2021).

5 Translated according to Bernd Vogel, Janka Willige, Judith Grützmacher, Swetlana Sudheimer: Orte des Selbststudiums 2018. Eine empirische Studie zur zeitlichen und räumlichen Organisation des Lernens von Studierenden. HIS-HE: Forum Hochschulentwicklung 1/2019, Hanover 2019, p. 1.

6 Ibid., pp. 1, 2 and 63.

7 Cf. Jens Ilg: Lernen wie Wohnen? Ergebnisse einer Befragung zum Lernraum Bibliothek, in: B.I.T.online 17 (2014) No. 3, pp. 231–239, and http://www.b-i-t-online.de/heft/2014-03-fachbeitrag-ilg.pdf (10.1.2021).

8 Translated according to Jonas Fansa: Bibliotheksflirt. Bibliothek als öffentlicher Raum, Bad Honnef 2008, p. 79, and https://edoc.hu-berlin.de/handle/18452/14096 (10.1.2021).

9 Ibid.

10 Ibid., p. 91.

Wer will, sieht darin die neuzeitliche Idee der Bibliothek als geordneten Wissens- und Gedächtnisraums aufscheinen: In Bibliotheken ist das Wissen einer Zeit räumlich verfügbar[11] und ähnlich der heutigen ›Was man wissen muss‹-Literatur stoßen sie die Lesenden gelegentlich peinlich auf die eigenen Wissenslücken. Der ›Kampf‹, in den Wissenschaften immer mehr Veröffentlichungen in immer kürzerer Zeit nicht nur zur Kenntnis zu nehmen, sondern auch selbst zu produzieren, um auf einem Fachgebiet im Gespräch zu bleiben, hält desto mehr an; ein Ende ist angesichts jährlich steigender Publikationszahlen auf dem Wissens- und Informationsmarkt nicht absehbar. Physisch-räumliche Ordnungen helfen längst nicht mehr, alles zu Wissende auch wirklich zu wissen, schon allein weil ein sehr großer Teil der wissenschaftlichen Information heute digital vorliegt und einzig Suchmaschinentechnologie, Künstliche Intelligenz und verborgene Google-Algorithmen den Informationsdschungel für uns durchdringbar(er) machen.

Ab den 2000er-Jahren inszenierten Bibliotheken ihre neu erworbenen E-Book-Sammlungen im Bibliotheksraum, zum Beispiel durch papierene Bücherstellvertreter, Aufsteller mit den ausgedruckten E-Book-Titelseiten, Flyer oder später QR-Codes an den Bücherregalen. Auch die Fachhochschulbibliotheken in NRW hatten da längst erkannt, dass die Beschäftigung mit digitaler wissenschaftlicher Information das Thema der Zukunft ist – ein Thema, das die Zukunft der Bibliotheken zugleich zu bedrohen schien. Die Frage, ob Bibliotheken nicht bald überflüssig würden, da doch ohnehin »alles online« im Netz stehe, wird seit Jahrzehnten immer wieder gestellt und verneint. Gerade Bibliotheken engagieren sich heute für den freien Zugang zu wissenschaftlicher Information (Open Access), d.h. für den Zugriff auf qualitätsgesicherte Wissenschaftsveröffentlichungen ohne technische, finanzielle oder rechtliche Hürden. Open Access setzt einen grundlegenden Wandel des wissenschaftlichen Publikationssystems voraus, bei dem Veröffentlichungen nicht seitens der Rezipierenden, sondern der produzierenden Wissenschaftlerinnen und Wissenschaftler finanziert werden, die an ihren Einrichtungen mit Unterstützung zum Beispiel der Deutschen Forschungsgemeinschaft entsprechende Förderungen erhalten können. Im Open Access publizierter Forschungsoutput ist für alle verfügbar und weltweit sichtbar. Die FH Bielefeld bzw. die Hochschulbibliothek hat Open Access ebenso als Zukunftsthema für sich gesetzt wie Open Education, das die freie Nachnutzbarkeit von Lehr-Lernmaterialien impliziert. Durch die Leitung des Vorprojekts openaccess.nrw, das das Ministerium für Kultur und Wissenschaft über die Digitale Hochschule NRW von 2019 bis 2020 förderte, trug die Hochschulbibliothek der FH Bielefeld im Konsortium mit drei Universitäten, der TH Köln und dem Hochschulbibliothekszentrum NRW wesentlich dazu bei, Open Access als landesweites Strategiethema für die nordrhein-westfälische Hochschullandschaft zu implementieren.[12] Als nächster Schritt soll eine landesweite Strategie zur Förderung von Open Access und Open Science erarbeitet werden.[13]

11 Auch hierzu wird an der FH Bielefeld geforscht, siehe z.B.: Robert Felfe, Kirsten Wagner (Hg.): Museum, Bibliothek, Stadtraum. Räumliche Wissensordnungen 1600–1900, Münster 2010.

12 Vgl. den Projektblog unter https://openaccess.nrw/ (10.1.2021).

13 Ministerium für Wirtschaft, Innovation, Digitalisierung und Energie NRW (Hg.): Strategie für das digitale Nordrhein-Westfalen. Teilhabe ermöglichen, Chancen eröffnen, Düsseldorf 2019, S. 27, und https://www.digitalstrategie.nrw/digitalnrw/de/home/file/fileId/308/name/Digitalstrategie_NRW_Endfassung_Final.pdf (10.1.2021).

available[11] and, similar to today's ›what you need to know‹ literature, they occasionally embarrassingly jolt readers with their own gaps in knowledge. The ›struggle‹ in the sciences not only to take note of more and more publications in less and less time, but also to produce them oneself in order to stay in the news in a particular field, continues all the more; an end is not in sight in view of the annually increasing publication figures on the knowledge and information market. Physical-spatial orders have long since ceased to help us really know everything we need to know, if only because a very large part of scientific information is now available digitally and only search engine technology, artificial intelligence and hidden Google algorithms make the information jungle (more) penetrable for us.

From the 2000s onwards, libraries staged their newly acquired e-book collections in the library space, for example through paper book displays, stands with the printed e-book title pages, flyers or later QR codes on the bookshelves. The libraries of the universities of applied sciences in North Rhine-Westphalia had also long since recognised that dealing with digital scientific information was the topic of the future – a topic that seemed to threaten the future of libraries at the same time. The question of whether libraries would not soon become superfluous, since »everything is online anyway«, has been asked and denied again and again for decades. Today, libraries in particular are committed to free access to scientific information (open access), that is access to quality-assured scientific publications without technical, financial or legal hurdles. Open Access presupposes a fundamental change in the scientific publication system, in which publications are not financed by the recipients but by the producing scientists and scholars, who can receive appropriate funding at their institutions with the support of, for example, the German Research Foundation. Research output published in open access is available to all and visible worldwide. The Bielefeld UAS and the University Library have set Open Access as a topic for the future, as well as Open Education, which implies the free re-usability of teaching and learning materials. By leading the preliminary project openaccess.nrw, which was funded by the Ministry of Culture and Science via the Digital University NRW from 2019 to 2020, the University Library of the Bielefeld UAS, in a consortium with three universities, the Cologne UAS and the NRW University Library Centre, made a significant contribution to implementing Open Access as a state-wide strategic topic for the North Rhine-Westphalian higher education landscape.[12] As a next step, a state-wide strategy for the promotion of Open Access and Open Science is to be developed.[13]

When in 2001 the supplement to DUZ ›Wir bieten mehr als Bücher. Hochschulbibliotheken an Fachhochschulen in Nordrhein-Westfalen 1971–2001‹ (›We offer more than books. University libraries at universities of applied sciences in North Rhine-Westphalia 1971–2001‹)[14] was published, the design mandate for the physical learning and working place of the library was relatively marginal in the libraries'

11 Research on this is also being conducted at the Bielefeld UAS, see for example Robert Felfe, Kirsten Wagner (eds.): Museum, Bibliothek, Stadtraum. Räumliche Wissensordnungen 1600–1900, Münster 2010.

12 Cf. the project blog at https://openaccess.nrw/ (10.1.2021).

13 Ministry for Economic Affairs, Innovation, Digitalisation and Energy NRW (ed.): Strategie für das digitale Nordrhein-Westfalen. Teilhabe ermöglichen, Chancen eröffnen, Düsseldorf 2019, p. 27, and https://www.digitalstrategie.nrw/digitalnrw/de/home/file/fileId/308/name/Digitalstrategie_NRW_Endfassung_Final.pdf (10.1.2021).

14 Wolfgang Heuser, Nicole Woratz (eds.): Wir bieten mehr als Bücher. Hochschulbibliotheken an Fachhochschulen in Nordrhein-Westfalen 1971–201. Supplement to DUZ – das unabhängige Hochschulmagazin, Berlin, 14.12.2001.

Als 2001 die Beilage zur DUZ ›Wir bieten mehr als Bücher. Hochschulbibliotheken an Fachhochschulen in Nordrhein-Westfalen 1971–2001‹[14] erschien, war der Gestaltungsauftrag für den physischen Lern- und Arbeitsort Bibliothek im Selbstverständnis der Bibliotheken relativ randständig, sieht man vom kurzen Beitrag der Kreis- und Hochschulbibliothek Bonn-Rhein-Sieg zur Arbeitsplatzgestaltung in ihren 1999 fertiggestellten Neubauten[15] sowie gelegentlichen Erwähnungen von Lese-, Arbeits-, PC- und Multimediaplätzen auch andernorts ab. Einzig Joachim Metzner, damals Vorsitzender der Landesrektorenkonferenz der Fachhochschulen in NRW, spricht in der Einleitung zukunftsweisend von Bibliotheken als »Kommunikationsräumen«.[16] Im Übrigen standen Bibliotheksaufgaben rund um die wissenschaftliche Literatur-, Medien- und Informationsversorgung im Vordergrund einschließlich internetbasierter Fachinformationsangebote (zum Teil selbst entwickelt!) und multimedialer Lernprogramme, zudem die Vermittlung von Medien- und Informationskompetenz. Lernorte wurden digital als »Portale für Informationsdienste« interpretiert.[17]

2004 initiierte die Hochschulbibliothek der FH Bielefeld die hochschulweite E-Learning-Plattform easy learning mit der Verheißung »virtueller Lernräume« für Lehrende und Studierende. Damit existierte an einer der ersten Fachhochschulen in NRW ein digitales Lernmanagementsystem, das – Schicksal der Pioniere – gleich 2010 durch das anschlussfähigere, noch heute eingesetzte ILIAS-System ersetzt wurde. Die Bibliotheksstandorte der FH Bielefeld ähnelten trotz dieser Vorreiterrolle im Digitalen bis zu den FH-Campusumzügen 2015 den Abbildungen in Werbeprospekten einschlägiger Bibliotheksausstatter um 2001. Einen Eindruck davon geben die hier abgebildeten Fotos. Ab 2008 wurden wie an anderen Fachhochschulen auch in den Bibliotheksstandorten der FH Bielefeld RFID-Peripheriegeräte zur Selbstverbuchung von Medien durch die Bibliotheksnutzenden installiert, was längere Öffnungszeiten ohne den Einsatz von Fachpersonal möglich macht. Ein Alleinstellungsmerkmal ist allerdings die FH-eigene Artothek, deren Werke im Rahmen einer Kooperation mit dem Fachbereich Gestaltung in der Hochschulbibliothek Lampingstraße im Original nicht nur betrachtet, sondern auch ausgeliehen werden können, »um sie kennenzulernen, sich mit ihnen auseinanderzusetzen und mit ihnen zu leben.«[18] Auch die gemeinsame Ausstellungsreihe ›Wissen und Kunst‹ mit ihren besonderen Sichten auf Werke von Fachbereichsangehörigen oder -verbundenen erschloss über Jahre ungewöhnliche Seiten des Lehrens und Lernens an der FH Bielefeld.[19]

In die Neugestaltung physischer Lernwelten kam in NRW erst durch Förderungen wie das Fachhochschulausbauprogramm und das Hochschulmodernisierungsprogramm (HMoP) des Wissenschaftsministeriums breite Bewegung. Zwischenzeitlich hatte sich zum Thema inhaltlich viel getan. Einige Hochschulleitungen

14 Wolfgang Heuser, Nicole Woratz (Red.): Wir bieten mehr als Bücher. Hochschulbibliotheken an Fachhochschulen in Nordrhein-Westfalen 1971–2001. Beilage zur DUZ – das unabhängige Hochschulmagazin, Berlin 14.12.2001.

15 Vgl. Christian Spary, Dieter Schwartz, Ingrid Tönges: Zukunftsmodell Kooperation: Bibliotheken auf vereinten Wegen, in: ebd., S. 20–22, hier: S. 20.

16 Vgl. Joachim Metzner: Editorial, in: Heuser, Woratz 2001, S. 2–3, hier: S. 2.

17 Heidi Martin, Andrea Stühn, Peter Otzen: Vermittlung von Medien- und Informationskompetenz, in: Heuser, Woratz 2001, S. 10–13, hier: S. 10.

18 Vgl. https://www.fh-bielefeld.de/bib/kontakt/lampingstrasse/artothek (10.1.2021).

19 Vgl. z.B. https://www.fh-bielefeld.de/presse/archiv/die-zeit-geht-die-bilder-bleiben; https://www.fh-bielefeld.de/presse/archiv/ausstellungseroeffnung-bibliotheks-t-raeume; https://www.fh-bielefeld.de/presse/archiv/veranstaltungen/geilen-zeichnung-und-druckgrafik-zwischen-hand-und-fuss (10.1.2021).

self-image, apart from the short contribution of the Bonn-Rhine-Sieg UAS and District Library on workplace design in its new buildings,[15] completed in 1999, and occasional mentions of reading, working, PC and multimedia workplaces elsewhere. Only Joachim Metzner, then Chairman of the State Rectors' Conference of the Universities of Applied Sciences in North Rhine-Westphalia, speaks in the introduction in a forward-looking way of libraries as »communication spaces«.[16] In other respects, the focus was on library tasks relating to the supply of academic literature, media and information, including internet-based subject information services (some of which were developed in-house!) and multimedia learning programmes, as well as the teaching of media and information literacy. Learning locations were digitally interpreted as »portals for information services«.[17]

In 2004, the University Library of the Bielefeld UAS initiated the university-wide e-learning platform easy learning with the promise of »virtual learning spaces« for teachers and students. This meant that a digital learning management system existed at one of the first universities of applied sciences in NRW, which – fate of the pioneers – was immediately replaced in 2010 by the more connectable ILIAS system still in use today. Despite this pioneering role in the digital world, the library locations of the Bielefeld UAS resembled the images in advertising brochures of relevant library suppliers around 2001 until the University of Applied Sciences campus moves in 2015. The photos shown here give an impression of this. From 2008, as at other universities of applied sciences, RFID peripherals were installed in the library locations of the Bielefeld UAS for the self-checkout of media by library users, which makes longer opening hours possible without the use of specialist staff. A unique selling point, however, is the university's own Artothek, whose works can not only be viewed in their original form in the Lampingstrasse University Library as part of a cooperation with the Faculty of Design, but can also be borrowed »to get to know them, to deal with them and to live with them.« [18] The joint exhibition series ›Wissen und Kunst‹ (›Knowledge and Art‹), with its special views of works by members of or associated with the faculty, has also opened up unusual aspects of teaching and learning at the Bielefeld UAS over the years.[19]

The redesign of physical learning environments in North Rhine-Westphalia only got off to a broad start with funding programmes such as the University of Applied Sciences Expansion Programme and the Higher Education Modernisation Programme (HMoP) of the Ministry of Science. In the meantime, much had been done on the subject of content. Some university administrations commissioned university-wide working groups to strategically redevelop and further develop already existing learning space concepts. [20] Mostly, however, it was individual institutions, often libraries, that took the initiative for bottom-up improvements to learning environ-

15 Cf. Christian Spary, Dieter Schwartz, Ingrid Tönges: Zukunftsmodell Kooperation: Bibliotheken auf vereinten Wegen, in: ibid., pp. 20–22, here: p. 20.
16 Translated according to Joachim Metzner: Editorial, in: Heuser, Woratz 2001, pp. 2–3, here: p. 2.
17 Translated according to Heidi Martin, Andrea Stühn, Peter Otzen: Vermittlung von Medien- und Informationskompetenz, in: Heuser, Woratz 2001, pp. 10–13, here: p. 10.
18 Translated according to https://www.fh-bielefeld.de/bib/kontakt/lampingstrasse/artothek (10.1.2021).
19 Cf. e.g. https://www.fh-bielefeld.de/presse/archiv/die-zeit-geht-die-bilder-bleiben; https://www.fh-bielefeld.de/presse/archiv/ausstellungseroeffnung-bibliotheks-t-raeume; https://www.fh-bielefeld.de/presse/archiv/veranstaltungen/geilen-zeichnung-und-druckgrafik-zwischen-hand-und-fuss (10.1.2021).
20 See e.g. Anne May, Susanne Kannenberg: Entgrenzung und Zusammenarbeit – die Notwendigkeit von Kooperationen im Lernraum, in: ABI Technik 34 (2014) 1, pp. 9–19, here: pp. 14–17.

Fachbibliothek Wilhelm-Bertelsmann-Straße, Zeitschriftenlesebereich, 2002.

Wilhelm-Bertelsmann-Strasse Library, magazine reading area, 2002.

Fachbibliothek Kurt-Schumacher-Straße vor und nach der Umgestaltung, 2008.

Kurt-Schumacher-Strasse Library, before and after the redesign in 2008.

Eingangs-, Theken- und Regalbereich der Fachbibliothek Am Stadtholz, 2002.

Entrance, counter and shelf area of the Am Stadtholz Library, 2002.

Fachbibliothek Campus Minden, 2014.

Campus Minden Library, 2014.

Fachbibliothek Campus Minden, PC-Arbeitsplätze, 2014.

Campus Minden Library, PC workstations, 2014.

beauftragten hochschulweite Arbeitsgruppen, bereits vorhandene Lernraumkonzepte strategisch neu und weiterzuentwickeln.[20] Meist jedoch waren es einzelne Einrichtungen, oft Bibliotheken, die für die Verbesserungen der Lernumgebungen bottom-up die Initiative ergriffen.[21] Bundesweit haben Vertretungen aus Rechenzentren, Bibliotheken und Medienzentren in der AG Lernräume der Deutschen Initiative für Netzwerkinformation e.V. (DINI) Empfehlungen für die Entwicklung der Hochschule zum Lernraum formuliert.[22] Hierzu gehören das Begreifen der Lernraumgestaltung als Strategie und Managementaufgabe, hochschulweite Kooperationen und Entgrenzung von Zuständigkeiten, nutzerorientierte Raumkonzeptionen unter Zonierung und Differenzierung von Flächen je nach Nutzungsszenarien, die Unterstützung der Entwicklung von Informationskompetenz und die Bereitstellung von virtuellen Infrastrukturen und Arbeitsumgebungen.

Dies entspricht zu weiten Teilen dem Arbeitsprogramm an der FH Bielefeld seit 2010. Von den Neubau-, Sanierungs- und Modernisierungsmaßnahmen an den NRW-Hochschulen profitierte auch die FH Bielefeld und mit ihr die Bibliothek, in deren neuen Räumlichkeiten es gelingt, die Hochschule als Ort des Selbststudiums neu in Szene zu setzen. Die Innenraumgestaltungen erfolgten in beiden Neubaubibliotheken in Zusammenarbeit mit dem eigens dafür beauftragten Architekturbüro Andreas Schüring Architekten aus Münster. Mit den neuen Campusbibliotheken entstanden in Bielefeld und Minden architektonische Besonderheiten, die immer wieder auch für Begegnungen mit Vertretungen aus Wirtschaft und Politik einen räumlichen Rahmen bieten.[23]

Die neue Bibliothek am Campus Bielefeld wurde vom Generalplaner AWA raumgeometrisch konzipiert und repräsentativ im Erdgeschoss des FH-Hauptgebäudes verortet. Die öffentlichen Nutzungsbereiche sind in fünf Ebenen angeordnet, die als offene Split-Levels durch ein gemeinsames Treppenhaus verbunden sind und ein großes Raumkontinuum mit vielfältigen Sichtbeziehungen zwischen den Ebenen bilden. Vor allem vom Bereich des Treppenauges ermöglicht dies ein reizvolles Wechselspiel von Sehen und Gesehenwerden, Rückzug, Verbergen und Exponieren. Ein klassisch ausgestalteter Bereich mit der Anmutung eines Lesesaals lädt hier ebenso zum Verweilen ein wie flexibel möblierte Loungezonen, extrovertierte Sitzränge mit Blick bis in den Teutoburger Wald, im Regalbestand verborgene Plätze rund um den Innenhof oder geschlossene Gruppenarbeits- und Schulungsräume. Die eigens für diese Umgebung entwickelte Möblierung in den Farben Cyan und Weiß ist im Gebäude einzigartig.

Die Konzeption und Ausgestaltung der Lernflächen erfolgte in einem hochschulweiten Abstimmungsprozess unter Beteiligung Studierender. Bereits 2011 initiierte die Hochschulbibliothek ein Kooperationsprojekt mit dem Fachbereich Architektur und Bauingenieurwesen, für das sich dreißig Bachelorstudierende zwei Semester lang mit der Innenraumgestaltung der künftigen Campusbibliothek befassten;

20 Vgl. z.B. Anne May, Susanne Kannenberg: Entgrenzung und Zusammenarbeit – die Notwendigkeit von Kooperationen im Lernraum, in: ABI Technik 34 (2014) 1, S. 9–19, hier: S. 14–17.

21 Vgl. Stang, Gläser, Weckmann, Franke 2020, S. 12.

22 Vgl. Deutsche Initiative für Netzwerkinformation e.V. (DINI): Die Hochschule zum Lernraum entwickeln. Empfehlungen der DINI-Arbeitsgruppe ›Lernräume‹, Kassel 2013, und https://dini.de/ag/lernraeume/aktivitaeten/publikationen/ (10.1.2021).

23 Vgl. zu weiteren Details Karin Ilg, Andreas Schüring: Architektonische Konzepte der Hochschulbibliothek Bielefeld, in: ProLibris 1 (2017), S. 14–17.

ments.[21] Nationwide, representatives from computer centres, libraries and media centres have formulated recommendations for the development of the university as a learning space in the WG Learning Spaces of the German Initiative for Network Information (DINI).[22] These include understanding learning space design as a strategy and management task, university-wide cooperation and the dissolution of boundaries between responsibilities, user-oriented space concepts with zoning and differentiation of areas depending on usage scenarios, the support for the development of information literacy and the provision of virtual infrastructures and working environments.

This largely corresponds to the work programme at the Bielefeld UAS since 2010. The Bielefeld UAS also benefited from the new construction, renovation and modernisation measures at the universities in North Rhine-Westphalia, and with it the library, whose new premises succeed in re-staging the university as a place of independent study. The interior design of both new libraries was carried out in co-operation with the specially commissioned architectural firm Andreas Schüring Architekten from Münster. The new campus libraries in Bielefeld and Minden are special architectural features that repeatedly provide a spatial setting for meetings with representatives from business and politics.[23]

The new library at the Campus Bielefeld was designed by the general planner AWA in terms of spatial geometry and located in a representative manner on the ground floor of the University of Applied Sciences main building. The public use areas are arranged in five levels, which are open split levels connected by a common staircase and form a large spatial continuum with diverse visual relationships between the levels. Especially from the area of the staircase eye, this allows for a delightful interplay of seeing and being seen, retreat, concealment and exposure. A classically designed area with the impression of a reading room invites visitors to linger, as do flexibly furnished lounge zones, extroverted seating areas with views as far as the Teutoburg Forest, places hidden in the shelving stock around the inner courtyard or enclosed group work and training rooms. The furniture in the colours cyan and white, specially developed for this environment, is unique in the building.

The conception and design of the learning spaces took place in a university-wide coordination process with the participation of students. As early as 2011, the University Library initiated a cooperation project with the Faculty of Architecture and Civil Engineering, for which thirty Bachelor students spent two semesters working on the interior design of the future campus library; the results (e.g. models) were publicly displayed in an exhibition in the Lampingstrasse Library.[24] In the further implementation process, students had a concrete influence on the design of the lounge furniture, for example by means of sticky dot voting.

The new library at the Campus Minden is also prominently located in the centre of the new building around the central atrium. The entrance area is designed

21 Cf. Stang, Gläser, Weckmann, Franke 2020, p. 12.
22 Cf. Deutsche Initiative für Netzwerkinformation e.V. (DINI): Die Hochschule zum Lernraum entwickeln. Empfehlungen der DINI-Arbeitsgruppe ›Lernräume‹, Kassel 2013, and https://dini.de/ag/lernraeume/aktivitaeten/publikationen/ (10.1.2021).
23 For further details, see Karin Ilg, Andreas Schüring: Architektonische Konzepte der Hochschulbibliothek Bielefeld, in: ProLibris 1 (2017), pp. 14–17.
24 Cf. Karin Ilg: Bibliotheks[t]räume – Die neue Hochschulbibliothek der FH Bielefeld aus Studierendensicht, in: ProLibris 3 (2011), pp. 106–111.

1
1
0
-1
-2

Oben: Hochschulbibliothek Campus Bielefeld: Blick zum Eingang. Die Leitfarbe Cyan ist im Campusneubau einzigartig.

Top: University Library Campus Bielefeld: view of the entrance. The lead colour cyan is unique in the new campus building.

Linke Seite:Hochschulbibliothek Campus Bielefeld: Split-Level-Architektur. Die Loungeebene wird durch die eigens entwickelten halbhohen Zeitschriftenschränke zoniert.

Left side: University Library Campus Bielefeld: split-level architecture. The lounge level is zoned by the specially developed half-height magazine cabinets.

Nächste Seite: Hochschulbibliothek Campus Bielefeld: Lesesaalbereich Richtung Schaufassade am Abend. Die Tischreihen setzen sich im Fensterspiegel scheinbar fort.

Next page: University Library Campus Bielefeld: reading room area towards the display façade in the evening. The rows of tables seem to continue in the window mirror.

die Ergebnisse (z.B. Modelle) wurden in einer Ausstellung in der Fachbibliothek Lampingstraße öffentlich gezeigt.[24] Im weiteren Umsetzungsprozess nahmen Studierende zum Beispiel mittels Klebepunkt-Voting konkret auf die Ausgestaltung der Loungemöbel Einfluss.

Auch die neue Bibliothek am Campus Minden ist exponiert im Mittelpunkt des Neubaus um den zentralen Lichthof gelegen. Der Eingangsbereich ist als räumlich-akustische Schleuse konzipiert, die den Lernort Bibliothek von der Betriebsamkeit des Hochschulbetriebs abschirmt. Überraschend öffnet sich dann der Raum zum lichtdurchströmten, gläsern überdachten Innenhof mit Straßencaféatmosphäre. Zonen zum konzentrierten Arbeiten befinden sich auf dem erhöhten Podest und in den Studiercarrels. Gruppenarbeits- und Schulungsräume gibt es auch hier. Der Regalbereich spielt mit einer offenen Decke und sichtbaren Technikvorrichtungen auf die in Minden angesiedelten technischen Fächer an. Noch mit dem eigens entwickelten transparenten Lack für die stählernen Regale, der Bearbeitungsspuren aus dem Herstellungsprozess sichtbar lässt, präsentiert sich die Bibliothek als wissenschaftliches ›Informationslabor‹. Ein an Spannseilen schwebend angebrachter Teppich aus Industrieleuchten verbindet die unterschiedlichen Flächenbereiche miteinander.

Gemeinsam digitaler: Kooperation im Serviceverbund MIND

Auch über die Gestaltung neuer Bibliotheken hinaus ist die FH Bielefeld ein Beispiel dafür, wie die Ausformung der Lernwelt Hochschule bottom-up von den zentralen Einrichtungen Hochschulbibliothek und zentraler IT in Kooperation mit anderen Hochschulakteuren vorangetrieben wurde und wird. Diese Initiative und ihr Impact kommen nicht von ungefähr. Mit der Bildung des Serviceverbunds MIND (Medien- und Informationsdienste) aus Bibliothek und zentraler IT schuf die FH Bielefeld bereits 2011 eine wichtige Voraussetzung dafür, den Herausforderungen der Lernwelt Hochschule strukturell zu begegnen. Zu den Zielen der Zusammenarbeit in MIND gehört es, Services gemeinsam anzubieten und auszubauen, innovative Themen zu identifizieren und gegebenenfalls zu Projekten zu entwickeln sowie die Digitalisierung der Hochschule voranzutreiben. Vorhaben und Ressourcen werden strategisch gebündelt.[25] Hochschulbibliothek und zentrale IT bestehen in MIND als eigenständige zentrale Einrichtungen, sodass ihre jeweiligen fachlichen Expertisen und Sichtweisen gleichwertig nebeneinander stehen.

Für die Umsetzung neuer Lernweltkonzepte an der FH Bielefeld erwies diese Arbeitsform sich als optimal. Die Arbeit von MIND eröffnet immer wieder neue, auch hochschulweite Handlungsräume über den Tellerrand der eigenen Einrichtung hinaus und im Rahmen von Dienstleistungskooperationen mit anderen. Wichtige Handlungsfelder von MIND sind die Konzeption, Realisierung und permanente Verbesserung physischer und virtueller Lernumgebungen sowie die Entwicklung und Umsetzung neuer Angebote für disziplin- und medienübergreifende Learning

24 Vgl. Karin Ilg: Bibliotheks[t]räume – Die neue Hochschulbibliothek der FH Bielefeld aus Studierendensicht, in: ProLibris 3 (2011), S. 106–111.
25 Vgl. https://www.fh-bielefeld.de/mind (10.1.2021).

as a spatial-acoustic airlock that shields the library as a place of learning from the hustle and bustle of university life. Surprisingly, the space then opens up to the light-flooded, glass-roofed inner courtyard with its street café atmosphere. Zones for concentrated work are located on the raised platform and in the study carrels. Group work and training rooms are also available here. The shelving area alludes to the technical subjects located in Minden with an open ceiling and visible technical equipment. Still with the specially developed transparent varnish for the steel shelves, which leaves traces of machining from the production process visible, the library presents itself as a scientific ›information laboratory‹. A ceiling of industrial lights suspended on tension cables connects the different areas with each other.

More Digital Together: Cooperation in the MIND Service Network

Even beyond the design of new libraries, the Bielefeld UAS is an example of how the shaping of the university learning environment has been and continues to be driven bottom up by the central institutions of the University Library and central IT in cooperation with other university stakeholders. This initiative and its impact are no coincidence. With the formation of the MIND (Media and Information Services) service network from the library and central IT, the Bielefeld UAS created an important prerequisite for structurally meeting the challenges of the university learning world back in 2011. The goals of the cooperation in MIND include jointly offering and expanding services, identifying innovative topics and, if necessary, developing them into projects, as well as advancing the digitalisation of the University.[25] Projects and resources are strategically bundled. The University Library and central IT exist in MIND as independent central institutions, so that their respective professional expertise and perspectives are on an equal footing.

This form of working proved to be optimal for the implementation of new learning environment concepts at the Bielefeld UAS. The work of MIND continually opens up new, also university-wide, spaces for action beyond the confines of its own institution and within the framework of service cooperation with others. Important fields of action of MIND are the conception, realisation and permanent improvement of physical and virtual learning environments as well as the development and implementation of new offers for cross-disciplinary and cross-media learning communities. The creation of the technical prerequisites, including comprehensive technical support and training, is the responsibility of the central IT department, while the conception and coordination of media-didactic information, consultation and qualification services is the responsibility of a team at the University Library. Both institutions see themselves as pioneers and supporters of digitalisation and are part of the management of the Digitalisation Programme at the Bielefeld UAS.[26]

In the University of Applied Sciences campus buildings, MIND also took advantage of the historic opportunity to realise new service concepts with the new building and room concepts. For example, both central institutions together operate

25 Cf. https://www.fh-bielefeld.de/mind (10.1.2021).
26 Cf. https://www.fh-bielefeld.de/hochschule/organisation/hochschulverwaltung/dezernat-qm/programm-digitalisierung (10.1.2021).

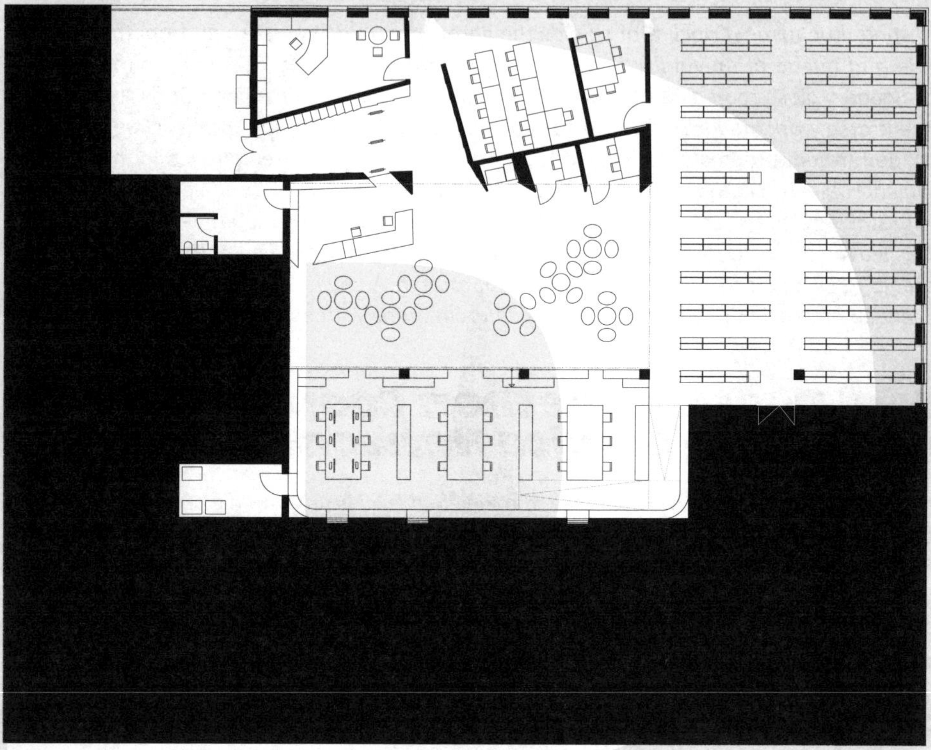

Grundriss und Zonierung der Hochschulbibliothek Campus Minden. Die einzelnen funktionalen Bereiche der Bibliothek umgeben den großzügigen Lichthof.

Floor plan and zoning of the University Library, Campus Minden. The individual functional areas of the library surround the spacious atrium.

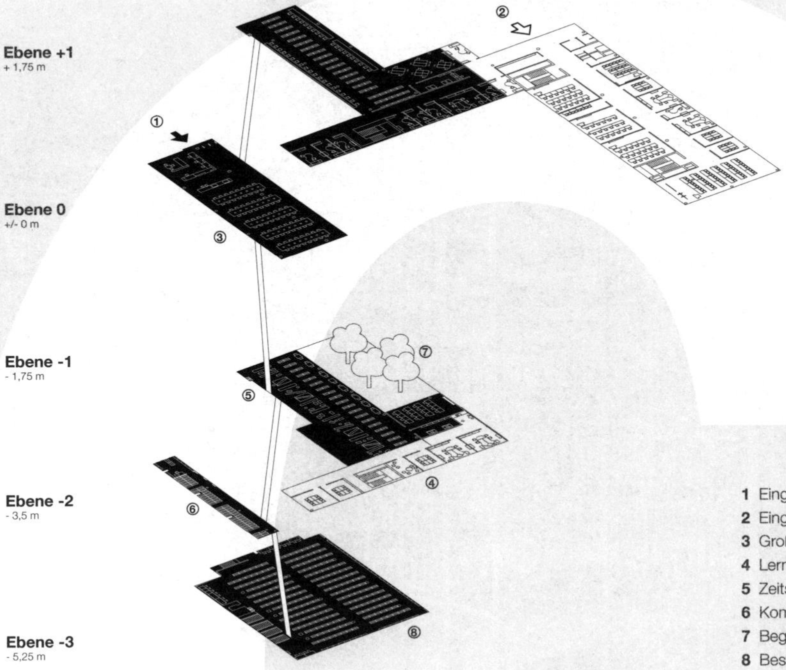

1 Eingang Bibliothek Bauteil A
2 Eingang Lernzentrum Bauteil B
3 Großer Lesesaal
4 Lernzentrum im Bauteil A
5 Zeitschriften, Loungebereich
6 Kompaktregalanlage
7 Begrünter Innenhof
8 Bestandsverdichtung

Hochschulbibliothek und Lernzentrum der FH Bielefeld.

University Library and Learning Centre of the Bielefeld UAS.

›Regalwald‹ in der Hochschulbibliothek Campus Minden, 2015. Die Regale erhielten einen eigens entwickelten transparenten Lack, der Bearbeitungsspuren aus dem Herstellungsprozess durchscheinen lässt.

›Shelving forest‹ in the University Library, Campus Minden, 2015. The shelves were given a specially developed transparent varnish that allows traces of processing from the manufacturing process to shine through.

Straßencaféatmosphäre in der Hochschulbibliothek Campus Minden. Die Anschaffung des Diamond von Knoll/Bertoia, eines Designklassikers aus den 1950er-Jahren, wurde großzügig von der Fördergesellschaft der FH Bielefeld unterstützt.

Street café atmosphere in the University Library, Campus Minden. The acquisition of the Diamond by Knoll/ Bertoia, a design classic from the 1950s, was generously supported by the sponsoring society of the Bielefeld UAS.

Hochschulbibliothek Campus Minden: Erhöhter Podestbereich mit abgehängter Decke, Zeitschriftenschränken, Arbeitsplätzen und Wandregal. Prägend ist hier die Leitfarbe Rot. Die Fensterscharten in der Regalwand geben Einblicke in die Bibliothek auch vom umliegenden Flur aus.

University Library, Campus Minden: Raised platform area with suspended ceiling, magazine cabinets, workstations and wall shelving. The dominant colour here is red. The window niches in the shelving wall provide a view of the library even from the surrounding corridor.

Hochschulbibliothek Campus Minden: Blick vom dritten Oberschoss in den Bibliotheksraum mit Thekenbereich und Podest vor dem Einzug.

University Library, Campus Minden: View from the third upper floor into the library room with counter area and podium before the move-in.

Communities. Die Schaffung der technischen Voraussetzungen inkl. umfassendem Techniksupport und -schulungen obliegt dabei der zentralen IT, während die Konzeption und Koordination mediendidaktischer Informations-, Beratungs- und Qualifizierungsservices in einem Team der Hochschulbibliothek verortet ist. Beide Einrichtungen verstehen sich als Wegbereiter und Unterstützer der Digitalisierung und sind Teil der Leitung des Programms Digitalisierung der FH Bielefeld.[26]

In den FH-Campusbauten nutzte auch MIND die historische Chance, mit den neuen Gebäude- und Raumkonzepten neue Servicekonzepte zu realisieren. So betreiben beide zentrale Einrichtungen zusammen im Fachhochschulhauptgebäude ein Lernzentrum genanntes Selbstlernareal als erstmals geschaffenen Servicebereich, den es an den Altstandorten nicht gab. Das Lernzentrum ist ein Dienstleistungskonzept zur Unterstützung von Studium, Lehre und Weiterbildung. Es bildet einen 540 Quadratmeter großen Raumcluster, der sich aus insgesamt dreizehn Räumen (Gruppenräumen für Lerngruppen oder zur Simulation seminaristischer Lernsituationen, PC-Pools, Medialounge) zusammensetzt, und bietet differenzierte, offen zugängliche und IT-gestützte Arbeitsumgebungen mit interaktiven Smartboards, Medienpulten, weiteren Präsentationsmöglichkeiten und ausleihbarem Equipment. Ein Großteil der Räume kann von Studierenden über ein Raumbuchungstool online gebucht werden. Die Buchungen erreichten bald nach Start des Lernzentrumbetriebs und seitdem regelmäßig das Kapazitätsmaximum.

Die Entwicklung des physischen Lernzentrumskonzepts erfolgte ebenfalls zusammen mit dem Architekturbüro Andreas Schüring Architekten und setzte noch vor dem Campusumzug in zahlreichen Gesprächsrunden auf eine breite Abstimmung mit der Hochschulleitung, den Dekanen und anderen Fachbereichsangehörigen (z.B. Studiengangsleitungen), Studierenden, unter anderen des AStA, sowie mit ausgewählten Lernexpertinnen und -experten aus einschlägigen Projekten der FH Bielefeld. Auch formierte sich ein beiratsähnliches Resonanzgremium, bestehend aus der Bauplanungsleitung für den Campusneubau, dem Vizepräsidenten für Studium und Lehre, einem Professor aus dem Bereich Wirtschaft, dem Leiter der zentralen IT, der Bibliotheksleiterin und Bibliotheksmitarbeitenden.

Strategisch-planerischer Ausgangspunkt war auch hier das Verständnis von Flächen und Ausstattung als Drehscheibe digitaler wie analoger Dienstleistungen mit dem Ziel, Lernen und Lehren wirksam und innovativ zu unterstützen.[27] Dementsprechend entwickelte MIND ein breites und intensiv genutztes Serviceprogramm für lehr- und lernunterstützende Angebote. Das Portfolio reicht von infrastrukturellen Services (z.B. Lernplattform, Medienportal, Learning Tools und digitale Medien) über unterschiedliche Vernetzungsangebote (u.a. jährliche E-Learning-Konferenz der Fachhochschule, zum Teil in Kooperation mit Partnern wie dem Hochschulforum Digitalisierung) bis zu mediendidaktischen Lehrendenworkshops, etwa zu innovativen Lehr-Lernformaten, E-Assessments, zum Einsatz von Open Educational Ressources (OER) in der Lehre oder zur Produktion von Lehrvideos. Zu den späteren Ergänzungen gehören Serviceszenarien im Kontext eines durch die zentrale IT eingerichteten

26 Vgl. https://www.fh-bielefeld.de/hochschule/organisation/hochschulverwaltung/dezernat-qm/programm-digitalisierung (10.1.2021).

27 Vgl. Karin Ilg: Zentrale Lernflächen für die Fachhochschule Bielefeld. Strategie, Umsetzung und Erfahrungen, in: Alexandra Becker, Richard Stang (Hg.): Zukunft Lernwelt Hochschule. Perspektiven und Optionen für eine Neuausrichtung, Berlin, Boston 2020. DOI: https://doi.org/10.1515/9783110653663 (10.1.2021), S. 165–175, hier: S. 167.

a Learning Centre called self-learning area in the main University of Applied Sciences building as a service area created for the first time, which did not exist at the old locations. The Learning Centre is a service concept to support studying, teaching and further education. It forms a 540 square metre room cluster consisting of a total of thirteen rooms (group rooms for learning groups or for simulating seminar learning situations, PC pools, media lounge) and offers differentiated, openly accessible and IT-supported working environments with interactive smartboards, media lecterns, other presentation options and equipment that can be borrowed. A large part of the rooms can be booked online by students via a room booking tool. Bookings reached maximum capacity soon after the Learning Centre began operating and have continued to do so ever since.

The physical Learning Centre concept was also developed together with the architectural firm Andreas Schüring Architekten and, even before the campus move, relied on broad consultation with the university management, the deans and other faculty members (e.g. degree programme directors), students and the AStA, among others, as well as with selected learning experts from relevant projects at the Bielefeld UAS in numerous round table discussions. An advisory board-like resonance committee was also formed, consisting of the construction planning manager for the new campus building, the Vice President for Studying and Teaching, a professor from the field of business, the head of central IT, the library manager and library staff.

The strategic planning starting point here was also the understanding of space and equipment as a hub of digital and analogue services with the aim of supporting learning and teaching effectively and innovatively.[27] Accordingly, MIND developed a broad and intensively used service programme for teaching and learning support services. The portfolio ranges from infrastructural services (e.g. learning platform, media portal, learning tools and digital media) to various networking offers (e.g. annual e-learning conference of the University of Applied Sciences, partly in cooperation with partners such as the Hochschulforum Digitalisierung) to media-didactic teaching workshops, for example on innovative teaching-learning formats, e-assessments, the use of Open Educational Resources (OER) in teaching or the production of educational videos. Later additions include service scenarios in the context of a video studio set up by the central IT. MIND is currently planning further developments to set up and support creative areas for people interested in setting up their own businesses.

From the very beginning, these services were conceived as features that support and complement the undergraduate teaching and offerings in the other units at the Bielefeld UAS without competing with them. Service cooperations with other actors at the university, such as series of events, workshops, further education together with the faculties, projects or the International Office, repeatedly prove to be boosters on the way to setting new accents for the teaching and learning culture at the Bielefeld UAS.

27 Cf. Karin Ilg: Zentrale Lernflächen für die Fachhochschule Bielefeld. Strategie, Umsetzung und Erfahrungen, in: Alexandra Becker, Richard Stang (eds.): Zukunft Lernwelt Hochschule. Perspektiven und Optionen für eine Neuausrichtung, Berlin, Boston 2020. DOI: https://doi.org/10.1515/9783110653663 (10.1.2021), pp. 165–175 here: p. 167.

Videostudios. Aktuell plant MIND Weiterentwicklungen zur Errichtung und Unterstützung von Kreativbereichen für Gründungsinteressierte.

Diese Dienstleistungen wurden von Anfang an als Features konzipiert, die die grundständige Lehre und die Angebote in den übrigen Einheiten der FH Bielefeld unterstützen und ergänzen, ohne mit ihnen zu konkurrieren. Dienstleistungskooperationen mit anderen Akteurinnen und Akteuren der Hochschule, etwa Veranstaltungsreihen, Workshops, Fortbildungen gemeinsam mit Fachbereichen, Projekten oder dem International Office, erweisen sich immer wieder als Booster auf dem Weg, neue Akzente für die Lehr- und Lernkultur an der FH Bielefeld zu setzen.

Wie es weitergeht? – Kontinuitäten und Disruptionen

Das Thema ›Lernwelt Hochschule‹ ist an der FH Bielefeld angekommen. Dabei ist angesichts disruptiver Veränderungen, wie sie die digitale Transformation oder gar die Corona-Krise mit sich bringen, klar, dass die Lernwelt Hochschule eine Entwicklungsaufgabe und einen permanenten Lernprozess impliziert. In der Pandemie mussten Hochschulbibliothek und zentrale IT in kürzester Zeit in der Lage sein, eine reine Online-Lehre zu unterstützen – und es gelang. Nie zuvor wurden Online-Lehrendenworkshops kurzfristiger vorbereitet, Informationsseiten mit heißerer Nadel gestrickt und E-Books schneller beschafft! Die raschen Lösungen, unkonventionellen Wege und neu gesehenen Handlungsspielräume haben die Digitalisierung der Bildung an der FH Bielefeld wie andernorts stark beschleunigt, auch wenn die Schaffung nachhaltiger Strukturen hier und da noch aussteht und der Herausforderung, den genommenen Schwung produktiv aufzunehmen, nun begegnet werden muss. Zugleich erwies sich der Zugriff auf gedruckte wissenschaftliche Information für die FH Bielefeld in der Krise als ebenso systemrelevant wie die Nutzung der Hochschule als Lern- und Arbeitsraum vor Ort. Evaluationen und zahlreiche direkte Rückmeldungen an die FH-Leitungsebenen machten klar, dass die Selbststudienszenarien Studierender durch den Wegfall dieser physischen Angebote empfindlich gestört wurden. Wie die Online-Semester das Relevanzverhältnis von analogen zu digitalen Dienstleistungen in der Lernwelt Hochschule tangieren, wird noch zu bewerten sein. Während das Ministerium für Kultur und Wissenschaft NRW den Hochschulen 20 Millionen Euro für die »schnellere Digitalisierung« in Studium und Lehre zukommen lässt und mit den Hochschulen eine Vereinbarung zur Digitalisierung abschließt, für die insgesamt 70 Millionen Euro fließen,[28] weist ein Lehrender der FH Bielefeld (stellvertretend für viele andere) vehement ab, dass die Verfügbarkeit »von (gedruckten, K.I.) Büchern bei unserer FH keine so große Rolle spielt ...«[29] Derartige Gegenläufigkeiten könnten den Hinweis geben, dass wir im Übergang zu neuen Servicemodellen und -levels stehen, die es zu gestalten gilt, längst noch bevor die Corona-Krise zu Ende geht. Dies hätte man sich 1971 sicherlich nicht träumen lassen.

28 Vgl. https://www.land.nrw/de/pressemitteilung/landesregierung-stellt-hochschulen-20-millionen-euro-corona-soforthilfe-fuer; https://www.mkw.nrw/presse/Vereinbarung_zur_Digitalisierung_unterzeichnet/pressemeldung (10.1.2021).

29 Aus einer E-Mail an die Autorin vom 20.4.2020.

What Will Happen Next? – Continuities and Disruptions

The topic of the university learning environment has arrived at the Bielefeld UAS. In view of disruptive changes, such as those brought about by the digital transformation or even the Corona crisis, it is clear that the learning world of higher education implies a development task and a permanent learning process. In the pandemic, the University Library and central IT had to be able to support purely online teaching in the shortest possible time – and it succeeded. Never before were online teaching workshops prepared at shorter notice, information pages knitted with hotter needles and e-books procured faster! The quick solutions, unconventional paths and newly seen scope for action have greatly accelerated the digitalisation of education at the Bielefeld UAS, as elsewhere, even if the creation of sustainable structures is still pending here and there and the challenge of productively taking up the momentum taken must now be met. At the same time, access to printed academic information proved to be just as systemically relevant for the Bielefeld UAS during the crisis as the use of the university as an on-site learning and working space. Evaluations and numerous direct feedbacks to the Bielefeld UAS management levels made it clear that students' self-study scenarios were severely disrupted by the loss of these physical offerings. How the online semesters affect the relevance of analogue to digital services in the university learning environment remains to be evaluated. While the Ministry of Culture and Science of North Rhine-Westphalia is giving the universities 20 million euros for »faster digitalisation« in studying and teaching and is concluding an agreement with the universities on digitalisation for which a total of 70 million euros will flow,[28] a lecturer at the Bielefeld UAS (representing many others) vehemently dismisses the fact that the availability of »(printed, K.I.) books does not play such a big role at our University …«[29] Such contradictions could indicate that we are in transition to new service models and levels that need to be shaped long before the Corona crisis is over. This would certainly not have been dreamed of in 1971.

28 Cf. https://www.land.nrw/de/pressemitteilung/landesregierung-stellt-hochschulen-20-millionen-euro-corona-soforthilfe-fuer; https://www.mkw.nrw/presse/Vereinbarung_zur_Digitalisierung_unterzeichnet/pressemeldung
(10.1.2021).
29 Translated according to an email to the author dated 20.4.2020.

STUDIUM UND LEHRE AN DER FH BIELEFELD

STUDYING AND TEACHING AT THE BIELEFELD UAS

Ulrich Schäfermeier

Die wichtigste Aufgabe aller Mitglieder der Hochschule ist die akademische Ausbildung junger Menschen. Sämtliche Aktivitäten müssen sich daran messen lassen. Die FH Bielefeld als Hochschule für Angewandte Wissenschaften vermittelt in vielfältiger Weise anwendbare Kompetenzen in einer engen Verzahnung aus Forschung, Lehre und Transfer. Durchlässigkeit, Chancengleichheit und ein hoher Qualitätsanspruch sind dabei Orientierungspunkt und Handlungsrahmen. Dieses Leitbild wurde in den vergangenen 50 Jahren in vielfacher Weise konkretisiert und mit großem Engagement aller entwickelt. Maßgeblich dabei waren einerseits externe Einflüsse: Die Europäische Union, der Bund und das Land Nordrhein-Westfalen haben mit Förderprogrammen und externen Vorgaben

The most important task of all members of the University is the academic education of young people. All activities must be measured against this. As a university of applied sciences, the Bielefeld UAS imparts applicable competences in a variety of ways in a close interlocking of research, teaching and transfer. Permeability, equal opportunities and high quality standards are the guiding principles and the framework for action. Over the past 50 years, this mission statement has been concretised in many ways and developed with great commitment on the part of all. On the one hand, external influences have been decisive: The European Union, the federal government and the state of North Rhine-Westphalia have set central cornerstones for the development of study programmes and zentrale Eckpunkte für die Studiengangs- und Hochschulentwicklung vorgegeben. Von großer Bedeutung waren und sind andererseits die Impulse interner Akteure in den Fachbereichen, Dezernaten, Ressorts und zentralen Einheiten wie Hochschulbibliothek, Datenverarbeitungszentrale, Serviceverbund MIND[1] sowie zentraler Studienberatung, die fortlaufend Anstöße für die Weiterentwicklung von Studium und Lehre gegeben haben. Auch in der Zukunft werden sich diese Prozesse fortsetzen. Somit werden die FH Bielefeld und mithin alle Angehörigen der Hochschule den Bereich Studium und Lehre im Sinne der Ausbildung der Studierenden weiter entfalten.

Vermittelte Kompetenzen als Handlungsziel

Mit der Etablierung des Fachhochschulmodells in Deutschland vor über 50 Jahren sind viele Gründungen aus höheren Schulen bzw. Ingenieurschulen hervorgegangen.[2] Somit war und ist die anwendungsbezogene akademische Bildung und mithin die Lehre in den Genen dieses Hochschultyps dominant verankert. Wenngleich Fachhochschulen in den folgenden Jahrzehnten einen zunehmenden Forschungsanspruch entwickelten, so blieb dennoch der Fokus auf den Praxisbezug in allen drei Säulen[3] profilbestimmend. Im Gegensatz zu Universitäten, bei denen häufig die Forschungsleistung im Vordergrund steht, sind an Fachhochschulen die Vermittlung von berufsqualifizierenden Kompetenzen und das anwendungsorientierte Lernen im Fokus der Aktivitäten. Dies beschränkt sich nicht nur auf fachliche Kompetenzen, es werden ebenso Schlüsselkompetenzen der Studierenden gefördert. Insbesondere mit der Bologna-Reform haben Letztere bei Lehrinhalten und der Art der Wissensvermittlung systematisch Beachtung erfahren – so auch durch die FH Bielefeld, die sich im Grundsatz als lernende Organisation versteht und die mit ihrer »Lehre eine akademische Bildung der Studierenden anstrebt, die für Fach- und Führungsaufgaben

1 Medien- und Informationsdienste der FH Bielefeld.

2 Vgl. CHE Centrum für Hochschulentwicklung gGmbH (Hg.): 50 Jahre Hochschulen für Angewandte Wissenschaften, Gütersloh 2018, S. 9, in: https://www.che.de/wp-content/uploads/upload/50_Jahre_HAW.pdf (31.12.2020), und den Beitrag von Andreas Beaugrand in diesem Buch.

3 Studium und Lehre, Forschung und Transfer.

higher education with funding programmes and external guidelines. On the other hand, the impulses of internal actors in the faculties, the departments and the central units such as the University Library, the data processing centre, the MIND[1] service network and the central student advisory service have been, and continue to be, of great importance, providing continuous impetus for the further development of study programmes and teaching. These processes will continue in the future. Thus, the Bielefeld UAS and consequently all members of the University will continue to develop the area of studying and teaching in the sense of the students' education.

Imparted Competences as a Goal of Action

With the establishment of the university of applied sciences model in Germany more than 50 years ago, many foundations emerged from secondary schools or engineering schools.[2] Thus, application-oriented academic education and consequently teaching, was and is dominantly anchored in the genes of this type of higher education institution. Even though universities of applied sciences developed an increasing claim to research in the following decades, the focus on practical relevance nevertheless remained dominant in all three pillars[3] of their profile. In contrast to universities, where the focus is often on research performance, at the universities of applied sciences the focus of activities is on the teaching of competences leading to professional qualifications and on application-oriented learning. This is not limited to subject-specific competences, but also promotes key competences of the students. Particularly with the Bologna reform, the latter have received systematic attention in terms of teaching content and the way in which knowledge is imparted – this is also the case at the Bielefeld UAS, which sees itself in principle as a learning organisation with its »teaching aims to provide students with an academic education that qualifies them for specialist

1 Media and Information Services at the Bielefeld UAS.
2 Cf. CHE Centrum für Hochschulentwicklung gGmbH (ed.): 50 Jahre Hochschulen für Angewandte Wissenschaften, Gütersloh 2018, p. 9, in: https://www.che.de/wp-content/uploads/upload/50_Jahre_HAW.pdf (31.12.2020) and the essay by Andreas Beaugrand in this book.
3 Studying and teaching, research and transfer.

qualifiziert.«[4] Die Hochschule berücksichtigt dezidiert die Anforderungen der Berufspraxis in der Umsetzung der Studienprogramme.[5] Im Rahmen der Absolventinnen- und Absolventenbefragungen erfahren die vermittelten und im Beruf geforderten Kompetenzen einen kontinuierlichen Abgleich. Zudem sind in allen Beiräten bzw. Peer-Verfahren im Rahmen der Akkreditierungsverfahren Vertreterinnen und Vertreter der Berufspraxis eingebunden.

Für die Vermittlung von Schlüsselkompetenzen existiert ein breites Unterstützungsprogramm für Studierende. So tragen die Zentrale Studienberatung, MIND und innerhalb der Fachbereiche Tutorenprogramme und Servicestellen dazu bei, Studierende der FH Bielefeld vollumfänglich zu qualifizieren. Dies spiegelt sich in dem Qualitätsverständnis der FH Bielefeld wider, das als eines der Ziele die »umfassende Unterstützung aller Studierenden bei der Erreichung ihrer Studienziele«[6] definiert. Zudem ist diese erfolgreiche Kompetenzvermittlung auch in den Ergebnissen der jährlichen Absolventinnen- und Absolventenbefragungen belegt, in denen immer ein hoher Deckungsgrad zwischen den im Beruf geforderten und den im Studium vermittelten überfachlichen Kompetenzen dokumentiert wird.[7]

Strukturelle Reformen und Bologna

Ein Meilenstein, der die Entwicklung von Studium und Lehre bundesweit und an der FH Bielefeld grundsätzlich geprägt hat, war die Bologna-Reform. Sie geht auf die 1998 verabschiedete Sorbonne-Erklärung der Bildungsministerinnen und -minister Frankreichs, Deutschlands, Englands und Italiens zurück. 1999 wurde diese Deklaration als Bologna-Erklärung von 29 europäischen Ländern unterzeichnet. Inzwischen sind mehr als 40 europäische Staaten, darunter viele Nicht-EU-Staaten, Mitglieder im Bologna-Prozess.

Politisch gesehen war diese Reform des Hochschulsektors Teil eines europäischen Integrations- und Standardisierungsprozesses. Drei zentrale Elemente sind hier hervorzuheben, wobei den beteiligten Ländern aufgrund der allgemeinen Formulierungen ein relativ großer Gestaltungsspielraum vorbehalten ist:[8]

- die Schaffung eines dreigliedrigen Studiensystems mit den Abschlüssen Bachelor, Master und Doktor,
- die Einführung eines European Credit Transfer Systems (ECTS) zur Erhöhung

4 Selbstverständnis der FH Bielefeld, in: https://www.fh-bielefeld.de/hochschule/selbstverstaendnis (31.12.2020).
5 Im Rahmen der Studiengangsakkreditierungen ist eine der internen Vorgaben der FH Bielefeld, dass sich die Fachbereiche systematisch im Rahmen einer Bedarfsanalyse mit den Kompetenzbedarfen der Berufspraxis auseinandersetzen und diese adaptieren.
6 Qualitätsverständnis der FH Bielefeld, in: https://www.fh-bielefeld.de/hochschule/qualitaetsverstaendnis (31.12.2020).
7 Seit 2012 wird die Befragung der FH Bielefeld im Rahmen des Kooperationsprojektes Absolventenstudien (KOAB) durchgeführt, bei der die Absolventinnen und Absolventen etwa anderthalb Jahre nach dem Studienabschluss insbesondere bzgl. der Wirkungen von Studienangeboten und -bedingungen auf den weiteren Lebensweg sowie den Berufserfolg befragt werden. Neben der FH Bielefeld beteiligen sich auch viele weitere Hochschulen in Deutschland an dem Kooperationsprojekt. Siehe auch https://www.fh-bielefeld.de/hochschule/organisation/hochschulverwaltung/dezernat-qm/absolventinnen-und-absolventenstudie sowie https://www.fh-bielefeld.de/presse/pressemitteilungen/69-prozent-mit-dem-studium-zufrieden-oder-sehr-zufrieden (30.12.2020).
8 Vgl. Kerstin Martens, Klaus Dieter Wolf: Paradoxien der Neuen Staatsräson. Die Internationalisierung der Bildungspolitik in der EU und der OECD, in: Zeitschrift für Internationale Beziehungen, 13. Jg. (2006), Heft 2, S. 145–176, hier S. 154.

and management tasks.«[4] The University decisively takes into account the requirements of professional practice in the implementation of the study programmes.[5] Within the framework of the graduate surveys, the competences taught, and those required in the profession, are continuously compared. In addition, representatives of professional practice are involved in all advisory boards or peer procedures within the framework of the accreditation procedures.

A broad support programme for students exists for the teaching of key competences. For example, the Central Student Advisory Service, MIND and, within the faculties, tutorial programmes and service points contribute to the full qualification of students at the Bielefeld UAS. This is reflected in the Bielefeld UAS's understanding of quality, which defines as one of its goals the »comprehensive support of all students in achieving their study goals.«[6] Moreover, this successful transfer of competences is also documented in the results of annual graduate surveys, which always show a high degree of congruence between the competences required in the profession and the interdisciplinary competences taught in the degree programme.[7]

Structural Reforms and Bologna

A milestone that has fundamentally shaped the development of studying and teaching nationwide and at the Bielefeld UAS was the Bologna reform. It goes back to the Sorbonne Declaration adopted in 1998 by the education ministers of France, Germany, England and Italy. In 1999, this declaration was signed by 29 European countries as the Bologna Declaration. In the meantime, more than 40 European states, including many non-EU states, are members of the Bologna Process.

Politically, this reform of the higher education sector was part of a European integration and standardisation process. Three central elements are to be emphasised here, whereby a relatively large scope for design is reserved for the participating countries due to the general formulations:[8]

- the creation of a three-part study system with Bachelor's, Master's and Doctoral degrees,
- the introduction of a European Credit Transfer System (ECTS) to increase the international transparency and transferability of study achievements and thus

4 Translated according to the self-conception of the Bielefeld UAS, in: https://www.fh-bielefeld.de/hochschule/selbstverstaendnis (31.12.2020).
5 Within the framework of the degree programme accreditations, one of the internal requirements of the Bielefeld UAS is that the faculties systematically address the competence needs of professional practice within the framework of a needs analysis and adapt these.
6 Translated according to the Bielefeld UAS' understanding of quality, in: https://www.fh-bielefeld.de/hochschule/qualitaetsverstaendnis (31.12.2020).
7 Since 2012, the survey at the Bielefeld UAS has been carried out as part of the Cooperation Project Graduate Studies (Kooperationsprojekt Absolventenstudien, KOAB), in which graduates are surveyed about one and a half years after graduation, particularly regarding the effects of study programmes and conditions on their further life and career success. In addition to the Bielefeld UAS, many other universities in Germany are participating in the cooperation project. See also https://www.fh-bielefeld.de/hochschule/organisation/hochschulverwaltung/dezernat-qm/absolventinnen-und-absolventenstudie and https://www.fh-bielefeld.de/presse/pressemitteilungen/69-prozent-mit-dem-studium-zufrieden-oder-sehr-zufrieden (30.12.2020).
8 Cf. Kerstin Martens, Klaus Dieter Wolf: Paradoxien der Neuen Staatsräson. Die Internationalisierung der Bildungspolitik in der EU und der OECD, in: Zeitschrift für Internationale Beziehungen, 13th annual (2006), issue 2, pp. 145–176, here p. 154.

der internationalen Transparenz und Übertragbarkeit von Studienleistungen und damit zur Erhöhung der (internationalen) Mobilität von Studierenden und
— die Verankerung von Systemen zur Qualitätssicherung von Studiengängen durch Akkreditierung.

Dieser Wandel von den traditionellen zu den neuen Studiengängen des zwei- bzw. dreistufigen Systems diente nicht nur der Förderung der internationalen Anerkennung und Vergleichbarkeit von Hochschulabschlüssen sowie der internationalen Mobilität und Stärkung der Wettbewerbsfähigkeit europäischer Hochschulen. Vielmehr konnten im Zuge der Bologna-Umsetzung auch nationale Reformblockaden überwunden werden[9] und es gelang der Europäischen Kommission, sich Kompetenzen im Hochschulsektor anzueignen.[10]

Für die Fachhochschulen in Deutschland war mit der Einführung des zweigliedrigen Systems die Möglichkeit verbunden, Masterstudiengänge einzurichten, die grundsätzlich für eine Promotion qualifizieren, wobei den Fachhochschulen das Promotionsrecht in der Regel weiterhin nicht offensteht. Laut Nickel sind die Bologna-Reformen an den Fachhochschulen weniger umstritten als an den Universitäten, da der mit den Reformen eingeführte verstärkte Anwendungsbezug an den Fachhochschulen bereits seit Längerem als zentraler Bestandteil der Lehre angesehen wurde und die Umsetzung in vielen Bereichen pragmatisch erfolgte.[11] Auch liegt an den Fachhochschulen traditionell ein Schwerpunkt auf der Lehre.

Die Bologna-Reformen haben – wie an vielen anderen Fachhochschulen auch – an der FH Bielefeld zu einer intensiven Auseinandersetzung mit bisherigen und zukünftigen Formen der Qualitätsentwicklung von Studiengängen und der Organisationsentwicklung geführt. Die Hochschule hat nicht nur alle Studiengänge auf ein ESG-konformes[12] Bachelor-Master-System umgestellt, es wurden ebenfalls strategische und operative Leitlinien für die Ausgestaltung der Studiengänge sowie die Sicherstellung der Qualität von Studium und Lehre definiert und seither gelebt. Diese Entwicklung mündete 2015 in die durch ein umfangreiches QM-System unterstützte Systemakkreditierung der FH Bielefeld.[13] Anfang 2021 befand sie sich nach der Adaption der Studienakkreditierungsverordnung des Landes Nordrhein-Westfalen in der Reakkreditierung der Systemakkreditierung.

In den Jahren nach der Bologna-Reform entstanden an der FH Bielefeld mangels Finanzierung des Landes kaum Masterstudiengänge. Erst im Rahmen der drei Phasen des Hochschulpaktes 2020[14] und insbesondere der ebenfalls aus dem Hochschulpakt finanzierten Masterprogramme[15] in Nordrhein-Westfalen seit 2014 konnten differenzierte Masterstudiengänge aufgebaut werden. Inzwischen hat die

9 Ebd., S. 156.
10 Ebd., S. 151.
11 Vgl. Sigrun Nickel: Zwischen Kritik und Empirie – Wie wirksam ist der Bologna-Prozess?, in: Sigrun Nickel, CHE Centrum für Hochschulentwicklung gGmbH (Hg.): Der Bologna-Prozess aus Sicht der Hochschulforschung – Analysen und Impulse für die Praxis, Gütersloh 2011, S. 8–20, hier S. 9.
12 Vgl. ESG – Standards and Guidelines for Quality Assurance in the European Higher Education Area, in: https://www.enqa.eu/wp-content/uploads/2015/11/ESG_2015.pdf (30.12.2020).
13 Vgl. https://www.fh-bielefeld.de/hochschule/organisation/hochschulverwaltung/dezernat-qm/akkreditierung-systemakkreditierung (22.12.2020).
14 Der Hochschulpakt 2020 ist eine Verwaltungsvereinbarung zwischen Bund und Ländern zur Bewältigung des doppelten Abiturjahrgangs (in NRW 2013). Siehe HRK: https://www.hrk.de/?id=628 (28.12.2020).
15 Vgl. https://www.mkw.nrw/hochschule-und-forschung/hochschulen/hochschulvereinbarung-und-hochschulvertraege (28.12.2020).

to increase the (international) mobility of students, and
- the anchoring of systems for quality assurance of study programmes through accreditation.

This change from the traditional to the new degree programmes of the two- or three-tier system not only served to promote the international recognition and comparability of higher education degrees, international mobility and strengthening the competitiveness of European higher education institutions. Rather, in the course of the Bologna implementation, national reform blockades were also overcome[9] and the European Commission succeeded in acquiring competences in the higher education sector.[10]

For the universities of applied sciences in Germany, the introduction of the two-tier system was linked to the possibility of establishing Master's programmes that in principle qualify for a doctorate, although the right to award doctorates is still generally not open to the universities of applied sciences. According to Nickel, the Bologna reforms are less controversial at the universities of applied sciences than at the universities, since the increased reference to application introduced with the reformes had long been seen as a central component of teaching at the universities of applied sciences and implementation was pragmatic in many areas.[11] There is also a traditional focus on teaching at the universities of applied sciences.

As at many other universities of applied sciences, the Bologna reforms at the Bielefeld UAS have led to an intensive examination of previous and future forms of quality development of study programmes and organisational development. The University has not only converted all degree programmes to an ESG-compliant[12] Bachelor's-Master's system, but has also defined strategic and operational guidelines for the design of degree programmes and for ensuring the quality of studying and teaching, and has lived these guidelines ever since. This development culminated in the system accreditation of the Bielefeld UAS in 2015, supported by a comprehensive QM system.[13] At the beginning of 2021, it was in the process of re-accreditation of the system accreditation following the adaptation of the study accreditation ordinance of the state of North Rhine-Westphalia.

In the years following the Bologna Reform, hardly any Master's degree programmes were established at the Bielefeld UAS due to a lack of funding from the state. It was only within the framework of the three phases of the Higher Education Pact 2020[14] and, in particular, the Master's programme[15] in North Rhine-Westphalia, which has also been funded by the Higher Education Pact since 2014, that differentiated Master's degree programmes could be established. In the meantime,

9 Ibid, p. 156.
10 Ibid, p. 151.
11 Cf. Sigrun Nickel: Zwischen Kritik und Empirie – Wie wirksam ist der Bologna-Prozess?, in: Sigrun Nickel, CHE Centrum für Hochschulentwicklung gGmbH (ed.): Der Bologna-Prozess aus Sicht der Hochschulforschung – Analysen und Impulse für die Praxis, Gütersloh 2011, pp. 8–20, here p. 9.
12 Cf. ESG – Standards and Guidelines for Quality Assurance in the European Higher Education Area, in: https://www.enqa.eu/wp-content/uploads/2015/11/ESG_2015.pdf (30.12.2020).
13 Cf. https://www.fh-bielefeld.de/hochschule/organisation/hochschulverwaltung/dezernat-qm/akkreditierung-systemakkreditierung (22.12.2020).
14 The Higher Education Pact 2020 is an administrative agreement between the Federal Government and the federal states to cope with the double Abitur year (in North-Rhine Westphalia in 2013). See HRK: https://www.hrk.de/?id=628 (28.12.2020).
15 Cf. https://www.mkw.nrw/hochschule-und-forschung/hochschulen/hochschulvereinbarung-und-hochschulvertraege (28.12.2020).

Hochschule den Anspruch, dass es für »jeden Bachelorstudiengang ... an der FH Bielefeld einen anschlussfähigen Masterstudiengang geben«[16] soll. Dieses Ziel konnte mit inzwischen 28 aufgebauten grundständigen und weiterbildenden Masterprogrammen nahezu hochschulweit erreicht werden. Diese Angebote dienen einerseits der weiteren Differenzierung der Kompetenzen der Studierenden. Anderseits haben sie immer auch einen Forschungsbezug, sodass Absolventinnen und Absolventen ebenso für wissenschaftliche Tätigkeiten bzw. Promotionsvorhaben befähigt sind.

Neben dem Ausbau der Masterstudiengänge konnten im Anschluss an die Umsetzung der Bologna-Reform sowie im Rahmen des Ausbaus des Standorts Minden und des Aufbaus des Studienorts Gütersloh auch die Studienmodelle nachfragegerecht ausdifferenziert werden. Die Basis bilden nach wie vor grundständige Studiengänge, die im Wesentlichen durch praxisintegrierte Bachelor-, weiterbildende Master- sowie berufsbegleitende Bachelorstudiengänge nach dem Modell des Verbundstudiums ergänzt wurden.[17] Inzwischen studieren etwa 16 Prozent der Studierenden in nicht traditionellen Studienmodellen.[18]

Die Lehre wird in den Fachbereichen organisiert und durchgeführt. Die qualitativen und quantitativen Entwicklungen der FH Bielefeld im Bereich Studium und Lehre konnten nur durch eine enge kooperative Abstimmung der Fachbereiche untereinander sowie der Fachbereiche mit den relevanten zentralen Akteuren[19] erfolgen. Eine Sonderstellung nimmt dabei die AG Qualität in Studium und Lehre ein, die im Rahmen der Vorbereitung der Systemakkreditierung und zur Definition und Entwicklung eines hochschulweiten Qualitätsmanagements in Studium und Lehre etabliert wurde. Sie ist mit allen relevanten Akteuren besetzt und versteht sich als strategisches Gremium zur hochschulweiten Weiterentwicklung des Qualitätsmanagements im Bereich Studium und Lehre.[20] Die Autonomie der Fachbereiche einerseits und das dennoch kooperative Zusammenwirken aller Akteure andererseits sind maßgeblich für die Erfolge der FH Bielefeld verantwortlich.

Durchlässigkeit

Ein zentrales Motiv für die strategische Positionierung von Studium und Lehre der FH Bielefeld ist die Durchlässigkeit und mithin die Berücksichtigung der Heterogenität der Studierendenschaft mit vielfältigen Lebens- und Bildungsbiografien. Auch sie ist im Selbstverständnis verankert: »Vielfalt und Chancengleichheit sind für uns

16 Hochschulentwicklungsplan der FH Bielefeld 2018–2022, S. 23, verfügbar im Intranet der FH Bielefeld unter https://www.fh-bielefeld.de/beschaeftigte/intern/mitteilungen/dezernat1 (23.12.2020).
17 Anfang 2021 existieren an der FH Bielefeld 22 grundständige Bachelor-, 20 grundständige Master-, elf praxisintegrierte Bachelor-, vier berufsbegleitende Bachelor- sowie sieben weiterbildende Masterstudiengänge. Ergänzend werden ein Teilzeit- und ein ausbildungsintegrierter Studiengang sowie fünf Zertifikate angeboten. Siehe auch https://www.fh-bielefeld.de/studiengaenge (25.12.2020).
18 Im Wintersemester 2020/2021 waren knapp 1.700 Studierende der FH Bielefeld in nicht grundständigen Studiengängen eingeschrieben.
19 Insbesondere die Dezernate I (Planung, Controlling, Qualitätsmanagement) und II (Studium und Lehre) mit den Einheiten Studierendenservice, Zentrale Studienberatung (ZSB) und International Office (IO), die Hochschulbibliothek mit dem Lernzentrum, die Zentrale Datenverarbeitung (DVZ), der Serviceverbund MIND, das Ressort Wissenschaftliche Weiterbildung (RWW), das Präsidium sowie das Netzwerk Hochschuldidaktische Weiterbildung NRW (hdw nrw).
20 Siehe https://www.fh-bielefeld.de/organisation/hochschulverwaltung/dezernat-qm/ag-qualitaet-in-studium-und-lehre (28.12.2020).

the University has set itself the goal that »for every Bachelor's degree programme ... at the Bielefeld UAS there should be a Master's degree programme that can be connected to it.«[16] This goal has been achieved almost university-wide with 28 undergraduate and postgraduate Master's programmes. On the one hand, these programmes serve to further differentiate the students' competences. On the other hand, they are always related to research, so that graduates are also qualified for academic activities or doctoral projects.

In addition to the expansion of the Master's degree programmes, it was also possible to differentiate the study models according to demand following the implementation of the Bologna reform and within the framework of the expansion of the Minden location and the development of the Gütersloh study location. The basis is still formed by undergraduate degree programmes, which have essentially been supplemented by work-integrated Bachelor's degree programmes, postgraduate Master's degree programmes and extra-occupational Bachelor's degree programmes based on the model of the combined degree programme.[17] Meanwhile, about 16 per cent of the students study in non-traditional study models.[18]

Teaching is organised and carried out in the faculties. Consequently, the qualitative and quantitative developments at the Bielefeld UAS in the area of studying and teaching could only take place through close cooperative coordination between the faculties and between the faculties and the relevant central stakeholders.[19] The Working Group (AG) for Quality in Studying and Teaching, which was established as part of the preparation for system accreditation and thus for the definition and development of university-wide quality management in studying and teaching, has a special position. It is staffed with all relevant stakeholders and sees itself as a strategic body for the university-wide further development of quality management in the area of studying and teaching.[20] The autonomy of the faculties on the one hand, and the nevertheless cooperative interaction of all stakeholders on the other, are largely responsible for the success of the Bielefeld UAS.

Permeability

A central motive for the strategic positioning of studying and teaching at the Bielefeld UAS is permeability and thus the consideration of the heterogeneity of the student

16 Translated according to the University Development Plan of the Bielefeld UAS 2018–2022, p. 23, available on the intranet of the Bielefeld UAS at https://www.fh-bielefeld.de/beschaeftigte/intern/mitteilungen/dezernat1 (23.12.2020).

17 At the beginning of 2021, the Bielefeld UAS will offer 22 undergraduate Bachelor's programmes, 20 undergraduate Master's programmes, eleven work-integrated Bachelor's programmes, four part-time Bachelor's programmes and seven continuing education Master's programmes. In addition, one part-time and one training-integrated degree programme as well as five certificates are offered. See also https://www.fh-bielefeld.de/studiengaenge (25.12.2020).

18 In the winter semester 2020/2021, just under 1,700 of the students at the Bielefeld UAS were enrolled in non-undergraduate degree programmes.

19 In particular, Departments I (Planning, Controlling, Quality Management) and II (Studying and Teaching) with the units Student Services, Central Student Advisory Service and International Office (IO), the University Library with the Learning Centre, Central Data Processing (DVZ), the MIND service network, the Department of Academic Continuing Education, the Presidential Board and the Network for Continuing Education in Higher Education NRW (hdw nrw).

20 See https://www.fh-bielefeld.de/organisation/hochschulverwaltung/dezernat-qm/ag-qualitaet-in-studium-und-lehre (28.12.2020).

Programm.«[21] Hier hat sich in den vergangenen Jahren der Begriff der Ermöglichungskultur in der Hochschule etabliert und wurde eine zentrale Handlungsprämisse der Hochschule. Für den Bereich Studium und Lehre bedeutet dieser Anspruch, dass die FH Bielefeld Studieninteressierte und Studierende in ihren jeweils individuellen Lebenslagen und Bildungshintergründen so unterstützt, dass eine erfolgreiche Qualifizierung für das weitere berufliche Fortkommen ermöglicht wird. Neben den institutionell verankerten und in anderen Beiträgen beschriebenen Angeboten zur Diversität und Vereinbarkeit von Familie und Beruf sei an dieser Stelle auf den Kernbereich des Studiums fokussiert.

Die Partizipation an zahlreichen und umfangreichen Programmen zur Förderung der Durchlässigkeit zeugt von dem stetigen Bemühen, allen Qualifizierten ein Studium und allen Studierenden einen erfolgreichen Abschluss zu ermöglichen, ohne den akademischen Anspruch an die Ausbildung herabzusenken. Beispielhaft seien aus den vielfältigen zentralen und dezentralen Aktivitäten folgende genannt:

- Mit dem Projekt EMbeQ – Entwicklung von Maßnahmen für beruflich Qualifizierte wurden insbesondere durch den Fachbereich Wirtschaft und Gesundheit frühzeitig Weichenstellungen für einen möglichen Studieneinstieg und ein erfolgreiches Studium beruflich Qualifizierter ganzheitlich verankert. Die entwickelten Konzepte umfassen Beratung, Fördermöglichkeiten, Standardanerkennungen, rechtliche Aspekte, fachliche Unterstützung sowie die Vereinbarkeit von Familie und Studium und wurden in Abstimmung mit den Kammern umgesetzt.[22]
- Mit Unterstützung des Deutschen Akademischen Austauschdienstes (DAAD) und des Ministeriums für Kultur und Wissenschaft (MKW) konnte das International Office der FH Bielefeld seit 2016 in einem groß angelegten Programm Geflüchtete fachlich und sprachlich nachqualifizieren, um ihnen einen Studienzugang zu ermöglichen. Die Maßnahmen wurden und werden in Minden und in Bielefeld durchgeführt.[23]
- Im Rahmen des Verbundes der staatlichen Hochschulen in Ostwestfalen-Lippe Campus OWL e.V. können mittels der inzwischen verstetigten Initiative ›Talentscouting‹ Schülerinnen und Schüler unabhängig vom familiären Hintergrund gezielt an ein Studium sowie durch die Initiative ›Chancen bei Studienzweifel und Studienausstieg‹ Studierende mit Problemen im Fortkommen an neue Perspektiven herangeführt werden. Beide Vorhaben wurden maßgeblich durch die Zentrale Studienberatung der FH Bielefeld akquiriert und durchgeführt.[24]
- Gefördert durch die zweiten Förderperioden des Bund-Länder-Programms Qualitätspakt Lehre, hat die FH Bielefeld mit ihrem Projekt ›Optimierung von Studienverläufen – Durchlässigkeit durch Differenzierung‹ zahlreiche Angebote und Services für Studierende an den Fachbereichen, in der Bibliothek sowie

21 Zum Selbstverständnis der FH Bielefeld siehe https://www.fh-bielefeld.de/hochschule/selbstverstaendnis (30.12.2020).

22 Vgl. https://www.fh-bielefeld.de/presse/archiv/studienerfolg-beruflich-qualifizierter-foerdern (29.12.2020).

23 Vgl. https://www.fh-bielefeld.de/internationales/fluechtlinge/studienvorbereitende-deutschsprachkurse sowie https://www.fh-bielefeld.de/presse/archiv/startseite/wege-ins-studium-fuer-gefluechtete (29.12.2020).

24 Vgl. https://www.fh-bielefeld.de/zsb/studienabbruch-neustart sowie https://www.fh-bielefeld.de/studienorientierung/talentscouting (30.12.2020).

body with diverse life and educational biographies. It is also anchored in the self-image: »Diversity and equal opportunities are our programme.«[21] Here, the term enabling culture has become established in the University in recent years and has become a central premise for action at the University. For the area of studying and teaching, this claim means that the Bielefeld UAS supports prospective and current students in their individual life situations and educational backgrounds in such a way that successful qualification for further professional advancement is made possible. In addition to the institutionally anchored offers on diversity and the compatibility of family and career described in other articles, the focus here is on the core area of study.

Participation in numerous and extensive programmes to promote permeability testify to the constant efforts to enable all qualified persons to study and all students to successfully complete their studies without lowering the academic standards of education. The following are examples of the many centralised and decentralised activities:

- *With the project EMbeQ – Development of Measures for Vocationally Qualified Students, the Faculty of Business, in particular, set the course for a possible entry into higher education and successful study for vocationally qualified students at an early stage. The concepts developed include counselling, funding opportunities, standard recognition, legal aspects, professional support and the compatibility of family and studies and were implemented in coordination with the chambers.*[22]
- *With the support of the German Academic Exchange Service (DAAD) and the Ministry of Culture and Science (MKW), the International Office of the Bielefeld UAS has been able to provide refugees with professional and language qualifications since 2016 in a large-scale programme to enable them to gain access to studies. The measures were, and are, carried out in Minden and Bielefeld.*[23]
- *Within the framework of the association of state universities in East Westphalia Lippe Campus OWL, the now established initiatives ›Talentscouting‹ can be used to introduce school students, regardless of their family background, to a course of study, and the initiative ›Chancen bei Studienzweifel und Studienausstieg‹ (›Opportunities for students who have doubts about their studies and drop out‹) can be used to introduce students with problems to new perspectives. Both projects were acquired and implemented to a large extent by the Central Student Advisory Service at the Bielefeld UAS.*[24]
- *With funding from the second funding period of the federal state programme Quality Pact for Teaching and with its project ›Optimierung von Studienverläufen – Durchlässigkeit durch Differenzierung‹ (›Optimisation of Study Pathways – Permeability through Differentiation‹), the Bielefeld UAS has developed numerous offers and services for students at the faculties, in the library and in the Central Student Advisory Service, such as learning guidance in academic*

21 *For information on the self-image of the Bielefeld UAS, see https://www.fh-bielefeld.de/hochschule/selbstverstaendnis (30.12.2020).*
22 *Cf. https://www.fh-bielefeld.de/presse/archiv/studienerfolg-beruflich-qualifizierter-foerdern (29.12.2020).*
23 *Cf. https://www.fh-bielefeld.de/internationales/fluechtlinge/studienvorbereitende-deutschsprachkurse and https://www.fh-bielefeld.de/presse/archiv/startseite/wege-ins-studium-fuer-gefluechtete (29.12.2020).*
24 *Cf. https://www.fh-bielefeld.de/zsb/studienabbruch-neustart and https://www.fh-bielefeld.de/studienorientierung/talentscouting (30.12.2020).*

in der Zentralen Studienberatung wie Lernberatung im wissenschaftlichen Schreiben, zu Recherchemethoden sowie in der Anwendung von Mathematik entwickelt und seit 2021 auch zum Teil verstetigt. Nahezu jede Absolventin und jeder Absolvent der FH Bielefeld hat direkt oder indirekt von diesen Angeboten profitiert. Als hochschulweite Initiative war das Projekt federführend im Dezernat I und organisatorisch in allen Fachbereichen angesiedelt und hat die innovativen Entwicklungen im Bereich Studium und Lehre mitgeprägt.[25]

— Die zunächst als systemunterstützte Prozessoptimierung angelegte und im Rahmen der initialen Systemakkreditierung aufgebaute Datenbank mit Anerkennungsreferenzfällen ZeDoLa[26] hat durch die systematische Dokumentation von durchgeführten bzw. begründet abgelehnten Anerkennungen von außerhochschulisch sowie an inländischen und ausländischen Hochschulen erworbenen Qualifikationen zu einer erheblichen Transparenz und Gerechtigkeit in diesem für Studierende wichtigen Feld geführt.

Projekte waren und sind also ein zentraler Impulsgeber für die Entwicklung von Studium und Lehre an der FH Bielefeld und damit auch für die angestrebte Durchlässigkeit für Studierende. Drittmittelprojekte gewinnen zunehmend an Bedeutung. Dabei ist zu berücksichtigen, dass diese Zunahme auch dazu führt, dass Kapazitäten für die Beantragung und Durchführung von drittmittelbezogenen Projekten gebunden sind und immer wieder ein Abgleich der unterschiedlichen Logiken von externen Projektvorgaben und internen Bedarfen erfolgen muss. Dies wird also weiterhin eine wichtige Aufgabe im Bereich der Projekte in Studium und Lehre sein, der sich die FH Bielefeld gerne im Sinne der Durchlässigkeit stellt.

Internationalisierung und Digitalisierung

Ergänzend zu den Initiativen zum Ausbau des Studienortes Gütersloh, der Differenzierung und qualitativen Weiterentwicklung des Studienangebotes, der Durchlässigkeit sowie der Systemakkreditierung waren in den letzten Jahren die hochschulweiten Internationalisierungsbemühungen ein wichtiger strategischer Eckpfeiler für das Studium und die Lehre.

Insbesondere vor dem Hintergrund der vielfältigen Kooperationen mit den überwiegend mittelgroßen, familiengeführten, aber international tätigen Unternehmen der Region[27] wurde ein großer Bedarf der Unternehmen und Einrichtungen nach Absolventinnen und Absolventen mit interkulturellen Kompetenzen deutlich. Diese Nachfrage führte, getrieben durch Einzelinitiativen, in der Vergangenheit in einigen

25 Vgl. https://www.fh-bielefeld.de/presse/archiv/startseite/durchlaessigkeit-durch-differenzierung (30.12.2020).

26 ZeDoLa: Zentrale Dokumentation von Leistungsanerkennungen, in: https://www.hrk-nexus.de/material/gute-beispiele-und-konzepte-good-practice/detailansicht/meldung/anerkennung-und-anrechnung-gestalten-mit-zedola-4239/ (28.12.2020).

27 94 Prozent der KMU der Region OWL sind international tätig. Zum Vergleich geben in der Region Berlin weniger als 40 Prozent der KMU an, international tätig zu sein. Vgl. dazu Natalie Bartholomäus: Internationalisierung – Neue Märkte, veränderte Strukturen, in: Sascha Armutat, Natalie Bartholomäus, Swetlana Franken, Volker Herzig, Bernd Helbich (Hg.): Personalmanagement in Zeiten von Demografie und Digitalisierung. Herausforderungen und Bewältigungsstrategien für den Mittelstand, Wiesbaden 2018.

writing, research methods and the use of mathematics and has also made some of these services permanent since 2021. Almost every graduate of the Bielefeld UAS has benefited directly or indirectly from these offers. As a university-wide initiative, the project was led by Department I and organisationally located in all faculties and has helped shape the innovative developments in the area of studying and teaching.[25]

— The ZeDoLa[26] database of recognition reference cases, which was initially designed as a system-supported process optimisation and set up as part of the initial system accreditation, has led to considerable transparency and fairness in this important field for students through the systematic documentation of recognition of qualifications acquired outside of higher education as well as at domestic and foreign higher education institutions.

Projects have thus been, and continue to be, a central source of impetus for the development of studying and teaching at the Bielefeld UAS and thus also for the desired permeability for students. Third-party funded projects are becoming increasingly important. It must be taken into account that this increase also means that capacities are increasingly tied up in applying for and carrying out third-party funded projects and that the different logics of external project specifications and internal needs must be reconciled time and again. This will therefore continue to be an increasingly important task in the area of projects in studying and teaching, which the Bielefeld UAS is happy to take on in the sense of permeability.

Internationalisation and Digitalisation

In addition to the initiatives to expand the Gütersloh study location, the differentiation and qualitative further development of the study programmes, the permeability and the system accreditation, the university-wide internationalisation efforts have been important strategic cornerstones for studying and teaching in recent years.

Particularly against the backdrop of the diverse cooperations with the predominantly medium-sized, family-run, but internationally active companies in the region,[27] a great demand from the companies and institutions for graduates with pronounced intercultural skills became clear. This demand, driven by individual initiatives, led in the past to systematic attention to these competence requirements in some faculties and resulted in the expansion of topic-related international partner networks, English-language module offerings, mobility windows and generous recognition practices. On the whole, however, these activities were hardly subject to an

25 Cf. https://www.fh-bielefeld.de/presse/archiv/startseite/durchlaessigkeit-durch-differenzierung (30.12.2020).
26 ZeDoLa: Zentrale Dokumentation von Leistungsanerkennungen (Central Documentation of Performance Recognitions), in: https://www.hrk-nexus.de/material/gute-beispiele-und-konzepte-good-practice/detailansicht/meldung/anerkennung-und-anrechnung-gestalten-mit-zedola-4239/ (28.12.2020).
27 94 per cent of SMEs in the OWL region are internationally active. By comparison, less than 40 per cent of SMEs in the Berlin region say they are internationally active. Cf. Natalie Bartholomäus: Internationalisierung – Neue Märkte, veränderte Strukturen, in: Sascha Armutat, Natalie Bartholomäus, Swetlana Franken, Volker Herzig, Bernd Helbich (ed.): Personalmanagement in Zeiten von Demografie und Digitalisierung. Herausforderungen und Bewältigungsstrategien für den Mittelstand, Wiesbaden 2018. coping strategies for SMEs, Wiesbaden 2018.

Fachbereichen zu einer systematischen Beachtung dieser Kompetenzanforderungen und resultierte in dem Ausbau von themenbezogenen internationalen Partnernetzwerken, englischsprachigen Modulangeboten, Mobilitätsfenstern sowie einer großzügigen Anerkennungspraxis. Insgesamt unterlagen diese Aktivitäten aber kaum einer gesamtinstitutionellen Abstimmung und führten lediglich zu einer mit 13 Prozent aller Studierenden geringen Mobilität.[28]

Mit der Definition des Ausbaus der Internationalisierung als strategisches Ziel der FH Bielefeld wurde 2017 zusammen mit der HRK das Audit Internationalisierung als Bestandsaufnahme durchgeführt und die Internationalisierung in den Planungsgrundsätzen verankert. Damit hat sich die FH Bielefeld unter anderem zum Ziel gesetzt, allen Studierenden eine Internationalisierungserfahrung zu ermöglichen.[29] Aufgrund des hochschulweiten Abstimmungsprozesses, unterstützt durch eine operative Arbeitsgruppe zur Internationalisierung und den Ausbau der Ressourcen im International Office, entstand eine Aufbruchstimmung in der Hochschule, die bereits in den folgenden Jahren zu ersten Erfolgen führte: So war die FH Bielefeld 2018 und 2020 jeweils die landesweit erfolgreichste Hochschule der Erasmus-Programmlinie International Credit Mobility, sie ist die bundesweit einzige Fachhochschule mit einer Studiengangsfederführung an der Türkisch-Deutschen Universität, konnte jüngst umfangreiche Förderungen des DAAD für Projekte zur transnationalen Bildung, zur Digitalisierung der Internationalisierung, zur hochschulweiten Förderung der Internationalisierung sowie für Geflüchtetenprogramme einwerben und gehört damit inzwischen zu den drittmittelstarken Fachhochschulen im Bereich Internationales in Deutschland. Ebenfalls als Teilergebnis des Audits formuliert die FH Bielefeld in Zusammenarbeit mit der iDA[30] des DAAD in einem hochschulweiten Prozess eine für zehn Jahre gültige Strategie Internationales.[31]

Als zweites Querschnittsthema wurde auch die Digitalisierung als strategische Zielsetzung in den seit 2018 gültigen Hochschulentwicklungsplan aufgenommen. Im Bereich Studium und Lehre betrifft das die Vermittlung von Kompetenzen für die Studierenden als zukünftige Mitglieder in einer digitalisierten Arbeitswelt sowie die Digitalisierung der Durchführung von Lehre.

Bereits im Jahr 2013 hat die Hochschule durch den Aufbau des wissenschaftlich begleiteten Serviceverbunds MIND als Kooperation der Datenverarbeitungszentrale und der Bibliothek sowie die Zusammenfassung der dezentralen IT-Dienste die organisatorischen Grundlagen dafür gelegt, den zunehmenden Herausforderungen der Digitalisierung strukturell zu begegnen. Mit dem 2016 definierten Programm Digitalisierung wurde eine Governance- und Finanzierungsstruktur für eine konsolidierte

28 Gemäß Absolventenstudie des Abschlussjahrgangs 2015/2016.

29 Siehe Hochschulentwicklungsplan der FH Bielefeld 2018–2022, S. 30, verfügbar im Intranet der FH Bielefeld unter https://www.fh-bielefeld.de/beschaeftigte/intern/mitteilungen/dezernat1 (28.12.2020).

30 iDA – internationale DAAD-Akademie.

31 Weitere derzeit projektierte bzw. gestartete Vorhaben sind u.a. die Einführung englischsprachiger Studiengänge am Campus Gütersloh, eine dezidierte Förderung der Mobilität in den nicht traditionellen Studiengängen in Zusammenarbeit mit dem HRK-Expertise-Team zur Internationalisierung, der Ausbau der Zertifikatsangebote in der wissenschaftlichen Weiterbildung zum Themenbereich Internationalisierung, die Bereitstellung studienvorbereitender Kurse für Studienbewerber aus dem Nicht-EU-Ausland sowie der weitere Ausbau von Doppelabschlussprogrammen. Seit 2019 verfügt die FH Bielefeld im Verbund Campus OWL gemeinsam mit den vier staatlichen Hochschulen in OWL über ein Verbindungsbüro in New York. Zudem nimmt die Studierendenmobilität hochschulweit deutlich zu.

overall institutional coordination and only led to a low mobility of 13 per cent of all students.[28]

With the definition of the expansion of internationalisation as a strategic goal of the Bielefeld UAS, the Audit Internationalisation was carried out in 2017 together with the HRK as an inventory and internationalisation was anchored in the planning principles. In this way, the Bielefeld UAS has set itself the goal, among others, of enabling all students to have an internationalisation experience.[29] *Due to the university-wide coordination process, supported by an operational working group on internationalisation and the expansion of resources in the International Office, a spirit of optimism arose in the University, which already led to initial successes in the following years: In 2018 and 2020, the Bielefeld UAS was the most successful university nationwide in the Erasmus programme line International Credit Mobility, it is the only university of applied sciences in Germany with a programme lead at the Turkish-German University, and it was recently able to acquire extensive funding from the DAAD for projects on transnational education, on the digitalisation of internationalisation, on the university-wide promotion of internationalisation as well as for programmes for refugees, making it one of the universities of applied sciences with the highest third-party funding in the area of international affairs in Germany. Also as a partial result of the audit, the Bielefeld UAS, in cooperation with the DAAD's iDA,*[30] *is formulating an International Strategy in a university-wide process that will be valid for ten years.*[31]

As a second cross-cutting theme, digitalisation was also included as a strategic objective in the university development plan that has been in effect since 2018. In the area of studying and teaching, this relates to the teaching of competences for students as future members in a digitalised world of work as well as the digitalisation of the delivery of teaching.

As early as 2013, the University laid the organisational foundations for structurally meeting the increasing challenges of digitalisation by establishing the academically supported service network MIND as a cooperation between the data processing centre and the library, as well as by combining the decentralised IT services. With the Digitalisation Programme defined in 2016, a governance and financing structure was created for the consolidated implementation of digitalisation projects and individual projects. In addition, guidelines[32] *for the Digitalisation Programme were developed.*

The Bielefeld UAS was also an early pioneer in NRW in the area of digitalisation of studying and teaching. The annual e-learning conference has been held since 2014. In addition, a broad and now very intensively used portfolio of support services for digital learning and teaching has been built up for students and lecturers. Here,

28 According to the graduate study of the graduating class 2015/2016.

29 See University Development Plan of the Bielefeld UAS 2018–2022, p. 30, available on the intranet of the Bielefeld UAS at https://www.fh-bielefeld.de/beschaeftigte/intern/mitteilungen/dezernat1 (28.12.2020).

30 iDA – International DAAD Academy.

31 Other projects currently being planned or launched include the introduction of English-language degree programmes at the Campus Gütersloh, a dedicated promotion of mobility in non-traditional degree programmes in cooperation with the HRK's internationalisation expertise team, the expansion of certificate programmes in continuing education on the topic of internationalisation, the provision of study preparation courses for applicants from non-EU countries, and the further expansion of double degree programmes. Since 2019, the Bielefeld UAS has had a liaison office in New York as part of the Campus OWL network together with the four state universities in East Westphalia-Lippe. In addition, student mobility is increasing significantly across the university.

32 See https://www.fh-bielefeld.de/hochschule/organisation/hochschulverwaltung/dezernat-qm/programm-digitalisierung (30.12.2020).

Durchführung von Vorhaben bzw. Einzelprojekten zur Digitalisierung geschaffen. Zudem wurden Leitlinien[32] für das Programm Digitalisierung entwickelt.

Auch im Bereich der Digitalisierung von Studium und Lehre hat die FH Bielefeld früh eine Vorreiterrolle in NRW eingenommen. Seit 2014 wird die jährliche E-Learning-Konferenz durchgeführt. Zudem wurde ein breites und inzwischen sehr intensiv genutztes Portfolio an Unterstützungsangeboten für digitales Lernen und Lehren für Studierende und Lehrende aufgebaut. Auch hier konnten in den vergangenen Jahren mittels umfangreicher Partizipation an Drittmittelprojekten und Landesinitiativen[33] die hochschulweiten Services weiterentwickelt werden.

An der Schnittstelle von Digitalisierung und Internationalisierung ist das durch den DAAD geförderte Projekt Digital Mobil @ FH Bielefeld angesiedelt, mit dem die FH Bielefeld beide Querschnittsthemen integriert vorantreibt und dem deutschlandweit Leuchtturmcharakter zugeschrieben wird.[34] Mit diesen Vorarbeiten konnte der ad hoc notwendige Wandel der Lehre auf rein digitale Veranstaltungen im Rahmen der Corona-Pandemie zwar mit großen Kraftanstrengungen, aber dennoch ohne tief greifende Probleme gelingen.

Status quo – Zusammenfassende Verankerung der Grundsätze im Leitbild Lehre

Bereits mit der Umstellung der Diplomstudiengänge auf das Bachelor- und Masterprogramm definierte die FH Bielefeld im Jahr 2003 selbstverpflichtende hochschulweite Eckpunkte für die Bachelorstudiengänge. Dies spiegelt die von einem Grundkonsens getragene Ausrichtung der Lehre wider, indem unter anderem die Vermittlung von beruflichen Erfahrungen und von überfachlichen Kompetenzen verbindliche Bestandteile aller Studienprogramme wurden. Die wichtigste Orientierung des Handelns stellt aber das 2013 entwickelte Selbstverständnis[35] der FH Bielefeld dar. Insbesondere für den Bereich Studium und Lehre leitete die Hochschule im Rahmen der Vorbereitung auf die Systemakkreditierung ein sehr differenziertes Qualitätsverständnis[36] ab, das nicht nur die gemeinsamen inhaltlichen Eckpunkte der Lehre detailliert beschreibt, sondern auch Prozesse und Rollen zur Implementierung und zum Betrieb von Studienprogrammen umfasst. Diese Dokumente wurden 2020

32 Vgl. https://www.fh-bielefeld.de/hochschule/organisation/hochschulverwaltung/dezernat-qm/programm-digitalisierung (30.12.2020).
33 Insbesondere ist hier die Landesinitiative Digitale Hochschule NRW zu nennen. Hier beteiligt sich die FH Bielefeld in mehreren Verbundprojekten.
34 Mit dem im Rahmen der DAAD-Programmlinie Internationale Mobilität und Kooperation digital als deutschlandweit eines von sechs geförderten Großprojekten verfolgt die FH Bielefeld die Förderung transnationaler digitaler Lehrprojekte, die Etablierung der dazu notwendigen Lehr- und Lerntechnologien sowie die Digitalisierung der Verwaltungsprozesse für digital oder physisch international mobile Studierende. Siehe dazu: https://www.daad.de/de/infos-services-fuer-hochschulen/weiterfuehrende-infos-zu-daad-foerderprogrammen/imkd/ sowie https://www.fh-bielefeld.de/digitalmobil (30.12.2020).
35 Siehe zum Selbstverständnis der FH Bielefeld nochmals https://www.fh-bielefeld.de/hochschule/selbstverstaendnis (31.12.2020).
36 In Auszügen dargestellt unter https://www.fh-bielefeld.de/hochschule/qualitaetsverstaendnis (30.12.2020). Das vollständige Qualitätsverständnis findet sich im Intranet der FH Bielefeld.

too, the university-wide services have been further developed in recent years through extensive participation in third-party funded projects and state initiatives.[33]

The DAAD-funded project Digital Mobil @ Bielefeld UAS is located at the interface of digitalisation and internationalisation, with which the Bielefeld UAS is promoting both cross-cutting issues in an integrated manner and which is considered a beacon throughout Germany.[34] With this preparatory work, the ad hoc necessary change of teaching to purely digital events in the context of the Corona pandemic could be achieved with great effort, but nevertheless without profound problems.

Status Quo – Summary of the Principles in the Teaching Mission Statement

Already with the conversion of the diploma degree programmes to the Bachelor's and Master's programmes, the Bielefeld UAS defined self-committed university-wide cornerstones for the Bachelor's degree programmes in 2003. These reflect the orientation of teaching, which was supported by a basic consensus, in that, among other things, the teaching of professional experience and interdisciplinary competences became binding components of all study programmes. However, the most important orientation for action is the self-image of the Bielefeld UAS developed in 2013.[35] Particularly for the area of studying and teaching, the University also derived a very differentiated understanding of quality[36] as part of the preparations of the system accreditation, which not only describes the common content-related cornerstones of teaching in detail, but also includes processes and roles for the implementation and operation of study programmes. These documents were consolidated in such a mission statement in 2020 due to the teaching mission statement made necessary by the study accreditation ordinance of the State of North-Rhine Westphalia.[37] It thus represents a summary of the developments of the past 20 years and will be updated in the future.

33 In particular, the North-Rhine Westphalia state initiative Digital University should be mentioned here. The Bielefeld UAS is involved in some collaborative projects here.

34 With the DAAD programme line International Mobility and Cooperation digital as one of six major projects funded throughout Germany, the Bielefeld UAS is pursuing the promotion of transnational digital teaching projects, the establishment of the necessary teaching and learning technologies and the digitalisation of administrative processes for digitally or physically internationally mobile students. See: https://www.daad.de/de/infos-services-fuer-hochschulen/weiterfuehrende-infos-zu-daad-foerderprogrammen/imkd/ and https://www.fh-bielefeld.de/digitalmobil (30.12.2020).

35 See again https://www.fh-bielefeld.de/hochschule/selbstverstaendnis (31.12.2020) for the self-image of the Bielefeld UAS.

36 Excerpts are available at https://www.fh-bielefeld.de/hochschule/qualitaetsverstaendnis (30.12.2020). The complete understanding of quality can be found on the intranet of the Bielefeld UAS.

37 According to § 17 of the Study Accreditation Ordinance (StudakVO) of the State of North-Rhine Westphalia, a teaching mission statement is required for every higher education institution. See: https://recht.nrw.de/lmi/owa/br_vbl_detail_text?anw_nr=6&vd_id=16844&ver=8&val=16844&sg=0&menu=1&vd_back=N (30.12.2020).

aufgrund des durch die Studienakkreditierungsverordnung des Landes NRW[37] notwendig gewordenen Leitbilds Lehre in einem solchen Leitbild konsolidiert zusammengefasst. Es stellt damit ein Resümee der Entwicklungen der vergangenen 20 Jahre dar und wird zukünftig fortgeschrieben.

Gemeinsame Werte, gemeinsame Verantwortung

»Lehre und Studium an der FH Bielefeld beruhen auf gemeinsamen Werten, die von allen Mitgliedern und Angehörigen der Hochschule getragen werden.«[38] Lehre wird nicht als statischer, unidirektionaler Prozess der Lehrenden, sondern als sich kontinuierlich weiterentwickelnde, im Hinblick auf Befähigung von Studierenden zielorientierte und gemeinsame Aufgabe verstanden, die gemeinsam von Lehrenden und Studierenden ausgestaltet wird. »Im Mittelpunkt stehen Einheit von Lehre und Forschung, Wissenschaftlichkeit und expliziter Anwendungsbezug sowie die Förderung von Demokratie, Vielfalt, Internationalität und eines respektvollen Miteinanders.«[39] Das Miteinander zwischen Lehrenden, Studiengangsleitungen, Fachbereichen, zentralen Einheiten und Hochschulleitung stellt dabei die Grundlage eines sich kontinuierlichen verbessernden bzw. aktualisierenden Lehrprogramms dar – ohne dabei die akademische Freiheit der Fachbereiche und Lehrenden zu beschneiden.

Das Miteinander betrifft nicht nur Studierende und ihre Lehrenden, also die direkt in Studium und Lehre Involvierten. Sie bilden aber den Kern der Kompetenzvermittlung, wurden und werden an der FH Bielefeld durch ein breites und vielfältiges Portfolio an Services unterstützt. Das Lernzentrum, die Hochschulbibliothek, die Datenverarbeitungszentrale sowie zahlreiche Beratungs- und Unterstützungsangebote in den Fachbereichen, die Zentrale Studienberatung, das International Office sowie der AStA tragen zum Studienerfolg bei. Mit neuen Gebäuden in allen Standorten, umfangreichen Investitionen in die Laborausstattungen, der Digitalisierung und Internationalisierung von Prozessen und der dynamischeren Studiengangsentwicklung mittels der Systemakkreditierung wurden zudem auf struktureller Ebene in den vergangenen Jahren durch die Dezernate und Fachbereiche gute Rahmenbedingungen an der FH Bielefeld geschaffen. Diese gemeinsamen Anstrengungen konnten durch zahlreiche Lehr- und Beratungsprojekte auf zentraler Ebene flankiert werden, deren Volumen in den letzten Jahren deutlich gesteigert wurde.[40] »... alle Mitglieder und Angehörigen der Hochschule tragen an der FH Bielefeld gemeinsam Verantwortung für ein erfolgreiches Studium.«[41]

37 Gemäß § 17 der Studienakkreditierungsverordnung (StudakVO) des Landes NRW ist ein Leitbild Lehre für jede Hochschule erforderlich. Siehe https://recht.nrw.de/lmi/owa/br_vbl_detail_text?anw_nr=6&vd_id=16844&ver=8&val=16844&sg=0&menu=1&vd_back=N (30.12.2020).
38 Vgl. Leitbild Lehre der FH Bielefeld, in: https://www.fh-bielefeld.de/hochschule/profil/leitbild-lehre, S. 1 (30.12.2020).
39 Ebd., S. 1.
40 Siehe oben.
41 Vgl. nochmals Leitbild Lehre der FH Bielefeld, https://www.fh-bielefeld.de/hochschule/profil/leitbild-lehre, S. 1 (30.12.2020).

Shared Values, Shared Responsibility

»Teaching and studying at the Bielefeld UAS are based on common values that are shared by all members and affiliates of the University.«[38] Teaching is not understood as a static, unidirectional process of the lecturers, but as a continuously developing, goal-oriented and joint task with regard to the empowerment of students, which is jointly shaped by lecturers and students. »The focus is on the unity of teaching and research, scientificity and explicit reference to application, as well as the promotion of democracy, diversity, internationality and respectful cooperation.«[39] The cooperation between teachers, programme directors, faculties, central units and university management forms the basis of a continuously improving or updating teaching programme – without restricting the academic freedom of the faculties and teachers.

This cooperation does not only concern students and their teachers, i.e. those directly involved in studying and teaching. However, they form the core of the transfer of competences and were and are supported at the Bielefeld UAS by a broad and diverse portfolio of services. The Learning Centre, the University Library, the Data Processing Centre as well as numerous advisory and support services in the faculties, the Central Student Advisory Service, the International Office as well as the AStA (General Students' Committee) all contribute to the success of studies. With new buildings in all locations, extensive investments in laboratory equipment, the digitalisation and internationalisation of processes and the more dynamic development of study programmes by means of system accreditation, the departments and faculties have also created good framework conditions at the Bielefeld UAS on a structural level in recent years. These joint efforts have also been flanked by numerous teaching and advisory projects at the central level, the volume of which has been significantly increased in recent years.[40] »… all members and affiliates of the University share responsibility for successful studies at the Bielefeld UAS.«[41]

Competence Acquisition and Personality Development

The transformation of technical colleges into universities of applied sciences, which began 52 years ago, shaped the labour market-ready education at universities of applied sciences for decades. With the mandate for applied research expanded in the 1990s through higher education legislation and the equivalence of degrees from universities and universities of applied sciences[42] defined in the Bologna reform 20 years ago, the educational goals refocused from imparting subject-specific skills to a holistic acquisition of subject-specific, interdisciplinary and scientific competences. As

38 Translated according to the Mission Statement Teaching of the Bielefeld UAS, in: https://www.fh-bielefeld.de/hochschule/profil/leitbild-lehre, p. 1 (30.12.2020).
39 Ibid., p. 1.
40 See above.
41 Cf. once again the Mission Statement Teaching of the Bielefeld UAS, https://www.fh-bielefeld.de/hochschule/profil/leitbild-lehre, p. 1 (30.12.2020).
42 Cf. Hans-Hennig von Grünberg, Christian Sonntag: 50 Jahre Fachhochschule. Über das langsame Entstehen eines neuen Hochschultyps, in: Ordnung der Wissenschaft, 2019, pp. 157–168.

Kompetenzerwerb und Persönlichkeitsentwicklung

Die vor 52 Jahren begonnene Überführung der Fachschulen zu Fachhochschulen prägte über Jahrzehnte die arbeitsmarktbefähigende Ausbildung an den Hochschulen für Angewandte Wissenschaften. Mit dem in den 1990er-Jahren durch die Hochschulgesetzgebung erweiterten Auftrag zur angewandten Forschung sowie der mit der Bologna-Reform vor 20 Jahren definierten Gleichwertigkeit der Abschlüsse von Universitäten und Fachhochschulen[42] refokussierten sich die Ausbildungsziele von der Vermittlung fachlicher Befähigung hin zu einem ganzheitlichen fachlichen, überfachlichen und wissenschaftlichen Kompetenzerwerb. Auch die FH Bielefeld hat, wie oben beschrieben, an dieser Entwicklung teilgenommen und sie früh systematisch umgesetzt. Mit dem konsequenten Ausbau von Forschung und Transfer, der Ergänzung der Vermittlung von fachlichen Kompetenzen um überfachliche Studieninhalte sowie der breit angelegten Förderung der Persönlichkeitsentwicklung von Studierenden in allen Studiengängen konnte in den vergangenen 20 Jahren ein breites und attraktives Spektrum an Bachelor- und Masterstudiengängen aufgebaut werden. »Zentrales Anliegen der FH Bielefeld ist ein umfangreicher und fundierter Kompetenz- und Wissenserwerb der Studierenden. Fundiertes fachliches Wissen und Methodenkompetenz sind dabei ebenso relevant wie die Persönlichkeitsentwicklung der Studierenden: Selbstständiges, reflektiertes und durch soziale Kompetenz geprägtes Handeln zeichnet Absolventinnen und Absolventen der FH Bielefeld aus.«[43]

Die exponentiell zunehmende Komplexität und Dynamik des für eine Berufsausübung notwendigen Wissens erfordert zudem eine strukturell andere Herangehensweise in der Ausbildung. Studierende werden im Prozess des (kontinuierlichen) Lernens angeleitet, erhalten umfangreiche Informationskompetenzen und können eigenverantwortlich ihren Kompetenzerwerb bewerten und steuern. »Unsere Lehre dient der akademischen Bildung ... und macht neugierig auf lebenslanges Lernen.«[44] Studierende »können auch komplexe Entwicklungen aktiv und verantwortungsvoll (mit-)gestalten.«[45]

Lehre, Forschung, Anwendung

Forschungsbezug und Umgang mit Komplexität als Anforderungen an den (selbstständigen) Kompetenzerwerb und die Persönlichkeitsentwicklung von Studierenden erfordern einen vielfältigen Kanon an Lehr- und Lernmethoden. Ebenso wie Studienprogramme inhaltlich kontinuierlich weiterentwickelt werden, um mit der Dynamik vieler Fachdisziplinen Schritt zu halten, sind auch die einzusetzenden Lehrmethoden einer kontinuierlichen Anpassung bzw. Verbesserung unterworfen. Damit rückt das Lernen der Lehrenden in den Vordergrund. An der FH Bielefeld

42 Vgl. Hans-Hennig von Grünberg, Christian Sonntag: 50 Jahre Fachhochschule. Über das langsame Entstehen eines neuen Hochschultyps, in: Ordnung der Wissenschaft, 2019, S. 157–168.
43 Vgl. Leitbild Lehre der FH Bielefeld, in: https://www.fh-bielefeld.de/hochschule/profil/leitbild-lehre, S. 1 (30.12.2020).
44 Siehe auch: Selbstverständnis der FH Bielefeld, https://www.fh-bielefeld.de/hochschule/selbstverstaendnis (28.12.2020).
45 Vgl. Anmerkung 43.

described above, the Bielefeld UAS also participated in this development and systematically implemented it at an early stage. With the consistent expansion of research and transfer, the supplementation of the teaching of subject-specific competences with interdisciplinary study contents, as well as the broad-based promotion of the personal development of students in all degree programmes, it has been possible to build up a broad and attractive spectrum of Bachelor's and Master's degree programmes over the past 20 years. »The central concern of the Bielefeld UAS is the comprehensive and well-founded acquisition of competences and knowledge by the students. Well-founded subject knowledge and methodological competence are just as relevant as the students' personal development: Independent, reflective action characterised by social competence is what distinguishes graduates of the Bielefeld UAS.«[43]

The exponentially increasing complexity and dynamics of the knowledge necessary for practising a profession also requires a structurally different approach in education. Students are guided in the process of (continuous) learning, are given extensive information competences and can independently assess and control their acquisition of competences. »Our teaching serves academic education ... and makes students curious about lifelong learning.«[44] *Students »can also actively and responsibly (co-)shape complex developments.«*[45]

Teaching, Research, Application

Research relevance and dealing with complexity as requirements for the (independent) acquisition of competences and personal development of students require a diverse canon of teaching and learning methods. Just as study programmes are continuously developed in terms of content in order to keep pace with the dynamics of many subject disciplines, the teaching methods to be used are also subject to continuous adaptation or improvement. This brings the learning of the teaching staff to the forefront. At the Bielefeld UAS, these developments are supported by a wide range of support and training opportunities for teachers, as well as the freedom to deviate from well-trodden teaching paths. In particular, the following focal points have emerged in recent years:

- *project-oriented and work-integrated studies,*
- *Master's programmes with a dedicated research focus,*
- *digitalisation of teaching and learning,*
- *preparation for the new work context in the course of the digitalisation of the world of work,*
- *networking of students' knowledge,*
- *acquisition of competences outside the University as a component of the degree programme,*
- *further education for postgraduates,*
- *information orchestration instead of information transfer.*

»Teaching at the Bielefeld UAS is characterised by diverse teaching concepts and

43 *Cf. Mission Statement Teaching of the Bielefeld UAS, in: https://www.fh-bielefeld.de/hochschule/profil/leitbild-lehre, p. 1 (30.12.2020).*
44 *See also: Self-Conception of the Bielefeld UAS, in: https://www.fh-bielefeld.de/hochschule/selbstverstaendnis (28.12.2020).*
45 *Cf. note 43.*

werden diese Entwicklungen durch ein vielfältiges Unterstützungs- und Ausbildungsangebot für die Lehrenden sowie durch die Freiheit unterstützt, von ausgetretenen Lehrpfaden abzuweichen. Insbesondere haben sich in den vergangenen Jahren folgende Schwerpunkte herausgebildet:

- Projektorientiertes und praxisintegriertes Studium,
- Masterprogramme mit dezidierter Forschungsausrichtung,
- Digitalisierung der Lehre und des Lernens,
- Vorbereitung auf den New-Work-Kontext im Zuge der Digitalisierung der Arbeitswelt,
- Vernetzung des Wissens der Studierenden,
- Kompetenzerwerb außerhalb der Hochschule als Bestandteil des Studiums,
- Weiterbildungsangebote für Postgraduierte,
- Informationsorchestrierung statt Informationsvermittlung.

»Die Lehre an der FH Bielefeld zeichnet sich durch vielfältige Lehrkonzepte aus und berücksichtigt zentrale gesellschaftliche Entwicklungen. Aktuelle Themen aus der Forschung fließen in die Lehrveranstaltungen ein, eine enge Verbindung von Lehre und Forschung ist daher zentrales Merkmal aller Studiengänge.«[46] Zudem bieten alle Studiengänge der Hochschule »einen deutlichen Anwendungs- und Praxisbezug.«[47]

Respektvoller Umgang und Chancengleichheit

Ein funktionierendes Qualitätsmanagement ist abhängig von geschlossenen Regelkreisen zur kontinuierlichen Weiterentwicklung von Prozessen und Ergebnissen. Auch in der Lehre und dem Studium wird dieses Prinzip an der FH Bielefeld systematisch gelebt sowie von allen Angehörigen der Hochschule eingefordert. Neben diesen prozessualen Verankerungen in Form von Evaluationen und Gremienarbeit bedarf das kontinuierliche Streben nach Verbesserung einer offenen und respektvollen Kommunikation der an Lehre und Studium Beteiligten. »Gegenseitige Wertschätzung ist die Grundlage für einen respektvollen und offenen Umgang von Studierenden und Lehrenden an der FH Bielefeld. Dazu gehören auch eine offene Feedbackkultur und Evaluationen, um Lehr- und Lernkonzepte weiterzuentwickeln.«[48]

Die oben angeführte Durchlässigkeit und die damit verbundene Chancengleichheit für Studierende sind nicht nur Motivation, sondern aufgrund der Diversität von Studierenden und Lehrenden auch zentrales Merkmal der FH Bielefeld. »Es gehört zum Selbstverständnis der FH Bielefeld, dass unser Studienangebot für Studierende attraktiv ist, denen alle Türen offenstehen.«[49] Die Vielfalt an Studienmodellen und -optionen, die Verankerung von Diversity- und Gender-Aspekten im Studium, die Positionierung als familiengerechte und weltoffene Hochschule sowie zahlreiche Unterstützungsangebote zeugen vom stetigen Bemühen der Hochschule, sich für die Entfaltung der individuellen Potenziale der Studierenden einzusetzen.

46 Ebd., S. 2.
47 Ebd., S. 3.
48 Ebd., S. 2.
49 Ebd., S. 3.

takes central social developments into account. Current topics from research are incorporated into the courses, so a close connection between teaching and research is a central feature of all degree programmes.«[46] *In addition, all of the University's degree programmes »offer a clear application and practical orientation.«*[47]

Respectful Interaction and Equal Opportunities

Functioning quality management depends on closed control loops for the continuous development of processes and results. This principle is also systematically lived out in teaching and studying at the Bielefeld UAS and is also demanded by all members of the University. In addition to these procedural anchors in the form of evaluations and committee work, the continuous striving for improvement requires open and respectful communication between those involved in teaching and studying. »Mutual appreciation is the basis for respectful and open interaction between students and teachers at the Bielefeld UAS. This also includes an open feedback culture and evaluations to further develop teaching and learning concepts.«[48]

The above-mentioned permeability, and the associated equal opportunities for students, are not only motivation, but also a central feature of the Bielefeld UAS due to the diversity of students and lecturers. »It is part of the self-image of the Bielefeld UAS that our study programmes are attractive to students for whom all doors are open.«[49] *The variety of study models and options, the anchoring of diversity and gender aspects in studies, the positioning as a family-friendly and cosmopolitan university, as well as numerous support services are testimony to the University's constant efforts to help students develop their individual potential.*

Regional Anchoring and Global Perspectives

The internationalisation of the Bielefeld UAS outlined above is also reflected in the teaching mission statement, in that it takes up the valid cornerstones of the degree programmes as well as aspects of the positioning of Bielefeld UAS as a cosmopolitan university. »Cosmopolitanism, an international orientation and the acquisition of foreign languages during studies are promoted in all degree programmes.«[50] *In the course of the ongoing formulation of the International Strategy of the Bielefeld UAS, the mission statement will also be updated as a document to be continuously developed.*

46 Ibid., p. 2.
47 Ibid., p. 3.
48 Ibid., p. 2.
49 Ibid., p. 3.
50 Ibid.

Regionale Verankerung und globale Perspektiven

Auch die oben dargestellte Internationalisierung der FH Bielefeld spiegelt sich im Leitbild Lehre wider, indem es die gültigen Eckpunkte der Studiengänge sowie Aspekte der Positionierung der FH Bielefeld als weltoffene Hochschule aufgreift. »Weltoffenheit, eine internationale Orientierung und der Erwerb von Fremdsprachen im Studium werden in allen Studiengängen gefördert.«[50] Im Zuge der laufenden Formulierung der Strategie Internationales der FH Bielefeld wird das Leitbild als kontinuierlich weiterzuentwickelndes Dokument zudem eine Aktualisierung erfahren.

Deutlich überdurchschnittlich ist die regionale Verankerung der FH Bielefeld. Studierende kommen typischerweise aus der Region und verbleiben in der Mehrzahl auch in Ostwestfalen-Lippe.[51] Auch der überwiegende Anteil der über 400 mit der FH Bielefeld im Rahmen des praxisintegrierten Studiums kooperierenden Unternehmen und Einrichtungen ist in der Region vertreten. Somit existieren eine starke regionale Verankerung der Hochschule und ein intensiver regionaler Transfer. »Studienangebote und Forschungsthemen der FH Bielefeld sind in der Region OWL verankert.«[52]

Ausblick: Studium und Lehre nach der Corona-Pandemie

Die Corona-Pandemie stellte und stellt 2021 Studium und Lehre an der FH Bielefeld vor große Herausforderungen. Wie oben beschrieben, wurde in den vergangenen Jahren die Entwicklung digitaler Formate für Lehre, Lernen, Prüfungen sowie die Betreuung von Studierenden in zahlreichen Formen vorangetrieben. Jedoch hat die Realität der pandemiebedingt entwickelten digitalen Formate in Studium und Lehre viele dieser Entwicklungen obsolet werden lassen. Tatsächlich stellen sich nun andere Fragen nach dem Verhältnis zwischen und dem Mehrwert von digitaler und Präsenzlehre sowie nach einer guten Ausgestaltung von Fernlehre im Sinne des Kompetenzerwerbs und des motivierten Lernens. Nicht nur das Zusammenspiel von Präsenzlehre und digitaler Lehre gilt es vor diesem Hintergrund neu zu betrachten, zu analysieren und damit die Lehre neu auszurichten. Auch das gesamte Studium gilt es verstärkt aus dem Blickwinkel der Studierenden zu reflektieren, da veränderte Lebensumstände, verringerte direkte Interaktionsmöglichkeiten, Finanzierungsfragen sowie sich wandelnde Branchenstrukturen und damit mangelnde Beschäftigungsmöglichkeiten das Lernen und die Lernmotivation negativ beeinflussen; insbesondere der Austausch und das gemeinsame Lernen fehlen den Studierenden.[53] Dennoch hat die Pandemie Handlungsspielräume und Flexibilität im Lernen erhöht und die Lehrenden der FH Bielefeld haben wertvolle didaktische Ansätze mit sehr viel

50 Ebd.

51 Gemäß der Absolventinnen- und Absolventenstudie KOAB des Abschlussjahrgangs 2017 haben 81 Prozent der Befragten ihre Hochschulzugangsberechtigung in OWL erworben und 68 Prozent verblieben nach dem Studium in der Region.

52 Ebd., S. 3.

53 In der Sonderbefragung der Studierenden der FH Bielefeld im Anschluss an das Sommersemester 2020 fehlte 60 Prozent der Studierenden das gemeinsame Lernen. Mithin war dieses Kriterium das mit Abstand am problematischsten bewertete im Bereich der digitalen Lehre.

The regional anchoring of the Bielefeld UAS is clearly above average. Students typically come from the region and most of them stay in East Westphalia-Lippe. [51] The majority of the more than 400 companies and institutions cooperating with the Bielefeld UAS in the context of work-integrated studies are also represented in the region. This means that the University is strongly anchored in the region and that there is intensive regional transfer. »The study programmes and research topics of the Bielefeld UAS are anchored in the OWL region.«[52]

Outlook: Studying and Teaching after the Corona Pandemic

The Corona pandemic posed and continues to pose major challenges for studying and teaching at the Bielefeld UAS in 2021. As described above, the development of digital formats for teaching, learning, examinations as well as student support has been advanced in numerous forms in recent years. However, the reality of pandemic digital formats in teaching and learning has rendered many of these developments obsolete. In fact, other questions now arise about the relationship between, and the added value of, digital and face-to-face teaching, as well as about how to design distance learning well in terms of competence acquisition and motivated learning. It is not only the interplay between face-to-face and digital teaching that needs to be re-examined and analysed against this background, and thus the teaching reoriented. It is also important to reflect on the entire study programme from the perspective of the students, as changed life circumstances, reduced direct opportunities for interaction, financing issues as well as changing industry structures and thus a lack of employment opportunities have a negative impact on learning and motivation to learn; students especially miss the exchange and learning together with other students.[53] Nevertheless, the pandemic has increased room for manoeuvre and flexibility in learning, and the lecturers at the Bielefeld UAS have implemented valuable didactic approaches with a great deal of commitment. Against this background, a team set up by the Working Group on Quality in Studying and Teaching is currently taking up the wealth of experience gained by teachers and students during the pandemic in order to systematically develop options for action for the future in the area of teaching and learning support. One of the guiding principles from the Digitalisation programme is: »By linking the analogue and the digital, we allow the new to emerge.«[54] This also applies in particular to teaching and studying at the Bielefeld UAS.

51 According to the KOAB graduate survey of the graduating class of 2017, 81 per cent of those surveyed obtained their higher education entrance qualification in OWL and 68 per cent remained in the region after graduating.

52 Ibid., p. 3.

53 In the special survey of students at the Bielefeld UAS following the summer semester 2020, 60 per cent of the students lacked collaborative learning. This criterion was therefore by far the most problematic in the area of digital teaching.

54 Translated according to the goals and guiding principles of the Digitalisation programme of the Bielefeld UAS in: https://www.fh-bielefeld.de/hochschule/organisation/hochschulverwaltung/dezernat-qm/programm-digitalisierung (31.12.2020).

Engagement umgesetzt. Vor diesem Hintergrund greift derzeit ein von der Arbeitsgemeinschaft Qualität in Studium und Lehre eingesetztes Team den in der Pandemie erworbenen Erfahrungsschatz der Lehrenden und Studierenden auf, um systematisch Handlungsoptionen für die Zukunft im Bereich der Lehre und der Lernunterstützung zu entwickeln. Einer der Leitsätze aus dem Programm Digitalisierung lautet: »Durch die Verknüpfung von Analogem und Digitalem lassen wir Neues entstehen.«[54] Das gilt insbesondere auch für die Lehre und das Studium an der FH Bielefeld.

54 Ziele und Leitsätze des Programms Digitalisierung der FH Bielefeld in: https://www.fh-bielefeld.de/hochschule/organisation/hochschulverwaltung/dezernat-qm/programm-digitalisierung (31.12.2020).

50 years AR

FORSCHUNGSERFOLG TROTZ HEMMNISSEN

RESEARCH SUCCESS DESPITE OBSTACLES

Christian Schröder in Zusammenarbeit mit Rainer Middelberg

Damit hätte vor 20 Jahren kaum jemand gerechnet: Im Jahr 2020 konnte die FH Bielefeld erstmals Drittmittel im Umfang von mehr als zehn Millionen Euro einwerben. Der Erfolg dafür hat viele Mütter und Väter.

Hardly anyone would have expected this 20 years ago: In 2020, the Bielefeld UAS was able to raise more than ten million euros in third-party funding for the first time. The success for this has many mothers and fathers.

Als die Fachhochschulen in den 1970er-Jahren aus der Taufe gehoben wurden, waren sie als reine Lehranstalten definiert – zwar auf wissenschaftlich hohem Niveau, aber eben nur auf die Lehre bezogen. In den 1980er-Jahren kam die Forschung als Dienstaufgabe hinzu. Ohne eine grundlegende finanzielle Ausstattung und konzeptionelle Anpassungen blieb die Forschung aber ein Stiefkind. An der FH Bielefeld warben in den Folgejahren lediglich einzelne besonders forschungsinteressierte Lehrende Drittmittel ein. Sie entwickelten jeweils sehr erfolgreiche und weithin anerkannte Forschungsschwerpunkte der FH Bielefeld. Eine fachbereichseinheitliche oder gar hochschulübergreifende konsistente Forschungslandschaft war aber noch nicht in Sicht.

Heute hingegen sind Fachhochschulen forschungsstärker denn je. Das ist in vielerlei Hinsicht das Ergebnis eines gesamtgesellschaftlichen Mentalitätswechsels in den vergangenen 25 Jahren. Die berühmte Ruck-Rede von Bundespräsident Roman Herzog im Jahr 1997, verstärkt durch den PISA-Schock 2000, bedeutete Initialzündungen für neues Denken vor allem in Wirtschaft, Wissenschaft und Bildung. Das wiederentdeckte Zitat von Robert Kennedy »Frage nicht, was dein Land für dich tun kann, sondern was du für dein Land tun kannst« signalisierte Aufbruch. Anfang der 2000er-Jahre verstärkten die Diskussionen um die Hartz-IV-Gesetzgebungen Fragen der Selbstverpflichtung des Einzelnen, während gleichzeitig Appelle zur Förderung von Neugründungen und Innovationen außerhalb gewohnter betrieblicher Abteilungen für Forschung und Entwicklung lauter wurden. All diese Facetten mündeten wenig später in konkrete Hochschulpolitik in Nordrhein-Westfalen: in das 2006 beschlossene und seit 2007 geltende Hochschulfreiheitsgesetz.

Für alle Hochschulen in Nordrhein-Westfalen bedeutete es strukturell eine Abnabelung von der Ministeriumsbürokratie. Gleichzeitig versetzte es die Präsidien in die Lage, aber auch in die Pflicht, ihre jeweilige Hochschule eigenständig zu denken. Da die nordrhein-westfälischen Hochschulen seitdem zunehmendem Wettbewerbsdruck ausgesetzt sind, konnten im Zuge der folgenden Profilierungsbestrebungen auch die Forschungsaktivitäten neue Dynamik entfalten. Als ein Baustein der nötigen Neuorganisation der FH Bielefeld erfolgte 2010 eine Neuausrichtung der Forschungsberatung und -verwaltung für öffentlich geförderte Projekte, wirtschaftliche Projekte und Auftragsforschung. Das sogenannte F.I.TT.-Team (Forschung, Innovation, Technologietransfer) wurde eingerichtet, um forschende Professorinnen und Professoren bei Antragstellungen, Vertragsgestaltungen, Projektdurchführungen und Patentanmeldungen systematisch administrativ zu unterstützen. Es befördert Vernetzungen innerhalb der Hochschule und bahnt Kooperationen mit externen Partnern an. Seit einigen Jahren verfügt zudem jeder Fachbereich über Forschungsreferentinnen bzw. -referenten, die vor Ort projektspezifische Beratung leisten und die Schnittstelle zum F.I.TT.-Team bilden. Diese administrative Unterstützung ist gleichsam das Rückgrat des Forschungserfolgs der letzten Jahre. Sie läuft so gut, dass Lehrende anderer Hochschulen uns darum beneiden.

Den grundlegenden Ansatz für die Forschung an Fachhochschulen hatte die Landesrektorenkonferenz bereits 2008 festgeschrieben: »Forschung ist an Fachhochschulen in Nordrhein-Westfalen am Auftrag zum Wissenstransfer ausgerichtet.

When the universities of applied sciences were founded in the 1970s, they were defined as purely teaching institutions – at a high scientific level, but only related to teaching. In the 1980s, research was added as a service task. Without basic funding and conceptual adjustments, however, research remained a poor relation. At the Bielefeld UAS, only a few teachers who were particularly interested in research acquired third-party funding in the years that followed. They each developed very successful, and widely recognised, research foci at the Bielefeld UAS. However, a consistent research landscape across faculties or even across universities was not yet in sight.

Today, on the other hand, universities of applied sciences are more research-intensive than ever. In many ways, this is the result of a change in the mentality of society as a whole over the past 25 years. The famous jolt speech by Federal President Roman Herzog in 1997, reinforced by the PISA shock in 2000, meant initial impulses for new thinking, especially in business, science and education. The rediscovered quote by Robert Kennedy »Ask not what your country can do for you, but what you can do for your country« signalled a new beginning. In the early 2000s, discussions about the Hartz IV legislation intensified questions of individual self-reliance, while at the same time appeals to promote start-ups and innovation outside of usual corporate R&D departments grew louder. All these facets culminated a little later in concrete higher education policy in North Rhine-Westphalia: In the Higher Education Freedom Act passed in 2006 and in force since 2007.

For all higher education institutions in North Rhine-Westphalia, it meant structurally cutting the cord from the ministry bureaucracy. At the same time, it put the presidencies in a position, but also under an obligation, to think independently about their respective higher education institutions. Since the universities in North Rhine-Westphalia have been exposed to increasing competitive pressure since then, research activities have also been able to develop new dynamics in the course of the subsequent profiling efforts. As a building block of the necessary reorganisation of the Bielefeld UAS, a realignment of research consulting and administration for publicly funded projects, commercial projects and contract research took place in 2010. The so-called F.I.TT. team (Research, Innovation, Technology Transfer) was set up to provide systematic administrative support to professors conducting research in the areas of applications, contract design, project implementation and patent applications. It promotes networking within the university and initiates cooperation with external partners. For some years now, each faculty has also had research officers who provide project-specific advice on site and form the interface to the F.I.TT. team. This administrative support is, as it were, the backbone of the research success of the last few years. It works so well that teachers at other universities envy us for it.

The basic approach to research at universities of applied sciences was laid down by the State Rectors' Conference as early as 2008: »Research at universities of applied sciences in North Rhine-Westphalia is oriented towards the mission of knowledge transfer. Transfer-oriented research automatically relates to the fields of work and employment of our graduates, who will later be expected to fulfil their professional tasks with the results obtained in the process. Therefore, transfer-oriented research is an indispensable support for teaching.«[1]

1 Translated according to the State Rectors' Conference of the Universities of Applied Sciences of North Rhine-Westphalia: Further Development of the Research Profile of the North Rhine-Westphalian Universities of Applied Sciences. Resolved at the 379th meeting of the State Rectors' Conference on 8 April 2008 in Cologne.

Transferorientierte Forschung bezieht sich automatisch auf die Arbeits- und Einsatzfelder unserer Absolventinnen und Absolventen, die später einmal mit den dabei erzielten Ergebnissen ihre beruflichen Aufgaben erfüllen sollen. Deshalb ist transferorientierte Forschung eine unverzichtbare Unterstützung für die Lehre.«[1]

Eingebettet in den Bologna-Prozess, bedeutete dies für die Umstellung der Studiengänge und Studienabschlüsse den Aufbau zunehmend forschungsorientierter Masterstudiengänge. Diese sind also aus sich selbst heraus an aktuellen Innovationsfragen interessiert, was wiederum für kooperierende Unternehmen sowie die Bewilligung von Forschungsanträgen positive Verstärker sind. In diesem Umfeld konnte auch die kooperative Forschung profitieren. Sie leidet heute kaum mehr unter dem Image eines Schmuddelkindes im Vergleich zur vollständig unabhängigen, staatlich finanzierten Forschung.

Insgesamt stiegen die Drittmitteleinnahmen an der FH Bielefeld von 2010 bis 2020 von 2,6 Millionen Euro auf 10,4 Millionen Euro. In diesem Zeitraum ist der Fachbereich Ingenieurwissenschaften und Mathematik der mit Abstand am stärksten vertretene Bereich. Doch auch der Campus Minden, der frühere Fachbereich Wirtschaft und Gesundheit sowie die Zentralen Einheiten haben ihre Forschungsvolumina sehr dynamisch entwickelt. Besonders der Fachbereich Ingenieurwissenschaften und Mathematik sowie der Campus Minden konnten dabei mit Erfindungsmeldungen punkten. Die Fachbereiche Sozialwesen und Gestaltung waren im Durchschnitt der Jahre nicht so forschungsstark. Aktuell zeichnet sich auch hier eine neue Dynamik ab.

Die Betrachtung eingeworbener Forschungsgelder allein würde das strukturelle Ungleichgewicht in der deutschen Forschungslandschaft nur unzureichend wiedergeben. Aufgrund ihrer finanziellen Ausstattung taucht das Wort ›Forschung‹ innerhalb des Haushalts der Fachhochschule nicht auf. Der Zugang zu Fördermitteln ist zu mehr als 90 Prozent den Universitäten und großen Forschungsgesellschaften wie Max-Planck-Instituten oder Fraunhofer-Instituten vorbehalten. Spitz formuliert, bleiben für Fachhochschulen nur Krümel übrig. Vor diesem Hintergrund erscheinen Vergleiche zwischen Professorinnen und Professoren von Universitäten und Fachhochschulen hinsichtlich der eingeworbenen Drittmittel mehr als fraglich.

Dessen ungeachtet war an der FH Bielefeld die Einrichtung von Forschungsschwerpunkten und Instituten ein wesentlicher Fortschritt, um Kompetenzen zu bündeln und Kolleginnen und Kollegen dazu zu animieren, Projekte zu entwickeln, gemeinsam Anträge zu stellen und auch gemeinsam zu forschen. Zunehmend bewerben sich besonders forschungsinteressierte Lehrende um Professuren. Auch innerhalb der Berufungskommissionen gewinnt die Forschungsorientierung der Kandidatinnen und Kandidaten als Auswahlkriterium an Bedeutung. Durch die entsprechende Personalwahl wird der Forschungsimpuls innerhalb der Hochschule weiter vorangetrieben.

Dass dieser Impuls gerade in den vergangenen fünf Jahren so an Bedeutung gewonnen hat, hat aber noch einen ganz anderen, in Beton gegossenen Grund: den 2015 bezogenen Campus in Bielefeld. Interdisziplinarität und der Wissenstransfer zwischen Fachbereichen gelingen im neuen Hochschulgebäude in vorbildlicher Weise. Parallel mit dem Umzug übernahm das aktuelle Präsidium seine Arbeit. Über

1 *Landesrektorenkonferenz der Fachhochschulen des Landes Nordrhein-Westfalen: Weiterentwicklung des Forschungsprofils der nordrhein-westfälischen Fachhochschulen. Beschlossen in der 379. Sitzung der Landesrektorenkonferenz am 8. April 2008 in Köln.*

Embedded in the Bologna Process, this meant the establishment of increasingly research-oriented Master's programmes for the conversion of study programmes and degrees. These are thus interested in current innovation issues out of their own accord, which in turn are positive reinforcers for cooperating companies as well as the approval of research proposals. In this environment, cooperative research could also benefit. Today, it hardly suffers any more from the image at the time of a grubby child compared to fully independent, state-funded research.

In total, third-party funding income at the Bielefeld UAS increased from 2,6 million euros in 2010 to 10,4 million euros in 2020. In this period, the Faculty of Engineering and Mathematics was by far the most strongly represented area. However, the Campus Minden, the former Faculty of Business and Health, and the central units have also developed their research volumes very dynamically. The Faculty of Engineering and Mathematics and the Campus Minden scored particularly well with invention disclosures. The Faculty of Social Sciences and the Faculty of Design were not as strong in research on average over the years. Currently, a new dynamic is emerging here as well.

Looking at acquired research funds alone would only inadequately reflect the structural imbalance in the German research landscape. Due to its financial resources, the word ›research‹ does not appear within the budget of the Bielefeld UAS. More than 90 per cent of access to funding is reserved for universities and large research societies such as Max Planck Institutes or Fraunhofer Institutes. To put it bluntly, only crumbs remain for universities of applied sciences. Against this backdrop, comparisons between professors at universities and at universities of applied sciences with regard to the third-party funds raised, appear more than questionable.

Nevertheless, the establishment of research foci and institutes at the Bielefeld UAS was a significant step forward in bundling competences and encouraging colleagues to develop projects, submit joint applications and also conduct joint research. Increasingly, teachers who are particularly interested in research are applying for professorships. The research orientation of candidates is also gaining importance as a selection criterion within the appointment committees. The research impetus within the university is further advanced through the appropriate selection of personnel.

The fact that this impulse has gained so much importance in the past five years has another reason cast in concrete: The campus in Bielefeld, which was occupied in 2015. Interdisciplinarity and the transfer of knowledge between faculties succeed in exemplary fashion in the new university building. Parallel to the move, the current Presidential Board took over its work. A development process for the research strategy was carried out over two years with a consulting firm. In numerous university-wide workshops, goals and measures were formulated with more than 70 professors from all faculties, which have since been implemented. Through personal encounters and transparent cross-sectional information across disciplinary boundaries, a new sense of togetherness and many new ideas emerged. Scientists from materials research, IT and health sciences now approach projects together as a matter of course.

However, all the positive developments cannot hide the fact that the staffing of the faculties and professorships is inadequate and anything but sustainable. Top-level research – including application-oriented research – requires excellently trained staff. If you want to recruit a Master's graduate for a project, it is not so much zwei Jahre wurde ein Entwicklungsprozess zur Forschungsstrategie mit einem Beratungsunternehmen durchgeführt. In zahlreichen hochschulweiten Workshops wurden mit mehr als 70 Professorinnen und Professoren aller Fachbereiche Ziele und Maßnahmen formuliert, die seitdem umgesetzt werden. Durch persönliche Begegnungen und transparente Querschnittinformationen über Fächergrenzen hinweg entstanden ein neues Miteinander und viele neue Ideen. Wissenschaftlerinnen und Wissenschaftler aus Materialforschung, IT und Gesundheitswissenschaften gehen heute ganz selbstverständlich gemeinsam Projekte an.

All die positiven Entwicklungen können aber nicht darüber hinwegtäuschen, dass die personelle Ausstattung der Fachbereiche und Professuren unzureichend und alles andere als nachhaltig ist. Spitzenforschung – auch die anwendungsorientierte – benötigt exzellent ausgebildetes Personal. Möchte man eine Masterabsolventin oder einen Masterabsolventen für ein Projekt gewinnen, dann lockt weniger die Bezahlung, sondern die Aussicht auf eine Weiterqualifikation. Die einzige Möglichkeit dazu ist in unserem Wissenschaftssystem nun einmal die Promotion. Diese wiederum wird an Fachhochschulen finanziell in aller Regel erst durch das Einwerben von Drittmitteln möglich. Dabei sind die kooperativen Promotionen, bei denen jede Promovendin bzw. jeder Promovend von einem Tandem, bestehend aus einer Wissenschaftlerin oder einem Wissenschaftler einer Universität und der Fachhochschule, gemeinsam betreut wird, ein Schritt in die richtige Richtung. Wurden sie vor zehn Jahren nur vereinzelt ermöglicht, laufen an der FH Bielefeld derzeit mehr als 70 Promotionsvorhaben – und zwar in allen Fachbereichen, Tendenz steigend. Wirklich zukunftsweisend könnte sich das Format des Promotionskollegs NRW erweisen. Denn dort ist nicht nur das Promotionsrecht verankert. Vielmehr ist durch die Aufnahmekriterien für forschungsstarke Lehrende sowie die institutionalisierte Qualitätssicherung auch die Qualität künftiger Promotionen gesichert.

Forschen an deutschen Fachhochschulen ist Forschen mit angezogener Handbremse, denn ihnen wird eine wissenschaftliche und wirtschaftliche Wegwerfmentalität aufgezwungen. Viele der Absolventinnen und Absolventen wechseln nach Abschluss ihres Forschungsvorhabens in die Wirtschaft und nehmen einen Großteil des erarbeiteten Know-hows mit. Der Fachhochschule geht auf diese Weise jedes Mal zwangsläufig wertvolle Erfahrung im Umgang mit Laborgeräten verloren, die später mühsam wiederaufgebaut werden muss. Dieses Ausbluten gilt es zu verhindern. Es bedarf qualifizierten Personals, das die innovative Expertise im Haus hält und sie systematisch in einzelnen Projekten neu zur Anwendung und Fortentwicklung bringt. Es wäre das wissenschaftliche Pendant zum F.I.TT.-Team. Das Zusammenwirken eines wissenschaftlichen Mittelbaus mit administrativer Expertise böte hervorragende Bedingungen für ein dauerhaft erfolgreiches Forschungsumfeld.

Angesichts ihres hohen Lehrdeputats von 18 Stunden, das sich übrigens nie geändert hat, können die Professorinnen und Professoren allein die notwendige Konstanz nicht gewährleisten. Lediglich in Forschungsschwerpunkten und Instituten ist diese Nachhaltigkeit bisher mitbedacht, nicht jedoch in der grundlegenden Personalausstattung der Fachhochschulen. In der Summe ist daher festzustellen, dass Forschungsgelder wesentlich effizienter eingesetzt werden könnten, wenn die dort tätigen neuen Mitarbeiterinnen und Mitarbeiter in wissenschaftlichen Ökosystemen langfristig von der bereits aggregierten Expertise profitieren könnten.

Wichtig ist daher die seit 2010 mit der Universität Bielefeld existierende *the pay that attracts them, but the prospect of further qualification. The only possibility in our science system is a doctorate. At universities of applied sciences, this in turn is usually only possible financially through the acquisition of third-party funding. Cooperative doctorates, in which each doctoral candidate is jointly supervised by a tandem consisting of a scientist from a university and a university of applied sciences, are a step in the right direction. Whereas ten years ago they were only made possible in isolated cases, more than 70 doctoral projects are currently running at the Bielefeld UAS – in all subject areas, and the trend is rising. The format of the North Rhine-Westphalia Doctoral College could prove to be truly forward-looking. For it is not only the right to award doctorates that is anchored there. Rather, the quality of future doctorates is also ensured through the admission criteria for teachers with strong research skills and institutionalised quality assurance.*

Research at German universities of applied sciences is research with the handbrake on, because a scientific and economic throwaway mentality is imposed on them. Many of the graduates move to industry after completing their research project and take much of the acquired know-how with them. In this way, the university of applied sciences inevitably loses valuable experience in the use of laboratory equipment, which must be painstakingly rebuilt later. This bleeding out must be prevented. Qualified personnel are needed to keep the innovative expertise in-house and to systematically apply and develop it in individual projects. This would be the scientific counterpart to the F.I.TT. team. The interaction of a scientific mid-level staff with administrative expertise would offer excellent conditions for a permanently successful research environment.

In view of their high teaching load of 18 hours (which, by the way, has never changed), professors alone cannot guarantee the necessary constancy. Only in research foci and institutes has this sustainability been taken into account so far, but not in the basic staffing of the universities of applied sciences. In sum, it can therefore be stated that research funds could be used much more efficiently if the new staff working there could benefit in the long term from the already aggregated expertise in scientific ecosystems.

The framework agreement on research cooperation that has existed with the University of Bielefeld since 2010 is therefore important. This was initially limited to five years, but was then extended indefinitely. The goals are cooperation in applying for research projects, the use of resources and cooperative doctorates. While initially only a few joint doctoral projects were carried out, in 2012 researchers from the University of Bielefeld and the Bielefeld UAS succeeded in gaining state funding for two of eight doctoral colleges. Within four years, this resulted in over 20 joint doctorates. But more importantly, these doctoral colleges have provided, and will continue to provide, the basis for numerous other joint research activities.

The importance of sustainable structures is demonstrated not least by two competence platforms funded by the state of North Rhine-Westphalia. The KomPASS competence platform of the former Nursing and Health Teaching Unit of the Faculty of Business and Health was further developed in 2012 into the Institute for Education and Care Research in the Health Sector (InBVG). And the competence platform Networked Simulations was even expanded into two institutes: The Bielefeld Institute for Applied Materials Research (Bielefelder Institut für Angewandte Materialforschung, BIfAM) and the Institute for System Dynamics and Mechatronics (ISyM). Later, the

Rahmenvereinbarung über Forschungskooperationen. Diese war zunächst auf fünf Jahre befristet, wurde dann jedoch unbefristet verlängert. Ziele sind die Zusammenarbeit bei der Beantragung von Forschungsprojekten, die Nutzung von Ressourcen sowie die kooperativen Promotionen. Wurden zunächst nur einige wenige gemeinsame Promotionsvorhaben durchgeführt, gelang es 2012 Wissenschaftlerinnen und Wissenschaftlern von Universität und Fachhochschule, zwei von acht Promotionskollegs als Landesförderung zu gewinnen. Innerhalb von vier Jahren entstanden so über 20 gemeinsame Promotionen. Aber noch viel wichtiger ist, dass diese Promotionskollegs die Grundlage für zahlreiche weitere gemeinsame Forschungsaktivitäten geliefert haben und noch liefern werden.

Die Bedeutung nachhaltiger Strukturen belegen nicht zuletzt zwei vom Land Nordrhein-Westfalen geförderte Kompetenzplattformen. Die Kompetenzplattform KomPASS der damaligen Lehreinheit Pflege und Gesundheit des Fachbereichs Wirtschaft und Gesundheit wurde 2012 zum Institut für Bildungs- und Versorgungsforschung im Gesundheitsbereich (InBVG) weiterentwickelt. Und die Kompetenzplattform Vernetzte Simulationen wurde sogar zu zwei Instituten ausgebaut: dem Bielefelder Institut für Angewandte Materialforschung (BIfAM) und dem Institut für Systemdynamik und Mechatronik (ISyM). Später kamen über eine Landesförderung das Mindener Institut für intelligente Gebäude (InfinteG) sowie das ITES als Weiterentwicklung eines Forschungsschwerpunkts hinzu. Förderprogramme des Landes wie ›Fokus Forschung HAW-Kooperationen‹ mit Entlastungsbudgets für Lehrende hingegen können den skizzierten Personalbedarf langfristig nicht decken. Sonstige neue Förderprogramme speziell für Fachhochschulen sind derzeit nicht in Sicht. Umgekehrt erzielen die genannten Institute einen für das Gesamtklima der Hochschule wichtigen Effekt. Die Forschungslandkarte der Hochschulrektorenkonferenz verzeichnet als profilbildende Forschung aktuell eben die Bildungs- und Versorgungsforschung im Gesundheitsbereich sowie die Materialforschung.

Der Blick auf den wissenschaftlichen Betrieb und strukturelle Fragen ist zu erweitern um das Umfeld der FH Bielefeld. Das Fundament für erfolgreiche Forschung kommt auch maßgeblich aus der Region selber: Da sind Ingenieurinnen und Ingenieure, die sich an Problemen nicht die Zähne ausbeißen, sondern kreative Lösungen suchen, Unternehmerinnen und Unternehmer, die Geschäftsideen weiterentwickeln, und soziale Einrichtungen, die den gesellschaftlichen Wandel aktiv mitgestalten. Sie sind allesamt Forschungsmotoren. Kurze Wege, ein unkompliziertes Miteinander und Machermentalität helfen, Projektideen zügig zu entwickeln und umzusetzen.

Auch wenn viele Unternehmen der Region weltweit aktiv sind und Lehrende nicht aus Ostwestfalen kommen, so herrscht bei Forschungsprojekten doch der kurze Draht. Vertrauen und die Gewissheit, den anderen im Zweifelsfall in einer Autostunde erreichen zu können, erlauben bei aller professionellen Distanz eine exzellente enge Zusammenarbeit sowie schnelle Entscheidungen. Genau auf dieser Basis konnte sich die FH Bielefeld mit immer mehr Einrichtungen und Unternehmen vernetzen. Exemplarisch für eine sehr enge Kooperation ist das 2011 gegründete mieletec. Dieses Forschungslabor wird von der Firma Miele und der FH Bielefeld gemeinsam betrieben und feiert in diesem Jahr sein zehnjähriges Bestehen.

Minden Institute for Intelligent Buildings (InfinteG) and the ITES were added as a further development of a research focus through a state grant. Funding programmes of the state such as ›Fokus Forschung HAW-Kooperationen‹ (Focus on research – cooperations between universities of applied sciences) with relief budgets for teachers, on the other hand, cannot cover the outlined personnel needs in the long term. Other new funding programmes specifically for universities of applied sciences are currently not in sight. Conversely, the aforementioned institutes achieve an important effect for the overall climate of the university. The research map of the German Rectors' Conference currently lists education and health care research and materials research as profile-forming research.

The view of academic operations and structural issues must be expanded to include the environment of the Bielefeld UAS. The foundation for successful research also comes significantly from the region itself: There are engineers who do not crack their teeth on problems but who look for creative solutions, entrepreneurs who further develop business ideas, and social institutions that actively shape social change. They are all research engines. Short distances, uncomplicated cooperation and a doer mentality help to develop and implement project ideas quickly.

Even though many companies in the region are active worldwide and lecturers do not come from East Westphalia, the close relationship still prevails in research projects. Trust and the certainty of being able to reach the other person within an hour's drive if in doubt allow excellent close cooperation and quick decisions despite all the professional distance. It is precisely on this basis that the Bielefeld UAS has been able to network with more and more institutions and companies. One example of very close cooperation is mieletec, which was founded in 2011. This research laboratory is run jointly by the Miele company and the Bielefeld UAS and celebrates its tenth anniversary this year.

AUTONOMIE UND EXPANSION

AUTONOMY AND EXPANSION

Die wichtigste Aufgabe einer Hochschule ist die qualitativ hochwertige akademische Ausbildung junger Menschen. Rahmenbedingungen wie Hochschulgesetze, Hochschulorganisation und Finanzierung müssen sich an diesem Ziel ausrichten. Mitarbeiterinnen und Mitarbeiter der Hochschule müssen in die Lage versetzt werden, ihre Arbeitskraft und ihre Kreativität optimal einzusetzen. Viele Rahmenbedingungen haben sich in den letzten 25 Jahren verändert und man kann sagen, dass die Änderungen meist zielführend waren.

The most important task of a university is to provide high-quality academic education of young people. Framework conditions such as higher education laws, higher education organisation and funding must be aligned with this goal. University staff must be allowed to make the best possible use of their labour and creativity. Many of the broader economic conditions have changed over the past 25 years, and it can be said that the changes have mostly been purposeful.

Vor dem Hochschulfreiheitsgesetz

Schon der Bologna-Prozess hat seit 1999 für die Vereinheitlichung der Abschlüsse aller Hochschulen in allen Mitgliedsländern der Europäischen Gemeinschaft gesorgt, was insbesondere den Fachhochschulen bzw. Hochschulen für angewandte Wissenschaften zugutekam, da diskriminierende Abschlüsse wie ›Diplom (FH)‹ abgeschafft wurden und Masterstudiengänge ähnlich wie an Universitäten eingerichtet werden konnten. Trotzdem waren die Hochschulen in Deutschland und speziell in Nordrhein-Westfalen in ihrer Organisation wenig beweglich (etwa im Vergleich zu angelsächsischen Institutionen) und sehr rigide reglementiert. Beispielhaft ist hier zu nennen:

— Jede Neueinstellung musste vom Wissenschaftsministerium genehmigt werden. Neuberufene Professorinnen und Professoren machten ihren Antrittsbesuch zur Ernennung in Düsseldorf.
— Die Hochschulen verfügten über kein Personalbudget.
— Neue Studiengänge bzw. Änderungen an bestehenden Studiengängen mussten beim Wissenschaftsministerium beantragt, dort begutachtet und genehmigt werden.

Ein besonders drastisches Beispiel für zentrale Detailsteuerung der Hochschulen ist der sogenannte Qualitätspakt in der Anfangsdekade des neuen Jahrtausends (intern sprach man auch von »Qualizid«). Hier wurden von einer Expertengruppe alle Studiengänge einer Hochschule detailliert geprüft und dann entschieden, welcher Studiengang wie viele Professuren abgeben musste. Da die Nachfrage nach Ingenieurstudienplätzen gerade schwach war, wurden diese Studiengänge besonders reduziert. An der FH Bielefeld war der Studiengang Maschinenbau am stärksten betroffen: Von den 23 Professuren sollten zehn wegfallen; es wurde sogar erwogen, den Maschinenbau ganz einzustellen. Die letzte Phase des Qualitätspaktes fiel dann schon in den Aufschwung der Nachfrage nach Ingenieurstudienplätzen. Die stärksten Auswirkungen des Qualitätspaktes konnten mithilfe des ersten Hochschulpaktes abgemildert werden.

Hochschulfreiheitsgesetz

Das Hochschulfreiheitsgesetz (HFG) trat zum 1. Januar 2007 in Nordrhein-Westfalen in Kraft und bewirkte eine umfassende Änderung der Organisation aller Hochschulen im Land. Bis heute ist es eines der Hochschulgesetze, die den Hochschulen die meiste Freiheit gewähren, und vielfach Vorbild für die Hochschulgesetze anderer Bundesländer (noch im Januar 2021 wurde die FH Bielefeld aus Bayern um Information über das Hochschulfreiheitsgesetz angefragt). Für die Hochschulen im Lande bedeutete das unter anderem:

— Die Hochschulen erhalten die Dienstherrenfähigkeit. Alle Mitarbeiterinnen und Mitarbeiter sind fortan nicht mehr beim Land, sondern an der Hochschule beschäftigt.
— Berufungen und Einstellungen werden von der Hochschule durchgeführt.
— Die Hochschulen werden budgetiert, erhalten also auch das Personalbudget und können im Rahmen dieses Budgets frei agieren; einen Stellen-

Before the Higher Education Freedom Act

Since 1999, the Bologna Process has already ensured the standardisation of degrees at all higher education institutions in all member states of the European Community, which benefited the universities of applied sciences in particular, as discriminatory degrees such as ›Diplom (FH)‹ were abolished and postgraduate programmes could be set up similar to those at universities. Nevertheless, the universities in Germany, and especially in North Rhine-Westphalia, were not very flexible in their organisation (compared to Anglo-Saxon institutions, for example) and were very rigidly regulated. Examples of this are the following:

- *Every new appointment had to be approved by the Ministry of Science. Newly appointed professors made their inaugural appointment visit to Düsseldorf.*
- *The universities had no personnel budget.*
- *New courses of study, or changes to existing courses of study, had to be applied for, assessed and approved by the Ministry of Science.*

A particularly drastic example of detailed centralised control of higher education institutions is the so-called Quality Pact in the early decade of the new millennium (internally, one also spoke of »Qualicide«). Here, a group of experts examined all the degree programmes of a university in detail and then decided the number of professorships to make redundant. Since the demand for engineering study places was weak at the time, these study programmes were particularly reduced. At the Bielefeld UAS, the Mechanical Engineering programme was the most affected: Ten of the 23 professorships were to be eliminated; it was even considered to discontinue Mechanical Engineering altogether. The last phase of the Quality Pact then already coincided with the upswing in demand for engineering study places. The strongest effects of the Quality Pact were mitigated with the help of the first Higher Education Pact.

Higher Education Freedom Act

The Higher Education Freedom Act (Hochschulfreiheitsgesetz, HFG) came into force in North Rhine-Westphalia on 1 January 2007 and brought about a comprehensive change in the organisation of all higher education institutions in the State (of North Rhine-Westphalia). To this day, it is one of the higher education laws that grant the most freedom to higher education institutions and is often a model for the higher education laws of other federal states (as recently as January 2021, the Bielefeld UAS was asked by Bavaria for information about the Higher Education Freedom Act). For the higher education institutions in the German State, this meant, among other things:

- *The higher education institutions will receive an employer status. From now on, all employees are no longer employed by the State, but by the university.*
- *Appointments and recruitment are carried out by the university.*
- *The universities are budgeted, i.e. they also receive a personnel budget and can act freely within this budget framework; there is now only a staffing plan for civil servants. However, professorships can also be filled outside the staffing plan if the universities finance the pension reserves.*

plan gibt es nur noch für Beamte. Professuren können aber auch außerhalb des Stellenplans besetzt werden, falls die Hochschulen die Pensionsrücklagen finanzieren.

— Die Hochschulen erhalten die Organisationsverantwortung. Studiengänge können eingerichtet, verändert und eingestellt werden. Zur Qualitätssicherung werden Akkreditierungsagenturen beauftragt, neue und geänderte Studienangebote zu überprüfen und zu akkreditieren.
— Die Hochschulen erhalten eine Präsidialverfassung, die neuen Präsidien eine verbesserte Steuerungskompetenz.
— Die Umstellung zu einer Präsidialverfassung wurde in 2009 an der FH Bielefeld auch in der Umbenennung des Rektorats in Präsidium sichtbar.
— An der FH Bielefeld wurde das Hochschulfreiheitsgesetz grundsätzlich begrüßt. Die Übertragung der Dienstherrenfähigkeit verunsicherte allerdings zunächst viele Mitarbeiterinnen und Mitarbeiter.

Budgetierung und Hochschulpakt

Die Budgetierung, insbesondere die Personalbudgetierung, führte am Anfang zu einer gewissen Überlastung der Verwaltung. Außerdem war das Hochschulbudget sehr knapp bemessen. Der vormalige Stellenplan wurde nur zu etwa 94 Prozent ausfinanziert, viele Stellen mussten also frei bleiben. Als Ausgleich konnten die Hochschulen seit dem Wintersemester 2006/2007 Studiengebühren erheben, was die Hochschulen in Nordrhein-Westfalen mit wenigen Ausnahmen taten – auch die FH Bielefeld. Zum Wintersemester 2011/2012 wurden diese Gebühren wieder abgeschafft und vom Land unter dem Namen Qualitätsverbesserungsmittel übernommen.

Jede Hochschule hat ihren eigenen Weg gewählt, die Budgetierung in den Fachbereichen und zentralen Einheiten zu verankern. Die FH Bielefeld entschied sich bald für ein Konzept mit besonders autonomen Fachbereichen. Die Dekanate und Leitungen der zentralen Einheiten wurden verantwortlich für Personal- und Sachkosten in ihrem Bereich. Die Budgets werden anhand von Mittelwerten der verschiedenen Besoldungsgruppen zugewiesen. Auch hier gab es nur eine 90-prozentige Ausfinanzierung. Die Dekanate können jedoch selbst entscheiden, welche Stellen nicht wiederbesetzt und welche Stellen später ausgeschrieben werden sollen. In der Diskussion war auch ein Härtefalltopf, der die Fachbereiche bei besonderen Belastungen unterstützen sollte. Letztlich wurde dieser Topf aber nicht benötigt, da sich Budgetrisiken in den einzelnen Bereichen gut verteilten.

Diese Art der sehr weitgehenden Budgetierung der Fachbereiche hat sich bis heute bewährt. Die Dekanate konnten flexibel und zügig auf neue Anforderungen reagieren. Es gab nur sehr wenige Anlässe, bei denen die Fachbereiche um zusätzliche Hilfe aus dem Präsidium nachfragten.

Nach dem HFG und der Budgetierung hatten die Hochschulen zwar eine hohe Autonomie, konnten aber den gewonnenen Bewegungsspielraum aufgrund der sehr knappen Budgets zunächst kaum ausnutzen, zumal auch noch immer Verluste aus dem Qualitätspakt anstanden.

Im Jahr 2007 wurde bereits klar, dass die Studierendenzahlen im kommenden Jahrzehnt stark steigen würden. Der Hauptgrund hierfür war die erhöhte Studier-

- *The Universities are given organisational responsibility. Study programmes can be established, changed and discontinued. For quality assurance purposes, accreditation agencies are commissioned to review and accredit new and modified study programmes.*
- *The universities receive a presidential constitution, and the new presidencies receive improved steering competence.*
- *The changeover to a presidential constitution was also visible at the Bielefeld UAS in 2009 in the renaming of the Rectorate to the University Executive Board.*
- *At the Bielefeld UAS, the Higher Education Freedom Act was welcomed in principle. However, the transfer of the employer's authority initially unsettled many staff members.*

Budgeting and Higher Education Pact

Budgeting, especially personnel budgeting, initially led to a certain overload of administration. In addition, the university budget was very tight. Only about 94 per cent per cent of the previous staffing plan was financed, so many positions had to remain vacant. To compensate for this, the universities could charge tuition fees from the 2006/2007 winter semester onwards, which the universities in North Rhine-Westphalia did with few exceptions - including the Bielefeld UAS. In the winter semester 2011/2012, these fees were abolished again and taken over by the State under the name Quality Improvement Funds (Qualitätsverbesserungsmittel).

Each university has chosen its own way of anchoring budgeting in the faculties and central units. The Bielefeld UAS soon opted for a concept with particularly autonomous faculties. The deans and management of the central units became responsible for personnel and material costs in their area. Budgets were allocated based on the averages of the various grades. Here, too, there was only 90 per cent funding. However, the deans can decide for themselves which posts should not be re-filled and which posts should be advertised later. A hardship fund was also discussed, which was supposed to support the faculties in the case of special funds for extraordinary circumstances. In the end, however, this fund was not needed because budget risks were well distributed among the individual faculties.

This type of very extensive budgeting for the faculties has proven itself to this day. The deans have been able to react flexibly and quickly to new demands. There have only been very few occasions when the faculties asked for additional help from the University Executive Board.

After the Higher Education Freedom Act and budgeting, the universities had a high degree of autonomy but were initially hardly able to take advantage of the room for manoeuvring they had gained due to the very tight budgets, especially since there were still losses from the Quality Pact.

In 2007 it was already clear that student numbers would rise sharply in the coming decade. The main reason for this was the increased propensity of high school graduates to study. The shortening of schooling to twelve years (and therefore the neigung der Abiturientinnen und Abiturienten. Die Verkürzung der Schulzeit auf zwölf Jahre und der deshalb kommende doppelte Abiturjahrgang (landesspezifisch: in Nordrhein-Westfalen im Jahr 2013) waren ein weiterer Anstoß für die Notwendigkeit, die Studienangebote auszuweiten.

Bund und Länder legten daher ab 2007 den sogenannten Hochschulpakt (HSP) auf, der die Hochschulen in den Stand versetzen sollte, den kommenden Studierendenberg aufzufangen. Im ersten Teil des HSP für die Studienanfängerjahrgänge 2007 bis 2010 wurde für jede Studienanfängerin bzw. jeden Studienanfänger oberhalb einer hochschulspezifisch festgelegten Basiszahl eine Prämie gezahlt. Dieses Programm wurde für 2012 bis 2015 mit dem HSP2 und 2016 bis 2020 mit dem HSP3 fortgeführt. Gegen Ende des Jahrzehnts wurde zunehmend klar, dass es sich beim Aufwuchs der Studierendenzahlen nicht um einen Berg, sondern um den Aufstieg auf ein Plateau handelte, das vermutlich bis ca. 2030 gleichbleibende Studierendenzahlen liefern wird. Deshalb wurde ab 2021 ein nicht befristetes Folgeprogramm ›Zukunftsvertrag Studium und Lehre stärken‹ (ZSL) vereinbart, das die HSP-Mittel verstetigt und teilweise noch erhöht. Ein Teil der ZSL-Mittel ist ebenfalls an die Studierenden- bzw. die Absolventinnen- und Absolventenzahlen gebunden.

Neben HSP und ZSL gab es noch weitere Programme zur Unterstützung der Hochschulen, die ebenfalls gemeinsam von Bund und Ländern finanziert wurden:

- Zuwendung wegen der Aussetzung der Wehrpflicht, 2011 bis 2014,
- Fachhochschulausbauprogramm ab 2009, verstetigt,
- Masterprogramm NRW, 2014 bis 2020,
- Fachhochschulstärkungsprogramm: In NRW wurden den Fachhochschulen seit 2014 144 Professuren zugewiesen, diese mit dem ZSL auch dauerhaft ausfinanziert; ursprünglich sollten diese Stellen bei den Universitäten abgezogen werden – dazu kam es jedoch nicht,
- Aufbau des Studienortes Gütersloh, Teilfinanzierung durch das Land seit 2015.

Mit all diesen Programmen war es den Hochschulen möglich, die Studierendenzahlen in NRW um mehr als 50 Prozent zu erhöhen. Das HFG ermöglichte den schnellen und flexiblen Einsatz der Gelder und die Schaffung neuer Studienangebote.

Auswirkungen von HFG und HSP an der FH Bielefeld

Auch die FH Bielefeld hat die Möglichkeiten genutzt, die sich aus HFG, HSP und den anderen Programmen boten. Sie ist dabei in einiger Hinsicht konsequenter vorgegangen als die meisten anderen Hochschulen. Von der Budgetautonomie der Fachbereiche war oben bereits die Rede. Die zusätzlichen Gelder aus dem Hochschulpakt und den anderen Programmen wurden von Beginn an zum großen Teil in den Aufbau neuer Studienangebote inklusive der Besetzung weiterer Professuren investiert. Die erste Professur, die aus HSP-Mitteln finanziert werden konnte, wurde bereits 2007 ausgeschrieben. Das Risiko, dass Stellen wieder abgebaut werden müssen, falls das Programm ausläuft, wurde bewusst eingegangen und hat sich mit der ZSL-Verstetigung glücklicherweise erledigt. Bis 2020 wurden insgesamt mehr als 30 neue Professuren besetzt. Folgende Bachelorstudiengänge wurden mit HSP-Mitteln eingerichtet:

2013 double school graduation classes in North Rhine-Westphalia), was a further impetus for the need to expand study opportunities.

Therefore, the national and State governments launched the so-called Higher Education Pact (Hochschulpakt, HSP) in 2007, which was intended to enable the universities to absorb the coming peak of students. In the first part of the HSP for the first-year cohorts 2007 to 2010, a premium was paid for each first-year student above a base number determined for each university. This programme was continued for 2012 to 2015 with HSP2 and 2016 to 2020 with HSP3. Towards the end of the decade, it became increasingly clear that the growth in student numbers was not a peak but rather the ascent of a plateau that will probably deliver steady student numbers until around 2030. For this reason, a follow-up programme, ›Zukunftsvertrag Studium und Lehre stärken, ZSL‹ (›Strengthening the Future Contract for Studying and Teaching‹), was agreed upon from 2021 onwards, which will stabilise the HSP funds and even increase them in part. Part of the ZSL funds is also linked to the number of students and graduates.

In addition to HSP and ZSL, there were other programmes to support higher education institutions that were also jointly financed by the national and State governments:

- *allocation due to the suspension of compulsory military service, 2011 to 2014,*
- *expansion programme for universities of applied sciences, 2009 to 2020,*
- *postgraduate programme North Rhine-Westphalia, 2014 to 2020,*
- *University of Applied Sciences Strengthening Programme (Fachhochschulstärkungsprogramm): In NRW, 144 professorships have been allocated to the universities of applied sciences since 2014; these have also been permanently financed with the ZSL; originally, these positions were to be withdrawn from the universities – however, this did not happen,*
- *establishment of the Gütersloh study location, partial funding by the State since 2015.*

With all these programmes, the universities have been able to increase student numbers in North Rhine-Westphalia by more than 50 per 9cent. The HFG made it possible to use the funds quickly and flexibly and to create new study programmes.

Effects of HFG and HSP at the Bielefeld UAS

The Bielefeld UAS has also taken advantage of the opportunities offered by the HFG, the HSP and the other programmes. In some respects, it has proceeded more consistently than for most other universities. The budget autonomy of the faculties has already been discussed above. From the beginning, the additional funds from the Higher Education Pact and the other programmes were invested mainly in the development of new study programmes, including the filling of additional professorships. The first professorship that could be financed from HSP funds was already advertised in 2007. The risk that positions would have to be cut again if the programme expired was consciously taken and has fortunately been eliminated with the ZSL funding. By 2020, a total of more than 30 new professorships have been filled. The following Bachelor's degree programmes were established with HSP funds:

- Regenerative Energien (2007),
- Verbundstudiengang Maschinenbau (2008),
- Wirtschaftsingenieurwesen (2008),
- Pädagogik der Kindheit (2008),
- Wirtschaftsinformatik (2008),
- Wirtschaftspsychologie (2008),
- Mechatronik/Automatisierungstechnik, praxisintegriert am Studienort Gütersloh (2009),
- Wirtschaftsingenieurwesen, praxisintegriert am Studienort Gütersloh (2009),
- Gesundheits- und Krankenpflege (2010),
- Verbundstudiengang Elektrotechnik (2017),
- Studienrichtung Digital Media and Experiment (2019).

Daneben wurden einige Studiengänge entscheidend mit HSP-Mitteln unterstützt. Typisches Beispiel ist die Restaurierung des Maschinenbaus nach dem Kahlschlag des Qualitätspaktes. Insgesamt flossen ab 2007 über 140 Millionen Euro über den HSP an die FH Bielefeld.

Auch das FH-Ausbauprogramm hat am Standort Minden seit 2009 den Aufbau weiterer Studiengänge finanziert, darunter der Studiengang Informatik und mehrere praxisintegrierte Studiengänge. Die Anzahl der Studierenden wuchs am Standort Minden von ca. 600 auf ca. 1.500. Ähnliches gilt für den Studienort Gütersloh, der zwar nicht wie beantragt aus dem Fachhochschulausbauprogramm gefördert wurde, aber mithilfe von HSP-Mitteln und seit 2015 auch mit Landessondermitteln aufgebaut werden konnte. Hier studieren heute mehr als 500 junge Menschen. Die Gesamtanzahl der Studierenden an der FH Bielefeld ist seit 2007 um fast 60 Prozent auf jetzt über 11.000 gestiegen!

Dass auch die Qualität der Lehre in diesem Zeitraum gestiegen ist, kann man an der landesweit unter den Fachhochschulen jährlich durchgeführten Leistungsorientierten Mittelverteilung (LOM) ablesen. In der LOM werden die Anzahl der Absolventinnen und Absolventen, die eingeworbenen Forschungsmittel und die Erfolge in der Gleichstellung verglichen. Anhand der Ergebnisse werden dann Haushaltsmittel unter den Fachhochschulen umverteilt.

In der Gleichstellung war die FH Bielefeld immer an der Spitze, bei der Forschung längere Zeit eher auf den hinteren Rängen. Das Kriterium mit der höchsten Gewichtung war immer die Lehre. Bis 2013 hat die FH Bielefeld meist Geld verloren, seit 2014 zählte sie immer stärker zu den Gewinnern und gehört in den letzten Jahren zu den erfolgreichsten Hochschulen in NRW.

Insgesamt ist die Entwicklung der FH Bielefeld im letzten Jahrzehnt ein gelungenes Beispiel für die erfolgreiche Nutzung der Autonomie für Expansion ohne Qualitätseinbuße.

- *Regenerative Energies (2007),*
- *Mechanical Engineering (2008),*
- *Industrial Engineering and Management (2008),*
- *Early Childhood Education (2008),*
- *Business Information Systems (2008),*
- *Business Psychology (2008),*
- *Mechatronics/Automation Technology, work-integrated at the Campus Gütersloh (2009),*
- *Industrial Engineering and Management, work-integrated at the Campus Gütersloh (2009),*
- *Health Care and Nursing (2010),*
- *Combined study programme in Electrical Engineering (2017),*
- *Field of study Digital Media and Experiment (2019).*

In addition, some degree programmes were decisively supported by HSP funds. A typical example is the restoration of Mechanical Engineering after the eradication of the Quality Pact. In total, over € 140 million flowed to the Bielefeld UAS via the HSP from 2007 onwards.

The University of Applied Sciences Expansion Programme has also financed the establishment of further degree programmes at the Minden location since 2009, including the Computer Science degree programme and several work-integrated degree programmes. The number of students at the Minden location has grown from about 600 to about 1,500. The same applies to the Gütersloh study location, which was not funded by the University of Applied Sciences Expansion Programme as applied for but was able to be built up with the help of HSP funds and, since 2015, also with special State funds. Today, more than 500 young people study there. The total number of students at the Bielefeld UAS has risen by almost 60 per cent since 2007 to now over 11,000!

The fact that the quality of teaching has also risen during this period can be seen in the Performance-Oriented Distribution of Funds (Leistungsorientierte Mittelverteilung, LOM) conducted annually among the universities of applied sciences nationwide. In the LOM, the number of graduates, the research funds acquired and the successes in equality treatment are compared. Based on the results, budget funds are then redistributed among the universities of applied sciences.

The Bielefeld UAS has always been at the top in terms of equality, but has for a long time tended to be at the bottom of the league in terms of research. The criterion with the highest weighting has always been teaching. Until 2013, the Bielefeld UAS mostly lost money, but since 2014 it has increasingly been among the winners and in recent years has been one of the most successful universities in North Rhine-Westphalia.

Overall, the development of the Bielefeld UAS over the last decade is an excellent example of success using autonomy for expansion without sacrificing quality.

ZUKUNFT DER VERWALTUNG

THE FUTURE OF THE ADMINISTRATION

Gehsa Schnier

Als der erste Kanzler der FH Bielefeld 1995 in Pension ging, erklärte er in einem Interview gegenüber der lokalen Presse seine Wehmut über sein Ausscheiden aus dem aktiven Dienst, weil jetzt eine neue Zeit der strategischen Gestaltungsmöglichkeiten anbreche. Damals ging es um die Lockerung des Jährlichkeitsprinzips (Stichwort ›Dezemberfieber‹) und die begrenzte Übertragbarkeit von Haushaltsmitteln. Außerdem erfolgte eine allmähliche Lösung der Bindung der Ausgabearten an Veranschlagungen des Haushaltsgesetzgebers in Untertiteln. Die langsam einsetzende gegenseitige Deckungsfähigkeit zwischen Sachmittel- und Personalkostenansätzen ermöglichte erste strategische Ausgabeplanungen. Nicht besetzte Stellen konnten ›geschöpft‹ werden und die nicht für

When the first chancellor of the Bielefeld UAS retired in 1995, he explained in an interview to the local press his wistfulness about leaving active service when a new era of strategic design possibilities was now dawning. At that time, it was about the relaxation of the annuality principle (keyword ›December fever‹) and the limited transferability of budget funds. In addition, there was a gradual loosening of the binding of expenditure types to estimates of the budget legislator in subtitles. A gradually increasing possibility of transfers between material and personnel cost appropriations allowed for some first strategic expenditure planning. Vacant positions could be ›scooped up‹: the funds not used for personnel expenditure could be saved for

Personalausgaben verwendeten Mittel für kleinere Investitionen angespart werden. Ansonsten waren den Möglichkeiten der Hochschule zur Steuerung in eigener Kompetenz durch das geltende Recht noch enge Grenzen gesetzt.

Heute gibt es eine nahezu komplette wechselseitige Deckungsfähigkeit und die meisten Untertitel spielen für die Verausgabung praktisch keine Rolle mehr. Die Mittel der Grundfinanzierung (Landeszuschuss) gehen als sogenannte Hochschulmittel in das Vermögen der Hochschule ein und sind über die Kalenderjahresgrenzen übertragbar. Dank des Liquiditätspools des Landes kann sogar der Abruf der Mittel taktisch gesteuert werden. Wenngleich der Landeszuschuss im Wesentlichen durch das Überrollungsprinzip stagniert und steigende Kosten und Preise unter anderem in der Gebäudebewirtschaftung und Energieversorgung nur selten in den Haushaltsgesetzen berücksichtigt werden, haben diese Befreiungen der Hochschule heute viele Möglichkeiten einer effektiven Haushalts- und Wirtschaftsführung ermöglicht.

Der Weg zur eigenverantwortlichen strategischen Gestaltung war nicht immer geradlinig. Ein Rückschlag Ende der 1990er-Jahre war der Verlust von 19 Professorenplanstellen, die unter dem Begriff ›Qualitätspakt‹ eingezogen wurden. Die dem vom Wissenschaftsministerium berufenen Expertenrat vorgelegte ausgefeilte Planung der Hochschule zur Weiterentwicklung des Studienangebotes und Auslastung der Professorenstellen sollte an der vollendeten Tatsache des Abzugs nichts mehr ändern. Erst rund zwanzig Jahre später konnte die FH Bielefeld sich wieder über den Zugang von zumindest neun Professorenplanstellen aus dem Fachhochschulstärkungsprogramm freuen. Allerdings waren ihre Studierendenzahlen inzwischen auch um mehr als 30 Prozent gewachsen.

Bis zum Qualitätspakt musste die Hochschule noch mit sogenannten Haushaltssperren des Finanzministeriums rechnen, die sich als Minderausgaben und Stellenbesetzungssperren im laufenden Wirtschaftsjahr auswirken konnten. Erst durch Hochschulvereinbarungen, längstens für die Zeit einer Legislaturperiode, wurde den Hochschulen Planungssicherheit für die Grundfinanzierung gegeben. Die Gegenleistung der Hochschule, beispielsweise in Form von Kostenbeteiligungen, ist den Gewinn an Berechenbarkeit als Grundvoraussetzung für eigene strategische Planung auf berechenbarer Basis unbedingt wert.

Von der Landeseinrichtung zur autonomen Hochschule in Trägerschaft des Landes

Im Zeitraffer seien hier wichtige Stationen des administrativen Umbaus, der Modernisierung und des Wachstums der Hochschule skizziert.

Seit der Verleihung der Hochschulautonomie im Jahre 2007 hat die FH Bielefeld die Dienstherreneigenschaft und kann selbst Professorinnen und Professoren *smaller investments. Otherwise, the University's possibilities for controlling its own expenditure were still narrowly limited by the applicable law.*

Today, there is almost complete reciprocal coverability and most budget subtitles play practically no role in spending. The funds of the basic financing (state subsidy) go into the university's assets as so-called university funds and are transferable beyond the calendar year limits. Thanks to the State's liquidity pool, even the drawdown of funds can be controlled tactically. Unfortunately, the state subsidy is essentially stagnant due to the rollover principle and rising costs and prices in building management and energy supply, among other things, are rarely taken into account in the budget laws. However, the liberalisations have provided the university today with many options for effective budgetary and economic management.

The path to autonomous strategic design was not always straightforward. One setback at the end of the 1990s was the loss of 19 professors' posts, which were confiscated under the term ›Quality Pact‹. The elaborate planning of the University for the further development of the study programme and the utilisation of the professors' positions, which was presented to the expert council appointed by the Ministry of Science, was not to change the accomplished fact of the withdrawal. It was not until about twenty years later that the Bielefeld UAS could again be pleased with the addition of at least nine professorial posts from the programme to strengthen the universities of applied sciences. On the other hand, its student numbers had also grown by more than 30 per cent in the meantime.

Until the Quality Pact, the higher education institutions still had to reckon with so-called budget blocks from the Ministry of Finance, which could have the effect of reduced expenditure and staffing blocks in the current financial year. It was only through the advent of higher education agreements, at the longest for the duration of a legislative period, that higher education institutions were given planning security for basic funding. The required contribution by the university, for example in the form of cost sharing, is absolutely worth the gain in predictability as a basic prerequisite for its own strategic planning on a solid basis.

From a State Institution to an Autonomous University under the Auspices of the State

Important stages of the administrative restructuring, modernisation and growth of the University are outlined here in fast forward.

Since being granted university autonomy in 2007, the Bielefeld UAS has had employer status and can appoint professors and staff itself. Appointment bonuses to the W pay scale can now be negotiated; in the early days, a so-called award framework still set limits to this. However, the collective agreements to be applied in the universities continue to be negotiated by the state and there is no separate collective agreement for science. The Ministry of Science limits itself to legal supervision and berufen sowie Mitarbeiterinnen und Mitarbeiter einstellen. Berufungszulagen zur W-Besoldung können nunmehr verhandelt werden; in der Anfangszeit setzte ein sogenannter Vergaberahmen dafür noch Grenzen. Die in den Hochschulen anzuwendenden Tarifabschlüsse werden aber weiter vom Land verhandelt und es gibt keinen eigenen Wissenschaftstarifvertrag. Das Wissenschaftsministerium beschränkt sich auf die Rechtsaufsicht und überlässt die Fachaufsicht einem Hochschulrat, dessen Arbeit von einer Geschäftsstelle in der Hochschule administrativ unterstützt wird. Es entfallen bis dahin kostenlose Dienstleistungen des Ministeriums wie beispielsweise die Genehmigung von Studiengängen. Ihre Einführung oder Änderung muss nunmehr in Akkreditierungsverfahren extern teuer erworben werden.

Um die verliehenen Freiheiten in einem ausgerufenen Wettbewerb der Hochschulen optimal nutzen zu können, mussten für die Hochschulleitung Steuerungsinstrumente geschaffen werden, die auch ein weitgehendes dezentrales Bewirtschaften eigener Personal- und Sachmittelbudgets der Fachbereiche ermöglichen. Der Wechsel von der kameralen Haushaltsführung zur kaufmännischen Buchhaltung im Rahmen einer integrierten Verbundrechnung mit der Auswahl, Beschaffung und Implementierung eines neuen ERP-Systems war ein steiniger Weg, auf dem die Hochschulen in Nordrhein-Westfalen alleingelassen wurden. Erst nachdem in Einzelkämpfermanier das Ziel erreicht war und sich herausstellte, dass es wenig profilunterscheidende Merkmale zwischen den Hochschulen auf diesem Feld gibt, haben die Hochschulen sich zusammenschließen können, um zum Beispiel mit dem MACH-Kompetenzzentrum an der Heinrich-Heine-Universität Düsseldorf im weiteren Verlauf für gleiche Probleme nach gemeinsamen Lösungen zu suchen.

Nicht nur im Haushalts- und Wirtschaftsbereich mussten ein Berichtswesen und Planungs- und Controlling-Instrumente aufgebaut werden – für den akademischen Bereich von besonderer Dringlichkeit, weil sich hier die eigentlichen profilbildenden Unterschiede ausprägen. Allein die finanziellen Konsequenzen einer sogenannten leistungsorientierten Mittelzuweisung anhand der Parameter ›Absolventen‹ und ›Drittmittel‹ brachten der FH Bielefeld zunächst einmal große Rückschläge. Über mehrere Jahre wurden kumulativ die Mittel für mehr als fünfzehn Professorenjahresgehälter verloren, ohne dass sich die Kapazität entsprechend verringert hätte. Dass die FH Bielefeld seit einigen Jahren zu den Gewinnern dieses Umverteilungsspieles gehört, ist ein Beweis für ihre beachtliche Dynamik und Reformfähigkeit.

Noch vor der Verleihung der Hochschulautonomie wurden Studienbeiträge eingeführt, durch Senatsbeschluss in der Höhe später noch einmal verändert und schließlich gesetzlich wieder abgeschafft. Parallel wurde in der FH Bielefeld eine spezielle Finanzierungsberatung für Studierende aufgebaut. An die Stelle der Studienbeiträge sind seit 2011 die gesondert zu bewirtschaftenden Qualitätsverbesserungsmittel aus dem Landeshaushalt getreten, die wegen der Gesamtdeckelung des Ansatzes über die Jahre des rasanten Anstiegs der Studierendenzahlen pro Kopf immer geringer wurden. Erst in diesem Jahr wurde der Ansatz für alle Hochschulen im Lande von 249 Millionen auf 300 Millionen Euro erhöht.

Der Aufwuchs der Studierenden von rund 6.000 auf jetzt mehr als 11.000 wurde durch die Hochschulsonderprogramme des Bundes mit anteiliger Landesfinanzierung ermöglicht. Die terminierte Laufzeit erlaubte zunächst nur wenig unbefristete Neueinstellungen; vielmehr musste eine weit vorausschauende Planung neben einer sorgfältigen Personalkostenhochrechnung immer eine Rückführbarkeit *leaves the technical supervision to a university council, whose work is supported administratively by an office at the University. Free service until then provided by the ministry, (such as the approval of study programmes), has been discontinued. Introduction or modification must now be acquired externally at a high price in accreditation procedures.*

In order to be able to make optimal use of the freedoms granted in a proclaimed competition between universities, control instruments had to be created for the University management that also allow for a largely decentralised management of the faculties' own personnel and material budgets. The change from cameral budget management to commercial accounting was a rocky road. It had to be realized within the framework of integrated composite accounting and required the selection, procurement and implementation of a new ERP system. Here the universities in North Rhine-Westphalia were left to fend for themselves. Only after the goal had been reached in lone-wolf fashion, did it become clear that there were few features distinguishing the profiles of the universities in this field and the universities were able to join forces. With for example the MACH Competence Centre at the Heinrich Heine University of Düsseldorf, they could then look for common solutions for the same problems, in the further course.

A reporting system and planning and controlling instruments had to be established not only in the budgetary and economic areas – of particular urgency for the academic sector, because this is where the actual profile-forming differences emerge. The financial consequences of a so-called performance-oriented allocation of funds based on the parameters ›graduates‹ and ›third-party funds‹ alone brought major setbacks to the Bielefeld UAS initially. Over several years, funding for more than fifteen professors' annual salaries were cumulatively lost without a corresponding reduction in capacity. The fact that the Bielefeld UAS has been one of the winners in this redistribution game in recent years is proof of its remarkable dynamism and ability to reform.

Even before university autonomy was granted, tuition fees were introduced, the amount was later changed again by senate resolution and finally abolished by law. At the same time, a special financial advisory service for students was set up at the Bielefeld UAS. Since 2011, the tuition fees have been replaced by quality improvement funds from the state budget, which have to be managed separately. Due to the overall capping of the budget, these funds have become smaller and smaller per capita during years of rapid growth in student numbers. Only this year was the budget for all universities in the state increased from 249 million to 300 million euros.

The increase in the number of students from around 6,000 to now more than 11,000 was made possible by the federal government's special higher education programmes with proportional state funding. Initially, their fixed term allowed for only a few permanent new hires; rather, far-sighted planning always had to keep an eye on traceability to the staffing plan in addition to careful personnel cost projections. Only with the replacement of the ›Higher Education Pact 2020 Line‹ agreed between the federal government and the state by the Zukunftsvertrag Studium und Lehre stärken (ZSL – Strengthening the Future Contract for Studying and Teaching) did the horizon open up for sustainable personnel policy.

The Higher Education Modernisation Programme (Hochschulmodernisierungsprogramm, HMOP) of the state of North Rhine-Westphalia enabled the Bielefeld UAS, after more than 40 years of existence, to move into a purpose-built, contemporary and auf den Stellenplan im Auge behalten. Erst mit der Ablösung der zwischen Bund und Land vereinbarten Hochschulpakt-2020-Linie durch den Zukunftsvertrag Studium und Lehre stärken (ZSL) öffnet sich der Horizont für nachhaltige Personalpolitik.

Mit dem Hochschulmodernisierungsprogramm (HMOP) des Landes Nordrhein-Westfalen wurde es der FH Bielefeld nach über 40 Jahren ihres Bestehens ermöglicht, einen zweckentsprechenden, zeitgemäßen und identitätsstiftenden Neubau (FHG) zu beziehen, der bedauerlicherweise bereits beim Einzug im Jahre 2015 zu klein für die im Planungs- und Ausführungszeitraum rasant angewachsenen Studierenden- und Beschäftigtenzahlen war. Die Regeln des HMOP ließen nur einen Ersatzbau für die vorhandenen abgängigen Gebäudeflächen zu. Noch nicht einmal alle Dezernate der Verwaltung haben bis jetzt Platz im FHG gefunden, geschweige denn alle in Bielefeld angesiedelten Fachbereiche. Ein Neubau auf dem Campus Nord ist in einem strukturierten Verfahren mit dem Bau- und Liegenschaftsbetrieb Nordrhein-Westfalen (BLB NRW) und dem Ministerium für Kultur und Wissenschaft (MKW) in Vorbereitung.

Aus einer kleinen Abteilung des Haushaltsdezernates, die sich um Hausverwaltung kümmerte, musste ein leistungsfähiges Dezernat für Gebäudemanagement aufgebaut werden. Die bislang entbehrte Technisierung eines Hochschulgebäudes und die intensivere Nutzung eines gemeinsamen Großgebäudes stellen ganz andere Anforderungen an Instandhaltung, Wartung, Reinigung und Sicherheitsüberwachung. Um den zusätzlichen Flächenbedarf bis zur Fertigstellung eines Neubaus abzudecken, müssen Anmietungen gefunden werden. Die unvermeidliche Weiternutzung eines brandschutztechnisch problematischen und vom BLB NRW längst abgeschriebenen Gebäudes in der Lampingstraße in eigener Verantwortung der Hochschule bindet enorme Ressourcen. Auch am florierenden Ausbaustandort Campus Minden hat sich der Flächenbestand teils durch einen Neubau, teils durch den unumgänglichen eigenen Ankauf eines Altbaus als Körperschaftsvermögen stark vergrößert. Umbau-, Sanierungs- und Modernisierungsarbeiten, die zusammen mit dem BLB NRW geplant und finanziert werden müssen, kommen hinzu. Ohne zusätzliche Anmietungen kann auch hier der Flächenbedarf nicht gedeckt werden. Am Studienort Gütersloh sind angemietete Objekte an zwei Adressen zu betreuen. Zukunftsfähige Optionen sind schon jetzt zu erwägen.

Manchmal lassen sich erst über einen längeren Zeitraum die großen Entwicklungslinien sehen, zu denen mehrere Generationen von Mitarbeiterinnen und Mitarbeitern in Technik und Verwaltung durch ihren unermüdlichen Einsatz einen Etappenbeitrag geleistet haben, dessen Bedeutung und Wirkungspotenzial punktuell vielleicht noch gar nicht erkennbar war. Auch denen, deren Aufgabengebiet in der exemplarischen Auswahl der Darstellung nicht genannt ist, sei an dieser Stelle nachdrücklich gedankt.

Auf dem Wege der digitalen und kulturellen Transformation

Aktuell stehen wir vor der Aufgabe, uns mit der auf allen Ebenen sich entfaltenden Digitalisierung der Lebensbereiche zu verbinden. Aus den sich aufbauenden Strukturen und sich entwickelnden und immer weiter differenzierenden Vorhaben können hier nur einige exemplarisch genannt werden, um einen ersten Überblick zu bieten.

identity-creating new building (FHG). Regrettably, the new building was already too small when it was moved into in 2015, given the rapidly growing number of students and employees during the planning and execution period. The rules of the HMOP only allowed for a replacement building for the existing building space that had become obsolete. Not even all of the administration's departments have found space in the FHG so far, let alone all of the Faculties located in Bielefeld. A new building on the North Campus is being prepared in a structured procedure with the Bau- und Liegenschaftsbetrieb Nordrhein-Westfalen (BLB NRW) and the Ministry of Culture and Science (MKW).

From a small unit that took care of building management within the budget department, an efficient department for building management had to be established. The transition from the antiquated technologies of the previous university buildings, and the more intensive use of a shared large building place completely different demands on maintenance, servicing, cleaning and security monitoring. Rentals must be found in order to satisfy the additional space requirements until an additional new building is completed. The unavoidable continued use of a building in Lampingstrasse under the University's own responsibility, which is problematic in terms of fire protection and has long since been written off by the BLB NRW, ties up enormous resources. At the flourishing Campus Minden expansion site, the space available has also increased considerably, partly due to a new building and partly due to the unavoidable purchase of an old building as a corporate asset. Conversion, renovation and modernisation work, which has to be planned and financed together with the BLB NRW, will be added. Without additional rentals, the space requirements cannot be met here either. At the Campus Gütersloh, rented properties are to be managed at two addresses. Future options should already be considered.

Sometimes it is only over a longer period of time that the major lines of development can be seen, to which several generations of staff in technology and administration have made a stage contribution through their tireless efforts, the importance and potential impact of which was perhaps not even recognisable at the time. We would also like to take this opportunity to express our sincere thanks to those whose areas of responsibility are not mentioned explicitly in the above exemplary selection.

On the Path of Digital and Cultural Transformation

Currently, we are faced with the task of connecting with the digitalisation of the spheres of life that is unfolding at all levels. Of the structures that are being built, and the projects that are developing and becoming more and more differentiated, only a few can be mentioned here as examples to provide a first overview. The federal government's Online Access Act (Onlinezugangsgesetz, OZG) stipulates that all services with a user perspective must also be offered online by the end of 2022. In the education field, which is relevant for higher education institutions, this means that by the beginning of the 2021 summer semester, online applications without media discontinuity must be possible for prospective students. And by the end of 2022, this also applies to enrolment without media discontinuity, including a connection to a state-wide portal network of higher education institutions. All needs in the further life

Das Onlinezugangsgesetz (OZG) des Bundes gibt vor, dass alle Dienstleistungen aus Nutzerperspektive bis Ende 2022 auch online anzubieten sind. In dem für die Hochschulen einschlägigen Themenfeld Bildung bedeutet das, dass bis zum Beginn des Sommersemesters 2021 eine medienbruchfreie Online-Bewerbung für Studieninteressierte möglich sein muss. Und bis Ende 2022 gilt das auch für die medienbruchfreie Immatrikulation, einschließlich einer Anbindung an einen landesweiten Portalverbund der Hochschulen. Alle Bedarfe in den weiteren Lebenslagen von Studierenden, wie beispielsweise Prüfungen, Zeugnisse, Anerkennung von Leistungen und Bildungsabschlüssen, gehören ebenso in das Aufgabenpaket. Dem beauftragten Projektverantwortlichen des BMBF ist aufgetragen, durch Standardfestlegungen für eine Konnektivität auf nationaler Ebene wie auch in den internationalen Raum zu sorgen. In diesem Zusammenhang stehen die Projekte X Hochschule und PIM (Plattform für Internationale Studierendenmobilität), bei dem die FH Bielefeld aktive Kooperationspartnerin ist.

Gleichzeitig müssen weitere Vorgaben des E-Government-Gesetzes auf Landesebene in den Blick genommen werden. Der Zugang zur Verwaltung und die Verwaltungsverfahren müssen bis Anfang 2023 elektronisch ablaufen können und schließlich muss auch die interne Aktenführung bis Ende 2025 elektronisch gelingen. Diese Aktionsfelder erfordern eine tiefschürfende Durchdringung aller existierenden Fach- und Verwaltungsverfahren in der FH Bielefeld und eine zwischen allen Beteiligten einvernehmliche und verbindliche Festlegung. Es geht dabei nicht um eine Übersetzung bestehender analoger Verfahren in digitale Prozesse. Vielmehr müssen die qualitativen Potenziale überprüft und genutzt werden, was zu erheblich veränderter Neugestaltung der Prozesse führen kann und soll.

Es reicht nicht aus, dass dies nur innerhalb der eigenen Hochschule als Bezugsrahmen geschieht. Vielmehr gilt es, eine Interoperabilität unter den Hochschulen und zu anderen Instanzen des Landes zu erzielen. Damit dies gelingen kann, haben wir, wie jede andere Hochschule in Nordrhein-Westfalen mit finanzieller Unterstützung des Landes, eine E-Government- und Onlinezugangsgesetzkoordinatorin bestellt, die als Vermittlerin und Multiplikatorin dabei unterstützt, die IT-Ausgangssituation und -Bedarfe in unserer Hochschule zu erfassen, auf eine überörtliche Ebene zu tragen und umgekehrt von dem Austausch auf dieser Ebene erhaltene Impulse in die FH Bielefeld zurückzubringen. Die überörtliche Ebene hat sich unter dem Namen Koordinierungsinstanz Digitale Unterstützungsprozesse (KDU.nrw) als Dienstleisterin für die Kanzlerkonferenzen der Hochschulen gebildet, ist an der Ruhr-Universität Bochum angesiedelt und wird vom MKW finanziell ausgestattet.

Die KDU.nrw arbeitet mit der Digitalen Hochschule NRW (DH.nrw) zusammen, einem Kooperationskonstrukt von zweiundvierzig Hochschulen mit dem MKW. Vorangegangen waren die vom Datenverarbeitungs-Infrastrukturausschuss (DV-ISA) erarbeiteten strategischen Empfehlungen und die operative Unterstützung der Hochschulen durch die hochschulübergreifende Koordinierung der Informations- und Kommunikationstechnik (IuK NRW). Die DH.nrw entwickelt Strategien, initiiert Kooperationsvorhaben, spricht Förderempfehlungen für Projekte aus und bereitet so die Verteilung der Mittel durch das MKW vor, mit denen die konkreten Ziele der Digitalisierungsinitiative des Landes sowohl in den akademischen Arbeitsfeldern Lehre, Studium, Forschung als auch bei den Unterstützungsprozessen des administrativen Bereichs über mehrere Jahre finanziell unterstützt werden.

situations of students, such as examinations, certificates, recognition of achievements and educational qualifications, are also part of the task package. The Federal Ministry of Education and Research's (Bundesministerium für Bildung und Forschung, BMBF) project manager is responsible for ensuring connectivity at the national level and internationally by setting standards. The projects X Hochschule and PIM (Platform for International Student Mobility), in which the Bielefeld UAS is an active cooperation partner, are related to this.

At the same time, further requirements of the E-Government Law at the state level must be taken into account. Access to the administration and administrative procedures must be able to proceed electronically by the beginning of 2023, and finally, internal file management must also function electronically by the end of 2025. These fields of action require a profound penetration of all existing technical and administrative procedures at the Bielefeld UAS and a consensual and binding definition between all parties involved. It is not a matter of embedding existing analogue work practice into digitised systems. Rather, the qualitative potentials must be reviewed and reimagined. This can and should lead to significantly changed redesign of the processes.

It is not enough for this to happen only within one's own university as a frame of reference. Rather, it is important to achieve interoperability among the universities and with other authorities in the state. In order for this to succeed, we have appointed an E-Government and Online Access Law coordinator, like every other higher education institution in North Rhine Westphalia with the financial support from the state. As a mediator and multiplier, this person supports us in recording the initial IT situation and needs at our higher education institution, taking them to a supra-local level and, conversely, bringing impulses received from the exchange at this level back to the Bielefeld UAS. The supra-local level has been formed under the name Coordinating Body Digital Support Processes (Koordinierungsinstanz Digitale Unterstützungsprozesse, KDU.nrw) as a service provider for the chancellors' conferences of the universities, is based at the Ruhr University of Bochum and is financially supported by the MKW.

The KDU.nrw works together with the Digital University North Rhine-Westphalia (Digitale Hochschule NRW, DH.nrw), a cooperative construct of forty-two universities with the MKW. This was preceded by the strategic recommendations developed by the Data Processing Infrastructure Committee (Datenverarbeitungs-Infrastrukturausschuss, DV-ISA) and by the operational support provided to the universities by the Inter-University Coordination of Information and Communication Technology North Rhine-Westphalia (Informations- und Kommunikationstechnik NRW, IuK NRW). The DH.nrw develops strategies, initiates cooperation projects and makes funding recommendations for projects. It thus prepares the distribution of funds by the MKW, with which the concrete goals of the state's digitalisation initiative is financially supported over several years in the academic fields of teaching, studying, research as well as in the support processes of the administrative area.

The very welcome coordinating and funding support from the state, which is individually securitised in the digitalisation agreement between MKW and each university, can only be effective if the projects already coordinated at the Bielefeld UAS in the digitalisation programme and further individual initiatives are captured

Die sehr zu begrüßende koordinierende und finanzierende Unterstützung durch das Land, die in der Digitalisierungsvereinbarung zwischen MKW und jeder Hochschule individuell verbrieft ist, kann nur wirksam werden, wenn die in der FH Bielefeld im Programm Digitalisierung koordinierten bereits laufenden Projekte und weitere Einzelinitiativen eingefangen und auf Konnektivität überprüft werden. Es kann erforderlich werden, auch einen Schritt zurückzugehen, um ein Projektziel nicht in insularer Abschottung zu erreichen.

Unter dem koordinierenden Dach der DH.nrw haben sich Projektkonsortien zu einzelnen Themenfeldern gebildet, in denen eine oder mehrere Hochschulen aufgrund besonderer Expertise vorangehen und prototypische Lösungsmuster entwickeln, die für alle Hochschulen eine erfolgreiche Anwendung versprechen. Alle Hochschulen sind aufgefordert, sich an dieser Entwicklung zu beteiligen und sich am Ende zu einer gemeinsamen Lösung zu bekennen.

Selbst wenn beispielsweise im administrativen Aufgabenfeld Standards für eine interoperable elektronische Vorgangsbearbeitung auf der Basis eines Dokumentenmanagementsystems in Einzelprojekten (E-Studierendenakte, E-Drittmittelakte, E-Personalakte, E-Vertragsmanagement) von Hochschulen in Arbeits- und Resonanzgruppen erarbeitet und übergreifend von einem im Aufbau befindlichen Kompetenzzentrum E-Akte an der Universität Bielefeld koordiniert und allen Hochschulen als Prototyp zur Verfügung gestellt werden, sind an der eigenen Hochschule noch erhebliche Anstrengungen für Implementierung und Anpassung an die individuellen Gegebenheiten zu leisten. Dabei werden auch der Datenschutz und die IT-Sicherheit eine weiter wachsende Bedeutung haben.

Wenn schließlich ein ubiquitärer Austausch von Informationen und administrativen Dienstleistungen in der digitalen Sphäre möglich ist, dann sollte eine Begegnung in der analogen Wirklichkeit nicht zu einem Kulturschock in provinzieller Umgebung führen. Deshalb ist es wichtig, dass die Hochschule sich nicht nur auf der technischen Ebene weiterentwickelt. Interkulturelles Training ist ein vielversprechender Ansatz, um mehrdimensionale Wahrnehmung zu fördern und Kompetenzen zu entwickeln, mit denen die durch Internetauftritt und -angebot geweckten Erwartungen sich auch im persönlichen Umgang für beide Seiten angemessen erfüllen lassen.

Die Arbeitswelt wird sich losgelöst von der Corona-Krise weiter verändern. Die erzwungene abrupte Änderung der Arbeitsweise wird hoffentlich bald unabhängig von pandemischen Erfordernissen einer neu gestaltbaren Form von Arbeitsmodalitäten weichen. Wir haben die wertvolle Erfahrung gewonnen, dass viele Bereiche der Verwaltung digital und organisatorisch schon jetzt in der Lage sind, räumlich auch von zu Hause und zeitlich flexibel zu arbeiten. Dazu wurde in kürzester Zeit auch die mobiliare Ausstattung für ergonomisches Arbeiten zur Verfügung gestellt. Wenn der Gesetzgeber nachzieht und für die neuen Möglichkeiten und Anforderungen entsprechende rechtliche Grundlagen schafft (Stichwort Telearbeitsgesetz), werden wir als Arbeitgeberin mehr Wahlmöglichkeiten der institutionellen Arbeitsorganisation und individuellen Arbeitsweise anbieten können. Da der Fortbildung der Mitarbeiterinnen und Mitarbeiter an der FH Bielefeld schon immer ein wichtiger Platz eingeräumt wurde, ist die Hoffnung angebracht, dass alle Betroffenen mitgenommen werden können. Eine Rückkehr zur altväterlichen Präsenzkultur der letzten fünfzig Jahre ist schwer vorstellbar.

and checked for connectivity. It may also be necessary to take a step back in order not to achieve a project goal in insular isolation.

Under the coordinating umbrella of DH.nrw, project consortia have been formed on individual topics, in which one university, or more universities, lead the way on the basis of special expertise, developing prototype solution patterns that promise successful application for all universities. All higher education institutions are invited to participate in this development and to commit to a common solution at the end.

Consider e.g. the case that in the administrative field of tasks, standards for interoperable electronic transaction processing based on a document management system are developed in individual projects (e-student file, e-third-party file, e-personnel file, e-contract management) by higher education institutions in work and resonance groups and made available to all higher education institutions as a prototype. These activities are coordinated across the board by an e-file competence centre currently being set up at the University of Bielefeld. Nevertheless, considerable efforts for implementation and adaptation to the individual circumstances still have to be made at one's own higher education institution. Here data protection and IT security will become increasingly important.

Finally, if ubiquitous exchange of information and administrative services is possible in the digital sphere, then an encounter in analogue reality should not lead to culture shock in provincial surroundings. Therefore, it is important for higher education to develop not only on the technical level. Intercultural training is a promising approach to promote multidimensional perception and to develop competences with which the expectations raised by the internet presence and offer can also be fulfilled appropriately for both sides in personal interaction.

The world of work will continue to change, detached from the Corona crisis. The forced abrupt change in the way of working will hopefully soon give way to adaptive and innovative working modalities independent of pandemic requirements. We have gained the valuable experience that many areas of the administration are already digitally and organisationally capable of working spatially from home and flexibly in terms of time. For this, mobile equipment for ergonomic working has been made available in a very short time. If the legislator follows suit and creates the appropriate legal basis for the new possibilities and requirements (keyword teleworking law), we as employers will be able to offer more options for institutional work organisation and individual working modalities. Since continuing staff training has always been given an important place at the Bielefeld UAS, it is reasonable to hope that everybody concerned can be taken along. It is difficult to imagine a return to the old-fashioned attendance culture of the last fifty years.

ARBEITEN AN DER FH BIELEFELD

WORKING AT THE BIELEFELD UAS

Bei meinem Diensteintritt an der FH Bielefeld wurden alle Verwaltungstätigkeiten noch manuell erledigt. Die Sachbearbeiterinnen und Sachbearbeiter diktierten ihre Schreiben und gaben sie dann in den Schreibdienst. Wenn das Schreiben dann gegebenenfalls Tippfehler enthielt, musste es erneut geschrieben werden. So vergingen schon einige Tage, bis ein Schreiben in den Postausgang gelangte. Alle Druckvorlagen, etwa für das Vorlesungsverzeichnis, den Rektoratsbericht, den Forschungsbericht usw., mussten mit der Schreibmaschine erstellt werden. Ich habe selbst noch die Statistikdiagramme für den Rektoratsbericht mit Tuschestiften und Zeichenbrett erstellt. Dank Excel ist das heute wesentlich einfacher geworden.

Anfang der 1980er-Jahre wurde dann eine Textverarbeitungsanlage mit zwei Bedienplätzen angeschafft, sodass die Dokumente gespeichert werden konnten. Das war eine enorme Erleichterung für den Schreibdienst. Ja, und einen Kopierer gab es auch schon. Allerdings waren Kopien zu der Zeit noch sehr teuer, sodass man pro Seite maximal 20 Kopien machen durfte. Höhere Auflagen mussten in der Hausdruckerei hergestellt werden.

Bei der Einschreibung der Studierenden wurde wirklich noch viel geschrieben. Hier mussten die Sachbearbeiterinnen und Sachbearbeiter die Stammkarten per Hand in Druckschrift ausfüllen und den Studierendenausweis sowie die Karteikarte für das Prüfungsamt per Schreibmaschine erstellen. Jedes Semester musste dann manuell die Matrikelliste erstellt werden. Hierzu wurden die erforderlichen Angaben (Name, Anschrift, Matrikelnummer) von den Karteikarten abgeschrieben.

Zum Wintersemester 1989/1990 wurde schließlich die Datenverarbeitung im Studierendensekretariat eingeführt. Hiermit konnten nach erfolgter Einschreibung bzw. Rückmeldung mühelos Studierendenausweise, Studienbescheinigungen etc. erstellt und täglich Statistiken abgerufen

When I joined the Bielefeld UAS, all administrative tasks were still done manually. The clerks dictated their letters and then handed them over to the typing service. If the letter contained any typing errors, it had to be rewritten. This meant that several days passed before a letter reached the outbox. All print templates, for example for the course catalogue, the rectorate report, the research report, etc., had to be typed. I myself still prepared the statistical diagrams for the rectorate report with ink pens and drawing board. Thanks to Excel, this has become much easier today.

At the beginning of the 1980s, a word processor with two operator stations was purchased so that documents could be stored. This was an enormous relief for the typing service. Yes, and there was already a copier. However, copies were still very expensive at that time, so you were allowed to make a maximum of 20 copies per page. Larger print runs had to be produced in the in-house print shop.

When students were enrolled, there was really a lot of writing to be done. Here, the clerks had to fill out the master cards by hand in block letters and produce the student ID card and the index card for the examination office by typewriter. Each semester, the matrix list had to be created manually. The necessary information (name, address, matriculation number) was copied from the index cards.

Data processing was finally introduced in the student secretariat in the winter semester 1989/1990. This made it possible to easily generate student ID cards, study certificates, etc. after enrolment or re-registration and to call up daily statistics. Before the introduction of EDP, the statistics were only available once per semester from the state office for data processing and statistics.

In the 1990s, the PC found its way into the offices and the typing service was abolished. Now all clerical staff had to produce all letters themselves, which in some

werden. Vor Einführung der EDV gab es die Statistikzahlen nur einmal pro Semester vom Landesamt für Datenverarbeitung und Statistik.

In den 1990er-Jahren hielt der PC Einzug in die Büros und der Schreibdienst wurde abgeschafft. Nun mussten alle Sachbearbeiterinnen und Sachbearbeiter sämtliche Schreiben selber erstellen, was sich ohne vorhandene Schreibmaschinenkenntnisse teilweise als mühsam erwies.

Neben der Arbeit gab und gibt es auch sportliche Aktivitäten der Mitarbeitenden. Während der 1980er- und 1990er-Jahre lag der Schwerpunkt bei den Handball- und Fußballmannschaften der Mitarbeiterinnen und Mitarbeiter. Highlight war hier die Teilnahme am jährlich stattfindenden Handballturnier um den Drumbo Cup der Dresdner Bank. Inzwischen hat sich der Schwerpunkt auf Laufaktivitäten verlagert. Hier nehmen die Mitglieder der Laufgruppe auch regelmäßig an Wettkämpfen wie beispielsweise dem Finnbahnrennen teil.

Damit auch die Gemeinschaftspflege nicht zu kurz kommt, findet jedes Jahr ein Dezernatsausflug oder ein Betriebsfest statt. Da das Personal inzwischen so angewachsen ist, gibt es keinen zentralen Ausflug mehr. Wo früher ein Bus für die komplette Verwaltung ausreichte, wird er heute für nur ein Dezernat benötigt. Daher findet jetzt im Wechsel ein zentrales Betriebsfest oder ein Dezernatsausflug statt.

Die Aufgaben des Personalrats der Mitarbeiterinnen und Mitarbeiter in Technik und Verwaltung schließlich sind vielfältig. So erarbeitet der Personalrat beispielsweise Dienstvereinbarungen über Gleitzeit, betriebliches Eingliederungsmanagement, Suchtprävention und Suchthilfe oder Telearbeit. Er wird bei Schichtplänen, der Anordnung von Überstunden und der Erarbeitung von Labor- und Werkstattordnungen einbezogen und bestellt Personen für Arbeitsschutz und Unfallverhütung, zum Beispiel Brandschutz- und Evakuierungshelfer, Ersthelfer, Kranführer, Fahrer für

cases proved to be laborious without existing typing skills.

In addition to work, there were and are also sports activities for the employees. During the 1980s and 1990s, the focus was on the employees' handball and football teams. The highlight here was participation in the annual handball tournament for the Dresdner Bank Drumbo Cup. In the meantime, the focus has shifted to running activities. Here, the members of the running group also regularly take part in competitions such as the Finn track racing.

To ensure that the community is not neglected, there is an annual departmental outing or a staff party. Since the staff has grown so much in the meantime, there is no longer a central outing. Whereas one bus used to be sufficient for the entire administration, it is now needed for only one department. Therefore, a central staff party or a departmental outing now takes place in alternation.

Finally, the tasks of the staff council of the technical and administrative staff are manifold. For example, the staff council draws up service agreements on flexitime, company integration management, addiction prevention and assistance or teleworking. It is involved in shift schedules, in the arrangement of overtime and in the development of laboratory and workshop regulations and appoints persons for occupational safety and accident prevention, for example fire and evacuation assistants, first aiders, crane operators, drivers of industrial trucks, skilled electricians and appointed persons for lift systems. In addition, the Staff Council is involved in company health management, university development and meetings of the location centre, the university council, the senate and the NRW's Conference of State Personnel Councils (LPK).

Flurförderungsfahrzeuge, Elektrofachkräfte und beauftragte Personen für Aufzugsanlagen. Darüber hinaus ist der Personalrat am betrieblichen Gesundheitsmanagement, an der Hochschulentwicklung und den Sitzungen des Lagezentrums, des Hochschulrats, des Senats und der Landespersonalrätekonferenz der Hochschulen in NRW (LPK) beteiligt.

PERSPEKTIV-
WECHSEL

A CHANGE OF PERSPECTIVE

Nach den Bestimmungen des Landespersonalvertretungsgesetzes NRW (LPVG) ist für wissenschaftlich Beschäftigte an Hochschulen eine eigene Personalvertretung einzurichten. Der Personalrat für wissenschaftlich Beschäftigte der FH Bielefeld berät und vertritt die wissenschaftlichen Mitarbeiterinnen und Mitarbeiter aller Fachbereiche und besteht aus neun Räten. Am 16. Juli 2011 trat ein novelliertes LPVG in Kraft. Der Vertretungskreis des Personalrats der wissenschaftlich Beschäftigten umfasst nun auch die Beamten auf Zeit, die wissenschaftlichen Hilfskräfte und die Lehrbeauftragten mit mindestens vier Lehrveranstaltungsstunden. Neben den allgemeinen im Gesetz festgelegten Aufgaben ist der Personalrat insbesondere Ansprechpartner für tarif- und arbeitsrechtliche Fragen.

Das Personalratsbüro der FH Bielefeld befindet sich in der 4. Etage des Gebäudeteils A mit Blick in Richtung Teutoburger Wald – eine wunderschöne Aussicht. Ich sehe den Teutoburger Wald im Wechsel der Jahreszeiten, die bunten Fahnen vor dem Gebäude und die Straßenbahn, die alle fünf Minuten Unmengen an Studierenden ausspuckt, die sich dann wie eine Traube über den Fußweg zum Hauptgebäude bewegen. Mit dem Blick von oben mutet das wie eine Miniaturwelt an.

Personalratsvorsitzende zu sein bedeutet ein Gremium zu führen, das von den Kolleginnen und Kollegen durch Wahl zusammengewürfelt wird. Menschen mit unterschiedlichem Temperament aus verschiedenen Disziplinen mit ganz eigenen Denkansätzen haben mich immer wieder aufs Neue zu neuen Ansichten geführt. Gremienarbeit ermöglicht das Kennenlernen von Kolleginnen und Kollegen, die ich mit der Zeit sehr zu schätzen gelernt habe – manchmal hat das durchaus länger gedauert.

Personalräte mit ruhiger, reflektierter Art des Handelns sind unerlässliche Ratgeber in der täglichen Personalratsarbeit. Überhaupt Ruhe: Überlegtes Handeln erfordert das Beraten oder Überschlafen von Antworten, Entscheidungen und geplanten Aktionen.

According to the provisions of the NRW State Personnel Representation Act (Landespersonalvertretungsgesetz, LPVG), a separate staff representation body must be set up for academic staff at universities. The staff council (= works council) for academic staff at the Bielefeld UAS advises and represents the academic staff of all faculties and consists of 9 councils. An amended LPVG came into force on 16 July 2011. The circle of representatives of the staff council for academic staff now also includes temporary civil servants, academic assistants and lecturers with at least four hours of courses. In addition to the general tasks laid down by law, the staff council is in particular the contact point for issues relating to pay negotiations and labour law.

The staff council office of the Bielefeld UAS is located on the 4th floor of building part A with a view towards the Teutoburg Forest – a wonderful view. I can see the Teutoburg Forest in the changing seasons, the colourful flags in front of the building and the tram that spits out vast numbers of students every five minutes, who then move like a bunch of grapes along the footpath to the main building. The view from above makes it seem like a miniature world.

Being a Staff Council Chairwoman means leading a body that is put together by colleagues through election. People with different temperaments from different disciplines with their own unique ways of thinking have always led me to new views. Working in a committee makes it possible to get to know colleagues whom I have come to appreciate very much over time – sometimes it has taken longer.

Staff councillors with a calm, reflective manner of acting are indispensable advisors in the daily work of staff councils. Calmness especially: Reflective action requires deliberation or taking the necessary time (sleeping on it) for answers, decisions and planned actions.

A Change of Perspective

Dazu ein Blick über den Tellerrand: Ich versuche grundsätzlich, nicht ausschließlich die Abläufe und Strukturen des Fachbereichs zu sehen, in dem ich tätig bin, sondern auch die von anderen Organisationseinheiten zu beachten. Da gibt es große Unterschiede. Ich begleite Einstellungs- und Berufungsverfahren, lerne viele Lehrende samt deren Umgang mit Bewerberinnen und Bewerbern kennen sowie die Vielzahl und Vielseitigkeit von Projekten und Stellen an unserer Hochschule. Es ist immer wieder eine Herausforderung in der Personalratsarbeit, Sachverhalte gegenüber Leitungsebenen zu vertreten, die nicht meiner Überzeugung, wohl aber der Überzeugung der Mehrheit der Personalräte entsprechen, und konsequent darauf hinzuweisen, dass der wissenschaftliche Personalrat grundsätzlich zu beteiligen ist.

Die Besuche von Landespersonalratskonferenzen und Fortbildungsveranstaltungen ermöglichen es mir, einen Blick in die Hochschullandschaft Nordrhein-Westfalens zu werfen. Sie lassen erkennen, wie der Umgang an anderen Hochschulen im Vergleich zu dem an der eigenen Hochschule ist. An der FH Bielefeld gibt es einen respektvollen Umgang miteinander, selbst bei inhaltlichen Differenzen, und unser Gremium wird gehört.

Knapp die Hälfte meiner Arbeitszeit verbringe ich als Vorsitzende des wissenschaftlichen Personalrates – eine Aufgabe, die ich fast immer mit Freude mache.

In addition, thinking outside the box: As a matter of principle, I try to see not only the processes and structures of the faculty in which I work, but also those of other organisational units. There are big differences. I accompany hiring and appointment procedures, get to know many teachers and how they deal with applicants, as well as the large number and variety of projects and positions at our University. It is always a challenge, in the work of the staff council, to represent issues to management levels that do not correspond to my convictions, but do correspond to the convictions of the majority of the staff council members, and to consistently point out that the academic staff council should always be involved.

Visits to federal staff council conferences, and further training events, enable me to take a look at the higher education landscape in North Rhine-Westphalia. They give me an insight into how other universities compare with my own University. At the Bielefeld UAS, we treat each other with respect, even when there are differences in content, and our committee is listened to.

I spend almost half of my working time as Chairwoman of the Scientific Staff Council – a task that I almost always enjoy doing.

LANG LEBE DIE SELBSTVERWALTUNG!

LONG LIVE THE SELF-ADMINISTRATION!

Die Hochschulen haben das Privileg, Inhalte, Formen und Strukturen ihrer Tätigkeit in weiten Teilen durch ihre Mitglieder selbst zu bestimmen. Das hat eine lange Tradition

Universities have the privilege of largely determining the content, form and structure of their activities through their members. This has a long tradition and distinguishes

und unterscheidet sie wesentlich von anderen Bildungseinrichtungen oder staatlichen Institutionen und der Wirtschaft. Zur Gestaltung und Umsetzung dieses Privilegs braucht es eine sehr lebendige und aktive akademische Selbstverwaltung.

Die akademische Selbstverwaltung hat viele Facetten: Die Mitarbeit im Senat oder Fachbereichsrat, die Mitwirkung an der Besetzung einer Professur gehören genauso dazu wie die Erarbeitung einer komplizierten Wahlordnung.

Trotz vielfältiger Formen sind die Prinzipien der akademischen Selbstverwaltung stets dieselben und prägen das Zusammenwirken im Kosmos Hochschule. Zu unserem Selbstverständnis gehört, dass Gremien, Kommissionen und Leitungen demokratisch für einen definierten Zeitraum gewählt werden. Sie sind so zusammengesetzt, dass durch verschiedene Perspektiven die besten Lösungen erarbeitet werden können. Sie sind nicht allmächtig, sondern haben stets klar definierte Aufgaben. Aspekte wie beispielsweise das Vermeiden starrer Hierarchien oder die interdisziplinäre Zusammensetzung von Teams, die unter dem Stichwort ›Arbeitswelt der Zukunft‹ aktuell diskutiert werden, sind in der akademischen Selbstverwaltung seit jeher geübte Praxis.

An der FH Bielefeld leben wir die akademische Selbstverwaltung vielfältig und intensiv. Sie ist ein Rückgrat für wichtige Entscheidungen, noch mehr aber Ort des Austauschs, des Dialogs, des Ideenfindens. So gibt sie nebenbei auch Studierenden in einer prägenden Lebensphase die Möglichkeit des Engagements und des Ausprobierens.

Investieren wir auch in Zukunft viel in die akademische Selbstverwaltung! Eine hohe Qualität (nicht: eine hohe Schlagzahl) der Arbeit in den Gremien, Kommissionen und anderen Institutionen der akademischen Selbstverwaltung sichert eine gute zukünftige Entwicklung der FH Bielefeld – unserer FH Bielefeld.

them substantially from other educational institutions or state institutions and the business community. To shape and implement this privilege, a very lively and active academic self-administration is needed.

Academic self-administration has many facets: This includes participation in the senate or faculty council, involvement in filling a professorship, as well as working out complicated election regulations.

In spite of the many different forms, the principles of academic self-administration are always the same and characterise the interaction within the university system. It is part of our self-image that committees, commissions and management are democratically elected for a defined period of time. They are composed in such a way that the best solutions can be worked out through different perspectives. They are not omnipotent, but always have clearly defined tasks. Aspects such as the avoidance of rigid hierarchies or the interdisciplinary composition of teams, which are currently being discussed under the heading ›Working World of the Future‹, have always been common practice in academic self-administration.

At the Bielefeld UAS, we live academic self-administration in a diverse and intensive way. It is a backbone for important decisions, but even more so a place for exchange, dialogue, and finding ideas. It also gives students in a formative phase of their lives the opportunity to get involved and try things out.

Let's continue to invest heavily in academic self-administration in the future! A high quality (not: a high beat rate) of work in the committees, commissions and other institutions of academic self-administration ensures a good future development of the Bielefeld UAS – our Bielefeld UAS.

Long Live the Self-Administration!

PIONIERE IN SACHEN GLEICHSTELLUNG?

PIONEERS IN GENDER EQUALITY?

Michaela Hoke

Hochschulen machen in Sachen Gleichstellung von Zeit zu Zeit mit spektakulären Meldungen auf sich aufmerksam. So die Technische Universität Eindhoven in den Niederlanden, die im Jahr 2019 verkündete, in den kommenden fünf Jahren auf freie wissenschaftliche Stellen nur noch Frauen einzustellen. Auf diese Weise soll der Frauenanteil auf mindestens 20 Prozent erhöht werden. Erst wenn man sich sechs Monate lang vergebens bemüht hat, eine geeignete Kandidatin zu finden, dürfen auch Männer eingestellt werden. Auch in der Debatte um eine geschlechtergerechte Sprache machen Hochschulen von sich reden. Die Universitäten Leipzig und Potsdam änderten ihre Grundordnungen dahingehend, dass künftig bevorzugt die weibliche Sprachform verwendet wird, wenn

From time to time, universities draw attention to themselves with spectacular announcements when it comes to gender equality. For example, the Eindhoven University of Technology in the Netherlands announced in 2019 that it would only hire women for vacant academic positions over the next five years. In this way, the proportion of women is to be increased to at least 20 per cent. Only after six months of unsuccessful efforts to find a suitable female candidate may men also be hired. Universities are also making a name for themselves in the debate on gender-equitable language.The Universities of Leipzig and Potsdam changed their basic regulations so that in future the female form of speech is preferred when both genders are meant. Instead of professors, texts there beide Geschlechter gemeint sind. Anstelle von Professoren ist in Texten dort also grundsätzlich von Professorinnen die Rede. Auf diese Weise wird die von den Kritikern einer geschlechtergerechten Sprache befürwortete Verwendung der männlichen Form als sogenanntes generisches Maskulinum, das für alle Geschlechter gelten soll, durch das generische Femininum ersetzt – ein Novum auch in der Diskussion um die geschlechtergerechte Sprache.

Sind Hochschulen also Pioniere in Sachen Gleichstellung – einem Prozess, bei dem es um die gleiche Teilhabe an beruflichen und persönlichen Entwicklungschancen aller Geschlechter geht? Zumindest scheint das Thema dort präsenter und institutionell besser verankert zu sein als in anderen privaten oder öffentlichen Organisationen. Betrachtet man Hochschulen als Orte des Diskurses, in denen gesellschaftlich relevante Themen verhandelt werden, verwundert es nicht, dass dort auch dem Verhältnis der Geschlechter hohe Aufmerksamkeit zukommt. Zudem haben Hochschulen ein natürliches Interesse daran, aus einem möglichst großen Pool an Talenten zu schöpfen, was nur gelingt, wenn Frauen selbstverständlicher Teil dieses Talentpools sind. Hinzu kommt, dass sich Hochschulen im Rahmen der Gender Studies mit dem Thema befassen und so die gesellschaftliche Debatte vorantreiben.

Die Bedeutung der Gleichstellung in Hochschulen ist jedoch auch auf spezifische Gesetze und Normen zurückzuführen, die verbindliche Strukturen für die Gleichstellungsarbeit an Hochschulen festlegen. Vor allem die Hochschulgesetze und Gleichstellungsgesetze der einzelnen Bundesländer bilden heute den gesetzlichen Rahmen für die Gleichstellungsarbeit.

Das Landesgleichstellungsgesetz für Nordrhein-Westfalen trat im Jahr 1999 in Kraft. Ziel war es, ein einheitliches Recht für Gleichstellungsarbeit im öffentlichen Dienst in der Landesverwaltung und den Kommunen zu schaffen. Diesem Gesetz ging das Frauenförderungsgesetz von 1989 voraus, das vor allem durch die sogenannte leistungsbezogene Quote für Kontroversen sorgte. Demnach sind Frauen bei gleicher Qualifikation bei Einstellungen und Beförderungen grundsätzlich zu bevorzugen. Allerdings muss immer eine Einzelfallprüfung erfolgen, die auch zu einer anderen Entscheidung führen kann. Nachdem der Europäische Gerichtshof 1997 diese nordrhein-westfälische Regelung als vereinbar mit dem Europäischen Recht erklärt hatte, wurde die Regelung 1999 in das Landesgleichstellungsgesetz übernommen. Gemäß den Vorgaben des Frauenförderungsgesetzes wurde im November 1989 mit Annegret Friehe die erste Frauenbeauftragte der FH Bielefeld gewählt. Ihr folgten Hildegard Schumacher-Grub und Professorin Ulrike Settnik, die dann nicht mehr Frauen-, sondern Gleichstellungsbeauftragte hießen – die neue Bezeichnung verweist darauf, dass Gleichstellungsbeauftragte nicht nur für Frauen zuständig sind.

now always refer to female professors. In this way, the use of the masculine form as the so-called generic masculine, which is supposed to apply to all genders, advocated by critics of gender-equitable language, is replaced by the generic feminine – a novelty also in the discussion about gender-equitable language.

So are universities pioneers in gender equality – a process that is about equal participation in professional and personal development opportunities for all genders? At least the topic seems to be more present and institutionally better anchored there than in other private or public organisations. If one considers universities as places of discourse where socially relevant topics are negotiated, it is not surprising that gender relations also receive a lot of attention there. Moreover, universities have a natural interest in drawing from the largest possible pool of talent, which only succeeds if women are a natural part of this talent pool. In addition, higher education institutions deal with the topic in the context of gender studies and thus advance the social debate.

However, the importance of gender equality in higher education institutions can also be traced back to specific laws and standards that establish binding structures for gender equality work at higher education institutions. Above all, the higher education laws and equality laws of the individual federal states today provide the legal framework for equality work.

The State Equality Act for North Rhine-Westphalia came into force in 1999. The aim was to create a uniform law for equality work in the public service in the state administration and the municipalities. This law was preceded by the Women's Advancement Act of 1989, which caused controversy mainly because of the so-called performance-related quota. According to this law, women with the same qualifications are to be given preference in hiring and promotion. However, there must always be a case-by-case examination, which can also lead to a different decision. After the European Court of Justice declared this North Rhine-Westphalian regulation to be compatible with European law in 1997, the regulation was incorporated into the State Equal Opportunities Act in 1999. In accordance with the requirements of the Women's Advancement Act, Annegret Friehe was elected the first women's officer at the Bielefeld UAS in November 1989. She was followed by Hildegard Schumacher-Grub and Prof. Dr. Ulrike Settnik, who were then no longer called women's officers but equal opportunities officers – the new designation refers to the fact that commissioners for equality are not only responsible for women.

In its current version, the North Rhine-Westphalian State Equality Act stipulates the following as binding aims of equality work: the elimination of discrimination based on gender, the compatibility of work and family, and the advancement of women. While anti-discrimination measures and family-friendliness measures benefit both men and women, the North Rhine-Westphalian State Equality Act only provides for the advancement of women and this especially in areas where they are under-

In der aktuell geltenden Fassung legt das nordrhein-westfälische Landesgleichstellungsgesetz als verbindliche Ziele der Gleichstellungsarbeit den Abbau von Diskriminierung aufgrund des Geschlechts, die Vereinbarkeit von Beruf und Familie und die Frauenförderung fest. Während Antidiskriminierungsmaßnahmen und Maßnahmen zur Familienfreundlichkeit sowohl Männern als auch Frauen zugutekommen, sieht das nordrhein-westfälische Landesgleichstellungsgesetz nur die Förderung von Frauen vor und dies insbesondere in Bereichen, in denen diese unterrepräsentiert sind. Für diese Bereiche müssen die Hochschulen Gleichstellungsquoten festlegen. Eine Förderung von Männern gehört nicht zu den Zielen des Gesetzes. Das Niedersächsische Gleichberechtigungsgesetz geht hier andere Wege, indem die Vorschriften zum Abbau von Unterrepräsentanz eines Geschlechts auch für Männer gelten. Praktische Anwendungsgebiete lassen sich in Hochschulen durchaus finden. So sind Männer in bestimmten Lehrgebieten wie dem Sozialwesen oder der Gesundheitswissenschaft und in weiten Teilen der Verwaltung unterrepräsentiert.

In der Anzahl der Professorinnen und der Präsidentinnen bzw. Rektorinnen spiegelt sich die Aufmerksamkeit, die der Gleichstellung an Hochschulen zuteilwird, nur bedingt wider. Während bundesweit etwas mehr als die Hälfte aller Hochschulabsolventinnen und -absolventen Frauen sind, sind – über alle Hochschultypen hinweg – nur etwa ein Viertel der Professuren mit Frauen besetzt.[1] Im europäischen Vergleich hat Deutschland damit einen besonders niedrigen Frauenanteil in der Professorenschaft.[2] Wie das sogenannte Kaskadenmodell zeigt, nimmt mit zunehmender Qualifikations- bzw. Hierarchiestufe (Promotion, Habilitation und Professur) der Frauenanteil ab. Es handelt sich folglich um eine Leaky Pipeline, bei der Frauen auf dem Karriereweg hin zu wissenschaftlichen Spitzenpositionen verloren gehen. Die Frauenquote bei den Professuren hat sich im Laufe der Jahre zwar kontinuierlich verbessert und seit dem Jahr 2000 mehr als verdoppelt, von Parität ist sie aber noch weit entfernt.[3]

An den Hochschulen für angewandte Wissenschaften ist die Frauenquote bei den Professuren aufgrund des hohen Anteils der technischen Fächer etwas geringer als an Universitäten und liegt in NRW bei 24 Prozent. Die FH Bielefeld schneidet hier mit einem Frauenanteil von rund 30 Prozent bei den Professuren überdurchschnittlich gut ab, belegt eine sehr gute Position in landesweiten Vergleichen[4] und zählt auch in bundesweiten Vergleichen zur Spitzengruppe bei der Anzahl der Professorinnen.[5] Dabei ist die Situation in den sechs Fachbereichen der FH Bielefeld recht unterschiedlich. Während die Fachbereiche Gesundheitswissenschaften und Sozialwesen mit Frauenquoten von weit über 50 Prozent aufwarten, bilden der Fachbereich Campus Minden und der Fachbereich Ingenieurwissenschaften und Mathematik mit einem Anteil von Professorinnen von jeweils 15 Prozent die Schlusslichter im internen Vergleich. Dagegen sind die Professuren im Fachbereich Gestaltung

1 Vgl. Netzwerk Frauen- und Geschlechterforschung NRW (Hg.): Gender-Report 2019. Geschlechter(un)gerechtigkeiten an deutschen Hochschulen, Essen 2018, S. 18 f. und S. 26 f.
2 Vgl. Directorate-General for Research and Innovation, European Commission (Hg.): She Figures 2018, Brussels 2019, S. 118. Vgl. https://op.europa.eu/en/publication-detail/-/publication/9540ffa1-4478-11e9-a8ed-01aa75ed71a1/language-en (26.12.2020).
3 Vgl. Netzwerk Frauen- und Geschlechterforschung NRW (Hg.), 2019, S. 27 f.
4 Ebd., S. 48.
5 Vgl. Andrea Löther: Hochschulranking nach Gleichstellungsaspekten 2019 (GESIS – Leibniz-Institut für Sozialwissenschaften), Köln 2019, S. 12. Vgl. https://nbn-resolving.org/urn:nbn:de:0168-ssoar-64113-9 (26.12.2020).

represented. For these areas, the universities must set equality quotas. The promotion of men is not one of the aims of the law. The Lower Saxony Equal Rights Act takes a different approach here, in that the regulations on reducing under-representation of one gender also apply to men. Practical areas of application can certainly be found in universities. For example, men are underrepresented in certain fields of teaching such as Social Work or Health Science and in large parts of administration.

The number of female professors and female presidents or rectors reflects the attention given to gender equality at universities only to a limited extent. While nationwide slightly more than half of all university graduates are women, only about a quarter of professorships – across all types of higher education institutions – are held by women.[1] In a European comparison, Germany thus has a particularly low proportion of women among professors.[2] As the so-called cascade model shows, the proportion of women decreases with increasing qualification or hierarchical level (doctorate, habilitation and professorship). This is therefore a leaky pipeline in which women are ›lost‹ on the career path to top academic positions. Although the quota of women in professorships has improved continuously over the years and has more than doubled since 2000, it is still far from parity.[3]

At universities of applied sciences, the proportion of women professors is somewhat lower than at universities due to the high proportion of technical subjects and is 24 per cent in NRW. The Bielefeld UAS performs above average here with a share of women of around 30 per cent of professorships, occupies a very good position in state-wide comparisons[4] and is also among the top group in the number of female professors in nationwide comparisons.[5] The situation in the six faculties of the Bielefeld UAS is quite different. While the Faculties of Health Sciences and Social Work have female quotas of well over 50 per cent, the Faculties of Campus Minden and Engineering and Mathematics bring up the rear in the internal comparison with a share of female professors of 15 per cent each. In contrast, the professorships in the Faculty of Design are equally occupied, and in the Faculty of Business the quota of women is 27 per cent (as of 10/2020).

Numerous measures for the advancement of women are an integral part of gender equality work at universities. Starting with the promotion of young academics, through active advertising for female applicants for professorships, to the gender-sensitive design of appointment procedures, the promotion of women encompasses a broad spectrum of activities that includes both individual promotion and aims at structural and cultural changes. It is important for success that the university management stands behind the measures and that gender sensitivity is anchored as broadly as possible in the university – i.e. that it is not only the responsibility of the equal opportunity officers at the universities.

Measurable successes for the advancement of women have been achieved by the Female Professors Programme initiated by the Federal Government and Federal

1 Cf. Netzwerk Frauen- und Geschlechterforschung NRW (ed.): Gender-Report 2019. Geschlechter(un)gerechtigkeiten an deutschen Hochschulen, Essen 2018, p. 18 f. and p. 26 f.
2 Cf. Directorate-General for Research and Innovation, European Commission (ed.): She Figures 2018, Brussels 2019, p. 118, in: https://op.europa.eu/en/publication-detail/-/publication/9540ffa1-4478-11e9-a8ed-01aa75ed71a1/language-en (26.12.2020).
3 Cf. Netzwerk Frauen- und Geschlechterforschung NRW (ed.), 2019, p. 27 f.
4 Ibid., p. 48.
5 Cf. Andrea Löther: Hochschulranking nach Gleichstellungsaspekten 2019 (GESIS – Leibniz-Institut für Sozialwissenschaften), Cologne 2019, p. 12, and https://nbn-resolving.org/urn:nbn:de:0168-ssoar-64113-9 (26.12.2020).

paritätisch besetzt, im Fachbereich Wirtschaft beträgt die Frauenquote 27 Prozent (Stand: 10/2020).

Zahlreiche Maßnahmen der Frauenförderung sind fester Bestandteil der Gleichstellungsarbeit an Hochschulen. Angefangen bei der Förderung des wissenschaftlichen Nachwuchses über das aktive Werben um Bewerberinnen für Professuren bis hin zur gendersensiblen Gestaltung von Berufungsverfahren umfasst die Frauenförderung ein breites Spektrum an Aktivitäten, das sowohl individuelle Förderung beinhaltet als auch auf strukturelle und kulturelle Änderungen abzielt. Wichtig für den Erfolg ist, dass die Hochschulleitung hinter den Maßnahmen steht und Gendersensibilität möglichst breit in der Hochschule verankert ist – also nicht nur in der Verantwortung der Gleichstellungsbeauftragten an den Hochschulen liegt.

Messbare Erfolge für die Frauenförderung hatte das von Bund und Ländern im Jahr 2008 initiierte Professorinnenprogramm, das Hochschulen bei der Berufung von Frauen auf Professuren in Form einer Anschubfinanzierung fördert. Die Evaluation hat gezeigt, dass das Programm zu einem Anstieg der Frauenquote bei den Professuren an deutschen Hochschulen geführt hat.[6] Auch die FH Bielefeld hat sich in allen drei Förderrunden erfolgreich um die Förderung beworben.

Die Besetzung von Führungspositionen im Hochschulmanagement und die paritätische Besetzung von Gremien sind weitere Bausteine zur Herstellung von Gleichstellung in Hochschulen. Derzeit werden 23 Prozent von Rektorinnen bzw. Präsidentinnen geleitet, Kanzlerinnen gibt es in 31 Prozent der Hochschulen, der Frauenanteil bei der Leitung von Dekanaten beträgt nur 14 Prozent.[7] Die FH Bielefeld weist hier eine Besonderheit auf: Sie wird seit 20 Jahren von Frauen als Präsidentinnen geleitet, auf Professorin Beate Rennen-Allhoff folgte Professorin Ingeborg Schramm-Wölk. Seit über 25 Jahren ist mit Gehsa Schnier eine Kanzlerin im Amt – bei Amtsantritt war sie die erste Kanzlerin einer Fachhochschule.

Die mangelnde Vereinbarkeit von Beruf und Familie wird häufig als ein Grund dafür genannt, dass Frauen wissenschaftliche Spitzenpositionen oder Leitungspositionen im Hochschulmanagement nicht erreichen oder nicht anstreben. Für die Berufung auf eine Professur sind umfangreiche Voraussetzungen gesetzlich festgelegt, wobei sich die nachzuweisenden Qualifikationen je nach Hochschultyp unterscheiden. Die Qualifikationsphase fällt häufig in die Zeit der Familiengründung, sodass Frauen bestimmte Qualifizierungsbausteine wie beispielsweise eine ausreichend lange und qualifizierte Berufspraxis, wie sie als eine von mehreren Qualifikationen an den Hochschulen für angewandte Wissenschaften gefordert wird, oder eine ausreichende Zahl an Forschungs- und Publikationsaktivitäten und Erfahrungen in der Lehre nicht oder nicht in gleichem Maße nachweisen können wie ihre männlichen Konkurrenten. Eine Benachteiligung kann auch dann entstehen, wenn Frauen unterstellt wird, aufgrund von familiären Verpflichtungen zeitlich nicht flexibel genug zu sein oder dem Hochschulbetrieb in ausreichendem Maße zur Verfügung zu stehen. Diese Umstände mögen in der Vergangenheit dazu beigetragen haben, dass nach einer Erhebung auf Basis der Daten aus dem Jahr 2006 zwei Drittel der Universitätsprofessorinnen

6 Andrea Löther, Sabrina Glanz: Evaluation des Professorinnenprogramms des Bundes und der Länder: Zweite Programmphase und Gesamtevaluation, Köln 2017, S. 60. Online verfügbar unter nbn-resolving.de/urn:nbn:de:0168-ssoar-54112-9. (26.12.2020).

7 Vgl. Netzwerk Frauen- und Geschlechterforschung NRW (Hg.), 2019, S. 187.

States in 2008, which supports higher education institutions in appointing women to professorships in the form of start-up funding. Evaluation has shown that the programme has led to an increase in the number of women professors at German universities.[6] The Bielefeld UAS has also successfully applied for funding in all three funding rounds.

The appointment of women to leadership positions in university management and the equal appointment of women to committees are further building blocks for achieving equality in higher education institutions. Currently, 23 per cent are headed by female rectors or presidents, 31 per cent of the universities have female chancellors, and only 14 per cent of the deans' offices are headed by women.[7] The Bielefeld UAS is special in this respect: it has been led by women as presidents for 20 years, Prof. Dr. Beate Rennen-Allhoff was followed by Prof. Dr. Ingeborg Schramm-Wölk. Gehsa Schnier has been a female chancellor for over 25 years – when she took office, she was the first female chancellor of a university of applied sciences.

The lack of compatibility between work and family is often cited as a reason why women do not reach or do not aspire to top academic positions or leadership positions in higher education management. Extensive requirements are laid down by law for appointment to a professorship, whereby the qualifications to be proven differ depending on the type of university. The qualification phase often falls during the time of starting a family, so that women are not able to prove certain qualification modules, such as sufficiently long and qualified professional experience, as required as one of several qualifications at universities of applied sciences, or a sufficient number of research and publication activities and experience in teaching, or not to the same extent as their male competitors. Discrimination can also arise when women are assumed to be insufficiently flexible in terms of time or available to the university sector due to family commitments. These circumstances may have contributed in the past to the fact that, according to a survey based on data from 2006, two thirds of female university professors remained childless.[8] The consideration of child-rearing periods in the assessment of qualifications within the framework of appointment procedures and special qualification measures are approaches to compensate for these disadvantages. At the same time, it should not be misjudged that the profession of professor also offers advantages in terms of compatibility, above all the freedom to organise one's time – an argument that can also be used to attract new female professors.

Services that improve the compatibility of work and study are now part of the standard repertoire at universities. For example, family offices and equal opportunities officers provide advice on issues of compatibility and support with childcare services. At the Bielefeld UAS, the importance of reconciling work and study with family life was recognised early on. On the initiative of committed parents, the first day-care centre for children at a university of applied sciences in Germany was founded in Bielefeld in 1994.

6 *Andrea Löther, Sabrina Glanz: Evaluation des Professorinnenprogramms des Bundes und der Länder: Zweite Programmphase und Gesamtevaluation, Cologne 2017, p. 60. Available online at nbn-resolving.de/urn:nbn:de:0168-ssoar-54112-9. (26.12.2020).*

7 *Cf. Netzwerk Frauen- und Geschlechterforschung NRW (ed.), 2019, p. 187.*

8 *Cf. Hochschuldidaktisches Zentrum der TH Dortmund (ed.): Wissenschaftlicher Nachwuchs ohne Nachwuchs? Zwischenergebnisse des Projekts Wissen oder Elternschaft? Kinderlosigkeit und Beschäftigungsverhältnisse an Hochschulen in Deutschland, Dortmund 2009, in: http://www.zhb.tu-dortmund.de/hd/media/projekte/wissen-oder-elternschaft/woe_zwischenergebnisse.pdf (23.12.2020).*

kinderlos geblieben sind.[8] Die Berücksichtigung von Kindererziehungszeiten bei der Beurteilung von Qualifikationen im Rahmen von Berufungsverfahren und spezielle Qualifizierungsmaßnahmen sind Ansätze, diese Nachteile auszugleichen. Gleichzeitig sollte nicht verkannt werden, dass der Beruf der Professorin auch Vorteile in Bezug auf Vereinbarkeit bietet, vor allem die freie Zeiteinteilung ist zu nennen – ein Argument, mit dem auch um neue Professorinnen geworben werden kann.

Angebote, die die Vereinbarkeit von Beruf bzw. Studium verbessern, gehören mittlerweile zum Standardrepertoire an Hochschulen. So beraten Familienbüros und Gleichstellungsbeauftragte zu Fragen der Vereinbarkeit und unterstützen mit Angeboten zur Kinderbetreuung. An der FH Bielefeld wurde die Bedeutung der Vereinbarkeit von Beruf bzw. Studium und Familie schon früh erkannt. Auf Initiative von engagierten Eltern gründete sich 1994 in Bielefeld die deutschlandweit erste Kindertagesstätte einer Fachhochschule.

Die technischen Disziplinen sind in Hochschulen für angewandte Wissenschaften die besonderen Problembereiche der Frauenförderung und dies auf allen Qualifikationsstufen. Zwar beobachtet man auch hier eine zwar langsam, aber kontinuierlich steigende Zahl an Studentinnen, doch der Anteil von Frauen in Ingenieurstudiengängen liegt in NRW bei niedrigen 23 Prozent. Die Leaky Pipeline verläuft hier flacher als in anderen Fachgebieten, d.h. einer geringen Frauenquote bei den Studierenden steht auch eine niedrige Frauenquote bei den Professuren von 14 Prozent gegenüber.[9] Wenn häufig von einem Mangel an Frauen in den sogenannten MINT-Fächern (Mathematik, Informatik, Naturwissenschaften und Technik) die Rede ist, ist diese Aussage zu pauschal. Einige naturwissenschaftliche Fächer wie Biologie und damit in Verbindung stehende Studiengänge weisen bei den Studentinnen und Hochschulabsolventinnen hohe Frauenquoten auf. Auch im Studienfach Mathematik sind die Geschlechter annähernd gleich verteilt.[10]

Was also tun, um mehr Frauen als Professorinnen und Studentinnen zu gewinnen – insbesondere in den Fächern, in denen sie unterrepräsentiert sind? Die Frage »Wollen die Frauen nicht oder lässt man sie nicht?« ist oft der plakative Einstieg in das Thema. Interessanter erscheint die Frage, warum sich Mädchen und Frauen für bestimmte Fächer und Berufe interessieren. Die Ursachen für Karriereentscheidungen von Frauen sind vielfältig und die Weichen sind häufig schon gestellt, wenn die jungen Frauen ihren Schulabschluss gemacht haben und sich für ein Studienfach entscheiden.

Ein Erklärungsansatz schreibt Geschlechtsstereotypen eine wichtige Rolle bei der Studien- und Berufswahl zu, also kulturspezifischen Vorstellungen, welche Interessen, Tätigkeiten, Verhaltensweisen und Berufe zu Frauen bzw. Männern passen. Diese Geschlechtsstereotype wirken sich dann auch auf die Erziehung im Elternhaus, den Schulunterricht und die Darstellung in den Medien aus. In Kinderbüchern und Fernsehserien für Kinder ist ›der Professor‹ eine typische Figur. Das weibliche Pendant in Form einer Professorin kommt nicht vor.

8 Vgl. Hochschuldidaktisches Zentrum der TH Dortmund (Hg.): Wissenschaftlicher Nachwuchs ohne Nachwuchs? Zwischenergebnisse des Projekts Wissen oder Elternschaft? Kinderlosigkeit und Beschäftigungsverhältnisse an Hochschulen in Deutschland, Dortmund 2009, in: http://www.zhb.tu-dortmund.de/hd/media/projekte/wissen-oder-elternschaft/woe_zwischenergebnisse.pdf (23.12.2020).
9 Vgl. Netzwerk Frauen- und Geschlechterforschung NRW (Hg.), 2019, S. 74.
10 Vgl. Kompetenzzentrum Technik-Diversity-Chancengleichheit (Hg.): Datentool: Statistiken zu MINT und Gesundheits- und Sozialen Studienbereichen, in: https://www.kompetenzz.de/service/datentool (26.12.2020).

The technical disciplines are the particular problem areas for the advancement of women in universities of applied sciences, and this at all qualification levels. Although the number of female students is slowly but steadily increasing, the proportion of women in engineering courses in NRW is a low 23 per cent. The leaky pipeline is flatter here than in other disciplines, i.e. a low quota of women among students is matched by a low quota of women among professors of 14 per cent.[9] *If there is often talk of a lack of women in the so-called STEM subjects (Science, Technology, Engineering and Mathematics), this statement is too sweeping. Some natural science subjects such as biology and related courses have high rates of women among students and graduates. In Mathematics, too, the genders are almost equally distributed.*[10]

So what can be done to attract more women as professors and students – especially in subjects where they are underrepresented? The question »Don't women want to or won't they be let?« is often the striking introduction to the topic. More interesting seems to be the question of why girls and women are interested in certain subjects and professions. The reasons for women's career decisions are manifold and the course is often already set when young women graduate from school and decide on a field of study.

One explanatory approach attributes an important role in the choice of studies and careers to gender stereotypes, i.e. culture-specific ideas about which interests, activities, behaviours and professions suit women or men. These gender stereotypes then also have an effect on upbringing at home, school lessons and portrayal in the media. In children's books and TV series for children, ›the professor‹ is a typical character. The female counterpart in the form of a female professor does not appear.

But self-assessment is also central to the difference in career paths. According to a study by the German Institute for Economic Research (DIW), boys attribute greater ability to themselves than girls in the school subject of mathematics – to an extent that is not justified by actual school grades.[11]

Finally, the lack of female role models can also contribute to the fact that certain fields of study or professions are not considered by women and girls.[12]

While the findings presented tend to suggest that with increasing equality of opportunity and implementation of equality, the differences in career choice become smaller, a study from 2018 provides contrary results, which are therefore referred to as the gender equality paradox. Stoet and Geary conclude in their study that the countries with the greatest equality of opportunity between women and men (e.g. Finland, Norway and Sweden) also have the greatest gender differences in interest in STEM courses.[13] *The more discrimination-free a society is, the more likely women are to opt for typically female professions. The study concludes that it is not a lack of aptitude for mathematics and science that prevents girls from choosing STEM*

9 Cf. Netzwerk Frauen- und Geschlechterforschung NRW (ed.), 2019, p. 74.

10 Cf. Kompetenzzentrum Technik-Diversity-Chancengleichheit (ed.): Datentool: Statistiken zu MINT und Gesundheits- und Sozialen Studienbereichen, in: https://www.kompetenzz.de/service/datentool (26.12.2020).

11 Cf. Felix Weinhardt: Ursache für Frauenmangel in MINT-Berufen? Mädchen unterschätzen schon in der fünften Klasse ihre Fähigkeiten in Mathematik, in: DIW Wochenbericht Nr. 45.2017, p. 1009–1014.

12 Cf. Iris Bohnet: What Works. Wie Verhaltensdesign die Gleichstellung revolutionieren kann, Munich 2017, p. 224 ff.

13 Cf. Gijsbert Stoet, David C. Geary: The gender-equality paradox in science, technology, engineering, and mathematics education, in: Psychological Science, 29, 2018, p. 581–593, in: https://doi:10.1177/0956797617741719 (26.12.2020).

Doch auch die Selbsteinschätzung ist zentral für die Unterschiedlichkeit der Karrierewege. Gemäß einer Studie des Deutschen Instituts für Wirtschaftsforschung (DIW) schreiben sich Jungen im Schulfach Mathematik größere Fähigkeiten zu als Mädchen – in einem Ausmaß, das durch die tatsächlichen Schulnoten nicht gerechtfertigt ist.[11]

Fehlende weibliche Vorbilder (Role Models) können schließlich auch dazu beitragen, dass bestimmte Studienrichtungen oder Berufe von Frauen und Mädchen nicht ins Auge gefasst werden.[12]

Während die vorgestellten Befunde eher nahelegen, dass mit zunehmender Chancengleichheit und Umsetzung der Gleichstellung die Unterschiede in der Berufswahl geringer werden, liefert eine Studie aus dem Jahr 2018 konträre Ergebnisse, die deshalb als Gender-Equality-Paradox bezeichnet werden. Stoet und Geary kommen in ihrer Studie zu dem Schluss, dass sich ausgerechnet in den Ländern mit der größten Chancengleichheit von Frauen und Männern (z.B. Finnland, Norwegen und Schweden) auch die größten Geschlechtsunterschiede im Interesse an MINT-Studiengängen finden.[13] Je diskriminierungsfreier eine Gesellschaft ist, desto eher entscheiden sich Frauen für typische Frauenberufe. Die Studie kommt zu dem Ergebnis, dass es nicht die mangelnde Begabung für Mathematik und Naturwissenschaften ist, die Mädchen von der Wahl von MINT-Fächern abhält (hier schneiden Jungen und Mädchen ähnlich ab), sondern dass vielmehr mathematisch begabte Mädchen häufig auch in Sprachen gut sind, ihnen somit Alternativen zur Verfügung stehen und sie ihre Wahlmöglichkeit häufig zulasten der MINT-Fächer ausüben.

In weniger gleichberechtigten Ländern wie Albanien oder Algerien entscheiden sich mehr Mädchen für naturwissenschaftliche Karrieren, da die geringere soziale Absicherung und die durchschnittlich schlechteren Perspektiven dazu führen, dass solche Berufe gewählt werden, die die Chancen auf einen sicheren Job und ein gutes Einkommen erhöhen.[14]

Konfrontiert mit den vielschichtigen Befunden zur Studien- und Berufswahl, ist es nicht so, dass Hochschulen als spätes Glied in der Bildungskette nichts mehr tun können, um Frauen für technische Studiengänge und wissenschaftliche Karrieren in diesem Bereich zu begeistern. Vielfältige Angebote der Hochschulen für Schülerinnen und (Fach-)Abiturientinnen bezeugen das Gegenteil. Die FH Bielefeld unterstreicht ihr Engagement in diesem Bereich dadurch, dass sie als erste Hochschule der Initiative Klischeefrei beigetreten ist – einer Initiative, die sich zum Ziel gesetzt hat, eine Studien- und Berufswahl frei von Geschlechterklischees zu fördern.

Sind also Hochschulen Pioniere in Sachen Gleichstellung? Das Fazit fällt gemischt aus. Hochschulen spiegeln in vielen Aspekten gesellschaftliche Verhältnisse wider, befinden sich aber in einer Vorreiterrolle, was die institutionelle Verankerung und den intensiven Diskurs angeht, der zum Thema ›Gleichstellung‹ geführt wird. Sie leisten insoweit einen gesellschaftspolitischen Beitrag zur Gleichstellung, als Frauen

11 Vgl. Felix Weinhardt: Ursache für Frauenmangel in MINT-Berufen? Mädchen unterschätzen schon in der fünften Klasse ihre Fähigkeiten in Mathematik, in: DIW Wochenbericht Nr. 45.2017, S. 1009–1014.
12 Vgl. Iris Bohnet: What Works. Wie Verhaltensdesign die Gleichstellung revolutionieren kann, München 2017, S. 224 ff.
13 Vgl. Gijsbert Stoet, David C. Geary: The gender-equality paradox in science, technology, engineering, and mathematics education, in: Psychological Science, 29, 2018, S. 581–593, in: https://doi:10.1177/0956797617741719 (26.12.2020).
14 Stoet, Geary 2018, S. 591.

subjects (boys and girls perform similarly here), but rather that mathematically gifted girls are often also good at languages, so they have alternatives available to them and often exercise their choice at the expense of STEM subjects.

In less equal countries such as Albania or Algeria, more girls opt for scientific careers, as the lower social security and on average poorer prospects lead to the choice of such professions, which increase the chances of a secure job and a good income.[14]

Confronted with the multi-layered findings on the choice of studies and careers, it is not the case that universities, as a late link in the education chain, can do nothing to inspire women to pursue technical studies and scientific careers in this field. A wide range of offers by universities for female pupils and (technical) school-leavers testify to the opposite. The Bielefeld UAS underlines its commitment in this area by being the first university to join the initiative stereotype-free (Initiative Klischeefrei) – an initiative that aims to promote a choice of studies and careers free of gender stereotypes.

So are universities pioneers when it comes to gender equality? The conclusion is mixed. Universities reflect social conditions in many aspects, but they are in a pioneering role as far as institutional anchoring and the intensive discourse on the topic of equality are concerned. They make a socio-political contribution to equality insofar as women make up about half of the students and graduates across all types of higher education institutions. Studies thus represent a foundation stone for equal personal and professional development of all genders. However, students' choice of subjects often follows gender stereotypes. Despite countermeasures, this tendency is changing only slowly – an observation that also applies to the Bielefeld UAS. The analysis of the staffing of top academic and management positions provides a sobering picture, because parity staffing is not yet in sight at the universities. The Bielefeld UAS is a pioneer in many respects: with the early establishment of more extensive childcare services, with high quotas of women in professorships and with the long-standing appointment of women to leadership positions in University management.

14 *Stoet, Geary 2018, p. 591.*

über alle Hochschultypen hinweg etwa die Hälfte der Studierenden und Absolventinnen und Absolventen stellen. Das Studium stellt also einen Grundstein für gleichberechtigte persönliche und berufliche Entfaltung aller Geschlechter dar. Die Fächerwahl bei den Studierenden folgt allerdings häufig Geschlechterklischees. Trotz gegensteuernder Maßnahmen ändert sich diese Tendenz nur langsam – eine Beobachtung, die auch auf die FH Bielefeld zutrifft. Die Analyse der Besetzung von wissenschaftlichen Spitzenpositionen und Leitungspositionen liefert ein ernüchterndes Bild, weil in den Hochschulen eine paritätische Besetzung noch nicht in Sichtweite ist. Die FH Bielefeld nimmt in vielerlei Hinsicht eine Vorreiterrolle ein: mit der frühzeitigen Etablierung umfangreicherer Angebote zur Kinderbetreuung, mit hohen Frauenquoten bei den Professuren und mit der langjährigen Besetzung von Führungspositionen in der Hochschulleitung mit Frauen.

MIT UNS ÜBER UNS ENTSCHEIDEN!

DECIDE WITH US ABOUT US!

Friederike Funken, Leonie F. Jabs, Frederik Tepaß

Mit uns über uns entscheiden!

Wie sich Studieren an der FH Bielefeld anfühlt, wie Studierende leben und wie wir uns beides für die Zukunft wünschen, möchten wir in diesem Statement beschreiben. Dabei ist uns bewusst, dass wir bei Weitem nicht auf alles eingehen können, was für diese Aspekte aus unserer Perspektive relevant ist. Denn würden wir dies alles aufführen, könnten wir die gesamte Jubiläumsschrift füllen.[1]

In unserer Vision beschränkt sich Studieren nicht nur auf reinen Wissenszuwachs. Vielmehr geht es um den gemeinsamen Austausch und darum, voneinander zu profitieren, aneinander zu wachsen. Statt verschiedene Lebensrealitäten und individuelle Hintergründe als etwas zu sehen, das für eine akademische Bilderbuchlaufbahn störend werden kann, wird Diversität eine Ressource darstellen. Statt Unterschiedlichkeit als Problem einzuschätzen, schaffen verschiedene Perspektiven neue Möglichkeiten und Einsichten. Um das Streben nach Diversität dabei nicht nur als Image zu tragen, sondern wahrhaft zu leben, werden Barrieren abgeschafft und Hürden verringert. Dies beinhaltet neben Konzepten zur Abschaffung von Barrieren für beeinträchtigt werdende Personen und Studierende mit familiären Verpflichtungen ebenfalls die Berücksichtigung psychosozialer Faktoren, beispielsweise durch die Abschaffung des dritten Prüfungsversuchs.

Zudem werden die Grenzen zwischen den Fachbereichen für mehr Interdisziplinarität und Austausch aufgelockert. Studierende der Sozialen Arbeit haben Module mit angehenden Fachkräften des Gesundheitswesens und künftige Studierende der Ingenieurwissenschaften schauen sich gemeinsam mit Studentinnen und Studenten der Informatik an, wie sich Hard- und Software bestmöglich abstimmen lassen.

Wir werden bei sehr vielen hochschulpolitischen Gremien miteinbezogen

1 Vgl. dazu die Websites https://www.fh-bielefeld.de/rund-ums-studium/studentische-vertretungen und http://fh-asta.de (18.1.2021).

In this statement, we would like to describe what it feels like to study at the Bielefeld UAS, how students live and what we would like to see in the future. We are aware that we cannot go into everything that is relevant to these aspects from our perspective. If we were to list everything, we could fill the entire anniversary publication.[1]

In our vision, studying is not limited to purely gaining knowledge. Rather, it is about a common exchange and about benefiting from each other, about growing together. Instead of seeing different life realities and individual backgrounds as something that can become disruptive to an academic storybook career, diversity will be a resource. Instead of assessing difference as a problem, different perspectives create new opportunities and insights. In order to not only carry the striving for diversity as an image, but to truly live it, barriers are abolished and hurdles are reduced. This includes concepts for removing barriers for people with disabilities and students with family obligations, as well as taking psychosocial factors into account, for example by abolishing the third attempt at exams.

In addition, the boundaries between the faculties are loosened for more interdisciplinarity and exchange. Social work students have modules with future health professionals and future engineers look together with computer science students at how to best coordinate hardware and software.

We are involved in many university policy committees and this is desired by the University, but it is also their legal duty. As committee members, we have many opportunities to exert influence, but we lack real co-determination in decisions at various levels, because at the end of the day, we are the ones who matter in our studies. If we look at different levels of participation opportunities for students (micro level: teaching and learning processes, meso level: faculty,

1 Cf. The Websites https://www.fh-bielefeld.de/rund-ums-studium/studentische-vertretungen and http://fh-asta.de (18.1.2021).

Decide with us About us!

und dies wird von Hochschulseite erwünscht, es ist aber auch ihre gesetzliche Pflicht.

Wir haben in den Gremien der FH Bielefeld viele Einflussmöglichkeiten, es fehlt uns jedoch echte Mitbestimmung bei Entscheidungen auf verschiedensten Ebenen, denn letzten Endes sind wir diejenigen, um die es im Studium geht. Werden verschiedene Ebenen der Partizipationsmöglichkeiten für Studierende betrachtet (Mikroebene: Lehr- und Lernprozesse, Mesoebene: Fachbereich, Fachschaftsrat und Makroebene: Hochschulebene, AStA/StuPa), nimmt die Beteiligung von Studierenden immer weiter ab, je höher die Ebene ist. Denn je abstrakter und weniger greifbar die Themen sind, desto weniger Aussichten auf Verbesserung und letztlich geringer ist die Beteiligung von Studierenden.[2] Strukturen transparenter und Beteiligungsmöglichkeiten auf allen Ebenen und insbesondere auf der Makroebene niedrigschwelliger zu gestalten, würde diese Ebenen besser greifbar machen.

Wir möchten miteinbezogen werden, wenn beispielsweise neue Fachbereiche aufgebaut werden – wie 2020 der Fachbereich Gesundheit, von dessen Existenz die Studierenden als Letzte wussten. Wir brauchen weniger Hürden bei den Kommunikationswegen und bessere Sichtbarkeit von Zuständigkeiten, um unsere Anliegen an die richtigen Menschen zu richten. Es braucht nicht nur eine Clearing-Stelle für Probleme beim Studieren, sondern auch für Ideen von Studierenden. Denn Anliegen und Ideen haben wir! Und das erst recht, wenn es um unsere Lehre geht. Dazu wünschen wir uns Offenheit für Feedback und wirkliche, echte Reflexion von den Lehrenden. Wir möchten in den Modulreflexionen gehört und ernst genommen werden, Resultate sehen.

2 Benjamin Ditzel, Torsten Bergt: Studentische Partizipation als organisationale Herausforderung – Ergebnisse einer qualitativ-empirischen Untersuchung, in: Susanne Maria Weber, Michael Göhlich, Andreas Schröer, Claudia Fahrenwald, Hildegard Macha (Hg.): Organisation und Partizipation. Beiträge der Kommission Organisationspädagogik, Wiesbaden 2013, S. 177–186.

student council and macro level: university level, AStA/StuPa), the participation of students decreases the higher the level, according to studies. This is because the more abstract and less tangible the topics are, the less prospects there are for improvement and ultimately the lower the level of student participation.[2] Making structures more transparent and participation opportunities more low-threshold at all levels, especially at the macro level, would make these levels more tangible.

We want to be involved when, for example, new faculties are set up – such as the Faculty of Health in 2020, which students were the last to know existed. We need fewer hurdles in the communication channels and better visibility of responsibilities in order to address our concerns to the right people. We need not only a clearing house for problems in studying, but also for ideas from students. Because we have concerns and ideas! And even more so when it comes to our teaching. To this end, we would like to see openness for feedback and real, genuine reflection from the teachers. We want to be heard and taken seriously in the module reflections and see results. And this should not only apply in individual faculties, but every faculties should introduce module days, or similar formats, in which students and teachers can engage in low-threshold exchange.

For all this, we need free spaces that we can create and in which we have room to develop and realise common ideas!

2 Benjamin Ditzel, Torsten Bergt: Studentische Partizipation als organisationale Herausforderung – Ergebnisse einer qualitativ-empirischen Untersuchung, in: Susanne Maria Weber, Michael Göhlich, Andreas Schröer, Claudia Fahrenwald, Hildegard Macha (ed.): Organisation und Partizipation. Beiträge der Kommission Organisationspädagogik, Wiesbaden 2013, p. 177–186.

Und das soll nicht nur in vereinzelten Fachbereichen gelten, sondern jeder Fachbereich sollte Modultage oder ähnliche Formate einführen, in denen Lernende und Lehrende in niedrigschwelligen Austausch kommen.

Für all das brauchen wir Freiräume, die wir gestalten können und in denen wir Platz haben, gemeinsame Ideen zu entwickeln und zu verwirklichen!

C

DILUDIUM

DILUDIUM

»LEARNING TO LABOUR« IN DER DIGITALEN WELT[1]

1 In Anlehnung an die bahnbrechende Studie von Paul Willis: Learning to Labour. How Working Class Kids get Working Class Jobs, Farnborough 1977. Erweiterungen und Aktualisierungen in Nadine Dolby, Greg Dimitriadis, Paul Willis: Learning to Labor in New Times, New York 2004.

»LEARNING TO LABOUR« IN THE DIGITAL WORLD[1]

1 Based on the ground breaking study by Paul Willis: Learning to Labour. How Working Class Kids get Working Class Jobs, Farnborough 1977. Extensions and updates in Nadine Dolby, Greg Dimitriadis, Paul Willis: Learning to Labor in New Times, New York 2004.

Ayad Al-Ani

Die Digitalisierung erfordert Umdenken und Umlernen in großen Maßstäben. Einiges spricht dafür, dass das universitäre Bildungssystem in seiner jetzigen Struktur und seinem Selbstverständnis hierzu nicht ausreicht. Wenn Lerninhalte quasi ubiquitär zur Verfügung stehen, viele Fähigkeiten nicht in der Hochschule, sondern in der Praxis erworben werden, stellt sich zudem die Frage der Relevanz oder eher, ob es nicht Aufgaben gibt, die völlig neuartig für den Bildungssektor sind.

Digitalisation requires rethinking and re-learning on a large scale. There are some indications that the current structure and self-image of the university education system is not sufficient for this. If learning content is available quasi ubiquitously, and if many skills are acquired in practice rather than at the university, then the question of relevance – or rather whether there are not tasks that are completely new for the education sector – arises.

Bildung als Stütze und Subsystem der Wirtschaft: Wenn es nur so einfach wäre ...

Das Bildungssystem ist mit dem ökonomischen System eng verknüpft. Es ist verantwortlich dafür, ausgebildete Arbeitskräfte für die Wirtschaft zur Verfügung zu stellen, und zwar im ausreichenden Ausmaß (inkl. Reservearmee ...).[2] Dies bedeutet allerdings nicht, dass das Bildungssystem reiner Erfüllungsgehilfe der Wirtschaft oder gar konservativer gesellschaftlicher Erwartungen ist.[3] Der Bildungssektor entwickelt durchaus eigene professionelle und ethische Vorstellungen von Bildung, mit dem paradoxen Effekt, dass Unternehmen deshalb nur Teile der erworbenen Fähigkeiten von Absolventinnen und Absolventen nutzen können bzw. wollen. Dies bedeutet die partielle und selektive Inklusion einiger Skills und Abweisung oder Ignorierung anderer.[4] Diese partielle Integration und Verwendung von Persönlichkeitsanteilen führt unter anderem zu einem Überschuss an Ideen, Motivationen und Fähigkeiten, die etwa von Unternehmen nicht abgerufen werden (Cognitive Surplus), und dieser Überschuss organisiert sich dann selbstständig außerhalb des Unternehmens (z.B. in der Open-Source-Bewegung).[5]

Auch weil emanzipatorische Bildungsangebote von der widrigen gesellschaftlichen Realität zwangsläufig abstrahieren (müssen), werden sie von praktischen Lernenden nicht immer akzeptiert. Die Vermittlung steht für sie dann im eklatanten Widerspruch zu ihren Beobachtungen und Erfahrungen: beispielsweise das vermeintlich objektive Leistungssystem versus Erfahrungen rassistischer oder schichtbezogener Benachteiligung.[6]

Neben emanzipatorischen Effekten fördert das Bildungssystem aber auch – vor allem über das Paradigma der Meritokratie – die Anpassung an und Akzeptanz von Ungleichheiten und Hierarchien in der arbeitsteiligen Wirtschaft und Gesell-

2 Vgl. Samuel Bowles, Herbert Gintis: Schooling in Capitalist America. Educational Reform and the Contradictions of Economic Life, Chicago 2011.

3 In gesellschaftlichen Umbruchphasen kann es sogar zu Konflikten mit der Gesellschaft oder Politik kommen, die diese Ziele und Werte der Bildungsindustrie nicht akzeptiert bzw. reglementieren möchte. Zur »Krise der Demokratie« etwa im Zuge der Revolten von 1968 durch »übermäßige Bildung«: Michel J. Crozier, Samuel P. Huntington, Joji Watanuki: The Crisis of Democracy. Report on Governability of Democracies to the Trilateral Commission, Washington DC 1975.

4 Organisationen wollen keinesfalls kannibalistisch den »ganzen Menschen« (Totalinklusion), aber sie bekommen einerseits mehr und anderes, als sie wollen (z.B. dysfunktionale Gefühle, Beziehungen, Stress, Sabotage), und andererseits zu wenig (an Einsatz, Leistung, Qualität). Oswald Neuberger: Individualisierung und Organisierung. Die Wechselseitige Erzeugung von Individuum und Organisation durch Verfahren, in: Günther Ortmann, Jörg Sydow, Klaus Türk (Hg.): Theorien der Organisation, Wiesbaden 2000, S. 487–522, hier S. 500.

5 Zum kognitiven Überschuss vgl. Clay Shirky: Cognitive Surplus. How Technology Makes Consumer into Collaborators, London 2010.

6 Paul Willis kam bei seiner Beobachtung unterprivilegierter Lernender dann auch zu dem Schluss, dass gerade dieses pragmatische Verhalten zu einer Reproduktion bzw. Verriegelung schlechter Lösungen führen kann: »They run a practical eye over the official ideology. They will adopt newly sanctioned ideologies, for instance, only when they seem to offer real and practical help. [...] It is practical engagement which very often prevents the agents from seeing what is happening below them.« Willis: Learning to Labour, S. 177.

Education as a Support and Subsystem of the Economy: If Only It Were That simple …

The education system is closely linked to the economic system. It is responsible for providing the economy with a sufficient number of trained workers and employees (including a reserve force).[2] This does not mean, however, that the education system is merely a vicarious agent of the economy or even conservative social expectations.[3] The education sector is developing its own professional and ethical concepts of education, with the paradoxical effect that companies can, or want to, use only parts of the skills acquired by graduates. This means the selective inclusion of some skills and the rejecting or ignoring of others.[4] This partial and selective integration and use of parts of the personality leads, among other things, to a surplus of ideas, motivations and skills that are not called up by companies (cognitive surplus) and this surplus then organises itself independently outside the company (e.g. in the open source movement).[5]

Also, because emancipatory educational offers (must) necessarily be abstract from the adverse social reality, they are not always accepted by practical learners. For them, the learning process is then in blatant contradiction to their observations and experiences: for example, the supposedly objective evaluation system versus experiences of racial or class-based discrimination.[6]

In addition to emancipatory effects, the education system also promotes – in particular on the paradigm of meritocracy – the adaptation to, and acceptance of, inequalities and hierarchies in the division of labour in the economy and society.[7] Learners are evaluated mainly on the basis of their acquired cognitive skills, which are more difficult to learn for lower social classes due to early ›sorting‹ of students.[8] This is despite the fact that it is clear that careers in hierarchical organisations have

2 Cf. Samuel Bowles, Herbert Gintis: Schooling in Capitalist America. Educational Reform and the Contradictions of Economic Life, Chicago 2011.

3 In phases of social upheaval, conflicts can even arise with society or politics that do not accept or want to regulate these goals and values of the education industry. On the »crisis of democracy«, for example in the course of the revolts of 1968 caused by »excessive education«: Michel J. Crozier, Samuel P. Huntington, Joji Watanuki: The Crisis of Democracy. Report on Governability of Democracies to the Trilateral Commission, Washington DC 1975.

4 Organisations do not want the »whole person« (total inclusion) in a cannibalistic way, but they get more and different traits than they want (e.g. dysfunctional feelings, relationships, stress, sabotage) and often too little of the desired behaviour (in terms of commitment, performance, quality): Oswald Neuberger: Individualisierung und Organisierung. Die Wechselseitige Erzeugung von Individuum und Organisation durch Verfahren, in: Günther Ortmann, Jörg Sydow, Klaus Türk (eds.): Theorien der Organisation, Wiesbaden 2000, pp. 487–522, here p. 500.

5 On cognitive surplus, see Clay Shirky: Cognitive Surplus. How Technology Makes Consumer into Collaborators, London 2010.

6 In his observation of underprivileged learners, Paul Willis came to the conclusion that it is precisely this pragmatic behaviour that can lead to the reproduction or locking up of bad solutions: »They run a practical eye over the official ideology. They will adopt newly sanctioned ideologies, for instance, only when they seem to offer real and practical help. […] It is practical engagement which very often prevents the agents from seeing what is happening below them.« Willis: Learning to Labour, p. 177.

7 This was also the reason why paradoxically modernising educational reforms during the Industrial Revolution were often rejected by those affected. It was understood that learners should be prepared for work in the despised new organisation: The learning objective was, »(…) to comply with the wholesome and necessary regulations of an establishement.« Michael B. Katz: The Irony of Early School Reform. Educational Innovation in Mid-Nineteenth Century, Massachusetts, New York 2001, p. 88.

8 Bowles, Gintis: Schooling in Capitalist America, pp. 104 ff.

schaft.[7] Die Lernenden werden vor allem anhand ihrer erlernten kognitiven Skills evaluiert, die für untere Gesellschaftsschichten durch eine frühe ›Sortierung‹ der Schüler schwerer erlernbar sind.[8] Und dies obschon erkennbar ist, dass Karrieren in hierarchischen Organisationen ganz andere Erfolgskriterien haben als die Beherrschung kognitiver Fähigkeiten. Im Vordergrund stehen hier mehr Fähigkeiten der Motivation, Teamfähigkeit, Abstraktionsvermögen, Disziplin, Ausdauer, Anpassung, Empathie, Taktik etc. Wenig überraschend ist es dann, dass selbst die praxisorientierten akademisch vermittelten kognitiven Fähigkeiten in der Regel nicht ohne Weiteres in das Arbeitsleben übertragbar sind (z.B. IT-Skills).[9]

Ist ein solches widersprüchliches – weil gleichzeitig emanzipatorisches und konservatives – System in der Lage, die Transformation zu einer Lernstätte der digitalen Ökonomie und Gesellschaft zu bewerkstelligen? Auf den ersten Blick erscheinen viele Attribute des digitalen Arbeitens kompatibel mit Aspekten der liberalen Bildungsvorstellung: Die Selbstbestimmung und die Selbstidentifikation für Aufgaben im Netz, die anfänglich oft nicht einmal entlohnt wurden, entsprechen sogar eher den Vorstellungen Wilhelm von Humboldts als den Ansprüchen der Adam Smith'schen Arbeitsteilung und Hierarchie.[10] Meritokratie in der Welt selbstorganisierter Produzenten, gleichberechtigter Peers, etwa in der Open-Source-Bewegung, bezieht sich auf die erfolgreiche Erfüllung konkreter Aufgaben unabhängig vom gesellschaftlichen Status des Produzenten und seines Bildungserfolges ausgedrückt in Zertifikaten und Diplomen.[11]

Nur ein kurzes Aufflackern: Re-Monetarisierung der Crowd

Allerdings ist die selbstbestimmte Welt der digitalen Crowd wieder auf dem Rückzug und vielleicht hat sich dieses Fenster in eine neue Arbeitswelt auch schon wieder

7 Dies war auch der Grund, warum paradoxerweise modernisierende Bildungsreformen in der industriellen Revolution von den Betroffenen oftmals abgelehnt wurden. Man verstand, dass die Lernenden auf die Arbeit in der arbeitsteiligen Organisation vorbereitet werden sollten: Lernziel war, »(...) to comply with the wholesome and necessary regulations of an establishement.« Michael B. Katz: The Irony of Early School Reform. Educational Innovation in Mid-Nineteenth Century, Massachusetts, New York 2001, S. 88.

8 Bowles, Gintis: Schooling in Capitalist America, S. 104 ff.

9 »(...) the skills of the cutting-edge high-tech industries, such as computers, are generally learned on the job or through personal experience rather than in the formal bureaucratic setting of schooling.« Randal Collins: Credential Inflation and the Future of Universities, in: Steven Brint (Hg.): The Future of the City of Intellect, Stanford 2002, S. 23–46, hier S. 26.

10 »Was nicht von dem Menschen selbst gewählt, worin er auch nur eingeschränkt und geleitet wird, das geht nicht in sein Wesen über, bleibt ihm ewig fremd, das verrichtet er nicht eigentlich mit menschlicher Kraft, sondern mit mechanischen Fähigkeiten.« Wilhelm von Humboldt: Schriften zur Bildung, Göttingen 2017, S. 92. Zu den Elementen der Gelehrtengesellschaft in der digitalen Ökonomie vgl. Manuel Castells: Die Internet-Galaxie. Internet, Wirtschaft und Gesellschaft, Wiesbaden 2005, S. 49 ff. Obwohl Adam Smith stets von marktliberaler Seite als Kronzeuge für die Arbeitsteilung zitiert wird, sah er die Effekte dieser Organisationsform durchaus kritisch: »Jemand, der tagtäglich nur wenige Handgriffe ausführt, die zudem immer das gleiche oder ein ähnliches Ergebnis haben, hat keinerlei Gelegenheit, seinen Verstand auszuüben. [...]. So ist es ganz natürlich, daß er verlernt, seinen Verstand zu gebrauchen, und so stumpfsinnig und einfältig wird, wie ein menschliches Wesen nur eben werden kann.« Adam Smith: Der Wohlstand der Nationen, München 2013[13]. S. 662.

11 Zu dieser Peer-to-Peer-Ökonomie vgl. Yochai Benkler: The Wealth of Networks, Stanford 2006.

quite different criteria for success than the mastery of cognitive skills. In the foreground here are more skills of motivation, teamwork, abstraction, discipline, perseverance, adaptation, empathy, tactics etc. It is then not surprising that even »practice-oriented« cognitive skills that are academically imparted are generally not easily transferable to working life (e.g. IT skills).[9]

Is such a contradictory – simultaneously emancipatory and conservative – system capable of managing the transformation into a learning space for the digital economy and society? At first glance, many attributes of digital work appear compatible with aspects of the liberal concept of education: self-determination and self-identification for tasks on the Net, which often initially were not even paid for, even correspond more to the ideas of Wilhelm von Humboldt than to the demands of Adam Smith's division of labour and hierarchy.[10] Meritocracy in the world of self-organised producers, equal peers, for example in the open source movement, refers to the successful fulfilment of concrete tasks regardless of the social status of the producer and his educational success expressed in certificates and diplomas.[11]

Just a Short Flashing: Re-Monetisation of the Crowd

However, the self-determined world of the digital crowd is on the retreat again and perhaps this window into a new working world has already closed again:[12] The traditional enterprise, which now has to combine both efficiency (exploit) and innovation (explore) in order to survive in hyper-competition, is trying to reintegrate or commercialise the cognitive surplus into its value creation in order to achieve new competitive positions ever faster and more agilely.[13] So it is perhaps no coincidence that the focus of the consideration of the role of education in digitalisation is mostly on adaptation to any technological conditions and less on the design of these technologies and their organisation.[14] The task of education in digitalisation is becoming quite paradoxical: although design possibilities, access to education and self-deter-

9 »(...) the skills of the cutting-edge high-tech industries, such as computers, are generally learned on the job or through personal experience rather than in the formal bureaucratic setting of schooling.« Randal Collins: Credential Inflation and the Future of Universities, in: Steven Brint (Hg.): The Future of the City of Intellect, Stanford 2002, p. 23–46, here p. 26.

10 »That which is not chosen by man himself, in which he is even restricted and guided, does not become part of his nature, remains eternally alien to him, he does not actually do it with human strength, but with mechanical abilities.« Translated from Wilhelm von Humboldt: Schriften zur Bildung, Göttingen 2017, p. 92. On the elements of the scholarly society in the digital economy cf. Manuel Castells: Die Internet-Galaxie. Internet, Wirtschaft und Gesellschaft, Wiesbaden 2005, pp. 49 ff. Although Adam Smith is always quoted by market liberals as a key witness for the division of labour, he was very critical of the effects of this form of organisation: »The man whose life is spent in performing a few simple operations, of which the effects too are, perhaps, always the same, or very nearly the same, has no occasion to exert his understanding, or to exercise his innovation in finding out expedients for difficulties which never occur. He naturally loses, therefore, the habit of such exertion and generally becomes as stupid and ignorant as it is possible for a human being.« Adam Smith: The Wealth of Nations, New York 1937, p. 734.

11 On this peer-to-peer economy, see Yochai Benkler: The Wealth of Networks, Stanford 2006.

12 André Gorz: Auswege aus dem Kapitalismus. Beiträge zur politischen Ökologie, Zürich 2011, p. 27.

13 Cf. Ayad Al-Ani, Stefan Stumpp: Die Crowd als Partner der Deutschen Wirtschaft, HIIG Discussion Paper Series No. 02, Berlin 2014.

14 Cf. an analysis of this ›adaptive‹ narrative in German media, in: Hans-Jürgen Arlt, Martin Kempe, Sven Ostenberg: Die Zukunft der Arbeit als öffentliches Thema, in: OBS workbook Nr. 90, Frankfurt on the Main 2017, p. 25.

geschlossen.[12] Die traditionelle Unternehmung, die nun sowohl Effizienz (Exploit) als auch Innovation (Explore) vereinen muss, um im Hyperwettbewerb zu bestehen, versucht, den kognitiven Überschuss wieder in ihre Wertschöpfung zu integrieren bzw. zu kommerzialisieren, um so immer schneller und agiler neue Wettbewerbspositionierungen zu erreichen.[13] So ist es vielleicht kein Zufall, dass der Fokus der Betrachtung zur Rolle der Bildung in der Digitalisierung zumeist auf der Anpassung an irgendwelche technologische Gegebenheiten und weniger auf der Gestaltung dieser Technologien und ihrer Organisation liegt.[14] Die Aufgabe der Bildung in der Digitalisierung wird recht paradox: Obwohl Gestaltungsmöglichkeiten, Zugang zu Bildung und Selbstbestimmung im Prinzip größer werden, wird oft die Assimilierung an bestehende bzw. sich durch Technologie verändernde Prozesse und Strukturen vermittelt, nicht aber die Möglichkeit, den Arbeitsplatz, das Unternehmen oder gar die Technologie selbst zu beeinflussen. Eine Art Selbstbeschränkung macht sich breit und alternative Arbeitsmöglichkeiten (und Lernmöglichkeiten?) werden nicht verfolgt.[15] Dies ist auch durch die ausstehende ethische und politische Debatte der Digitalisierung erklärlich. Es ist für Politik und Gesellschaft durchaus ungewohnt, den technologischen Fortschritt mitzubestimmen oder gar anzuleiten. Durch das Versprechen, mehr und günstigere Produkte und Dienstleistungen zu erstellen, den Komfort und Nutzen aller Konsumentinnen und Konsumenten zu erhöhen, konnte bislang etwa einer grundsätzlichen Debatte über die gerechte Verteilung von Einkommen und Produktionsmitteln (und damit auch neue Lernmöglichkeiten) aus dem Weg gegangen werden.[16]

Das Ende der Arbeit, Social Distancing und die Fragen der Bildung und Didaktik

Nun führen die Disruptionen in der Wirtschaft, ausgelöst durch die Digitalisierung und den damit auch einhergehenden Aufschwung der Künstlichen Intelligenz bzw. des maschinellen Lernens, zu Erschütterungen in der Bildungswelt, die zuletzt auch durch die Pandemie verstärkt wurden.

Anfänglich standen bei Diskussion über die Effekte der Digitalisierung auf die Bildung vor allem die Nutzung von digital vermittelten Lehrinhalten (Moocs) und auch der demokratische Zugang zu diesen Inhalten – manchmal an den klassischen Institutionen vorbei – im Vordergrund. Der Lernende mutierte zum Edupunk, der

12 André Gorz: Auswege aus dem Kapitalismus. Beiträge zur politischen Ökologie, Zürich 2011, S. 27.

13 Vgl. Ayad Al-Ani, Stefan Stumpp: Die Crowd als Partner der Deutschen Wirtschaft, HIIG Discussion Paper Series No. 02, Berlin 2014.

14 Vgl. hierzu die Auswertung entsprechender Narrative in deutschen Medien: Hans-Jürgen Arlt, Martin Kempe, Sven Ostenberg: Die Zukunft der Arbeit als öffentliches Thema, in: OBS-Arbeitsheft Nr. 90, Frankfurt/Main 2017, S. 25.

15 Vgl. die schwierigen Versuche, Genossenschaften als alternative virtuelle Plattformen anzubieten: Trebor Scholz: Platform Cooperativism Challenging the Corporate Sharing Economy (Rosa-Luxemburg-Stiftung), New York 2016.

16 Lewis Mumford machte schon in den 1930er-Jahren darauf aufmerksam, dass eine solche Debatte ausblieb, weil die Effizienzfortschritte einen höheren Output und damit Wohlstand ermöglichten, der ethische Debatten derart vermeiden ließ: »The belief that values could be dispensed with constituted the new system of values.« Lewis Mumford: Technics & Civilization, London 1934, S. 283.

mination are in principle increasing, assimilation to processes and structures that are changing due to technology is often conveyed, but not the possibility to influence the workplace, the company or even the technology itself. A kind of self-restraint is spreading and alternative work opportunities (and learning opportunities?) are not pursued.[15] This can also be explained by the pending ethical and political debate on digitalisation. It is quite unusual for politics and society to have a say in, or even guide, technological progress: The promise to create more and cheaper products and services, to increase the comfort and benefits for all consumers has so far made it possible to avoid a fundamental debate on the fair distribution of income and means of production (and thus also new learning opportunities).[16]

The End of Work, Social Distancing and the Questions of Education and Didactics

Now the disruptions in the economy, triggered by digitalisation and the associated upswing in artificial intelligence or machine learning, are leading to shocks in the world of education, only intensifyed by the effects of the pandemic.

Initially, discussions about the effects of digitalisation on education focused primarily on the use of digitally transmitted teaching content (MOOCs) and also on democratic access to this content – sometimes bypassing the traditional institutions. The learner mutated into an Edupunk, who can download content from the net and thus become self-determinedly creative and value-adding.[17] This role, however, was not really accepted by the business community and there has been surprisingly little change in the education sector since the early days of ideas on digital education in the early new millennium until the outbreak of the pandemic.[18]

However, as knowledge of the effects of AI and robotics increases, questions about the almost unpredictable changes in jobs, job profiles and even the concept of wage labour itself are becoming increasingly important: In this situation, is the uni-

15 Cf. the difficult attempts to offer cooperatives as alternativ virtual platforms: Trebor Scholz: Platform Cooperativism Challenging the Corporate Sharing Economy (Rosa Luxemburg Foundation), New York 2016.

16 As early as the 1930s, Lewis Mumford pointed out that there was no such debate because the progress made in efficiency enabled higher output and thus prosperity, which made ethical debates avoidable: »The belief that values could be dispensed with constituted the new system of values.« Lewis Mumford: Technics & Civilization, London 1934, p. 283.

17 Alexandra Werdes: Die Edupunks kommen! Noch sind es Außenseiter, die vernetzt lernen und neue Inhalte suchen. Organisationsforscher Ayad Al-Ani über die Zukunft des Studierens, in: DIE ZEIT No. 25, 14.6.2012, p. 69.

18 One of the first researchers on the topic of cyber science in the German-speaking world anticipated this for educational institutions early on: »Since this technology-induced weakening of hierarchies does not interfere with financial and organisational resources as the crucial stabilising factors for the established hierarchies; no revolutionary change should be expected.« Michael Nentwich: Cyberscience. Research in the Age of the Internet, Vienna 2003, p. 74. Another reason was probably that organisations have little use for this type of education, as the organisational hierarchy is at the same time an expression of the social hierarchies in which managers, bureaucrats and scientists have a dominant status. Educational procedures that make these hierarchies more permeable or even ignore them are therefore paradoxical. See Murray Bookchin: Die nächste Revolution. Libertärer Kommunismus und die Zukunft der Linken, Münster 2015, p. 24 ff.

sich Inhalte aus dem Netz herunterladen und so selbstbestimmt kreativ und wertschöpfend werden kann.[17] Diese Rolle wurde allerdings von den Unternehmen nicht wirklich akzeptiert und seit den ersten Anfängen der Ideen zur digitalen Bildung im frühen neuen Jahrtausend bis zum Ausbruch der Pandemie kam es zu erstaunlich wenig Veränderung im Bildungssektor.[18]

Mit fortschreitender Erkenntnis über die Effekte von KI und Robotik drängen sich aber verstärkt Fragen zu den kaum abschätzbaren Veränderungen der Arbeitsplätze, Jobprofile und sogar zum Konzept der Lohnarbeit selbst auf: Ist denn das Curriculum der Hochschulen in dieser Situation überhaupt aktuell und wie können die neuen, kaum fassbaren Berufe – quasi ein Moving Target – überhaupt erlernt werden? Aber auch die Vermittlung der neuen (?) Inhalte wird hinterfragt: Haben die geläufigen didaktischen Konzepte in einer ›kontaktlosen‹ Gesellschaft noch Gültigkeit?

Scheinbar hängt also das Angebot der Hochschulen nun ein Stück in der Luft und die ersten internationalen Konzerne scheinen Konsequenzen zu ziehen. Firmen wie Ernst & Young ließen bereits vor Corona verkünden, keinen Hochschulabschluss mehr als Aufnahmevoraussetzung zu verlangen, weil dieser – kaum überraschend – nicht im Zusammenhang mit dem beruflichen Erfolg steht.[19] Zeitgleich bemerkten die Hochschulen in der Corona-Krise – die zuletzt mit enormer Kraftanstrengung ihre Lerninhalte online brachten –, dass ein reines Streamen von Lerninhalten wohl nicht der Weisheit letzter Schluss sein kann. Ein ›New Learning‹ sei dann notwendig, um diese doppelte Krise der Inhalte und der Didaktik in den Griff zu bekommen.[20]

Die notwendigen neuen bzw. adaptierten Rollen der Hochschule in dieser Situation lassen sich dann wohl eher entlang des prognostizierten Effektes des digitalen Transformationsprozesses – der durch die Pandemie befeuert wird – und seiner unterschiedlichen Anforderungen abbilden.

17 Alexandra Werdes: Die Edupunks kommen! Noch sind es Außenseiter, die vernetzt lernen und neue Inhalte suchen. Organisationsforscher Ayad Al-Ani über die Zukunft des Studierens, in: DIE ZEIT, Nr. 25, 14.6.2012, S. 69.

18 Einer der ersten Forscher zum Thema Cyberscience im deutschsprachigen Raum erahnte dies für Bildungsinstitutionen frühzeitig: »Since this technology-induced weakening of hierarchies does not interfere with financial and organisational resources as the crucial stabilising factors for the established hierarchies; no revolutionary change should be expected.« Michael Nentwich: Cyberscience. Research in the Age of the Internet, Wien 2003, S. 74. Ein weiterer Grund war wohl auch, dass Organisationen mit dieser Art von Bildung wenig anfangen können, ist doch die Organisationshierarchie gleichzeitig Ausdruck der gesellschaftlichen Hierarchien, in denen Manager, Bürokraten und Wissenschaftler einen dominierenden Status haben. Bildungsverfahren, die diese Hierarchien durchlässiger machen oder gar ignorieren, sind deshalb paradox. Vgl. Murray Bookchin: Die nächste Revolution. Libertärer Kommunismus und die Zukunft der Linken, Münster 2015, S. 24 ff.

19 Chris Havergal: Ernst and Young drops degree classification threshold for graduate recruitment, in: The World University Rankings, 3.8.2015. Online verfügbar: https://www.timeshighereducation.com/news/ernst-and-young-drops-degree-classification-threshold-graduate-recruitment (25.10.2020).

20 Vgl hierzu FernUniversität in Hagen (Hg.): Lernen neu denken. Das Hagener Manifest zu New Learning, Hagen 2020. Online verfügbar: https://www.fernuni-hagen.de/imperia/md/content/universitaet/hagenermanifest/hagener-manifest.pdf (15.10.2020). Distance Learning spielt auch eine zentrale Rolle in dem Konzept des Great-Reset, das vom World Economic Forum als eine Antwort auf die Corona-Krise formuliert wurde. World Economic Forum: The Great Reset, Genf 2020. Online verfügbar: https://www.weforum.org/great-reset/ (20.10.2020).

versity curriculum at all up to date and how can the new, barely comprehensible professions – so to speak a moving target – be learned at all?

So it seems that the universities' offers are now hanging in the air and the first international corporations seem to be taking action: Even before Corona, companies such as Ernst & Young had announced that they would no longer require a university degree as an admission requirement because – hardly surprisingly – this is not linked to professional success.[19] At the same time, the universities in the Corona crisis – which put enormous effort into bringing their learning content online – realised that simply streaming learning content cannot be the best solution. A ›New Learning‹ would then be necessary to get this double crisis of content and didactics under control.[20]

The necessary new or adapted roles of the university in this situation can then probably be mapped more in line with the predicted effect of the digital transformation process – fuelled by the pandemic – and its various requirements.

Short-Term Tasks: Warehousing, Job Transfers and Second Skills

Gain Time

A short-term, and probably already observable, scenario for the education sector would foresee that in a situation in which digitalisation foreseeably reduces jobs, the competition for the good positions becomes more intense and the education sector initially reacts with certificate inflation.[21] Another foreseeable role is dealing with the displaced part of the labour force (warehousing). The education sector, as an instrumental function of universally accepted Keynesian policies, can initially absorb and possibly also qualify these workers or at least engage them outside the labour market.[22]

Transformation Also Outside the Academic Curriculum

In the transformation situation, universities can take on a central task even without producing academic degrees. They could open up to target groups affected by transformation and support them in switching, also by means of non-academic offers, from a sector of the economy in distress to a more promising one for the future,[23] for ex-

19 Chris Havergal: Ernst and Young drops degree classification threshold for graduate recruitment, in: The World University Rankings, 3.8.2015. Available online: https://www.timeshighereducation.com/news/ernst-and-young-drops-degree-classification-threshold-graduate-recruitment (25.10.2020).
20 Cf. FernUniversität in Hagen (ed.): Lernen neu denken. Das Hagener Manifest zu New Learning, Hagen 2020. Available online: https://www.fernuni-hagen.de/imperia/md/content/universitaet/hagenermanifest/hagener-manifest.pdf (15.10.2020). Distance learning also plays a central role in the concept of Great Reset, which was formulated by the World Economic Forum as a response to the Corona crisis. World Economic Forum: The Great Reset, Geneva 2020. Available online: https://www.weforum.org/great-reset/ (20.10.2020).
21 Collins: Credential Inflation, p. 27.
22 Ibid.
23 A completely different concept than the rather elitist education strategy, which was recently also demanded by the left. For example by Peter Glotz: Die Universität im digitalen Zeitalter, Basel 2001, p. 14, translated: »The weakest provincial universities in Germany, France, Italy, Austria or the Czech Republic are today vocational schools for the middle jobs of the respective region. This is bearable – and not different in the United States – when the extraordinary happens somewhere.«

Kurzfristige Aufgaben: Warehousing, Berufstransfers und Second Skilling

Zeit gewinnen

Ein kurzfristiges und wohl schon beobachtbares Szenario für den Bildungssektor würde vorsehen, dass in einer Situation, in der die Digitalisierung absehbar Jobs reduziert, der Konkurrenzkampf um die guten Positionen intensiver wird und der Bildungssektor zunächst mit einer Zertifikatsinflation reagiert.[21] Eine andere absehbare Rolle ist die Verwaltung (Warehousing) von nicht mehr gebrauchten Arbeitskräften. Der Bildungssektor als Instrumentalfunktion allseits akzeptierter keynesanistischer Politik kann diese Arbeitskräfte zunächst absorbieren und möglicherweise auch qualifizieren oder zumindest abseits des Arbeitsmarktes beschäftigen.[22]

Transformation auch abseits des akademischen Curriculums

In der Transformationsphase können Hochschulen eine zentrale Aufgabe übernehmen, indem sie sich gegenüber den von Veränderungen betroffenen Zielgruppen öffnen und diese auch mittels nicht akademischer Angebote dabei unterstützen, von einem bedrängten Sektor der Wirtschaft in einen zukunftsträchtigeren zu wechseln,[23] also etwa Logistikarbeiter zu Krankenpflegern transformieren. Diese Programme ähneln wohl eher Crash-Kursen, wenngleich erste Erfahrungen in den USA zeigen, dass Hochschulen versuchen, diese Lerninhalte auf spätere akademische Programme anzurechnen, und so einen lebenslangen Lernpfad eröffnen können.[24] Eine weitere Rolle der Hochschulen wird wohl im Bereich des Second Skilling liegen: Hier können Arbeitstätige nicht nur eine Weiterqualifikation anstreben, sie können auch Fähigkeiten erlernen, die sie bislang nicht ausüben konnten, weil die traditionelle Wirtschaft diese Skills nicht nachgefragt hatte. In einer Wirtschaft, in der aber Eigeninitiative gefragt ist, stehen nun verstärkt gerade diese ureigensten Leidenschaften und Interessen im Vordergrund.[25]

Neue Jobprofile nachvollziehen/beeinflussen

Hochschulen können ihre Forschungsagenden auf sich in der Digitalisierung ändernden Jobprofile fokussieren, um die neuen Anforderungen und Ausprägungen dieser Profile zu erfassen (Controlling, Logistig, HR-Management, ...) oder gar auch neue Rollen zu definieren (Data Management). Diese Profilbeschreibung muss wohl als

21 Collins: Credential Inflation, S. 27.

22 Ebd.

23 Ein völlig anderes Konzept als die eher elitäre Bildungsstrategie, die zuletzt auch von linker Seite gefordert wurde. So etwa von Peter Glotz: Die Universität im digitalen Zeitalter, Basel 2001, S. 14: »Die schwächsten Provinzuniversitäten in Deutschland, Frankreich, Italien, Österreich oder der Tschechischen Republik sind heute Berufsschulen für die mittleren Jobs der jeweiligen Region. Das ist erträglich – und in den Vereinigten Staaten nicht anders –, wenn irgendwo das Außerordentliche geschieht.«

24 Siehe Beispiele aus den USA in Jeffrey Selingo: The Third Educational Revolution. Online verfügbar: https://www.theatlantic.com/education/archive/2018/03/the-third-education-revolution/556091/ (25.10.2020). Bemerkenswert ist auch eine generell intensiver werdende Diskussion über die Öffnung von Universitäten: Michael Furger/Peter Hossli: Studieren ohne Matura: Uni Zürich will sich für alle öffnen. Online verfügbar: https://epaper.nzz.ch/#article/8/NZZ%20am%20Sonntag/2021-03-07/3/282244848 (07.03.2021).

25 Vgl. das Second-Skilling-Programm Singapurs: Toh Ee Ming, Kenneth Cheng: To thrive in new economy, workers need a ›second skill‹, 2018. Online verfügbar: https://www.todayonline.com/singapore/thrive-new-economy-workers-need-second-skill (25.10.2020).

ample, transforming logistics workers into nurses. These programmes are not necessarily academic in the sense of conventional degrees, they are more like crash courses, although initial experience in the USA shows that universities then try to credit these learning contents to later academic programmes and thus open up a lifelong learning path.[24] *A further role of universities will probably be in the area of second skills: Not only can workers seek further qualifications, they can also learn skills that they have not been able to practise because the traditional economy did not demand these skills. In an economy where individual initiative is required, however, these very passions and interests are now increasingly in the foreground.*[25]

Track/Influence New Job Profiles

Universities can focus their research agendas on digitaly altered job profiles in order to understand the changing requirements and characteristics of these profiles (controlling, logistics, HR-management ...) or even define new roles (data management). This profile description must probably be thought of as a continuous process, although the concrete date of entry of the technology, its full capacity and capabilities or its implementation in the organisation is often not yet completely clear. Higher education institutions could also understand this continuous profile sharpening to mean that they want to exert influence on the concrete form it takes, as this is in the interests of society (artificial intelligence), or they could open up these technologies and roles to social discussion. In any case, the new profile also serves to adapt the curriculum.

Building on these profiles, higher education institutions will also be able to develop and offer long-term, lifelong learning paths for students or professionals. As the retirement age is shifting and new demands are constantly being placed on the workforce in the digital transformation, a corresponding learning path must be developed, consisting of traditional elements but also learning content from external providers. The role of the university now goes beyond offering individual elements of this learning path and can lie, for example, in design, coaching and permanent updates of these learning paths.[26]

24 *See examples from the USA in Jeffrey Selingo: The Third Educational Revolution, available online: https://www.theatlantic.com/education/archive/2018/03/the-third-education-revolution/556091/ (25.10.2020). For the general tendency of universities to open up to new audiences see the example of the University of Zurich: Michael Furger/Peter Hossli: Studieren ohne Matura: Uni Zürich will sich für alle öffnen. Online verfügbar: https://epaper.nzz.ch/#article/8/NZZ%20am%20Sonntag/2021-03-07/3/282244848 (07.03.2021).*

25 *Cf. the Second Skilling Programme of Singapore: Toh Ee Ming, Kenneth Cheng: To thrive in new economy, workers need a ›second skill‹, 2018. Available online: https://www.todayonline.com/singapore/thrive-new-economy-workers-need-second-skill (25.10.2020).*

26 *Ayad Al-Ani: Lehren in digitalen Lernwelten. Neue Rollen und Funktionen von Lehrenden, in: Eva Cendon, Anita Mörth, Ada Pellert (ed.): Theorie und Praxis verzahnen. Lebenslanges Lernen an Hochschulen, Münster 2016, pp. 237–247. Unsurprisingly, private companies seem to be pushing forward here. Cf. the VW project for the development of new job profiles. Ayad Al-Ani, Thymian Bussemer, Andreas Glatzer, Nari Kahle, Gunnar Kilian, Jochen Rahmfeld: Auswirkungen der Digitalisierung auf die Wissensarbeit: Beispiel Volkswagen AG, in: Personalquarterly 2019/1, pp. 27–33. About new learning paths for VW managers: Volkswagenakademie (ed.): Start the Learning Revolution (internal document).*

ein kontinuierlicher Prozess gedacht werden, wobei das konkrete Eintrittsdatum der Technologie, ihre vollumfängliche Kapazität und ihre Fähigkeiten bzw. ihre Umsetzung in der Organisation oftmals noch nicht völlig klar sind. Hochschulen könnten diese kontinuierliche Profilschärfung auch so verstehen, dass man Einfluss auf die konkrete Ausformung nehmen will, da dies im gesellschaftlichen Interesse ist (Künstliche Intelligenz) bzw. man diese Technologien und Rollen einer gesellschaftlichen Diskussion öffnet. In jedem Fall dient das neue Profil aber auch der Anpassung des Curriculums.

Aufbauend auf diesen Profilen werden Hochschulen auch in der Lage sein, langfristige, lebenslange Lernpfade für die Studierenden bzw. Berufstätigen zu entwickeln und anzubieten. Da sich das Pensionsantrittsalter verschiebt und stetig neue Anforderungen auf die in der digitalen Transformation Tätigen einprasseln, muss ein entsprechender Lernpfad entwickelt werden, der aus traditionellen Elementen, aber auch Lerninhalten externer Anbieter besteht. Die Rolle der Hochschule geht nun über das Anbieten einzelner Elemente dieses Lernpfades hinaus und kann etwa im Design, Coaching und in permanenten Updates dieser Lernpfade liegen.[26]

Ausblick: Hochschule in der neuen Gesellschaft

Wenn Hochschulen Lernende ihr ganzes Leben betreuen, kann auch die Vermittlung von Arbeit zu einer wichtigeren Rolle werden. In diesem Kontext kann man die Kooperation mit Arbeitsämtern erwarten. Diese vermitteln Jobs mithilfe von Algorithmen, die auch die Lernerfolge und Lernprofile widerspiegeln. Die wissenschaftlichen Erkenntnisse über die zukünftige Ausprägung von Jobprofilen können hier ebenfalls einfließen. Arbeitssuchende bewerben sich somit immer auch auf ein zukunftsrelevantes Profil.[27]

Letztlich gilt es, dem bedrängten Individuum in der digitalen Transformation nicht nur ein inhaltliches Angebot zu machen. In dem Ausmaß, in dem Lerninhalte vielfach ubiquitär werden, kann eine weitere wichtige Rolle der Hochschulen darin liegen, Communitys von Lernenden und Absolventinnen und Absolventen zu gründen, die auch die sozialen und finanziellen Möglichkeiten zum lebenslangen Lernen ermöglichen. Hochschulen agieren in diesen Szenarien somit als Genossenschaften oder Vereine für ihre Mitglieder.[28]

26 Ayad Al-Ani: Lehren in digitalen Lernwelten. Neue Rollen und Funktionen von Lehrenden, in: Eva Cendon, Anita Mörth, Ada Pellert (Hg.): Theorie und Praxis verzahnen. Lebenslanges Lernen an Hochschulen, Münster 2016, S. 237–247. Wenig überraschend scheinen hier private Unternehmen vorzupreschen. Vgl. etwa das VW-Projekt zur Entwicklung neuer Jobprofile. Ayad Al-Ani, Thymian Bussemer, Andreas Glatzer, Nari Kahle, Gunnar Kilian, Jochen Rahmfeld: Auswirkungen der Digitalisierung auf die Wissensarbeit: Beispiel Volkswagen AG, in: Personalquarterly 2019/1, S. 27–33. Zu neuen Lernpfaden für VW-Manager: Volkswagenakademie (Hg.): Start the Learning Revolution (internes Dokument).

27 Vgl. hierzu das französische Projekt einer algorithmusbasierten Arbeitsvermittlung: www.bob-emploi.fr (20.10.2020). Zur Rolle dieser Arbeitsmärkte etwa im New-Work-Konzept vgl. Frithjof Bergmann: Neue Arbeit, neue Kultur, Freiburg im Breisgau, 2017[6].

28 Vgl. das Beispiel von Hochschulen als Genossenschaften: P2P Foundation (2017): Co-opting the University: Can the Cooperative Model Bring Economic Justice to the Ivory Tower? (08.11.2017). Online verfügbar: https://blog.p2pfoundation.net/%E2%80%8Bco-opting-the-university-can-the-cooperative-model-bring-economic-justice-to-the-ivory-tower/2017/11/08 (25.10.2020).

Outlook: University in the New Society

If higher education institutions provide lifelong guidance to learners, job placement can also become a more important role. In this context one can expect cooperation with employment offices. These mediate jobs using algorithms that also reflect learning outcomes and learning profiles. Scientific findings on the future shape of job profiles can also be incorporated here. Job seekers thus always apply for a future-relevant profile.[27]

Ultimately, it is not only a matter of offering the hard-pressed individual in the digital transformation learning content. To the extent that learning content is often ubiquitous, another important role of universities can be to create communities of learners and graduates that also provide the social and financial opportunities for lifelong learning. Higher education institutions thus act in these scenarios as cooperatives or associations for their members.[28]

Summary

The tasks of universities in the digital transformation are in areas that go beyond the traditional teaching of learning content for academic target groups. Not only must other social groups now be integrated into the learning process, the changing demands on learners must also be better recognised and reflected upon in a lifelong learning process. Tasks, that are often considered non-core today will become more important. Job placement, but also the social and financial security of the lifelong learning pathway then move into the centre of attention.

27 Cf. the French project of an algorithm-based job placement service: www.bob-emploi.fr (20.10.2020). On the role of these labour markets, for example in the New Work concept, cf. Frithjof Bergmann: Neue Arbeit, neue Kultur, Freiburg in the Breisgau 2017[6].

28 Cf. the example of universities as cooperatives: P2P Foundation (2017): Co-opting the University: Can the Cooperative Model Bring Economic Justice to the Ivory Tower? (08.11.2017). Available online: https://blog.p2pfoundation.net/%E2%80%8Bco-opting-the-university-can-the-cooperative-model-bring-economic-justice-to-the-ivory-tower/2017/11/08 (25.10.2020).

Zusammenfassung

Die Aufgaben der Hochschulen in der digitalen Transformation liegen in Bereichen, die über die traditionelle Vermittlung von Lerninhalten für akademische Zielgruppen hinausgehen. Nicht nur müssen nun auch andere gesellschaftliche Gruppen in den Lernprozess integriert werden, die sich ändernden Anforderungen an die Lernenden müssen ebenfalls besser erkannt und in einem lebenslangen Lernprozess reflektiert werden. Aufgaben, die bereits heute in Ansätzen wahrgenommen werden, werden zu Kernaufgaben. Die Vermittlung von Jobs, aber auch die soziale und finanzielle Absicherung des lebenslanges Lernpfades rücken dann in den Mittelpunkt.

50 years AR

DER FH BIELEFELD ZUM FÜNFZIGSTEN

FIFTIETH ANNIVERSARY OF THE BIELEFELD UAS

Klaus Hurrelmann

Ende der 1960er-Jahre wurden in der alten Bundesrepublik die Weichen für eine neue Hochschulform neben der Universität gestellt: Die Fachhochschulen wurden etabliert. Bielefeld griff als einer der ersten Standorte in Westdeutschland zu und gründete 1971 die FH Bielefeld. Sie feiert jetzt ihr 50-jähriges Bestehen.

At the end of the 1960s, the course was set in the old Federal Republic for a new form of higher education alongside the university: The universities of applied sciences were established. Bielefeld was one of the first locations in West Germany to take action and founded the Bielefeld UAS in 1971. It is now celebrating its 50th anniversary.

Die FH Bielefeld – das ist eine Erfolgsgeschichte, zu der man der Hochschule und der Stadt aus vollem Herzen nur gratulieren kann. Innerhalb von 50 Jahren sind Fachhochschulen zu einer dynamischen Institution für Forschung und Lehre geworden. Sie sind heute aus der Wissenschaftslandschaft nicht mehr wegzudenken und sie haben ihren Siegeszug auch nach der Vereinigung der beiden deutschen Staaten kontinuierlich fortgesetzt. Das gilt allgemein und das gilt für Bielefeld im Besonderen.

Blicken wir zurück, ist dieser Erfolg alles andere als selbstverständlich. Denn die Fachhochschulen wurden aus einer hochschulpolitischen Verlegenheit heraus gegründet: Die Universitäten waren wegen der kontinuierlich steigenden Zahl von Studierenden in eine Krise geraten. Fachhochschulen sollten sie entlasten und einen großen Anteil der akademischen Ausbildung übernehmen.

Die Krise der Universitäten …

Vor dem Zweiten Weltkrieg boomten die Universitäten in Deutschland. Das deutsche Kaiserreich war dank seiner hervorragenden Hochschul- und Wissenschaftspolitik seit der Jahrhundertwende in Wissenschaft und Forschung weltweit führend. Universitäten waren exzellente Forschungsstätten, zumal sie zunehmend mit den Kaiser-Wilhelm-Instituten im Verbund arbeiten konnten. Deutschland war auch noch zur Zeit der Weimarer Republik bei Nobelpreisen in der ersten Reihe. Im Nationalsozialismus wurde das weitgehend zerstört.

Nach dem Zweiten Weltkrieg versuchte die Bundesregierung, an die frühere Boom-Zeit von Wissenschaft und Forschung anzuknüpfen. Aus den Kaiser-Wilhelm-Instituten wurden die Max-Planck-Institute und diese wurden mehr und mehr von weiteren Einrichtungen der Helmholtz-Leibniz-Gesellschaft, der Fraunhofer-Gesellschaft und durch viele andere Forschungseinrichtungen ergänzt. Ziel war es, die effiziente Verknüpfung von Universität und Forschungsinstituten fortzusetzen, die bis in die 1930er-Jahre so erfolgreich war.

Aufseiten der Universitäten war das Erfolgsrezept die Einheit von Forschung und Lehre. Dieses Bildungsideal hatte Wilhelm von Humboldt als Markenzeichen der Universität ausgerufen. Die Universität sollte ihren Schwerpunkt auf der Forschung haben und dabei grundlagenorientiert arbeiten. Ihre Lehre sollte allein hierdurch initiiert sein und in einer engen Verschmelzung mit der Forschung erfolgen. Das war die Idee: Nicht nur das wissenschaftliche Personal sollte forschend lehren, sondern auch die Studierenden sollten lernend forschen.

Dieses Ideal ließ sich in die Realität umsetzen, solange drei oder fünf Prozent eines jeden Jahrgangs die Universitäten besuchten. Als aber im Zuge einer umfassenden Bildungsexpansion in den 1960er-Jahren schon 25 Prozent der Schulabsolventinnen und -absolventen in die Universitäten strömten, ließ sich dieses ungeheuer anspruchsvolle, voraussetzungsvolle, teure und letztlich auch elitäre Konzept nicht mehr aufrechterhalten. Es war nicht zu übersehen, dass die finanziellen, räumlichen und personellen Kapazitäten es immer schwieriger machten, nachhaltige Grundlagenforschung zu betreiben. Die intensive, auf lange Zeiträume und fest etablierte Expertenteams angelegte Grundlagenforschung wanderte Jahr um Jahr in außeruniversitäre Einrichtungen ab, die nur noch lose oder gar nicht mit den Universitäten kooperierten. Das Ideal der Einheit von Forschung und Lehre, das

The Bielefeld UAS – this is a success story for which the university and the city can only be congratulated from the bottom of our hearts. Within 50 years, the universities of applied sciences have become a dynamic institution for research and teaching. Today, it is impossible to imagine the academic landscape without them, and they have continued their triumphant progress even after the unification of the two German states. This is true in general and applies to Bielefeld in particular.

Looking back, this success is anything but self-evident. This is because the universities of applied sciences were founded out of a political embarrassment in higher education policy: The universities had fallen into a crisis due to the continuously increasing number of students. Universities of applied sciences were supposed to relieve them, and to take over a large share of the academic tertiary education.

The Crisis of the Universities …

Before the Second World War, the universities in Germany were booming. Thanks to its excellent higher education and science policy, the German Empire had been a world leader in science and research since the turn of the century. Universities were excellent research institutions, especially as they were increasingly able to work in cooperation with the Kaiser Wilhelm Institutes. Even during the Weimar Republic, Germany was still in the front row of Nobel Prizes. This was largely destroyed under National Socialism.

After the Second World War, the Federal Government attempted to continue the earlier boom in science and research. The Kaiser Wilhelm Institutes became the Max Planck Institutes and these were increasingly supplemented by other institutions of the Helmholtz Leibniz Society, the Fraunhofer Society and by many other research institutions. The aim was to continue the efficient linking of university and research institutes that had been so successful until the 1930s.

For the universities, the recipe for success was the unity of research and teaching. Wilhelm von Humboldt had proclaimed this educational ideal as the trademark of the university. The university should focus on research and work in a fundamentally oriented manner. Its teaching should be initiated solely by this and should be closely integrated with research. That was the idea: Not only the academic staff should teach research, but also the students should conduct research as a learning experience.

This ideal could be turned into reality as long as three or five per cent of each year's class attended the universities. However, after 25 per cent of school leavers flocked to the universities in the 1960s in the course of a comprehensive expansion of education, this incredibly demanding, presuppositional, expensive and ultimately elitist concept could no longer be maintained. It could not be ignored that financial, spatial and personnel capacities made it increasingly difficult to conduct sustainable basic research. Year after year, the intensive basic research, which was designed for long periods of time and firmly established teams of experts, migrated to non-university institutions, which only cooperated loosely or not at all with the universities. The ideal of the unity of research and teaching, the scientific business model of the universities, could no longer be translated into reality. The universities fell into crisis.

wissenschaftliche Geschäftsmodell der Universitäten, ließ sich nicht mehr in die Realität umsetzen. Die Universitäten gerieten in die Krise.

… wurde zur Chance der Fachhochschulen

Die Gründung von Fachhochschulen als ein neuer Hochschultyp war eine Reaktion auf diese Krise. Fachhochschulen waren zunächst und in erster Linie als eine Entlastung der Universitäten gedacht. Die Universitäten sollten von der Massenlehre befreit und in die Lage versetzt werden, ihr eingefahrenes wissenschaftliches Geschäftsmodell aufrechtzuerhalten und das Ideal der Einheit von Forschung und Lehre wiederherzustellen. Damit sie den Charakter von Hochschulen erhielten, wurde den Fachhochschulen pro forma die Forschung zugebilligt – allerdings nur die als nicht so bedeutend angesehene angewandte, nicht die grundlagenorientierte Forschung. Aber ihr eigentlicher Zweck war der akademische Unterricht, sie sollten in erster Linie Lehranstalten sein, die Studierende auf berufliche Anforderungen vorbereiten.

Heute wissen wir: Die Fachhochschulen haben sich dieser Aufgabe mit viel größerer Geschicklichkeit gestellt, als ursprünglich angenommen wurde. Das gilt sowohl für die Lehre als auch für die Forschung. Sie haben die Krise der Universitäten zu ihrer Chance gemacht und ihr eigenes, völlig neues, wissenschaftliches Geschäftsmodell etabliert:

Sie wurden gegründet, um in großem Maßstab Studierende zu unterrichten. Heute zeigt sich, welch eine ausgezeichnete Kompetenz sie sich in den letzten 50 Jahren auf dem Feld der Lehre erarbeitet haben. Von der Politik gezwungen, ein hohes Ausmaß von Lehrlast zu tragen, haben sie über die Jahrzehnte hinweg hierfür die geeigneten Methoden und Strukturen entwickelt. In vielen Bereichen der Ausbildung sind sie für Schulabsolventinnen und -absloventen nicht mehr wie in den ersten zehn oder 20 Jahren ihrer Existenz eine Ersatzlösung, eine minderwertige Variante des Universitätsstudiums, sondern die eindeutig attraktivere und hochwertigere Alternative. Die Universitäten haben es bis heute nicht richtig verdaut, dass die Studiengänge an Fachhochschulen und Universitäten seit der Bologna-Reform formal gleichgestellt sind. Die Fachhochschulen aber haben das Konzept gerne aufgenommen. Das drückt sich nicht zuletzt im Wachstum der Zahl der Studierenden aus. Als in den 1970er-Jahren Fachhochschulen etabliert wurden, nahmen sie etwa 15 Prozent aller Studierenden auf. Heute besuchen schon 40 Prozent der Schulabsolventinnen und -absolventen Fachhochschulen und die Zahlen steigen kontinuierlich weiter an. Wenn sich dieser Trend fortsetzt, und dafür spricht eigentlich alles, dann wird vielleicht schon in zehn Jahren eine Parität der Studierendenzahlen zwischen Fachhochschulen und Universitäten erreicht sein.

Von den Landesministerien von Anfang an so konstruiert, dass sie nicht in der Lage waren, Grundlagenforschung zu betreiben, haben sich die Fachhochschulen auf den Transfer von wissenschaftlichem Wissen in die berufliche Praxis konzentriert. Heute zeigt sich, dass dieses scheinbare Handicap

... became an Opportunity for Universities of Applied Sciences

The establishment of the universities of applied sciences as a new type of higher education institution was a reaction to this crisis. Universities of applied sciences were initially and primarily intended to relieve the universities. The universities were to be freed from mass teaching and enabled to maintain their entrenched scientific business model and to restore the ideal of unity between research and teaching. In order to give them the character of universities, the universities of applied sciences were granted pro forma research – but only applied research, which was not considered to be as important as theoretical research. But their real purpose was academic teaching; they were primarily intended to be teaching institutions that prepared students for professional requirements.

Today we know: The universities of applied sciences have taken on this task with much greater skill than was originally assumed. This applies to both teaching and research. They have turned the university crisis into their opportunity and established their own, completely new, scientific business model:

They were founded to teach students on a large scale. Today it is evident what an excellent competence they have acquired in the field of teaching over the last 50 years. Forced by politics to bear a heavy burden of teaching, they have developed the appropriate methods and structures for this over the decades. In many areas of education and training, they are no longer a substitute solution for school leavers, an inferior variant of university studies, as they were in the first ten or 20 years of their existence, but the clearly more attractive and higher-quality alternative. The universities have still not properly digested the fact that, since the Bologna Reform, the study programmes at the universities of applied sciences have been formally put on an equal footing. But they have gladly embraced the concept. This is expressed not least in the growth in student numbers. When universities of applied sciences were established in the 1970s, they took in around 15 per cent of all students. Today, 40 per cent of all school graduates are already attending universities of applied sciences and the numbers continue to rise. If this trend continues, and there is every indication that in perhaps ten years' time, parity in student numbers between universities of applied sciences and universities will be achieved.

Constructed from the outset by the state ministries in such a way that they were not in a position to carry out basic research, the universities of applied sciences have concentrated on the transfer of scientific knowledge into professional practice. Today, it is clear that this apparent handicap is by no means a disadvantage in all areas of work, but can even be a huge advantage. Because conducting research on a scientific basis with an application orientation – is exactly what is required in working life today. The combination of scientific knowledge with the ability to apply it – this ability is becoming a key competence in the age of digital transformation and the rapid change in all the framework conditions of work and economic activity. The universities of applied sciences have been geared to this emphasis from the very beginning. They rightly call themselves universities of applied sciences on the international stage.

keinesfalls in allen Arbeitsbereichen einen Nachteil bildet, sondern sogar ein riesiger Vorteil sein kann. Denn Forschung auf wissenschaftlicher Basis mit einer Anwendungsorientierung betreiben – das ist genau das, was heute im Arbeitsleben gefordert wird. Die Kombination von wissenschaftlichen Kenntnissen mit Anwendungsfähigkeit – diese Fähigkeit wird im Zeitalter der digitalen Transformation und der schnellen Veränderung aller Rahmenbedingungen des Arbeitens und Wirtschaftens zu einer Schlüsselkompetenz. Die Fachhochschulen waren von Anfang an auf diese Akzentsetzung ausgerichtet. Zu Recht nennen sie sich auf der internationalen Bühne Universities of Applied Sciences.

Beide Entwicklungen haben dazu geführt, dass die Fachhochschulen zu einer echten Konkurrenz für die Universitäten geworden sind. Während sich die Universitäten mit dem Re-Arrangement ihrer Aufgabenbereiche sehr schwertun und dem alten Bildungsideal nachtrauern, sind die Fachhochschulen in die Offensive übergegangen.

Gesellschaft, Politik und Wirtschaft benötigen die Wissenschaft

Gegenwärtig leben wir in einer Phase tief greifender Veränderungen durch die informationstechnologische Revolution, die nicht nur die Wege und das Tempo von Austausch zwischen Hochschulen, Wirtschaft und Gesellschaft verändert, sondern auch die Formen und die Inhalte des Austauschs. Bei allen drängenden Problemen – vom Klimawandel und der Endlichkeit der Ressourcen über die zu geringen Geburtenziffern und die schnelle Alterung der Gesellschaften bis hin zu Zuwanderung und Integration, Staatsverschuldung und öffentlichen Investitionen, internationalem Terrorismus und politischem Extremismus, Arbeitslosigkeit, Finanzkrise 2008 und SARS-CoV-2-Pandemie – sind weder Analyse und Diagnose noch Intervention und Lösung ohne wissenschaftliche Methoden und Theorien möglich.

Oft wird gesagt, wie lebten in Wissensgesellschaften, in denen die Produktion von Erkenntnissen und Lösungen und ihre Kommunikation über moderne Kanäle immer stärker ins Zentrum rückten. Genauer wäre es, von Wissenschaftsgesellschaften zu sprechen, die ohne die systematische forscherische Arbeitsweise von Hochschulen und anderen Instituten nicht existieren könnten. Das gilt auch für die Wirtschaft – auch und gerade bei gewinnorientierten privaten Unternehmen wird immer deutlicher, dass ohne eine wissenschaftliche Arbeitsweise keine Erfolge erzielt werden können. Ein Blick in die Forschungsabteilungen der großen Firmen macht das deutlich: Sie sind heute meist erheblich größer als die universitären Institute.

In einer Wissenschaftsgesellschaft bewegen sich alle drei Systeme auf eine Kooperation zu. Das politische System aus Regierungen und Parlamenten richtet wissenschaftliche Dienste ein, die systematisch das vorhandene Wissen und die Untersuchungsergebnisse aus der Forschung analysieren und auswerten. Das Wirtschaftssystem aus Unternehmen und Firmen weitet wie erwähnt ebenfalls Forschung und Entwicklung aus. Beide Systeme sind an der systematischen Weiterentwicklung von Erkenntnissen interessiert. Die privaten Firmen erkennen überdies, wie bedeutsam es ist, ihre gesellschaftliche Verantwortung deutlich zu machen, und stärken ihre Corporate Social Responsibility. Alle drei Systeme richten zur Sicherung des permanenten Austauschs Beiräte, Beratungsgremien und Sachverständigenräte

Both developments have led to the universities of applied sciences becoming a real competitor to the universities. While the universities are struggling with the rearrangement of their areas of responsibility and mourning the old educational ideal, the universities of applied sciences have gone on the offensive.

Society, Politics and Economy Need Science

We are currently living through a period of profound change brought about by the information technology revolution, which is changing not only the ways and pace of exchanges between universities, business and society, but also the forms and content of exchanges. For all the pressing problems – from climate change and the finite nature of resources, through low birth rates and the rapid ageing of societies, to immigration and integration, public debt and public investment, international terrorism and political extremism, unemployment, the 2008 financial crisis and the SARS-CoV-2 pandemic – neither analysis and diagnosis, nor intervention and solutions, are possible without scientific methods and theories.

It is often said that we live in knowledge societies where the production of knowledge and solutions and their communication through modern channels have become more and more central. More precisely, it would be more accurate to speak of scientific societies that could not exist without the systematic research-based approach of universities and other institutes. This also applies to the economy – it is becoming increasingly clear, especially in the case of profit-oriented private companies, that success cannot be achieved without a scientific way of working. A look at the research departments of large companies makes this clear: Today, they are usually considerably larger than university institutes.

In a scientific society, all three systems are moving towards cooperation. The political system of governments and parliaments sets up scientific services that systematically analyse and evaluate existing knowledge and research findings. The economic system of companies and firms, as mentioned above, also expands research and development. Both systems are interested in the systematic development of knowledge. Private companies also recognise how important it is to make their social responsibility clear and are strengthening their corporate social responsibility. To ensure permanent exchange, all three systems set up advisory boards, advisory committees and councils of experts, in which scientists are specifically asked to analyse and search for solutions.

The science system, the universities and research institutions, is the partner in this exchange. Public institutions and private companies are increasingly becoming clients and cooperation partners in research and development projects. In this way, ministries finance expert reports and research projects that are important for their political work. The European Union is launching research framework programmes with applied research questions costing many millions of euros. But companies also support public and private universities in carrying out investigations that are within their field of work and business and often cooperate with their own institutes. This leads to more and more applied research, policy-relevant studies and correspondingly close cooperation. This exchange is changing the entire science system, creating new ein, in denen Wissenschaftlerinnen und Wissenschaftler gezielt zu Analysen und zur Lösungssuche aufgefordert werden.

Das Wissenschaftssystem, die Hochschulen und Forschungseinrichtungen, ist der Partner dieses Austauschs. Öffentliche Einrichtungen und private Unternehmen werden zunehmend Auftraggeber und Kooperationspartner bei Forschungs- und Entwicklungsvorhaben. So finanzieren Ministerien Expertisen und Forschungsprojekte, die für ihre politische Arbeit von Bedeutung sind. Die Europäische Union legt viele Millionen Euro schwere Forschungsrahmenprogramme mit angewandten Fragestellungen auf. Aber auch Unternehmen unterstützen öffentliche und private Hochschulen darin, Untersuchungen durchzuführen, die in ihrem Arbeits- und Geschäftsbereich liegen und oft mit ihren eigenen Instituten zusammenarbeiten. Auf diese Weise kommt es zu immer mehr angewandter Forschung, politikrelevanten Untersuchungen und zu einer entsprechend engen Kooperation. Durch diesen Austausch ändert sich das gesamte Wissenschaftssystem, es entstehen neuartige Kooperationen und bisher ungeahnte Allianzen. In dieser Umbruchsituation sind es die Fachhochschulen, die unbefangener als die Universitäten reagieren können. Die Universitäten fürchten um ihre Unabhängigkeit, ziehen sich im Zweifelsfall vorsichtshalber in ihren sprichwörtlichen Elfenbeinturm zurück und möchten um keinen Preis ihre hehren Ideale der forscherischen Unabhängigkeit und der neutralen, nur der wissenschaftlichen Wahrheit verpflichteten Lehre aufgeben. Nur zögerlich lassen sie sich auf Kooperationen mit Politik und Wirtschaft ein, sträuben sich gegen angewandte Forschung und verpassen den Schritt zur wissenschaftlichen Fortbildung für Berufstätige.

Die Fachhochschulen sind hier unbelastet, sie lassen sich auf das Abenteuer der neuen Kooperationen und Allianzen ein. Dabei gehen sie unvermeidbar auch Risiken ein. Aber sie sind lernfähig. Um einer ihre Unabhängigkeit korrumpierenden Auftragsforschung mit vorhersehbaren, den Auftraggebern genehmen Ergebnissen zu entgehen, bauen sie interne Kontrollstrukturen auf. Für sie sind Forschungsmittel der Politik, der Stiftungen und der Wirtschaft von großer Bedeutung. Sie lernen schneller als die Universitäten, Schutzmechanismen zu etablieren, die sie vor Abhängigkeit bewahren. Sie erfinden An-Institute und zwischengeschaltete Stiftungen mit unabhängigen Aufsichtsräten, die als Vermittler zwischen Auftraggebern aus Politik und Wirtschaft und ihnen als Auftragnehmern agieren.

Es waren und sind in den zurückliegenden 50 Jahren die Fachhochschulen und nicht die Universitäten, die als Erste wegweisende Modelle für die Lösung dieser Probleme gefunden haben und bis heute flexibel reagieren, sobald neue Herausforderungen auftauchen. Das macht sie wissenschaftlich selbstbewusst und in der Arbeit effizient.

types of cooperation and previously undreamed-of alliances. In this situation of radical change, it is the universities of applied sciences that can react more impartially than the universities. The universities fear for their independence, retreating into their proverbial ivory tower for the sake of caution in case of doubt, and do not want to give up their noble ideals of research independence and neutral teaching committed only to scientific truth at any price. They are reluctant to enter into cooperation with politics and business, are reluctant to engage in applied research and miss the step towards scientific continuing education for working people.

The universities of applied sciences are unencumbered here; they are prepared to embark on the adventures of new cooperations and alliances. In doing so, they inevitably also take risks. But they are capable of learning. They are setting up internal control structures to avoid contract research that corrupts their independence and produces predictable results that are acceptable to the clients. For them, research funds from politics, foundations and industry are of great importance. They learn faster than the universities to establish protective mechanisms that protect them from dependence. They invent affiliated institutes and intermediate foundations with independent supervisory boards that act as intermediaries between, on the one hand clients from politics and business, and on the other hand themselves as contractors.

In the past 50 years, the universities of applied sciences, and not the universities, were and are the first to find pioneering models for solving these problems and have continued to react flexibly as soon as new challenges arise. This makes them scientifically self-confident and efficient in their work.

Universities of Applied Sciences Have Flexibly Restructured Academic Education

The upheaval is challenging new solutions not only in research, but also in teaching. Society, politics, business and culture are more dependent on the universities than in the past, and they are taking on far more extensive responsibilities in this area than before.

The Europe-wide Bologna Process, initiated some 25 years ago, was the Europe-wide response to this. It aimed at structured study programmes that were comparable and equivalent in all EU countries, clearly calculable study periods, higher student mobility, their employability and usability on the labour market and, last but not least, lifelong learning opportunities with systematically designed study programmes for working people. To educate not only for science, but also for practice, was until then an unimaginable idea in the German university tradition, which contradicted the educational ideal of the unity of research and teaching.

And so came what had to come: At the universities, the changeover to the model of successive Bachelor's and Master's programmes was perceived from the very beginning as a foreign body, indeed, as an absolute imposition, as Julian Nida-Rümelin explains in his contribution to this book. He speaks of a failure of this European reform in Germany. Maybe – but the reason for this is the boycott by university professors and management, who have undermined, or even deliberately

Die Fachhochschulen haben die wissenschaftliche Ausbildung flexibel umgestaltet

Nicht nur in der Forschung, auch in der Lehre fordert die Umbruchsituation neue Lösungen heraus. Gesellschaft, Politik, Wirtschaft und Kultur sind stärker als früher auf die Hochschulen angewiesen und nehmen die Hochschulen auch in diesem Bereich weitaus umfassender als früher in die Pflicht.

Der vor etwa 25 Jahren initiierte europaweite Bologna-Prozess war die europaweite Antwort hierauf. Er zielte auf strukturierte und in allen EU-Ländern vergleichbare und gleichwertige Studiengänge, klar berechenbare Studienzeiten, höhere Mobilität der Studierenden, deren Einsatzfähigkeit und Verwendbarkeit am Arbeitsmarkt und nicht zuletzt auf Angebote des lebenslangen Lernens mit systematisch angelegten Studienprogrammen für Berufstätige. Nicht nur für die Wissenschaft, sondern auch für die Praxis auszubilden, war bis dahin ein in der deutschen Universitätstradition unvorstellbarer Gedanke, der dem Bildungsideal der Einheit von Forschung und Lehre widersprach.

So kam, was kommen musste: An den Universitäten wurde die Umstellung auf das Modell von aufeinanderfolgenden Bachelor- und Masterstudiengängen von Anfang an als Fremdkörper, ja als absolute Zumutung wahrgenommen, wie Julian Nida-Rümelin in seinem Beitrag für diesen Band darlegt. Er spricht von einem Scheitern dieser europäischen Reform in Deutschland. Mag sein – aber der Grund dafür ist der Boykott durch die Universitätsprofessorinnen, -professoren und -leitungen, die das neue Modell von Anfang an unterlaufen oder sogar gezielt sabotiert haben. Es passt nun einmal so gar nicht zum hehren Modell aus Humboldt'schen Zeiten. Die deutschen Universitäten fühlten sich überrollt und hatten den Eindruck, zu Ausbildungsinstitutionen degradiert zu werden, die sie nie sein wollten. Sie fremdelten mit den ihnen zu mechanisch erscheinenden europaweiten Strukturvorgaben sowie mit der Anmutung, Absolventinnen und Absolventen produzieren zu müssen, die die wissenschaftliche Arbeitsweise beherrschen und zugleich perfekt auf den Berufseinstieg vorbereitet sind.

Was für eine Chance für die Fachhochschulen! Sie nahmen das Konzept von aufeinanderfolgenden Ausbildungsphasen mit fest strukturierten Modulen gerne auf. Es kam ihren bisherigen Ansätzen durchaus entgegen, aber es hatte noch einen weiteren unschätzbaren Vorteil: Indem sie dem europäischen Rechtsrahmen angeschlossen waren, hatte ihre Ausbildung von heute auf morgen genau den gleichen Stellenwert wie die Ausbildung der Universitäten. Die rechtliche Gleichstellung der Lehre an den beiden Einrichtungen war vollzogen.

Ein weiterer Effekt: Indem sie die Vorgaben der Bologna-Reform unvoreingenommen aufnahmen, gewannen die Fachhochschulen auch international an Attraktivität. Die hohe Nachfrage nach ihren Studiengängen ist eindeutig mit darauf zurückzuführen, dass sie von Anfang an den Bologna-Prozess konstruktiv-kritisch aufgenommen haben und damit ein Gegenmodell zum unentschiedenen Hin und Her der Universitäten anbieten.

Die Fachhochschulen haben das von den Universitäten verpönte Schlagwort der Qualifikation von Studierenden zur Employability nicht als eine Bedrohung emp-

sabotaged, the new model from the very beginning. After all, it does not fit at all with the noble model of Humboldt's time. German universities felt overwhelmed and had the impression of being degraded to educational institutions they never wanted to be. They were alienated by the seemingly mechanical Europe-wide structural requirements, by the impression that they had to produce graduates who had mastered the academic way of working and were at the same time perfectly prepared for their career entry.

What an opportunity for the universities of applied sciences! They were happy to adopt the concept of successive training phases with firmly structured modules. It was quite in keeping with their previous approaches, but it had another invaluable advantage: By being linked to the European legal framework, their training had exactly the same status as university training from one day to the next. The legal equality of teaching at the two institutions had been achieved.

A further effect: By adopting the requirements of the Bologna reform without bias, the universities of applied sciences also gained in attractiveness internationally. The high demand for their degree programmes is clearly partly due to the fact that they took a constructive and critical stance towards the Bologna Process right from the start and thus offer a counter-model to the undecided back and forth of the universities.

The universities of applied sciences have not perceived the catchword frowned upon by the universities, i.e. the qualification of students for employability, as a threat but as an opportunity. They have dealt constructively with the requirements of companies and the economy and have adapted their degree programmes to these requirements. Just as in the field of research, they have built in safeguarding structures and internal control mechanisms to avoid direct dependence and influence by politics, industry and business.

In this area, too, the universities have fallen behind the universities of applied sciences. Both public and private employers register a considerable demand for scientifically trained specialists, but are at the same time dissatisfied when the mixture of basic knowledge and practical skills among university graduates does not match their qualification requirements. The training institution which can cope with this conflicting relationship will have the best chances in the future. Many universities of applied sciences are ahead of the field in this respect.

Universities of Applied Sciences Combine Theory and Practice in New Ways

The educational expansion of the 1960s is unbroken. The majority of members of the younger generations want to obtain the Abitur, i.e. a higher education entrance qualification, and more than 50 per cent already do so. They then want to study. The dual system of vocational education and training, this typically German combination of theoretical instruction at vocational school and practical training in a company, which has long been widely recognised and hitherto regarded as irreplaceable, has lost its dominant position. The companies themselves no longer seem to believe in this model, funden, sondern als eine Chance. Sie haben sich konstruktiv mit den Anforderungen der Unternehmen und der Wirtschaft auseinandergesetzt und ihre Studiengänge auf diese Anforderungen eingestellt. Ebenso wie im Bereich der Forschung haben sie Sicherungsstrukturen und interne Kontrollmechanismen eingebaut, um eine direkte Abhängigkeit und Beeinflussung durch Politik, Industrie und Wirtschaft zu vermeiden.

Auch in diesem Bereich sind die Universitäten gegenüber den Fachhochschulen ins Hintertreffen geraten. Öffentliche wie private Arbeitgeber melden einen erheblichen Bedarf an wissenschaftlich geschulten Fachleuten an, sind aber zugleich unzufrieden, wenn die Mischung aus Grundlagenwissen und Praxiskenntnissen bei den Hochschulabsolventinnen und -absolventen nicht mit ihren Qualifikationsanforderungen übereinstimmt. Die Ausbildungsinstitution, die dieses Spannungsverhältnis bewältigen kann, hat in Zukunft die besten Chancen. Viele Fachhochschulen haben hier die Nase vorn.

Die Fachhochschulen verbinden Theorie und Praxis auf neue Weise

Die Bildungsexpansion der 1960er-Jahre ist ungebrochen. Die Angehörigen der jungen Generationen wollen mehrheitlich das Abitur, also eine Studienberechtigung, erwerben, und über 50 Prozent tun es bereits. Anschließend wollen sie studieren. Das duale System der Berufsausbildung, diese typisch deutsche, lange Zeit weithin beachtete und bisher als unersetzlich geltende Kombination aus theoretischem Unterricht an der Berufsschule und Praxis in einem Betrieb, hat seine dominante Stellung verloren. Die Unternehmen selbst scheinen nicht mehr an dieses Modell zu glauben, denn nur noch knapp 20 Prozent bieten überhaupt Ausbildungsplätze an. Das Konzept der dualen Ausbildung muss dringend reformiert werden.

Für den Niedergang des traditionellen beruflichen Ausbildungssystems und die geringe Wertschätzung und Anerkennung von Handwerks- oder Pflegeberufen – auch in finanzieller Hinsicht – gibt es viele Gründe. Einer davon ist die mangelnde wissenschaftliche Orientierung des Systems. Jede berufliche Ausbildung in den heutigen Wissenschaftsgesellschaften bedarf einer solchen Komponente. In den meisten europäischen Ländern wird dieser Bedarf durch die Ausdehnung des Hochschulsystems abgefangen. Die Organisation für wirtschaftliche Kooperation und Entwicklung (OECD) drängt Deutschland aus diesem Grund immer wieder, den Anteil der Abiturientinnen und Abiturienten sowie den der Studienanfängerinnen und -anfänger zügig weiter zu erhöhen. Nur auf diesem Wege, so die Argumentation der internationalen Expertinnen und Experten, könne die Qualität der Bildung mit den hochkomplexen Anforderungen des modernen Lebens in Gesellschaft und Beruf Schritt halten.

Die jungen Leute nehmen die OECD-Position beim Wort. Jahr für Jahr drängen mehr Schülerinnen und Schüler in weiterführende Schulen mit einer gymnasialen Oberstufe, Jahr für Jahr klettert die Quote der Abiturientinnen und Abiturienten sowie die der Studierenden in die Höhe. Die jungen Leute genießen es, sich noch nicht gleich von Anfang an auf eine feste Berufswahl festlegen zu müssen und in offenes und flexibles wissenschaftliches Denken eingeführt zu werden. Was sie nach *as only just under 20 per cent still offer any training places at all. The concept of dual training urgently needs to be reformed.*

There are many reasons for the decline of the traditional vocational training system and the low esteem and recognition of craft or care professions – also in financial terms. One of them is the system's lack of scientific orientation. All vocational training in today's scientific societies needs such a component. In most European countries, this need is met by the expansion of the higher education system. For this reason, the Organisation for Economic Cooperation and Development (OECD) has repeatedly urged Germany to rapidly increase the proportion of school-leavers with Abitur and first-year students. The international experts argue that only in this way can the quality of education keep pace with the highly complex demands of modern social and professional life.

Young people take the OECD position at its word. Year after year, more and more pupils are pushing into secondary schools with a upper secondary level, and year after year, the quota of school-leavers with a baccalaureate and students is rising. Young people enjoy not having to commit themselves to a fixed career choice from the outset and being introduced to open and flexible scientific thinking. What they also want, however, according to all available studies, is a close and realistic relationship with working life and professional requirements.

This is precisely where the reforms should start and this is where another structural advantage of the universities of applied sciences comes into play. Unlike universities, the universities of applied sciences are very close to companies and to working life. They are the ones who can build bridges here, for example through a close alliance with vocational schools. Vocational schools have the potential to become independent pedagogical institutions that act as a link between the education and employment systems. An alliance between vocational schools and universities of applied sciences can play a decisive role in making the traditional dual vocational system academically connectable again. VET schools upgraded in this way could function as colleges that open the way to both VET and practice-oriented studies.

Such a forward-looking alliance is much easier and smoother for universities of applied sciences than for universities. The universities of applied sciences also react much more strongly than the universities to the changing requirements of continuing vocational education and training. Executive programmes with continuing education Bachelor's and Master's programmes have now become an important component at almost all universities of applied sciences and often also an important source of income. The target group is professionals who return to university classes after a few years of work experience – or are studying for the first time in their lives. The new study programmes and courses provide them with specialist knowledge and scientific methods that they can apply to concrete, practical challenges in politics and business. After all, companies need appropriate translators and transformers in their own ranks to be able to process scientific progress. Rapid change, and the increasing complexity of most fields of work, mean that lifelong learning in the form of alternating phases of work and study is becoming characteristic of more and more employment biographies.

A number of other developments contribute to the fact that universities of applied sciences are also much more flexible and successful than universities in this area. They find it far less difficult to cope with such a broad and heterogeneous allen vorliegenden Untersuchungen aber auch wünschen, ist eine enge und realistische Beziehung zum Arbeitsleben und zu den beruflichen Anforderungen.

Genau hier sollten die Reformen ansetzen und genau hier kommt ein weiterer Strukturvorteil der Fachhochschulen ins Spiel. Anders als die Universitäten haben die Fachhochschulen eine große Nähe zu Unternehmen und zum Berufsleben. Sie sind es, die hier Brücken bauen können, zum Beispiel durch eine enge Allianz zu den Berufsschulen. Die Berufsschulen haben das Potenzial, zu selbstständigen pädagogischen Einrichtungen zu werden, die als Gelenkstelle zwischen dem Bildungs- und dem Beschäftigungssystem fungieren. Eine Allianz zwischen Berufsschulen und Fachhochschulen kann die entscheidende Rolle spielen, um das traditionelle duale berufliche System wieder akademisch anschlussfähig zu machen. Derartig aufgewertete Berufsschulen könnten als Kollegs fungieren, die sowohl den Weg in die Berufsausbildung als auch in ein praxisorientiertes Studium eröffnen. Eine solche zukunftsweisende Allianz ist den Fachhochschulen viel leichter und reibungsloser möglich als den Universitäten.

Viel stärker als die Universitäten reagieren die Fachhochschulen auch auf die veränderten Anforderungen der beruflichen Weiterbildung. Executive Programmes mit weiterbildenden Bachelor- und Masterstudiengängen sind inzwischen an fast allen Fachhochschulen zu einem wichtigen Bestandteil und oft auch zu einer wichtigen Einnahmequelle geworden. Zielgruppe sind Berufstätige, die nach einigen Jahren Berufserfahrung auf die Hochschulbank zurückkehren – oder zum ersten Mal in ihrem Leben studieren. Die neuen Studiengänge und Kurse vermitteln ihnen fachliche Erkenntnisse und wissenschaftliche Methoden, die sie für konkrete, praktische Herausforderungen in Politik und Wirtschaft einsetzen können. Denn um den wissenschaftlichen Fortschritt verarbeiten zu können, benötigen Unternehmen entsprechende Übersetzer und Transformatoren in ihren eigenen Reihen. Der schnelle Wandel und die zunehmende Komplexität der meisten Arbeitsgebiete führen dazu, dass lebenslanges Lernen in Form sich abwechselnder Arbeits- und Studienphasen für immer mehr Erwerbsbiografien charakteristisch wird.

Eine Reihe weiterer Entwicklungen trägt dazu bei, dass auch in diesem Bereich die Fachhochschulen deutlich flexibler und erfolgreicher unterwegs sind als die Universitäten. Es fällt ihnen weit weniger schwer, mit einer so breiten und heterogenen Klientel zurechtzukommen. Nicht nur Berufstätige, sondern auch mehr und mehr Menschen nach Beendigung ihres Berufslebens suchen die Hochschulen auf, um sich mit einem zweiten Studium einen lang gehegten Wunsch zu erfüllen.

Diese Trends fordern von den Fachhochschulen eine immense Integrationsleistung, aber auch eine neue Serviceorientierung, wie sie noch vor Kurzem undenkbar gewesen wären. Eine Folge ist die wachsende Bedeutung des nicht akademischen Personals. Hochschulmanagerin bzw. Hochschulmanager ist in Deutschland ein Beruf mit eher kurzer Tradition, aber zunehmend gefragt. Waren derartige ausdifferenzierte Tätigkeiten bislang nur an privaten Hochschulen zu finden, halten Rekrutierungsspezialisten, PR-Fachleute, Fundraiser sowie Managerinnen und Manager im Studierenden- und Karriereservice allmählich auch an öffentlichen Hochschulen Einzug. Nicht überraschend, dass auch in diesem Bereich die Fachhochschulen oft an der Spitze der Entwicklung stehen und die Universitäten alt aussehen lassen.

Das gilt über weite Strecken auch für die neuen Anforderungen an die Kommunikations- und Dialogfähigkeit der Hochschulen. Ganz praktisch zeigt sich *clientele. Not only working people, but also more and more people who have completed their careers are coming to the universities to fulfil a long-cherished wish with a second degree.*

These trends demand an immense integration effort from the universities of applied sciences, but also a new service orientation, which would have been unthinkable only a short time ago. One consequence is the growing importance of non-academic staff.

In Germany, university manager is a profession with a rather short tradition, but it is increasingly in demand. While such differentiated activities were previously only found at private universities, recruitment specialists, PR experts, fundraisers, managers in student and career services are gradually finding their way into public universities as well. It is not surprising that in this field, too, universities of applied sciences are often at the forefront of development and make universities look old.

This also applies to a large extent to the new demands on the universities' communication and dialogue skills. In practical terms, this is reflected in the increasing importance of science and university marketing and public relations as a special field of professional communication. Hardly any university of applied sciences today does without a corresponding organisational unit and corresponding structures. The public higher education system learns here from the Anglo-American sector, but also from the private universities in Germany.

The tasks of professional higher education communication are manifold. The main focus is on transporting new scientific findings to the public in administration and business. This also includes the positioning of research personalities who, as experts, make contact with the public via the media. For a long time, it was precarious for a scientist in Germany to formulate his or her own research results linguistically in such a way that they could be understood by the general public. In his or her own specialist circles, this translation of popular science was branded as dubious. The dialogue with the media and the public could even prove to be poison for the scientific career. This has changed since the 1990s and the universities of applied sciences have played a major role in this.

The Opportunities of the Bielefeld UAS

As my discussions show, there are many reasons why universities of applied sciences are a model of success. This also applies to the Bielefeld UAS. It is the location factor par excellence for the region of East Westphalia. Together with the University of Bielefeld, it functions as an intellectual and spiritual centre as well as a political and economic power in the region. It is an important and influential employer and value creator. It brings well-trained researchers and motivated young people to the city. At the same time, the prospect of well-trained personnel increases the attractiveness of the city and region for business.

Demographic change is increasing competition between universities and their locations. Those who are ahead of the competition have good prospects of being considered attractive in the long term. Relevant research contracts, endowed professorships, public appearances, awards, the participation of our own professors in expert das in der zunehmenden Bedeutung des Wissenschafts- und Hochschulmarketings und der Public Relations als Spezialgebiet der professionellen Kommunikation. Kaum eine Fachhochschule verzichtet heute mehr auf eine entsprechende Organisationseinheit und entsprechende Strukturen. Das öffentliche Hochschulwesen lernt hier aus dem angloamerikanischen Bereich, aber auch von den privaten Hochschulen in Deutschland.

Die Aufgaben der professionellen Hochschulkommunikation sind vielfältig. Zentral ist vor allem der Transport neuer wissenschaftlicher Erkenntnisse an die Öffentlichkeit in Verwaltung und Wirtschaft. Auch die Positionierung von Forscherinnen- und Forscherpersönlichkeiten, die als Expertinnen und Experten über die Medien mit der Öffentlichkeit in Kontakt treten, gehört dazu. Lange Zeit war es für eine Wissenschaftlerin oder einen Wissenschaftler in Deutschland durchaus prekär, eigene Untersuchungsergebnisse sprachlich so zu formulieren, dass sie in der breiten Öffentlichkeit verstanden wurden. In den eigenen Fachkreisen wurde diese Übersetzung als Populärwissenschaft und als unseriös gebrandmarkt. Der Dialog mit Medien und Öffentlichkeit konnte sich sogar als Gift für die wissenschaftliche Karriere erweisen. Seit den 1990er-Jahren hat sich das geändert und die Fachhochschulen haben einen großen Anteil daran.

Die Chancen der FH Bielefeld

Wie meine Erörterungen zeigen, gibt es viele Gründe, warum die Fachhochschulen ein Erfolgsmodell sind. Das gilt auch für die FH Bielefeld. Sie ist für die Region Ostwestfalen Standortfaktor schlechthin. Zusammen mit der Universität Bielefeld fungiert sie als intellektuelles und geistiges Zentrum ebenso wie als politische und wirtschaftliche Macht in der Region. Sie ist wichtiger und einflussreicher Arbeitgeber und Wertschöpfer. Sie bringt gut ausgebildete Forscherinnen und Forscher sowie motivierte junge Menschen in die Stadt. Zugleich erhöht die Aussicht auf gut ausgebildetes Personal die Attraktivität von Stadt und Region für die Wirtschaft.

Der demografische Wandel verstärkt den Wettbewerb der Hochschulen und ihrer Standorte untereinander. Wer hier die Nase vorn hat, hat gute Aussichten, auch langfristig als attraktiv zu gelten. Relevante Forschungsaufträge, Stiftungsprofessuren, öffentliche Auftritte, Auszeichnungen, die Mitwirkung eigener Professorinnen und Professoren in Sachverständigengremien und Beiräten – all dies wirkt sich positiv auf Image und Prestige nicht nur der FH Bielefeld, sondern auch der Stadt und der Region aus. Diese Leistungen können nur erbracht werden, wenn eine enge Zusammenarbeit mit allen wichtigen Einrichtungen in der Region erfolgt und ein ständiger Austausch stattfindet.

Diese Möglichkeiten sollte die FH Bielefeld in den nächsten Jahren ausbauen. Sie ist insgesamt ein mindestens so wichtiger Champion wie der Fußballclub Arminia Bielefeld. Im Unterschied zum Fußballclub aber sollte es ihr gelingen, dauerhaft in der ersten Liga zu spielen. Sie sollte auch weiterhin ein wichtiger Ort der gesellschaftlichen Debatte und der Auseinandersetzung über Konflikte in Politik und Wirtschaft sein. Dabei sollte der direkte Austausch zwischen Wissenschaft und Praxis ebenso gefördert werden wie die Zusammenarbeit mit den Medien. Dazu braucht die FH Bielefeld eine effiziente Organisationsstruktur mit professioneller *committees and advisory boards – all this has a positive effect on the image and prestige not only of the Bielefeld UAS, but also of the city and the region. These services can only be provided if there is close cooperation with all important institutions in the region and a constant exchange of information.*

The Bielefeld UAS should expand these opportunities in the coming years. Overall, it is at least as important a champion as the Arminia Bielefeld Football Club. In contrast to the football club, however, it should be able to play in the first league on a permanent basis. It should also continue to be an important venue for social debate and the discussion of conflicts in politics and business. Direct exchange between science and practice should be promoted, as should cooperation with the media. To achieve this, the Bielefeld UAS needs an efficient organisational structure with professional entrepreneurial management, institutional immunity and autonomy and well-balanced public control through its supervisory bodies. If these conditions are met, the Bielefeld UAS will continue to be a driver of political and economic development.

The Bielefeld UAS has its buildings not only in the same district as the University of Bielefeld, but is actually collocated. Two types of higher education institution stand side by side here, each of which has developed its own concept of teaching and research in its own way. Anyone who wants to, can see and feel very clearly how the academic staff analyse problems and topics with different working methods and how students are trained differently in the various subjects.

As far as I know, there is no other constellation of this kind in Germany. Anyone who comes from outside and roams the campus with an open mind will automatically ask themselves why there are two separate universities working side by side here and why an attempt has not long since been made to develop an effective synergy of teaching and research offerings, as the Bielefeld UAS and the University of Bielefeld have been doing for years in a number of degree programmes and in the context of the cooperative doctoral programmes agreed in 2007.

Strategic cooperations are possible in many fields. A striking example from my field of work is Health and Nursing Sciences. In order to create a counterweight to the rapidly expanding Faculty of Medicine at the University of Bielefeld, the University and the Bielefeld UAS could jointly develop the already existing Faculty of Health Sciences, and operate an innovative Faculty of Nursing Science. The latter would be the first of its kind in Germany and would provide a lasting impetus for strengthening this hitherto so neglected area. This would be a viable new project for the future – together with many other aspects perhaps even for the next 50 years.

unternehmerischer Leitung, eine institutionelle Immunität und Autonomie und eine gut ausbalancierte öffentliche Kontrolle durch ihre Aufsichtsgremien. Sind diese Bedingungen gegeben, dann wird die FH Bielefeld weiterhin ein Treiber der politischen und wirtschaftlichen Entwicklung sein.

Die FH Bielefeld hat ihre Gebäude nicht nur im gleichen Stadtteil wie die Universität Bielefeld, sondern auf dem gleichen Gelände. Seite an Seite stehen hier zwei Hochschulformen, die jede auf ihre Weise ein eigenes Konzept von Lehre und Forschung entwickelt haben. Wer will, kann ganz anschaulich sehen und spüren, wie das wissenschaftliche Personal mit unterschiedlicher Arbeitsweise Probleme und Themen analysiert und Studierende in den verschiedenen Fächern unterschiedlich ausgebildet.

Eine solche Konstellation gibt es meines Wissens nicht noch einmal in Deutschland. Wer von außen anreist und unbefangen durch das Gelände streift, fragt sich unwillkürlich, warum hier zwei getrennte, nebeneinanderher arbeitende Hochschulen existieren und nicht schon lange der Versuch gemacht wurde, eine wirkungsvolle Synergie der Angebote in Lehre und Forschung zu entwickeln, wie es die FH Bielefeld und die Universität Bielefeld seit Jahren in einer Reihe von Studiengängen und im Kontext der bereits 2007 vereinbarten kooperativen Promotionen tun. Strategische Kooperationen sind in vielen Fachgebieten möglich. Ein markantes Beispiel aus meinem Arbeitsbereich sind Gesundheits- und Pflegewissenschaften. Um ein Gegengewicht zur schnell expandierenden Fakultät für Medizin der Universität Bielefeld herzustellen, könnten Universität und FH Bielefeld gemeinsam den schon bestehenden Fachbereich für Gesundheitswissenschaften weiterentwickeln und einen innovativen Fachbereich für Pflegewissenschaft betreiben. Letzterer wäre der Erste seiner Art in Deutschland und würde einen dauerhaften Impuls für die Stärkung dieses bisher so vernachlässigten Gebietes mitbringen. Das wäre ein tragfähiges neues Projekt für die Zukunft – zusammen mit vielen anderen Aspekten vielleicht sogar für die nächsten 50 Jahre.

50 years AR

»BOLOGNA ADÉ.«

»FAREWELL BOLOGNA.«

Julian Nida-Rümelin

Vorbemerkung

Die Erfolgsgeschichte der deutschen Reformuniversität im 19. Jahrhundert beruhte auf den neuhumanistischen Bildungsidealen, die ihren historischen Ausgang im Streit der Fakultäten bei Immanuel Kant hatten und in konkrete Universitätskonzeptionen Schleiermachers und Wilhelm von Humboldts mündeten. Die Umsetzung dieser Bildungsideale im 19. Jahrhundert verlagerte den Schwerpunkt der Universität von der Ausbildungsstätte für drei akademische Berufe – Theologen, Juristen und Mediziner – zum Zentrum der Wissenschaft, der Wahrheitssuche.

Preliminary Note

The success story of the German reform university in the 19th century was based on the neo-humanist ideals of education, which had their historical outcome in the faculty dispute with Immanuel Kant and led to concrete university concepts by Schleiermacher and Wilhelm von Humboldt. The implementation of these educational ideals in the 19th century shifted the focus of the university from the training centre for three academic professions – theologians, lawyers and doctors – to the centre of science, the search for truth.

Das vielleicht wichtigste Merkmal dieses Prozesses war – und an das sollte man angesichts der aktuellen Veränderung der europäischen Universität erinnern –, dass mit dieser Verlagerung des Schwerpunktes, ja des identitätsstiftenden Merkmals der deutschen Reformuniversität und dann der europäischen Universität insgesamt zur Wissenschaft als solcher zu Forschung um ihrer selbst willen ein Innovationsschub ausgelöst wurde, der zunächst die philosophische Fakultät zur obersten Fakultät machte, aus der wie in einer Kaskade das Spektrum wissenschaftlicher Disziplinen hervorging, das wir heute kennen: Von der Mutterwissenschaft der Philosophie lösten sich zunächst die Naturwissenschaften mit eigenständigen Forschungsparadigmen und Untersuchungsmethoden ab, dann die Geisteswissenschaften und schließlich die Sozialwissenschaften. Dieser Prozess erreichte seit der Mitte des 19. Jahrhunderts einen Höhepunkt, kann aber bis heute nicht als abgeschlossen betrachtet werden. Der Zellteilungsprozess von Subdisziplinen und die Rolle der Philosophie als Mutterwissenschaft sind nicht lediglich eine historische Reminiszenz. So ist die Logik als eine eigene wissenschaftliche Disziplin, die heute meist von Mathematikern betrieben wird, ein Produkt der Veränderungen innerhalb der Philosophie Anfang des 20. Jahrhunderts. Weite Bereiche linguistischer Forschung gingen aus den neuen sprachphilosophischen Paradigmen aus der Mitte des 20. Jahrhunderts hervor (Wittgenstein'sche Sprachspielgrammatik,[1] die Austin'sche Sprechakttheorie[2] als Quellen für linguistische Situationssemantik und sozialwissenschaftliche Bedeutungstheorie). Dieser philosophisch initiierte Zellteilungsprozess, der vor 200 Jahren begann, verschaffte der Wissenschaft eine ungeahnte technologische, ökonomische, soziale und kulturelle Relevanz. Der wohl größte Irrtum aktueller Instrumentalisierungstendenzen der Wissenschaft ist heute, dass diese unter ökonomischen oder sozialen Zwecken gesteuert werden müsse, um technologischen, ökonomischen, sozialen und kulturellen Fortschritt zu generieren. Die historische Erfahrung lehrt das Gegenteil. Die Instrumentalisierung der Accademia durch staatliche, klerikale und ökonomische Zwecke hat das Innovationspotenzial der Wissenschaft stets blockiert. Das Ende dieser Instrumentalisierung war historisch gesehen zugleich das Ende dieser Blockade und leitete eine europäische wissenschaftlich-technische Zivilisation ein, deren Produktivität nicht nur in ökonomischer Hinsicht erst zu Beginn des 19. Jahrhunderts einsetzt und zu einer einmaligen ökonomischen Dominanz führte, die erst in den beiden Weltkriegen des 20. Jahrhunderts gebrochen wurde und wohl in diesem Jahrhundert zu Ende gehen wird. Die neue europäische Universität nach Humboldt'schem Muster spielte für diese Entwicklung eine Schlüsselrolle.

Die Grundlage dieses Erfolges war ein erkenntnistheoretischer, anthropologischer und ethischer Humanismus, dessen Grundzüge ich nun nicht in historischer Absicht, sondern systematisch zu klären versuche, um einmal mehr anlässlich des 50-jährigen Bestehens der FH Bielefeld einer besonderen Idee Ausdruck zu verleihen.[3] Im Folgenden beschränke ich mich darauf, die wichtigsten Elemente

1 Vgl. dazu Jürgen Habermas: Sprachspiel, Intention und Bedeutung. Zu Motiven bei Sellars und Wittgenstein, in: Rolf Wiggershaus (Hg.): Sprachanalyse und Soziologie. Die sozialwissenschaftliche Relevanz von Wittgensteins Sprachphilosophie, Frankfurt/Main 1975, S. 337 f.

2 John L. Austin: How to Do Things with Words, Cambridge MA 1962, in deutscher Sprache: Zur Theorie der Sprechakte, bearbeitet von Eike von Savigny, Stuttgart 1972.

3 Wer sich für die Details dieser Argumentation interessiert, muss auf meine beiden rationalitätstheoretischen Monografien – Kritik des Konsequentialismus (1993, 1995²) und Strukturelle Rationalität (2005) – sowie die Überlegungen zur spezifischen menschlichen Freiheit – Über menschliche Freiheit (2005) – und die Zusammenstellung von bildungs- und kulturpolitischen Reden in Humanismus als Leitkultur (2006) verwiesen werden.

Perhaps the most important feature of this process was – and this should be remembered in view of the current transformation of the European university – that this shift in the focus, indeed the identity-forming feature of the German reform university and then of the European university as a whole, to science as such, to research for its own sake, triggered an innovative surge which initially made the Faculty of Philosophy the highest faculty, from which, as if in a cascade, the spectrum of scientific disciplines we know today emerged: From the mother science of philosophy, the natural sciences first took over with their own research paradigms and methods, then the humanities and finally the social sciences. This process reached a climax in the middle of the 19th century, but cannot be considered completed to this day. The cell division process of sub-disciplines and the role of philosophy as a mother science are not merely a historical reminiscence. Thus logic, as a scientific discipline in its own right, which today is mostly practiced by mathematicians, is a product of changes within philosophy at the beginning of the 20th century. Broad areas of linguistic research emerged from the new paradigms of language philosophy from the middle of the 20th century (Wittgenstein's language game grammar,[1] Austin's theory of speech[2] act as sources for linguistic situation semantics and social science theory of meaning). This philosophically initiated cell division process, which began 200 years ago, gave science an undreamt-of technological, economic, social and cultural relevance. Probably the greatest misconception of current instrumentalisation tendencies in science today is that it must be controlled under economic or social purposes in order to generate technological, economic, social and cultural progress. Historical experience teaches the opposite. The instrumentalisation of the Academia by state, clerical and economic purposes has always blocked the innovative potential of science. The end of this instrumentalisation was historically also the end of this blockade and heralded the beginning of a European scientific and technological civilisation whose productivity, not only in economic terms, only began at the beginning of the 19th century and led to a unique economic dominance which was only broken in the two world wars of the 20th century and will probably come to an end in this century. The new European university based on Humboldt's model played a key role in this development.

The basis of this success was an epistemological, anthropological and ethical humanism, the basic features of which I am now trying to clarify systematically rather than with historical intent, in order to express a special idea once again on the occasion of the 50th anniversary of the Bielefeld UAS.[3] In the following, I will limit myself to compiling the most important elements of humanistic thinking which were not only decisive for the educational policy reforms of the 19th century in Germany, but which had an effect to varying degrees and with varying weighting throughout the entire history of European education. Probably the most important element is the anthropological thesis that man constitutes a special species which

1 Cf. Jürgen Habermas: Sprachspiel, Intention und Bedeutung. Zu Motiven bei Sellars und Wittgenstein, in: Rolf Wiggershaus (ed.): Sprachanalyse und Soziologie. Die sozialwissenschaftliche Relevanz von Wittgensteins Sprachphilosophie, Frankfurt/Main 1975, pp. 337 f.

2 John L. Austin: How to Do Things with Words, Cambridge MA 1962, in German: Zur Theorie der Sprechakte, edited by Eike von Savigny, Stuttgart 1972.

3 Those who are interested in the details of this argumentation must refer to my two monographs on the theory of rationality – Kritik des Konsequentialismus (1993, 1995²) and Strukturelle Rationalität (2005) – as well as the reflections on specific human freedom – Über menschliche Freiheit (2005) – and the compilation of educational and cultural policy speeches in Humanismus als Leitkultur (2006).

humanistischen Denkens zusammenzustellen, die nicht erst für die bildungspolitischen Reformen des 19. Jahrhunderts in Deutschland ausschlaggebend waren, sondern über die gesamte europäische Bildungsgeschichte in unterschiedlichem Maße und unterschiedlicher Gewichtung Wirksamkeit hatten. Das wohl wichtigste Element ist die anthropologische These, dass der Mensch eine besondere Spezies ausmache, die die spezifische Fähigkeit habe, sich von Gründen affizieren zu lassen, das heißt, die ihre Überzeugungen und ihre Handlungen, auch ein Gutteil ihrer Emotionen, an den besseren Gründen orientiert.

Grundelemente des Humanismus

Die Autonomie der Person, das, was in der vollendeten philosophischen Gestalt in der praktischen Philosophie Kants seinen Ausdruck findet, ist nicht über Wünsche, sondern über Gründe konstituiert. Es ist nicht die Kohärenz der Wünsche, und sei es unter Einschluss von Wünschen zweiter Ordnung,[4] die die Person konstituiert, sondern die Gründe, die sie abwägt, die praktischen wie theoretischen Deliberationen, die zu Entscheidungen und Urteilen führen. Der Locus classicus ist für mich der Theaitetos-Dialog von Platon, in dem die bloße Wortstreitkunst und die Instrumentalisierung der Fähigkeit guten Urteils für Zwecke der Macht und der Ökonomie zurückgewiesen werden. Es geht um die begründete und zugleich wahre Meinung, die Fähigkeit, gute Gründe von schlechten zu unterscheiden, die Geduld und die Geisteskraft, sich auf das bessere Argument einzulassen.

Die ethische Dimension in Gestalt gleichen Respekts, gleicher individueller menschlicher Würde, gleicher Selbstachtung[5] ist von der theoretischen, der Fähigkeit zur Deliberation, nicht zu trennen. Dies philosophisch auf den Begriff gebracht zu haben, ist das größte Verdienst Immanuel Kants.

Humanistisches Denken ist immer universalistisch: Es nimmt den Menschen unabhängig von seiner Hautfarbe, seiner Religion, seinem Geschlecht, seiner Herkunft in den Blick und schreibt ihm die gleiche Fähigkeit zur Verantwortung, zur Deliberation, zur Freiheit, zur Autonomie zu. Dieser Universalismus ist vereinbar mit der Anerkennung partikularer Prägungen, der Kultur, der sozialen Gemeinschaft, der Herkunft, auch mit besonderen Kooperationspflichten, die sich aus diesen partikularen Bindungen ergeben. Ein Thema, das für die kulturalistischen Varianten des Neuhumanismus im 19. Jahrhundert, für das spannungsreiche Verhältnis von Hegel und Kant zentral geworden ist.

Humanistisches Denken ist immer auch empathisch: Es weiß um die Beschränktheit der eigenen Perspektive und verlangt, sich in die andere Person hineinzuversetzen, um Verständigung möglich zu machen. Empathie hat dabei nicht nur eine praktische, sondern auch eine theoretische Dimension.

Und schließlich ist humanistisches Denken inklusiv: Es bezieht alle ein, die an der Verständigung teilhaben wollen und teilhaben können. Die Popper'sche

4 Vgl. Harry Frankfurt: Freedom of the Will and the Concept of a Person, in: Journal of Philosophy, Vol. 68, No. 1. (Jan. 14, 1971), S. 5–20.
5 Vgl. Verf.: Über menschliche Freiheit, Kap. V.

has the specific ability to be affected by reasons, that is which orient its convictions and actions, including a good part of its emotions, towards the better reasons.

Basic Elements of Humanism

The autonomy of the person, that which finds its expression in the completed philosophical form in Kant's practical philosophy, is not constituted by wishes but by reasons. It is not the coherence of desires, even if they include second order desires,[4] that constitutes the person, but the reasons that he weighs, both practical and theoretical deliberations, which lead to decisions and judgments. For me, the locus classicus is Plato's Theaitetos dialogue, in which the mere art of word dispute and the instrumentalisation of the capacity for good judgement for the purposes of power and economy are rejected. It is about the well-founded and at the same time true opinion, the ability to distinguish good reasons from bad ones, the patience and intellectual power to engage in the better argument.

The ethical dimension, in the form of equal respect, equal individual human dignity, equal self-respect,[5] cannot be separated from the theoretical, the capacity for deliberation. It is Immanuel Kant's greatest merit to have philosophically defined this concept.

Humanistic thinking is always universalistic: it takes the human being into account, regardless of his skin colour, religion, gender or origin, and attributes to him the same capacity for responsibility, deliberation, freedom and autonomy. This universalism is compatible with the recognition of particular imprints, culture, social community, origin, including special duties of cooperation resulting from these particular ties. This is a theme which has become central to the culturalist variants of neo-humanism in the 19th century, to the tense relationship between Hegel and Kant.

Humanistic thinking is always empathic: It is aware of the limitations of one's own perspective and demands that one puts oneself in the other person's shoes in order to make understanding possible. Empathy has not only a practical but also a theoretical dimension.

And finally, humanistic thinking is inclusive: It involves everyone who wants to and can participate in understanding. Popper's ethics of science[6] is a modern version of this inclusive understanding of science: Science is always critical, it strives for a better understanding by trying to refute common scientific opinions. Science involves everyone who can make a contribution. The probability of arriving at a good theory becomes greater the more people are involved. Science knows no national or cultural boundaries. It makes use of a universal language that is, in principle, accessible to all. Science is not bound to a language or a culture.

4 Cf. Harry Frankfurt: Freedom of the Will and the Concept of a Person, in: Journal of Philosophy, Vol. 68, No. 1. (Jan. 14, 1971), pp. 5–20.

5 Cf. author: Über menschliche Freiheit, chapter V.

6 I deliberately speak of ethics of science here, since Popper's critical rationalism as a description of the constitutive ethos of science is of great importance, while the claim to have thus described the practice of scientific research comprehensively and accurately is subject to numerous doubts.

Wissenschaftsethik[6] ist eine moderne Fassung dieses inklusiven Verständnisses von Wissenschaft. Wissenschaft ist immer kritisch, sie strebt nach dem besseren Verständnis über den Versuch, verbreitete wissenschaftliche Meinungen zu widerlegen. Wissenschaft bezieht dabei alle ein, die einen Beitrag leisten können. Die Wahrscheinlichkeit, zu einer guten Theorie zu gelangen, wird größer, je mehr an diesem Unternehmen beteiligt sind. Wissenschaft kennt zumal keine nationalen oder kulturellen Grenzen. Sie bedient sich einer universellen Sprache, die prinzipiell allen zugänglich ist. Wissenschaft ist nicht an eine Sprache oder eine Kultur gebunden.

Zum humanistischen Persönlichkeitsideal

Das humanistische Persönlichkeitsideal verlangt daher nach einer Distanzierung vom persönlichen Standpunkt. In der Ethik schlägt sich dies vielfältig nieder, etwa in der Konzeption eines moralischen, unparteiischen Beobachters, in der Gleichbehandlung aller individuellen Interessen in Gestalt utilitaristischer Konzeptionen oder in der universellen Geltung ethischer Prinzipien in deontologischen Konzeptionen. Die äußeren Unterschiede relativieren sich angesichts der je individuellen Teilhabe an einer inklusiven Verständigungsgemeinschaft. Das Trennende der Nation, der Sprache und der Kultur erscheint aus einer humanistischen Perspektive als relativ.

Die Einheit der Person wird durch die Kohärenz ihrer Deliberationen und die Kohärenz der daraus sich ergebenden Lebens- und Urteilspraxis gestiftet. Mit sich im Reinen zu sein, sich als Autorin bzw. Autor des eigenen Lebens zu empfinden, ist ein humanistisches Postulat. Die Lebenskunsttradition philosophischen Denkens aus der Antike lebt vor allem im Frühhumanismus der italienischen Renaissance, aber auch im deutschen Neuhumanismus des 19. Jahrhundert fort.

Aufklärung ist die eigene Befreiung aus »selbstverschuldeter Unmündigkeit«. Die je gegebenen kulturellen und sozialen Spezifika, die Besonderheiten der Herkunft, der Genetik und des Geschlechts entheben den Einzelnen nicht seiner Verantwortung für das eigene Leben, für die eigenen Überzeugungen und Handlungen, für die Verständigung und die Interaktion. Die Lebensform ist nicht einfach gegeben, sondern zu wesentlichen Teilen bestimmt, selbstbestimmt, autonom. Insofern ist Verantwortlichkeit, ein historisch junger Begriff, zentral für humanistisches Denken überhaupt. Die individuelle Verantwortlichkeit ist eingebettet in eine öffentliche und private Kultur der Deliberation, die der staatlichen Förderung bedarf. Daraus ergeben sich drei Forderungen für humanistische Bildungspolitik:

1. Die Autonomie der Bildungsinstitutionen als äußerer Ausdruck innerer Freiheit, der Freiheit von Forschung und Lehre.
2. Der allgemeine, inklusive, Zugang zu öffentlichen Bildungseinrichtungen und damit deren staatliche Finanzierung. Eine staatliche Finanzierung, die inhaltliche Askese abverlangt – ein Paradoxon, das sich der preußische Staat gemäß den Empfehlungen Wilhelm von Humboldts weitgehend zu eigen gemacht hatte.

6 Ich spreche hier bewusst von Wissenschaftsethik, da der kritische Rationalismus Poppers als Beschreibung des für die Wissenschaft konstitutiven Ethos von großer Bedeutung ist, während der Anspruch, damit die Praxis wissenschaftlicher Forschung umfassend und treffend beschrieben zu haben, zahlreichem Zweifel ausgesetzt ist.

The Humanistic Ideal of Personality

The humanistic ideal of personality therefore demands a distance from the personal point of view. In ethics this is reflected in many ways, for example in the conception of a moral, impartial observer, in the equal treatment of all individual interests in the form of utilitarian conceptions or in the universal validity of ethical principles in deontological conceptions. The external differences are relativised in view of the individual participation in an inclusive community of understanding. From a humanistic perspective, the divisive aspects of nation, language and culture appear relative.

The unity of the person is created by the coherence of his or her deliberations and the coherence of the resulting practice of life and judgment. To be at peace with oneself, to feel oneself to be the author of one's own life, is a humanist postulate. The art of living tradition of philosophical thought from antiquity lives on in the early humanism of the Italian Renaissance in particular, but also in the German New Humanism of the 19th century.

Enlightenment is the own liberation from »self-inflicted immaturity«. The cultural and social specifics, the peculiarities of origin, genetics and gender do not relieve the individual of his or her responsibility for his or her own life, for his or her own convictions and actions, for understanding and interaction. The way of life is not simply given, but is to a large extent determined, self-determined, autonomous. In this respect responsibility, a historically young concept, is central to humanistic thinking in general. Individual responsibility is embedded in a public and private culture of deliberation that requires state support. This gives rise to three demands for humanist educational policy:

1. *The autonomy of educational institutions as an external expression of inner freedom, freedom of research and teaching.*
2. *The general, inclusive, access to public educational institutions and thus their state funding. A state financing which demands asceticism in terms of content – a paradox that the Prussian state had largely adopted in accordance with the recommendations of Wilhelm von Humboldt.*
3. *Educational institutions under state responsibility as a centre of national culture, as an object of pride, as a form of nation-state representation, as a contribution to national cultural development. The universities, indeed the grammar schools of the 19th century, bear witness to this humanistic understanding of the role of national educational institutions.*

On the Foundation of a Modern European University

The idea of a modern European university is based on humanistic educational ideals, takes leave of the vocational medieval and early modern university, and puts the interest in knowledge and the idea of personality development through research at the centre. It thus creates a unity of research and teaching. Teaching does not educate, but imparts the necessary knowledge and skills to participate in the process of research. Research is not detached from university teaching, but rather develops a new understanding, new objects of knowledge, new empirical methods, which are

3. Die Bildungsinstitutionen in staatlicher Verantwortung als Zentrum der nationalen Kultur, als Gegenstand des Stolzes, als Form nationalstaatlicher Repräsentation, als Beitrag zur nationalen Kulturentwicklung. Die Universitäten, ja auch die Gymnasien des 19. Jahrhunderts zeugen von diesem humanistischen Verständnis der Rolle nationaler Bildungsinstitutionen.

Zur Stiftung einer modernen europäischen Hochschule

Die Idee einer modernen europäischen Hochschule beruht auf humanistischen Bildungsidealen, nimmt von der berufsbildenden mittelalterlichen und frühneuzeitlichen Universität Abschied, stellt das Erkenntnisinteresse und die Idee der Persönlichkeitsbildung durch Forschung in den Mittelpunkt. Sie stiftet damit eine Einheit von Forschung und Lehre. Die Lehre bildet nicht aus, sondern vermittelt die notwendigen Kenntnisse und Fähigkeiten, um am Prozess der Forschung teilzuhaben. Die Forschung ist nicht abgelöst von der Hochschullehre, sondern erarbeitet ein neues Verständnis, neue Gegenstände des Wissens, neue empirische Methoden, die dann in die Lehre einfließen. In der Gestalt der neuen Professorin, des neuen Professors wird die Einheit von Forschung und Lehre in Gestalt eines spezifischen beruflichen Ethos gestiftet. Die Lehrenden bekennen sich und binden sich damit. Sie binden sich damit an ein spezifisches Projekt des gemeinsamen und arbeitsteiligen ›Unternehmens Wahrheitssuche‹. Dieses spezifische Projekt wird in der Venia verbindlich festgehalten. Die Venia wird vom Kollegium der jeweiligen Fakultät verliehen. Zu diesem spezifischen Ethos gehört die Bindung über die Zugehörigkeit zur Gemeinschaft der Forschenden und Lehrenden, die Kooperationspflichten, die sich daraus ergeben, einerseits und die Freiheit der Wahl der spezifischen Gegenstände der Forschung und Lehre andererseits. Diese Freiheit, diese Autonomie kann nur gewährt werden, wenn sie mit einer entsprechenden Verantwortung wahrgenommen wird, die die Gemeinschaft der autonom Lehrenden und Forschenden stiftet.

Über das gesamte 19. Jahrhundert und bis in das 20. Jahrhundert hinein wurde versucht, eine Einheit der Wissenschaft als Ganzes durch hierarchische Strukturen wissenschaftlicher Disziplinen und Subdisziplinen aufrechtzuerhalten. Dieses Projekt, an dessen Spitze die Philosophie stand und das eine spezifische Einseitigkeit des Neuhumanismus zum Ausdruck bringt – ganz im Gegensatz zum Frühhumanismus der Renaissance oder gar zum antiken Humanismus der griechischen Klassik –, kann heute als gescheitert gelten. Die Dominanz der Geistes- über die Naturwissenschaften, ja die innere Strukturierung etwa der Geisteswissenschaften nach Ordnungsprinzipien ist einer Campusstruktur mit immer wieder neu sich entwickelnden Feldern der Forschung und der Lehre gewichen. Die Philosophie hat allerdings ihre Rolle als Einheit stiftende Disziplin in meinen Augen dadurch nicht verloren, wie beispielsweise die philosophischen Straßen- und Wegebezeichnungen des Bielefelder Kollegen Martin Carrier am Campus Bielefeld sinnfällig belegen – im Gegenteil: Da ihre Kategorisierungen und Begriffsklärungen nicht am Anfang der jeweiligen wissenschaftlichen Disziplinen stehen, ist ihre Aufgabe allerdings schwieriger geworden, die einzelnen Forschungsergebnisse kohärent zusammenzuführen, zu einem wissenschaftlichen Weltbild beizutragen, zwischen den unterschiedlichen Terminologien und Methoden *then incorporated into teaching. In the shape of the new professor, the unity of research and teaching is endowed in the form of a specific professional ethos. The teachers profess and commit themselves to this ethos. In doing so, they commit themselves to a specific project of the common and work-sharing ›enterprise search for truth‹. This specific project is bindingly recorded in the Venia. The venia is awarded by the faculty of the respective faculty. This specific ethos includes the bond through membership of the community of researchers and teachers, the obligations of cooperation that result from this on the one hand and the freedom of choice of the specific objects of research and teaching on the other. This freedom, this autonomy can only be granted if it is exercised with a corresponding responsibility, which the community of autonomous teachers and researchers endows.*

Throughout the 19th century and into the 20th century, attempts were made to maintain a unity of science as a whole through hierarchical structures of scientific disciplines and sub-disciplines. This project, which was led by philosophy and which expressed a specific one-sidedness of neo-humanism – quite in contrast to the early humanism of the Renaissance or even to the ancient humanism of the Greek classicism – can today be considered a failure. The dominance of the humanities over the natural sciences, indeed, the internal structuring of the humanities, for example, according to principles of order, has given way to a campus structure with constantly developing new fields of research and teaching. In my view, however, philosophy has not lost its role as a unifying discipline, as the philosophical street and path names of Bielefeld colleague Martin Carrier at the Campus Bielefeld clearly show – on the contrary: Since their categorisations and definitions of terms do not start at the beginning of the respective scientific disciplines, their task has become more difficult, however: To bring the individual research results together coherently, to contribute to a scientific view of the world, to mediate between the different terminologies and methods of the individual sciences, and to continually fit a humanistic view of man into a scientifically composed world view.[7]

New Challenges for the Ethos of Science

This internal scientific ethos, which is based entirely on epistemic rationality, which seeks to make the better argument prevail and which involves all those participating in the scientific communication community, which treats students as partners and no longer as pupils, must be supplemented by an ethos of practical rationality in view of the close link between basic scientific research on the one hand and technical and economic application on the other. The strict separation of basic scientific research, which must be carried out without purpose, from its fertilisation, for example in technology and business, can be maintained less and less. The links have become closer for a number of reasons. One of these reasons is that a large part of basic

7 In 2007/2008, the interdisciplinary working group Humanprojekt of the Berlin-Brandenburgischen Akademie der Wissenschaften (Berlin-Brandenburg Academy of Sciences and Humanities) had set itself a central aspect of this task, namely to examine the implications of recent biological and neuroscientific research for our view of humanity and to integrate a humanistic view of humanity into a scientifically composed world view. Cf. Detlev Ganten, Volker Gerhardt, Jan-Christoph Heilinger, Julian Nida-Rümelin (eds.): Was ist der Mensch? (Human Project 3), Berlin 2008.

der Einzelwissenschaften zu vermitteln und immer wieder neu ein humanistisches Menschenbild in ein wissenschaftlich verfasstes Weltbild einzupassen.[7]

Neue Herausforderungen des Wissenschaftsethos

Dieses interne Wissenschaftsethos, das ganz auf epistemischer Rationalität beruht, das dem besseren Argument zum Durchbruch verhelfen will und das alle einbezieht, die an der wissenschaftlichen Kommunikationsgemeinschaft teilhaben, das Studierende als Partner und nicht mehr als Schülerinnen und Schüler behandelt, muss durch ein Ethos praktischer Rationalität angesichts der engen Verbindung von wissenschaftlicher Grundlagenforschung einerseits und technischer sowie ökonomischer Anwendung andererseits ergänzt werden. Die strikte Trennung wissenschaftlicher Grundlagenforschung, die zweckfrei zu geschehen hat, von deren Fruchtbarmachung, etwa in Technik und Ökonomie, lässt sich immer weniger aufrechterhalten. Die Verbindungen sind aus einer Reihe von Gründen enger geworden. Zu diesen Gründen gehört, dass ein Gutteil der Grundlagenforschung große finanzielle Mittel erfordert, die aus den Hochschulen selbst heraus meist nicht mehr geleistet werden können. Hinzu kommt, dass die praktischen Implikationen der Anwendung wissenschaftlicher Grundlagenforschung ohne Beteiligung der Wissenschaft selbst schwer abgeschätzt werden können. Die Wissenschaft hat zunehmend also auch eine externe Verantwortung, sodass das interne Ethos epistemischer Rationalität durch ein externes Verantwortungsethos komplettiert werden muss. Damit entsteht eine neue Begründungs- und Transferproblematik: eine Begründungsproblematik insofern, als die Wissenschaft sich gegenüber einer breiteren, auch politischen Öffentlichkeit zu verantworten hat und dies in einer Sprache geschehen muss, die die disziplinären Grenzen des eigenen Fachs überwindet. Die Wissenschaft ist aufgerufen, dazu beizutragen, dass ihre Ergebnisse Eingang in die technische, ökonomische, soziale und kulturelle Praxis finden. Die Wissenschaft als Ganze hat mit anderen gesellschaftlichen Subsystemen – um die nicht unproblematische Sprache der Systemtheorie zu verwenden – zu kooperieren. Im Hinblick auf ihre Finanzierung durch Steuergelder und Drittmittel aus anderen Ressourcen und hinsichtlich ihrer zentralen Rolle für die gesellschaftliche und kulturelle Entwicklung.

Das, was neudeutsch mit Public Understanding of Science bezeichnet wird, muss zu einem integralen Bestandteil des Wissenschaftsethos werden und darf sich nicht auf die Naturwissenschaften beschränken. Die Wissenschaftspublizistik hat die verantwortungsvolle Rolle, wissenschaftliche Forschungsergebnisse einem breiteren Publikum nachvollziehbar zu machen, irrationale Ängste abzubauen, aber auch auf Gefährdungen durch wissenschaftliche Forschungen und ihre Anwendung hinzuweisen. Kurz: Das wissenschaftsinterne Verantwortungsethos, das im Wesentlichen

7 Die interdisziplinäre Arbeitsgruppe Humanprojekt der Berlin-Brandenburgischen Akademie der Wissenschaften hatte sich 2007/2008 einen zentralen Aspekt dieser Aufgabe zum Ziel gesetzt, nämlich zu prüfen, welche Implikationen sich aus den jüngsten biologischen und neurowissenschaftlichen Forschungen für unser Menschenbild ergeben, und eben die Einpassung eines humanistischen Menschenbildes in ein wissenschaftlich verfasstes Weltbild zu leisten. Vgl. dazu Detlev Ganten, Volker Gerhardt, Jan-Christoph Heilinger, Julian Nida-Rümelin (Hg.): Was ist der Mensch? (Humanprojekt 3), Berlin 2008.

research requires large financial resources, which can usually no longer be provided by the universities themselves. In addition, the practical implications of the application of basic scientific research are difficult to assess without the participation of science itself. Thus science increasingly has an external responsibility, so that the internal ethos of epistemic rationality must be complemented by an external ethos of responsibility. This gives rise to a new problem of justification and transfer: A problem of justification inasmuch as science has to answer to a broader public, including the political public, and this has to be done in a language that transcends the disciplinary boundaries of its own subject. Science is called upon to contribute to ensuring that its results are incorporated into technical, economic, social and cultural practice. Science as a whole must cooperate with other social subsystems – to use the not unproblematic language of systems theory. In terms of its financing by taxpayers' money and third-party funds from other resources and in terms of its central role in social and cultural development.

What is known in new German language as the Public Understanding of Science must become an integral part of the scientific ethos and must not be limited to the natural sciences. Science journalism has the responsible role of making scientific research results comprehensible to a broader public, of reducing irrational fears, but also of pointing out the dangers of scientific research and its application. In short: The internal ethos of responsibility within science, which essentially ensures epistemic rationality, must be supplemented by an external ethos of responsibility.[8]

Completion Instead of Demolition: Bologna Mistakes

The old humanistic scientific ideal of truth orientation and the unity of research and teaching, which secured the leading role of the German reform university in Europe and ultimately worldwide for several decades, is not obsolete. It needs to be completed, not broken off, even in the form of a return to the medieval educational institution, to the place of conditioning, to the mere imparting of methods without any claim to knowledge, the mere imparting of skills, not of insights, of training, not education.

In this respect, the Bologna Process, which was launched a good 20 years ago, endangers the substance of European higher education institutions, even if its original goals were entirely in line with the humanistic educational ideals outlined here. I will illustrate these dangers with the help of five undesirable developments, each of which I describe as a Bologna error, since these undesirable developments occur within the framework of the Bologna Process, regardless of whether or not they correspond to the original intentions of the Bologna authors.

The first Bologna error is the distinction between vocational field-oriented and academic study programmes. The basic idea of the humanistic reform university was precisely that this distinction does not exist, that research and science orientation per se also entails a professional qualification, that it promotes the development of personality, conveys decision-making ability and power of judgement, which then also enables successful practice outside academic professions. It is a gross historical

8 Cf. in more detail: author: Wissenschaftsethik, in: author (ed.): Angewandte Ethik. Die Bereichsethiken und ihre theoretische Fundierung, Stuttgart 2005[2].

epistemische Rationalität sichert, muss durch ein externes Verantwortungsethos ergänzt werden.[8]

Komplettierung statt Abbruch: Bologna-Irrtümer

Das alte humanistische Wissenschaftsideal der Wahrheitsorientierung und der Einheit von Forschung und Lehre, das die Führungsrolle der deutschen Reformuniversität europa- und schließlich weltweit für einige Jahrzehnte sicherte, ist nicht obsolet. Es bedarf der Komplettierung, nicht des Abbruchs, gar in Gestalt einer Rückkehr zur mittelalterlichen Ausbildungsstätte, zur Stätte der Konditionierung, der bloßen Methodenvermittlung ohne Erkenntnisanspruch, der bloßen Vermittlung von Fähigkeiten, nicht von Einsichten, der Abrichtung, nicht der Bildung.

Insofern gefährdet der vor gut 20 Jahren eingeleitete Bologna-Prozess die Substanz der europäischen Hochschulen, auch wenn seine ursprünglichen Ziele durchaus im Einklang mit den hier skizzierten humanistischen Bildungsidealen waren. Ich illustriere diese Gefährdungen anhand von fünf Fehlentwicklungen, die ich jeweils als Bologna-Irrtum bezeichne, da diese Fehlentwicklungen im Rahmen des Bologna-Prozesses auftreten, unabhängig davon, ob sie den ursprünglichen Intentionen der Bologna-Autorinnen und -Autoren entsprechen oder nicht.

Der erste Bologna-Irrtum besteht in der Unterscheidung von berufsfeld- gegenüber wissenschaftsorientierten Studiengängen. Die Grundidee der humanistischen Reformuniversität war ja gerade, dass dieser Gegensatz nicht besteht, dass Forschungs- und Wissenschaftsorientierung per se auch eine Berufsqualifizierung mit sich bringt, dass sie die Persönlichkeitsbildung fördert, Entscheidungsfähigkeit und Urteilskraft vermittelt, die dann auch außerhalb akademischer Berufe eine erfolgreiche Praxis ermöglichen. Es ist ein grober historischer – wie systematischer – Irrtum zu meinen, dass die Wissenschaftsorientierung der Humboldt'schen Reformuniversität darauf gerichtet war, lediglich wissenschaftlichen Nachwuchs zu produzieren. Die Neuhumanisten waren vielmehr davon überzeugt, dass die Konfrontation mit der Forschung für einige Jahre des Lebens eine Persönlichkeitsentwicklung ermöglichte, die dann auch außerhalb akademischer Berufe zu erfolgreicher Verantwortungsübernahme befähigte. Es gibt hinreichend viele empirische Untersuchungen, die diese Idee stützen. Der eminente Erfolg der Geisteswissenschaften seit dem Verlust ihrer fast ausschließlichen Orientierung am Beruf des Gymnasiallehrers im Verlaufe der letzten vier bis fünf Dekaden ist einer dieser Belege. Während die damaligen Bildungsexperten ein akademisches Proletariat befürchteten, stellte sich heraus, dass die vielen, die nun den neu geschaffenen geisteswissenschaftlichen Magisterabschluss anstrebten, erstaunlich problemlos in die Berufswelt integriert werden konnten. Die in der gleichen Zeit von der Wissenschaftspolitik hingenommene massive Überlastung insbesondere der geistes- und sozialwissenschaftlichen Studiengänge wurde in einer Art Notwehrreaktion der Universitäten mit einer schwach ausgeprägten Strukturierung und Betreuung der Studierenden beantwortet. Dies hat in der Tat zu skandalös hohen Abbrecherquoten in einer Vielzahl von geistes-

8 Vgl. hierzu ausführlicher: Verf.: Wissenschaftsethik, in: Verf. (Hg.): Angewandte Ethik. Die Bereichsethiken und ihre theoretische Fundierung, Stuttgart 2005[2].

– as well as systematic – error to think that the academic orientation of the Humboldt Reform University was aimed solely at producing young academics. Rather, the neo-humanists were convinced that the confrontation with research enabled personal development for some years of life, which then enabled successful assumption of responsibility outside of academic professions. There is sufficient empirical research to support this idea. The eminent success of the humanities since the loss of their almost exclusive orientation towards the profession of grammar school teacher over the last four to five decades is one of these evidences. While the education experts of the time feared an academic proletariat, it turned out that the many who now aspired to the newly created humanities Master's degree could be integrated into the professional world with astonishing ease. The massive overburdening of the humanities and social science courses in particular, which was accepted by science policymakers at the same time, was responded to in a kind of self-defence reaction by the universities with a weakly developed structuring and support of students. This has indeed led to scandalously high dropout rates in a large number of humanities and social science programmes and has thus impaired the ability to work. It is obvious that this deplorable state of affairs had to be remedied. The most sensible way to remedy this situation would have been to significantly increase government spending on universities and to massively expand the universities of applied sciences in order to enable a more adequate distribution of students between more application-oriented and school-based courses on the one hand and more research-oriented courses on the other. Instead, parts of the universities have now been converted into a kind of university of cooperative education, the academic standards of which are generally much lower than those of previous universities of applied science courses, and for which neither the teaching staff nor the institutional structures of the universities in Germany are suitable. Here, mistakes in science policy, some of which date back to the late 1960s and 1970s, are being corrected in a way that, at least for the humanities, increases the damage.

The second Bologna error is the high level of training in Bachelor's programmes, which is apparently particularly pronounced in the practice of converting German higher education institutions to modularised courses of study compared with other European countries. This means the abolition of the unity of research and teaching and the massive restriction of the freedom of research, i.e. the autonomy of art, research and science, as laid down in Article 5 of the Grundgesetz (Basic Law). This schooling means very different things for different scientific cultures in the individual disciplines. While a study of philosophy is hardly conceivable without many hours in the libraries, conversely, a study of physics with the compulsion to visit libraries in the early semesters is hardly conceivable. For one science, therefore, schooling is common practice, which is only abolished for doctoral students in the last semesters before the exams, while schooling for philosophy, to cite this example, has a devastating effect on students as a whole. In comparison to previous generations, they are losing their ability to think and work independently, they are getting used to pre-chewed PDF bites on the intranet, they are losing an overview of the respective classic œuvres, they believe that studying philosophy consists primarily of acquiring knowledge rather than thinking for oneself.

The third Bologna error: The German Master's degree has so far included two minor subjects and was therefore of a generalist nature. In contrast, the current und sozialwissenschaftlichen Studiengängen geführt und die Berufsfähigkeit insofern beeinträchtigt. Dass diesem Missstand abgeholfen werden musste, liegt auf der Hand. Der vernünftigste Weg, diesem Missstand abzuhelfen, hätte in einer deutlichen Anhebung der staatlichen Ausgaben für die Universitäten und dem massiven Ausbau der Fachhochschulen bestanden, um eine adäquatere Verteilung der Studierenden auf stärker anwendungsbezogene und verschulte Studiengänge zum einen und auf stärker forschungsorientierte zum anderen zu ermöglichen. Stattdessen wurden nun Teile der Universitäten zu einer Art Berufsakademie umgebaut, die in ihren wissenschaftlichen Ansprüchen in der Regel deutlich unter den bisherigen Fachhochschulstudiengängen liegt und für die weder die Lehrenden noch die institutionellen Strukturen der Universitäten in Deutschland geeignet sind. Hier werden Fehler der Wissenschaftspolitik, die zum Teil in die späten 1960er- und 1970er-Jahre zurückreichen, in einer Weise korrigiert, die zumindest für die Geisteswissenschaften den Schaden noch vergrößert.

Der zweite Bologna-Irrtum besteht in dem hohen Maß an Verschulung der Bachelorstudiengänge, das offenbar in der Praxis der Umstellung deutscher Hochschulen auf modularisierte Studiengänge im europäischen Vergleich besonders ausgeprägt ist. Dies bedeutet die Aufhebung der Einheit von Forschung und Lehre und die massive Einschränkung der Forschungsfreiheit, das heißt der Autonomie von Kunst, Forschung und Wissenschaft, wie es im Artikel 5 des Grundgesetzes festgeschrieben ist. Diese Verschulung bedeutet für verschiedene Wissenschaftskulturen in den einzelnen Disziplinen sehr Unterschiedliches. Während ein Studium der Philosophie ohne viele Stunden in den Bibliotheken kaum denkbar ist, ist umgedreht ein Physikstudium mit dem Zwang, Bibliotheken schon in den frühen Semestern aufzusuchen, kaum vorstellbar. Für die eine Wissenschaft ist die Verschulung daher gängige Praxis, die erst in den letzten Semestern vor dem Examen dann für die Doktoranden aufgehoben wird, während Verschulung für die Philosophie, um dieses Beispiel zu nennen, eine verheerende Wirkung auf die Studierenden insgesamt hat. Sie verlernen im Vergleich zu früheren Generationen selbstständiges Denken und Arbeiten, sie gewöhnen sich an vorgekaute PDF-Häppchen im Intranet, sie verlieren die Übersicht über die jeweiligen Œuvres der behandelten Klassiker, sie glauben, dass ein Philosophiestudium in erster Linie in der Aneignung von Wissensstoff und nicht im Selberdenken bestünde.

Der dritte Bologna-Irrtum: Der deutsche Magister kannte bisher zwei Nebenfächer und war daher generalistisch angelegt. Die gegenwärtig erfolgende hochgradige Spezialisierung ist demgegenüber als dritter Irrweg zu verstehen. Die Regelung des Ein-Fach-Bachelors mit der Möglichkeit, nach dem Bachelor ein anderes Fach zu wählen, das man dann innerhalb von vier Semestern mit einem Master abschließt, zerstört gerade die Stärken der europäischen Universität gegenüber der amerikanischen. Es war immer schon ein Missstand der US-amerikanischen Universitäten, einschließlich der Spitzenuniversitäten, dass die Studierenden dort etwa Classics studierten, ohne griechische und lateinische Originaltexte lesen zu können, dass sie über Immanuel Kant Doktorarbeiten schrieben, ohne Kant im Original zu verstehen, dass sie Kunstgeschichte ohne Italienisch studierten, kurz, dass sie kurzatmig, aber in hohem Maße spezialisiert zu arbeiten gewöhnt waren. Dies ist einer der Gründe, warum bis vor Kurzem der europäische, speziell der deutsche oder französische Magister weit mehr galt als ein vergleichbarer US-amerikanischer Masterabschluss.

high-level specialisation is to be understood as a third aberration. The regulation of the one-subject Bachelor's degree with the option of choosing a different subject after the Bachelor's degree, which one then completes with a Master's degree within four semesters, destroys the strengths of the European university compared to the American university. It has always been a grievance of US universities, including the top universities, that students there studied Classics, for example, without being able to read original Greek and Latin texts, that they wrote doctoral theses on Immanuel Kant without being able to understand Kant in the original, that they studied art history without Italian – in short, that they were used to working in a short-winded but highly specialised way. This is one of the reasons why, until recently, the European, especially the German or French Magister was considered far more than a comparable US-American Master's degree. Yes, until the 1970s, the rule was that the really demanding doctorate in the humanities could only be earned at European universities, not at US universities. The current destruction of this locational advantage of European universities is not only deliberate and probably based on ignorance of the international situation, but also breaks with the humanistic ideal of personality development at a university.

The fourth Bologna error consists in the inevitable conventionalisation of the teaching content, which results for example from the detailed module descriptions. Those who define the teaching goals and possibly also the relevant literature in module descriptions prevent precisely that which was at the core of modern European higher education, namely the constitutive role of one's own research experience in teaching. If it becomes irrelevant which lecturer offers which course in which module because the contents are fixed in each case, then there can necessarily no longer be any connection between the current research and publication projects and the teaching offered in each case. The times would finally be over when it was possible to thank its students for the numerous suggestions that were incorporated into the last monograph – to the detriment of the authors, but also to the detriment of the students.

The fifth and last Bologna fallacy mentioned here manifests itself in the redistribution of teaching and research duties, which assigns to some the privilege (?) of concentrating on research in the form of research professorships and to others the duty (?) of merely teaching in the form of teaching professorships. There is no doubt that the previous system was too rigid, it did not take sufficient account of the professors' changing priorities, which also changed in the course of their biographies. There was no possibility to concentrate mainly on research once for a few years and, in particular, the teaching budget for all was far too high by international comparison and has been further increased until recently. Science policymakers reacted with incomprehension when they were told that nine, and at universities of applied sciences even 18, hours per week during the semester mean that, if teachers seriously pursue this teaching in addition to all the administrative and supervisory duties, they will no longer come to research at all.

»How can nine hours per week take up the time budget in this way?«, was the usual question. »Study councils also teach over 20 hours a week.« This shows the misunderstanding that university teaching is nothing other than a demanding form of school teaching. Of course, university teaching can also be organised in this way, saving time and keeping it away from the research front. But this does not do justice to the spirit of a modern European university. Meanwhile, science policymakers have

Ja bis in die 1970er-Jahre hinein galt die Regel, dass der wirklich anspruchsvolle geisteswissenschaftliche Doktortitel nur an europäischen Universitäten, nicht an US-amerikanischen erworben werden kann. Die aktuelle Zerstörung dieses Standortvorteils der europäischen Hochschulen ist nicht nur mutwillig und beruht vermutlich auf Unkenntnis der internationalen Situation, sondern bricht mit dem humanistischen Ideal der Persönlichkeitsbildung an einer Hochschule.

Der vierte Bologna-Irrtum besteht in der zwangsläufigen Konventionalisierung der Lehrinhalte, die sich etwa aus den detaillierten Modulbeschreibungen ergeben. Wer in Modulbeschreibungen die Lehrziele und möglicherweise noch die relevante Literatur festschreibt, der verhindert genau das, was den Kern der modernen europäischen Hochschule ausmachte, nämlich die konstitutive Rolle eigener Forschungserfahrungen für die Lehre. Wenn es egal wird, welche Lehrenden welche Lehrveranstaltung in welchem Modul anbieten, weil die Inhalte jeweils festgelegt sind, dann kann es notwendigerweise keinen Zusammenhang mehr zwischen den aktuellen Forschungs- und Publikationsprojekten und der jeweils angebotenen Lehre geben. Die Zeiten wären endgültig vorbei, die es erlaubten, sich bei seinen Studierenden für die zahlreichen Anregungen, die in die letzte Monografie eingeflossen sind, zu bedanken – zum Nachteil der Autorinnen und Autoren, aber auch zum Nachteil der Studierenden.

Der hier fünfte und letztgenannte Bologna-Irrtum äußert sich in der Neuverteilung von Lehr- und Forschungspflichten, die den einen das Privileg (?) der Konzentration auf die Forschung in Gestalt von Forschungsprofessuren und den anderen die Pflicht (?) der bloßen Lehre in Gestalt von Lehrprofessuren zuordnet. Zweifellos war das bisherige System zu starr, es berücksichtigte die auch im biografischen Verlauf sich ändernden Schwerpunktsetzungen der Professoren nur unzureichend. Es gab nicht die Möglichkeit, sich einmal für einige Jahre überwiegend auf die Forschung zu konzentrieren, und insbesondere war das Lehrdeputat für alle im internationalen Vergleich bei Weitem zu hoch und wurde bis in die jüngste Zeit noch weiter erhöht. Wissenschaftspolitikerinnen und -politiker reagierten mit Unverständnis, wenn man sie darauf hinwies, dass neun, an Fachhochschulen sogar 18 Wochenstunden für die Lehrenden während des Semesters bedeuten, dass sie, wenn sie diese Lehre neben all den administrativen und Betreuungspflichten ernsthaft wahrnehmen, überhaupt nicht mehr zur Forschung kommen. »Wie können denn neun Wochenstunden in dieser Weise das Zeitbudget in Anspruch nehmen?«, war die gängige Rückfrage. »Studienräte unterrichten doch auch über 20 Wochenstunden.« Dies zeigt eben das Missverständnis, dass Hochschullehre nichts anderes sei als eine anspruchsvolle Form des Schulunterrichts. Natürlich kann man auch die Hochschullehre so gestalten, zeitsparend und fernab der Forschungsfront. Damit wird man aber dem Geist einer modernen europäischen Hochschule nicht gerecht. Die Wissenschaftspolitik ist unterdessen aufgewacht, sie hat feststellen müssen, dass Berufungen aus dem Ausland, insbesondere dem US-amerikanischen, an deutschen Hochschulen regelmäßig an diesem Übermaß an Lehrdeputat scheitern. Man kann es deutlicher sagen: Wenn man US-amerikanischen Kolleginnen und Kollegen von der Betreuungsrelation berichtet, die an europäischen Hochschulen üblich ist, dann können sie sich gar nicht vorstellen, dass daneben noch Forschung stattfindet. Die übliche Größe eines Seminars an guten amerikanischen Hochschulen ist acht bis zwölf oder maximal vierzehn Studierende. Das übliche Maß der Lehrverpflichtung:

woken up to the fact that appointments from abroad, especially from the USA, regularly fail at German universities due to this excessive teaching load. It can be said more clearly: If you tell US-American colleagues about the supervision ratio that is customary at European universities, then they cannot imagine that research is taking place alongside it. The usual size of a seminar at good American universities is eight to twelve or a maximum of fourteen students. The usual level of teaching commitment: One or two seminars for full professors. The medieval rule was one day of preparation and follow-up per college. According to this pattern, you can hold two and a half colleges per week and thus tie up about half of the workload. Anyone who seriously pursues the goal of ensuring that not only young academics and researchers, but also professors dedicate at least half of their working time to research should reduce the average number of courses per semester to two. New positions are now being created which provide for eighteen hours of university teaching per week, which can be reduced to fourteen semester hours per week if special tasks are to be performed, and for others to be able to give up university teaching for research completely and for many years. This is the fifth serious Bologna error I am listing here.

Has the Bologna Process failed?

Interestingly, the practice of the Bologna Process not only stands in contrast to the principles of modern, humanistically oriented European higher education, but also fails in terms of its own goals.

First Objective: to Promote Student Mobility

The promotion of student mobility in Europe has been a real objective of the Bologna Process from the outset. The introduction of the Erasmus programme was a kind of pioneering role for the Bologna process, as this programme could only be successful if the study achievements in different European countries were mutually recognised. The unit of measurement of ECTS credits and the requirement to record learning objectives in modules was intended to ensure this comparability and thus facilitate student mobility. Measured against this goal, the Bologna Process is a failure not only in Germany, but throughout Europe. The different forms of modularisation of study programmes, the very different ECTS credit points, but above all the training that has accompanied the switch to modularised study programmes in most European countries – and, as already mentioned, especially in Germany – have not promoted mobility, but have even dramatically restricted it. Within the framework of the three-year, time-structured degree programmes, which are characterised by modules that build on each other, a temporary transfer to another university has become very difficult, far more difficult than before. Unless drastic reform follows the reform here, it is to be expected that in future students will only rarely switch to another university before completing their B.A. The defenders of the Bologna Process counter that it is not so much horizontal as vertical mobility that matters, that it is sufficient if a change is not only possible but also encouraged after the Bachelor's and, if applicable, after the Master's and before taking up the PhD programme. In view of the fact that at least the goal in Germany and in most European countries is to release the majority of students with a Bachelor's degree into the labour market ready for work, this defence ein bis zwei Seminare für Full Professors. Die mittelalterliche Regel lautete, pro Kolleg ein Tag Vor- und Nachbereitung. Nach diesem Muster kann man zweieinhalb Kollegs pro Woche abhalten und bindet damit etwa die Hälfte der Arbeitskraft. Wer ernsthaft das Ziel verfolgt, dass nicht nur der wissenschaftliche Nachwuchs, sondern auch die Professorinnen und Professoren mindestens die Hälfte ihrer Arbeitszeit der Forschung widmen, sollte auf durchschnittlich zwei Lehrveranstaltungen pro Semester heruntergehen. Jetzt werden neue Stellen geschaffen, die achtzehn Wochenstunden Hochschullehre vorsehen, die bei Wahrnehmung besonderer Aufgaben auf vierzehn Semesterwochenstunden reduziert werden können, und andere können sich vollständig und auf viele Jahre von der Hochschullehre für die Forschung verabschieden. Dies ist der fünfte gravierende Bologna-Irrtum, den ich hier aufführe.

Ist der Bologna-Prozess gescheitert?

Interessanterweise steht die Praxis des Bologna-Prozesses nicht nur im Gegensatz zu den Prinzipien der modernen, humanistisch geprägten europäischen Hochschule, sondern scheitert auch gemessen an seinen eigenen Zielen.

Erstes Ziel: Förderung der Mobilität der Studierenden

Die Förderung der Mobilität der Studierenden in Europa war ein richtiges Ziel des Bologna-Prozesses von Anfang an. Die Einführung des Erasmus-Programms spielte eine Art Vorreiterrolle für den Bologna-Prozess, da dieses Programm nur Erfolg haben konnte, wenn die erbrachten Studienleistungen in verschiedenen europäischen Ländern auch jeweils wechselseitig anerkannt werden. Die Maßeinheit der ECTS-Punkte und die Vorgabe, in Modulen die jeweiligen Lernziele festzuhalten, sollten diese Vergleichbarkeit sicherstellen und damit die Mobilität der Studierenden erleichtern. An diesem Ziel gemessen, ist der Bologna-Prozess nicht nur in Deutschland, sondern europaweit ein Fehlschlag. Die unterschiedlichen Formen der Modularisierung von Studiengängen, die ganz unterschiedliche Bepunktung mit ECTS, vor allem aber die mit der Umstellung auf modularisierte Studiengänge in den meisten europäischen Ländern – und wie schon gesagt: ganz besonders in Deutschland – einhergehende Verschulung haben die Mobilität nicht gefördert, sondern sogar dramatisch eingeschränkt. Im Rahmen der dreijährigen, zeitlich strukturierten und von Modulen, die wechselseitig aufeinander aufbauen, geprägten Studiengänge ist ein vorübergehender Wechsel an eine andere Hochschule sehr schwierig geworden, weit schwieriger als zuvor. Wenn hier keine drastische Reform der Reform folgt, ist zu erwarten, dass in Zukunft Studierende vor Abschluss ihres B.A. nur in den seltensten Fällen an andere Hochschulen wechseln.

Die Verteidiger des Bologna-Prozesses halten dem entgegen, dass es ja nicht so sehr auf die horizontale, sondern auf die vertikale Mobilität ankomme, dass es ausreiche, wenn nach dem Bachelor und gegebenenfalls nach dem Master und vor Aufnahme des PhD-Studiums ein Wechsel nicht nur möglich, sondern auch gefördert wird. Angesichts der Tatsache, dass es zumindest das Ziel in Deutschland und in den meisten europäischen Staaten ist, das Gros der Studierenden mit dem Bachelor berufsfertig auf den Arbeitsmarkt zu entlassen, ist diese Verteidigung an Zynismus kaum zu überbieten. Dies hieße nämlich, dass entgegen der ursprünglichen Zielsetzung, den Studierenden an europäischen Hochschulen generell Mobilität zu ermöglichen *of cynicism can hardly be surpassed. This would mean that, contrary to the original objective of enabling mobility for students at European higher education institutions in general and promoting this mobility through various programmes, which is of great importance quite independently of their later professional activity and also serves the development of their personality, mobility is now being redefined, namely limited to that part of the students who continue a genuinely academic course of study in the form of an M.A. degree and then, as members of a Research Training Group, make academia their profession, i.e. belong to the next generation of academics.*

This elitist restriction of mobility to the part of the university that seeks further academic qualifications beyond the Bachelor's degree not only stands in marked contrast to the originally stated objectives of a single European Higher Education Area with a high degree of mobility for all students, but is also unacceptable from the point of view of education and labour market policy. In view of the Europeanisation and internationalisation of the labour market, it is of great value for all students to have freedom during their studies not only to shape their own lives but also to change their place of residence, in order to be able to deepen their knowledge of a foreign language in the real world and to be able to communicate in a sophisticated way during their studies. If this opportunity is permanently denied to the majority of academics, the Bologna Process as a whole would have to be considered a failure.

The project of European integration can only succeed if the mutual perception of neighbouring cultures and educational traditions is deepened far beyond what is usual today. A monocentric orientation of European educational cultures towards the USA would marginalise Europe as a whole and also endanger the project of European integration in terms of science policy. Europe's scientific and educational tradition is rich, it can compete with the US in its diversity and size in terms of the number of students and teachers, with weaknesses at the top but strengths on a broad front. This presupposes, however, that European integration can be experienced in concrete terms by the majority of students.

Second Objective: International Competitiveness of Degrees

Previous degrees in Germany, especially the Diplom (diploma) in the natural and technical sciences and the Magister in the humanities, were not only internationally recognised but also highly respected. In a whole range of humanities subjects, such as history, classical philology, and philosophy, studying in Germany and the language skills acquired or required in the process were regarded as particularly demanding. This is also reflected in the fact that in some neighbouring European countries it is recommended in such subjects that students learn enough German to read German-language specialist literature. Almost thirty per cent of all citations in the historical sciences refer to German-language texts. By shortening the time required in almost all German states to obtain a higher education entrance qualification from thirteen to twelve school years (shortening the Gymnasium to eight) and by stipulating three-year Bachelor's programmes – a stipulation that was only prescribed in the Bologna guidelines in the early years – the German Bachelor's degree is now achieved on average after just 15 years, whereas in the USA it is only achieved after 16 years. This gives US universities the opportunity to protect themselves against the dangerous (cheap) competition from Germany by ensuring that Bachelor's degrees in Germany are not generally recognised at American universities as equivalent to an American und diese durch unterschiedliche Programme zu fördern, was ganz unabhängig von der späteren Berufstätigkeit von großer Bedeutung ist und auch der Persönlichkeitsentwicklung dient, nun Mobilität neu definiert wird, nämlich auf den Teil der Studierenden eingeschränkt, die ein genuin wissenschaftliches Studium in Gestalt eines M.A.-Studiums fortsetzen und dann als Mitglieder eines Graduiertenkollegs die Wissenschaft zum Beruf machen, also zum wissenschaftlichen Nachwuchs gehören. Diese elitäre Einschränkung der Mobilität auf den Teil, der über den Bachelor hinaus weitere akademische Qualifikationen anstrebt, steht nicht nur in deutlichem Kontrast zu den ursprünglich bekundeten Zielsetzungen eines einheitlichen europäischen Hochschulraums mit einem hohen Maße an Mobilität für alle Studierenden, sondern ist auch unter bildungs- und arbeitsmarktpolitischen Gesichtspunkten inakzeptabel. Angesichts der Europäisierung und Internationalisierung des Arbeitsmarktes ist es für alle Studierenden von hohem Wert, während ihres Studiums Freiräume nicht nur der eigenen Lebensgestaltung, sondern auch des Ortswechsels zu haben, um während des Studiums eine Fremdsprache lebensweltlich zu vertiefen und anspruchsvoll kommunizieren zu können. Wenn diese Möglichkeit dem Gros der Akademiker auf Dauer vorenthalten wird, müsste der Bologna-Prozess als Ganzes als gescheitert gelten.

Das Projekt der europäischen Integration kann nur Erfolg haben, wenn die wechselseitige Wahrnehmung der Nachbarkulturen und Bildungstraditionen weit über das heute Übliche hinaus vertieft wird. Eine monozentrische Ausrichtung der europäischen Bildungskulturen auf die USA würde Europa als Ganzes marginalisieren und das Projekt der europäischen Integration auch wissenschaftspolitisch gefährden. Die europäische Wissenschafts- und Bildungstradition ist reichhaltig, sie kann in ihrer Vielfalt und in ihrer Größe, was die Zahl der Studierenden und Lehrenden angeht, mit den US-amerikanischen konkurrieren, mit Schwächen in der Spitze, aber mit Stärken in der Breite. Dies setzt aber voraus, dass die europäische Integration auch für das Gros der Studierenden konkret erfahrbar ist.

Zweites Ziel: Internationale Konkurrenzfähigkeit der Abschlüsse

Die früheren Studienabschlüsse in Deutschland, insbesondere das Diplom in den Natur- und Technikwissenschaften sowie der Magister in den geisteswissenschaftlichen Fächern, waren international nicht nur anerkannt, sondern in hohem Maße respektiert. In einer ganzen Reihe geisteswissenschaftlicher Fächer, wie etwa der Geschichte, den Altphilologien, auch der Philosophie, galten das Studium in Deutschland und die dabei erworbenen oder vorausgesetzten Sprachkenntnisse als besonders anspruchsvoll. Dies schlägt sich auch darin nieder, dass in einigen europäischen Nachbarstaaten in solchen Fächern empfohlen ist, Deutsch so weit beherrschen zu lernen, dass man deutschsprachige Fachliteratur lesen kann. Fast dreißig Prozent aller Zitationen in den Geschichtswissenschaften beziehen sich auf deutschsprachige Texte. Durch die Verkürzung der Studienzeit in fast allen deutschen Bundesländern bis zur Hochschulreife von dreizehn auf zwölf Schuljahre (Verkürzung des Gymnasiums auf acht) und die Festlegung auf dreijährige Bachelorstudiengänge – eine Festlegung, die in den Bologna-Richtlinien nur in der Anfangszeit vorgeschrieben war – wird nun der deutsche Bachelorabschluss im Durchschnitt schon nach 15 Jahren erreicht, während er in den USA erst nach 16 Jahren erreicht wird. Dies gibt den US-amerikanischen Universitäten die Möglichkeit, sich gegen die

Bachelor's degree. The final word has not yet been spoken here and there will probably be no US-wide regulation. American universities and faculties decide largely autonomously on this issue. If this remains the case, then the simultaneous shortening of the schooling period and the commitment to a three-year Bachelor's degree was, without necessity, a major own goal of German science policy.

The international competitiveness, which worries us less with regard to Ukrainian or Chinese and Japanese universities, but more with regard to US universities, would be lost. The majority of students who complete their studies with a Bachelor's degree would no longer be competitive on the American market with this degree and would have to acquire additional qualifications to take up a Master's or PhD programme. The previously highly regarded German degrees Diplom in the natural and technical sciences and Magister in the humanities would then be abandoned in favour of a degree that is not competitive internationally, i.e. transatlantically, and this with the declared Bologna goal of improving the international competitiveness of European degrees. The second goal of the Bologna Process must therefore also be considered a failure.

Third Objective: Single European Higher Education Area

The legitimacy of the European Union for reforming the universities can only be derived from its mandate to contribute to integration. In fact, the Bologna Process is intended to contribute to greater integration of the European Higher Education Area and was itself a reaction to EU exchange programmes, especially Erasmus. Study exchanges within Europe have been hampered for years by different study contents and study organisations, and the uniform assessment of academic achievements in ECTS credits and the standardisation of degrees should remedy this. In fact, the empirical findings now available show that the changeover to the new degrees, assessments with ECTS points and modularisation forms have been carried out very differently in Europe, so that the integration goal has been missed in educational policy terms. Moreover, the participation of the UK and the unwillingness of the UK to make any changes to its own study system has blocked an independent profiling of the European education and science area in the higher education sector. A contribution to a unified European Higher Education Area would only have been possible if this Higher Education Area had had a clear profile and autonomy in comparison with other international higher education areas.

This begins with the title of the degrees. The English designations that are now generally used are an indication that the Bologna Process is oriented towards the US or British model, but are by no means suitable for creating a unified European Higher Education Area in competition with others. The established and renowned continental European degrees Magister, Diplom and Staatsexamen (state exam) should have been retained and, if necessary, complemented by a Latin standardised designation. The leeway given by the Bologna requirements in this direction (Latin designations) was not used almost everywhere in Europe. Only a desire for standardisation, a guiding idea to profile the European Higher Education Area vis-à-vis others, could have prevented this undesirable development. The high degree of bureaucratisation and schooling that can currently be observed with the changeover to modularised courses of study, even in those subject groups that were previously little structured, that relied heavily on self-study and only provided for performance assessment towards the end gefährliche (Billig-)Konkurrenz aus Deutschland dadurch zu schützen, dass die Bachelorabschlüsse in Deutschland in der Regel nicht an amerikanischen Universitäten als einem amerikanischen Bachelor gleichgestellt anerkannt werden. Hier ist das letzte Wort noch nicht gesprochen und es wird wohl auch keine US-weite Regelung geben. Die amerikanischen Hochschulen und Fakultäten entscheiden hier weitgehend autonom. Wenn es dabei bleibt, dann war die simultane Verkürzung der Schulzeit und die Festlegung auf einen dreijährigen Bachelor ohne Not ein kapitales Eigentor der deutschen Wissenschaftspolitik.

Die internationale Konkurrenzfähigkeit, die uns weniger im Hinblick auf ukrainische oder chinesische und japanische Universitäten Sorgen macht, sondern vor allem im Hinblick auf US-amerikanische Universitäten, wäre dahin, das Gros der Studierenden, die ihr Studium mit einem Bachelor abschließen, wäre auf dem amerikanischen Markt mit diesem Abschluss nicht mehr konkurrenzfähig und müsste zusätzliche Qualifikationen erwerben, um ein Master- oder PhD-Studium aufzunehmen. Die vordem hoch geachteten deutschen Abschlüsse Diplom in den Natur- und Technikwissenschaften und Magister in den Geisteswissenschaften würden dann zugunsten eines Abschlusses aufgegeben, der international, sprich: transatlantisch, nicht konkurrenzfähig ist, und das mit dem erklärten Bologna-Ziel, die internationale Konkurrenzfähigkeit der europäischen Studienabschlüsse zu verbessern. Das zweite Ziel des Bologna-Prozesses muss damit ebenfalls als gescheitert gelten.

Drittes Ziel: Einheitlicher europäischer Hochschulraum

Die Legitimation der Europäischen Union für eine Reform der Hochschulen kann nur aus ihrem Auftrag, zur Integration beizutragen, gezogen werden. In der Tat soll der Bologna-Prozess zu einer stärkeren Integration des europäischen Hochschulraumes beitragen und war seinerseits eine Reaktion auf EU-Austauschprogramme, insbesondere Erasmus. Der Studienaustausch innerhalb Europas wurde über Jahre hinweg durch verschiedene Studieninhalte und Studienorganisationen behindert, die einheitliche Bewertung von Studienleistungen in ECTS-Punkten und die Vereinheitlichung der Studienabschlüsse sollten hier Abhilfe schaffen. Tatsächlich zeigen die jetzt vorliegenden empirischen Befunde, dass die Umstellung auf die neuen Studienabschlüsse, die Bewertungen mit ECTS-Punkten und die Modularisierungsformen in Europa sehr unterschiedlich vorgenommen wurden, sodass das Integrationsziel in bildungspolitischer Hinsicht verfehlt wird. Die Beteiligung Großbritanniens und die Unwilligkeit Großbritanniens, am eigenen Studiensystem etwas zu ändern, haben zudem eine eigenständige Profilierung des europäischen Bildungs- und Wissenschaftsraumes im Hochschulsektor blockiert. Ein Beitrag zu einem einheitlichen europäischen Hochschulraum wäre nur in deutlicher Profilierung und Eigenständigkeit dieses Hochschulraumes im Vergleich zu anderen internationalen Hochschulräumen möglich gewesen.

Das beginnt bei der Titulierung der Abschlüsse. Die nun durchgängig üblichen englischen Bezeichnungen sind Indiz für eine Orientierung des Bologna-Prozesses am US-amerikanischen oder britischen Vorbild, taugen aber keineswegs, um einen einheitlichen europäischen Hochschulraum in Konkurrenz zu anderen zu schaffen. Die etablierten und renommierten kontinentaleuropäischen Abschlüsse Magister, Diplom- und Staatsexamen hätten beibehalten und gegebenenfalls mit einer lateinischen, vereinheitlichten Benennung komplettiert werden sollen. Die Spielräume, die die of the respective course of study, quite obviously continues to hinder greater networking, student exchange in Europe and thus European educational integration. The willingness of students to move to another European country during their BA studies and continue their studies there is declining, particularly in those subject groups which have so far been characterised by a relatively high degree of intra-European mobility. The changeover to modularised study programmes based on the Bologna model has therefore resulted in quite the opposite of what was intended in these subject groups.

Fourth Objective: More Graduates and Fewer Dropouts

In particular those European countries in which the student and, above all, graduation rates are low by international comparison wanted to create the conditions in the course of the Bologna reforms to enable a larger percentage of each year's students to graduate. As was to be expected, the drastic increase in so-called contact times, i.e. times when students are sitting in seminars and lectures, has shown that the intensification of supervision, while the number of teaching staff has remained the same in many subjects, has forced a reduction in the number of students. Only the tuition fees introduced in some federal states in response to the funding shortage have created little scope for the recruitment of teachers with special tasks, which should now mitigate this effect. Indeed, simple arithmetic shows that the following goals are logically incompatible with each other:

1. the intensification of supervision,
2. the expansion of student attendance times,
3. the stagnation of staffing levels at universities,
4. the expansion of the student and graduate ratio.

These objectives cannot be achieved simultaneously, but are irrationally being pursued simultaneously by science policymakers. In this respect, it was clear from the outset that the Bologna Process was not an ideal solution in Germany.

Another goal of the Bologna reform, which was ultimately not achieved, was to prevent the high drop-out rate, i.e. to significantly reduce the discrepancy between first-year students and graduates.

Conclusion: Measured against its own goals, the Bologna Process must be considered a failure today – at least in Germany.

An Academic Dream

I am far from idealising the state of Europe's higher education institutions, especially the German ones, before the Bologna Process began. The lack of financial resources, the unwillingness of some teachers to cooperate in the interests of the students, the lack of administrative efficiency of the university administrations, but above all the completely irresponsible overload, i.e. the catastrophic supervision ratio in many subjects, have caused European universities to fall behind in international, especially US-American comparisons. The key to regaining the leading position of the 19th century and even the first third of the 20th century would have required a different approach to educational policy priorities. The share of education expenditure in gross domestic product in Germany and most European countries is still far too low. A medium-sized university of say ten thousand students, with an annual budget of one

Bologna-Vorgaben in diese Richtung gegeben haben (lateinische Bezeichnungen), wurden fast überall in Europa nicht genutzt. Nur ein Vereinheitlichungswille, eine leitende Idee, den europäischen Hochschulraum gegenüber anderen zu profilieren, hätte diese Fehlentwicklung verhindern können. Das hohe Maß an Bürokratisierung und Verschulung, das gegenwärtig mit der Umstellung auf modularisierte Studiengänge auch in denjenigen Fächergruppen zu beobachten ist, die bislang wenig strukturiert waren, die in hohem Maße auf Selbststudium setzten und die Leistungskontrolle erst gegen Ende des jeweiligen Studiums vorsahen, behindert ganz offenkundig nach wie vor die größere Vernetzung, den Austausch von Studierenden in Europa und damit die europäische Bildungsintegration. Die Bereitschaft der Studierenden, während ihres BA-Studiums in ein anderes europäisches Land zu wechseln und dort ihr Studium fortzusetzen, nimmt gerade in denjenigen Fächergruppen ab, die bislang durch ein relativ hohes Maß an innereuropäischer Mobilität geprägt waren. Die Umstellung auf modularisierte Studiengänge nach dem Bologna-Muster hat also ziemlich genau das Gegenteil des Beabsichtigten in diesen Fächergruppen zur Folge.

Viertes Ziel: Mehr Akademikerinnen und Akademiker, weniger Studienabbrecherinnen und Studienabbrecher

Insbesondere diejenigen europäischen Länder, in denen die Studierenden- und vor allem die Absolventenquote im internationalen Vergleich niedrig ist, wollten im Zuge der Bologna-Reformen die Voraussetzungen dafür schaffen, einen größeren Prozentsatz jedes Jahrgangs zu einem Studienabschluss zu führen. Es hat sich herausgestellt, wie nicht anders zu erwarten, dass der drastische Zuwachs an sogenannten Kontaktzeiten, also Zeiten, in denen die Studierenden in den Seminaren und Vorlesungen sitzen, die Intensivierung der Betreuung bei im Ganzen gleichbleibendem Personalbestand der Lehrenden in vielen Fächern zu einem Abbau der Studierendenzahlen zwang. Lediglich die in der Finanzierungsnot in einigen Bundesländern eingeführten Studiengebühren haben geringe Spielräume für die Einstellung von Lehrkräften mit besonderen Aufgaben verschafft, die diesen Effekt nun mildern sollten. Tatsächlich zeigt schlichte Arithmetik, dass folgende Ziele miteinander logisch unverträglich sind:

1. die Intensivierung der Betreuung,
2. die Ausweitung der Präsenzzeiten der Studierenden,
3. die Stagnation des Personalbestandes an den Hochschulen,
4. die Ausweitung der Studierenden- und Absolventenquote.

Diese Ziele sind simultan nicht zu realisieren, werden aber irrationalerweise simultan von der Wissenschaftspolitik verfolgt. In dieser Hinsicht war von Anfang an abzusehen, dass der Bologna-Prozess in Deutschland keine Ideallösung darstellt.

Ein weiteres, schließlich aber nicht erreichtes Ziel der Bologna-Reform war die Verhinderung der hohen Studienabbrecherquote, also die Diskrepanz zwischen Studienanfängerinnen und -anfängern sowie Absolventinnen und Absolventen deutlich zu senken.

Fazit: Gemessen an den eigenen Zielen muss der Bologna-Prozess heute – zumindest in Deutschland – als gescheitert gelten.

billion Euro, which is roughly equivalent to US standards for top universities, would provide excellent appointments, an excellent supervision ratio, excellent equipment with laboratories and collegiate rooms. In my opinion, such a university could become a world leader within five years. So far, German politicians have not had the courage to take such a step, even though there was an opportunity to do so for a few months at the beginning of this century, which was then lost in the dissonance of federal jealousies and public objections.

My humble dream would look something like this: In Germany, we maintain the fundamental equality of study locations. We allow a concentration of research competence in certain disciplines and topics in the form of Research Training Groups and third-party funded clusters. University teaching remains linked to current research and is strengthened by the integration of non-university research institutions into teaching and collegial cooperation. The teaching staff will be increased accordingly and there will be no entry into the American model university, which is largely financed by private tuition fees. Following the model of the Prussian Cultural Heritage Foundation, a Federal State Foundation is established by federal and state laws, which becomes the supporting body of a foundation university. The most attractive place of study for foreign students, namely Berlin, is chosen as the seat of this Federal State Foundation University. German industry is prepared to increase the state funding in the form of a fifty per cent endowment. Humboldt University is removed from the sponsorship of the State of Berlin with the approval of the State of Berlin and, in the form of the buildings, is chosen as the nucleus of the new German reform university, which it has declared its intention to take on the top international universities. The number of students will be limited to around twenty thousand, the teaching staff will be tripled compared to the current level and the budget will be increased tenfold in order to reach this level. Every German university will benefit in the form of research cooperations, scholarship programmes, research stays for teachers and students, international exchange at this new German reform university, where teaching is multilingual and other key academic languages are spoken alongside German and English. Teaching staff are recruited on the international academic market and are employed on a salaried basis, usually for a limited period of time. Given the high budget, the best researchers worldwide could be attracted. Since the responsibility for the project would not lie with the federal government but with the foundation, there would be no conflict with the federal system. The successes of this reform university could be shared by the Federal Government, the federal states and donors alike. The constitution of the foundation would offer additional protection against political or economic instrumentalisation. The annual funds would be laid down by law, and the cooperation of the donors would be secured by long-term contracts.

The history of US universities, which were founded at the end of the 19th and beginning of the 20th century, shows that a university equipped with such possibilities can become a global leader within a few years. A prerequisite for this is the autonomy, balance and unity of research and teaching, the development of personality and thus professional qualification through academic research.[9]

9 This article follows a lecture by the author at the symposium ›Bildung als Mittel und Selbstzweck‹ of the Ludwig-Maximilians-University Munich at the Carl Friedrich von Siemens Foundation on 13 March 2008, first edited by Mara-Daria Cojocaru and – for this publication – by Andreas Beaugrand, first published under the title ›Alte Bildungsideale und neue Herausforderungen der europäischen Universität‹, in: Axel Hutter, Markus Kartheininger (Eds.): Bildung als Mittel und Selbstzweck. Korrektive Erinnerung wider die Verengung des Bildungsbegriffs, Freiburg im Breisgau 2009.

Ein akademischer Traum

Ich bin weit davon entfernt, den Zustand der europäischen Hochschulen, zumal auch der deutschen, vor Einsetzen des Bologna-Prozesses zu idealisieren. Die mangelnde finanzielle Ausstattung, die Unwilligkeit mancher Lehrenden, im Interesse der Studierenden zu kooperieren, die mangelnde administrative Effizienz der Hochschulverwaltungen, vor allem aber die ganz unverantwortliche Überlastung, das heißt das katastrophale Betreuungsverhältnis in vielen Fächern, haben die europäischen Hochschulen im internationalen, speziell US-amerikanischen Vergleich absinken lassen. Der Schlüssel, um die Spitzenstellung des 19. und auch noch des ersten Drittels des 20. Jahrhunderts zurückzugewinnen, hätte eine andere bildungspolitische Prioritätensetzung erforderlich gemacht. Der Anteil der Bildungsausgaben am Bruttoinlandsprodukt in Deutschland und den meisten europäischen Ländern ist nach wie vor bei Weitem zu niedrig. Eine Hochschule mittlerer Größe von sagen wir zehntausend Studierenden, ausgestattet mit einem Jahresetat von einer Milliarde Euro, was in etwa US-amerikanischen Standards der Spitzenuniversitäten entspricht, würde exzellente Berufungen, ein exzellentes Betreuungsverhältnis, eine exzellente Ausstattung mit Labors und Kollegräumen ermöglichen. Eine solche Hochschule könnte nach meiner Einschätzung innerhalb von fünf Jahren zur Weltspitze aufrücken. Die deutsche Politik hat bislang nicht den Mut aufgebracht, einen solchen Schritt zu wagen, obwohl Anfang dieses Jahrhunderts für einige Monate die Chance dazu bestand, die dann in der Dissonanz föderaler Eifersüchteleien und öffentlicher Bedenkenträger unterging.

Mein bescheidener Traum sähe in etwa so aus: Wir halten in Deutschland an der grundsätzlichen Gleichwertigkeit der Studienstandorte fest. Wir erlauben eine Konzentration von Forschungskompetenz bestimmter Disziplinen und Themen in Gestalt von Graduiertenkollegs und Drittmittel-Clustern. Hochschullehre bleibt an aktuelle Forschung gekoppelt und wird durch die Integration außerhochschulischer Forschungseinrichtungen in die Lehre und kollegiale Kooperationen gestärkt. Das Lehrpersonal wird entsprechend aufgestockt und es erfolgt kein Einstieg in die über private Studienbeiträge zu wesentlichen Teilen finanzierte Hochschule amerikanischen Musters. Nach dem Vorbild der Stiftung Preußischer Kulturbesitz wird eine Bund-Länder-Stiftung durch Bundes- und Landesgesetze eingerichtet, die zum Träger einer Stiftungshochschule wird. Der für ausländische Studierende attraktivste Studienort, nämlich Berlin, wird als Sitz dieser Bund-Länder-Stiftungshochschule auserkoren. Die deutsche Wirtschaft ist bereit, in Gestalt einer fünfzigprozentigen Zustiftung die staatlichen Mittel aufzustocken. Die Humboldt-Universität wird aus der Trägerschaft des Landes Berlin mit Zustimmung des Landes Berlin herausgenommen und in Gestalt der Gebäude zum Nukleus der neuen deutschen Reformhochschule erkoren, die es mit den internationalen Spitzenuniversitäten erklärtermaßen aufnehmen will. Die Studierendenzahlen werden auf etwa zwanzigtausend beschränkt, das Lehrpersonal gegenüber dem jetzigen verdreifacht und der Etat verzehnfacht, um dieses Niveau erreichen zu können. Jede deutsche Hochschule profitiert in Gestalt von Forschungskooperationen, Stipendienprogrammen, Forschungsaufenthalten für Lehrende und Studierende sowie internationalen Austausch an dieser neuen deutschen Reformhochschule, an der die Lehre mehrsprachig ist und neben Deutsch und Englisch auch andere zentrale Wissenschaftssprachen gesprochen werden. Das Lehrpersonal

Ausfahrt

wird auf dem internationalen akademischen Markt gewonnen und im Angestelltenverhältnis, in der Regel befristet, eingestellt. Angesichts des hohen Etats könnten die besten Forscher weltweit gewonnen werden. Da die Trägerschaft nicht beim Bund, sondern bei der Stiftung läge, entstünde kein Konflikt mit der föderalen Ordnung. Die Erfolge dieser Reformhochschule könnten sich Bund, Länder und Zustifter gleichermaßen auf ihre Fahnen schreiben. Die Stiftungsverfassung würde einen zusätzlichen Schutz gegenüber politischer oder ökonomischer Instrumentalisierung bieten. Die jährlichen Mittel werden gesetzlich festgeschrieben, die Kooperation der Zustifter durch langfristige Verträge gesichert.

Die Geschichte der US-amerikanischen Universitäten, die zum Ende des 19. und Anfang des 20. Jahrhunderts gegründet wurden, zeigt, dass eine mit solchen Möglichkeiten ausgestattete Hochschule innerhalb weniger Jahre zur globalen Spitze aufrücken kann. Voraussetzung dafür ist die Autonomie, Gleichgewichtigkeit und Einheit von Forschung und Lehre, die Persönlichkeitsbildung und damit Berufsqualifikation durch wissenschaftliche Forschung.[9]

9 Dieser Beitrag folgt einem Vortrag des Autors auf dem Symposium ›Bildung als Mittel und Selbstzweck‹ der Ludwig-Maximilians-Universität München in der Carl Friedrich von Siemens-Stiftung am 13. März 2008, zunächst redigiert von Mara-Daria Cojocaru und – für diese Veröffentlichung – von Andreas Beaugrand, erstveröffentlicht unter dem Titel ›Alte Bildungsideale und neue Herausforderungen der europäischen Universität‹, in: Axel Hutter, Markus Kartheininger (Hg.): Bildung als Mittel und Selbstzweck. Korrektive Erinnerung wider die Verengung des Bildungsbegriffs, Freiburg im Breisgau 2009.

50 years AR

DAS PROMOTIONSKOLLEG NRW

THE NRW DOCTORAL COLLEGE

Martin Sternberg

»Nichts auf der Welt ist so mächtig wie eine Idee, deren Zeit gekommen ist« – eigentlich: »On résiste à l'invasion des armées, on ne résiste pas à l'invasion des idées.«
Victor Hugo (1802–1885)

»Nothing in the world is as powerful as an idea whose time has come« – actually: »On résiste à l'invasion des armées, on ne résiste pas à l'invasion des idées.«
Victor Hugo (1802–1885)

Die Bedeutung der Promotion für Fachhochschulen

In allen gesellschaftlichen Bereichen nimmt die Komplexität zu. Dies betrifft etwa kürzere Innovationszyklen bei technischen, lebenswissenschaftlichen oder sozialen Entwicklungen, die zunehmende globale Verschränkung von Finanz- und Handelsbeziehungen oder ökologische, ökonomische und soziale Aspekte der Nachhaltigkeit. Ein Schlüssel für die Bewältigung ist eine moderne akademische Bildung,[1] die neben wissenschaftlichen Grundlagen auch Handlungskompetenzen[2] vermittelt und im Kontext von Unternehmen und Organisationen durch Absolventinnen und Absolventen Wirkung entfaltet. Dafür stehen die Fachhochschulen oder Hochschulen für angewandte Wissenschaften, deren Wirken sich allerdings keinesfalls nur auf die Anwendungsorientierung beschränkt.[3] Der gesellschaftliche Bedarf an solcherart aus- und gebildeten Persönlichkeiten umfasst das gesamte Qualifikationsspektrum vom Bachelor- über den Masterabschluss bis hin zur Promotion, die neben der Aussicht auf Fach- und Führungspositionen auch den für Hochschulen so wichtigen Weg zur Professur eröffnet.[4] Ihrer Aufgabe als akademische Bildungsstätte für die Gesellschaft können die Fachhochschulen nur gerecht werden, wenn sie auch das Bildungsziel der Promotion in ihrem Portfolio haben. Aufgrund des individuellen Profils der Hochschulen samt Schwerpunkten bei der Ressourcenzuweisung und auch unterschiedlich gewachsenen Forschungskulturen sind die Voraussetzungen für die Ausbildung des wissenschaftlichen Nachwuchses mit dem Ziel der Promotion je nach Hochschule, aber auch innerhalb der Hochschulen unterschiedlich ausgeprägt. Das weiter unten beschriebene Graduierteninstitut NRW und seine Weiterentwicklung zum Promotionskolleg NRW bündelt die wissenschaftliche Kompetenz der einzelnen Fachhochschulen in NRW und schafft damit eine Forschungsumgebung mit wissenschaftlicher Breite und Tiefe, wie sie für die Qualifikation des wissenschaftlichen Nachwuchses notwendig und förderlich ist.

Voraussetzungen für eine Promotion

Es besteht in Deutschland eine große Übereinstimmung über die grundsätzlichen Anforderungen an eine Promotion.[5] Sie bestätigt die Befähigung zur eigenständigen

1 Der gleichermaßen wichtige Bereich der beruflichen Bildung wird hier nicht weiter ausgeführt. Gerade die Fachhochschulen bieten aber über ihre ausbildungs- und berufsbegleitenden Studiengänge zahlreiche Anknüpfungspunkte.
2 Keinesfalls darauf beschränkt, aber von hoher Bedeutung sind Schlüsselkompetenzen, siehe etwa www.gesellschaft-fuer-schluesselkompetenzen.de/Positionspapier (29.10.2020).
3 So ist etwa in der Sozialen Arbeit die Unterscheidung zwischen angewandter und grundlagenorientierter Forschung problematisch.
4 In vielen Bereichen ist es für Fachhochschulen schwierig, Professorinnen und Professoren zu rekrutieren, ganz besonders im Bereich der Sozialen Arbeit und der akademisierten Gesundheitsberufe, aber auch in vielen klassischen Disziplinen.
5 Siehe z.B. das Positionspapier des Wissenschaftsrats: Anforderungen an die Qualitätssicherung der Promotion, in: https://www.wissenschaftsrat.de/download/archiv/1704-11.pdf?__blob=publicationFile&v=5 (29.10.2020). Vgl. dazu auch die gemeinsame Stellungnahme der Nationalen Akademie Leopoldina, der Deutschen Akademie der Technikwissenschaften und der Union der Deutschen Akademien der Wissenschaften: Promotion im Umbruch, in: https://www.leopoldina.org/uploads/tx_leopublication/2017_Promotion_im_Umbruch.pdf (30.10.2020).

The Importance of the Doctorate for Universities of Applied Sciences

In all areas of society, complexity is increasing. This applies, for example, to shorter innovation cycles in technical, life science or social developments, the increasing global intertwining of financial and trade relations or ecological, economic and social aspects of sustainability. One key to coping with this is a modern academic education[1] that teaches not only scientific fundamentals[2] but also executive skills and which develops competence in its graduates in the context of companies and organisations. This is what universities of applied sciences stand for, although their work is by no means limited to application orientation.[3] Society's need for personalities educated and trained in this way covers the entire spectrum of qualifications from Bachelor's and Master's degrees to doctorates, which, in addition to the prospect of specialist and management positions, also opens up the path to professorship, which is so important for universities.[4] Universities of applied sciences can only fulfil their task as an academic educational institution for society if they also have the educational goal of a doctorate in their portfolio. Due to the individual profile of the universities, focal points in the allocation of resources and also research cultures that have developed differently, the requirements for the training of young academics and researchers with the aim of gaining a doctorate vary from one university to another, but also within the universities themselves. The North Rhine-Westphalia Graduate Institute described below and its further development into the North Rhine-Westphalia Doctoral College combines the scientific competence of the individual universities of applied sciences in North Rhine-Westphalia and thus creates a research environment with the scientific breadth and depth that is necessary and conducive to the qualification of young researchers.

Requirements for a Doctorate

There is broad agreement in Germany on the basic requirements for a doctorate.[5] It confirms the ability to conduct independent academic work at a high level. This includes independent research that provides substantial and new scientific findings and was generally conducted over a period of several years. Doctoral students are accompanied by highly qualified, experienced professors. In their research, doctoral students are confronted with different scientific perspectives or even schools of thought

1 The equally important area of vocational education and training will not be discussed further here. However, the universities of applied sciences in particular offer numerous points of contact via their training and in-service study programmes.
2 Key competences are by no means limited to these, but are of great importance, see for example www.gesellschaft-fuer-schluesselkompetenzen.de/Positionspapier (29.10.2020).
3 In social work, for example, the distinction between applied and basic research is problematic.
4 In many areas, it is difficult for universities of applied sciences to recruit professors, especially in the field of social work and the academic health professions, but also in many classical disciplines.
5 See, for example, the position paper of the German Science Council: Anforderungen an die Qualitätssicherung der Promotion, in: https://www.wissenschaftsrat.de/download/archiv/1704-11.pdf?__blob=publicationFile&v=5 (29.10.2020). Cf. also the joint statement of the National Academy Leopoldina, the German Academy of Science and Engineering and the Union of German Academies of Sciences and Humanities: Promotion im Umbruch, in: https://www.leopoldina.org/uploads/tx_leopublication/2017_Promotion_im_Umbruch.pdf (30.10.2020).

wissenschaftlichen Arbeit auf hohem Niveau. Dazu gehört eigene Forschung, die substanzielle und neue wissenschaftliche Erkenntnisse liefert und in der Regel in einer mehrjährigen Arbeitsphase erbracht wurde. Dabei werden die Doktorandinnen und Doktoranden von hoch qualifizierten, erfahrenen Professorinnen und Professoren begleitet. Die Doktorandinnen und Doktoranden werden bei ihrer Forschung mit unterschiedlichen wissenschaftlichen Sichtweisen oder auch Schulen konfrontiert und müssen ihre eigenen Planungen und Theorien im permanenten Diskurs hinterfragen und verteidigen. Die Ergebnisse ihrer Forschung müssen sie der wissenschaftlichen Gemeinschaft im In- und Ausland vorstellen und mit ihr diskutieren. Die dafür geeigneten Instrumente sind Workshops, vor allem aber Konferenzen. Referierte Veröffentlichungen in anerkannten Journalen machen die Ergebnisse der weltweiten Fachgemeinschaft bekannt und führen zu weiterem Austausch. Neben der Forschung, aber auch zu ihrer Vorbereitung, besuchen die Doktorandinnen und Doktoranden fachliche und außerfachliche Qualifizierungsveranstaltungen. Sie erfahren dadurch zudem, ihre eigene Forschung in einen größeren wissenschaftlichen Kontext zu stellen, und lernen die Nachbargebiete oder -disziplinen kennen. Bei interdisziplinären Forschungsprojekten, wie sie bei den Fachhochschulen häufig sind, wird so die Verbindung zu den Bezugsdisziplinen hergestellt, womit auch bei solchen Projekten der Beitrag zur Weiterentwicklung der fachlichen Disziplinen deutlich wird.[6] Schließlich mündet die Forschung in einer Dissertation: als Monografie oder in kumulativer Form. Diese wird kritisch begutachtet. Das Promotionsverfahren schließt mit einer mündlichen Prüfung und der Veröffentlichung der Dissertation ab. Diesem Idealbild einer Promotion, das nicht immer und schon gar nicht in allen Fächern der Wirklichkeit an Universitäten entspricht, versuchen die Fachhochschulen in NRW in der Zusammenarbeit mit dem Graduierteninstitut bzw. dem Promotionskolleg NRW zu entsprechen.

Kooperative Promotionen und das Graduierteninstitut NRW

Der Wunsch des Gesetzgebers war es, mit dem Hochschulgesetz von 2014 zu einer befriedigenden Lösung für Promotionen an Fachhochschulen zu kommen, indem kooperative Promotionen auf eine verlässliche Basis gestellt werden und eine Einrichtung geschaffen wird, die die Zusammenarbeit der Fachhochschulen untereinander und mit den Universitäten koordiniert. Das Graduierteninstitut für angewandte Forschung der Fachhochschulen (GI NRW) wurde zum 1. Januar 2016 als gemeinsame wissenschaftliche Einrichtung der Fachhochschulen in Nordrhein-Westfalen gegründet.[7] Als Forschungsumfeld für (kooperative) Doktorandinnen und Doktoranden wurden Fachgruppen gegründet, in denen hochschulübergreifend und zum Teil unter Mitwirkung von Lehrenden aus Universitäten in der Forschung und bei der Qualifizierung von Doktorandinnen und Doktoranden zusammengearbeitet wird. Dies äußert sich in gemeinsamen Veranstaltungen, beispielsweise in Doktoranden-

6 Siehe hierzu das Positionspapier des Wissenschaftsrats: Wissenschaft im Spannungsfeld von Disziplinarität und Interdisziplinarität, in: https://www.wissenschaftsrat.de/download/2020/8694-20.pdf?__blob=publicationFile&v=3 (29.10.2020).
7 Siehe http://www.gi-nrw.de/ (29.10.2020).

and must question and defend their own plans and theories in a permanent discourse. They have to present and discuss the results of their research with the scientific community at home and abroad. The appropriate instruments for this are workshops, but above all conferences. Refereed publications in recognised journals make the results known to the worldwide professional community and lead to further exchange. In addition to research, but also for the purpose of preparing for it, doctoral students attend specialist and extra-specialist qualification events. This also enables them to place their own research in a larger scientific context and to get to know neighbouring fields or disciplines. In the case of interdisciplinary research projects, as is often the case at universities of applied sciences, this establishes the link to the reference disciplines, thus making the contribution to the further development of the specialist disciplines clear in such projects as well.[6] Finally, the research culminates in a dissertation: as a monograph or in cumulative form. This will be critically reviewed. The doctoral procedure concludes with an oral examination and the publication of the dissertation. The universities of applied sciences in North Rhine-Westphalia try to live up to this ideal of a doctorate, which does not always and certainly not in all subjects correspond to the reality at universities, in cooperation with the North Rhine-Westphalia Graduate Institute or the Doctoral College.

Cooperative Doctorates and the North Rhine-Westphalia Graduate Institute

It was the legislator's wish to reach a satisfactory solution for doctorates at universities of applied sciences with the Higher Education Act of 2014 by placing cooperative doctorates on a reliable basis and by creating an institution that coordinates the cooperation of universities of applied sciences among themselves and with the universities. The North Rhine-Westphalia Graduate Institute for Applied Research at Universities of Applied Sciences (Graduierteninstitut NRW, GI NRW) was founded on January 1, 2016 as a joint scientific institution of the universities of applied sciences in North Rhine-Westphalia.[7] As a research environment for (cooperative) doctoral students, specialist groups have been set up in which cooperation in research and in the qualification of doctoral students takes place across universities, sometimes with the participation of professors from doctorate-granting institutions. This manifests itself in joint events, such as doctoral colloquia or specialist conferences, joint research projects, but also in qualification events on good scientific practice and ethics, individual organisation and development, scientific communication or career entry and career planning. A prerequisite for professorial membership in the GI NRW's specialist groups is proof of current research[8] for the teaching staff of the universities

6 See the position paper of the German Science Council: Wissenschaft im Spannungsfeld von Disziplinarität und Interdisziplinarität, in: https://www.wissenschaftsrat.de/download/2020/8694-20.pdf?__blob=publicationFile&v=3 (29.10.2020).
7 See http://www.gi-nrw.de (29.10.2020).
8 In line with the membership criteria for the Hessian doctoral centres, proof of at least one peer-reviewed publication per year and the acquisition of an annual average of 100,000 euros (technical and scientific subjects) or 50,000 euros (other subjects) in the past three to five years is required.

kolloquien oder Fachtagungen, gemeinsamen Forschungsprojekten, aber auch in Qualifizierungsveranstaltungen zu guter wissenschaftlicher Praxis und Ethik, individueller Organisation und Entwicklung, wissenschaftlicher Kommunikation oder Berufseinstieg und Karriereplanung. Voraussetzung für eine professorale Mitgliedschaft in den Fachgruppen des GI NRW ist für die Lehrenden der Fachhochschulen ein Nachweis aktueller Forschung[8] und für Doktorandinnen und Doktoranden die Erfüllung der gesetzlichen Voraussetzungen, die fachliche Passung des Forschungsvorhabens zu einer der Fachgruppen und eine Betreuungszusage eines professoralen Mitglieds. Die Erwartung war, dass über die Zusammenarbeit in den Fachgruppen sowie über Vereinbarungen mit universitären Fakultäten eine qualitätsvolle und reibungslose Integration in die universitären Prozesse von der Findung einer universitären Betreuungsperson über die Annahme als Doktorandin bzw. Doktorand, die gleichberechtigte Beteiligung der Professorinnen und Professoren von Fachhochschulen an Betreuung, Begutachtung und Prüfung bis hin zur angemessenen Würdigung der Fachhochschule und ihrer Leistungen auf Urkunden und bei den Veröffentlichungsrechten möglich und schließlich selbstverständlich wird.[9]

Das Ergebnis nach nahezu vierjähriger Arbeit des GI NRW fällt hierzu geteilt aus.[10] Während sich die Zusammenarbeit innerhalb der Fachgruppen einschließlich der Fachveranstaltungen sehr gut entwickelt hat und die vom GI NRW angebotenen Qualifizierungsveranstaltungen von den Doktorandinnen und Doktoranden gut angenommen und bewertet werden, haben sich hinsichtlich der Suche nach universitären Partnern und der Erleichterung der Prozesse in den dortigen Fakultäten kaum Fortschritte ergeben. Es hat sich gezeigt, dass Strukturen und Prioritäten der universitären Fakultäten einer weiteren Öffnung gegenüber dem GI NRW und den Fachhochschulen entgegenstehen, sofern nicht massive finanzielle Anreize in Form von zum Beispiel kooperativen Promotionskollegs oder ein starkes intrinsisches Interesse der Fakultät oder der Entscheidungsträger gegeben sind.

Das Promotionskolleg NRW

Aus der Einsicht heraus, dass zur Entfaltung des Potenzials der Fachhochschulen neben den kooperativen Promotionen ein weiterer Weg zur Promotion eröffnet werden muss, hat das Land NRW mit dem Hochschulgesetz vom 1. Oktober 2019 die Weiterentwicklung des GI NRW zum Promotionskolleg NRW beschlossen.[11] Dieser als Körperschaft des öffentlichen Rechts organisierten wissenschaftlichen Einrichtung in Trägerschaft der 21 Hochschulen der Landesrektorkonferenz der Hochschulen für angewandte Wissenschaften in NRW kann nach positiver Begutachtung ein eigenes

8 In Anlehnung an die Mitgliedschaftskriterien für die hessischen Promotionszentren ist der Nachweis von mindestens einer referierten Publikation pro Jahr sowie die Einwerbung von im Jahresmittel 100.000 Euro (technisch-naturwissenschaftliche Fächer) bzw. 50.000 Euro (andere Fächer) in den vergangenen drei bis fünf Jahren erforderlich.

9 Siehe hierzu Carolin Schuchert: Promovieren an Fachhochschulen. Neue Wege der kooperativen Promotion, in: Zeitschrift für Beratung und Studium, 1/2017.

10 Ein etwas älterer Bericht findet sich unter http://www.gi-nrw.de/fileadmin/media_graduierteninstitut/Textdateien/GI_NRW_allgemein/Pressemitteilungen/Bericht_Stand_u_Entwicklungen_GI_NRW_Juni_2018.pdf (29.10.2020).

11 Siehe hierzu den § 67b des Hochschulgesetzes Nordrhein-Westfalen, in: https://recht.nrw.de/lmi/owa/br_text_anzeigen?v_id=10000000000000000654 (30.10.2020).

of applied sciences and, for doctoral students, fulfilment of the legal requirements, the professional fit of the research project with one of the specialist groups and a confirmation of supervision by a professorial member. The expectation was that cooperation in the subject groups and agreements with university faculties would enable high-quality and smooth integration into the universities' doctorate-granting processes, from finding a university supervisor to acceptance as a doctoral candidate, equal participation of professors from universities of applied sciences in supervision, assessment and examination, to appropriate recognition of the university of applied sciences and its achievements in certificates and in publication rights, and finally, that this would become possible and ultimately a matter of course.[9]

After almost four years of work by the GI NRW, the results are mixed.[10] *While the cooperation within the specialist groups, including the specialist events, has developed very well and the qualification events offered by the GI NRW are well accepted and evaluated by the doctoral students, there has been little progress in the search for university partners and the facilitation of processes in the faculties there. It has become apparent that the structures and priorities of the doctorate-granting university faculties are an obstacle to further opening up to the GI NRW and the universities of applied sciences, unless massive financial incentives are provided in the form of, for example, cooperative doctoral colleges or a strong intrinsic interest on the part of the faculty or decision-makers exists.*

The North Rhine-Westphalia Doctoral College

In view of the insight that, in order to develop the potential of the universities of applied sciences, a further path to a doctorate must be opened up alongside cooperative doctorates, the State of NRW has decided to further develop the GI NRW into the North Rhine-Westphalia Doctoral College with the Higher Education Act of 1 October 2019.[11] *This academic institution, which is organised as a public corporation under the auspices of the 21 universities of the North Rhine-Westphalia Rectors' Conference of the Universities of Applied Sciences, can be awarded its own right to award doctoral degrees following a positive assessment. In this way, the very successful approaches of the NRW GI, including the good cooperation with the universities in certain areas, can be continued. However, there is no need to find a willing and suitable university supervisor and faculty and to adapt to the individual rules and regulations there. This is replaced by the inter-university community of researchers in the departments of the North Rhine-Westphalia Doctoral College as well as a reliable, quality-assured doctoral procedure with external participation which is oriented towards national and international standards and for which the universities of applied sciences are jointly responsible within the framework of the North Rhine-Westphalia Doctoral College.*

9 *See Carolin Schuchert: Promovieren an Fachhochschulen. Neue Wege der kooperativen Promotion, in: Zeitschrift für Beratung und Studium, 1/2017.*

10 *A slightly older report can be found at http://www.gi-nrw.de/fileadmin/media_graduierteninstitut/Textdateien/GI_NRW_allgemein/Pressemitteilungen/Bericht_Stand_u_Entwicklungen_GI_NRW_Juni_2018.pdf (29.10.2020).*

11 *See section 67b of the North Rhine-Westphalia Higher Education Act, in: https://recht.nrw.de/lmi/owa/br_text_anzeigen?v_id=10000000000000000654 (30.10.2020).*

Promotionsrecht verliehen werden. Damit können die sehr erfolgreichen Ansätze des GI NRW, einschließlich der punktuell guten Zusammenarbeit mit den Universitäten, fortgesetzt werden. Es entfällt aber der Zwang, eine willige und passende universitäre Betreuungsperson und eine ebensolche Fakultät zu finden und sich an die dortigen individuellen Regeln anzupassen. An diese Stelle treten die hochschulübergreifende Gemeinschaft der Forschenden in den Abteilungen des Promotionskollegs NRW sowie ein verlässliches, an nationalen und internationalen Standards orientiertes qualitätsgesichertes und gemeinsam von den Fachhochschulen im Rahmen des Promotionskollegs NRW verantwortetes Promotionsverfahren mit externer Beteiligung.

Leitideen des Promotionskollegs NRW sind Interdisziplinarität, Kooperation und Qualität. Die Bewältigung zukünftiger Herausforderungen erfordert mehr und mehr interdisziplinäre Zusammenarbeit. Dem trägt der Zuschnitt der Abteilungen des Promotionskollegs NRW Rechnung, in denen neben kleiner Interdisziplinarität, also dem Zusammenwirken fachlich benachbarter Wissenschaftsgebiete, etwa der Ingenieur- und Naturwissenschaften, auch die große Interdisziplinarität mit Fachgebieten größerer Distanz, etwa der Technik- und Kulturwissenschaften, umgesetzt ist.[12] Jede Abteilung ist auch in ihren Bezugsdisziplinen verankert, an deren Pflege sie somit teilhat. Die hochschulübergreifende Kooperation bündelt Forschungsressourcen der einzelnen Hochschulen und schafft für Doktorandinnen und Doktoranden ein Forschungsumfeld in Breite und Tiefe, wie es für eine einzelne Hochschule kaum möglich ist. Hinsichtlich der Qualität setzt das Promotionskolleg NRW auf ein mehrstufiges Konzept. Dies beginnt bei der Mitgliedschaft von Professorinnen und Professoren, die aktive und durch referierte Publikationen und Einwerbung kompetitiver Drittmittel nachgewiesene Forschung voraussetzt.[13] Für Doktorandinnen und Doktoranden gibt es einen Annahmeprozess, der neben der Erfüllung der gesetzlichen Bedingungen auch fachspezifische Voraussetzungen sowie die Tragfähigkeit des Promotionsvorhabens berücksichtigt. Die Promotionsordnungen stützen sich ab auf eine Rahmenpromotionsordnung, die sich an nationalen und internationalen Standards orientiert. Eine Beteiligung von Universitätsprofessorinnen und -professoren in den Promotionsausschüssen ist vorgesehen, auch um die Einheit der Fächer zu wahren. Ein Betreuungsteam aus drei Personen bietet eine verlässliche wissenschaftliche und darüber hinausgehende Begleitung und wird insbesondere auch interdisziplinären Projekten gerecht. Hinzu kommt eine Begutachtung durch mindestens drei Professorinnen und Professoren, von denen mindestens eine bzw. einer extern sein muss. Ein wissenschaftlicher Beirat sowie regelmäßige Evaluationen von Qualifizierungsveranstaltungen, Promotionsprogrammen und Abteilungen runden das Qualitätssicherungssystem ab.

Die Phase der Promotion erfolgt in jedem Fall strukturiert. Dazu bieten die Abteilungen, auch übergreifend, Promotionsprogramme mit einem Kanon an verpflichtenden und freiwilligen Veranstaltungen an, zu denen Qualifizierungsworkshops, Ringvorlesungen, internationale Forschungsaufenthalte, Konferenzbeiträge, Publikationen, Kolloquien, aber auch der Erwerb von Lehrkompetenz und Beiträge zum Transfer gehören.

12 Abteilungen des Promotionskollegs NRW sind: Bau und Kultur, Informatik und Data Science, Lebenswissenschaften und Gesundheitstechnologien, Medien und Interaktion, Ressourcen und Nachhaltigkeit, Soziales und Gesundheit, Technik und Systeme sowie Unternehmen und Märkte.
13 Die Mitgliedschaftskriterien wurden weitgehend vom GI NRW übernommen, siehe hierzu auch Fußnote 8.

The guiding principles of the North Rhine-Westphalia Doctoral College are interdisciplinarity, cooperation and quality. Meeting future challenges requires more and more interdisciplinary cooperation. This is taken into account by the structure of the departments of the North Rhine-Westphalia Doctoral College, in which not only small interdisciplinarity, i.e. the cooperation of related scientific fields, such as engineering and natural sciences, but also large interdisciplinarity with disciplines at a greater distance, such as technical and cultural sciences, is implemented.[12] Each department is also anchored in its reference disciplines, in whose cultivation it thus participates. The inter-university cooperation bundles research resources of the individual universities and creates a research environment for doctoral students in a breadth and depth that is hardly possible for a single university. In terms of quality, the North Rhine-Westphalia Doctoral College relies on a multi-level concept. This begins with the membership of professors, which requires active research that has been proven by peer-reviewed publications and the acquisition of competitive third-party funding.[13] There is an acceptance process for doctoral students, which takes into account not only the fulfilment of the legal requirements, but also subject-specific requirements and the viability of the doctoral project. The doctoral regulations are based on a framework doctoral regulation which is oriented towards national and international standards. The participation of professors from doctorate-granting universities in the doctoral committees is envisaged, also in order to maintain the unity of the subjects. A supervision team of three persons provides reliable academic and extramural support and is particularly suited to interdisciplinary projects. In addition, there must be a review by at least three professors, at least one of whom must be external. A scientific advisory board and regular evaluations of qualification events, doctoral programmes and departments round off the quality assurance system.

The doctoral phase is always structured. To this end, the departments offer doctoral programmes, also across departments, with a canon of compulsory and voluntary events, including qualification workshops, lecture series, international research stays, conference contributions, publications, colloquia, but also the acquisition of teaching skills and contributions to transfer.

While maintaining the profile of the universities of applied sciences, the Doctoral College NRW enables the research and educational potential of these institutions to be exploited to the full. The attractiveness of universities of applied sciences is increasing. They do not become doctorate granting universities, but they do have reliable and independent access to doctoral programmes in those fields in which there is also a growing demand for postdoctoral specialists and managers. The cooperation model compensates for structural disadvantages such as lower basic research funding and fewer academic mid-level staff. Research performance is focused. The interlinking of the North Rhine-Westphalia Doctoral College and universities of applied sciences ensures the integration of the doctorates into the university context, including the research-oriented Master's programmes. Cooperative doctoral programmes with universities will continue to be offered where this is required

12 *Departments of the North Rhine-Westphalia Doctoral College are: Construction and Culture, Computer and Data Science, Life Sciences and Health Technologies, Media and Interaction, Resources and Sustainability, Social and Health Affairs, Technology and Systems, and Companies and Markets.*
13 *The membership criteria were largely adopted by the GI NRW, see also footnote 8.*

Mit dem Promotionskolleg NRW gelingt es, unter Beibehaltung des Profils der Fachhochschulen deren Forschungs- und Bildungspotenzial auszuschöpfen. Die Attraktivität der Fachhochschulen steigt. Sie werden nicht zu Universitäten, haben aber einen verlässlichen und eigenverantwortlichen Zugang zu Promotionen auf denjenigen Gebieten, in denen auch ein steigender Bedarf an promovierten Fach- und Führungskräften besteht. Strukturelle Nachteile wie geringere Forschungsgrundmittel und Ausstattung mit Mittelbaustellen werden durch das Kooperationsmodell kompensiert und Forschungsleistung wird fokussiert. Die Einbindung der Promotionen in den Hochschulkontext einschließlich der forschungsorientierten Masterstudiengänge ist durch die Verzahnung von Promotionskolleg NRW und Hochschulen sichergestellt. Kooperative Promotionen mit Universitäten wird es weiterhin dort geben, wo es fachlich geboten ist und ein beiderseitiges Interesse vorliegt. Solcherart wissenschaftsadäquat ausgeprägt, wird sich das Verhältnis zwischen Fachhochschulen und Universitäten gut entwickeln. Das Promotionskolleg NRW löst ein schwelendes Problem im Hochschulbereich und bietet eine Alternative zu einem individuellen Promotionsrecht der Fachhochschulen.

by the subject and where there is a mutual interest. In such a way, the relationship between universities of applied sciences and universities will develop well. The North Rhine-Westphalia Doctoral College solves a smouldering problem in the higher education sector and offers an alternative to the individual doctoral law of the universities of applied sciences.

R

POSTŁUDIUM

POSTLUDE

MÖGLICHKEITEN

POSSIBILITIES

Beate Rennen-Allhoff

2001

In einem Interview mit der Deutschen Universitätszeitung (DUZ) wurde Ralf Dahrendorf, Soziologe, Professor, Rektor der London School of Economics und des St. Anthony's College in Oxford sowie Politiker auf Landes- und Bundesebene in Deutschland, EU-Kommissar und Mitglied des Britischen Oberhauses, 2001 gefragt: »Stellen Sie sich vor, Sie sind 18 Jahre alt und denken über Ihren Studienbeginn nach. Welches Studium würden Sie heute als junger Mensch in Deutschland aufnehmen?« Seine Antwort lautete 30 Jahre nach Gründung der Fachhochschulen: »Es könnte durchaus sein, dass ich mich heute für einen berufsbezogenen Ausbildungsweg an einer Fachhochschule oder einer Berufsakademie entscheiden würde.«[1]

1 Oxford ist kein Modell. Interview mit Ralf Dahrendorf, in: Deutsche Universitätszeitung (DUZ), 18/2001, S. 10–13, hier S. 12.

2001

In an interview with the Deutsche Universitätszeitung (DUZ) in 2001, Ralf Dahrendorf, sociologist, professor, Rector of the London School of Economics and St. Anthony's College in Oxford, as well as politician at state and federal level in Germany, EU commissioner and member of the British House of Lords, was asked, »Imagine you are 18 years old and thinking about starting university. As a young person in Germany today, what course of study would you take?« His answer, 30 years after the founding of the universities of applied sciences, was: »It could well be that today I would choose a vocational training path at a university of applied sciences or a vocational academy.«[1]

1 Translated according to Oxford ist kein Modell. Interview mit Ralf Dahrendorf, in: Deutsche Universitätszeitung (DUZ), 18/2001, pp. 10–13, here p. 12.

Um diese Antwort einordnen zu können, ist eine andere Stelle dieses Interviews bedeutsam: »Rein von dem System her scheint mir das englische den großen Vorteil zu haben, dass es frühzeitig jungen Menschen einen Abschluss bietet, der sie in viele berufliche Wege führen kann und gleichzeitig Türen offen lässt für Graduiertentätigkeit.«[2]

1971

Solche Zielvorstellungen hatten in den 1960er-Jahren bereits den von der baden-württembergischen Landesregierung eingesetzten Arbeitskreis zur Erarbeitung eines Hochschulgesamtplanes unter dem Vorsitz von Dahrendorf geleitet. Bemerkenswert waren in dem vorgelegten Plan die Einbeziehung aller postsekundären Bildungsgänge und die Idee einer Gesamthochschule mit sechssemestrigen Kurzstudiengängen und Langstudiengängen. Diese Idee hat sich damals nicht durchgesetzt; stattdessen wurden Fachhochschulen als zweite Säule des Hochschulsystems gegründet. Die wenigen Gesamthochschulen, die in Nordrhein-Westfalen und Hessen entstanden, hatten es eilig, die fachhochschulischen Studiengänge loszuwerden und sich Universität nennen zu dürfen, denn die beiden Säulen hatten die Konnotation von unterschiedlichen Begabungen mit korrespondierenden beruflichen Anforderungen sowie der Erst- versus Zweitklassigkeit.

Aber auch in den Köpfen mancher Professorinnen und Professoren an Fachhochschulen war dieser Säulengedanke offenbar noch 30 Jahre nach Gründung der Fachhochschulen verankert. Als der damalige Rektor der FH Bielefeld, Prof. Dr. Heinrich Ostholt, um die Jahrtausendwende eine Arbeitsgruppe zur Förderung des Stipendiatenwesens ins Leben rufen wollte, bemerkte ein bei der konstituierenden Sitzung anwesender Kollege: »Solche Studenten haben wir nicht.« Diese resignierte Aussage hat mich damals aus mehreren Gründen erschüttert und sich wohl deshalb fest in mein Gedächtnis eingebrannt. Sie stand in krassem Widerspruch zu meinen Erfahrungen im Fachbereich Pflege und Gesundheit, in dem ein hoher Prozentsatz der Studierenden mit Bewerbungen bei den Begabtenförderwerken erfolgreich war. Auch war die spontane Reaktion: Wenn wir solche Studierenden wirklich nicht hätten, müssten wir sehen, dass wir sie bekommen!

2001

Im Jahr 2001 konnte Dahrendorf in dem eingangs erwähnten Interview mit einer gewissen Genugtuung feststellen, dass die Überlegungen aus den 1960er-Jahren im Zuge des sogenannten Bologna-Prozesses wieder aktuell waren. In der Bologna-Erklärung hatten sich 1999 die 29 unterzeichnenden europäischen Länder zur Schaffung eines gemeinsamen europäischen Hochschulraumes bis zum Jahr 2010 verpflichtet.[3] Bis dahin sollte ein zweistufiges System berufsqualifizierender

2 DUZ, 18/2001, S. 10. Anne Jung, Redaktionsassistenz im DUZ Verlags- und Medienhaus GmbH, Berlin, bin ich sehr dankbar dafür, dass sie in Zeiten geschlossener Bibliotheken geholfen hat, dieses Interview zu lokalisieren und mir dann den Text zur Verfügung gestellt hat.

3 Der Europäische Hochschulraum – Gemeinsame Erklärung der Europäischen Bildungsminister, 19. Juni 1999, Bologna, in: https://www.bmbf.de/files/bologna_deu.pdf (4.10.2020).

In order to be able to classify this answer, another passage of this interview is significant: »Purely in terms of the system, it seems to me that the English one has the great advantage that it offers young people a degree early on that can lead them into many career paths and at the same time leaves doors open for graduate work.«[2]

1971

In the 1960s, such objectives had already guided the working group set up by the Baden-Württemberg state government to draw up an overall university plan under the chairmanship of Dahrendorf. Noteworthy in the plan presented were the inclusion of all post-secondary courses and the idea of a comprehensive university with six-semester short courses and long courses. This idea did not catch on at the time; instead, universities of applied sciences were established as the second pillar of the higher education system. The few comprehensive universities (Gesamthochschulen) that came into being in North Rhine-Westphalia and Hesse were in a hurry to get rid of the study programmes at the universities of applied sciences and be allowed to call themselves universities, because the two pillars had the connotation of different talents with corresponding professional requirements as well as first- versus second-class status.

But this pillar idea was apparently still anchored in the minds of some professors at the universities of applied sciences 30 years after they were founded. When the then Rector of the Bielefeld UAS, Prof. Dr. Heinrich Ostholt, wanted to set up a working group to promote scholarship at the turn of the millennium, a colleague present at the constituent meeting remarked: »We don't have students like that.« This resigned statement shook me for several reasons at the time and is probably why it is burnt firmly into my memory. It was in stark contrast to my experience in the Faculty of Nursing and Health, where a high percentage of students were successful in applications to Begabtenförderwerken (agencies for promoting young talent). Also, my spontaneous reaction was: If we really didn't have such students, we would have to see that we get them!

2001

In 2001, in the interview mentioned at the beginning of this article, Dahrendorf was able to state with a certain satisfaction that the considerations from the 1960s were again topical in the course of the so-called Bologna Process. In the 1999 Bologna Declaration, the 29 signatory European countries committed themselves to creating a common European higher education area by 2010.[3] *By then, a two-tier system of degree programmes leading to professional qualifications was to be established, mobility was to be facilitated through a credit point system and quality development mechanisms were to be implemented.*

2 *Translated according to DUZ, 18/2001, p. 10. I am very grateful to Anne Jung, editorial assistant at DUZ Verlags- und Medienhaus GmbH, Berlin, for helping to locate this interview in times of closed libraries and then making the text available to me.*

3 *Der Europäische Hochschulraum – Gemeinsame Erklärung der Europäischen Bildungsminister, 19. Juni 1999, Bologna, in: https://www.bmbf.de/files/bologna_deu.pdf (4.10.2020).*

Studiengänge etabliert sein, über ein Leistungspunktesystem die Mobilität erleichtert werden und es sollten Mechanismen der Qualitätsentwicklung realisiert werden.

Diese Planungen stießen bei den Hochschulen zum Teil auf Ablehnung, was auch mit den Bedingungen der Umsetzung zu tun hatte. Die Umstellung musste ohne zusätzliche Ressourcen im laufenden Betrieb erfolgen, das heißt, es mussten neue Studiengänge und Prüfungsverfahren konzipiert und eingeführt werden, während die bisherigen Studiengänge für alle Studierenden, die in diesen Studiengängen begonnen hatten, fortgeführt werden mussten. Zudem mussten die neuen Studiengänge von externen Agenturen akkreditiert werden. Dies kostete zusätzliche Ressourcen. In Nordrhein-Westfalen kam hinzu, dass die Hochschulen infolge des 1999 beschlossenen sogenannten Qualitätspakts Stellen abbauen mussten. An der FH Bielefeld ging es dabei um 19 Stellen.[4] In dieser Situation bestand die Gefahr, dass die Hochschulen – zum Teil der Not gehorchend – versuchen würden, so viel vom Vorhandenen zu retten wie möglich. Dabei war die Ausgangssituation an Universitäten und Fachhochschulen unterschiedlich: Bei den Universitäten sah man das Ziel der Employability zum Teil als nicht mit dem eigenen Bildungsauftrag vereinbar an und neigte dazu, das bisherige Vordiplom oder die Zwischenprüfung als Bachelor umzuetikettieren. Bei den Fachhochschulen gab es das Risiko, dass die bisherigen Praxisphasen gestrichen, das verbleibende Programm in die zunächst verbindlich vorgegebenen sechs Semester eines Bachelorstudiengangs gequetscht und die Praxisorientierung damit geschwächt und die Studiengänge überladen würden.

Andererseits sahen viele Fachhochschulen die gestufte Studienstruktur als Chance, die Durchlässigkeit im tertiären Bereich zu erhöhen und so die Attraktivität ihres Angebotes zu steigern. Hier war allerdings zunächst ein Hindernis zu überwinden. Die Innenministerkonferenz beabsichtigte, die bisherige Versäulung des Hochschulbereichs zu perpetuieren, indem die Bachelorabschlüsse an Universitäten und Fachhochschulen sowie die Masterabschlüsse der Fachhochschulen als Eingangsqualifikation für den gehobenen Dienst und nur die Masterabschlüsse der Universitäten als Voraussetzung für den höheren Dienst anerkannt werden sollten. Zwar war der öffentliche Dienst nur für wenige Studierende an den Fachhochschulen ein berufliches Ziel, doch hätte diese Zuordnung ein verheerendes Signal hinsichtlich der Wertigkeit der Abschlüsse bedeutet. Energischer Widerstand der Fachhochschulen und die Unterstützung der Kultusministerkonferenz führten hier zunächst zu einer Kompromissformel:[5] Im Akkreditierungsprozess konnten Fachhochschulen die Feststellung der Eignung eines Masterstudiengangs für den höheren Dienst beantragen. Da in der Folge alle diese Anträge positiv beschieden wurden, ließ man dieses spezielle Erfordernis 2007 fallen.[6]

Insbesondere in den Ingenieurwissenschaften trennten sich die Hochschulen nur sehr ungern von den bisherigen Abschlussbezeichnungen (Diplom-Ingenieurin/

4 Kurioserweise mussten diese Einsparungen später parallel zum Aufbau im Rahmen des Hochschulpaktes fortgeführt werden.

5 Ständige Konferenz der Innenminister und -senatoren der Länder/Ständige Konferenz der Kultusminister der Länder in der Bundesrepublik Deutschland: Vereinbarung ›Zugang zu den Laufbahnen des höheren Dienstes durch Masterabschluss an Fachhochschulen‹. Beschluss der Kultusministerkonferenz vom 24.5.2002, der Innenministerkonferenz vom 6.6.2002 und der Kultusministerkonferenz vom 6.6.2002.

6 Dies.: Vereinbarung ›Zugang zu den Laufbahnen des höheren Dienstes durch Masterabschluss an Fachhochschulen‹. Beschluss der Innenministerkonferenz vom 7.12.2007 und der Kultusministerkonferenz vom 20.9.2007.

Some of these plans met with rejection from the higher education institutions, which also had to do with the conditions of implementation. The changeover had to take place without additional resources during ongoing operations, i.e. new study programmes and examination procedures had to be designed and established, while the previous study programmes had to be continued for all students who had started in these programmes. In addition, the new study programmes had to be accredited by external agencies. This cost additional resources. In North Rhine-Westphalia, the universities also had to cut jobs as a result of the so-called Quality Pact adopted in 1999. At the Bielefeld UAS, this involved 19 jobs.[4] In this situation, there was a danger that the universities would try to save as much of what they had as possible, partly out of necessity. The initial situation at the universities and the universities of applied sciences was different: At the universities, the goal of employability was partly seen as incompatible with their own educational mandate and there was a tendency to relabel the previous intermediate diploma or intermediate examination as a Bachelor's degree. At the universities of applied sciences, there was a risk that the previous practical phases would be cancelled, the remaining programme would be squeezed into the initially mandatory six semesters of a Bachelor's degree programme, thus weakening the practical orientation and overloading the degree programmes.

On the other hand, many universities of applied sciences saw the tiered study structure as an opportunity to increase permeability in the tertiary sector and thus enhance the attractiveness of their offerings. Here, however, an obstacle had to be overcome first. The Conference of Interior Ministers intended to perpetuate the previous pillarization of the higher education sector by recognising Bachelor's degrees at universities and universities of applied sciences as well as Master's degrees at the universities of applied sciences as entry qualifications for the administration positions of the civil service (gehobenen Dienst), and only Master's degrees at the universities as prerequisites for the executive positions of the civil service (höheren Dienst). Although the civil service was a career goal for only a few students at the universities of applied sciences, this allocation would have sent a devastating signal regarding the value of the degrees. Energetic resistance by the universities of applied sciences and the support of the Standing Conference of the Ministers of Education and Cultural Affairs initially led to a compromise formula here:[5] In the accreditation process, the universities of applied sciences could apply for a Master's programme to be determined as suitable for the higher civil service. Since all of these applications were subsequently approved, this special requirement was dropped in 2007.[6]

In the engineering sciences in particular, universities were very reluctant to part with the previous degree designations (Diplom-Ingenieurin/Diplom-Ingenieur) and had doubts about how to communicate the future qualification profiles to the

4 Curiously, these savings later had to be continued in parallel with the build-up under the Higher Education Pact.

5 Standing Conference of the Ministers and Senators of the Interior of the Federal States/ Standing Conference of the Ministers of Education and Cultural Affairs of the States in the Federal Republic of Germany: Agreement ›Access to Careers in the Higher Civil Service through a Master's Degree at Universities of Applied Sciences‹. Resolution of the Conference of Ministers of Education and Cultural Affairs of 24.5.2002, of the Conference of Interior Ministers of 6.6.2002 and the Conference of Ministers of Education and Cultural Affairs of 6.6.2002.

6 Same: Agreement ›Access to Careers in the Higher Civil Service through a Master's Degree at Universities of Applied Sciences‹. Resolution of the Conference of Interior Ministers of 7.12.2007 and the Conference of Ministers of Education and Cultural Affairs of 20.9.2007.

Diplom-Ingenieur) und hatten Zweifel, wie man die künftigen Qualifikationsprofile nach außen vermitteln könnte – »Soll ich sagen, ich komme mit meinem Bachelor auf die Baustelle?« –, aber auch in anderen Bereichen gab es Vorbehalte. In dieser Situation erschien es zweckmäßig, überfachliche Eckpunkte für die neuen Abschlüsse zu formulieren, die nach innen bei der Studiengangentwicklung verbindlich und nach außen kommunizierbar waren. Absolventinnen und Absolventen sollte so einerseits der Übergang in den Arbeitsmarkt und andererseits in weitere akademische Qualifikationswege erleichtert werden; diese Polyvalenz war ein wichtiges Ziel der FH Bielefeld.

In den 2003 im Senat diskutierten und in die folgenden Hochschulentwicklungspläne aufgenommenen Eckpunkten hieß es: »Jeder Bachelorstudiengang vermittelt neben den jeweiligen speziellen fachlichen Kompetenzen

- eine Einführung in das Berufsfeld und Praxiserfahrungen in Form von Praktika, Praxissemestern und/oder Praxisprojekten,
- Methoden wissenschaftlichen Arbeitens,
- fremdsprachliche Kompetenz (verpflichtend Fachenglisch),
- ein Grundverständnis für betriebswirtschaftliche Zusammenhänge,
- die Fähigkeit, Ideen, Konzepte, Projekte oder Produkte in mündlicher, schriftlicher und digitaler Form zu präsentieren, und
- die Fähigkeit, auf dem Hintergrund wissenschaftlicher Erkenntnisse und Methoden konkrete Fragestellungen des Berufsfeldes in einem vorgegebenen Zeitrahmen zu bearbeiten.«

Im Hinblick auf Masterstudiengänge wurde festgelegt, dass sie einen klaren Forschungsbezug aufweisen müssten. Diese Eckpunkte erwiesen sich später als gut kompatibel mit dem 2005[7] erstmalig verabschiedeten und 2017 überarbeiteten Qualifikationsrahmen für deutsche Hochschulabschlüsse.[8]

Parallel zu der Umstellung auf die gestufte Studienstruktur und den Einstieg in die externe Qualitätssicherung durch Programmakkreditierung der Studiengänge wurde der flächendeckende Aufbau eines internen Qualitätsmanagements vorangetrieben. Die erste hochschulweite Evaluationsordnung wurde 2002 verabschiedet: Sie sah regelmäßige Befragungen der Studierenden bei Studienbeginn und -abschluss sowie in der Studienmitte zum Studienprogramm und zu den Studienbedingungen vor, außerdem zu den einzelnen Lehrveranstaltungen. Ausdrücklich stand dahinter nicht die Idee, die »Wahrheit über die Güte« von Veranstaltungen und Programmen zu ermitteln, sondern es sollte darum gehen, Hinweise auf die Akzeptanz zu erhalten und den Einstieg in das Gespräch mit den Studierenden zu finden und so Anhaltspunkte für die Weiterentwicklung zu gewinnen.

Zugleich wurden die Unterstützungsmöglichkeiten für Lehrende deutlich ausgebaut. Gemeinsam mit der Hochschuldidaktischen Weiterbildung NRW (hdw

7 Qualifikationsrahmen für Deutsche Hochschulabschlüsse (im Zusammenwirken von Hochschulrektorenkonferenz, Kultusministerkonferenz und Bundesministerium für Bildung und Forschung, erarbeitet und von der Kultusministerkonferenz am 21.4.2005 beschlossen), in: https://www.kmk.org/fileadmin/Dateien/veroeffentlichungen_beschluesse/2005/2005_04_21-Qualifikationsrahmen-HS-Abschluesse.pdf (25.9.2020).

8 Qualifikationsrahmen für deutsche Hochschulabschlüsse (im Zusammenwirken von Hochschulrektorenkonferenz, Kultusministerkonferenz und in Abstimmung mit Bundesministerium für Bildung und Forschung erarbeitet und von der Kultusministerkonferenz am 16.2.2017 beschlossen), in: https://www.kmk.org/fileadmin/Dateien/veroeffentlichungen_beschluesse/2017/2017_02_16-Qualifikationsrahmen.pdf (25.9.2020).

outside world – »Should I say I'm coming to the construction site with my bachelor?« – but there were also reservations in other areas. In this situation, it seemed expedient to formulate interdisciplinary cornerstones for the new degrees, which were binding internally during programme development and communicable externally. Graduates should thus be facilitated in their transition into the labour market on the one hand and into further academic qualification paths on the other; this polyvalence was an important goal of the Bielefeld UAS.

The key points discussed in the Senate in 2003 and included in the subsequent university development plans stated: »In addition to the respective specific subject-related competences, each Bachelor's degree programme imparts

- *an introduction to the professional field and practical experience in the form of internships, practical semesters and/or practical projects,*
- *methods of scientific work,*
- *foreign language competence (compulsory subject-specific English),*
- *a basic understanding of business management contexts,*
- *the ability to present ideas, concepts, projects or products in oral, written and digital form, and*
- *the ability to work on concrete questions of the professional field in a given time frame against the background of scientific knowledge and methods.«*

With regard to Master's degree programmes, it was stipulated that they would have to have a clear reference to research. These key points later proved to be well compatible with the Qualifications Framework for German Higher Education Qualifications, which was first adopted in 2005[7] and revised in 2017.[8]

Parallel to the conversion to the tiered study structure and the entry into external quality assurance through programme accreditation of the study programmes, the comprehensive establishment of internal quality management was advanced: The first university-wide evaluation regulations were passed in 2002. It provided for regular surveys of students at the beginning and end of their studies as well as in the middle of their studies on the study programmes and the study conditions, and also on the individual courses. The idea behind this was explicitly not to determine the »truth about the quality« of courses and programmes, but rather to obtain indications of acceptance and to find an entry point for discussion with students and thus gain clues for further development.

At the same time, the support options for lecturers were significantly expanded. Together with the University Didactic Training NRW (hdw nrw), which had one of three locations at the Bielefeld UAS at that time, a university didactic induction programme was developed. In return for participating in this programme, professors were able to

7 Qualifications Framework for German Higher Education Qualifications (developed in cooperation between the German Rectors' Conference, the Standing Conference of the Ministers of Education and Cultural Affairs of the States in the Federal Republic of Germany and the Federal Ministry of Education and Research, and adopted by the Standing Conference of the Ministers of Education and Cultural Affairs of the States in the Federal Republic of Germany on 21.4.2005), in: https://www.kmk.org/fileadmin/Dateien/veroeffentlichungen_beschluesse/2005/2005_04_21-Qualifikationsrahmen-HS-Abschluesse.pdf (25.9.2020).

8 Qualifications Framework for German Higher Education Qualifications (developed in cooperation between the German Rectors' Conference, the Standing Conference of the Ministers of Education and Cultural Affairs of the States in the Federal Republic of Germany and in consultation with the Federal Ministry of Education and Research and adopted by the Standing Conference of the Ministers of Education and Cultural Affairs of the States in the Federal Republic of Germany on 16 February 2017), in: https://www.kmk.org/fileadmin/Dateien/veroeffentlichungen_beschluesse/2017/2017_02_16-Qualifikationsrahmen.pdf (25.9.2020).

nrw), die einen von damals drei Standorten an der FH Bielefeld hatte, wurde ein hochschuldidaktisches Einarbeitungsprogramm entwickelt. Für die Teilnahme an diesem Programm konnte die Lehrverpflichtung der Professorinnen und Professoren im ersten Jahr der Tätigkeit an der Hochschule reduziert werden. Von anderen Hochschulen wurde dieses Vorhaben zunächst gelegentlich mit Skepsis betrachtet, erforderte es doch hinsichtlich der Reduktion der Lehrverpflichtung eine großzügige Auslegung der Rechtslage, für die der Personalverwaltung der FH Bielefeld großer Dank gebührt. Nachdem Sanktionen ausblieben und die FH Bielefeld für dieses Modell 2005 den Deutschen Arbeitgeberpreis für Bildung erhalten hatte, wurde es zur Blaupause für die hochschuldidaktische Einarbeitung an nordrhein-westfälischen Fachhochschulen. Das Angebot der Hochschuldidaktischen Weiterbildung (hdw) stieß aber auch unabhängig vom Einarbeitungsprogramm auf hohe Akzeptanz und das Netzwerk hdw nrw entwickelte sich zu einem tragfähigen Netzwerk der Fachhochschulen.

2011

Das erste Jahrzehnt des neuen Jahrtausends war für die Hochschulen von großer Dynamik geprägt; vor allem in Nordrhein-Westfalen spielte dabei die beträchtliche Erweiterung der Handlungsspielräume der Hochschulen eine herausragende Rolle. Die Hochschulen erhielten zunächst teilweise, dann vollständig, das Berufungsrecht und mit dem 2005 angekündigten und 2007 in Kraft getretenen Hochschulfreiheitsgesetz ging das gesamte Personal vom Land auf die Hochschulen über und diese erhielten zum Beispiel das Recht, in eigener Regie Studiengänge einzurichten oder einzustellen.

Die FH Bielefeld war entschlossen, die neuen Spielräume zu nutzen. Dazu musste sie sich organisatorisch neu aufstellen. Die Fachbereiche erhielten etwa zur Unterstützung der Dekane Stellen für Fachbereichsreferentinnen, die auch in die Studiengangentwicklung und deren Qualitätsmanagement eingebunden waren und deren Aufgabenbereiche von denen der Büroleitungen und Sekretariate abgegrenzt wurden. Die Bedingungen des Einsatzes von wissenschaftlichen Mitarbeiterinnen und Mitarbeitern in der Lehre wurden definiert, die Personalstruktur differenziert und die kaufmännische Buchführung sowie ein Datawarehouse aufgebaut.

Als sich Mitte des Jahrzehnts der Hochschulpakt zwischen Bund und Ländern zur Finanzierung zusätzlicher Studienanfängerplätze abzeichnete, wurde an der FH Bielefeld beschlossen, dies als Chance für den von manchen Fachbereichen gewünschten Aufbau neuer Studiengänge zu nutzen. Ein Schwerpunkt sollte dabei im technischen Bereich gelegt werden, der von den Kürzungen im Rahmen des sogenannten Qualitätspakts besonders betroffen war. So hatte es etwa im Maschinenbau über zehn Jahre keine Neuberufung mehr gegeben.

In dieser Situation bestand allerdings die Gefahr, dass Denominationen in den drei technischen Fachbereichen in Bielefeld sehr breit formuliert würden, um gleich mehrere Lücken zu schließen. Dies hätte die Forschungsmöglichkeiten eingeschränkt und auf qualifizierte Bewerberinnen und Bewerber abschreckend gewirkt. Die Neuberufenen sollten außerdem die Chance erhalten, sich über die bisherigen Fachbereichsgrenzen hinweg zu vernetzen und Kooperationen aufzubauen. Deshalb reduce their teaching obligations during their first year at the university. Other higher education institutions initially viewed this project with scepticism, as it required a generous interpretation of the legal situation with regard to the reduction of teaching obligations, for which the personnel administration of the Bielefeld UAS deserves great thanks. After sanctions failed to materialise and the Bielefeld UAS received the German Employer Award for Education for this model in 2005, it became a blueprint for induction in higher education didactics at universities of applied sciences in North Rhine-Westphalia. However, the offer of continuing education in higher education didactics (hdw) also met with a high level of acceptance independently of the induction programme, and the hdw nrw network developed into a sustainable network of the universities of applied sciences.

2011

The first decade of the new millennium was marked by great dynamism for the universities; especially in North Rhine-Westphalia, the considerable expansion of the universities' scope for action played a prominent role. The universities were initially given partial, then complete, appointment rights, and with the Higher Education Pact announced in 2005 and which came into force in 2007, all personnel were transferred from the state to the universities, and the latter were given the right, for example, to set up or end courses of study on their own.

The Bielefeld UAS was determined to make use of the new scope. To do so, it had to reorganise itself. For example, the faculties were given positions for faculty assistents to support the deans, who were also involved in programme development and its quality management and whose areas of responsibility were delimited from those of the office managers and secretariats. The conditions for the use of academic staff in teaching were defined, the personnel structure was differentiated and commercial accounting and a data warehouse were set up.

When the Higher Education Pact between the federal and state governments to finance additional places for new students became apparent in the middle of the decade, it was decided at the Bielefeld UAS to use this as an opportunity to establish new degree programmes, as desired by some faculties. A focus was to be placed on the technical area, which was particularly affected by the cuts in the context of the so called Quality Pact. In Mechanical Engineering, for example, there had been no new appointments for over ten years.

In this situation, however, there was a danger that denominations in the three technical faculties in Bielefeld would be formulated very broadly in order to fill several gaps at once. This would have restricted research opportunities and acted as a deterrent to qualified applicants. The new appointees should also be given the opportunity to network and establish collaborations across the previous faculty boundaries. Therefore, the rectorate made a largely unpopular decision: The three technical faculties in Bielefeld were to be merged, and to prepare for the merger, a working group was set up of people from these faculties who were expected to remain at the university for at least another ten years. In addition, to ensure a functioning self-administration, the small Faculty of Nursing and Health was merged with the Faculty of Business.

traf das Rektorat eine weitgehend unpopuläre Entscheidung: Die drei technischen Fachbereiche in Bielefeld sollten zusammengelegt werden und zur Vorbereitung der Zusammenlegung wurde eine Arbeitsgruppe von Personen aus diesen Fachbereichen eingerichtet, die voraussichtlich noch mindestens zehn Jahre an der Hochschule tätig sein würden. Um eine funktionierende Selbstverwaltung sicherzustellen, wurde außerdem der kleine Fachbereich Pflege und Gesundheit mit dem Fachbereich Wirtschaft vereinigt.

Um die Auslastung der vergrößerten Zahl von Anfängerplätzen zu unterstützen, wurde zudem eine zentrale Stelle für Studienorientierung und Studienmarketing eingerichtet – die Keimzelle der heutigen Studienberatung.

Ein Problem im Hinblick auf die Attraktivität der Hochschule sowie die Ausbaupläne stellte die damalige bauliche Situation dar. Keines der über das Stadtgebiet verteilten Gebäude war für Fachhochschulzwecke errichtet worden, zum Teil wiesen diese Gebäude erhebliche bauliche Mängel auf. Der den einzelnen Bereichen zur Verfügung stehende Raum war historisch gewachsen und nicht auf den aktuellen und geplanten Bedarf abgestimmt, sodass hier kurzfristig ein Ausgleich geschaffen werden musste. Dies stieß insbesondere beim Fachbereich Gestaltung, der über die üppigste Quadratmeterzahl verfügte, naturgemäß auf Widerstand.

Schon der frühere Rektor Heinrich Ostholt hatte nach Möglichkeiten einer räumlichen Konzentration gesucht und die Fläche Am Stadtholz ins Auge gefasst. Dort waren allerdings mit Stacheldraht und Überwachungskameras ausgestattete Behörden untergebracht, deren Verlegung nicht absehbar wurde. Als ideale Lösung erschien dann ein gemeinsamer Campus mit der Universität Bielefeld. Dazu gab es 2005 erste Gespräche mit der Universitätsleitung, die verhindern wollte, dass der Bau- und Liegenschaftsbetrieb Nordrhein-Westfalen (BLB NRW) als Eigentümer die Reserveflächen im Umfeld der Universität veräußerte und so die Universität langfristiger Entwicklungsmöglichkeiten beraubte. Tatsächlich gelang es, den BLB NRW ins Boot zu holen, der 2007 zunächst einen städtebaulichen Wettbewerb und im folgenden Jahr einen Wettbewerb für Generalplaner realisierte, aus dem 2009 ein Sieger hervorging – rechtzeitig für das Hochschulmodernisierungsprogramm des Landes. Aufgrund der in den Folgejahren stark steigenden Studierendenzahlen wurde auf die eigentlich vorgesehene Zwischennutzung von Teilen des neuen Fachhochschulgebäudes durch die Universität Bielefeld verzichtet und 2015 konnten alle Bielefelder Fachbereiche bis auf den Fachbereich Gestaltung das neue Gebäude beziehen.

Handlungsbedarf bestand auch im Bereich von Forschung und Entwicklung. Zwar gab es einige wenige sehr erfolgreiche Akteurinnen und Akteure, es fehlten aber eine breitere Basis und nachhaltige Strukturen. Zur Unterstützung wurde deshalb ein Bündel von Maßnahmen ergriffen. Dazu gehörten die Einrichtung einer unterstützenden Einheit in der Verwaltung (F.I.TT.-Team), die Schaffung eines Forschungsfonds für Neuberufene, die Einrichtung von Forschungsprofessuren und die hochschulinterne Förderung von Forschungsverbünden. Diese Forschungsverbünde mussten bestimmten Kriterien genügen und wurden regelmäßig evaluiert. Bei positiver Evaluation erhielten sie Mittel, aus denen insbesondere eine Geschäftsstelle finanziert werden konnte. Auf diese Weise konnten die Forschungsaktivitäten deutlich gesteigert werden.

In order to support the utilisation of the increased number of places for beginners, a central office for study orientation and study marketing was also established – the nucleus of today's student counseling service.

One problem with regard to the attractiveness of the university and the expansion plans was the building situation at the time. None of the buildings spread across the city had been erected for university purposes, and some of them had considerable structural deficiencies. The space available to the individual departments had grown historically and was not aligned with the current and planned needs, so that a balance had to be created here at short notice. This naturally met with resistance, especially in the Faculty of Design, which had the amplest square metres.

The former rector Heinrich Ostholt had already looked for possibilities of a spatial concentration and considered the area Am Stadtholz. However, authorities equipped with barbed wire and surveillance cameras were housed there, and it was not foreseeable that they would be relocated. A joint campus with the University of Bielefeld then appeared to be the ideal solution. In 2005, initial talks were held with the university management, which wanted to prevent the building and property management of North Rhine-Westphalia (BLB NRW), as the owner, from selling off the reserve land in the vicinity of the university and thus depriving the university of long-term development opportunities. In fact, it was possible to get the BLB NRW on board, which initiated firstly an urban planning competition in 2007 and a competition for general planners the following year, from which a winner emerged in 2009 – in time for the state's university modernisation programme. Due to the sharp increase in student numbers in the following years, the University of Bielefeld decided against the originally planned interim use of parts of the new UAS building, and in 2015 all of Bielefeld's faculties were able to move into the new building, with the exception of the Faculty of Design.

There was also a need for action in the area of research and development. Although there were a few very successful actors, there was a lack of a broader base and sustainable structures. A bundle of measures was therefore taken to support this. These included the establishment of a supporting unit in the administration (F.I.TT.-team), the creation of a research fund for new professors, the establishment of research professorships and internal university funding for research networks. These research networks had to meet certain criteria and were evaluated regularly. If the evaluation was positive, they received funding, which could be used in particular to finance an office. In this way, research activities could be significantly increased.

In 2010, a cooperation agreement was concluded with University of Bielefeld for the implementation of cooperative doctorates, which included a form in the appendix defining the rights and obligations of the respective participants. Building on this cooperation, in 2012 the Bielefeld UAS and the University of Bielefeld participated in the state call for proposals for six cooperative research training groups and were very successful with two applications.

Another state call for tenders had led to unexpected results for the Bielefeld UAS (and some other universities of applied sciences). In 2008, the expansion competition for universities of applied sciences called for the establishment of three new technical and scientific universities of applied sciences, each with 2,500 study places, as well as the expansion of existing universities of applied sciences with a total of 2,500 study places. Together with the neighbouring universities of applied sciences

Im Jahr 2010 wurde ein Kooperationsvertrag mit der Universität Bielefeld zur Durchführung kooperativer Promotionen abgeschlossen, der im Anhang ein Formular zur Definition von Rechten und Pflichten der jeweils Beteiligten enthielt. Auf diese Kooperation aufbauend, beteiligten sich FH Bielefeld und Universität Bielefeld 2012 bei der Landesausschreibung von sechs kooperativen Graduiertenkollegs und waren dabei gleich mit zwei Anträgen sehr erfolgreich.

Eine andere Landesausschreibung hatte für die FH Bielefeld (und einige andere Fachhochschulen) zu unerwarteten Ergebnissen geführt. Im Ausbauwettbewerb Fachhochschulen waren 2008 der Aufbau von drei neuen technisch-naturwissenschaftlich ausgerichteten Fachhochschulen mit jeweils 2.500 Studienplätzen sowie der Ausbau bestehender Fachhochschulen mit in der Summe ebenfalls 2.500 Studienplätzen ausgeschrieben worden. Die FH Bielefeld hatte sich gemeinsam mit den benachbarten Fachhochschulen Münster, Ostwestfalen und Südwestfalen mit einem ›Westfalenantrag‹ beteiligt. Sie hatte dabei gemeinsam mit Akteuren aus dem Kreis Gütersloh den Aufbau eines neuen Studienortes in Gütersloh beantragt. Dieser Antrag war nicht erfolgreich – stattdessen erhielt die FH Bielefeld den Auftrag, den Standort Minden um 500 Studienplätze zu erweitern. Regionale Akteure hatten hier die Neugründung einer Fachhochschule beantragt. Nach dieser Vorgeschichte verwundert es nicht, dass es einige Zeit dauerte, bis sich die verschiedenen Organisationen und Personen über ihre jeweilige Rolle beim Ausbau des Standortes verständigen konnten. Anschließend verlief der Aufbau dann allerdings sehr erfolgreich. Die Zielzahlen konnten bereits zwei Jahre früher als geplant erreicht werden und 2015 konnte ein attraktiver Neubau auf dem Campus Minden in Betrieb genommen werden.

Da die Zusammenarbeit mit den Akteuren in Gütersloh im Rahmen der Ausschreibung sehr konstruktiv verlaufen war und interessante Perspektiven bot, wurde beschlossen, das dortige Vorhaben auch ohne spezielle Landesmittel zu realisieren, zunächst aus Hochschulpaktmitteln. Für Minden und Gütersloh wurde gemeinsam mit Unternehmen ein neues Studienformat entwickelt, das eine möglichst hohe Studienerfolgsquote sichern sollte – weisen technische Studiengänge doch vielfach besonders hohe Abbruchquoten auf. Bei diesen praxisintegrierten Studiengängen werden Lernphasen in der Hochschule mit solchen in Unternehmen curricular verzahnt. Die Unternehmen wählen ihre Studierenden aus und schließen mit ihnen einen Vertrag ab, der eine berufliche Ausbildung beinhalten kann, aber nicht muss. Früh im Studienverlauf bearbeiten die Studierenden Praxisprojekte, wodurch das Niveau der Bachelorarbeiten gesteigert werden kann. Zum Aufbau und zur Pflege der Kontakte mit den Unternehmen wurde eine spezielle Stelle eingerichtet.

Die Hoffnungen hinsichtlich des Studienerfolgs haben sich erfüllt. Die Abbruchzahlen sind sehr gering, die Regelstudienzeit wird fast immer eingehalten. Die praxisintegrierten Studiengänge haben so das differenzierte Angebot an Studienformaten mit klassischen Präsenzstudiengängen, dualen Studiengängen und Verbundstudiengängen (70 Prozent Fernstudienelemente und 30 Prozent Präsenzlehre) sinnvoll ergänzt.

Eine lange Tradition hat an der FH Bielefeld eine aktive Gleichstellungspolitik. Bereits 1989 richtete sie die Stelle einer Frauenbeauftragten ein. Als 2003 das erste Leitbild formuliert wurde, war Geschlechtergerechtigkeit einer von neun dort aufgenommenen Punkten. Bei einem 2012 durchgeführten hochschulweiten Workshop *in Münster, East Westphalia and South Westphalia, Bielefeld UAS had submitted a ›Westphalia application‹. Together with stakeholders from the district of Gütersloh, it applied for the establishment of a new study location in Gütersloh. This application was not successful – and instead the Bielefeld UAS was given the task of expanding the Minden location by 500 study places. Regional actors had applied for the reestablishment of a university of applied sciences here. After this history, it is not surprising that it took some time for the various organisations and individuals to agree on their respective roles in the expansion of the location. Subsequently, however, the development was very successful. The target numbers were reached two years earlier than planned and in 2015 an attractive new building on the Campus Minden was put into operation.*

Since the cooperation with the stakeholders in Gütersloh had been very constructive in the context of the call for proposals and offered interesting perspectives, it was decided to realise the project there without special state funding, initially from Higher Education Pact funds. For Minden and Gütersloh, a new study format was developed together with companies to ensure the highest possible success rate – after all, technical degree programmes often have particularly high drop-out rates. In these work-integrated degree programmes, learning phases at the university are curricularly interlinked with those in companies. The companies select their students and conclude a contract with them, which can include vocational training, but does not have to. Early in the course of study, students work on practical projects, which can raise the level of the Bachelor's theses. A special office has been set up to establish and maintain contacts with companies.

The hopes regarding the success of the studies have been fulfilled. The number of dropouts is very low, and the standard period of study is almost always adhered to. The work-integrated study programmes have thus usefully supplemented the differentiated range of study formats with classic face-to-face study programmes, dual study programmes and combined study programmes (70 per cent distance learning elements and 30 per cent face-to-face teaching).

The Bielefeld UAS has a long tradition of an active equal opportunities policy. As early as 1989, it established the position of a women's representative. When the first mission statement was formulated in 2003, gender equality was one of nine points included there. Successful equality'played an important role in a university-wide workshop on self-image held in 2012. In the meantime, in addition to the central equal opportunities officer, there were decentralised officers in the individual areas, as well as centralised and decentralised support plans and successes that could be pointed to: In 2009, the university was awarded the unique gender prize of the North Rhine-Westphalian Ministry of Science, the gender report 2010 of the NRW women's research network had certified it as having a »remarkable gender profile« and highlighted the above-average proportion of women among the professorate, in the performance-oriented allocation of funds by the Ministry in 2012 it was identified as the university with the highest proportion of women among the professorate, and the successes in the first and second rounds of the federal government's programme for women professors offered opportunities for successful further development. Thematically, the focus was expanded to include equal opportunities and diversity.

In 2011, the deans of the two largest faculties approached the Presidential Board with the request to consider entering into system accreditation. In the Faculty zum Selbstverständnis spielte erfolgreiche Gleichstellung eine wichtige Rolle. Inzwischen gab es neben der zentralen Gleichstellungsbeauftragten dezentrale Beauftragte in den einzelnen Bereichen, außerdem zentrale und dezentrale Förderpläne und Erfolge, auf die man verweisen konnte: Im Jahr 2009 erhielt die Hochschule den einmalig vergebenen Genderpreis des nordrhein-westfälischen Wissenschaftsministeriums, der Genderreport 2010 des Netzwerkes Frauenforschung NRW hatte ihr ein »bemerkenswertes Gender-Profil« bescheinigt und den überdurchschnittlichen Frauenanteil bei der Professorenschaft hervorgehoben, in der leistungsorientierten Mittelverteilung der Ministeriums 2012 wurde sie als die Hochschule mit dem höchsten Frauenanteil in der Professorenschaft ausgewiesen und die Erfolge in der ersten und zweiten Runde des Professorinnenprogramms des Bundes boten Chancen für eine erfolgreiche Weiterentwicklung. Thematisch wurde der Fokus um Chancengleichheit und Diversity erweitert.

2011 kamen die Dekane der beiden größten Fachbereiche auf das Präsidium zu mit der Bitte, einen Einstieg in die Systemakkreditierung zu prüfen. In den Fachbereichen Ingenieurwissenschaften und Mathematik sowie Wirtschaft und Gesundheit waren alle Studiengänge akkreditiert und zum Teil bereits reakkreditiert worden und bei Paketakkreditierungen waren die Fragen der Gutachtergruppen vor allem auf das Funktionieren des Qualitätsmanagements gerichtet. Von einer weiteren Programmakkreditierung versprach man sich allgemein keinen relevanten Zusatznutzen.

Gemeinsam mit den Fachhochschulen Dortmund und Hannover wurde zunächst mit Unterstützung der Evaluationsagentur Baden-Württemberg (evalag) eine Bestandsaufnahme des Qualitätsmanagements in der Lehre vorgenommen. Die Hochschule kam dabei zu dem Schluss, über eine ausreichende Selbststeuerungsfähigkeit für eine Systemakkreditierung zu verfügen, und stellte einen entsprechenden formalen Antrag. Der weitere Prozess war dann sehr interessant, immer wieder gab es neue Überraschungen, Baustellen und Lücken und es zeigte sich mehrfach, dass es zwar Vorstellungen gab, wie bestimmte Fragen bearbeitet werden sollten, dass die tatsächlichen Abläufe aber völlig anders waren. Der Abgleich von Prozessbeschreibungen und realem Geschehen wird voraussichtlich ein Dauerthema an den Hochschulen bleiben, wenn sie Qualitätsentwicklung ernst nehmen.

2021

Im zweiten Jahrzehnt des dritten Jahrtausends wurden einerseits zuvor begonnene Projekte fortgeführt und zu einem vorläufigen Abschluss gebracht. Dazu gehörte die engere Zusammenarbeit der vormals getrennten DV-Bereiche sowie von DV und Bibliothek unter einem gemeinsamen Planungsdach. Ziel war eine stärkere Standardisierung sowie die gemeinsame Identifizierung und abgestimmte Bearbeitung von Entwicklungsprojekten.

Um den Mindener Fachbereich Architektur und Bauingenieurwesen nicht zu überfordern, wurde der dortige Ausbau zunächst in einem gesonderten Fachbereich unter der Ägide des Präsidiums vorangetrieben. Von Anfang an war nach der Aufbauphase aber eine Zusammenlegung geplant, die dann auch vollzogen wurde, um ein einheitliches Auftreten vor Ort sicherzustellen. Ein attraktiver Neubau wurde 2015 fertiggestellt, ebenso wie der Neubau in Bielefeld – dieser allerdings mit *of Engineering and Mathematics and the Faculty of Business and Health, all study programmes had been accredited and some had already been re-accredited, and in the case of package accreditations, the questions of the expert groups were primarily directed at the functioning of quality management. In general, no relevant additional benefit was expected from a further programme accreditation.*

Together with the universities of applied sciences in Dortmund and Hanover, a stocktaking of the quality management in teaching was first carried out with the support of the Evaluation Agency Baden-Württemberg (evalag). The University came to the conclusion that it had sufficient self-control capacity for system accreditation and submitted a corresponding formal application. The further process was then very interesting, there were always new surprises, construction sites and gaps and it became apparent several times that although there were ideas on how certain questions should be dealt with, the actual processes were completely different. The comparison of process descriptions and real events will probably remain a permanent topic at the universities if they take quality development seriously.

2021

In the second decade of the third millennium, on the one hand, previously started projects were continued and brought to a provisional conclusion. This included closer cooperation between the previously separate data-processing (DP) areas as well as between DP and the library under a common planning umbrella. The goal was greater standardisation as well as the joint identification and coordinated processing of development projects.

In order not to overburden the Minden Faculty of Architecture and Civil Engineering, the expansion there was initially pursued in a separate faculty under the aegis of the presidency. From the beginning, however, a merger was planned after the development phase, which was then also carried out to ensure a uniform appearance on site. An attractive new building was completed in 2015, as was the new building in Bielefeld - albeit with a considerable delay and significantly increased costs. The new building in Bielefeld had had to be planned since 2008 with the student and employee numbers of 2007, the increase in the framework of the Higher Education Pact was still seen by politicians at the time as a temporary phenomenon.

It was already clear during the construction phase that the new building would be too small to cope with the strong growth, and further planning was initiated. Further challenges were the expansion and long-term safeguarding of the Gütersloh study location. Here, too, the new Executive Board succeeded in seizing opportunities. Since 2015, this Executive Board has also set itself the goal of greater internationalisation.[9]

Identifying and exploiting development opportunities for students, professors, staff and for the university as an organisation will continue to be an important goal for the Bielefeld UAS in the future.

9 In addition, there have been unplanned challenges, such as the Corona crisis in 2020/2021. The contributions of the current Executive Board members and those of other colleagues provide information about developments since 2015.

erheblicher Verzögerung und deutlich gestiegenen Kosten. Der Bielefelder Neubau hatte seit 2008 mit den Studierenden- und Beschäftigtenzahlen von 2007 geplant werden müssen, der Aufwuchs im Rahmen des Hochschulpaktes wurde damals von der Politik noch als eine vorübergehende Erscheinung angesehen.

Bereits während der Bauphase war klar, dass der Neubau zu klein sein würde, um das starke Wachstum bewältigen zu können, und es wurde eine weitere Planung in Angriff genommen. Weitere Herausforderungen waren der Ausbau und die langfristige Absicherung des Studienortes Gütersloh. Auch hier gelang es dem neuen Präsidium, Möglichkeiten zu nutzen. Dieses Präsidium setzte sich seit 2015 außerdem eine stärkere Internationalisierung zum Ziel.[9]

Entwicklungschancen für Studierende, Professorinnen und Professoren, Mitarbeiterinnen und Mitarbeiter sowie für die Hochschule als Organisation zu erkennen und zu nutzen, wird auch in der Zukunft ein wichtiges Ziel der FH Bielefeld sein.

9 Hinzu kamen bis heute ungeplante Herausforderungen etwa durch die Coronakrise 2020/2021. Über die Entwicklungen seit 2015 geben die Beiträge der aktuellen Präsidiumsmitglieder und die der anderen Kolleginnen und Kollegen Auskunft.

50 years AR

HOCHSCHULE 4.0

UNIVERSITY 4.0

»Ad time concept: Man between past and future: 1) I look backward and remember and look forward and expect. 2) Or: Seen from the viewpoint of Time: The past pushes me forward, the future kommt auf mich zu and pushes me backward.«[1]
Hannah Arendt (1906–1975)

1 Hannah Arendt: Denktagebuch 1950–1973, Band 2. Herausgegeben von Ursula Ludz und Ingeborg Nordmann, München 2003², S. 667.

»Ad time concept: Man between past and future: 1) I look backward and remember and look forward and expect. 2) Or: Seen from the viewpoint of Time: The past pushes me forward, the future kommt auf mich zu and pushes me backward.«[1]
Hannah Arendt (1906–1975)

1 Hannah Arendt: Denktagebuch 1950–1973, vol. 2. Edited by Ursula Ludz and Ingeborg Nordmann, Munich 2003², p. 667.

Der Titel dieses Beitrags ist an die bis heute noch weithin bekannte Begriffsfindung der von 2006 bis 2013 bestehenden deutschen ›Forschungsunion Wirtschaft – Wissenschaft‹ angelehnt, die im Auftrag der Bundesregierung die Hightech-Strategie 2020 entwickelt hat, die prägend für viele Jahre unserer Arbeit war. Sie betraf und betrifft unter dem Leitmotiv ›Industrie 4.0‹ die Themenfelder Klima/Energie, Gesundheit/Ernährung, Mobilität, Sicherheit, Kommunikation und ihre gesamtgesellschaftlichen Rahmenbedingungen. Die umfassende Digitalisierung der industriellen Produktion und ihre Vernetzung samt moderner Informations- und Kommunikationstechnik mit ihren intelligenten und digital vernetzten Systemen stehen für die Vierte Industrielle Revolution. Menschen, Maschinen, Anlagen, Logistik, Produkte und ihre Gestaltung sollen in der Industrie 4.0 direkt miteinander kommunizieren und kooperieren, um sämtliche Wertschöpfungsketten zu optimieren. Zukunftsträume? Nein. Die FH Bielefeld arbeitet daran: Hochschule 4.0.

Gegenwart und Zukunft der FH Bielefeld

Die österreichische Wissenschaftsforscherin und emeritierte Professorin der ETH Zürich Prof. Dr. Helga Nowotny (Jg. 1937) beginnt das erste Kapitel ›Die Entstehung des Neuen‹ ihres Buches ›Unersättliche Neugier‹[2] mit einer Anekdote, die ihr ein junger Freund, der mit Gehörlosen arbeitet, erzählte: »In der Gebärdensprache der Gehörlosen der euro-amerikanischen Welt deutet die Gebärde, die für Zukunft steht, nach vorne und so würden wohl alle, ob gehörlos oder nicht, die Richtung angeben, in der wir die Zukunft vermuten. Nicht so in Afrika, wo die Gebärde nach rückwärts weist. Was vor uns liegt, so die afrikanische Begründung, ist die Vergangenheit, denn nur sie ist bekannt. Die Zukunft hingegen ist dort, wo wir sie nicht sehen – hinter uns oder um uns.«

Für die Entstehung des Neuen hatte die FH Bielefeld während der Zeit ihres Bestehens zumeist gute, aktuell hat sie sehr gute Voraussetzungen. Die Mitglieder unserer Hochschule sind es gewohnt, transdisziplinär zu denken, um die besten Ideen aus verschiedenen kulturellen Räumen, Disziplinen und der Praxis zusammenzubringen – mit dem Fokus auf das Mögliche. Sie sind kooperativ, sie arbeiten und denken in Netzwerken, das Große und Ganze im Blick behaltend, Chancen erkennend und sie nutzend. Innovation wird nicht nur technologisch, vielmehr auch sozial gedacht – agil, strukturiert und offen, adaptiv, kreativ und kollaborativ, mit hohem Anspruch an die Qualität der eigenen Arbeit. Das sind Kompetenzen dieser Wissenschaftsorganisation FH Bielefeld, die nach einer ausgeprägten Phase des Wachstums Zukunftsfähigkeit schaffen.

Wir haben das Vermögen, von der Gestaltung über die Ingenieurwissenschaften bis hin zur Gesundheitswissenschaft vielfache Perspektiven einnehmen und Austauschmöglichkeiten nutzen zu können, um voneinander zu lernen. Insbesondere die hohe Qualität der Lehre, die durch vorausschauende Stellenentwicklung mit vorgezogener Besetzung bei der Verteilung der seit 2021 verstetigten Mittel aus dem Zukunftsvertrag Studium und Lehre (ZSL-Mittel) ausdrücklich belohnt worden ist, führte zu einem sicheren finanziellen Rahmen für alle Hochschulangehörigen. Die

2 Helga Nowotny: Unersättliche Neugier. Innovation in einer fragilen Zukunft, Berlin 2005, S. 9.

The title of this article is based on the still widely known conceptualisation of the German ›Research Union Industry – Science‹, which existed from 2006 to 2013 and developed the High-Tech Strategy 2020 on behalf of the Federal Government, which was formative for many years of our work. Under the slogan ›Industry 4.0‹, it concerned – and still concerns – the thematic fields of climate/energy, health/nutrition, mobility, security, communication and their overall social framework. The comprehensive digitalisation of industrial production and its networking together with modern information and communication technology with its intelligent and digitally networked systems stand for the Fourth Industrial Revolution. People, machines, plants, logistics, products, and their design are to communicate and cooperate directly with each other in Industry 4.0 in order to optimise all value chains. Dreams of the future? No. The Bielefeld UAS is working on it: University 4.0.

Present and Future of the Bielefeld UAS

The Austrian science researcher and emeritus professor of ETH Zurich Prof. Dr. Helga Nowotny (born 1937) begins the first chapter ›The Emergence of the New‹ of her book ›Insatiable Curiosity‹[2] with an anecdote told to her by a young friend who works with the deaf: »In the sign language of the deaf of the Euro-American world, the sign which stands for future points forward and so would probably everyone, deaf or not, indicate the direction in which we assume the future to be. Not so in Africa, where the sign points backwards. What lies ahead, the African reasoning goes, is the past, for only it is known. The future, on the other hand, is where we do not see it – behind us or around us.«

For the most part, the Bielefeld UAS has had good conditions for the emergence of the new during its existence, and currently it has very good conditions. The members of our University are used to thinking transdisciplinary in order to bring together the best ideas from different cultural spaces, disciplines and practice – with a focus on what is possible. They are cooperative. They work and think in networks, keeping the big picture in mind, recognising opportunities, and seizing them. Innovation is not only thought of technologically, but also socially – agile, structured, and open, adaptive, creative, and collaborative, with high demands on the quality of their own work. These are the competencies of this scientific organisation at the Bielefeld UAS, which create future viability after a pronounced phase of growth.

We have the ability to adopt multiple perspectives, from design to engineering to health sciences, and to use exchange opportunities to learn from each other. In particular, the high quality of teaching, which has been explicitly rewarded through forward-looking job development with early filling in the distribution of the funds from the Future Contract for Studying and Teaching (Zukunftsvertrag Studium und Lehre, ZSL funds), which have been steadied since 2021, has led to a secure financial framework for all members of the University. The annual reports of our University speak for themselves, the figures are correct and show a clear positive development. We have room for manoeuvre, which we have also been able to expand with successful project development. This positive development must be continued in the coming years.

2 *Translated according to Helga Nowotny: Unersättliche Neugier. Innovation in einer fragilen Zukunft, Berlin 2005, p. 9.*

Jahresberichte unserer Hochschule sprechen für sich, die Zahlen stimmen und zeigen eine eindeutige positive Entwicklung. Wir haben Spielräume, die wir zudem mit erfolgreicher Projektentwicklung ausdehnen konnten. Diese positive Entwicklung gilt es in den kommenden Jahren fortzusetzen.

Viele Themen sind im Hochschulentwicklungsplan bereits heute gesetzt. Die Strategie ›Internationales der FH Bielefeld – Freiräume‹ umfasst unseren Handlungsrahmen bis 2030. Wir orientieren uns an den Anforderungen einer international vernetzten, pluralistischen Gesellschaft und begreifen auch soziale Verantwortung, interkulturelle Kompetenzentwicklung und die Förderung der Mehrsprachigkeit als unseren Bildungsauftrag. Neugier und das Streben nach Neuem kennen keine Grenzen: weder Fächer- noch Landesgrenzen. Wissenschaftlerinnen und Wissenschaftler waren schon immer Weltbürgerinnen und Weltbürger. Wir sind der Überzeugung, dass diese Haltung und die Zusammenführung von Menschen und Ideen wesentliche Voraussetzungen für erfolgreiche Lehre und Forschung sind.

Digitalisierung bleibt als bestimmendes Thema in Lehre, Forschung und Transfer auch in Zukunft bestehen. Der in den vergangenen zehn Jahren etablierte Serviceverbund MIND (Medien- und Informationsdienste) fokussiert auf die Entwicklungsmöglichkeiten der digitalen Lehre und des E-Assessments, das vor fünf Jahren entwickelte Programm Digitalisierung umfasst alle hochschulweiten Digitalisierungsprojekte.

Dabei folgen wir der Maxime: Alles, was hilft, Lehre und Lernen zu unterstützen, die Rahmenbedingungen für Studierende und Lehrende zu optimieren und die Arbeitsbedingungen unserer Hochschulangehörigen zu verbessern, wird umgesetzt. Dies betrifft den Ausbau der digitalen Infrastruktur für Lehre, Forschung und Kommunikation, die systematische Weiterentwicklung vereinfachter digitaler Prozesse und die Gestaltung unserer Arbeitsplätze, um die erreichte Agilität und Unkompliziertheit in Entscheidungsfindungsprozessen sowie eine große Flexibilität bei der Wahl des Arbeitsortes nachhaltig zu entwickeln.

Nachhaltigkeit ist ein weiteres bedeutendes Thema unserer Agenda. Die sozialwissenschaftlichen Transformationsstudien des Fachbereichs Sozialwesen, die Initiativen zur Gemeinwohlökonomie oder die Modeprojekte zur Nachhaltigkeit des Fachbereichs Gestaltung in Kooperation mit dem Fachbereich Ingenieurwissenschaften und Mathematik wie auch deren Studiengänge weisen in diese Richtung. Das ist allerhöchste Zeit, zumal der Club of Rome bereits zur Gründungszeit der FH Bielefeld die Grenzen des Wachstums aufgezeigt hat.[3] Der Earth Overshoot Day 2020 war am 22. August 2020. An diesem Tag war das Ressourcenbudget für dieses Jahr aufgebraucht. Bis dahin hatte die Menschheit so viele Ressourcen verbraucht, wie die Erde im ganzen Jahr erneuern kann. Aus der Psychologie wissen wir: Wissen allein hilft nicht. Wir sind in der ganzen Gestaltungskraft gefordert. Wir wollen die bereits existierenden Maßnahmen bündeln, ergänzen und in unseren Strategieprozess integrieren.

Mit der Etablierung einer Academic Score Card ist die Zusammenführung aller strategischen Ziele vorgesehen, um einen gemeinsamen, transparenten Bezugsrahmen zu schaffen und die Komplexität überschaubar zu halten, denn Internationalisierungs-, Digitalisierungs- und Nachhaltigkeitsziele stehen jeweils in Bezug zuein-

3 Dennis L. Meadows et al.: Die Grenzen des Wachstums. Bericht des Club of Rome zur Lage der Menschheit, Hamburg 1972.

Many topics are already set in the University Development Plan. The strategy ›Internationales der FH Bielefeld – Freiräume‹ (International Affairs at the Bielefeld UAS – Free Spaces) encompasses our framework for action until 2030. We are oriented towards the requirements of an internationally networked, pluralistic society and also understand social responsibility, intercultural competence development and the promotion of multilingualism as our educational mission. Curiosity and the pursuit of novelty know no boundaries: neither subject nor national borders. Scientists have always been citizens of the world. We are convinced that this attitude and the bringing together of people and ideas are essential prerequisites for successful teaching and research.

Digitalisation will remain a defining theme in teaching, research, and transfer in the future. The MIND service network (Medien- und Informationsdienste, a media and information service) established over the past ten years focuses on the development possibilities of digital teaching and e-assessment, while the Digitalisation Programme developed five years ago encompasses all university-wide digitalisation projects.

We follow the maxim: Everything that helps to support teaching and learning, optimise the framework conditions for students and teachers and improve the working conditions of our University staff will be implemented. This concerns the expansion of the digital infrastructure for teaching, research and communication, the systematic further development of simplified digital processes and the design of our workplaces in order to sustainably develop the agility and straightforwardness achieved in decision-making processes as well as great flexibility in the choice of work location.

Sustainability is another important topic on our agenda. The social science transformation studies of the Faculty of Social Sciences, the initiatives on the common good economy or the fashion projects on sustainability of the Faculty of Design in cooperation with the Faculty of Engineering and Mathematics as well as their degree programmes point in this direction. This is high time, especially since the Club of Rome already pointed out the limits of growth when the Bielefeld UAS was founded.[3] Earth Overshoot Day 2020 was on 22 August 2020, the day on which the resource budget for that year was used up. By then, humanity had consumed as many resources as the Earth can renew in an entire year. We know from psychology: Knowledge alone does not help. We are challenged in all our creative power. We want to bundle and complement the measures that already exist and integrate them into our strategy process.

With the establishment of an Academic Score Card, the consolidation of all strategic goals is planned in order to create a common, transparent frame of reference and to keep the complexity manageable, because internationalisation, digitalisation and sustainability goals are all related to each other. University-wide process and quality management initiatives set further milestones to be achieved.

The renovation measures at the Campus Minden, the further expansion of the Campus Gütersloh, our new building project at the Campus Bielefeld including a day

3 Dennis L. Meadows et al.: The Limits to Growth. A Report for the Club of Rome's Project on the Predicament of Mankind, New York 1972.

ander. Hochschulweite Prozess- und Qualitätsmanagementinitiativen setzen weitere Meilensteine, die es zu erreichen gilt.

Auch die Umbaumaßnahmen am Campus Minden, der weitere Ausbau des Campus Gütersloh, unser Neubauvorhaben auf dem Campus Bielefeld inklusive einer Forschungskindertagesstätte und die hochschulweit konzipierten Projekte Career@BI (FH Personal[4]) und CareTech OWL[5] werden uns in den kommenden Jahren fordern, um nur einige Beispiele zu nennen.

Die FH Bielefeld als Wissenschaftsort

In jedem Fachbereich gibt es zahlreiche, auf ihrem Gebiet führende Wissenschaftlerinnen und Wissenschaftler, die gleichzeitig hervorragende Lehrende sind, die im wahrsten Sinne des Wortes einer Berufung folgten und für unsere Studierenden da sind sowie in Lehre und Forschung Außerordentliches leisten. Wir haben gestaltungswillige und gestaltungsmächtige Kolleginnen und Kollegen, die für unser Jubiläumsmotto ›50 Jahre Zukunft‹ standen und stehen und die Zukunft gestalteten und gestalten – umsichtig, mit Weitblick und oft an der Spitze der Entwicklungen in ihren Disziplinen.

Offen und interdisziplinär denkend führten unsere Kolleginnen und Kollegen ihre Forschungsinteressen in Forschungsschwerpunkten, sechs Forschungsinstituten und dem institutsübergreifenden Verbund CareTech OWL zusammen und verankerten interdisziplinäre, transdisziplinäre und translationale Forschung an der FH Bielefeld. Dies führte nach dem Einzug in das neue Fachhochschulhauptgebäude zu einer wahren Explosion gemeinsamer Aktivitäten, sodass es selbst in dieser für uns alle herausfordernden und durch die Corona-Pandemie geprägten Zeit gelungen ist, die 10-Millionen-Drittmittel-Marke zu sprengen – ein Ziel, das im Rahmen der Forschungsstrategie eigentlich erst für 2030 avisiert worden war. Das kürzlich ausgebaute Center for Applied Data Science (CfADS) in Gütersloh, das Center for Entrepreneurship (CfE) und das gemeinsam mit der Universität Bielefeld gegründete Centrum für interdisziplinäre Materialforschung und Technologieentwicklung (CiMT) sprechen ebenso für sich wie auch das hohe Engagement der fast 30 Kolleginnen und Kollegen im Rahmen des Promotionskollegs NRW.

Wer für ein Thema brennt, ist auch in der Lage, diese Begeisterung an Menschen weiterzugeben, die ihre Zukunft noch vor sich haben. Das ist unsere wichtigste Aufgabe: die akademische Bildung, junge Menschen in der fantasievollsten Periode des Lebens in bestmöglicher Weise zu befähigen, ihr Potenzial voll auszuschöpfen, und sie auf ihre beruflichen Karrieren in Wirtschaft und Wissenschaft vorzubereiten. Erkenntnisgewinn und Wissen befreien von Vorurteilen und Ängsten und versetzen uns in die Lage, die Welt zu verstehen. Wissenschaftliches Arbeiten erfordert Fantasie und systematisches methodisches Vorgehen, Anstrengung, Fleiß

4 Zum Bund-Länder-Programm FH Personal, durch das bis 2027 bis zu 48 Hochschuldozenturen zur Qualifizierung für eine Fachhochschulprofessur geschaffen werden, vgl. https://www.fh-bielefeld.de/presse/pressemitteilungen/personaloffensive-an-der-fh-bielefeld-neun-millionen-euro-fuer-career-bi-center-for-cooperation-and-career-management (27.5.2021).

5 Zum multidisziplinär konzipierten CareTech-OWL-Zentrum für den Sozial- und Gesundheitsbereich vgl. https://www.fh-bielefeld.de/presse/pressemitteilungen/-caretech-owl-ein-zentrum-fuer-gesundheit-soziales-und-technologie-in-bielefeld (27.5.2021).

care centre of research and the university-wide projects Career@BI (FH Personal[4]) and CareTech OWL[5] will also challenge us in the coming years, to name just a few examples.

The Bielefeld UAS as a Place of Science

In every faculty there are numerous academics who are leaders in their field, who are at the same time outstanding teachers, who literally followed a calling and are there for our students, as well as doing extraordinary things in teaching and research. We have colleagues who are willing and able to shape the future, who stood and stand for our anniversary motto ›50 Years of Future‹ and who have shaped and are shaping the future – prudently, with vision and often at the forefront of developments in their disciplines.

Thinking openly and interdisciplinarily, our colleagues brought their research interests together in research foci, six research institutes and the cross-institutional CareTech OWL network, anchoring interdisciplinary, transdisciplinary, and translational research at the Bielefeld UAS. This led to a veritable explosion of joint activities after moving into the new UAS main building, so that even in this challenging time for all of us, marked by the Corona pandemic, we succeeded in breaking the 10 million third-party funding mark – a goal that had actually only been announced for 2030 in the framework of the research strategy. The recently expanded Centre for Applied Data Science (CfADS) located in Gütersloh, the Centre for Entrepreneurship (CfE) and the Centre for Interdisciplinary Materials Research and Technology Development (Centrum für interdisziplinäre Materialforschung und Technologieentwicklung, CiMT), founded jointly with the University of Bielefeld, speak for themselves, as does the high level of commitment of almost 30 colleagues in the context of the North-Rhine Westphalia Doctoral College.

Anyone who is on fire for a subject is also in a position to pass on this enthusiasm to people who still have their future ahead of them. That is our most important task: Academic education, to enable young people in the most imaginative period of life in the best possible way to realise their full potential and to prepare them for their professional careers in business and science. Gaining insight and knowledge liberates us from prejudices and fears and enables us to understand the world. Scientific work requires imagination and a systematic methodical approach, effort, diligence, and the willingness to question again and again, even when it becomes uncomfortable. Enthusiasm for the subject discipline, the acquisition of knowledge, research-based learning, gaining knowledge and implementation skills are the DNA, the backbone of the degree programme and enable our students, the specialists, and managers of tomorrow, to ask the right questions and find answers in the future.

4 *On the Federal State UAS Personnel Programme (Bund-Länder-Programm FH Personal), which will create up to 48 university lectureships by 2027 to qualify for a UAS professorship, cf. https://www.fh-bielefeld.de/presse/pressemitteilungen/personaloffensive-an-der-fh-bielefeld-neun-millionen-euro-fuer-career-bi-center-for-cooperation-and-career-management (27.5.2021).*

5 *For the multidisciplinary CareTech OWL Centre for the social and health sectors, see https://www.fh-bielefeld.de/presse/pressemitteilungen/-caretech-owl-ein-zentrum-fuer-gesundheit-soziales-und-technologie-in-bielefeld (27.5.2021).*

und die Bereitschaft, immer wieder neu zu hinterfragen, auch wenn es unbequem wird. Begeisterung für die Fachdisziplin, den Wissenserwerb, das forschende Lernen, Erkenntnisgewinn und Umsetzungskompetenz sind die DNA, das Rückgrat des Studiums und befähigen unsere Studierenden, die Fach- und Führungskräfte von morgen, auch in der Zukunft die richtigen Fragen zu stellen und Antworten zu finden.

Die Studierenden, junge bildungswillige Menschen, stehen im Mittelpunkt von Bildung und Wissenschaft. Wir bieten ihnen für ihre berufliche und wissenschaftliche Karriere entsprechend ihrer jeweiligen Bildungsbiografie, ihrer Lebenslage und ihren Interessen vielfältige Studienmöglichkeiten und Modelle: vom praxisintegrierten Studium über das Präsenzstudium bis hin zum gemeinsamen Masterstudiengang mit der Universität Bielefeld und dem berufsbegleitenden Verbundstudium.

In Bielefeld wurde 1994 die bundesweit erste FH-Kindertagesstätte gebaut. Die seit Jahrzehnten erfolgreiche Gleichstellungspolitik, pragmatisch, dem Nützlichen zugewandt, unprätentiös und stoisch, macht Gleichstellung für Dritte in einer Selbstverständlichkeit erlebbar, die längst nicht grundsätzlich Normalität ist. Das Audit familiengerechte Hochschule bestätigte einmal mehr die besonderen Leistungen in diesem Kontext: die systematische Arbeit, die Voraussicht und die Gründlichkeit im Detail, mit der alle Anforderungen aufgenommen und Lösungen angestrebt werden. Die Selbstverständlichkeit, mit der Gleichstellung und Familienfreundlichkeit an der FH Bielefeld gelebt werden, ist ein Kulturmerkmal.

Kulturprägend ist auch die Tatsache, dass jede Einheit für sich stark und erfolgreich ist. Offener Diskurs und eine gute fachbereichsübergreifende und hochschulweite Zusammenarbeit mit dem Blick auf die Teile, aber auch auf das Ganze schaffen eine ermutigende und ermöglichende Atmosphäre. So ist das Institut für Buchgestaltung des Fachbereichs Gestaltung mit deutschlandweiter Strahlkraft längst eine Anlaufstelle für alle Fachbereiche und die Hochschulleitung geworden. Und die erfolgreiche Beteiligung der Fachbereiche im FH-Karriereprogramm NRW wurde in Kombination mit der Arbeit der Kolleginnen und Kollegen des CareTech OWL zur Grundlage für das Projekt Carreer@BI, ein hochschulweites Personalentwicklungsprogramm der Zentralen Gleichstellungsbeauftragten. Auch der Aufbau des Campus Gütersloh gelang in gemeinsamer Anstrengung vor allem den Kolleginnen und Kollegen des Fachbereichs Ingenieurwissenschaften und Mathematik samt dem Willen und der Bereitschaft aller Hochschulangehörigen, diese Chance für die FH Bielefeld zu ergreifen.

Mit dieser tradierten Offenheit, Know-how und Begeisterung für die weltoffene Hochschule hat sich die FH Bielefeld mit allen Fachbereichen in vergleichsweise kurzer Zeit bundesweit im Bereich Internationalisierung hervorragend platziert und die ersten Ziele einer ehrgeizigen Internationalisierungsstrategie mit Bravour erreicht.

»Das Ganze ist mehr als die Summe seiner Teile« repräsentiert eine Haltung, die über die Hochschule hinausgeht. Alle Einheiten der FH Bielefeld sind in Industrie, Wirtschaft und Kultur, im Sozialwesen und im Bereich Gesundheit regional, national und international vielfach vernetzt und in das beeindruckende OWL-Netzwerk mit it's OWL, der OWL GmbH, der Regionale sowie dem Campus OWL mit inzwischen vielen erfolgreichen Projekten eingebunden – bis hin zum gemeinsamen Büro Campus OWL Inc. in New York.

Die FH Bielefeld ist eine lernende Organisation. Dass dies kein Lippenbekenntnis ist, zeigte sich einmal mehr in der Corona-Pandemie. Das Krisenmanage-

The students – young people who want to be educated – are at the centre of education and science. We offer them a variety of study options and models for their professional and academic careers in accordance with their respective educational biographies, their life situation, and their interests: From work-integrated studies and attendance studies to joint master's degree programmes in collaboration with the University of Bielefeld and part-time joint degree programmes.

The first university kindergarten in Germany was built in Bielefeld in 1994. The successful equal opportunities policy that has been in place for decades, pragmatic, oriented towards the useful, unpretentious, and stoic, makes equality a matter of course for third parties, something that has long since ceased to be the norm. The family-friendly university audit once again confirmed the special achievements in this context: The systematic work, the foresight, and the thoroughness in detail with which all requirements are taken up and solutions are sought. The naturalness with which equality and family-friendliness are lived at the Bielefeld UAS is a cultural feature.

The culture is also shaped by the fact that each unit is strong and successful on its own. Open discourse and good interdepartmental and university-wide cooperation with a view to the parts as well as the whole create an encouraging and enabling atmosphere. Thus, the Institute of Book Design of the Faculty of Design, with its nationwide appeal, has long since become a point of contact for all faculties and the University management. And the successful participation of the faculties in the University Career Programme North-Rhine Westphalia, in combination with the work of colleagues at the CareTech OWL, became the basis for the Carreer@BI project, a university-wide personnel development programme run by the Central Equal Opportunities Officer. The establishment of the Campus Gütersloh was also achieved through a joint effort, above all by colleagues from the Faculty of Engineering and Mathematics, and together with the will and willingness of all University members to seize this opportunity for the Bielefeld UAS.

With this traditional openness, know-how and enthusiasm for the Cosmopolitan University, the Bielefeld UAS and all its faculties have excellently positioned themselves nationwide in the field of internationalisation in a comparatively short time and have achieved the first goals of an ambitious internationalisation strategy with flying colours.

»The whole is greater than the sum of its parts« represents an attitude that extends beyond the University. All units of the Bielefeld UAS are networked in many ways regionally, nationally, and internationally in industry, business, and culture, in social services and in the field of health and are integrated into the impressive OWL network with it's OWL, OWL GmbH, Regionale as well as Campus OWL with many successful projects in the meantime – right up to the joint office Campus OWL Inc. in New York.

The Bielefeld UAS is a learning organisation. The Corona pandemic once again showed that this is not just lip service. The crisis management worked. The situation was recognised early and assessed correctly. Thus, prudent planning took place with the involvement of all parties. Regular meetings of the situation centre enabled systematic decision-making and appropriate communication in coordination with all bodies. Asking questions, listening, agreeing on positions, working out compromises, deciding, implementing, communicating – that was and is the motto.

ment funktionierte, die Lage wurde früh erkannt und richtig bewertet. So erfolgte unter Einbeziehung aller Beteiligten eine umsichtige Planung. Regelmäßige Sitzungen des Lagezentrums ermöglichten in Abstimmung mit allen Gremien eine systematische Entscheidungsfindung und angemessene Kommunikation. Fragen, zuhören, Positionen abstimmen, Kompromisse erarbeiten, entscheiden, umsetzen, kommunizieren – das war und ist die Devise.

Die Corona-Krise hat ungeahnte Kräfte freigesetzt. Viele von uns sind über sich hinausgewachsen, das Engagement in Lehre, Forschung, Technik und Verwaltung war und ist enorm. Die alte Redensart »Not macht erfinderisch« hat sich als wahr erwiesen – und ohne Tabus zu denken, unter Zeitdruck gute Lösungen zu entwickeln, schweißt zusammen. Diese gemeinsam gemachte Erfahrung ist wertvoll und richtungsweisend für die Zukunft. Wir können unkompliziert, pragmatisch, kooperativ, offen und beeindruckend kreativ stimmige Lösungen schaffen. Wir wissen nun, dass noch viel mehr möglich ist, als wir je angenommen hatten: Es gibt nichts, was nicht geht. Diesen Impuls aufrechtzuerhalten, nicht müde zu werden und in Gewohntes zu verfallen, ist bei hoher Belastung herausfordernd, aber auch eine weitere Chance für uns alle.

Nichts von alledem, was wir tun, ist reiner Selbstzweck. Mehr denn je wird im Jahr unseres Jubiläums unter unserem Motto ›50 Jahre Zukunft‹ deutlich, wie notwendig es ist, die eigene Zukunftsfähigkeit zu erhalten und die vorhandene Gestaltungskraft zu nutzen. Mit der Pandemie rückt die Zukunft in besonderer Weise in die Gegenwart und führt uns vor Augen, dass niemand die Zukunft vorhersehen kann. Unsere Haltung ist geprägt von Offenheit und unser Handeln ist lösungsorientiert. Das haben wir in den vergangenen Jahren vielfach unter Beweis gestellt und auch werden das auch in Zukunft so handhaben. Dies zeigt sich unter anderem an der Zusammensetzung des neuen Präsidiums mit den Kolleginnen und Kollegen Prof. Dr. Michaela Hoke, Vizepräsidentin für Studium und Lehre, Prof. Dr. Anant Patel, Vizepräsident für Forschung und Entwicklung, Prof. Dr. Ulrich Schäfermeier, Vizepräsident für Internationales und Digitalisierung, Prof. Dr. Natalie Bartholomäus, Vizepräsidentin für Nachhaltigkeit und strategisches Human Resource Management, und weiterhin Gehsa Schnier, LL.M., Vizepräsidentin für Wirtschafts- und Personalverwaltung, die am 1. September 2021 ihre Ämter antreten und deren Aufgaben einen ebenso zeitgemäßen wie zukunftsweisenden Zuschnitt erfahren haben. Die Aufbruchstimmung, die zur Zeit des 50. Jubiläums unserer Hochschule überall zu spüren ist, wird ebenso durch den Senatsbeschluss vom 24. Juni 2021 verdeutlicht, den Namen der FH Bielefeld künftig in ›Hochschule Bielefeld – University of Applied Sciences and Arts‹ zu ändern.

Bestens gerüstet blicken wir so in die Zukunft und haben zum Jubiläum sogar künstlerische Geschenke bekommen: Bedeutende Kunst-am-Bau-Werke, die mit der Geschichte unserer Hochschule eng verknüpft sind, haben seit dem 1. Juli 2021 in den Innenhöfen unseres Hauses eine neue Zukunft bekommen: die sanierte Plastik ›Sphère Trames (›Sphärisches Raster‹) des französischen Minimalisten und Abstraktionskünstlers François Morellet aus dem Jahr 1974 und die Plastik ›Entfaltung‹ des Berliner Zeichners, Bildhauers und Begründers der Metallplastik in Deutschland, Hans Uhlmann, aus dem Jahr 1966. Kunst und Leben, Lehren, Lernen und Forschen bilden in unserer Hochschule eine sinnstiftende Einheit – alles in allem gute Voraussetzungen für einen vielversprechenden Weg in die Zukunft.

The Corona crisis has unleashed unimagined forces. Many of us have risen above ourselves, the commitment in teaching, research, technology, and administration was and is enormous. The old saying »necessity is the mother of invention« has proven to be true – and thinking without taboos, developing good solutions under time pressure, welds together. This shared experience is valuable and points the way for the future. We can create coherent solutions in an uncomplicated, pragmatic, cooperative, open, and impressively creative way. We now know that much more is possible than we ever thought: There is nothing that cannot be done. Keeping up this momentum, not getting tired and falling into habitual ways, is challenging when the workload is high, but it is also another opportunity for all of us.

None of what we do is purely an end in itself. More than ever in the year of our jubilee under our motto ›50 Years of Future‹, it becomes clear how necessary it is to maintain our own ability to face the future and to use the existing creative power. The pandemic brings the future into the present in a special way and makes us realise that no one can foresee the future. Our attitude is characterised by openness and our actions are solution-oriented. We have proven this many times in the past years and will continue to do so in the future. This can be seen, among other things, in the composition of the new Executive Board with colleagues Prof. Dr. Michaela Hoke, Vice President for Studying and Teaching, Prof. Dr. Anant Patel, Vice President for Research and Development, Prof. Dr. Ulrich Schäfermeier, Vice President for Internationality and Digitalisation, Prof. Dr. Natalie Bartholomäus, Vice President for Sustainability, People and Culture, and furthermore Gehsa Schnier, LL.M., Vice President for Finance and Personnel Administration, who will take office on 1 September 2021 and whose tasks have been given an equally contemporary and forward-looking shape. The spirit of optimism that can be felt everywhere at the time of our University's 50th anniversary is also made clear by the Senate's decision of 24 June 2021 to change the German name of ›FH Bielefeld‹ to ›Hochschule Bielefeld – University of Applied Sciences and Arts‹ in the future.

We are well prepared for the future and have even received artistic gifts for our anniversary: Important works of art on buildings, which are closely linked to the history of our University, have been given a new future in the inner courtyards of our building since 1 July 2021: the renovated sculpture ›Sphère Trames‹ (›Spherical Grid‹) by the French minimalist and abstraction artist François Morellet from 1974 and the sculpture ›Entfaltung‹ (›Unfolding‹) by the Berlin draughtsman, sculptor and founder of metal sculpture in Germany, Hans Uhlmann, from 1966. Art and life, teaching, learning and research form a meaningful unity at our University – all in all, good conditions for a promising path into the future.

ANHANG

APPENDIX

Chronik der FH Bielefeld 1971–2021

5. Juli 1968: Die Ministerpräsidenten der deutschen Bundesländer einigen sich, mit der Fachhochschule einen neuen Hochschultyp in Deutschland einzuführen.

31. Oktober 1968: Abkommen zwischen den Ländern der Bundesrepublik zur Vereinheitlichung auf dem Gebiet des Fachhochschulwesens.

29. Juli 1969: Fachhochschulgesetz (FHG) NRW.

8. Juli 1971: Fachhochschulerrichtungsgesetz (FHEG).

1. August 1971: *In Nordrhein-Westfalen entstehen 15 Fachhochschulen, die aus insgesamt über 100 öffentlichen oder privaten höheren Fachschulen und Werkkunstschulen im Land hervorgegangen sind – so auch die FH Bielefeld; 2.763 Studentinnen und Studenten sind eingeschrieben.*

Juli 1971: Dr. rer. pol. Walter F. Wolff wird an der FH Bielefeld Rektorbeauftragter der Landesregierung NRW, Dipl.-Ing. Hans-Heinrich Carriér wird durch die Landesregierung NRW mit der Wahrnehmung der Kanzleraufgaben betraut (bis Februar 1972).

Wintersemester 1971/1972: Die neu gegründete FH Bielefeld nutzt in den ersten Jahren die Gebäude der früheren höheren Fachschulen weiter, hier in der Reihenfolge der heutigen Nummerierung und Bezeichnung (ohne FB Gesundheit) genannt:

> **Fachbereich Design (FB 1):** Der Fachbereich Design entsteht aus der ehemaligen Werkkunstschule am Sparrenberg 2c (Architektur, Grafik und Textil); Meindersstraße 1 (Industriedesign); ›Alte Villa‹ Johanniskirchplatz (Mode und Textildesign).
>
> **Fachbereich Architektur und Bauingenieurwesen (FB 2):** Aus der 1964 gegründeten Staatlichen Ingenieurschule für Bauwesen in Minden wird zusammen mit dem Bielefelder Studienbereich Architektur der Fachbereich Architektur und Bauingenieurwesen der FH Bielefeld, Abteilung Minden, mit Sitz in den Gebäuden der ehemaligen Springbok Barracks in der Artilleriestraße 9.

Chronicle of the Bielefeld UAS 1971–2021

5 July 1968: *The Minister Presidents of the Federal States of Germany agree to introduce a new type of higher education institution in Germany, namely the university of applied science.*

31 October 1968: *Agreement between the Federal States of Germany on unification in the field of universities of applied sciences.*

29 July 1969: *Universities of Applied Sciences Act (Fachhochschulgesetz, FHG) North Rhine-Westphalia (NRW).*

8 July 1971: *University of Applied Sciences Establishment Act (Fachhochschulerrichtungsgesetz, FHEG).*

1 August 1971: *15 universities of applied sciences are established in North Rhine-Westphalia, including the Bielefeld UAS where 2,763 students are enrolled. These universities emerged from a total of more than 100 public or private colleges of higher education and municipal schools of applied arts in the state.*

July 1971: *Dr. rer. pol. Walter F. Wolff is appointed Rector's Representative of the NRW State Government at the Bielefeld UAS, and Dipl.-Ing. Hans-Heinrich Carriér is entrusted by the NRW State Government with the Chancellor's duties (until February 1972).*

Winter semester 1971/1972: *In the first years, the newly founded Bielefeld UAS continues to use the buildings of the former Colleges of Higher Education, mentioned here in the order of today's numbering and designation (without the Faculty of Health):*

> ***Faculty of Design (FB 1):*** *The Faculty of Design is created from the former Municipal School of Applied Arts (Werkkunstschule) at Sparrenberg 2c (Architecture, Graphics and Textiles); Meindersstrasse 1 (Industrial Design); ›Old Villa‹ at Johanniskirchplatz (Fashion and Textile Design).*
>
> ***Faculty of Architecture and Civil Engineering (FB 2):*** *The State School of Civil Engineering in Minden, founded in 1964, becomes the Faculty of Architecture and Civil Engineering of the Bielefeld UAS, Minden location, together with the Bielefeld Department of Architecture, with*

Fachbereich Ingenieurwissenschaften und Mathematik (FB 3): Der heutige Fachbereich Ingenieurwissenschaften und Mathematik entsteht aus der 1959 gegründeten Staatlichen Ingenieurschule für Maschinenwesen in Bielefeld und nutzt bis zum Umzug in den Fachhochschulneubau deren zwischen 1962 und 1965 errichtete Gebäude an der Wilhelm-Bertelsmann-Straße 10/Ecke Werner-Bock-Straße, später weitere Anmietung von Räumen und Gebäudeteilen im Horten-Haus in der Zimmerstraße, in Teilen der früheren Richmond-Kaserne Am Stadtholz 24, in der Wilhelm-Bertelsmann-Straße 8 und 19, in einem Neubau an der Universitätsstraße 27 sowie am Campus Gütersloh in der Schulstraße (Flöttmann-Haus) und im Langen Weg 9a (Gleis 13)

Fachbereich Sozialwesen (FB 4): Der Fachbereich Sozialwesen entsteht aus der Fusion von zwei höheren Fachschulen für Sozialarbeit: aus der Landeshauptmann-Salzmann-Schule in der Spenger Straße 15 bzw. auf dem Areal zwischen Bökenkampstraße 14–17 und der Kurzen Straße 36 in Bielefeld und dem Paritätischen Sozialseminar bzw. der Höheren Fachschule für Sozialarbeit in der Detmolder Schorenstraße 14. In Bielefeld war der Fachbereich in der Paulusstraße 10, in der Paulusstraße 36 – dem sogenannten Tschach-Haus, das eigentlich Junkermann & Speyer-Gebäude hätte heißen müssen, denn bis zur ›Arisierung‹ 1938 war die Kleiderfabrik in jüdischem Besitz –, in der Bökenkampstraße und zusammen mit der Hochschulverwaltung in der Prinzenstraße 10 untergebracht. 1976 – zusammen mit der Hochschulleitung und der Verwaltung – Umzug in das ehemalige Aufbau- und Verfügungszentrum der Universität Bielefeld (AVZ) an der Kurt-Schumacher-Straße 6.

Fachbereich Wirtschaft (FB 5): Der Fachbereich Wirtschaft geht auf die im März 1962 gegründete Staatliche Höhere Wirtschaftsfachschule (HWF) zurück, deren Lehrbetrieb zunächst in der Bielefelder Diesterwegstraße begann, bis der Fachschulneubau in der Lerchenstraße 2 fertiggestellt worden war. 1979 Umzug in einen Gebäudetrakt der gerade fertiggestellten Universität Bielefeld, zum Wintersemester 2014/2015 temporärer Zwischenumzug an der Kurt-Schumacher-Straße 6.

its headquarters in the buildings of the former Springbok Barracks in Artilleriestrasse 9.

Faculty of Engineering and Mathematics (FB 3): *Today's Faculty of Engineering and Mathematics emerges from the State School of Engineering for Mechanical Engineering in Bielefeld, founded in 1959, and uses its buildings at Wilhelm-Bertelsmann-Strasse 10/corner of Werner-Bock-Strasse, constructed between 1962 and 1965, until it moves to the new University building. Later, further renting of rooms and parts of buildings in the Horten house in Zimmerstrasse, in parts of the former Richmond barracks at Am Stadtholz 24, in Wilhelm-Bertelsmann-Strasse 8 and 19, in a new building at Universitätsstrasse 27 as well as at the Campus Gütersloh in Schulstrasse (Flöttmann-Haus) and Langer Weg 9a (Gleis 13).*

Faculty of Social Sciences (FB 4): *The Faculty of Social Sciences is the result of the merger of two colleges of social work: The Landeshauptmann-Salzmann-Schule in Spenger Strasse 15 or the area between Bökenkampstrasse 14–17 and Kurze Strasse 36 in Bielefeld and the Parity Social Seminar or the Higher Technical School for Social Work in Detmold's Schorenstrasse 14. In Bielefeld, the faculty was housed in Paulusstrasse 10, in Paulusstrasse 36 – (the so-called Tschach-Haus, which should actually have been called the Junkermann & Speyer building, because until the ›Aryanisation‹ in 1938 the clothing factory was Jewish-owned) – in Bökenkampstrasse and, together with the University administration, in Prinzenstrasse 10. In 1976 – together with the University management and administration – move to the former Structure and Disposal Centre of the University of Bielefeld (Aufbau- und Verfügungszentrum der Universität Bielefeld, AVZ) at Kurt-Schumacher-Strasse 6.*

Faculty of Business (FB 5): *The Faculty of Business goes back to the State Secondary School of Economics (Staatliche Höhere Wirtschaftsfachschule, HWF), founded in March 1962, whose teaching initially began in Bielefeld's Diesterwegstrasse until the new technical school building at Lerchenstrasse 2 was completed. In 1979, the school moved to a wing of the newly completed University of Bielefeld, and for the winter semester 2014/2015, the school temporarily moved to Kurt-Schumacher-Strasse 6.*

März 1972: Prof. Dr. rer. pol. Germanus Wegmann wird erster gewählter Gründungsrektor, Prof. Dipl.-Ing. Wilhelm Krüger Stellvertreter des Rektors, Dr. jur. Gerd Böhlig Kanzler.

Mai 1973: Die durch das Ministerium für Wissenschaft und Forschung initiierte Gründung eines Gesamthochschulbereichs Bielefeld, bestehend aus der Universität Bielefeld, der Musikhochschule Detmold, der Theologischen Hochschule Bethel, der Abteilung Bielefeld der Pädagogischen Hochschule Westfalen-Lippe, der FH Bielefeld und der FH Lippe scheitert genau ein Jahr nach Gründung.

1976: Umzug des Fachbereichs Sozialwesen zusammen mit der Hochschulleitung und der Verwaltung in das ehemalige Aufbau- und Verfügungszentrum der Universität Bielefeld (AVZ) an der Kurt-Schumacher-Straße 6.

1976: Bund und Länder einigen sich auf ein neues Hochschulrahmengesetz (HRG), das die Gleichwertigkeit aller Hochschulabschlüsse anstrebt, was erst Jahre später gelingt.

1976–1980: Zweite Amtszeit von Rektor Prof. Dr. rer. pol. Germanus Wegmann, Prof. Dipl.-Ing. Wilhelm Krüger, Stellvertreter des Rektors, Dr. jur. Gerd Böhlig, Kanzler.

1978: Der Fachbereich Design zieht aus der ehemaligen Werkkunstschule und seinen weiteren Gebäuden im Bielefelder Westen in die »Hochschule im Grünen« – das Gebäude der in die Universität Bielefeld integrierten ehemaligen Abteilung Bielefeld der Pädagogischen Hochschule Westfalen-Lippe in der Lampingstraße 3.

Wintersemester 1978/1979: Einführung eines Praxissemesters im Studiengang Elektrotechnik gegen den Willen der Studierenden am Fachbereich Elektrotechnik.

1979: Umzug des Fachbereichs Wirtschaft in den gerade fertiggestellten Neubau der Universität Bielefeld.

20. November 1979: Fachhochschulgesetz (FHG) NRW.

1980–1984: Dritte Amtszeit von Rektor Prof. Dr. rer. pol. Germanus Wegmann; zusammen mit Prof. Dipl.-Ing. Hans-Jürgen Teismann, Prorektor für Lehre, Studium und Studienreform, Prof. Dr. phil. Manfred Klein, Prorektor für Forschungs- und Entwicklungsaufgaben, Prof. Dr.-Ing. Heinrich Ehlebracht, Prorektor für Planung und Finanzen, und Dr. jur. Gerd Böhlig, Kanzler.

1984: Gründung des FH-Forschungsschwerpunkts Fotografie und Medien am Fachbereich Design.

March 1972: *Prof. Dr. rer. pol. Germanus Wegmann becomes the first elected Founding Rector, Prof. Dipl.-Ing. Wilhelm Krüger Deputy Rector, Dr. jur. Gerd Böhlig Chancellor.*

May 1973: *The foundation of a comprehensive university department in Bielefeld initiated by the Ministry of Science and Research, consisting of the University of Bielefeld, the Detmold College of Music, the Bethel College of Theology, the Bielefeld Department of the Westphalia-Lippe College of Education, the Bielefeld UAS and the Lippe UAS fails exactly one year after its foundation.*

1976: *The Faculty of Social Sciences moves together with the University management and administration to the former AVZ at Kurt-Schumacher-Strasse 6.*

1976: *The Federal Government and the Federal States of Germany agree on a new Higher Education Framework Act (HRG), which aims for the equivalence of all higher education degrees, which is only achieved years later.*

1976–1980: *Second term of office of Rector Prof. Dr. rer. pol. Germanus Wegmann, Prof. Dipl.-Ing. Wilhelm Krüger, Deputy Rector, Dr. jur. Gerd Böhlig, Chancellor.*

1978: *The Faculty of Design moves out of the former Werkkunstschule and its other buildings in the west of Bielefeld into the »university in the green« – the building of the former Bielefeld Department of the University of Education Westphalia-Lippe at Lampingstrasse 3, which was integrated into the University of Bielefeld.*

Winter semester 1978/1979: *Introduction of a practical semester in the Electrical Engineering degree programme against the will of the students at the Faculty of Electrical Engineering.*

1979: *The Faculty of Business moves into the newly completed new building of the University of Bielefeld.*

20 November 1979: *Universities of Applied Sciences Act (Fachhochschulgesetz, FHG) NRW.*

1980–1984: *Third term of office of Rector Prof. Dr. rer. pol. Germanus Wegmann; together with Prof. Dipl.-Ing. Hans-Jürgen Teismann, Vice Rector for Teaching, Studying and Study Reform, Prof. Dr. phil. Manfred Klein, Vice Rector for Research and Development, Prof. Dr.-Ing. Heinrich Ehlebracht, Vice Rector for Planning and Finance, and Dr. jur. Gerd Böhlig, Chancellor.*

1984: *Foundation of the research focus Photography and Media at the Faculty of Design.*

1984–1988: Erste Amtszeit von Rektor Prof. Dr.-Ing. Heinrich Ehlebracht; zusammen mit Prof. Dr. sc. pol. Karlheinz Nagels, Prorektor für Lehre, Studium und Studienreform, Prof. Dr. rer. nat. Heinrich Ostholt, Prorektor für Forschungs- und Entwicklungsaufgaben, Prof. Dipl.-Ing. Hans-Jürgen Teismann, Prorektor für Planung und Finanzen, und Dr. jur. Gerd Böhlig, Kanzler.

1987: Die Novellierung des Fachhochschulgesetzes ermöglicht die Gründung von An-Instituten.

1987: Der FH Bielefeld gelingt es, Wissenschaftsministerin Anke Brunn davon abzubringen, die Abteilung Minden der FH Lippe anzugliedern.

1988–2001: Zweite Amtszeit von Rektor Prof. Dr.-Ing. Heinrich Ehlebracht; zusammen mit Prof. Dr. sc. pol. Karlheinz Nagels, Prorektor für Lehre, Studium und Studienreform, Prof. Dr. rer. nat. Heinrich Ostholt, Prorektor für Forschungs- und Entwicklungsaufgaben, Prof. Dipl.-Ing. Hans-Jürgen Teismann, Prorektor für Planung und Finanzen, und Dr. jur. Gerd Böhlig, Kanzler.

22. September 1988: Gründung des Forschungs- und Entwicklungsschwerpunktes Systemoptimierung und Lärmminderung im Maschinenbau des Fachbereichs Maschinenbau.

1988: Das Amt der Frauenbeauftragten wird in der Grundordnung der FH Bielefeld verankert.

1988: Die Industrie- und Handelskammer Ostwestfalen zu Bielefeld und die FH Bielefeld unterschreiben den Kooperationsvertrag zur Fort- und Weiterbildung und zum Wissens- und Technologietransfer.

Anfang 1990: Gründung des CAE-Instituts, Beckum, mit den beiden Schwerpunkten Elektrotechnik (ECAE) und Maschinenbau (MCAE), das als An-Institut aus den Laboren für Schall- und Strukturanalyse und für Technische Datenverarbeitung am Fachbereich Elektrotechnik und Maschinenbau hervorgeht.

1992: Gründung des An-Institutes Gründer- und Anwendungszentrum für Fördertechnik und Automatisierung (GAZ) in Espelkamp.

3. August 1993: Fachhochschulgesetz (FHG) NRW.

1993–1997: Erste Amtszeit von Rektor Prof. Dr. rer. nat. Heinrich Ostholt; zusammen mit Prof. Dr. rer. pol. Gunter Bertelsmann, Prorektor für Lehre, Studium und Studienreform, Prof. Gottfried Jäger, Prorektor für Forschungs- und Entwicklungsaufgaben, Prof. Dr.-Ing. Axel Rosemann, Prorektor für Planung und Finanzen,

1984–1988: *First term of office of Rector Prof. Dr.-Ing. Heinrich Ehlebracht; together with Prof. Dr. sc. pol. Karlheinz Nagels, Vice Rector for Teaching, Studying and Study Reform, Prof. Dr. rer. nat. Heinrich Ostholt, Vice Rector for Research and Development Tasks, Prof. Dipl.-Ing. Hans-Jürgen Teismann, Vice Rector for Planning and Finance, and Dr. jur. Gerd Böhlig, Chancellor.*

1987: *The amendment of the Universities of Applied Sciences Act (Fachhochschulgesetz, FHG) allows the foundation of affiliated institutes.*

1987: *The Bielefeld UAS succeeds in dissuading Science Minister Anke Brunn from annexing the Minden location to the Lippe UAS.*

1988–2001: *Second term of office of Rector Prof. Dr.-Ing. Heinrich Ehlebracht; together with Prof. Dr. sc. pol. Karlheinz Nagels, Vice Rector for Teaching, Studying and Study Reform, Prof. Dr. rer. nat. Heinrich Ostholt, Vice Rector for Research and Development Tasks, Prof. Dipl.-Ing. Hans-Jürgen Teismann, Vice Rector for Planning and Finance, and Dr. jur. Gerd Böhlig, Chancellor.*

22 September 1988: *Foundation of the research and development focus on System Optimisation and Noise Reduction in Mechanical Engineering of the Faculty of Mechanical Engineering.*

1988: *The office of the Women's Representative is anchored in the basic regulations of the Bielefeld UAS.*

1988: *The East Westphalia Chamber of Industry and Commerce and the Bielefeld UAS sign the cooperation agreement for further education and training and for the transfer of knowledge and technology.*

Early 1990: *Foundation of the CAE Institute, Beckum, with the two focal points of Electrical Engineering (ECAE) and Mechanical Engineering (MCAE), which emerges as an affiliated institute from the laboratories for sound and structural analysis and for technical data processing at the Faculty of Electrical Engineering and Mechanical Engineering.*

1992: *Founding of the affiliated institute Founder and Application Centre for Conveying Technology and Automation (Gründer- und Anwendungszentrum für Fördertechnik und Automatisierung, GAZ) in Espelkamp.*

3 August 1993: *Universities of Applied Sciences Act (Fachhochschulgesetz, FHG) NRW.*

1993–1997: *First term of office of Rector Prof. Dr. rer. nat. Heinrich Ostholt; together with Prof. Dr. rer. pol. Gunter*

Dr. jur. Gerd Böhlig, Kanzler (bis Juni 1995), und Gehsa Schnier, LL.M., Kanzlerin (seit Juli 1995).

1. März 1994: Start des Bund-Länder-Modellversuchs Frauen im Ingenieurstudium an Fachhochschulen, aus dem 1999 das Kompetenzzentrum Technik-Diversity-Chancengleichheit hervorgeht.

März 1994: Eröffnung der KiTa EffHa an der Wertherstraße 16.

Seit 1994: Angebot von Verbundstudiengängen in Kooperation mit dem Institut für Verbundstudien der Fachhochschulen Nordrhein-Westfalen, Hagen.

1994: Gründung des interdisziplinären Forschungsschwerpunkts Elektrische Energie – Mobilität – Umwelt der Fachbereiche Elektrotechnik, Sozialwesen, Design und Wirtschaft.

Wintersemester 1994/1995: Einführung des Studiengangs Mathematik als erster Studiengang dieser Art an NRW-Fachhochschulen.

Oktober/November 1995: Ausstellungs- und Publikationsprojekt des Forschungsschwerpunkts Fotografie und Medien in der Kunsthalle Bielefeld: Lázló Moholy-Nagy. Idee und Wirkung. Anklänge an sein Werk in der zeitgenössischen Kunst.

1996: Aufbau der neuen Lehreinheit Pflege und Gesundheit in den ehemaligen Kasernengebäuden Am Stadtholz 24.

1996: Gründung des Forschungs- und Entwicklungsschwerpunkts IndustrielleBewegungsTechnologie (IBT) am Fachbereich Maschinenbau.

Wintersemester 1996/1997: Einrichtung des Studiengangs Produktentwicklung des Fachbereichs Mathematik und Technik mit den dafür erforderlichen Laboren und Seminarräumen Am Stadtholz 24.

31. Januar 1997: Gründung der Fachhochschulgesellschaft – Verein der Freunde und Förderer e.V. in der Industrie- und Handelskammer Ostwestfalen zu Bielefeld (IHK).

1997–2001: Zweite Amtszeit von Rektor Prof. Dr. rer. nat. Dr. h.c. Heinrich Ostholt; zusammen mit Prof. Dr. rer. pol. Gunter Bertelsmann, Prorektor für Lehre, Studium und Studienreform,Prof. Dr.-Ing. Günter Pomaska, Prorektor für Forschungs- und Entwicklungsaufgaben, Prof. Dr.-Ing. Axel Rosemann, Prorektor für Planung und Finanzen, und Gehsa Schnier, LL.M., Kanzlerin.

Bertelsmann, Vice Rector for Teaching, Studying and Study Reform, Prof. Gottfried Jäger, Vice Rector for Research and Development Tasks, Prof. Dr.-Ing. Axel Rosemann, Vice Rector for Planning and Finance, Dr. jur. Gerd Böhlig, Chancellor (until June 1995), and Gehsa Schnier, LL.M., Chancellor (since July 1995).

***1 March 1994:** Start of the federal-state pilot project Women in Engineering Studies at Universities of Applied Sciences, from which the Competence Centre for Technology Diversity Equal Opportunities (Kompetenzzentrum Technik-Diversity-Chancengleichheit) emerges in 1999.*

***March 1994:** Opening of the child day care centre (KiTa EffHa) at Wertherstrasse 16.*

***Since 1994:** Offering of compound study courses in cooperation with the Institute for Compound Studies of the Universities of Applied Sciences of North Rhine-Westphalia, Hagen.*

***1994:** Foundation of the interdisciplinary research focus Electrical Energy – Mobility – Environment of the Faculties of Electrical Engineering, Social Sciences, Design and Business.*

***Winter semester 1994/1995:** Introduction of the Mathematics course as the first course of its kind at universities of applied sciences in North Rhine-Westphalia.*

***October/November 1995:** Exhibition and publication project of the research focus Photography and Media at Kunsthalle Bielefeld: Lázló Moholy-Nagy. Idea and Effect. Echoes of his Work in Contemporary Art.*

***1996:** Establishment of the new Teaching Unit Nursing and Health in the former barracks buildings at Am Stadtholz 24.*

***1996:** Foundation of the research and development focus IndustrielleBewegungsTechnologie (Industrial Motion Technologies, IBT) at the Faculty of Mechanical Engineering.*

***Winter semester 1996/1997:** Establishment of the Product Development course of study in the Faculty of Mathematics and Technology with the necessary laboratories and seminar rooms at Am Stadtholz 24.*

***31 January 1997:** Foundation of the Association of Friends and Sponsors of the Bielefeld UAS (Fachhochschulgesellschaft – Verein der Freunde und Förderer) Chamber of Industry and Commerce of East Westphalia in Bielefeld (IHK).*

19. Juni 1999: Vertreterinnen und Vertreter von 29 europäischen Bildungsministerien unterzeichneten in der Aula Magna der Universität Bologna die Bologna-Erklärung; der Bologna-Prozess beginnt.

1999: Umbenennung des Fachbereichs Design in Fachbereich Gestaltung.

10. November 1999: Gründung des Kompetenzzentrums Technik-Diversity-Chancengleichheit, seinerzeit unter dem Namen Frauen geben Technik neue Impulse e.V.

14. März 2000: Fachhochschulgesetz (FHG) NRW, Abschaffung des Konvents.

2000: Das Rektorat mit Prof. Dr. rer. nat. Dr. h.c. Heinrich Ostholt erarbeitet gemeinsam mit Pro Grün e.V. Pläne für eine Realisierung eines neuen Campus im früheren Luftwaffenbekleidungsamt Am Stadtholz, die nicht umgesetzt werden.

2001: Gründung des Bau- und Liegenschaftsbetriebs NRW (BLB NRW) als teilrechtsfähiges Sondervermögen des Landes Nordrhein-Westfalen.

2001–2005: Erste Amtszeit von Rektorin Prof. Dr. phil. habil. Beate Rennen-Allhoff, Rektorin; zusammen mit Prof. Dr. sc. agr. Uwe Rössler, Prorektor für Lehre, Studium und Studienreform, Prof. Dr.-Ing. Hans-Peter Barbey, Prorektor für Forschungs- und Entwicklungsaufgaben, Prof. Dr.-Ing. Bruno Fuhrmann, Prorektor für Planung und Finanzen, und Gehsa Schnier, LL.M., Kanzlerin.

2002: Etablierung der hochschulweiten Evaluation an der FH Bielefeld.

Wintersemester 2002/2003: Einführung des Studiengangs Apparative Biotechnologie.

2004: Gründung des Ausstellungsprojekts ›Leonardo da Vinci – Bewegende Erfindungen‹ durch Prof. Dr.-Ing. Horst Langer.

2004: Einrichtung und Aufbau der ersten und bis heute wohl einzigen Hochschulartothek in der Bundesrepublik Deutschland durch Prof. Dr. phil. Andreas Beaugrand.

Februar 2005: Informelles Treffen von Universität (Rektor Prof. Dr. rer. pol. Dieter Timmermann, Kanzler Hans-Jürgen Simm, Planungsdezernent Hartmut Krauß) und Fachhochschule (Rektorin Prof. Dr. phil. habil. Beate Rennen-Allhoff, Prorektoren Prof. Dr.-Ing. Bruno Fuhrmann und Prof. Dr. sc. agr. Uwe Rössler) zur Verwirklichung eines zentralen Ersatzneubaus für die FH Bielefeld mit teilweiser Zwischennutzung durch die Universität Bielefeld.

1997–2001: *Second term of office of Rector Prof. Dr. rer. nat. Dr. h.c. Heinrich Ostholt; together with Prof. Dr. rer. pol. Gunter Bertelsmann, Vice Rector for Teaching, Studying and Study Reform, Prof. Dr.-Ing. Günter Pomaska,*
Vice Rector for Research and Development Tasks, Prof. Dr.-Ing. Axel Rosemann, Vice Rector for Planning and Finance, and Gehsa Schnier, LL.M., Chancellor.

19 June 1999: *Representatives of 29 European ministries of education sign the Bologna Declaration in the Aula Magna of the University of Bologna; the Bologna Process begins.*

1999: *The Faculty of Design (Design) is renamed into the Faculty of Design (Gestaltung).*

10 November 1999: *Foundation of the Competence Centre for Technology Diversity Equal Opportunities, at that time under the name Women Give New Impetus to Technology (Frauen geben Technik neue Impulse e.V.).*

14 March 2000: *Universities of Applied Sciences Act (Fachhochschulgesetz, FHG), abolition of the Convention.*

2000: *The Rectorate with Prof. Dr. rer. nat. Dr. h.c. Heinrich Ostholt, together with Pro Grün e.V., draw up plans for the realisation of a new campus in the former Luftwaffe clothing office (in the former barracks buildings) at Am Stadtholz 24, which are not implemented.*

2001: *Foundation of the Bau- und Liegenschaftsbetrieb NRW (BLB NRW) as a special fund of the State of North Rhine-Westphalia with partial legal capacity.*

2001–2005: *First term of office of Rector Prof. Dr. phil. habil. Beate Rennen-Allhoff, Rector; together with Prof. Dr. sc. agr. Uwe Rössler, Vice Rector for Teaching, Studying and Study Reform, Prof. Dr.-Ing. Hans-Peter Barbey, Vice Rector for Research and Development Tasks, Prof. Dr.-Ing. Bruno Fuhrmann, Vice Rector for Planning and Finance, and Gehsa Schnier, LL.M., Chancellor.*

2002: *Establishment of University-wide evaluation at the Bielefeld UAS.*

Winter semester 2002/2003: *Introduction of the degree programme in Apparative Biotechnology.*

2004: *Foundation of the exhibition project ›Leonardo da Vinci – Moving Inventions‹ by Prof. Dr.-Ing. Horst Langer.*

2004: *Establishment and development of the first, and to date probably only, University Art Library in the Federal Republic of Germany by Prof. Dr. phil. Andreas Beaugrand.*

3. Mai 2005: Antrag im Wissenschaftsministerium zur Bebauung des Grundstücks Lange Lage mit einer Campus-Fachhochschule.

2005: Im Hochschulentwicklungsplan wird die Integration von fachspezifischem Wissenschaftsenglisch in jeden FH-Studiengang festgeschrieben.

2005–2009: Zweite Amtszeit von Rektorin Prof. Dr. phil. habil. Beate Rennen-Allhoff; zusammen mit Prof. Dr. sc. agr. Uwe Rössler (bis August 2008), Prof. Dr. phil. Andreas Beaugrand (seit September 2008), Prorektoren für Lehre, Studium und Studienreform, Prof. Dr. rer. nat. Karl-Ulrich Kettner (bis Januar 2007), Prof. Dr.-Ing. Joachim Bahndorf (seit Juli 2007), Prorektoren für Forschungs- und Entwicklungsaufgaben, Prof. Dr. math. Friedrich Biegler-König, Prorektor für Planung und Finanzen, und Gehsa Schnier, LL.M., Kanzlerin.

31. August 2006: Der Hauptausschuss des Rates der Stadt Bielefeld stimmt dem raumbezogenen Entwicklungskonzept für einen Neubau der FH Bielefeld zu.

2006: Gründung des Instituts für Buchgestaltung (IFB) am Fachbereich Gestaltung.

1. Januar 2007: Hochschulfreiheitsgesetz NRW, Entstehung des Hochschulrates.

2007: Buch- und Ausstellungsprojekt des Fachbereichs Gestaltung im Historischen Museum der Stadt Bielefeld: ›werkkunst. Kunst und Gestaltung in Bielefeld 1907–2007‹.

2007: Die Bielefelder Niederlassung des BLB NRW 2007 richtet einen städtebaulichen Wettbewerb mit fünf geladenen Architekturbüros aus, den das Team der Städteplaner und Architekten Döll-Atelier voor Bouwkunst b.v., Rotterdam, und GTL Gnüchtel Triebswetter Landschaftsarchitekten, Kassel, gewinnen.

2007: Vereinbarung des Hochschulpakts, durch den Bund und Länder den Hochschulen Mittel für die Aufnahme zusätzlicher Studierender zur Verfügung stellen.

Mai 2008: Die HIS GmbH Hannover legt den Flächenbedarfsplan für den Ersatzneubau vor.

2008: Der Standort Minden der FH Bielefeld gewinnt im durch das Ministerium für Innovation, Wissenschaft, Forschung und Technologie des Landes Nordrhein-Westfalen ausgerichteten Wettbewerb ›Ausbau der Fachhochschulen in Nordrhein-Westfalen‹ und soll 500 neue Studienplätze einrichten. Der Standort Minden der FH Bielefeld wird Fachbereich Technik (im Aufbau), der Studienort Gütersloh wird eigeninitiativ eingerichtet.

February 2005: *Informal meeting of the University (Rector Prof. Dr. rer. pol. Dieter Timmermann, Chancellor Hans-Jürgen Simm, Head of the Planning Department Hartmut Krauß) and the University of Applied Sciences (Rector Prof. Dr. phil. habil. Beate Rennen-Allhoff, Vice Rector Prof. Dr.-Ing. Bruno Fuhrmann and Prof. Dr. sc. agr. Uwe Rössler) for the realisation of a central replacement building for the Bielefeld UAS with partial interim use by the University of Bielefeld.*

3 May 2005: *Application to the Ministry of Science to build a Campus University of Applied Sciences on the Lange Lage site.*

2005: *The integration of subject-specific scientific English into every degree programme of the Bielefeld UAS is stipulated in the University Development Plan.*

2005–2009: *Second term of office of Rector Prof. Dr. phil. habil. Beate Rennen-Allhoff; together with Prof. Dr. sc. agr. Uwe Rössler (until August 2008), Prof. Dr. phil. Andreas Beaugrand (since September 2008), Vice Rectors for Teaching, Studying and Study Reform, Prof. Dr. rer. nat. Karl-Ulrich Kettner (until January 2007), Prof. Dr.-Ing. Joachim Bahndorf (since July 2007), Vice Rectors for Research and Development, Prof. Dr. math. Friedrich Biegler-König, Vice Rector for Planning and Finance, and Gehsa Schnier, LL.M., Chancellor.*

31 August 2006: *The main committee of the Bielefeld City Council approves the spatial development concept for a new building for the Bielefeld UAS.*

2006: *Foundation of the Institute for Book Design (IFB) at the Faculty of Design.*

1 January 2007: *Higher Education Freedom Act NRW (Hochschulfreiheitsgesetz), emergence of the University Council.*

2007: *Book and exhibition project of the Faculty of Design in the Historical Museum of the City of Bielefeld: ›werkkunst. Kunst und Gestaltung in Bielefeld 1907–2007‹.*

2007: *The Bielefeld branch of BLB NRW 2007 organises an urban planning competition with five invited architectural firms, which is won by the team of urban planners and architects Döll-Atelier voor Bouwkunst b.v., Rotterdam, and GTL Gnüchtel Triebswetter Landschaftsarchitekten, Kassel.*

2007: *Agreement on the Higher Education Pact, through which the Federal and State Governments make funds available to the universities for the admission of additional students.*

Juni 2008: Beginn des Wettbewerbs für den Generalplaner des Neubaus.

26. August 2008: Eine in- und extern besetzte Jury entscheidet über das Siegerteam des internen Wettbewerbs am Fachbereich Gestaltung für ein neues Corporate Design, dessen Entwurf bis Sommer 2009 durch die Bielefelder Designagentur Beierarbeit hochschulweit implementiert wird.

26. November 2008: Gründung des FH-Forschungsschwerpunktes AMMO – Angewandte Mathematische Modellierung und Optimierung der Lehreinheit Mathematik am Fachbereich Ingenieurwissenschaften und Mathematik (zunächst für ein Jahr, dann dauerhaft).

2008: Zusammenlegung der Lehreinheit Pflege und Gesundheit mit dem Fachbereich Wirtschaft zum neuen Fachbereich Wirtschaft und Gesundheit (Fachbereich 5).

2008: Wahl des ersten Hochschulrates der FH Bielefeld (bis 2013) mit Prof. Dr. jur. Anne Friedrichs, Präsidentin der FH Oldenburg/Ostfriesland/Wilhelmshaven, danach Gründungspräsidentin der Hochschule für Gesundheit, Bochum (bis Oktober 2009 Vorsitzende), Prof. Dr. oec. Marianne Assenmacher (seitdem Vorsitzende), Präsidentin der Hochschule Vechta (bis September 2015), Lothar Kriszun (stellvertretender Vorsitzender), Geschäftsfeld Traktoren, Strategie und Unternehmenskommunikation, Claas Industrietechnik, Mitglied des Vorstands der Claas KGaA mbH (bis September 2017), Prof. Ekkehard Bollmann, ehemals FH Bielefeld, Fachbereich Architektur und Bauingenieurwesen, Minden, Prof. Gottfried Jäger, ehemals FH Bielefeld, Fachbereich Gestaltung, Prof. Dr. phil. Elke Platz-Waury, ehemals FH Heilbronn (seit November 2009), Prof. Dr. rer. soc. Cornelia Giebeler, FH Bielefeld, Fachbereich Sozialwesen, Gerrit Holz, Vorstandsvorsitzender der Biogas Nord AG, Bielefeld, und Antje-Karin Pieper, Rechtsanwältin, Berlin.

Januar 2009: Aus 63 Bewerbungen wählt eine Jury zwei Generalplaner zur weiteren Planüberarbeitung des FH-Bielefeld-Neubaus aus.

März 2009: Das Architekturbüro Auer+Weber Assoziierte GmbH, Stuttgart und München, geht als Sieger aus dem Generalplanerwettbewerb für den FH-Neubau hervor.

21. September 2009: Die FH Bielefeld, die Universität Bielefeld und der BLB NRW unterzeichnen die Verträge über den Ersatzneubau der FH Bielefeld und ein Ausweichgebäude für die Universität Bielefeld (Gebäude X).
Ende 2009: Beginn der Bauarbeiten für den FH-Neubau.

***May 2008:** The HIS GmbH Hannover presents the space requirement plan for the new replacement building.*

***2008:** The Minden location of the Bielefeld UAS wins the competition for the expansion of universities of applied sciences in North Rhine-Westphalia organised by the Ministry of Innovation, Science, Research and Technology of the state of North Rhine-Westphalia and is to establish 500 new study places. The Minden location of the Bielefeld UAS becomes the Faculty of Technology (under construction), the Gütersloh location is established on its own initiative.*

***June 2008:** Start of the competition for the general planner of the new building.*

***26 August 2008:** An internal and external jury decides on the winning team of the internal competition at the Faculty of Design for a new corporate design, the draft of which is implemented University-wide by the Bielefeld design agency Beierarbeit by summer 2009.*

***26 November 2008:** Foundation of the research focus AMMO – Applied Mathematical Modelling and Optimisation at the Mathematics Department Teaching Unit of the Faculty of Engineering and Mathematics (initially for one year, then permanently).*

***2008:** Merger of the Teaching Unit Nursing and Health with the Faculty of Business to form the new Faculty of Business and Health (FB 5).*

***2008:** Election of the first University Council of the Bielefeld UAS (until 2013) with Prof. Dr. jur. Anne Friedrichs, President of the Oldenburg/Ostfriesland/Wilhelmshaven UAS, then founding President of the University of Health, Bochum (Chairwoman until October 2009), Prof. Dr. oec. Marianne Assenmacher (since then Chairwoman), President of the Vechta UAS (until September 2015), Lothar Kriszun (Deputy Chairwoman), Tractor Business Unit, Strategy and Corporate Communications, Claas Industrietechnik, Member of the Executive Board of Claas KGaA mbH (until September 2017), Prof. Ekkehard Bollmann, formerly Bielefeld UAS, Faculty of Architecture and Civil Engineering, Minden, Prof. Gottfried Jäger, formerly Bielefeld UAS, Faculty of Design, Prof. Dr. phil. Elke Platz-Waury, formerly Heilbronn UAS (since November 2009), Prof. Dr. rer. soc. Cornelia Giebeler, Bielefeld UAS, Faculty of Social Sciences, Gerrit Holz, Chairman of the Board of Biogas Nord AG, Bielefeld, and Antje-Karin Pieper, lawyer, Berlin.*

***January 2009:** From 63 applications, a jury selects two general planners to further revise the plans for the new Bielefeld UAS building.*

2009: Der Studiengang Apparative Biotechnologie des Fachbereichs Ingenieurwissenschaften und Mathematik bezieht Teile des für das Centrum für Biotechnologie (CeBiTec) der Universität Bielefeld 2008/2009 errichteten Gebäudes an der Universitätsstraße 27.

Seit 2009: Hochschulmodernisierungsprogramm (HMoP). Das Land NRW investiert fünf Milliarden Euro, um die Hochschulen in NRW zu modernisieren und unter anderem auch auf den doppelten Abiturjahrgang 2013 vorzubereiten. Bis 2020 fließen weitere 1,2 Milliarden Euro in die bauliche Entwicklung der Hochschulen; ein Investitionsende ist nicht abzusehen.

Seit 2009: Einführung der durch die FH Bielefeld selbst entwickelten Praxisintegrierten Studiengänge für die Standorte Bielefeld und Minden sowie den Studienort Gütersloh.

2009–2015: Dritte Amtszeit von Präsidentin Prof. Dr. phil. habil. Beate Rennen-Allhoff; zusammen mit Prof. Dr. phil. Andreas Beaugrand, Vizepräsident für Studium und Lehre, Prof. Dr. Dipl.-Ing. Joachim Bahndorf (bis Mai 2013, †), Prof. Dr. rer. nat. Christian Schröder (seit Juli 2013), Vizepräsident für Forschung, Entwicklung und Transfer, Prof. Dr. math. Friedrich Biegler-König, Vizepräsident für Planung und Infrastruktur, und Gehsa Schnier, LL.M., Vizepräsidentin für Wirtschafts- und Personalverwaltung.

21. Juli 2011: Das Präsidium unterzeichnet die Zielvereinbarungen zum audit familiengerechte hochschule.

1. April 2011: Grundsteinlegung für das neue Fachhochschulgebäude.

1. April 2011: Gründung der Forschungskooperation Mieletec FH Bielefeld am Fachbereich Ingenieurwissenschaften und Mathematik.

2011: Gründung von it's OWL (Intelligente Technische Systeme OstWestfalenLippe) durch über 180 Unternehmen, Hochschulen, wissenschaftliche Kompetenzzentren und wirtschaftsnahe Organisationen in Ostwestfalen-Lippe.

2011: Umzug des Dezernats IV Finanzen und Forschung ins Dachgeschoss des Fachbereichs Gestaltung an der Lampingstraße 3.

17. April 2012: Richtfest des FH-Neubaus.

2012: Gründung des Instituts für Bildungs- und Versorgungsforschung im Gesundheitsbereich (InBVG)

March 2009: *The architectural firm Auer+Weber Assoziierte GmbH, Stuttgart and Munich, emerges as the winner of the general planning competition for the new University building.*

21 September 2009: *The Bielefeld UAS, the University of Bielefeld and the BLB NRW sign the contracts for the replacement new building for the Bielefeld UAS and an alternative building for the University of Bielefeld (Building X).*

End of 2009: *Construction work begins on the new University building.*

2009: *The Apparative Biotechnology programme of the Faculty of Engineering and Mathematics moves into parts of the building constructed for the Centre for Biotechnology (CeBiTec) at the University of Bielefeld in 2008/2009 at Universitätsstrasse 27.*

Since 2009: *Higher Education Modernisation Programme (HMoP). The state of North Rhine-Westphalia is investing five billion (five thousand million) euros to modernise the universities in North Rhine-Westphalia and, among other things, to prepare them for the double Abitur class of 2013. By 2020, a further 1,2 billion euros will flow into the structural development of the universities; with no end to investment in sight.*

Since 2009: *Introduction of the work-integrated degree programmes developed by the Bielefeld UAS for the Bielefeld, Minden and Gütersloh locations.*

2009–2015: *Third term of office of President Prof. Dr. phil. habil. Beate Rennen-Allhoff; together with Prof. Dr. phil. Andreas Beaugrand, Vice President for Studying and Teaching, Prof. Dr. Dipl.-Ing. Joachim Bahndorf (until May 2013, †), Prof. Dr. rer. nat. Christian Schröder (since July 2013), Vice President for Research, Development and Transfer, Prof. Dr. math. Friedrich Biegler-König, Vice President for Planning and Infrastructure, and Gehsa Schnier, LL.M., Vice President for Finance and Personnel Administration.*

21 July 2011: *The Presidential Board signs the target agreements for the audit familiengerechte hochschule.*

1 April 2011: *Laying of the foundation stone for the new UAS building.*

1 April 2011: *Foundation of the research cooperation Mieletec FH Bielefeld at the Faculty of Engineering and Mathematics.*

2011: *Foundation of it's OWL (Intelligent Technical Systems OstWestfalenLippe) by over 180 companies,* am Fachbereich Wirtschaft und Gesundheit, Lehreinheit Pflege und Gesundheit.

2012: Europäischer und Deutscher Qualifikationsrahmen (EQR/DQR), Einrichtung der Bachelor- und Masterabschlüsse.

1. Mai 2013: Gründung des Bielefelder Instituts für Angewandte Materialwissenschaften (BIfAM) am Fachbereich Ingenieurwissenschaften und Mathematik.

22. Mai 2013: Gründung des Instituts für Systemdynamik und Mechatronik (ISyM) am Fachbereich Ingenieurwissenschaften und Mathematik.

November 2013: Umbenennung des Forschungsschwerpunktes InteG-F: Gebäudetechnologien unter einem Dach in Institut für intelligente Gebäude (InfinteG) am Campus Minden.

2013: Aus der Fachhochschulgesellschaft wird die Fördergesellschaft FH Bielefeld e.V.

2013: Wahl des zweiten Hochschulrates der FH Bielefeld (bis 2018) mit Prof. Dr. oec. Marianne Assenmacher (Vorsitzende), Lothar Kriszun (stellvertretender Vorsitzender), Christiane Claus, Kanzlerin der Hochschule Bremen, Anja-Christina Horstmann, Geschäftsführerin der Krohne Pressure Solutions GmbH, Minden, Prof. Kurt Johnen, ehemals FH Bielefeld, Fachbereich Sozialwesen, Prof. Dr. phil. Barbara Knigge-Demal, ehemals FH Bielefeld, Lehreinheit Pflege und Gesundheit des Fachbereichs Wirtschaft und Gesundheit, Matthias Neu, stellvertretender Leiter am Zentrum für Informations- und Medientechnologien (IMT) der Universität Paderborn, und Dr. Eduard Sailer, bis 2016 Geschäftsführer der Miele & Cie. KG, Gütersloh.

2014: Gründung der Sektion Minden der Fördergesellschaft FH Bielefeld e.V.

16. September 2014: Gesetz über die Hochschulen des Landes Nordrhein-Westfalen (Hochschulzukunftsgesetz), Etablierung der Hochschulwahlversammlung aus Teilen des Senats und des Hochschulrats.

2015: Der Mindener Fachbereich Technik (im Aufbau) wird gemeinsam mit dem Fachbereich Architektur und Bauwesen zum Fachbereich Campus Minden.

12. Dezember 2015: Gründung des FH-Forschungsschwerpunkts Erkenntnisformen der Fotografie am Fachbereich Gestaltung.

Sommer 2015: Wegen Organisations- und Bauschwierigkeiten wird der Neubau der FH Bielefeld an der

universities, scientific competence centres and business-related organisations in East-Westphalia-Lippe.

2011: *Department IV Finance and Research moves to the top floor of the Faculty of Design at Lampingstrasse 3.*

17 April 2012: *Topping-out ceremony of the new University building.*

2012: *Foundation of the Institute for Education and Care Research in the Health Sector (InBVG) at the Faculty of Business and Health, Teaching Unit Nursing and Health.*

2012: *European and German Qualifications Framework (EQF/DQR), establishment of Bachelor's and Master's degrees.*

1 May 2013: *Foundation of the Bielefeld Institute for Applied Materials Science (BIfAM) at the Faculty of Engineering and Mathematics.*

22 May 2013: *Foundation of the Institute for System Dynamics and Mechatronics (ISyM) at the Faculty of Engineering and Mathematics.*

November 2013: *Renaming of the research focus InteG-F: Building Technologies under one roof to Institute for Intelligent Buildings (InfinteG) at the Campus Minden.*

2013: *The Fachhochschulgesellschaft (University of Applied Sciences Society) becomes Fördergesellschaft FH Bielefeld (Supporting Society of the Bielefeld UAS).*

2013: *Election of the second University Council of the Bielefeld UAS (until 2018) with Prof. Dr. oec. Marianne Assenmacher (Chairwoman), Lothar Kriszun (Deputy Chairman), Christiane Claus, Chancellor of the Bremen UAS, Anja-Christina Horstmann, Managing Director of KROHNE Pressure Solutions GmbH, Minden, Prof. Kurt Johnen, formerly Bielefeld UAS, Faculty of Social Sciences, Prof. Dr. phil. Barbara Knigge-Demal, formerly Bielefeld UAS, Teaching Unit Nursing and Health of the Faculty of Business and Health, Matthias Neu, Deputy Director at the Centre for Information and Media Technologies (IMT) of the University of Paderborn, and Dr Eduard Sailer, until 2016 Managing Director of Miele & Cie. KG, Gütersloh.*

2014: *Founding of the Minden section of the Fördergesellschaft FH Bielefeld (Supporting Society of the Bielefeld UAS).*

16 September 2014: *Act on the Higher Education Institutions of the State of North Rhine-Westphalia (Higher Education Future Act), establishment of the*

Interaktion 1 in 33619 Bielefeld knapp zwei Jahre später als geplant fertiggestellt.

2015: Die FH Bielefeld ist systemakkreditiert.

13. November 2015: Der Neubau auf dem Campus Minden wird offiziell eröffnet.

November 2015: Gründung des FH-Forschungsschwerpunktes IFE – Interdisziplinäre Forschung und Anwendungsentwicklung in der Umweltinformatik am Campus Minden.

2015–2021: Erste Amtszeit von Präsidentin Prof. Dr. rer. medic. Ingeborg Schramm-Wölk; zusammen mit Prof. Dr. phil. Andreas Beaugrand (bis Februar 2016), Prof. Dr. rer. pol. Ulrich Schäfermeier (seit April 2016), Vizepräsident für Studium und Lehre, Prof. Dr. rer. nat. Christian Schröder, Vizepräsident für Forschung, Entwicklung und Transfer, Prof. Dr. math. Friedrich Biegler-König, Vizepräsident für Planung und Infrastruktur, und Gehsa Schnier, LL.M., Vizepräsidentin für Wirtschafts- und Personalverwaltung.

1. Januar 2016: Gründung des Graduierteninstituts NRW (heute Promotionskolleg NRW).

2016: Das Kompetenzzentrum Technik-Diversity-Chancengleichheit zieht aus der Wilhelm-Bertelsmann-Straße aus, neuer Sitz: Am Stadtholz 24.

Seit 2016: Weitere Neubauten am Campus Bielefeld sind in Planung.

Oktober 2017: Gründung des Center for Applied Data Science (CfADS) am Studienort Gütersloh.

Wintersemester 2018/2019: Am Studienort Gütersloh wird ein weiteres Hochschulgebäude in direkter Nachbarschaft zum Hauptbahnhof in Betrieb genommen: Gleis 13 am Langen Weg 9a.

8. Oktober 2018: Universität Bielefeld und FH Bielefeld gründen gemeinsam das Centrum für interdisziplinäre Materialforschung und Technologieentwicklung (CiMT).

November 2018: Der Deutsche Akademische Austauschdienst (DAAD) erteilt dem Verein Campus OWL den Zuschlag, das Verbindungsbüros Campus OWL Inc. in New York zu eröffnen.

2018: Wahl des dritten Hochschulrates der FH Bielefeld (bis 2023) mit Prof. Dr. oec. Marianne Assenmacher (Vorsitzende), Christiane Claus (stellvertretende Vorsitzende), Anja-Christina Horstmann, Matthias Neu, Dr. rer. nat. Eduard Sailer, Dr. jur. Silvia Bentzinger,

Higher Education Election Assembly from parts of the Senate and the University Council.

***2015:** The Minden Faculty of Engineering (under construction) becomes the Faculty Campus Minden together with the Faculty of Architecture and Civil Engineering.*

***12 December 2015:** Foundation of the research focus on Forms of Cognition in Photography at the Faculty of Design.*

***Summer 2015:** Due to organisational and construction difficulties, the new building of the Bielefeld UAS at Interaktion 1 in 33619 Bielefeld is completed almost two years later than planned.*

***2015:** The Bielefeld UAS is system-accredited.*

***13 November 2015:** The new building on the Campus Minden is officially opened.*

***November 2015:** Foundation of the research focus IFE – Interdisciplinary Research and Application Development in Environmental Informatics at the Campus Minden.*

***2015–2021:** First term of office of President Prof. Dr. rer. medic. Ingeborg Schramm-Wölk; together with Prof. Dr. phil. Andreas Beaugrand (until February 2016), Prof. Dr. rer. pol. Ulrich Schäfermeier (since April 2016), Vice President for Studying and Teaching, Prof. Dr. rer. nat. Christian Schröder, Vice President for Research, Development and Transfer, Prof. Dr. math. Friedrich Biegler-König, Vice President for Planning and Infrastructure, and Gehsa Schnier, LL.M., Vice President for Finance and Personnel Administration.*

***1 January 2016:** Foundation of the Graduate Institute North Rhine-Westphalia (now Doctoral College North Rhine-Westphalia).*

***2016:** The Competence Centre for Technology Diversity Equal Opportunities moves out of Wilhelm-Bertelsmann-Strasse, new location: Am Stadtholz 24.*

***Since 2016:** Further new buildings are being planned at the Campus Bielefeld.*

***October 2017:** Foundation of the Center for Applied Data Science (CfADS) at the Campus Gütersloh.*

***Winter semester 2018/2019:** Another University building in the direct vicinity of the main railway station is put into operation at the Gütersloh study location: Track 13 at Langer Weg 9a.*

Mitglied der Unternehmensleitung der Seidensticker Gruppe, Bielefeld, Dr. PH Sebastian Schmidt-Kaehler, geschäftsführender Gesellschafter der Patientenprojekte GmbH, Versmold, und Prof. Dr. oec. Micha Teuscher, Präsident der HAW Hamburg.

7. Februar 2019: Gründung des Instituts für Technische Energie-Systeme (ITES) am Fachbereich Ingenieurwissenschaften und Mathematik.

Anfang 2020: Planungen zur Einrichtung einer privaten und eigenständigen Hochschule in Yangpu, Hainan, China.

Januar 2020: Gründung des interdisziplinären CareTech OWL als Zentrum für Gesundheit, Soziales und Technologie der FH Bielefeld.

Januar 2020: Nach jahrelanger Verzögerung übergibt der BLB NRW die ramponierte künstlerisch-konzeptuelle Plastik ›Sphère Trames‹ des französischen Minimalisten und Abstraktionskünstlers François Morellet (1926–2016), die seit 1974 an der Kurt-Schumacher-Straße 6 stand, an einen Restaurator.

Februar 2020: Eröffnung des Campus-OWL-Verbindungsbüros Campus OWL Inc. in New York.

11. März 2020: Die Weltgesundheitsorganisation (WHO) stuft den Ausbruch der COVID-19-Krankheit als Pandemie ein. Die Infektionskrankheit COVID-19 entsteht durch das neuartige Coronavirus SARS-CoV-2.

März 2020: Das Ministerium für Kultur und Wissenschaft des Landes NRW bestätigt wegen der Corona-Pandemie das Online-Semester: Lehre und Forschung finden seitdem fast nur digital statt.

1. April 2020: Gründung des Centers for Entrepreneurship (CfE), das das 2017 gegründete Innovationslabor OWL ersetzt.

Juni 2020: Beginn der Schadstoffentfrachtung und des Umbaus des Gebäudes D des ehemaligen Aufbau- und Verfügungszentrums der Universität Bielefeld (AVZ) in der Kurt-Schumacher-Straße 6, in dem die Hochschulleitung und die Verwaltung der FH Bielefeld bis 2015 untergebracht waren. Nutzung für zentrale Forschungsflächen und anderes mehr seit Februar 2021.

2020: Die Lehreinheit Pflege und Gesundheit des Fachbereichs Wirtschaft und Gesundheit wird als Fachbereich Gesundheit (FB 6) wieder selbstständig.

Herbst 2020: Das Präsidium der FH Bielefeld beendet die FH-Forschungsschwerpunkte und legt einen neuen Forschungsfonds auf.

8 October 2018: *The University of Bielefeld and the Bielefeld UAS jointly found the Centre for Interdisciplinary Materials Research and Technology Development (CiMT).*

November 2018: *The German Academic Exchange Service (DAAD) awards the Campus OWL Association the contract to open the Campus OWL Inc. liaison office in New York.*

2018: *Election of the third University Council of the Bielefeld UAS (until 2023) with Prof. Dr. oec. Marianne Assenmacher (Chairwoman), Christiane Claus (Deputy Chairwoman), Anja-Christina Horstmann, Matthias Neu, Dr. rer. nat. Eduard Sailer, Dr. jur. Silvia Bentzinger, Member of the Executive Board of the Seidensticker Group, Bielefeld, Dr. PH Sebastian Schmidt-Kaehler, Managing Partner of Patientenprojekte GmbH, Versmold, and Prof. Dr. oec. Micha Teuscher, President of the Hamburg UAS.*

7 February 2019: *Foundation of the Institute for Technical Energy Systems (ITES) at the Faculty of Engineering and Mathematics.*

Early 2020: *Plans to establish a private and independent university in Yangpu, Hainan, China.*

January 2020: *Foundation of the interdisciplinary CareTech OWL as a Centre for Health, Social Affairs and Technology at the Bielefeld UAS.*

January 2020: *After years of delay, the BLB NRW hands over the battered artistic-conceptual sculpture ›Sphère Trames‹ by the French minimalist and abstract artist François Morellet (1926–2016), which had stood at Kurt-Schumacher-Strasse 6 since 1974, to a restorer.*

February 2020: *Opening of the Campus OWL liaison office Campus OWL Inc. in New York.*

11 March 2020: *The World Health Organisation (WHO) classifies the outbreak of COVID 19 disease as a pandemic. The infectious disease COVID-19 is caused by the novel corona virus SARS-CoV-2.*

March 2020: *The Ministry of Culture and Science of the State of NRW confirms the online semester because of the corona pandemic: Since then, teaching and research have taken place almost exclusively digitally.*

1 April 2020: *Foundation of the Center for Entrepreneurship (CfE), which replaces the Innovation Lab OWL founded in 2017.*

4. Dezember 2020: Das Ministerium für Kultur und Wissenschaft des Landes Nordrhein-Westfalen stimmt den Planungen zur Einrichtung einer privaten und eigenständigen Hochschule in Yangpu, Hainan, China, zu.

Dezember 2020: Die FH Bielefeld erhält die Genehmigung, ab 2021 den Studiengang Angewandte Hebammenwissenschaft anzubieten.

Dezember 2020: An der FH Bielefeld sind 11.005 Studierende eingeschrieben.

März 2021: Aus dem Studienort Gütersloh wird der Standort Gütersloh der FH Bielefeld.

12. April 2021: Wiederwahl der Präsidentin Prof. Dr. rer. medic. Ingeborg Schramm-Wölk.

13. April 2021: Vertreterinnen und Vertreter aus Politik, Wirtschaft und Wissenschaft besiegeln das Projekt RailCampus OWL durch ein ›Memorandum of Understanding‹. Hochschulen, Hersteller und die Deutsche Bahn schaffen am Standort in Minden mit diesem Projekt, das Bundesfördermittel in Höhe von 20 Millionen Euro erhält, ein einzigartiges Ökosystem für intelligente und effiziente Bahntechnologie.

24. Juni 2021: Der Senat trifft, die Entscheidung, die FH Bielefeld in ›Hochschule Bielefeld – University of Applied Sciences and Arts‹ umzubenennen.

1. Juli 2021: Aufstellung der sanierten Plastik ›Sphère Trames‹ (›Sphärisches Raster‹) von François Morellet im größten Innenhof an der Magistrale gegenüber dem Konferenzzentrum. Sie hatte seit 1974 und dann viele Jahre lang ramponiert auf dem ehemaligen Hochschulgelände an der Kurt-Schumacher-Straße 6 gestanden. Gleichzeitig Aufstellung der Plastik ›Entfaltung‹ aus anthrazitfarbenem Chromnickelstahl auf einem Betonsockel im etwas kleineren Innenhof an der Magistrale. Sie war 1966 als Kunst am Bau vor der früheren Staatlichen Ingenieurschule für Maschinenwesen an der Wilhelm-Bertelsmann-Straße aufgestellt worden und stammt von dem Berliner Zeichner und Bildhauer Hans Uhlmann (1900–1975), der als Begründer der Metallplastik in Deutschland gilt.

1. September 2021: Beginn der zweiten Amtszeit von Präsidentin Prof. Dr. rer. medic. Ingeborg Schramm-Wölk; zusammen mit Prof. Dr. rer. oec. Michaela Hoke, Vizepräsidentin für Studium und Lehre, Prof. Dr. rer. nat. Anant Patel, Vizepräsident für Forschung und Entwicklung, Prof. Dr. rer. pol. Ulrich Schäfermeier, Vizepräsident für Internationales und Digitalisierung, Prof. Dr. rer. pol. Natalie Bartholomäus, Vizepräsidentin für Nachhaltigkeit und strategisches

***June 2020:** Start of pollutant removal and conversion of Building D of the former AVZ at Kurt-Schumacher-Strasse 6, which housed the University management and administration of the Bielefeld UAS until 2015. Use for central research areas and more since February 2021.*

***2020:** The Nursing and Health Teaching Unit of the Faculty of Business and Health becomes independent again as the Faculty of Health (FB 6).*

***Autumn 2020:** The Presidential Board of the Bielefeld UAS terminates the University research priorities and establishes a new research fund.*

***4 December 2020:** The Ministry of Culture and Science of the State of North Rhine-Westphalia approves the plans to establish a private and independent University in Yangpu, Hainan, China.*

***December 2020:** The Bielefeld UAS receives approval to offer the degree programme Applied Midwifery Science from 2021.*

***December 2020:** 11,005 students are enrolled at the Bielefeld UAS.*

***March 2021:** The Gütersloh study location becomes the Gütersloh location of the Bielefeld UAS.*

***12 April 2021:** Re-election of President Prof. Dr. rer. medic. Ingeborg Schramm-Wölk.*

***13 April 2021:** Representatives from politics, business and science seal the RailCampus OWL project with a ›Memorandum of Understanding‹. Universities, manufacturers and Deutsche Bahn create a unique ecosystem for intelligent and efficient rail technology at the Minden location with this project, which receives federal funding of 20 million euros.*

***24 June 2021:** The Senate decides to change the German name ›FH Bielefeld‹ to ›Hochschule Bielefeld – University of Applied Sciences and Arts‹.*

***1 July 2021:** Installation of the refurbished sculpture ›Sphère Trames‹ (›Spherical Grid‹) by François Morellet in the largest courtyard on the Magistrale opposite the Conference Centre. It had stood on the former university grounds at Kurt-Schumacher-Strasse 6 since 1974 and then tattered for many years. At the same time, the sculpture ›Entfaltung‹ (›Unfolding‹) made of anthracite-coloured chromium-nickel steel was placed on a concrete plinth in the somewhat smaller inner courtyard on the Magistrale. It was erected in 1966 as art in architecture in front of the former State School of Mechanical Engineering on Wilhelm-Bertelsmann-*

Human Resource Management, Gehsa Schnier, LL.M., Vizepräsidentin für Wirtschafts- und Personalverwaltung.

Strasse and was created by the Berlin draughtsman and sculptor Hans Uhlmann (1900–1975), who is considered the founder of metal sculpture in Germany.

1 September 2021: *Start of the second term of office of President Prof. Dr. rer. medic.Ingeborg Schramm-Wölk; together with Prof. Dr. rer. oec. Michaela Hoke, Vice President for Studying and Teaching, Prof. Dr. rer. nat. Anant Patel, Vice President for Research and Development, Prof. Dr. rer. pol. Ulrich Schäfermeier, Vice President for Internationality and Digitalisation, Prof. Dr. rer. pol. Natalie Bartholomäus, Vice President for Sustainability, People and Culture, Gehsa Schnier, LL.M., Vice President for Finance and Personnel Administration.*

Rechte Seite, oben: Präsidium der FH Bielefeld 2015–2021: Christian Schröder, Ingeborg Schramm-Wölk, Ulrich Schäfermeier, Gehsa Schnier, Friedrich Biegler-König.

Right side, top: Executive Board of the Bielefeld UAS 2015–2021: Christian Schröder, Ingeborg Schramm-Wölk, Ulrich Schäfermeier, Gehsa Schnier, Friedrich Biegler-König.

Rechte Seite, unten: Präsidium der FH Bielefeld 2021–2025: Natalie Bartholomäus, Michaela Hoke, Ulrich Schäfermeier, Anant Patel, (Gehsa Schnier, Ingeborg Schramm-Wölk).

Right side, bottom: Executive Board of the Bielefeld UAS 2021–2025: Natalie Bartholomäus, Michaela Hoke, Ulrich Schäfermeier, Anant Patel, (Gehsa Schnier, Ingeborg Schramm-Wölk).

FH BIELEFELD

Rektorate und Präsidien der FH Bielefeld

Amtszeit 7/1971–2/1972[1]
Dr. rer. pol. Walter F. Wolff, Rektorbeauftragter der Landesregierung NRW
Dipl.-Ing. Hans-Heinrich Carriér, durch die Landesregierung NRW mit der Wahrnehmung der Kanzleraufgaben betraut

Amtszeit 1972–1976
Prof. Dr. rer. pol. Germanus Wegmann, Gründungsrektor[2]
Prof. Dipl.-Ing. Wilhelm Krüger, Stellvertreter des Rektors
Dr. jur. Gerd Böhlig, Kanzler

Amtszeit 1976–1980
Prof. Dr. rer. pol. Germanus Wegmann, Rektor
Prof. Dipl.-Ing. Wilhelm Krüger, Stellvertreter des Rektors
Dr. jur. Gerd Böhlig, Kanzler

Amtszeit 1980–1984
Prof. Dr. rer. pol. Germanus Wegmann, Rektor
Prof. Dipl.-Ing. Hans-Jürgen Teismann, Prorektor für Lehre, Studium und Studienreform
Prof. Dr. phil. Manfred Klein, Prorektor für Forschungs- und Entwicklungsaufgaben
Prof. Dr.-Ing. Heinrich Ehlebracht, Prorektor für Planung und Finanzen
Dr. jur. Gerd Böhlig, Kanzler

Amtszeit 1984–1988
Prof. Dr.-Ing. Heinrich Ehlebracht, Rektor
Prof. Dr. sc. pol. Karlheinz Nagels, Prorektor für Lehre, Studium und Studienreform
Prof. Dr. rer. nat. Heinrich Ostholt, Prorektor für Forschungs- und Entwicklungsaufgaben
Prof. Dipl.-Ing. Hans-Jürgen Teismann, Prorektor für Planung und Finanzen
Dr. jur. Gerd Böhlig, Kanzler

Amtszeit 1988–1993
Prof. Dr.-Ing. Heinrich Ehlebracht, Rektor
Prof. Dr. sc. pol. Karlheinz Nagels, Prorektor für Lehre, Studium und Studienreform
Prof. Dr. rer. nat. Heinrich Ostholt, Prorektor für Forschungs- und Entwicklungsaufgaben
Prof. Dipl.-Ing. Hans-Jürgen Teismann, Prorektor für

1 Nach Gründung der Fachhochschulen wurden die meisten Lehrenden der Vorgängerinstitutionen im Laufe des Jahres 1972 zu Professoren ernannt, auch an der FH Bielefeld.
2 Fachhochschule Bielefeld (Hg.): Personal- und Vorlesungsverzeichnis Sommersemester 1975, Bielefeld 1975, S. 13.

Rectorates and Executive Boards of the Bielefeld UAS

Term of office 7/1971–2/1972[1]
Dr. rer. pol. Walter F. Wolff, Rector's Representative of the North Rhine-Westphalia State Government
Dipl.-Ing. Hans-Heinrich Carriér, entrusted by the North Rhine-Westphalia State Government with the duties of the Chancellor

Term of office 1972–1976
Prof. Dr. rer. pol. Germanus Wegmann, Founding Rector[2]
Prof. Dipl.-Ing. Wilhelm Krüger, Deputy Rector
Dr. jur. Gerd Böhlig, Chancellor

Term of office 1976–1980
Prof. Dr. rer. pol. Germanus Wegmann, Rector
Prof. Dipl.-Ing. Wilhelm Krüger, Deputy Rector
Dr. jur. Gerd Böhlig, Chancellor

Term of office 1980–1984
Prof. Dr. rer. pol. Germanus Wegmann, Rector
Prof. Dipl.-Ing. Hans-Jürgen Teismann, Vice Rector for Teaching, Studying and Academic Reform
Prof. Dr. phil. Manfred Klein, Vice Rector for Research and Development
Prof. Dr.-Ing. Heinrich Ehlebracht, Vice Rector for Planning and Finance
Dr. jur. Gerd Böhlig, Chancellor

Term of office 1984–1988
Prof. Dr.-Ing. Heinrich Ehlebracht, Rector
Prof. Dr. sc. pol. Karlheinz Nagels, Vice Rector for Teaching, Studying and Academic Reform
Prof. Dr. rer. nat. Heinrich Ostholt, Vice Rector for Research and Development Tasks
Prof. Dipl.-Ing. Hans-Jürgen Teismann, Vice Rector for Planning and Finance
Dr. jur. Gerd Böhlig, Chancellor

Term of office 1988–1993
Prof. Dr.-Ing. Heinrich Ehlebracht, Rector
Prof. Dr. sc. pol. Karlheinz Nagels, Vice Rector for Teaching, Studying and Academic Reform
Prof. Dr. rer. nat. Heinrich Ostholt, Vice Rector for Research and Development

1 After the founding of the universities of applied sciences, most of the teaching staff of the predecessor institutions were appointed professors in the course of 1972, including at the Bielefeld UAS.
2 FH Bielefeld (ed.): Personal- und Vorlesungsverzeichnis Sommersemester 1975, Bielefeld 1975, p. 13.

Planung und Finanzen
Dr. jur. Gerd Böhlig, Kanzler

Amtszeit 1993–1997
Prof. Dr. rer. nat. Heinrich Ostholt, Rektor
Prof. Dr. rer. pol. Gunter Bertelsmann, Prorektor für Lehre, Studium und Studienreform
Prof. Gottfried Jäger, Prorektor für Forschungs- und Entwicklungsaufgaben
Prof. Dr.-Ing. Axel Rosemann, Prorektor für Planung und Finanzen
Dr. jur. Gerd Böhlig, Kanzler (bis 6/1995)
Gehsa Schnier, LL.M., Kanzlerin[3] (seit 7/1995)

Amtszeit 1997–2001
Prof. Dr. rer. nat. Dr. h.c. Heinrich Ostholt, Rektor
Prof. Dr. rer. pol. Gunter Bertelsmann, Prorektor für Lehre, Studium und Studienreform
Prof. Dr.-Ing. Günter Pomaska, Prorektor für Forschungs- und Entwicklungsaufgaben
Prof. Dr.-Ing. Axel Rosemann, Prorektor für Planung und Finanzen
Gehsa Schnier, LL.M., Kanzlerin

Amtszeit 2001–2005
Prof. Dr. phil. habil. Beate Rennen-Allhoff, Rektorin
Prof. Dr. sc. agr. Uwe Rössler, Prorektor für Lehre, Studium und Studienreform
Prof. Dr.-Ing. Hans-Peter Barbey, Prorektor für Forschungs- und Entwicklungsaufgaben
Prof. Dr.-Ing. Bruno Fuhrmann, Prorektor für Planung und Finanzen
Gehsa Schnier, LL.M., Kanzlerin

Amtszeit 2005–2009
Prof. Dr. phil. habil. Beate Rennen-Allhoff, Rektorin
Prof. Dr. sc. agr. Uwe Rössler (bis 8/2008), Prof. Dr. phil. Andreas Beaugrand (seit 9/2008), Prorektor für Lehre, Studium und Studienreform
Prof. Dr. rer. nat. Karl-Ulrich Kettner (bis 1/2007), Prof. Dr.-Ing. Joachim Bahndorf (seit 7/2007), Prorektor für Forschungs- und Entwicklungsaufgaben
Prof. Dr. math. Friedrich Biegler-König, Prorektor für Planung und Finanzen
Gehsa Schnier, LL.M., Kanzlerin

Prof. Dipl.-Ing. Hans-Jürgen Teismann, Vice Rector for Planning and Finance
Dr. jur. Gerd Böhlig, Chancellor

Term of office 1993–1997
Prof. Dr. rer. nat. Heinrich Ostholt, Rector
Prof. Dr. rer. pol. Gunter Bertelsmann, Vice Rector for Teaching, Studying and Academic Reform
Prof. Gottfried Jäger, Vice Rector for Research and Development
Prof. Dr.-Ing. Axel Rosemann, Vice Rector for Planning and Finance
Dr. jur. Gerd Böhlig, Chancellor (until 6/1995)
Gehsa Schnier, LL.M., Chancellor[3] (since 7/1995)

Term of office 1997–2001
Prof. Dr. rer. nat. Dr. h.c. Heinrich Ostholt, Rector
Prof. Dr. rer. pol. Gunter Bertelsmann, Vice Rector for Teaching, Studying and Academic Reform
Prof. Dr.-Ing. Günter Pomaska, Vice Rector for Research and Development
Prof. Dr.-Ing. Axel Rosemann, Vice Rector for Planning and Finance
Gehsa Schnier, LL.M., Chancellor

Term of office 2001–2005
Prof. Dr. phil. habil. Beate Rennen-Allhoff, Rector
Prof. Dr. sc. agr. Uwe Rössler, Vice Rector for Teaching, Studying and Academic Reform
Prof. Dr.-Ing. Hans-Peter Barbey, Vice Rector for Research and Development
Prof. Dr.-Ing. Bruno Fuhrmann, Vice Rector for Planning and Finance
Gehsa Schnier, LL.M., Chancellor

Term of office 2005–2009
Prof. Dr. phil. habil. Beate Rennen-Allhoff, Rector
Prof. Dr. sc. agr. Uwe Rössler (until 8/2008), Prof. Dr. phil. Andreas Beaugrand (since 9/2008), Vice Rector for Teaching, Studying and Academic Reform
Prof. Dr. rer. nat. Karl-Ulrich Kettner (until 1/2007), Prof. Dr.-Ing. Joachim Bahndorf (since 7/2007), Vice Rector for Research and Development Tasks
Prof. Dr. math. Friedrich Biegler-König, Vice Rector for Planning and Finance
Gehsa Schnier, LL.M., Chancellor

3 Dr. jur. Gerd Böhlig war und Gehsa Schnier, LL.M., ist unabhängig von Rektorats- bzw. Präsidiumslegislaturperioden unbefristet ins Amt bestellt (›Mitglied kraft Amtes‹). Gehsa Schnier ist damit eine der letzten Lebenszeitkanzlerinnen an einer Hochschule in der Bundesrepublik Deutschland.

3 Dr. jur. Gerd Böhlig was, and Gehsa Schnier, LL.M., is, appointed to office for an unlimited period of time (›member by virtue of office‹), irrespective of Rectorate or Executive Board legislative periods. Gehsa Schnier is thus one of the last lifetime chancellors at a university in the Federal Republic of Germany.

Amtszeit 2009–2015
Prof. Dr. phil. habil. Beate Rennen-Allhoff, Präsidentin
Prof. Dr. phil. Andreas Beaugrand, Vizepräsident für Studium und Lehre
Prof. Dr. Dipl.-Ing. Joachim Bahndorf (bis 5/2013 †), Prof. Dr. rer. nat. Christian Schröder (ab 7/2013), Vizepräsident für Forschung, Entwicklung und Transfer
Prof. Dr. math. Friedrich Biegler-König, Vizepräsident für Planung und Infrastruktur
Gehsa Schnier, LL.M., Vizepräsidentin für Wirtschafts- und Personalverwaltung

Amtszeit 2015–2021
Prof. Dr. rer. medic. Ingeborg Schramm-Wölk, Präsidentin
Prof. Dr. phil. Andreas Beaugrand (bis 2/2016), Prof. Dr. rer. pol. Ulrich Schäfermeier (seit 4/2016), Vizepräsident für Studium und Lehre
Prof. Dr. rer. nat. Christian Schröder, Vizepräsident für Forschung, Entwicklung und Transfer
Prof. Dr. math. Friedrich Biegler-König, Vizepräsident für Planung und Infrastruktur
Gehsa Schnier, LL.M., Vizepräsidentin für Wirtschafts- und Personalverwaltung

Amtszeit 2021–2025
Prof. Dr. rer. medic. Ingeborg Schramm-Wölk, Präsidentin
Prof. Dr. rer. pol. Ulrich Schäfermeier (bis 8/2021), Prof. Dr. rer. oec. Michaela Hoke (seit 9/2021), Vizepräsidentin für Studium und Lehre
Prof. Dr. rer. nat. Christian Schröder (bis 8/2021), Vizepräsident für Forschung, Entwicklung und Transfer
Prof. Dr. rer. nat. Anant Patel (seit 9/2021), Vizepräsident für Forschung und Entwicklung
Prof. Dr. math. Friedrich Biegler-König (bis 8/2021), Vizepräsident für Planung und Infrastruktur
Prof. Dr. rer. pol. Ulrich Schäfermeier (seit 9/2021), Vizepräsident für Internationales und Digitalisierung
Prof. Dr. rer. pol. Natalie Bartholomäus (seit 9/2021), Vizepräsidentin für Nachhaltigkeit und strategisches Human Resource Management
Gehsa Schnier, LL.M., Vizepräsidentin für Wirtschafts-und Personalverwaltung

Term of office 2009–2015
Prof. Dr. phil. habil. Beate Rennen-Allhoff, President
Prof. Dr. phil. Andreas Beaugrand, Vice President for Studying and Teaching
Prof. Dr. Dipl.-Ing. Joachim Bahndorf (until 5/2013 †), Prof. Dr. rer. nat. Christian Schröder (from 7/2013), Vice President for Research, Development and Transfer
Prof. Dr. math. Friedrich Biegler-König, Vice President for Planning and Infrastructure
Gehsa Schnier, LL.M., Vice President for Finance and Personnel Administration

Term of office 2015–2021
Prof. Dr. rer. medic. Ingeborg Schramm-Wölk, President
Prof. Dr. phil. Andreas Beaugrand (until 2/2016), Prof. Dr. rer. pol. Ulrich Schäfermeier (since 4/2016), Vice President for Studying and Teaching
Prof. Dr. rer. nat. Christian Schröder, Vice President for Research, Development and Transfer
Prof. Dr. math. Friedrich Biegler-König, Vice President for Planning and Infrastructure
Gehsa Schnier, LL.M., Vice President for Finance and Personnel Administration

Term of office 2021–2025
Prof. Dr. rer. medic. Ingeborg Schramm-Wölk, President
Prof. Dr. rer. pol. Ulrich Schäfermeier (until 8/2021), Prof. Dr. rer. oec. Michaela Hoke (since 9/2021), Vice President for Studying and Teaching
Prof. Dr. rer. nat. Christian Schröder (until 8/2021), Vice President for Research, Development and Transfer
Prof. Dr. rer. nat. Anant Patel (since 9/2021), Vice President for Research and Development
Prof. Dr. math. Friedrich Biegler-König (until 8/2021), Vice President for Planning and Infrastructure
Prof. Dr. rer. pol. Ulrich Schäfermeier (since 9/2021), Vice President for Internationality and Digitalisation
Prof. Dr. rer. pol. Natalie Bartholomäus (since 9/2021), Vice President for Sustainability, People and Culture
Gehsa Schnier, LL.M., Vice President for Finance and Personnel Administration

Die Hochschulräte der FH Bielefeld

Jeweils vom Senat für eine Amtszeit von fünf Jahren gewählt und vom Ministerium bestellt

2008–2013
Prof. Dr. Anne Friedrichs, Präsidentin der FH Oldenburg/Ostfriesland/Wilhelmshaven, danach Gründungs-

The University Councils of the Bielefeld UAS

Each Elected by the Senate for a Term of Five Years and Appointed by the Ministry

2008–2013
Prof. Dr. Anne Friedrichs, President of the Oldenburg/Ostfriesland/Wilhelmshaven UAS, then founding

präsidentin der Hochschule für Gesundheit, Bochum (Vorsitzende bis 10/2009)
Prof. Dr. Marianne Assenmacher (Vorsitzende seit 11/2009), Präsidentin der Hochschule Vechta (bis 9/2015)
Lothar Kriszun (stellvertretender Vorsitzender), Geschäftsfeld Traktoren, Strategie und Unternehmenskommunikation, Claas Industrietechnik, Mitglied des Vorstands der Claas KGaA mbH (bis 9/2017)
Prof. Ekkehard Bollmann, ehemals FH Bielefeld, Fachbereich Architektur und Bauingenieurwesen, Minden
Prof. Gottfried Jäger, ehemals FH Bielefeld, Fachbereich Gestaltung
Prof. Dr. Elke Platz-Waury, ehemals FH Heilbronn (seit 11/2009)
Prof. Dr. Cornelia Giebeler, FH Bielefeld, Fachbereich Sozialwesen
Gerrit Holz, Vorstandsvorsitzender der Biogas Nord AG, Bielefeld
Antje-Karin Pieper, Rechtsanwältin, Berlin

2013–2018
Prof. Dr. Marianne Assenmacher (Vorsitzende)
Lothar Kriszun (stellvertretender Vorsitzender)
Christiane Claus, Kanzlerin der Hochschule Bremen
Anja-Christina Horstmann, Geschäftsführerin der Krohne Pressure Solutions GmbH, Minden
Prof. Kurt Johnen, ehemals FH Bielefeld, Fachbereich Sozialwesen
Prof. Dr. Barbara Knigge-Demal, ehemals FH Bielefeld, Lehreinheit Pflege und Gesundheit des Fachbereichs Wirtschaft und Gesundheit
Matthias Neu, stellvertretender Leiter am Zentrum für Informations- und Medientechnologien (IMT) der Universität Paderborn
Dr. Eduard Sailer, bis 2016 Geschäftsführer der Miele & Cie. KG, Gütersloh

2018–2023
Prof. Dr. Marianne Assenmacher (Vorsitzende)
Christiane Claus (stellvertretende Vorsitzende)
Anja-Christina Horstmann
Matthias Neu
Dr. Eduard Sailer
Dr. Silvia Bentzinger, Mitglied der Unternehmensleitung der Seidensticker Gruppe, Bielefeld
Dr. Sebastian Schmidt-Kaehler, geschäftsführender Gesellschafter der Patientenprojekte GmbH, Versmold
Prof. Dr. Micha Teuscher, Präsident der HAW Hamburg

President of the University of Health, Bochum (Chair until 10/2009)
Prof. Dr. Marianne Assenmacher (Chairwoman since 11/2009), President of the University of Vechta (until 9/2015)
Lothar Kriszun (Deputy Chairman), Tractor Division, Strategy and Corporate Communications, Claas Industrietechnik, Member of the Executive Board of Claas KGaA mbH (until 9/2017)
Prof. Ekkehard Bollmann, formerly Bielefeld UAS, Faculty of Architecture and Civil Engineering, Minden
Prof. Gottfried Jäger, formerly Bielefeld UAS, Faculty of Design
Prof. Dr. Elke Platz-Waury, formerly Heilbronn UAS (since 11/2009)
Prof. Dr. Cornelia Giebeler, Bielefeld UAS, Faculty of Social Sciences
Gerrit Holz, Chairman of the Board of Biogas Nord AG, Bielefeld
Antje-Karin Pieper, lawyer, Berlin

2013–2018
Prof. Dr. Marianne Assenmacher (Chairwoman)
Lothar Kriszun (Deputy Chairman)
Christiane Claus, Chancellor of the Bremen UAS
Anja-Christina Horstmann, Managing Director of Krohne Pressure Solutions GmbH, Minden
Prof. Kurt Johnen, formerly Bielefeld UAS, Faculty of Social Sciences
Prof. Dr. Barbara Knigge-Demal, formerly Bielefeld UAS, Teaching Unit Nursing and Health of the Faculty of Business and Health
Matthias Neu, Deputy Director at the Centre for Information and Media Technologies (IMT) of the University of Paderborn
Dr. Eduard Sailer, until 2016 Managing Director of Miele & Cie. KG, Gütersloh

2018–2023
Prof. Dr. Marianne Assenmacher (Chairwoman)
Christiane Claus (Deputy Chairwoman)
Anja-Christina Horstmann
Matthias Neu
Dr. Eduard Sailer
Dr. Silvia Bentzinger, Member of the Executive Board of the Seidensticker Group, Bielefeld
Dr. Sebastian Schmidt-Kaehler, Managing Partner of Patientenprojekte GmbH, Versmold
Prof. Dr. Micha Teuscher, President of the Hamburg UAS

AUTORINNEN UND AUTOREN

AUTHORS

Simone Adams-Weggen

1968 geboren in Hilden. 1988–1994 Studium der Germanistik und Anglistik sowie Biologie an der Heinrich-Heine-Universität Düsseldorf; 2009–2012 Studium Pädagogik der Kindheit, Schwerpunkt Kultur und Medien an der FH Bielefeld; 2012–2015 Masterstudium Angewandte Sozialwissenschaften an der FH Bielefeld. Seit 2010 vorwiegend freiberuflich als Sozialwissenschaftlerin (M.A.) sowie als Kultur-, Medien- und Theaterpädagogin im Bereich der kulturellen Bildung tätig.

Born in 1968 in Hilden.1988–1994 study of German and English Language and Literature as well as Biology at the Heinrich Heine University of Düsseldorf. 2009–2012 study of Childhood Education, specialising in culture and media at the Bielefeld UAS, 2012–2015 Master's degree in Applied Social Sciences here. Since 2010, mainly freelance as a social scientist (M.A.) and as a cultural, media and theatre educator in the field of cultural education.

Ayad Al-Ani

1964 geboren in Darmstadt. Studium und Promotion der Politikwissenschaft sowie Wirtschafts- und Sozialwissenschaft an der Universität Wien und der Wirtschaftsuniversität Wien. Über 20 Jahre Erfahrung bei internationalen Beratungsunternehmen, unter anderem als Executive Partner bei Accenture und Geschäftsführer des Wiener Büros (1996–2009). Rektor und Professor an der ESCP Europe Wirtschaftshochschule Berlin (2009–2012). Seit 2019 assoziiertes Mitglied des Einstein-Zentrums Digitale Zukunft, Berlin, zuvor assoziierter Forscher am Alexander von Humboldt Institut für Internet und Gesellschaft (2012–2019). Seit 2016 außerordentlicher Professor an der School of Public Leadership der Universität Stellenbosch, Südafrika. Seit 2017 Lehre an der Universität Basel im Bereich der digitalen Kultur.

Born in 1964 in Darmstadt. Studies and Doctorate in Political Science as well as Economics and Social Sciences at the University of Vienna and the Vienna University of Economics and Business Administration. Over 20 years of experience in international consulting companies, including as Executive Partner at Accenture and Managing Director of the Vienna office (1996–2009). Rector and Professor at the ESCP Europe School of Economics, Berlin (2009–2012). Since 2019 associate member of the Einstein Center Digital Future, Berlin, previously associate researcher at the Alexander von Humboldt Institute for Internet and Society (2012–2019). Since 2016 auperior Professor at the School of Public Leadership at the University of Stellenbosch, South Africa. Since 2017 teaching at the University of Basel in the field of digital culture.

Sascha Armutat

1971 geboren in Bünde. 1991–1994 Studium der Erziehungswissenschaften an der Helmut-Schmidt-Universität Hamburg. 2003 Promotion (Dr. rer. nat.) an der Universität Potsdam, 1994–1998 Führungs- und Lehrtätigkeiten an Ausbildungsinstitutionen der Luftwaffe, 1998–2016 in verschiedenen Leitungsfunktionen bei der Deutschen Gesellschaft für Personalführung e.V. tätig, zuletzt als Bereichsleiter Forschung, Themen und Strategie, 2003–2016 Lehraufträge an diversen Hochschulen, 2007–2011 Vertretung der Professur für Personal und Organisation an der Universität Potsdam. Seit 2016 Professor für Personalmanagement und Organisation an der FH Bielefeld. Mitglied des wissenschaftlichen Beirats Arbeitsqualität und wirtschaftlicher Erfolg im Bundesministerium für Arbeit und Soziales.

Born in 1971 in Bünde. 1991–1994 studied Educational Science at the Helmut Schmidt University in Hamburg. 2003 Doctorate (Dr. rer. nat.) at the University of Potsdam, 1994–1998 management and teaching positions at air force training institutions, 1998–2016 held various management positions at the Deutsche Gesellschaft für Personalführung (German Association for Personnel Management), most recently as head of the Research, Issues and Strategy division, 2003–2016 teaching positions at various universities, 2007–2011 substitute Professor for Personnel and Organisation at the University of Potsdam. Since 2016 Professor of Human Resource Management and Organisation at the Bielefeld UAS. Member of the Scientific Advisory Board for Quality of Work and Economic Success at the Federal Ministry of Labour and Social Affairs.

Marianne Assenmacher

1953 geboren in Bad Lippspringe. Nach kaufmännischer Ausbildung und Berufstätigkeit in der Textilindustrie 1977–1982 Studium der Volkswirtschaftslehre an der Universität Paderborn; 1983–1992 wissenschaftliche Mitarbeiterin an der Universität Paderborn, 1986 Promotion. 1992–1996 Professur in Volkswirtschaftslehre an der FH Zittau-Görlitz, 1996–2000 Professur in Volkswirtschaftslehre und Wirtschaftspolitik an der Hochschule Harz, 2000–2003 Rektorin der Hochschule Harz. 2004–2015 Präsidentin der Universität Vechta. Seit 2008 Mitglied im Hochschulrat der FH Bielefeld, seit 2009 Vorsitzende des Hochschulrates.

Born in 1953 in Bad Lippspringe. After commercial training and employment in the textile industry, 1977–1982 studied Economics at the University of Paderborn; 1983–1992 research assistant at the University of Paderborn, 1986 Doctorate. 1992–1996 Professor of Economics at the Zittau-Görlitz UAS, 1996–2000 Professor of Economics and Economic Policy at the Harz UAS, 2000–2003 Rector of the Harz UAS. 2004–2015 President of the University of Vechta. Since 2008 member of the University Council of the Bielefeld UAS, since 2009 Chairwoman of the University Council.

Julia Autz

1988 in Heidelberg geboren. 2008–2014 Studium des Kommunikationsdesigns mit dem Schwerpunkt Fotografie am Fachbereich Gestaltung der FH Darmstadt, 2016–2021 Masterstudium Gestaltung mit dem Schwerpunkt Fotografie am Fachbereich Gestaltung der FH Bielefeld. Seit 2015 freiberuflich tätig, zahlreiche nationale und internationale Einzel- und Gruppenausstellungen.

Born in 1988 in Heidelberg. 2008–2014 studied Communication Design with a focus on Photography at the Faculty of Design of the Darmstadt UAS, 2016–2021 Master's degree in Design with a focus on Photography at the Faculty of Design of the Bielefeld UAS. Freelance since 2015, numerous national and international solo and group exhibitions.

Marcus Baumann

1955 geboren in Münster. Nach Studium der Biologie und Promotion in Aachen 1984–1996 wissenschaftlicher Mitarbeiter in der Abteilung für Systematik und Geobotanik im Institut für Biologie der RWTH Aachen, am Alfred-Wegener-Institut, Helmholtz-Zentrum für Polar- und Meeresforschung (AWI) in Bremerhaven und an der Carl von Ossietzky Universität in Oldenburg sowie als Gastwissenschaftler an der flämischen Freien Universität Brüssel (V.U.B.). In dieser Zeit Forschungsreisen in die Antarktis und Arktis. 1996–2002 Leiter des Umweltamtes der Stadt Aachen. Seit 2002 Professor für Biotechnologie mit Schwerpunkt Umweltbiotechnologie an der FH Aachen. Seit 2009 Rektor der FH Aachen. Seit 2015 Vorsitzender der Landesrektor:innenkonferenz der Hochschulen für Angewandte Wissenschaften in NRW.

Born in 1955 in Münster. After study of Biology and obtaining his Doctorate in Aachen, he worked as a researcher in the Faculty of Systematics and Geobotany at the Institute of Biology I at the RWTH Aachen University, at the Alfred Wegener Institute, Helmholtz Centre for Polar and Marine Research (AWI) in Bremerhaven and at the Carl von Ossietzky University in Oldenburg from 1984 to 1996. During this time, research trips led him to the Arctic and the Antarctic. As a visiting scientist at the Flemish Free University of Brussels (FUB) he did research also in the Indian Ocean. 1996–2002 Head of the Environmental Department of the City of Aachen. Since 2002 Professor of Biotechnology with focus on Environmental Biotechnology at the Aachen UAS. Since 2009 Rector of the Aachen UAS. Since 2015 Chairman of the State Rectors' Conference of the Universities of Applied Sciences in North Rhine-Westphalia.

Andreas Beaugrand

1960 geboren in Hamm. 1981–1987 Studium der Geschichtswissenschaft, Germanistik und Philosophie an der Universität Bielefeld, Magister Artium; Promotionsstipendium, 1992 Promotion zum Dr. phil. 1987–2003 Mitarbeiter des Bielefelder Kunstvereins e.V., 1990–2001 Lehrbeauftragter für Kunst- und Kulturgeschichte am Fachbereich Design (seit 1999: Gestaltung) der FH Bielefeld, 1993–2001 Lehrbeauftragter für Kunstanalyse an der Fakultät für Theologie, Geographie, Kunst und Musik der Universität Bielefeld. Seit 1995 Honorarprofessor, seit 2001 Professor für Theorie der Gestaltung am Fachbereich Gestaltung, 2008–2016 Vizepräsident für Studium und Lehre der FH Bielefeld. 2003 zusammen mit Georgia Beaugrand Gründung der Beaugrand Kulturkonzepte Bielefeld, Gründungs- und Vorstandsmitglied der Sozial-Aktien-Gesellschaft Bielefeld, Vorstandsmitglied der Bielefelder Stiftung Solidarität bei Arbeitslosigkeit und Armut, Vorsitzender des Vereins der Freunde und Förderer der Ziegelei und Gipshütten Westeregeln e.V., künstlerischer Leiter des Kunstvereins Oerlinghausen e.V. Autor zahlreicher Beiträge in geschichts- und kunstwissenschaftlichen Publikationen, Vorträge und Veröffentlichungen zur Kunst-, Kultur-, Regional-, Architektur- und Wirtschaftsgeschichte; Kurator zahlreicher Ausstellungsprojekte zur zeitgenössischen Kunst und Kultur.

Born in 1960 in Hamm. 1981–1987 studied History, German and Philosophy at the University of Bielefeld, Magister Artium; doctoral scholarship, 1992 Doctorate (Dr. phil.). 1987–2003 employee of the Bielefelder Kunstverein, 1990–2001 lecturer in Art and Cultural History at the Faculty of Design at the Bielefeld UAS, 1993–2001 lecturer in Art Analysis at the Faculty of Theology, Geography, Art and Music at the University of Bielefeld. Since 1995 Honorary Professor, since 2001 Professor for Theory of Design at the Faculty of Design, 2008–2016 Vice President for Studying and Teaching at the Bielefeld UAS. 2003 together with Georgia Beaugrand foundation of Beaugrand Kulturkonzepte Bielefeld (Beaugrand Cultural Concepts Bielefeld), founding and board member of the Sozial-Aktien-Gesellschaft Bielefeld (Social Share Company Bielefeld), board member of the Bielefelder Stiftung Solidarität bei Arbeitslosigkeit und Armut (Bielefeld Foundation Solidarity in Unemployment and Poverty), Chairman of the Verein der Freunde und Förderer der Ziegelei und Gipshütten Westeregeln (Association of Friends and Supporters of the Westeregeln brickyard an plaster hut), Artistic Director of the Kunstverein Oerlinghausen. Author of numerous articles in historical and art historical publications, lectures and publications on art, cultural, regional, architectural and economic history; curator of numerous exhibition projects on contemporary art and culture.

Hans Beckhoff

1954 geboren in Verl. Nach dem Abschluss des Studiums an der Technischen Universität Berlin und der Westfälischen Wilhelms-Universität Münster mit einem Diplom in Kernphysik 1980 Gründung der Beckhoff Automation GmbH & Co. KG, dort bis heute Geschäftsführer und Gesellschafter.

Born in 1954 in Verl. After completing his studies at the Technical University of Berlin and the Westphalian Wilhelms University of Münster with a diploma in Nuclear Physics in 1980, he founded Beckhoff Automation GmbH & Co. KG, where he is still Managing Director and a major shareholder.

Daniela von Behren

1989 geboren in Minden. 2008–2011 Ausbildung zur Industriekauffrau bei der Kolbus GmbH & Co. KG, Rahden. 2011–2014 Studium in International Studies in Management an der FH Bielefeld, Tutorin für Mathematik und Statistik, 2012–2013 Auslandsstudium an der Universitat Internacional de Catalunya, Barcelona. 2014–2015 Aufbau einer Marketingabteilung bei der Modersohn GmbH & Co. KG, Spenge. 2015–2017 Masterstudium der Betriebswirtschaftslehre an der FH Bielefeld, 2016 Werkstudentin im Personalmarketing bei Weidmüller Interface, Detmold, 2017 Werkstudentin und Masterandin im internationalen Personalmanagement bei der Hettich Management Service GmbH, Kirchlengern. Seit 2016 Inhaberin von DT homedesign, Lübbecke. 2017–2018 HR Management Support und seit 2019 HR-Managerin bei der Melitta Europa GmbH & Co. KG, Minden.

Born in 1898 in Minden. 2008–2011 apprenticeship as industrial clerk at Kolbus GmbH & Co. KG, Rahden. 2011–2014 studied International Studies in Management at the Bielefeld UAS, tutor for Mathematics and Statistics, 2012–2013 studied abroad at the Universitat Internacional de Catalunya, Barcelona. 2014–2015 development of a marketing department at Modersohn GmbH & Co. KG, Spenge. 2015–2017 Master studies in Business Administration at the Bielefeld UAS, 2016 working student in personnel marketing at Weidmüller Interface, Detmold, 2017 working student and Master student in international personnel management at Hettich Management Service GmbH, Kirchlengern. Since 2016 owner of DT homedesign, Lübbecke. 2017–2018 HR Management Support and since 2019 HR Manager at Melitta Europa GmbH & Co. KG, Minden.

Roman Bezjak

1962 geboren in Ptuj, SR Slowenien/Jugoslawien. Studium der Fotografie an der FH Dortmund, Abschluss: Diplom. 1989–1999 freier Mitarbeiter beim Magazin der Frankfurter Allgemeinen Zeitung, Reportagen in Osteuropa, Zentralasien und Südamerika. Seit 1995 Tätigkeit für andere deutsche Printmedien: GEO, Merian, Spiegel; 1996 Deutscher Photopreis. Seit 2000 Professor für Fotografie am Fachbereich Gestaltung der FH Bielefeld, hier 2002–2010 Prodekan, 2012–2021 Dekan, 2002–2018 zweiter Sprecher der Forschungsschwerpunkte Fotografie und Medien und Erkenntnisformen der Fotografie. 2005–2011 Fotografien zur sozialistischen Nachkriegsmoderne, seit 2011 zahlreiche Einzel- und Gruppenausstellungen im In- und Ausland. Weitere fotografische Studien in Pjöngjang (Nordkorea), Taschkent (Usbekistan) und Skopje (Nordmazedonien).

Born in 1962 in Ptuj, SR Slovenia/Yugoslavia. Studied Photography at the Dortmund UAS, graduated with a diploma. 1989–1999 freelancer for the magazine of the Frankfurter Allgemeine Zeitung, reportages in Eastern Europe, Central Asia and South America. Since 1995 worked for other German print media: GEO, Merian, Spiegel; 1996 German Photography Award. Since 2000 Professor of Photography at the Faculty of Design at the Bielefeld UAS, here 2002–2010 Vice Dean, 2012–2021 Dean, 2002–2018 second spokesperson for the research areas of Photography and Media and Forms of Cognition in Photography. 2005–2011 photographs on socialist post-war modernism, since 2011 numerous solo and group exhibitions at home and abroad. Further photographic studies in Pyongyang (North Korea), Tashkent (Uzbekistan) and Skopje (North Macedonia).

Friedrich Biegler-König

1954 geboren in Bielefeld. Studium der Mathematik und Physik an der Universität Bielefeld, 1978 Diplom, 1980 Promotion; 1980–1981 Postdoktorand an der McMaster University, Kanada, und an der Stanford University, Kalifornien. 1981–1985 wissenschaftlicher Mitarbeiter an der Fakultät für Chemie der Universität Bielefeld, 1985–1990 leitender Mitarbeiter der Bayer AG in Leverkusen. 1990–1996 Professor an der FH Hannover, seit 1996 Professor an der FH Bielefeld; Lehrgebiet: Angewandte Mathematik und Informatik. 2005–2009 Prorektor für Planung und Finanzen, 2009–2011 Gründungsdekan des Fachbereichs Technik (im Aufbau) am Standort Minden, 2009–2021 Vizepräsident für Planung und Infrastruktur der FH Bielefeld.

Born in 1954 in Bielefeld. Studied Mathematics and Physics at the University of Bielefeld, university degree in 1978, PhD in 1980, Postdoctoral Researcher at the McMaster University, Canada and the Stanford University, California, 1980–1981. From 1981–1985 Research Assistant at the Faculty of Chemistry at the University of Bielefeld, 1985–1990 senior employee at Bayer AG in Leverkusen. 1990–1996 Professor at the Hanover UAS, since 1996 Professor at the Bielefeld UAS; teaching areas: Applied Mathematics and Computer Science. 2005–2009 Vice Rector for Planning and Finance, 2009–2011 Founding Dean of the Faculty of Technology (under construction) at the Minden study location, 2009–2021 Vice President for Planning and Infrastructure at the Bielefeld UAS.

Andreas Bischoff

1970 geboren in Bad Oeynhausen. Nach dem Studium des Maschinenbaus (Dipl.-Ing.) Anlagenplaner in der Betonsteinherstellung. 1999–2007 Projektingenieur bei der IMA-Meinert GmbH, Porta Westfalica, 2007–2015 Projektleiter bei der IMA Klessmann GmbH, Lübbecke, hier 2015–2017 Leitung der Geschäftsbereiche Vertrieb, Anlagenbau sowie Anfrage- und Auftragsmanagement. Seit 2017 Geschäftsführer der IMA Schelling Group, Lübbecke.

Born in 1970 in Bad Oeynhausen. After studying Mechanical Engineering (Dipl.-Ing.), plant designer in concrete block production. 1999–2007 project engineer at the IMA-Meinert GmbH, Porta Westfalica, 2007–2015 project manager at the IMA Klessmann GmbH, Lübbecke, here 2015–2017 head of the business areas sales, plant engineering as well as enquiry and order management, since 2017 Managing Director of the IMA Schelling Group, Lübbecke.

Michael W. Böllhoff, Wilhelm A. Böllhoff

1971 und 1965 geboren in Bielefeld. Abitur jeweils am Ratsgymnasium, dann Studien der Betriebswirtschaft an in- und ausländischen Universitäten. Nach beruflichen Wanderjahren bei unterschiedlichen Unternehmen 1994 bzw. 1999 Eintritt in die Böllhoff Gruppe.

Born in 1971 and 1965 in Bielefeld. Abitur at the Ratsgymnasium, then studies in Business Administration at universities in Germany and abroad. After years of professional travel at various companies, they joined the Böllhoff Group in 1994 and 1999.

Marian Brackmann

1974 geboren in Bad Oeynhausen. 1994–2000 Studium der Biologie mit Schwerpunkt Neurowissenschaften an der Universität Bielefeld. Externe Diplomarbeit am Leibniz-Institut für Neurobiologie in Magdeburg. 2004 Promotion im Bereich Biochemie an der Freien Universität Berlin. 2004–2012 Forschungstätigkeit an der Charité – Universitätsmedizin Berlin und der Yale University. 2013 Wechsel in das Wissenschafts- und Hochschulmanagement am Exzellenzcluster NeuroCure als Projektmanager und am Einstein-Zentrum für Neurowissenschaften als administrativer Koordinator. Seit 2017 Projektkoordinator für den Auf- und Ausbau des Campus Gütersloh der FH Bielefeld.

Born in 1974 in Bad Oeynhausen. 1994–2000 studied Biology with a focus on Neuroscience at the University of Bielefeld. External diploma thesis at the Leibniz Institute for Neurobiology in Magdeburg. 2004 PhD in Biochemistry at the Free University of Berlin. 2004–2012 Research work at the Charité – Universitätsmedizin Berlin and the Yale University. 2013 switch to science and university management at the Cluster of Excellence NeuroCure as project manager and at the Einstein Center for Neuroscience as administrative coordinator. Since 2017, project coordinator for the development and expansion of the Campus Gütersloh of the Bielefeld UAS.

Hans Brandt-Pook

1962 geboren in Bielefeld. Nach Zivildienst und Tischlerlehre 1990–1995 Studium der naturwissenschaftlichen Informatik an der Universität Bielefeld, 1995–1999 Promotion in Informatik zu einem Aspekt des automatischen Sprachverstehens, ebenfalls an der Universität Bielefeld. 1999–2003 IT-Berater im Bertelsmann-Konzern. 2003–2010 Professor für Informatik/Wirtschaftsinformatik an der Hochschule Ostwestfalen-Lippe, seit 2010 Professor für Wirtschaftsinformatik an der FH Bielefeld, hier seit 2012 Vorsitzender des Senats.

Born in 1962 in Bielefeld. After community service and an apprenticeship as a carpenter, 1990–1995 studied Scientific Computer Science at the University of Bielefeld, 1995–1999 Doctorate in Computer Science on an aspect of automatic speech understanding, also at the University of Bielefeld. 1999–2003 IT consultant in the Bertelsmann group. 2003–2010 Professor of Computer Science/Business Informatics at the East Westphalia-Lippe UAS, since 2010 Professor of Business Informatics at the Bielefeld UAS, here Chairman of the Senate since 2012.

Michaela Brause

1972 geboren in Bad Pyrmont. Nach dem Studium der Sozialpädagogik, Bielefeld, drei Jahre Berufstätigkeit in verschiedenen Einrichtungen der v. Bodelschwinghschen Stiftungen Bethel. 2000–2003 Postgraduiertenstudiengang Gesundheitswissenschaften, Bielefeld; 2004–2008 Promotionsstudiengang Public Health, Bielefeld; zwischen 2002 und 2011 wissenschaftliche Mitarbeiterin, Senior Researcher in verschiedenen Forschungsprojekten an der Universität Bielefeld. Seit 2011 Professorin für Gesundheitswissenschaften an der FH Bielefeld (zunächst i.V.) und seit August 2020 Gründungsdekanin des Fachbereichs Gesundheit.

Born in 1972 in Bad Pyrmont. After studying Social Pedagogy, Bielefeld, she worked for three years in various institutions of the v. Bodelschwinghschen Stiftungen Bethel. 2000–2003 postgraduate course in Health Sciences, Bielefeld; 2004–2008 doctoral course in Public Health, Bielefeld; 2002–2011 research associate, senior researcher in various research projects at the University of Bielefeld. Since 2011 professor of Health Sciences at Bielefeld UAS (initially associate professor) and since August 2020 founding Dean of the Faculty of Health.

Hartmut Breckenkamp

1953 geboren in Strang/Bad Rothenfelde. 1974–1981 Studium der Soziologie an der Universität Bielefeld (Diplom mit Schwerpunkt Entwicklungssoziologie); 1982–1985 Studium Deutsch als Fremdsprache an der Universität Bielefeld (Magister Artium mit Schwerpunkt Linguistik). 1979–2017 Kursleiter in Deutschkursen für ausländische Studierende beim Bildungswerk bibis, Bielefeld, seit 1986 als Angestellter. 2001–2019 stellvertretender Leiter des Bildungswerks bibis. Seit 1997 Tätigkeit als freiberuflicher Korrektor und Lektor.

Born in 1953 in Strang/Bad Rothenfelde. 1974–1981 studied Sociology at the University of Bielefeld (Diploma with focus on Sociology of Development); 1982–1985 studied German as a Foreign Language at the University of Bielefeld (Magister Artium with focus on Linguistics). 1979–2017 course instructor in German courses for foreign students at the Bildungswerk bibis, Bielefeld, since 1986 as an employee. 2001–2019 Deputy Director of the Bildungswerk bibis. Since 1997 working as a freelance proofreader and lecturer.

Petra Breuer

1962 geboren in Mettingen, Kreis Steinfurt. 1980–1983 Ausbildung zur Krankenschwester in Hannover, 1986–1988 Zusatzausbildung zur Anästhesie- und Intensivmedizinkrankenschwester am Universitätsklinikum Erlangen. Als Krankenschwester unter anderem in der Schweiz und in den USA tätig. 1998–2002 Grafikdesignstudium (Diplom) am Fachbereich Design bzw. Gestaltung der FH Bielefeld, 2006–2008 hier Masterstudium. Seitdem als Freelancer für verschiedene Grafik- und Designagenturen tätig, seit 2006 Schwerpunktwechsel zur freiberuflichen Fassadengestaltung.

Born in 1962 in Mettingen, district of Steinfurt. 1980–1983 training as a nurse in Hanover, 1986–1988 additional training as an anaesthesia and intensive care nurse at the University Hospital Erlangen. Worked as a nurse in Switzerland and the USA, among other places. 1998–2002 studied Graphic Design (diploma) at the Faculty of Design of the Bielefeld UAS, 2006–2008 Master's degree here. Since then freelance work for various graphic and design agencies, since 2006 change of focus to freelance façade design.

Milena Carstens

1983 geboren in Hamburg. 2005–2012 Studium der Fotografie und Bildmedien am Fachbereich Gestaltung der FH Bielefeld, 2010–2012 Galeriemanagerin im Showroom der Robert Morat Galerie für Photographie, Berlin; 2012–2014 Bildredakteurin beim ZEITmagazin, seit 2014 hier Bildchefin.

Born in 1983 in Hamburg. 2005–2012 studied Photography and Visual Media at the Faculty of Design of the Bielefeld UAS, 2010–2012 gallery manager in the showroom of Robert Morat Galerie für Photographie, Berlin; 2012–2014 picture editor at ZEITmagazin, since 2014 Picture Director here.

Pit Clausen

1962 geboren in Düsseldorf. 1981 Abitur in Hilden, 1982–1989 Studium der Rechtswissenschaft an der Universität Bielefeld, 1989–1990 wissenschaftlicher Mitarbeiter am Lehrstuhl von Prof. Dr. Peter Schwerdtner, seit 1990 Richter in der Arbeitsgerichtsbarkeit, eingesetzt an den Arbeitsgerichten Düsseldorf, Herford, Detmold, Bochum, Hagen, Paderborn und Bielefeld. Seit 1994 Mitglied des Rates der Stadt Bielefeld, seit 2009 Oberbürgermeister der Stadt Bielefeld, Vorsitzender des Städtetages NRW.

Born in 1962 in Düsseldorf. 1981 A-levels in Hilden, 1982–1989 studied Law at the University of Bielefeld, 1989–1990 research assistant at the chair of Prof. Dr Peter Schwerdtner. Since 1990, judge in the labour courts of Düsseldorf, Herford, Detmold, Bochum, Hagen, Paderborn and Bielefeld. Since 1994 member of the Bielefeld City Council, since 2009 Lord Mayor of the City of Bielefeld. Chairman of the Association of Cities of North Rhine-Westphalia.

Sabine Demoliner

1965 geboren in Lengerich, Westfalen. Nach Ausbildung und Berufstätigkeit als Buchhändlerin 1991–1994 Studium der Betriebswirtschaftslehre an der FH Bielefeld; seit 1994 wissenschaftliche Mitarbeiterin im Fachbereich Wirtschaft an der FH Bielefeld, seit 2006 im wissenschaftlichen Personalrat.

Born in 1965 in Lengerich, Westphalia. After training and working as a bookseller 1991–1994, studied Business Administration at the Bielefeld UAS; since 1994, research assistant in the Faculty of Business at the Bielefeld UAS, since 2006 in the Scientific Staff Council.

Sebastian Denz

1974 geboren in Großburgwedel. 1997–1998 Studium der Architektur an der Universität Hannover, 1998–2002 Studium der Fotografie und freien Kunst an der FH Hannover (Vordiplom), 2002–2003 Studium der Fotografie an der FH Bielefeld (Diplom). 2005–2007 Masterstudium der Fotografie an der FH Bielefeld. Arbeit als Fotograf, künstlerische Ausstellungen und Arbeiten in Kunstsammlungen. 2011–2019 Professor für Fotografie und raumbildgebende Medien, Studiengangleiter, Vorsitzender des Prüfungsausschusses, design akademie berlin, Hochschule für Kommunikation und Design. Konzeption und erfolgreiche Akkreditierung von drei neuen Studiengängen: Bachelor of Arts Fotografie, Bachelor of Arts Photography (EN) und Master of Arts Photography (EN). Seit 2019 Professor und Programme Director Photography, SRH Berlin University of Applied Sciences, Berlin School of Design and Communication.

Born in 1974 in Großburgwedel. 1997–1998 studied Architecture at the University of Hanover, 1998–2002 studied of Photography and Fine Arts at the Hanover UAS (pre-diploma), 2002–2003 studied Photography at the Bielefeld UAS (diploma). 2005–2007 Master's degree in Photography at the Bielefeld UAS. Work as a photographer, artistic exhibitions and works in art collections. 2011–2019 Professor of Photography and Spatial Media, Head of study programme, Chairman of the Examination Board, design akademie berlin, UAS for Communication and Design. Conception and successful accreditation of three new degree programmes: Bachelor of Arts Fotografie, Bachelor of Arts Photography and Master of Arts Photography. Since 2019 Professor and Programme Director Photography at the SRH UAS, Berlin School of Design and Communication.

Nadine Droste

1982 geboren in Hamburg. Nach Studium an der Hochschule für bildende Künste Hamburg Abschluss im Studiengang Curatorial Studies an der Goethe-Universität Frankfurt und der Staatlichen Hochschule für Bildende Künste – Städelschule in Frankfurt am Main. Ab 2014 tätig im Kunstverein in Hamburg. 2018 Gründung des Ausstellungsraumes VIS in Hamburg. Seit 2019 Direktorin des Kunstverein Bielefeld.

Born in 1982 in Hamburg. After studying at the University of Fine Arts in Hamburg, graduated in Curatorial Studies at the Goethe University Frankfurt and the State University of Fine Arts – Städelschule in Frankfurt/Main. From 2014 active at the Kunstverein in Hamburg. 2018 founding of the exhibition space VIS in Hamburg. Since 2019 Director of the Kunstverein Bielefeld.

Jan Düfelsiek

1993 geboren in Halle (Westfalen). 2012–2016 Bachelorstudium der Fotografie an der FH Dortmund, seit 2016 Masterstudium der Fotografie und Bildmedien am Fachbereich Gestaltung der FH Bielefeld. Seit 2014 freier Fotograf, 2017 Assistent von Martin Schoeller, New York. 2019 Gewinner ›Master of Photography‹ von Sky Arts.

Born in 1993 in Halle (Westphalia). 2012–2016 Bachelor's degree in Photography at the Dortmund UAS, since 2016 Master's degree in Photography and Visual Media at the Faculty of Design at the Bielefeld UAS. Freelance photographer since 2014, 2017 assistant to Martin Schoeller, New York. 2019 winner ›Master of Photography‹ of Sky Arts.

Thomas Evers

1975 geboren in Straelen am Niederrhein. Nach Ausbildung und beruflicher Tätigkeit in der Altenpflege seit 1999 Studium und wissenschaftliche Tätigkeit an der FH Bielefeld im Kontext der Berufspädagogik der Pflege- und Gesundheitsfachberufe. 2009–2013 Referent im Ministerium für Gesundheit, Emanzipation, Pflege und Alter des Landes Nordrhein-Westfalen im Bereich der Pflege- und Gesundheitsfachberufe. Nach Promotion an der Universität Bremen 2013 Annahme einer Professur für gerontologische und geriatrische Grundlagen der Pflege an der Hochschule für Gesundheit Bochum, dort 2014–2018 Vizepräsident für Studium und Lehre. Seit April 2018 Leitender Ministerialrat im Ministerium für Arbeit, Gesundheit und Soziales des Landes Nordrhein-Westfalen.

Born in 1975 in Straelen on the Lower Rhine. After training and professional activity in geriatric nursing since 1999, studies and scientific activity at the Bielefeld UAS in the context of vocational pedagogy of the nursing and health care professions. 2009–2013 Consultant in the Ministry of Health, Emancipation, Nursing and Old Age of the State of North Rhine-Westphalia in the context of vocational pedagogy of nursing and health care professions. After obtaining a doctorate at the University of Bremen in 2013, acceptance of a professorship for Gerontological and Geriatric Basics of Nursing at the University for Health UAS (Hochschule für Gesundheit) Bochum, 2014– 2018 here Vice President for Studying and Teaching. Since April 2018 Senior Ministerial Councillor at the Ministry of Labour, Health and Social Affairs of North Rhine-Westphalia.

Lena Fillies

1991 geboren in Bielefeld. 2012–2018 freiberufliche Umwelt- und Erlebnispädagogin, 2014–2016 Studium der Sozialen Arbeit an der FH Bielefeld, 2017 staatliche Anerkennung als Sozialarbeiterin nach Anerkennungsjahr in der Offenen Kinder- und Jugendarbeit, 2017–2019 Studium der Erziehungswissenschaft im Master an der Universität Bielefeld. 2018–2019 Jugendbildungsreferentin bei der Naturfreundejugend Teutoburger Wald, seit 2019 Geschäftsführerin des Stadtjugendrings Hannover e.V.

Born in Bielefeld in 1991. 2012–2018 freelance environmental and experiential pedagogue, 2014–2016 studied Social Work at the Bielefeld UAS, 2017 state recognition as social worker after a year of recognition in open child and youth work, 2017–2019 studied Educational Science in Master's degree at the University of Bielefeld. 2018–2019 youth education officer at the Youth Friends of Nature Teutoburg Forest (Naturfreundejugend Teutoburger Wald), since 2019 Managing Director of the City Youth Council of Hannover (Stadtjugendring Hannover).

Dirk Fütterer

1967 geboren in Dinslaken. 1986–1989 Ausbildung zum Herrenschneider bei der Maßschneiderei Radermacher in Düsseldorf, Geselle. 1989–1996 Studium des Kommunikationsdesigns an der Universität GHS Essen, Diplom-Designer. 1991–1996 freier Mitarbeiter bei verschiedenen Designagenturen, u.a. Claus Koch, Düsseldorf; 1996–1998 Designer bei Büro Hamburg; 1998–2000 Senior Designer bei Chermayeff & Geismar, New York; 2000–2003 Design Director bei Enterprise IG, New York; 2004 Gründung der Designagentur Fütterer:id in Berlin. Seit 2004 Professor für Typografie an der FH Bielefeld, hier seit 2006 Leitung des Instituts für Buchgestaltung. 2012–2021 Prodekan und seit 2021 Dekan des Fachbereichs Gestaltung der FH Bielefeld. Diverse Veröffentlichungen und mehrfach ausgezeichnete Publikationen.

Born in 1967 in Dinslaken. 1986–1989 apprenticeship as a men's tailor at the tailor's shop Radermacher in Düsseldorf, journeyman. 1989–1996 studied Communication Design at the University of GHS Essen, diploma in Design. 1991–1996 freelancer at various design agencies, including Claus Koch, Düsseldorf; 1996–1998 designer at Büro Hamburg; 1998–2000 Senior Designer at Chermayeff & Geismar, New York; 2000–2003 Design Director at Enterprise IG, New York; 2004 founded the design agency Fütterer:id in Berlin. Since 2004 Professor of Typography at the Bielefeld UAS, where he has headed the Institute for Book Design since 2006. 2012–2021 Vice Dean and since 2021 Dean of the Faculty of Design at the Bielefeld UAS. Various publications and multiple award-winning publications.

Friederike Funken

1996 geboren in Minden. 2015–2016 Freiwilliges Soziales Jahr auf einer geriatrischen Station in einem Krankenhaus; 2016–2019 Nachtbereitschaft in einer Wohneinrichtung für Menschen mit geistiger Behinderung. 2017–2019 Bachelorstudium Soziale Arbeit an der Universität Duisburg-Essen. Seit 2019 Bachelorstudium Soziale Arbeit am Fachbereich Sozialwesen der FH Bielefeld.

Born in 1996 in Minden. 2015–2016 voluntary social year on a geriatric ward in a hospital; 2016–2019 night standby in a residential facility for people with mental disabilities. 2017–2019 Bachelor's degree in Social Work at the University of Duisburg-Essen. Since 2019 Bachelor's degree in Social Work at the Faculty of Social Work at the Bielefeld UAS.

Kristin Gabel

1987 geboren in Bielefeld. Nach dem Abitur folgten 2007–2011 das Bachelorstudium sowie 2013–2015 das Masterstudium in Elektrotechnik an der FH Bielefeld; 2011–2017 wissenschaftliche Mitarbeiterin an der FH Bielefeld. Seit 2017 bei KEB Automation in Barntrup im Produktmarketing Elektronik.

Born in 1987 in Bielefeld. After graduating from high school, 2007–2011 studied Electrical Engineering for a Bachelor's degree, 2013–2015 for a Master's degree at the Bielefeld UAS, 2011–2017 a research associate here. Since 2017 at KEB Automation in Barntrup in product marketing electronics.

Christoph Geiger

1981 in Au im Bregenzerwald, Österreich, geboren. Nach dem Studium des Maschinenbaus (Dipl.-Ing.) mehrere Jahre im Bereich der Konstruktion von Sonderanlagen tätig. 2008–2018 Mitglied der Geschäftsführung der Erne Fittings GmbH, Schlins, Österreich. 2012–2014 berufsbegleitendes Studium der Wirtschaftswissenschaften an der Hochschule Mittweida. Seit 2018 Geschäftsführer der IMA Schelling Austria GmbH und seit 2020 ebenso Geschäftsführer der IMA Schelling Group, Lübbecke.

Born in 1981 in Au in the Bregenzerwald, Austria. After studying Mechanical Engineering, he worked for several years as a plant designer in concrete block production. 2008–2018 member of the management board of the Erne Fittings GmbH, Schlins, Austria. 2012–2014 extra-occupational study of Economics at the Mittweida UAS. Since 2018 Managing Director of the IMA Schelling Austria GmbH and since 2020 also Managing Director of the IMA Schelling Group, Lübbecke.

Jenna Gesse

1984 geboren in Gütersloh. 2000–2003 Ausbildung zur Gestaltungstechnischen Assistentin am Berufskolleg Senne. 2004–2010 Studium der Grafik und des Kommunikationsdesigns an der FH Bielefeld, Mitarbeit im Institut für Buchgestaltung. 2006–2014 wohnen und arbeiten im Künstlerhaus Artists Unlimited, Bielefeld, ab 2008 Vorstandsvorsitzende des Vereins. Seit 2010 selbstständig als Gestalterin und Texterin. Seit 2015 Lehraufträge für Typografie und Buchgestaltung in Berlin und Bielefeld. Mitglied in verschiedenen Buchkunst-Jurys. Diverse Veröffentlichungen und mehrfach ausgezeichnete Publikationen.

Born in 1984 in Gütersloh. 2000–2003 apprenticeship as a design technical assistant at the Berufskolleg Senne. 2004–2010 studied Graphic and Communication Design at the Bielefeld UAS, and working at the Institut für Buchgestaltung, designing real publications. 2006–2014 lived and worked at the Künstlerhaus Artists Unlimited, Bielefeld, and was Chairwoman of the association from 2008 onwards. Since 2010 self-employed as a designer and writer. Since 2015 teaching positions for typography and book design in Berlin and Bielefeld. Member of various book design juries. Various publications and multiple award-winning publications.

Marvin Glißmann

1992 geboren in Minden. Nach Allgemeiner Hochschulreife und dualer Ausbildung zum gestaltungstechnischen Assistenten 2015–2020 Modedesignstudium am Fachbereich Gestaltung der FH Bielefeld. 2020 Ausbildung zum Hair & Make-up Artist in Berlin, seit 2020 als HMUA und Stylist in Berlin tätig.

Born in 1992 in Minden. After general university entrance qualification and dual training as a technical design assistant, 2015–2020 studied Fashion Design at the Faculty of Design at the Bielefeld UAS. 2020 training as a hair & make-up artist in Berlin, since 2020 working as a HMUA and stylist in Berlin.

Marta Glowacka

1973 geboren in Polczyn-Zdoj, Polen. 1992–1994 Germanistikstudium an der UAM Poznan, Polen, 1994–1997 VWL-Studium an der Viadrina Universität in Frankfurt an der Oder, 1998–2001 BWL-Studium an der FH Bielefeld, 2001/2002 Diplom und anschließende Projektarbeit bei der MAN Truck and Bus AG in Polen, 2002 Trainee-Programm bei der Mestemacher GmbH in Gütersloh, 2003–2016 Geschäftsführerin bei der polnischen Tochtergesellschaft der Mestemacher GmbH in Gütersloh. 2012–2014 Aufbaustudium Executive MBA an der Aalto University of Helsinki, seit 2017 Geschäftsführerin bei der Mestemacher GmbH in Gütersloh, seit 2016 Mentorin im Mentoring-Programm der University of Helsinki.

Born in 1973 in Polczyn-Zdoj, Poland. 1992–1994 German Language and Literature studies at the UAM Poznan, Poland, 1994–1997 studied Economics at the Viadrina University, Frankfurt/Oder, 1998–2001 Business Studies at the Bielefeld UAS, 2001/2002 Diploma and subsequent project work at MAN Truck and Bus AG in Poland. 2002 Trainee Programme at Mestemacher GmbH in Gütersloh, 2003–2016 Managing Director at the Polish subsidiary of Mestemacher GmbH in Gütersloh. 2012–2014 postgraduate studies Executive MBA at the Aalto University of Helsinki, since 2017 Managing Director at Mestemacher GmbH in Gütersloh, since 2016 mentor in the mentoring programme of the University of Helsinki.

Annette Görtz

1959 geboren in Marl, Nordrhein-Westfalen. 1984 Diplomabschluss in Modedesign an der FH Bielefeld. 1987 erstmalige Präsentation der Kollektion auf der Igedo in Düsseldorf. 1990 Gründung der Görtz-Welsch Modedesign GmbH, dort bis heute Geschäftsführerin. 1995 Modedesignpreis NRW für Damenoberbekleidung, 2004 Nominierung beim Prix Veuve Clicquot: ›Entrepreneur of the Year‹.

Born in 1959 in Marl, North-Rhine Westphalia. 1984 graduated in Fashion Design from the Bielefeld UAS. 1987 first presentation of the collection at the Igedo in Düsseldorf. 1990 founded Görtz-Welsch Modedesign GmbH, where she is still Managing Director. 1995 Fashion Design Award North-Rhine Westphalia for ladies' outerwear, 2004 nomination at the Prix Veuve Clicquot: ›Entrepreneur of the Year‹.

Matthias Gräßlin

1964 geboren in Gummersbach. 1982–1986 Erzieherausbildung an der Kollegschule Bethel, 1986–1988 Zivildienst beim Jugendamt der Stadt Bielefeld. 1989–1993 Studium des Sozialwesens an der FH Bielefeld, Abschluss als Diplom-Sozialpädagoge, freie künstlerische Ausbildung mit Schwerpunkt Theater/Tanz/Performance u.a. bei Else Natalie Warns, Christoph Riemer, Katya Delakova, Moshe Budmor, Augusto Boal und Yoshi Oida. Seit 1994 Leiter der Theaterwerkstatt Bethel der v. Bodelschwinghschen Stiftungen Bethel in Bielefeld, Lehrbeauftragter der FH Bielefeld und der Fachhochschule der Diakonie Bethel. Initiator des Volxtheaters als Theaterarbeit mit heterogenen Gruppen und der Volxakademie für inklusive Kultur. Inszenierungen in Theatern, Kirchen und urbanen Räumen, Bildungsarbeit, Beratung und Organisationsentwicklung mit ästhetischen Mitteln.

Born in 1964 in Gummersbach. 1982–1986 educator training at Kollegschule Bethel, 1986–1988 civilian service at the Youth Welfare Office of the City of Bielefeld. 1989–1993 studied Social Work at the Bielefeld UAS, graduating as a social pedagogue, independent artistic training with a focus on theatre/dance/performance with Else Natalie Warns, Christoph Riemer, Katya Delakova, Moshe Budmor, Augusto Boal and Yoshi Oida alongside. Since 1994 Director of Theaterwerkstatt Bethel at von Bodelschwinghsche Stiftungen Bethel in Bielefeld, lecturer at the Bielefeld UAS and the Diaconia UAS. Initiator of Volxtheater, an approach to theatre work with heterogeneous groups, and of the Volxakademie for inclusive culture. Productions staged in theatres, churches and urban spaces; vocational training, consulting and organisational development with aesthetic means.

Nils Günther

1979 geboren in Bremen. Nach Studienzeiten an der FH Bielefeld (Diplom-Kaufmann 2003, Diplom-Wirtschaftsjurist 2005) und neben weiteren Studien an der Universität St. Gallen (M.B.L.-HSG 2007), der Universität Hamburg (LL.M. Versicherungsrecht 2011) und nochmals an der Universität St. Gallen (Certified Global Negotiator 2017/2018) seit 2005 in verschiedenen Funktionen bei Jowat SE, Detmold tätig. Vielfache ehrenamtliche Tätigkeiten, u.a. ehrenamtlicher Richter am Landesarbeitsgericht Hamm, Vertrauensmanager der Stiftung der Deutschen Wirtschaft, Bielefeld und Berlin, sowie in der Stiftung Begabtenförderung berufliche Bildung, Bonn.

Born in 1979 in Bremen. Since 1999 studies at the Bielefeld UAS (Diploma in Business Administration 2003, Diploma in Business Law 2005). 2007 Executive Master in European and International Business Law at the University of St. Gallen and 2011 Master of Law (Insurance Law) at the University of Hamburg. 2017/2018 Certificate of Advanced Studies at the University of St. Gallen as Certified Global Negotiator. Since 2005, he has held various positions at Jowat SE, Detmold. Numerous honorary positions, including honorary judge at the Regional Labour Court in Hamm, Regional Manager at the German Business Foundation (Stiftung der Deutschen Wirtschaft) in Bielefeld and Berlin as well as at the Foundation for the Promotion of Gifted Young People (Stiftung Begabtenförderung berufliche Bildung gGmbH) in Bonn.

Tanja Hage

1980 geboren in Bielefeld. Nach dem Studium der Kommunikations-/Medien- und Erziehungswissenschaft an den Universitäten in Erfurt, Bochum und Bielefeld seit 2005 externe Beraterin im Bereich Jugendmedienschutz bei der Stadt Bielefeld, 2007–2010 freiberufliche Dozentin für Kommunikationswissenschaft an der Bielefelder Fachhochschule des Mittelstands, 2010–2012 Studienberaterin an der FH Bielefeld, seit 2010 wissenschaftliche Mitarbeiterin des Fachbereichs Ingenieurwissenschaften und Mathematik.

Born in 1980 in Bielefeld. After studying Communication/ Media and Educational Science at the Universities of Erfurt, Bochum and Bielefeld, since 2005 external consultant in the area of youth media protection at the City of Bielefeld, 2007–2010 freelance lecturer in Communication Science at the private Bielefeld university FHM, 2010–2012 student advisor at the Bielefeld UAS, since 2010 research assistant at the Faculty of Engineering and Mathematics.

Sven Hohorst

1963 geboren in Minden. Nach dem Studium des Wirtschaftsingenieurwesens an der FH Gießen-Friedberg 1993 Einstieg bei WAGO, diverse Positionen im Bereich Vertrieb. 2001 Berufung zum Geschäftsführer Vertrieb, Marketing, Automation, seit 2006 CEO und geschäftsführender Gesellschafter der WAGO Kontakttechnik GmbH & Co. KG, Minden, seit dem 1. Januar 2021 Mitglied des Beirats.

Born in 1963 in Minden. After studying Industrial Engineering at the Gießen-Friedberg UAS, he joined WAGO in 1993 and held various positions in the sales department. 2001 appointed Managing Director Sales, Marketing, Automation, since 2006 CEO and Managing Partner of WAGO Kontakttechnik GmbH & Co. KG, Minden, since 1 January 2021 member of the Advisory Board.

Michaela Hoke

1969 geboren in Ebermannstadt/Bayern. Nach Banklehre 1990–1992 Studium der Betriebswirtschaftslehre an der Universität Erlangen Nürnberg; 1992–1993 Studium an der Sciences Po, Strasbourg/F; 1993–1995 Studium der Betriebswirtschaftslehre an der Universität St. Gallen/CH; 1995–1997 Promotionsstudium und wissenschaftliche Mitarbeiterin an der Universität St. Gallen, 2001 Promotion. 2001–2003 Unternehmensberaterin bei Stern Stewart, München; 2003–2013 Unternehmensberaterin und Geschäftsführerin bei Dr. Malcher Unternehmensberatung, Köln/Potsdam; 2013–2014 Professorin für Internationale Rechnungslegung an der Hochschule Magdeburg-Stendal, seit 2014 Professorin für ABWL, Finanzmanagement und Rechnungswesen an der FH Bielefeld. 2016–August 2021 zentrale Gleichstellungsbeauftragte, seit September 2021 Vizepräsidentin für Studium und Lehre.

Born in 1969 in Ebermannstadt, Bavaria. After a bank apprenticeship, 1990–1992 study of Business Administration at the Friedrich-Alexander-University Erlangen-Nuremberg (FAU), 1992–1993 studies at Sciences Po, Strasbourg/F, 1993–1995 study of Business Administration at the University of St. Gallen/CH; 1995–1997 doctoral studies and research assistant at the University of St. Gallen. 2001 Doctorate. 2001–2003 Management Consultant at Stern Stewart, Munich; 2003–2013 Management Consultant and Managing Director at Dr. Malcher Unternehmensberatung, Cologne/Potsdam. 2013–2014 Professor of International Accounting at the Magdeburg-Stendal UAS, since 2014 Professor of General Business Administration, Financial Management and Accounting at the Bielefeld UAS. 2016-August 2021 Central Equal Opportunities Officer, since September 2021 Vice President for Studying and Teaching.

Anja-Christina Horstmann

1969 geboren in Herford. Nach dem Abitur 1988–2001 Studium der Elektrotechnik an der FH Bielefeld. 1989–1995 Buchhaltung und Backoffice bei Interconsult Udo Galinski, Porta Westfalica, 1996–2007 Finance & Controlling- und HR-Manager bei der Kavlico GmbH, Minden. Seit 2007 bei der Krohne Pressure Solutions GmbH (vormals KG transmitter components GmbH) Minden, zunächst Prokuristin, seit 2010 Geschäftsführerin.

Born in 1969 in Herford. After graduating from high school, 1988–2001 studied Electrical Engineering (Dipl.-Ing.) at the Bielefeld UAS. 1989–1995 accounting and back office at Interconsult Udo Galinski, Porta Westfalica, 1996–2007 finance & controlling and HR manager at Kavlico GmbH, Minden. Since 2007 at Krohne Pressure Solutions GmbH (formerly KG transmitter components GmbH) Minden, initially authorised signatory, since 2010 Managing Director.

Klaus Hurrelmann

1944 geboren in Gotenhafen (heute Gdynia, Polen). 1963–1968 Studium der Soziologie, Psychologie und Pädagogik an den Universitäten Freiburg, Berkeley (USA) und Münster, 1971 Promotion. 1970–1974 wissenschaftlicher Mitarbeiter in der Fakultät für Soziologie der Universität Bielefeld, 1975 Habilitation. 1975–1980 Professor für empirische Bildungs- und Sozialisationsforschung an der Universität Essen. 1980 Ruf an die Universität Bielefeld, hier 1983 Gründungsdekan der Fakultät für Pädagogik. Seit 1986 Aufbau des interdisziplinären, von der Deutschen Forschungsgemeinschaft finanzierten Sonderforschungsbereichs Prävention und Intervention im Kindes- und Jugendalter und dessen Sprecher (bis 1998), Mitbegründer des Bielefelder Zentrums für Kindheits- und Jugendforschung; 1990 Gastprofessur für Soziologie an der New York University. 1994 Initiator und Gründungsdekan der Fakultät für Gesundheitswissenschaften der Universität Bielefeld, 1996–2004 Direktor des Instituts für Bevölkerungsforschung und Sozialpolitik der Universität Bielefeld, 2013–2014 im Auftrag der Weltgesundheitsorganisation (WHO) Direktor des Collaborating Research Center for Health in Adolescence und Leiter des deutschen Teils der Studie ›Health Behaviour in School-aged Children‹ (HBSC). 1999 Gastprofessur für Gesundheitswissenschaften an der University of California, Los Angeles. 2008 Emeritierung, seit 2009 Senior Professor of Public Health and Education an der Hertie School of Governance, Berlin. 2018 Ehrendoktorwürde der Pädagogischen Hochschule Freiburg im Breisgau, seit 2020 Senior Expert für das Forschungsinstitut für Bildungs- und Sozialökonomie (FiBS), Berlin.

Karin Ilg

Born in 1944 in Gotenhafen (today Gdynia, Poland). 1963–1968 studied Sociology, Psychology and Education at the Universities of Freiburg, Berkeley (USA) and Münster, Doctorate in 1971. 1970–1974 research assistant in the Faculty of Sociology at the University of Bielefeld, 1975 habilitation. 1975–1980 Professor for Empirical Research on Education and Socialisation at the University of Essen. 1980 appointment to the University of Bielefeld, here 1983 founding Dean of the Faculty of Education. Since 1986 development of the interdisciplinary Special Research Centre for Prevention and Intervention in Childhood and Adolescence financed by the German Research Foundation and its spokesperson (until 1998), co-founder of the Bielefeld Centre for Childhood and Adolescence Research; 1990 visiting professor of sociology at the University of New York. 1994 initiator and founding Dean of the Faculty of Health Sciences at the University of Bielefeld; 1996–2004 Director of the Institute for Population Research and Social Policy at the University of Bielefeld; 2013–2014 Director of the Collaborating Research Center for Health in Adolescence on behalf of the World Health Organization (WHO) and head of the German part of the study ›Health Behaviour in School-aged Children‹ (HBSC). 1999 Visiting Professor of Health Sciences at the University of California, Los Angeles. 2008 Emeritus Professor, since 2009 Senior Professor of Public Health and Education at the Hertie School of Governance, Berlin. 2018 Honorary Doctorate from the University of Education Freiburg im Breisgau, since 2020 Senior Expert for the Research Institute for Education and Social Economics (FiBS), Berlin.

1972 geboren im Tecklenburger Land. 1991–1997 Studium der Mathematik und Philosophie an der Westfälischen Wilhelms-Universität Münster. 1999–2000 Forschungsaufenthalte an der Università degli Studi di Padova und der British Library, 2003 Promotion. 2001–2005 Forschung und Lehre zur Philosophie und Wissenschaftsgeschichte des 17. und 18. Jahrhunderts an den Universitäten Bamberg, Bielefeld und Halle-Wittenberg. 2005–2007 Bibliotheksreferendariat an der Gottfried Wilhelm Leibniz Bibliothek – Niedersächsische Landesbibliothek, Hannover. 2007 M.A. Library and Information Science, Humboldt-Universität Berlin. 2008–2010 wissenschaftliche Mitarbeiterin an der Universitätsbibliothek Bielefeld. Seit 2010 Leiterin der Hochschulbibliothek der FH Bielefeld.

Born 1972 in the Tecklenburg region. 1991–1997 studied Mathematics and Philosophy at the Westphalian Wilhelms University of Münster. 1999–2000 research stays at the Università degli Studi di Padova and the British Library, 2003 Doctorate. 2001–2005 research and teaching on Philosophy and the History of Science of the 17th and 18th centuries at the Universities of Bamberg, Bielefeld and Halle-Wittenberg. 2005–2007 Library traineeship at the Gottfried Wilhelm Leibniz Library – Lower Saxony State Library, Hanover. 2007 Master's degree in Library and Information Science at the Humboldt University of Berlin. 2008–2010 research assistant at the library of the University of Bielefeld. Since 2010 Head of the University Library of the Bielefeld UAS.

Leonie Franziska Jabs

1992 geboren in Essen. 2011–2012 Freiwilliges Soziales Jahr in einer integrativen Grundschule; 2013–2016 Ausbildung zur Gesundheits- und Kinderkrankenpflegerin; 2016–2017 Arbeit als Pflegefachkraft in der Intensivpflege. 2016–2019 Bachelorstudium Berufliche Bildung Pflege am Fachbereich Gesundheit der FH Bielefeld; 2017–2020 SHK im Projekt Medikamentenmanagement und Gesundheitsvorsorge bei Menschen mit geistiger Behinderung; seit 2019 Masterstudium Berufspädagogik Pflege, weiterhin WHK im Projekt. Seit 2020 Pflegefachkraft in einer Wohneinrichtung für Menschen mit geistiger Behinderung.

Born in 1992 in Essen. 2011–2012 voluntary social year in an integrative primary school; 2013–2016 training as a health and paediatric nurse; 2016–2017 work as a nursing assistant in intensive care; 2016–2019 Bachelor's degree in Vocational Education Nursing at the Faculty of Business and Health, Teaching Unit Nursing and Health at the Bielefeld UAS; 2017–2020 student assistant in the project Medication Management and Health Care for People with Intellectual Disabilities. Since 2019 Master's degree in Vocational Education Nursing, now research assistant in the project. Since 2020, nursing specialist in a residential facility for people with mental disabilities.

Franziska Anushi Jagoda

1990 geboren in Minden. 2012–2016 duales Studium der Gesundheits- und Krankenpflege an der FH Bielefeld, Standort Minden. Nach dem Masterstudium der Pflegewissenschaft an der Privaten Universität Witten/Herdecke gGmbH von 2016 bis 2019 wissenschaftliche Mitarbeiterin am Deutschen Zentrum für Neurodegenerative Erkrankungen e.V. am Standort Witten. Mitbegründerin des Übergabe-Podcasts und stellvertretende Sektionssprecherin der Sektion Nachwuchs Pflegewissenschaft bei der Deutschen Gesellschaft für Pflegewissenschaft. Seit 2019 wissenschaftliche Mitarbeiterin am Lehrstuhl für Pflegewissenschaft unter Prof. Dr. Margareta Halek an der Privaten Universität Witten/Herdecke gGmbH.

Born in 1990 in Minden. 2012–2016 dual studies of Health and Nursing at the Bielefeld UAS, Minden location. After Master studies in Nursing Science at the Private University of Witten/Herdecke from 2016 to 2019 research assistant at the German Centre for Neurodegenerative Diseases (registered association) at the Witten location. Co-founder of the handover podcast and Deputy Section Spokeswoman of the Section for Nachwuchs Pflegewissenschaft (Young Nursing Science) at the German Society for Nursing Science. Since 2019 research assistant at the Chair of Nursing Science under Prof. Dr. Margareta Halek at the Private University of Witten/Herdecke.

Reinhard Kaschuba

1958 geboren in Bielefeld. Nach Ausbildung und Berufstätigkeit im Stahlbau 1982–1989 Studium des Maschinenbaus an der FH Bielefeld und der Universität Bochum; 1989–1993 wissenschaftlicher Mitarbeiter an der Universität Siegen, 1993 Promotion zum Dr.-Ing. 1993–1999 tätig in Unternehmen des Anlagenbaus, zuletzt Geschäftsbereichsleiter. Seit 1999 Professor für Methoden der Produktentwicklung an der FH Bielefeld, Leiter des Laborbereichs Sensorik, Automatisierung und Qualität im Fachbereich Ingenieurwissenschaften und Mathematik.

Born in Bielefeld in 1958. After apprenticeship and working in steel construction, 1982–1989 studied Mechanical Engineering at the Bielefeld UAS and the University of Bochum; 1989–1993 scientific assistant at the University of Siegen, 1993 Doctorate (Dr.-Ing.). 1993–1999 active in plant engineering companies, last division manager. Since 1999 Professor for Methods of Product Development at the Bielefeld UAS, Head of the Laboratory Area Sensor Technology, Automation and Quality in the Faculty of Engineering and Mathematics.

Lawrie Kerr

1952 geboren in Edinburgh. 1973–1998 Elektronikingenieur in der britischen Armee. 1973–1985 Tätigkeit in vier Militärkrankenhäusern (Münster, Iserlohn, Rinteln und Berlin) in Deutschland als Spezialist für Röntgen- und Ultraschallgeräte. 1986–1998 Leiter der Biomedizinischen Technik im Verteidigungsministerium in Oman und im Armed Forces Hospital in Muscat. 1998 Rückkehr nach Deutschland. Seitdem Tätigkeiten als Englischdozent bei mehreren Unternehmen, darunter Bertelsmann und Miele, 2012–2017 an der Fachhochschule des Mittelstands (FHM) in Bielefeld, 2018–2020 am Fachbereich Wirtschaft und Gesundheit und seit 2020 am Fachbereich Gestaltung der FH Bielefeld.

Born in 1952 in Edinburgh. 1973–1998 Electronics engineer in the British Army. 1973–1985 worked in four military hospitals (Münster, Iserlohn, Rinteln and Berlin) in Germany as a specialist in X-ray and ultrasound equipment. 1986–1998 Head of Biomedical Engineering at the Ministry of Defence in Oman and at the Armed Forces Hospital in Muscat. 1998 returned to Germany. Since then, activities as an English lecturer at several companies, including Bertelsmann and Miele, 2012–2017 at the Fachhochschule des Mittelstands (FHM) in Bielefeld 2018–2020 at the Faculty of Business and Health and since 2020 at the Faculty of Design at the Bielefeld UAS.

Lambert Tobias Koch

1965 geboren in Hering bei Darmstadt. Nach dem Studium der Volkswirtschaftslehre an den Universitäten Mainz und Würzburg 1995 Promotion, 1999 Habilitation an der Friedrich-Schiller-Universität Jena. 1999–2008 Lehrstuhlinhaber für Wirtschaftswissenschaft, insbesondere Unternehmensgründung und Wirtschaftsentwicklung an der Bergischen Universität Wuppertal und Direktor des Instituts für Gründungs- und Innovationsforschung (IGIF), Gastprofessuren in Cleveland (USA), Klagenfurt (Österreich) und Košice (Slowakei). 2005–2008 Dekan der wirtschaftswissenschaftlichen Fakultät der Bergischen Universität Wuppertal, seit 2008 hier Rektor. Außerdem unter anderem Vorsitzender der Landesrektorenkonferenz der Universitäten NRW (LRK), Vorsitzender des Hochschulrats der Hochschule Fresenius sowie Mitglied im Beirat der Technischen Akademie Wuppertal. 2016 Ehrendoktorwürde der Technischen Universität Košice (Slowakei), 2019 Honorarprofessor der Alpen-Adria-Universität Klagenfurt (Österreich), Rektor des Jahres 2011, 2014, 2017 und 2019 (Deutscher Hochschulverband).

Born in 1965 in Hering near Darmstadt. After studying Economics at the Universities of Mainz and Würzburg, he received his Doctorate in 1995 and his postdoctoral lecturing qualification at the Friedrich Schiller University of Jena in 1999. From 1999–2008 he held a chair in Economics (in particular Entrepreneurship and Economic Development) at the University of Wuppertal and was Director of the Institute for Entrepreneurship and Innovation Research (iENTIRE), visiting professorships in Cleveland (USA), Klagenfurt (Austria) and Košice (Slovakia). 2005–2008 Dean of the Faculty of Management and Economics at the University of Wuppertal, since 2008 Rector. Also, among others, Chairman of the Rectors' Conference of the Universities of NRW (LRK), Chairman of the Fresenius University Council and member of the Advisory Board of the Technical Academy Wuppertal. 2016 honorary Doctorate from the Technical University of Košice (Slovakia), 2019 honorary Professor at the Alpen-Adria-University of Klagenfurt (Austria), Rector of the Year 2011, 2014, 2017 and 2019 (German Association of Universities).

Lothar H. Kriszun

1952 geboren in Gütersloh. Nach der Ausbildung zum Industriekaufmann 1972–1975 Studium der Wirtschaftswissenschaften mit Schwerpunkt Unternehmensführung und Rechnungswesen an der FH Bielefeld. 1976–1981 Kosteningenieur bei Rowenta, Offenbach, seit 1981 in verschiedenen Führungsfunktionen der Claas Gruppe: Leiter Kostenrechnung (1981–1984), Assistent des geschäftsführenden Gesellschafters (1984–1986), Hauptabteilungsleiter Betriebswirtschaft (1986–1991), kaufmännischer Leiter der Westfälischen Werke (1987–1991), Geschäftsbereichsleiter Forschung und Entwicklung (1991–1993), Geschäftsführer Claas Fertigungstechnik GmbH (1994–1996), Sprecher der Geschäftsführung Claas Selbstfahrende Erntemaschinen (1996–2002), Vertriebschef der Claas Gruppe (2002–2011), Geschäftsfeld Traktoren (2011–2017), Sprecher der Konzernleitung (2014–2017). 2008–2018 Mitglied des Hochschulrates der FH Bielefeld, von 2013 bis 2018 dessen stellvertretender Vorsitzender. Seit 2018 im Ruhestand, Mitglied in verschiedenen Aufsichtsräten, Beiräten und Stiftungen.

Born in 1952 in Gütersloh. After training as an industrial clerk, 1972–1975 studied Economics with a focus on Corporate Management and Accounting at the Bielefeld UAS. 1976–1981 cost engineer at Rowenta, Offenbach, since 1981 in various management functions within the Claas Group: Head of Cost Accounting (1981–1984), Assistant to the Managing Partner (1984–1986), Head of the Business Administration Department (1986–1991), Commercial Manager Westf. Werke (1987–1991), Head of the Research and Development Division (1991–1993), Managing Director of Claas Fertigungstechnik GmbH (1994–1996), Chairman of the Executive Board of Claas Selbstfahrende Erntemaschinen (1996–2002), Head of Sales of the Claas Group (2002–2011), Tractors Division (2011–2017), Chairman of the Executive Board (2014–2017). 2008–2018 Member of the University Council of the Bielefeld UAS, from 2013 to 2018 its Deputy Chairman. Retired since 2018, member of various supervisory boards, advisory boards and foundations.

Tobias Lehmann

1988 geboren in Gütersloh. Nach dem Abitur in Bielefeld 2009–2013 Studium der Produktentwicklung und Mechatronik an der FH Bielefeld, 2013–2015 Masterstudium Optimierung und Simulation und wissenschaftlicher Mitarbeiter im Projekt Low-Cost Mechatronic Systems (LoCoMS) an der FH Bielefeld. 2015–2017 technischer Geschäftsführer des Instituts für Systemdynamik und Mechatronik der FH Bielefeld, 2017–2020 Projektleiter im Gründungsprojekt Headset for Augmented Auditive Reality (HEA²R) an der FH Bielefeld, 2019–2020 Geschäftsführer in der BitVox connected acoustics GmbH, Bielefeld. Seit 2021 Digital Transformation Manager bei der WAGO Kontakttechnik GmbH & Co. KG, Minden.

Born in 1988 in Gütersloh. After graduating from high school in Bielefeld, 2009–2013 studied Product Development and Mechatronics at the Bielefeld UAS, 2013–2015 Master's degree in Optimisation and Simulation and research assistant in the Low-Cost Mechatronic Systems (LoCoMS) project at the Bielefeld UAS. 2015–2017 Technical Managing Director of the Institute for System Dynamics and Mechatronics at the Bielefeld UAS, 2017–2020 Project Manager in the founding project Headset for Augmented Auditive Reality (HEA²R) at the Bielefeld UAS, 2019–2020 Managing Director in BitVox connected acoustics GmbH, Bielefeld. Since 2021 Digital Transformation Manager at WAGO Kontakttechnik GmbH & Co. KG, Minden.

Britta Leineweber

1971 geboren in Hannover. Studium der Geographie, BWL und VWL an der Universität Hannover. 1999–2003 wissenschaftliche Mitarbeiterin im Geographischen Institut der Universität Hannover, 2003 Promotion. 2003–2010 wissenschaftliche Mitarbeiterin an der Wissens- und Technologiekontaktstelle der Universität Hannover. 2010–2014 wissenschaftliche Mitarbeiterin im Bereich Wissens- und Technologietransfer der Leuphana Universität Lüneburg. Seit 2014 Forschungsreferentin am Fachbereich Campus Minden.

Born 1971 in Hanover. Studied Geography, Business Administration and Economics at the University of Hanover. 1999–2003 technology transfer officer at the Institute of Geography at the University of Hanover, 2003 Doctorate. 2003–2010 technology transfer officer at the Knowledge and Technology Contact Point of the University of Hanover. 2010–2014 research associate in the field of knowledge and technology transfer at the Leuphana University of Lüneburg. Since 2014 Research Officer at the Faculty Campus Minden.

Wiebke Leister

1972 geboren in Bielefeld. 1992–1999 Studium des Kommunikationsdesigns in Essen, 2000–2007 Promotionsvorhaben am Royal College of Art in London, PhD. Seit 2004 Lehrende für Fotografie und im interdisziplinären PhD-by-practice am London College of Communication der University of the Arts London, seit 2013 Course Leader für MA Photography.

Born in 1972 in Bielefeld. 1992–1999 studied Communication Design in Essen, 2000–2007 PhD project at the Royal College of Art in London, Doctorate (PhD). Since 2004 lecturer for photography and interdisciplinary PhD-by-practice at the London College of Communication, University of the Arts London, since 2013 Course Leader for MA Photography.

Sissy-Christin Lorenz

1989 geboren in Diepholz. 2008–2015 Bachelor- und Masterstudium der Molekularen Biotechnologie an der Universität Bielefeld; 2015–2019 wissenschaftliche Mitarbeiterin in der Arbeitsgruppe von Prof. Dr. Anant Patel an der FH Bielefeld; 2019 Promotion zum Dr. rer. nat. an der Universität Bielefeld. Seit Ende 2019 Lehrkraft für besondere Aufgaben am Fachbereich Ingenieurwissenschaften und Mathematik der FH Bielefeld und Projektmanagerin bei der Bielefeld Marketing GmbH im Landesprogramm Karrierewege FH-Professur.

Born in 1989 in Diepholz. 2008–2015 Bachelor's and Master's degree in Molecular Biotechnology at the University of Bielefeld; 2015–2019 research associate in the group of Prof. Dr. Anant Patel at the Bielefeld UAS; 2019 Doctorate (Dr. rer. nat.) at the University of Bielefeld. Since 2019, lecturer for special tasks at the Faculty of Engineering and Mathematics of the Bielefeld UAS and project manager at the science office of the Bielefeld Marketing GmbH in the state programme Karrierewege FH-Professur (Career Paths UAS Professorship).

Carsten Mayer

1975 geboren in Herford. Nach einer Ausbildung im technischen Bereich 1998–2003 Studium der Sozialpädagogik an der FH Bielefeld. Seit 1998 Tätigkeit in den v. Bodelschwinghschen Stiftungen Bethel, seit 2003 als Sozialpädagoge. Seit 2005 Lehrbeauftragter am Fachbereich Sozialwesen der FH Bielefeld.

Born in 1975 in Herford. After training in the technical field, 1998–2003 studied Social Pedagogy at the Bielefeld UAS. Since 1998 working at the v. Bodelschwinghschen Stiftungen Bethel, since 2003 as a social pedagogue. Since 2005 lecturer at the Faculty of Social Sciences at the Bielefeld UAS.

Dawin Meckel

1977 geboren in Lich/Hessen. 1996–1998 Ausbildung zum Bauzeichner, 1998–2004 Foto-/Film-Design-Studium an der FH Bielefeld. 2004 Nominierung für die World Press Photo Joop Swart Masterclass, ebenfalls seit 2004 Mitglied bei OSTKREUZ – Agentur der Fotografen und freiberuflicher Fotograf für Magazine und Unternehmen. 2005 lobende Erwähnung bei den Lead Awards in der Kategorie ›Beste Fotoreportage in deutschen Magazinen‹, 2011 2. Platz beim Europäischen Architekturfotografie-Preis, 2013 Konrad-Wolf-Preis der Akademie der Künste als Mitglied der Agentur OSTKREUZ. 2020 Lehrtätigkeit an der Mediadesign Hochschule Berlin, regelmäßige Beteiligung an Ausstellungen und Buchprojekten.

Born in 1977 in Lich/Hesse. 1996–1998 training as a draughtsman, 1998–2004 studied Photo/Film Design at the Bielefeld UAS. 2004 nomination for the World Press Photo Joop Swart Masterclass, also since 2004 member of OSTKREUZ – Agency of Photographers and freelance photographer for magazines and companies. 2005 honourable mention at the Lead Awards in the category ›Best Photo Reportage in German Magazines‹, 2011 2nd place at the European Architecture Photography Award, 2013 Konrad Wolf Award of the Academy of Arts as member of the agency OSTKREUZ. 2020 teaching at the Mediadesign University of Berlin, regular participation in exhibitions and book projects.

Rainer Middelberg

1971 geboren in Greven. 1991–1999 Studium der Germanistik, katholischen Theologie und Sozialwissenschaften an den Universitäten Münster, Bielefeld und Paderborn, Abschluss: Erstes Staatsexamen. 1999–2000 wissenschaftlicher Mitarbeiter in einem DFG-Forschungsprojekt der Universität Paderborn; 2000–2007 Redakteur bei der Medienfabrik Gütersloh, ab 2005 dort Chef vom Dienst B-to-B- und B-to-C-Communication; 2007–2009 Ressortleiter ›Eltern & Schule‹ beim Kirchenboten, Osnabrück; 2009–2017 Agenturleiter Dom Medien, Osnabrück. Projekte u.a. für das Bistum Osnabrück und die Bertelsmann Stiftung; seit 2010 selbstständige Arbeiten u.a. für Siteco/OSRAM. 2017 Gründung der Kommunikationsagentur feinjustiert; tätig als Medienentwickler, Fachredakteur und externer Chefredakteur u.a. des Magazins Zoé – leben mit anderen augen sehen.

Born in 1971 in Greven. 1991–1999 studied German, Catholic Theology and Social Sciences at the Universities of Münster, Bielefeld and Paderborn, graduating with a first state examination. 1999–2000 research assistant in a DFG research project at the University of Paderborn; 2000–2007 editor at Medienfabrik Gütersloh, from 2005 head of B-to-B and B-to-C communication; 2007–2009 Head of Department ›Parents & Schools‹ at Kirchenbote, Osnabrück; 2009–2017 agency manager Dom Medien, Osnabrück. Projects for the Diocese of Osnabrück and the Bertelsmann Foundation, among others; since 2010 independent work for Siteco/OSRAM, among others. 2017 Founded the communications agency feinjustiert; active as media developer, specialist editor and external editor-in-chief of the magazine Zoé – leben mit anderen augen sehen, among others.

Markus Miele

1968 geboren in Gütersloh. 1989–1994 Studium des Wirtschaftsingenieurwesens in Karlsruhe, 1997 Promotion zum Dr. oec. an der Universität St. Gallen, Executive School of Management, Technology and Law (ES-HSG). 1998–1999 Tätigkeit im Controlling/Finanzwesen beim Automobilzulieferer Hella, Lippstadt. 1999 Eintritt in das Familienunternehmen Miele (Technische Koordination), seit 2002 geschäftsführender Gesellschafter. Seit 2005 Vizepräsident der Industrie- und Handelskammer Ostwestfalen zu Bielefeld (IHK), seit 2008 Vorsitzender des Unternehmerverbandes Gütersloh.

Born in 1968 in Gütersloh. 1989–1994 studied Industrial Engineering and Management in Karlsruhe, 1997 Doctorate (Dr. oec.) at the University of St. Gallen, Executive School of Management, Technology and Law (ES-HSG). 1998–1999 worked in controlling/finance at the automotive supplier Hella, Lippstadt. 1999 joined the family business Miele (technical coordination), since 2002 Executive Director and co-proprietor. Since 2005 Vice President of the Chamber of Industry and Commerce of East Westphalia in Bielefeld (Industrie- und Handelskammer Ostwestfalen zu Bielefeld, IHK), since 2008 Chairman of the Gütersloh Employers' Association.

Marcus Miksch

1966 geboren in Düsseldorf. Nach dreijähriger Offiziersausbildung 1989–1997 Studium der Rechtswissenschaft an der Universität Bielefeld; 1995 Erstes Juristisches Staatsexamen; 1997 Zweites Juristisches Staatsexamen. Seit 1997 in verschiedenen Funktionen an der FH Bielefeld: Mitarbeit in diversen Forschungsprojekten, Durchführung von Lehrveranstaltungen, Beratung und Lerncoaching in berufsbegleitenden Studiengängen, administrative Geschäftsführung einer Lehreinheit (berufsbegleitende Studiengänge). Seit 2009 Aufbau und Leitung der Koordinierungsstelle Wissenschaftliche Weiterbildung/Duale Studiengänge; seit 2014 Leiter des Ressorts Wissenschaftliche Weiterbildung, praxisintegrierte und berufsbegleitende Studienkonzepte der FH Bielefeld.

Born in 1966 in Düsseldorf. After three years of officer training, studied law at the University of Bielefeld from 1989 to 1997; first state law examination in 1995; second state law examination in 1997. Since 1997 in various functions at the Bielefeld UAS: collaboration in various research projects, implementation of courses, counselling and learning coaching in part-time degree programmes, administrative management of a teaching unit (part-time degree programmes). Since 2009, development and management of the coordination office for academic continuing education/dual study programmes; since 2014, head of the Department of Scientific Further Education and Concepts for Work-integrated and Part-time Studies at the Bielefeld UAS.

Roland Nachtigäller

1960 geboren in Dortmund. 1980–1987 Studium der Kunst, visuellen Kommunikation, Germanistik und Medienpädagogik an der Universität/Kunsthochschule Kassel. 1988–1990 wissenschaftlicher Assistent am Museum Fridericianum, 1991/1992 Mitglied des Leitungsteams der DOCUMENTA IX, 1993–2002 freier Ausstellungsmacher und Autor, unter anderem mehrere Kunst-im-öffentlichen-Raum-Projekte. 2003–2008 Leiter der Städtischen Galerie Nordhorn, seit 2009 Direktor des Museums Marta Herford.

Born in 1960 in Dortmund. 1980–1987 Studied Art, Visual Communication, German Language and Literature and Media Education at the University/Art College of Kassel. 1988–1990 scientific assistant at the Museum Fridericianum, 1991/1992 member of the executive team of DOCUMENTA IX, 1993–2002 freelance exhibitor and author, among others several art-in-public-space projects. 2003–2008 Director of the Städtische Galerie Nordhorn (Municipal Gallery Nordhorn), since 2009 Director of the Museum Marta Herford.

Annette Nauerth

1958 geboren in Bad Oeynhausen. Nach der Ausbildung in der Krankenpflege 1980–1986 Studium der Medizin an der Westfälischen Wilhelms-Universität Münster, 1987 Promotion zum Dr. med. Tätigkeit in der Inneren Medizin in Klinik und Praxis. Seit 1997 Professorin für Biomedizinische Grundlagen der Gesundheitsberufe an der FH Bielefeld in verschiedenen Ämtern und Funktionen, Mitglied des Graduierteninstituts NRW.

Born in 1958 in Bad Oeynhausen. After training in nursing, 1980–1986 studied Medicine at the Westphalian Wilhelms University of Münster, 1987 Doctorate as Dr. med. Work in internal medicine in clinics and practices. Since 1997 professor of Biomedical Fundamentals for Health Professions at Bielefeld UAS in various positions and functions; member of the Graduate Institute NRW.

Rolf Naumann

1966 geboren in Bielefeld. Nach dem Maschinenbaustudium in Paderborn als wissenschaftlicher Mitarbeiter am Mechatronik Laboratorium Paderborn (MLaP) unter Leitung von Prof. Dr.-Ing. Joachim Lückel tätig. Promotion zum Dr.-Ing. im Jahr 2000, anschließend wissenschaftlicher Mitarbeiter bei der Deutschen Bahn/DB Systemtechnik im Bereich Betriebsfestigkeit und Simulation. Seit 2009 Professor für Mathematik, Finite-Element-Methode und Mehrkörpersimulation an der FH Bielefeld, 2016–2020 Prodekan und seit 2020 Dekan des Fachbereichs Ingenieurwissenschaften und Mathematik. Mitglied in zahlreichen Arbeitskreisen und Normungsausschüssen; anerkannter Gutachter des Eisenbahnbundesamtes.

Born in 1966 in Bielefeld. After studying Mechanical Engineering in Paderborn, research assistant at the Mechatronics Laboratory Paderborn (MLaP) under the direction of Prof. Dr.-Ing. Joachim Lückel. Doctorate (Dr.-Ing.) in 2000, then scientific assistant at Deutsche Bahn/DB Systemtechnik in the area of operational stability and simulation. Since 2009 Professor of Mathematics, Finite Element Method and Multibody Simulation at the Bielefeld UAS, 2016–2020 Vice Dean and since 2020 Dean of the Faculty of Engineering and Mathematics. Member of numerous working groups and standardisation committees; recognised expert of the Federal Railway Authority.

Silke Neumann

1972 geboren in Bielefeld. 1992–1994 Lehre als Industriekauffrau bei der Dr. August Oetker KG, 1994–1996 Studium der Wirtschaftswissenschaften an der Universität Paderborn, 1996 Wechsel an die FH Bielefeld, Studium der Betriebswirtschaftslehre mit dem Schwerpunkt Marketing und Außenwirtschaft, 2000 Abschluss als Diplom-Betriebswirtin. Tätigkeiten in den Agenturen TAS (Essen), Kompass (Düsseldorf), haebmau (München, Berlin), seit 2005 selbstständig, 2008 Gründung von BUREAU N, Berlin.

Born in 1972 in Bielefeld. 1992–1994 apprenticeship as an industrial clerk at Dr. August Oetker KG, 1994–1996 studied Economics at the University of Paderborn, 1996 changed to the Bielefeld UAS, studied Business Administration with a focus on Marketing and Foreign Trade, 2000 graduated with a degree in Business Administration. Worked for the agencies TAS (Essen), Kompass (Düsseldorf), haeb-mau (Munich, Berlin), self-employed since 2005, founded BUREAU N, Berlin, in 2008.

Julian Nida-Rümelin

1954 geboren in München. 1975–1980 Studium der Philosophie, Physik, Mathematik und Politikwissenschaft an den Universitäten München und Tübingen, 1983 Promotion zum Dr. phil. 1984–1989 Akademischer Rat auf Zeit an der Ludwig-Maximilians-Universität München (LMU), 1989 Habilitation. 1993 Ruf auf den Lehrstuhl für Philosophie an der Universität Göttingen. 1998–2001 Kulturreferent der Stadt München, 2001–2002 Staatsminister im Bundeskanzleramt mit dem Aufgabengebiet Kultur und Medien. 2002 Rückkehr in die Wissenschaft und Professor für Philosophie an der Universität Göttingen und seitdem auch Honorarprofessor am Institut für Philosophie der Humboldt-Universität zu Berlin. 2004/2005 Gastprofessur am California Institute of Technology, Division of the Humanities and Social Sciences, USA. 2004 Ruf auf den Lehrstuhl für Politische Theorie und Philosophie am Geschwister-Scholl-Institut der LMU und dessen geschäftsführender Direktor. 2009 Wechsel auf den Lehrstuhl Philosophie IV der Fakultät für Philosophie, Wissenschaftstheorie und Religionswissenschaft an der LMU, 2009–2013 hier Dekan. 2014 Ehrendoktorwürde der Universität Triest. Zahlreiche weitere Ehrungen und Auszeichnungen, unter anderen 2007 Scientist in Residence der Universität Duisburg-Essen, 2016 Europa-Medaille, 2019 Bayerischer Verdienstorden und Hauptpreis des Bruno-Kreisky-Preises für das politische Buch (zusammen mit Dr. Nathalie Weidenfeld). Vielfaches ehrenamtliches Engagement in den Bereichen Wissenschaft, Philosophie, Kultur und Politik.

Born in 1954 in Munich. 1975–1980 studied Philosophy, Physics, Mathematics and Political Science at the Universities of Munich and Tübingen, 1993 Doctorate. 1984–1989 Academic Councillor on a temporary basis at the Ludwig-Maximilians-Universität Munich (LMU), 1989 Habilitation. 1993 appointed to the Chair of Philosophy at the University of Göttingen. 1998–2001 Cultural Officer of the City of Munich, 2001–2002 Minister of State in the Federal Chancellery with responsibility for Culture and Media. 2002 Return to academia and Professor of Philosophy at the University of Göttingen and since then also Honorary Professor at the Institute of Philosophy at the Humboldt University in Berlin. 2004/2005 Visiting Professor at the California Institute of Technology, Division of the Humanities and Social Sciences, USA. 2004 appointed to the Chair of Political Theory and Philosophy at the Geschwister-Scholl-Institut of the LMU and its Managing Director. 2009 Change to the Chair of Philosophy IV in the Faculty of Philosophy, Philosophy of Science and Religious Studies at the LMU, 2009–2013 Dean here. 2014 Honorary Doctorate from the University of Trieste. Numerous other honours and awards, including Scientist in Residence of the University of Duisburg-Essen in 2007, European Medal in 2016, Bavarian Order of Merit in 2019 and Main Prize of the Bruno Kreisky Prize for the political book (together with Dr. Nathalie Weidenfeld). Multiple voluntary commitments in the fields of science, philosophy, culture and politics.

Guido Josephus Niemeyer

1971 geboren in Minden. Nach Tätigkeiten in diversen Berufsfeldern und einer Ausbildung zum Tischler 2001 Fachabitur auf dem zweiten Bildungsweg, 2001–2006 Studium der Sozialpädagogik an der FH Bielefeld, 2007, während des Anerkennungsjahres, Studium der Sozialarbeit an der FH Bielefeld. 2008 in der stationären Jugendhilfe tätig, 2009–2011 als Sozialarbeiter in einem Beschäftigungsprojekt für Langzeitarbeitslose in Minden; 2012–2013 Schulsozialarbeit an der Ganztags-Hauptschule Todtenhausen, seit 2013 erster Quartiersmanager in Minden-Rodenbeck, 2021 ebenfalls Jubilar und bereit zu neuen Aufgaben.

Born in 1971 in Minden. After working in various professions and training as a carpenter, he took his vocational baccalaureate in 2001, 2001–2006 studied Social Pedagogy at the Bielefeld UAS, 2007 here study of Social Work during the year of apprenticeship. 2008 worked in inpatient youth welfare, 2009–2011 as a social worker in an employment project for the long-term unemployed in Minden; 2012–2013 school social work at the all-day secondary school Todtenhausen, since 2013 First Neighbourhood Manager in Minden-Rodenbeck, 2021 also jubilarian and ready for new tasks.

Oliver Nister

1971 geboren in Remscheid. 1990–1992 Zeitsoldat, 1992–1997 Studium des Bauingenieurwesens an der Universität Dortmund. 1997–2000 Bauleiter des Projekts Bundesministerium der Justiz, Berlin beim Architektur- und Ingenieurbüro Eller Maier Walter + Partner. 2000–2008 Bauprojektleitung und Projektentwicklung im Bereich Einzelhandelsimmobilien bei der Hirsch-Gruppe. 2005 Promotion am Lehrstuhl für Baubetrieb der Universität Dortmund, seit 2008 freiberuflich beratende Tätigkeit in der Bau- und Immobilienwirtschaft. Seit 2010 Professor für Projektmanagement der Bauausführung an der FH Bielefeld, seit 2019 Dekan des Fachbereichs Campus Minden.

Born 1971 in Remscheid. 1990–1992 temporary soldier, 1992–1997 studied Civil Engineering at the University of Dortmund. 1997–2000 site manager of the project Federal Ministry of Justice, Berlin at the architecture and engineering office Eller Maier Walter + Partner. 2000–2008 construction project management and project development in the field of retail real estate at the Hirsch Group. 2005 Doctorate at the Chair of Construction Management at the University of Dortmund, since 2008 freelance consulting work in the construction and real estate industry. Since 2010 Professor for Project Management of Construction at the Bielefeld UAS, since 2019 Dean of the Faculty Campus Minden.

Heinrich Ostholt

1937 geboren in Füchtorf, Kreis Warendorf. 1943–1952 Volksschule, 1952–1956 landwirtschaftliche Lehre, Gehilfenprüfung; 1956–1958 Landbauschule Hildesheim, Landbautechniker, 1958–1960 Braunschweig-Kolleg, Abitur. 1960–1966 Physikstudium an den Universitäten Münster und Marburg, wissenschaftlicher Mitarbeiter bei Prof. Dr. Wolfgang Hellenthal, 1969 Promotion zum Dr. rer. nat., 1970 wissenschaftlicher Assistent und Akademischer Rat im Rechenzentrum der Universität Münster. 1972–2002 Professor an der FH Bielefeld. 1976–1980 Prodekan und 1980–1982 Dekan des Fachbereichs Maschinenbau, 1984–1993 Prorektor für Forschung und Entwicklung sowie Stellvertreter des Rektors, 1993–1997 Rektor, 1997–2001 Wiederwahl. 1994–2002 FH-Vertreter im HRK-Ausschuss Forschung und wissenschaftlicher Nachwuchs. 1997 Ehrendoktorwürde der De Montfort University of Leicester. Sachverständiger in Bauausschüssen und Akkreditierungsräten des Wissenschaftsrates. Sachverständiger (2002) in der Expertenkommission Hochschulentwicklung in Schleswig-Holstein. Zahlreiche Lehr- und Forschungsprojekte, vielfache wissenschaftliche Veröffentlichungen sowie Gründung des CAE-An-Instituts für Produktentwicklung und -optimierung, Beckum, und der Firma Solar, Füchtorf-Düpe (2008). Bis 2021 Unternehmer: CAE Software und Systems GmbH, Produktion von akustischen Messgeräten und SoundCams. Am 30. Juni 2021 verstorben in Bielefeld.

Jan Pauly

Born in 1937 in Füchtorf, Warendorf district. 1943–1952 primary school, 1952–1956 agricultural apprenticeship, assistant's examination; 1956–1958 Hildesheim agricultural school, agricultural technician, 1958–1960 Braunschweig College, Abitur. 1960 –1966 studied Physics at the Universities of Münster and Marburg, scientific assistant to Prof. Dr. Wolfgang Hellenthal, 1969 Doctorate (Dr. rer. nat.), 1970 scientific assistant and academic councillor at the Computing Centre of the University of Münster. 1972–2002 Professor at the Bielefeld UAS. 1976–1980 Vice Dean and 1980–1982 Dean of the Faculty of Mechanical Engineering, 1984–1993 Vice Rector for Research and Development and Deputy Rector, 1993–1997 Rector, 1997–2001 re-elected. 1994–2002 UAS representative on the HRK Committee for Research and Young Academics. 1997 Honorary Doctorate from De Montfort University of Leicester. Expert in building committees and accreditation councils of the Science Council. Expert (2002) in the Expert Commission on Higher Education Development in Schleswig-Holstein. Numerous teaching and research projects, multiple scientific publications as well as founding of the CAE-Institute for Product Development and Optimisation, Beckum, and the company Solar, Füchtorf-Düpe (2008), entrepreneur until 2021: CAE Software und Systems GmbH, production of acoustic measuring instruments and sound cams. Deceased in Bielefeld on 30 June 2021.

1989 geboren in Bremen. 2009–2015 Bachelor- und Masterstudium der Chemie an der Carl von Ossietzky Universität Oldenburg, 2016–2020 wissenschaftlicher Mitarbeiter in der Arbeitsgruppe von Prof. Dr. Anant Patel am Fachbereich Ingenieurwissenschaften und Mathematik der FH Bielefeld, 2020 Promotion zum Dr. rer. nat. an der Universität Bielefeld. Seit 2020 Chemiker in der Entwicklungsabteilung bei der Lipoid GmbH in Ludwigshafen am Rhein.

Born in 1989 in Bremen. 2009–2015 Bachelor's and Master's degree in Chemistry at the Carl von Ossietzky University of Oldenburg; 2016–2020 research associate in the group of Prof. Dr. Anant Patel at the Faculty of Engineering and Mathematics at the Bielefeld UAS; 2020 Doctorate (Dr. rer. nat.) at the University of Bielefeld. Since 2020 chemist in the development department at Lipoid GmbH in Ludwigshafen on the Rhine.

Isabel Pfeiffer-Poensgen

1954 geboren in Aachen. Studium der Geschichte und Kunstgeschichte in Aachen sowie Rechtswissenschaften an den Universitäten Bonn, Lausanne und Freiburg. Seit 1983 ist sie in der Kultur- und Wissenschaftsverwaltung tätig, zunächst in der Hamburger Verwaltung, dann als Kanzlerin der Hochschule für Musik in Köln, als Beigeordnete für Kultur und Soziales der Stadt Aachen und als Generalsekretärin der Kulturstiftung der Länder. Am 30. Juni 2017 ist Isabel Pfeiffer-Poensgen zur Ministerin für Kultur und Wissenschaft des Landes Nordrhein-Westfalen ernannt worden. Sie ist in zahlreichen Organisationen und Institutionen der Kultur und der Wissenschaft engagiert, u.a. als Mitglied der Gemeinsamen Wissenschaftskonferenz und des Wissenschaftsrates sowie als Mitglied im Senat der Helmholtz-Gemeinschaft Deutscher Forschungszentren.

Born in 1954 in Aachen. Studied History and Art History in Aachen and Law at the Universities of Bonn, Lausanne and Freiburg. She has worked in cultural and academic administration since 1983, first in the Hamburg administration, then as Chancellor of the University of Music (Hochschule für Musik) in Cologne, as Deputy for Culture and Social Affairs of the City of Aachen and as Secretary General of the Cultural Foundation of the Federal States (Kulturstiftung der Länder). On 30 June 2017, Isabel Pfeiffer-Poensgen was appointed Minister for Culture and Science of the State of North Rhine-Westphalia. She is involved in numerous organisations and institutions in culture and science, including as a member of the Joint Science Conference and the Science Council and as a member of the Senate of the Helmholtz Association of German Research Centres.

Andreas Pinkwart

1960 geboren in Seelscheid. Nach dem Abitur 1979 Ausbildung zum Bankkaufmann. 1981–1987 Studium der Volks- und Betriebswirtschaftslehre an den Universitäten Münster und Bonn, 1987 Abschluss als Diplom-Volkswirt. 1987–1991 wissenschaftlicher Mitarbeiter am Institut für Mittelstandsforschung der Universität Bonn und wissenschaftlicher Mitarbeiter der FDP-Bundestagsfraktion. 1991 Promotion (Dr. rer. pol.). 1991–1994 Büroleiter des Vorsitzenden der FDP-Bundestagsfraktion, Dr. Hermann Otto Solms. 1994–1997 Professor für Volks- und Betriebswirtschaftslehre an der Fachhochschule für öffentliche Verwaltung NRW in Düsseldorf. 1998–2011 Professor für Betriebswirtschaftslehre an der Universität Siegen; 2003 Habilitation. 2002–2005 Mitglied des Deutschen Bundestages. 2005–2010 Minister für Innovation, Wissenschaft, Forschung und Technologie und stellvertretender Ministerpräsident des Landes Nordrhein-Westfalen. 2011–2017 Rektor der HHL Leipzig Graduate School of Management und Lehrstuhl für Innovationsmanagement und Entrepreneurship. Seit 2017 Minister für Wirtschaft, Innovation, Digitalisierung und Energie des Landes Nordrhein-Westfalen.

Born in 1960 in Seelscheid. After graduating from high school in 1979, trained as a bank clerk. 1981–1987 studied Economics and Business Administration at the Universities of Münster and Bonn, graduating in 1987 with a degree in Economics. 1987–1991 research assistant at the Institute for SME Research at the University of Bonn and research assistant to the FDP parliamentary group in the Bundestag. 1991 Doctorate (Dr. rer. pol.). 1991–1994 Office manager of the chairman of the FDP parliamentary group, Dr Hermann Otto Solms. 1994–1997 Professor of Economics and Business Administration at the University of Applied Sciences for Public Administration NRW in Düsseldorf. 1998–2011 Professor of Business Administration at the University of Siegen; 2003 habilitation (professorship). 2002–2005 Member of the German Bundestag. 2005–2010 Minister for Innovation, Science, Research and Technology and Deputy Premier of the State of North Rhine-Westphalia. 2011–2017 Rector of the HHL Leipzig Graduate School of Management and Chair of Innovation Management and Entrepreneurship. Since 2017 Minister for Economic Affairs, Innovation, Digitalisation and Energy of the State of North Rhine-Westphalia.

Beate Rennen-Allhoff

1951 geboren in Köln. Studium der Psychologie, Pädagogik, Soziologie, Philosophie, Sondererziehung und Wirtschafts- und Berufspädagogik an den Universitäten Bonn und Köln, 1975 Diplom in Psychologie an der Universität Bonn, 1982 Promotion in Pädagogik an der Universität zu Köln, 1991 Habilitation in Psychologie an der Universität Düsseldorf. Langjährige Tätigkeit als Lehrerin an einer berufsbildenden Schule und als Psychologin in der Kinder- und Jugendpsychiatrie sowie an Universitäten (Köln, Marburg, Freiburg). 1995 Berufung als Gründungsdekanin an den Fachbereich Pflege und Gesundheit der FH Bielefeld, 2001–2009 hier Rektorin, 2009–2015 Präsidentin. Zahlreiche Funktionen auf Landes- und Bundesebene.

Born in 1951 in Cologne. Studied Psychology, Education, Sociology, Philosophy, Special Education and Business and Vocational Education at the Universities of Bonn and Cologne, 1975 diploma in Psychology at the University of Bonn, 1982 Doctorate in Education at the University of Cologne, 1991 habilitation in Psychology at the University of Düsseldorf. Worked for many years as a teacher at a vocational school and as a psychologist in child and youth psychiatry and at the Universities of Cologne, Marburg and Freiburg. 1995 appointment as founding Dean at the Faculty of Nursing and Health at the Bielefeld UAS, 2001–2009 Rector here, 2009–2015 President. Numerous functions at state and national level.

Uwe Rössler

1959 geboren in Düsseldorf. 1980–1987 Studium der Agrarwissenschaften an der Christian-Albrechts-Universität zu Kiel, 1989 Promotion am Institut für Agrarökonomie bei Prof. Dr. C.-H. Hanf. 1989–1996 in den Bereichen Marktforschung und Internationaler Vertrieb der Claas oHG tätig. Seit 1996 Professor für Allgemeine Betriebswirtschaftslehre, insbesondere Marketing, an der FH Bielefeld. 2001–2008 Prorektor für Studium, Lehre und Studienreform, 2008–2020 Dekan des Fachbereichs Wirtschaft und Gesundheit. Gutachter für verschiedene Akkreditierungsagenturen.

Born in 1959 in Düsseldorf. 1980–1987 studied Agricultural Sciences at the Christian-Albrechts University of Kiel, 1989 Doctorate (Dr. sc. agr.) at the Institute of Agricultural Economics under Prof. Dr. C.-H. Hanf. 1989–1996 worked in market research and international sales at Claas oHG. Since 1996 Professor of General Business Administration, especially Marketing, at the Bielefeld UAS. 2001–2008 Vice Rector for Studying, Teaching and Study Reform, 2008–2020 Dean of the Faculty of Business and Health (today Faculty of Business). Expert for various accreditation agencies.

Marcelina Roos

1994 geboren in Bad Oeynhausen. 2013–2017 duales Studium der Gesundheits- und Krankenpflege (Bachelor of Science) und 2015–2017 studentische Hilfskraft an der FH Bielefeld. Seit 2017 Pflegefachfrau am Johannes Wesling Klinikum Minden und Studium der Pflegewissenschaft (Master of Science) an der Universität Witten/Herdecke; 2018–2020 wissenschaftliche Hilfskraft am Deutschen Zentrum für Neurodegenerative Erkrankungen (DZNE) am Standort Witten. Seit 2020 wissenschaftliche Mitarbeiterin am Institut für Pflegewissenschaft der Medizinischen Fakultät der Universität zu Köln und der Uniklinik Köln.

Born in 1994 in Bad Oeynhausen. 2013–2017 dual studies of Health and Nursing (Bachelor of Science) and 2015–2017 student assistant at the Bielefeld UAS. Since 2017 nursing specialist at the Johannes Wesling Clinic Minden and studies of Nursing Science (Master of Science) at the University of Witten/Herdecke; 2018–2020 research assistant at the German Centre for Neurodegenerative Diseases (DZNE) in Witten. Since 2020 research associate at the Institute of Nursing Science at the University of Cologne and the University Hospital Cologne.

Eren Can Sag

1992 geboren in Bielefeld. 2012–2015 Studium in International Studies in Management (B.A.) am Fachbereich Wirtschaft und Gesundheit der FH Bielefeld mit einem Auslandsjahr an der Hallym University, Südkorea. Anschließend Masterstudium (M.Sc.) in International Business Studies an der Universität Paderborn inklusive eines Auslandsjahres an der Middle East Technical University, Türkei. 2018–2020 Vertriebsbeauftragter bei der Miele & Cie. KG, Gütersloh und Hannover. Seit 2020 International Product Manager bei der Miele & Cie. KG, Gütersloh.

Born in 1992 in Bielefeld. 2012-2015. Studied International Studies in Management (B.A.) at the Faculty of Business and Health at the Bielefeld UAS with a year abroad at the University of Hallym, South Korea, followed by a Master's degree (M.Sc.) in International Business Studies at the University of Paderborn including a year abroad at the Middle East Technical University, Turkey. 2018-2020 sales representative at Miele & Cie. KG, Gütersloh and Hannover. Since 2020 International Product Manager at Miele & Cie. KG, Gütersloh.

Gerhard Sagerer

1956 geboren in Ludwigshafen am Rhein. 1975–1980 Studium der Informatik an der Universität Erlangen-Nürnberg, hier 1985 Promotion (Dr.-Ing.) und 1990 Habilitation. Seit 1990 Professor für Angewandte Informatik an der Technischen Fakultät der Universität Bielefeld mit den Forschungsschwerpunkten Kognitive und Soziale Robotik, Mensch-Roboter-Interaktion, Sprach- und Dialogsysteme und Architektur intelligenter Systeme sowie Koordinator und Vorstandsmitglied mehrerer EU-Projekte und Sonderforschungsbereiche. 1993–1995 und 1997–2001 Dekan der Technischen Fakultät, 2001–2007 Prorektor für Studium und Lehre. Seit 2009 Rektor der Universität Bielefeld. 2015–2018 Vorsitzender der Landesrektorenkonferenz der Universitäten in NRW (LRK).

Born 1956 in Ludwigshafen on the Rhine. 1975–1980 Studied Computer science at the University of Erlangen-Nuremberg, gaining his Doctorate (Dr.-Ing.) in 1985 and his habilitation in 1990. Since 1990 Professor of Applied Computer Science at the Faculty of Technology of the University of Bielefeld with the research foci Cognitive and Social Robotics, Human-Robot Interaction, Speech and Dialogue Systems and Architecture of Intelligent Systems as well as coordinator and board member of several EU projects and Collaborative Research Centres. 1993–1995 and 1997–2001 Dean of the Faculty of Technology, 2001–2007 Vice Rector for Studying and Teaching. Since 2009 Rector of the University of Bielefeld. 2015-2018 Chairman of the Rectors' Conference of the Universities in North Rhine-Westphalia (Landesrektorenkonferenz, LRK).

Kathrin Sander

1965 geboren in Gifhorn. 1984–1990 Studium der Forstwissenschaft an der Georg-August-Universität Göttingen, 1992–1996 Promotion an der Universität Göttingen im Bereich der Waldschadensforschung und ökosystemaren Modellierung; Zusatzstudium der Publizistik und Kommunikationswissenschaft. Seit 2009 Fachbereichsreferentin am Fachbereich Campus Minden.

Born 1965 in Gifhorn. 1984–1990 studied Forest Science at the Georg-August-University of Göttingen, 1992-1996, PhD at the University of Göttingen in the field of Forest Damage Research and Ecosystem Modelling; additional studies in Journalism and Communication Science. Since 2009 Faculty Advisor at the Faculty Campus Minden.

Ulrich Schäfermeier

1966 geboren in Lippstadt. Nach einer Ausbildung zum Informationselektroniker 1989–1994 Studium zum Wirtschaftsingenieur an der Universität Paderborn mit einem Auslandssemester 1992 an der Howard University in Washington D.C. 1994–1996 Trainee bei der Gruner und Jahr AG in Hamburg; 1996–2000 wissenschaftlicher Mitarbeiter am Heinz Nixdorf Institut (HNI) in Paderborn, 2000 Promotion zum Dr. rer. pol. 2000–2008 unterschiedliche leitende Tätigkeiten bei der arvato systems GmbH und der arvato finance Ltd. in Gütersloh und Dublin. Seit 2008 Professor für ERP-Systeme und Information Management an der FH Bielefeld; 2010–2016 Prodekan des Fachbereichs Wirtschaft und Gesundheit, 2016–2021 Vizepräsident für Studium und Lehre, seit September 2021 für Vizepräsident für Internationales und Digitalisierung.

Born in 1966 in Lippstadt. After training as an information electronics technician, 1989-1994 studied Industrial Engineering at the University of Paderborn, including a semester abroad at Howard University in Washington D.C. in 1992. 1994-1996 trainee at Gruner und Jahr AG in Hamburg; 1996-2000 research assistant at the Heinz Nixdorf Institute (HNI) in Paderborn; Doctorate (Dr. rer. pol.) in 2000. 2000-2008 various management positions at arvato systems GmbH and arvato finance Ltd. in Gütersloh and Dublin. Since 2008 Professor for ERP Systems and Information Management at the Bielefeld UAS; 2010-2016 Vice Dean of the Faculty of Business and Health, 2016-2021 Vice President for Studying and Teaching, since September 2021 Vice President for International Affairs and Digitalisation.

Michael Schneider

1983 geboren in Stadthagen. 2006–2011 Diplomstudium Elektrotechnik mit Studienrichtung Regenerative Energien an der FH Bielefeld, 2011–2016 wissenschaftlicher Mitarbeiter an der FH Bielefeld, 2019 Promotion zum Dr.-Ing. an der Friedrich-Alexander-Universität Erlangen-Nürnberg. Seit 2016 Produkt- und Projektmanager bei der ATS Elektronik GmbH in Wunstorf.

Born in 1983 in Stadthagen. 2006–2011 diploma studies in Electrical Engineering with focus on Renewable Energies at the Bielefeld UAS, 2011–2016 scientific employee at the Bielefeld UAS, 2019 Doctorate in Engineering (Dr.-Ing.) at the Friedrich-Alexander-University Erlangen-Nuremberg. Since 2016 product and project manager at ATS Elektronik GmbH, Wunstorf.

Gehsa Schnier

Nach dem Abitur in Herford einphasige Juristenausbildung der Universität Bielefeld und anschließendes Masterstudium in europäischem und internationalem Handelsrecht an der University of Leicester (LL.M.). Seit Herbst 1991 Dezernentin und erste Justitiarin an der FH Bielefeld, im Frühjahr 1995 Referatsleiterin beim DAAD in Bonn. Seit Juli 1995 Kanzlerin der FH Bielefeld – als erste Frau in einem rein männlichen Kollegenkreis in NRW. Mit der Hochschulfreiheit seit 2009 Vizepräsidentin für Wirtschafts- und Personalverwaltung der FH Bielefeld. Viele Jahre Mitglied des Verwaltungsrats des Studentenwerks (heute Studierendenwerk) Bielefeld, Vertreterin der FH-Kanzlerarbeitsgemeinschaft NRW im Lenkungsausschuss der Hochschulübergreifenden Fortbildung NRW (HÜF NRW), im Beirat der Koordinierung der Informations- und Kommunikationstechnik NRW (IuK NRW), im DV-Infrastrukturausschuss (DV-ISA) und auf Bundesebene im Arbeitskreis Datenverarbeitung der Kanzler (AK DV – Kanzler).

Ingeborg Schramm-Wölk

After graduating from high school in Herford, she completed the stage-integrated degree course in Law of the University of Bielefeld, followed by a Master's degree in European and International Trade Law at the University of Leicester (LL.M.). Since autumn 1991 Head of Department and First Legal Advisor at the Bielefeld UAS, in spring 1995 Head of Department at the DAAD in Bonn. Since July 1995, Chancellor of the Bielefeld UAS – the first woman in an all-male group of colleagues in North Rhine-Westphalia. Since the university liberalisation (2009) Vice President for Finance and Personnel Administration at the Bielefeld UAS. For many years, she was a member of the Administrative Board of the Studierendenwerk Bielefeld (Student Services Bielefeld), representative of the UAS Chancellors' Working Group North Rhine-Westphalia in the Steering Committee of the Inter-university Further Education North Rhine-Westphalia (Hochschulübergreifende Fortbildung NRW, HÜF NRW), in the Advisory Board of the Inter-university Coordination of Information and Communication Technology North Rhine-Westphalia (Informations- und Kommunikationstechnik NRW, IuK NRW), in the DP Infrastructure Committee (DV-Infrastrukturausschuss, DV-ISA) and (at federal level) in the Chancellors' Data Processing Working Group (Arbeitskreis Datenverarbeitung der Kanzler, AK DV – Kanzler).

1963 geboren in Lörrach. Studium der Biologie an der Eberhard-Karls-Universität Tübingen und der Freien Universität Berlin, Diplom-Biologin; berufsbegleitendes Studium der Medizininformatik an der Technischen Fachhochschule Berlin (heute Beuth Hochschule für Technik Berlin), Diplom-Informatikerin, Promotion (Dr. rer. medic.) an der Humboldt-Universität Berlin. Nach Tätigkeiten als wissenschaftliche Mitarbeiterin an der Charité Universitätsmedizin Berlin und als IT-Entwicklerin und Projektmanagerin in der freien Wirtschaft 2004–2009 Professur für Informatik und Multimedia an der Hochschule Anhalt, 2009–2014 Gründungsdekanin, 2014–2015 Dekanin der Fakultät Kommunikation und Umwelt der Hochschule Rhein-Waal, seit September 2015 Präsidentin der FH Bielefeld, wiedergewählt im April 2021. Vorsitzende des Lenkungsrates des Netzwerks Hochschuldidaktische Weiterbildung NRW (hdw nrw), Vorstandsmitglied des Vereins Wirtschaft und Wissenschaft für OWL e.V., Vorsitzende des Vereins Campus OWL – Verbund der fünf staatlichen Hochschulen in Ostwestfalen-Lippe e.V., Vorstandsmitglied der Stiftung Studienfonds Ostwestfalen-Lippe, stellvertretende Vorstandsvorsitzende des Vereins uni-assist e.V., Vorstandsmitglied des Deutschen Akademischen Austauschdienstes (DAAD) und stellvertretende Vorsitzende der Landesrektor:innenkonferenz der Hochschulen für Angewandte Wissenschaften in NRW.

Christian Schröder

Born in 1963 in Lörrach. Studied Biology at the Eberhard Karls University of Tübingen and the Free University of Berlin, graduated as a biologist; part-time studies in Medical Informatics at the Technical UAS Berlin (now Beuth UAS Berlin), graduated in Informatics, Doctorate (Dr. rer. medic.) at the Humboldt University of Berlin. After working as a research assistant at Charité Universitätsmedizin Berlin and as an IT developer and project manager in the private sector, 2004–2009 Professor of Computer Science and Multimedia at the Anhalt UAS, 2009–2014 Founding Dean, 2014–2015 Dean of the Faculty of Communication and Environment at the Rhine-Waal UAS, since September 2015 President of the Bielefeld UAS, re-elected in April 2021. Chairwoman of the Steering Council of the Network of Higher Education Didactics in NRW (Netzwerk Hochschuldidaktische Weiterbildung NRW, hdw nrw), Board Member of the Association of Business and Science for OWL (Verein Wirtschaft und Wissenschaft für OWL), Chairwoman of Campus OWL – Association of the five state universities in East Westphalia-Lippe (Campus OWL – Verbund der fünf staatlichen Hochschulen in Ostwestfalen-Lippe, board member of the Foundation Study Fund East Westphalia-Lippe (Stiftung Studienfonds Ostwestfalen-Lippe), Deputy Chairwoman of the board of the association uni-assist, board member of the German Academic Exchange Service (Deutscher Akademischer Austauschdienst, DAAD) and Deputy Chairwoman of the State Rectors' Conference of the Universities of Applied Sciences in North Rhine-Westphalia.

1969 geboren in Melle. 1989–1995 Studium der Physik an der Universität Osnabrück, 1995 Diplom-Physiker; Promotionsstipendium der Deutschen Forschungsgemeinschaft an der Universität Osnabrück; 1999 Promotion in Physik (Dr. rer. nat.). Berufliche Tätigkeiten in Hamburg und Bielefeld, 2002 Postdoc am Ames Laboratory und der Iowa State University, Ames, USA. Seit 2004 Professor für Mathematik und Informatik an der FH Bielefeld, 2011 Gastprofessor an der Glyndŵr University, Wrexham, Wales, UK, 2013 Gastprofessor am Institute for Materials Research, Tohoku University, Sendai, Japan. Seit 2013 Institutsleiter des Bielefelder Instituts für Angewandte Materialforschung (BifAM) , 2013–2021 Vizepräsident für Forschung, Entwicklung und Transfer, seit 2019 kooptiertes Mitglied der Fakultät für Physik der Universität Bielefeld.

Born in 1969 in Melle. 1989–1995 studied Physics at the University of Osnabrück, 1995 diploma in Physics; doctoral scholarship from the German Research Foundation at the University of Osnabrück; 1999 Doctorate in Physics (Dr. rer. nat.). Professional activities in Hamburg and Bielefeld, 2002 postdoc at Ames Laboratory and Iowa State University, Ames, USA. Since 2004 Professor of Mathematics and Computer Science at the Bielefeld UAS, 2011 Visiting Professor at the Glyndŵr University, Wrexham, Wales, UK, 2013 Visiting Professor at the Institute for Materials Research, Tohoku University, Sendai, Japan. Since 2013 Institute Director of the Bielefeld Institute for Applied Materials Research (Bielefelder Institut für Angewandte Materialforschung, BifAM), 2013–2021 Vice President for Research, Development and Transfer, since 2019 co-opted member of the Faculty of Physics at the University of Bielefeld.

Norbert Seidl

1962 geboren in Frankfurt/Main. Nach der Ausbildung zum Krankenpfleger zehn Jahre Berufstätigkeit in der Pflege, 1996–2000 Diplomstudiengang Pflege an der FH Frankfurt/Main, 2001–2003 Postgraduiertenstudiengang Gesundheitswissenschaften (Master of Public Health) an der Universität Bielefeld, 2004–2010 Promotionsstudiengang Public Health an der Universität Bielefeld, 2003–2011 wissenschaftlicher Mitarbeiter in verschiedenen Forschungsprojekten an der Universität Bielefeld und dem Institut für Pflegewissenschaft. Seit 2010 Professor für Pflegewissenschaft an der FH Bielefeld (zunächst i.V.) und seit 2016 Vorsitzender für den Bereich Versorgungsforschung des Instituts für Bildungs- und Versorgungsforschung im Gesundheitsbereich.

Born in 1962 in Frankfurt/Main. After training as a nurse, ten years of professional experience in nursing, 1996–2000 Diploma course in Nursing at Frankfurt/Main UAS, 2001–2003 postgraduate course in Health Sciences (Master of Public Health) at the University of Bielefeld, here 2004–2010 doctoral course in Public Health. 2003–2011 research associate in various research projects at the University of Bielefeld and the Institute of Nursing Science. Since 2010 Professor of Nursing Science at Bielefeld UAS (initially in association) and since 2016 Chairman of the Faculty of Health Services Research at the Institute for Education and Health Services Research in the Health Sector.

Alessandro Sommer

1994 geboren in Braunschweig. 2010–2012 Ausbildung zum gestaltungstechnischen Assistenten, 2013–2016 Bachelorstudium Kommunikationsdesign und Zeitbasierte Medien an der Hochschule für Bildende Künste Braunschweig, seit 2016 Stipendiat der Studienstiftung des deutschen Volkes. 2016–2019 Masterstudium Gestaltung in der Studienrichtung Grafik und Kommunikationsdesign mit dem Schwerpunkt Typografie am Fachbereich Gestaltung der FH Bielefeld. 2018 Auslandssemester am Department Design and Innovation an der Tongji Universität, Shanghai. Seit 2019 Meisterschüler an der Hochschule für Grafik und Buchkunst Leipzig. Seit 2016 freiberuflich tätig, national und international mehrfach ausgezeichnet.

Born in 1994 in Braunschweig. 2010–2012 training as a technical design assistant, 2013–2016 Bachelor's degree in Communication Design and Time-based Media at the Braunschweig University of Fine Arts, since 2016 scholarship holder of the German National Academic Foundation. 2016–2019 Master's degree in Graphic and Communication Design with a focus on Typography at the Faculty of Design of the Bielefeld UAS. 2018 Semester abroad at the Department of Design and Innovation at the Tongji University, Shanghai. Since 2019, master student at the Academy of Fine Arts Leipzig. Freelance since 2016, winner of several national and international awards.

Andreas Stang

1991 geboren in Büren. 2010–2020 Bachelor- und Masterstudium am Fachbereich Gestaltung der FH Bielefeld. 2013 Besondere Anerkennung beim Lucky Strike Junior Designer Award, 2013, 2014, 2016 und 2020 jeweils Bielefelder Modepreise. 2014 Deutschlandstipendium, Förderpreis der Wilhelm-Lorch-Stiftung, Ausstellung und Performance bei den Bielefelder Nachtansichten, Ausstellungsbeteiligung ›Unterwelten. Die andere Sicht der Dinge‹ im LWL-Industriemuseum Lage. 2015 Praktikum bei Balmain in Paris, 2017 European Fashion Award FASH, 2017 und 2021 Finalist und Aussteller beim Staatspreis Manufactum im Kunst- und Kulturmuseum Dortmund.

Born in 1991 in Büren. 2010–2020 Bachelor's and Master's degree at the Faculty of Design at the Bielefeld UAS. 2013 special recognition at the Lucky Strike Junior Designer Award, 2013, 2014, 2016, 2020 Bielefeld Fashion Awards respectively, 2014 German Scholarship, Wilhelm Lorch Foundation Sponsorship Award, exhibition and performance at the Bielefelder Nachtansichten, exhibition participation ›Unterwelten. Die andere Sicht der Dinge‹ at the LWL Industrial Museum Lage. 2015 Internship at Balmain in Paris, 2017 European Fashion Award FASH, 2017 and 2021 finalist and exhibitor at the Manufactum State Prize at the Kunst- und Kulturmuseum Dortmund.

Kirill Starodubskij

1991 geboren und aufgewachsen in Kiev, Ukraine. Nach dem Erwerb der Fachhochschulreife 2012 Besuch der Berliner Technischen Kunsthochschule (BTK, heute: Hochschule für Angewandte Wissenschaften Europa), Studienort Iserlohn. 2015–2020 Studium der Fotografie und Medien am Fachbereich Gestaltung der FH Bielefeld.

Born in 1991 and grew up in Kiev, Ukraine. After obtaining his entrance qualification for higher education in 2012, he attended the Berliner Technische Kunsthochschule (BTK, today: UAS Europe), Iserlohn. 2015–2020 studied Photography and Media at the Faculty of Design of the Bielefeld UAS.

Martin Sternberg

1960 geboren in Berlin und aufgewachsen in Luxemburg. 1978–1984 Studium der Physik an der TU Berlin, Diplom-Physiker. 1984–1989 wissenschaftlicher Mitarbeiter am Optischen Institut der TU Berlin, 1989 Promotion zum Dr.-Ing. 1989–1992 Referent für Elektronenstrahltechnik bei der Dr.-Ing. Rudolf Hell GmbH, Kiel. 1992–1997 Leiter Entwicklung Tiefdruck bei der Linotype-Hell AG, Kiel/Eschborn, 1997 stellvertretender Technischer Leiter bei der Druckerei Broschek Druck GmbH & Co. KG, Hamburg. Seit 1997 Professor für Physik an der FH bzw. HS Bochum, 2001–2005 Dekan des Fachbereichs Elektrotechnik und Informatik, 2006–2016 Rektor bzw. Präsident der Hochschule Bochum. 2011–2015 Vorsitzender der LSK der Fachhochschulen NRW, seit 2016 Vorsitzender des Graduierteninstituts NRW, seit 2019 Mitglied des Wissenschaftsrats.

Born in 1960 in Berlin, grew up in Luxembourg. 1978–1984 studied Physics at the Technical University of Berlin, degree in Physics. 1984–1989 scientific assistant at the Optical Institute of the Technical University of Berlin, 1989 Doctorate as Dr.-Ing. 1989–1992 consultant for electron beam technology at Dr.-Ing. Rudolf Hell GmbH, Kiel. 1992–1997 head of gravure development at Linotype-Hell AG, Kiel/Eschborn, 1997 Deputy Technical Director at Broschek Druck GmbH & Co. KG, Hamburg. Since 1997 Professor of Physics at the Bochum UAS, 2001–2005 Dean of the Faculty of Electrical Engineering and Computer Science, 2006–2016 Rector and President of the Bochum UAS. 2011–2015 Chairman of the State Rectors' Conference of the Universities of Applied Sciences North Rhine-Westphalia, since 2016 Chairman of the North Rhine-Westphalia Graduate Institute, since 2019 member of the Science Council.

Michael Stricker

1964 geboren in Marl. Studium der Wirtschaftswissenschaften in Paderborn und Uppsala (Schweden); 1992 Diplom-Kaufmann. Promotionsstudium der Soziologie an der Universität Duisburg-Essen; 2006 Promotion zum Doktor der Staatswissenschaften (Dr. sc. pol.). Zehnjährige berufliche Tätigkeiten außerhalb des Hochschulbereichs in Düsseldorf, Berlin und Hamburg; seit 2005 Professuren an der damaligen Fachhochschule Oldenburg, Ostfriesland, Wilhelmshaven (seit 2009 Jade Hochschule bzw. Hochschule Emden/Leer, bis 9/2017), der Dualen Hochschule Baden-Württemberg (bis 12/2009) und seitdem an der FH Bielefeld, jeweils im Lehrgebiet Unternehmensführung im Non-Profit-Bereich bzw. Sozialmanagement, seit 2015 Dekan des Fachbereichs Sozialwesen.

Born in 1964 in Marl. Studied Economics in Paderborn and Uppsala (Sweden); graduated in 1992. Doctoral studies in Sociology at the University of Duisburg-Essen; Doctorate in Political Science (Dr. sc. pol.) in 2006. Ten years of professional activities outside the higher education sector in Düsseldorf, Berlin and Hamburg; since 2005 professorships at the former Oldenburg, Ostfriesland, Wilhelmshaven UAS (since 2009 Jade UAS or Emden/Leer UAS, until 9/2017), the Baden-Württemberg Cooperative State University (until 12/2009) and since then at the Bielefeld UAS, in each case in the teaching area of Business Management in the Non-Profit Sector or Social Management, since 2015 Dean of the Faculty of Social Sciences.

Frederik Tepaß

1991 geboren in Coesfeld. 2010–2013 Ausbildung zum Gesundheits- und Krankenpfleger; 2013–2014 Pflegekraft auf einer geriatrischen Station einer Akutklinik; seit 2014 Pflegekraft auf einer transplantationschirurgischen Station einer Akutklinik. Seit 2018 Bachelorstudium Berufliche Bildung Pflege am Fachbereich Gesundheit der FH Bielefeld.

Born in 1991 in Coesfeld. 2010–2013 training as a health care and nursing assistant; 2013–2014 nursing assistant on a geriatric ward of an acute hospital; since 2014 nursing assistant on a transplant surgery ward of an acute hospital. Since 2018 Bachelor's degree in Vocational Education Nursing at the Faculty of Business and Health, Teaching Unit Nursing and Health, since 2020 Faculty of Health at the Bielefeld UAS.

Martin Uekmann

1971 geboren in Bielefeld. 1991–1996 Studium der Rechtswissenschaft an der Universität Bielefeld, 1997–1999 juristischer Vorbereitungsdienst des Landes NRW am Landgericht Bielefeld, 1999 zweites juristisches Staatsexamen. Seit 1999 bei den Stadtwerken Bielefeld beschäftigt, zunächst als juristischer Mitarbeiter, seit 2003 als Leiter des Fachbereichs Recht. Seit 2014 Geschäftsführer der Stadtwerke Bielefeld GmbH und der moBiel GmbH.

Born in Bielefeld in 1971. 1991–1996 studied Law at the University of Bielefeld, 1997–1999 legal preparatory service for the State of North Rhine-Westphalia at the Regional Court of Bielefeld, 1999 second state examination in Law. Since 1999 employed by Stadtwerke Bielefeld, first as a legal assistant, since 2003 as head of the legal department. Since 2014 Managing Director of Stadtwerke Bielefeld GmbH and moBiel GmbH.

Christina Végh

1970 geboren in Zürich. 1991–1999 Studium der Kunstgeschichte, Ethnologie und Philosophie an der Universität Zürich. 2000–2005 Kuratorin an der Kunsthalle Basel, 2005–2015 Leitern des Bonner Kunstvereins, 2015–2019 Direktorin der Kestner Gesellschaft Hannover. Seit Februar 2020 Direktorin der Kunsthalle Bielefeld. Christina Végh ist Kuratorin von zahlreichen Ausstellungen, unter anderem mit Monika Baer, Monica Bonvicini, Charline von Heyl oder Christopher Williams. Sie ist in zahlreichen Gremien tätig, unter anderem als Jurymitglied für den Justus-Bier-Preis der Helga-Pape-Stiftung (seit 2018), als Gastjurorin für den Wolfgang-Hahn-Preis (2017), für das Museum Ludwig, Köln, als Mitglied der Kunstbiennalen-Jury Pro Helvetia, Schweiz (2015–2018). 2010 Preis für Kunst- und Architekturvermittlung der schweizerischen Kunstkommission des Eidgenössischen Bundesamts für Kultur.

Born in 1970 in Zurich. 1991–1999 study of Art History, Ethnology and Philosophy at the University of Zurich. 2000–2005 curator at the Kunsthalle Basel, 2005–2015 director of the Bonner Kunstverein, 2015–2019 Director of the Kestner Gesellschaft Hannover. Since February 2020 Director of the Kunsthalle Bielefeld. Christina Végh is curator of numerous exhibitions, among others with Monika Baer, Monica Bonvicini, Charline von Heyl or Christopher Williams. She is active in numerous committees, including as a jury member for the Justus Bier Prize of the Helga Pape Foundation (since 2018), as a guest juror for the Wolfgang Hahn Prize (2017), for the Museum Ludwig, Cologne, as a member of the art biennial jury Pro Helvetia, Switzerland (2015–2018). 2010 Prize for Art and Architecture Mediation of the Swiss Art Commission of the Federal Office of Culture.

Dirk Vordemvenne

1958 geboren in Bielefeld. Nach der Ausbildung und Tätigkeit im mittleren nicht technischen Dienst bei der Deutschen Bundesbahn 1981 Wechsel zur FH Bielefeld in das damalige Sachgebiet Akademische Angelegenheiten. 2005/2006 abgeordnet zur Bezirksregierung Detmold und dem Institut für Öffentliche Verwaltung, Hilden, für den Aufstieg in den gehobenen Dienst. Seit 2009 Leiter der Beschaffungsstelle im Dezernat Finanzen und Forschung. Seit 2012 Mitglied und stellvertretender Vorsitzender im Personalrat als Vertreter der Gruppe der Beamtinnen und Beamten, seit 2019 Vorsitzender des Personalrats der Mitarbeitenden in Technik und Verwaltung der FH Bielefeld.

Born in 1958 in Bielefeld. After training and employment in the middle non-technical service with the German Federal Railways 1981 change to the Bielefeld UAS in the academic affairs department. In 2005/2006 seconded to the Detmold district government and the Institute for Public Administration, Hilden, for promotion to the higher civil service. Since 2009 head of the procurement department in the department of finance and research. Since 2012 member and Deputy Chairman of the Staff Council as representative of the group of civil servants, since 2019 Chairman of the Staff Council of technical and administrative staff at the Bielefeld UAS.

Germanus Wegmann

1928 geboren in Essen. 1944 Luftwaffenhelfer an der Möhnetalsperre, 1945 Soldat der Luftwaffennachrichtentruppe, amerikanische Kriegsgefangenschaft. 1947 Abitur an der Alfred-Krupp-Oberrealschule Essen. 1947–1949 Lehrpraktikant für Nachrichtentechnik, Oberpostdirektion Düsseldorf. 1949–1951 Studium der Nachrichtentechnik an der Staatlichen Ingenieurschule für Maschinenwesen, Wuppertal, Examen als Ingenieur. Ingenieurtätigkeit: 1951–1953 Planung und Bau von Grubensignalanlagen, Funke & Huster, Essen; 1953–1956 Planung und Bau von Steuer- und Regelanlagen für Kraftwerke, Siemens & Halske, Zweigniederlassung Essen. 1956–1959 Studium der Volkswirtschaft an den Universitäten Mainz und Saarbrücken, Examen als Diplom-Volkswirt. 1959–1961 wissenschaftlicher Mitarbeiter am Forschungsinstitut für Wirtschaftspolitik der Universität Mainz, 1964 Promotion zum Dr. rer. pol. 1961–1965 Softwareentwicklung und Einsatz von Datenverarbeitungsanlagen bei Siemens & Halske, München. 1965–1971 Dozent für Datenverarbeitung an der Staatlichen Höheren Wirtschaftsfachschule Bielefeld (HWF), 1969–1971 ihr Leiter. 1971–1993 Professor für Wirtschaftsinformatik an der FH Bielefeld, 1972–1984 ihr Rektor. Seit 1993 Pensionär mit den Hobbys Malen, Steinbildhauerei und Reisen.

Born in 1928 in Essen. 1944 Air Force helper at the Möhnetal dam, 1945 soldier in the Air Force Intelligence Corps, American prisoner of war. 1947 A-levels at the Upper Secondary School Alfred Krupp, Essen. 1947–1949 trainee for communications engineering, Düsseldorf Postal Services Directorate (Oberpostdirektion). 1949–1951 studied Communications Engineering at the State Engineering School for Mechanical Engineering, Wuppertal, graduation as an engineer. Engineering activity: 1951–1953 planning and construction of mine signal systems, Funke & Huster, Essen, 1953–1956 planning and construction of control and regulation systems for power plants, Siemens & Halske, Essen Branch Office. 1956–1959 studied Economics at the Universities of Mainz and Saarbrücken, diploma in Economics. 1959–1961 research assistant at the Research Institute for Economic Policy at the University of Mainz, 1964 Doctorate (Dr. rer. pol.). 1961–1965 software development and use of data processing systems at Siemens & Halske, Munich. 1965–1971 lecturer for data processing at the State Secondary School of Economics, Bielefeld (Staatliche Höhere Wirtschaftsfachschule Bielefeld, HWF), 1969–1971 its Director. 1971–1993 Professor of Business Informatics at the Bielefeld UAS, 1972–1984 its Rector. Since 1993 retired with the hobbies painting, stone sculpture and travelling.

Daniel Werner

1984 geboren in Paderborn. Nach Ausbildung zum Elektroinstallateur, kurzer Berufstätigkeit und einem technischen Fachabitur 2006–2010 Diplomstudium Elektrotechnik mit Fachrichtung Regenerative Energien an der FH Bielefeld. 2011–2021 wissenschaftlicher Mitarbeiter im Forschungsbereich LED-Technologie bei Prof. Dr. Eva Schwenzfeier-Hellkamp und Mitglied des Institutes für Technische Energiesysteme. 2019 Erlangung des Doktorgrades der Agrarwissenschaften (Dr. agr.) an der Martin-Luther-Universität Halle-Wittenberg und seit 2019 beschäftigt bei der Landwirtschaftskammer Nordrhein-Westfalen am Versuchs- und Bildungszentrum Landwirtschaft Haus Düsse, Bad Sassendorf.

Born 1984 in Paderborn. After training as an electrician, a short period of employment and a technical diploma, 2006–2010 Diploma studies in Electrical Engineering with a focus on Renewable Energies at the Bielefeld UAS. 2011–2021 research associate in the research area of LED technology with Prof. Dr. Eva Schwenzfeier-Hellkamp and member of the Institute for Technical Energy Systems (ITES). 2019 Doctorate in Agricultural Sciences (Dr. agr.) at the Martin Luther University Halle-Wittenberg and since 2019 be employed at the Chamber of Agriculture of North Rhine-Westphalia at the Experimental and Training Centre Agriculture (Versuchs- und Bildungszentrum Landwirtschaft) Haus Düsse, Bad Sassendorf.

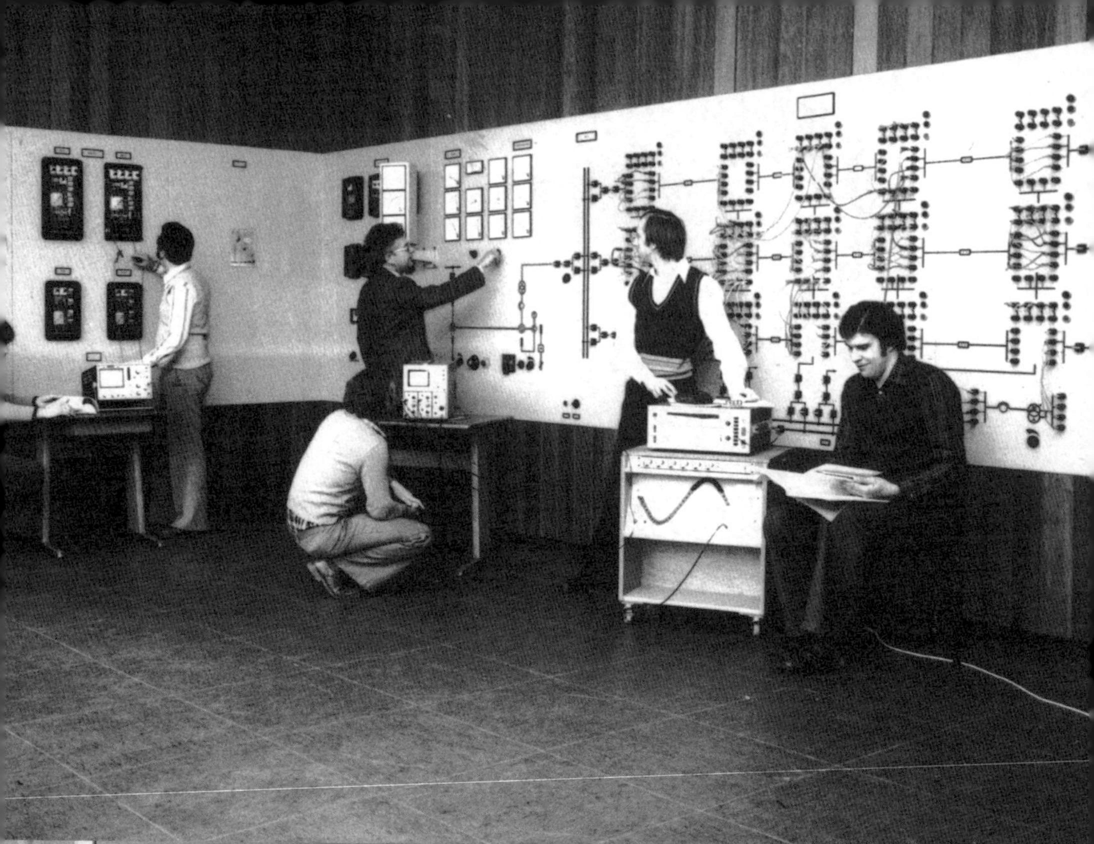

GAZ
GAZ

Bildnachweis Picture Credits

Denise Albrecht: 183, 271, 407, 501, 579, 599, 629, 661 (AR, UI/UX)
Archiv Hochschulkommunikation FH Bielefeld/*Archive University Communication Bielefeld UAS*: 10, 106, 116–118, 120–123, 125, 126, 150, 746
Julia Autz: 62, 76, 186, 188, 192, 202, 206, 210, 284, 286, 306, 338, 340, 352 r., 382, 394, 414, 424, 444, 474, 502, 522, 534, 538, 542, 544, 580, 696 l., 701 r., 702 r., 703, 704, 705 r., 706, 707, 712 r., 714 r., 715 r., 716, 718, 719, 721 l., 722 l., 723 l., 724 l., 725 l., 726 r., 727 l., 729 r., 734 r., 735 r., 736 r., 738, 739 l., 743 r.
Andreas Beaugrand: 112 (Reproduktion/*Reproduction*), 124, 151, 153, 158 (1–3, 5), 159 (5)
Beckhoff Automation GmbH & Co. KG: 298, 699 l.
Daniela von Behren: 390, 699 r.
Jan Düfelsiek: 22, 48, 72, 88, 166, 184, 190, 212, 216, 238, 242, 246, 272, 274, 288, 290, 292, 294, 296, 302, 308, 310, 324, 342, 346, 348, 352 l., 384, 386, 388, 408, 420, 512, 558, 630, 644, 662, 695 l., 696 r., 697 l., 698, 700, 701 l., 702 l., 705 l., 708–711, 713, 714 l., 715 l., 717, 720, 721 r., 722 r., 723 r., 725 r., 726 l., 727 r., 728, 729 l., 730, 732, 733, 734 l., 735 l., 736 l., 737, 739 r., 740 r., 741, 742, 743 l., 744, 745
Christian Eblenkamp (Musik- und Kunstschule der Stadt Bielefeld/*Music and Art School of the City of Bielefeld*): 109
Bettina Engel-Albustin/MKW NRW/*Ministry of Culture and Science of the State of North Rhine-Westphalia*: 54, 731 l.
Susanne Freitag: 689 u.
Regina Hauke: 454, 455 o.
Anja Hellmich: 455 m./u.
Görtz-Welsch Modedesign GmbH: 712 l.
Andreas Jon Grote: 92, 93
Alexander Haselhoff: 194
Felix Hüffelmann: 115, 689 o.
Patrick Jaworek: 198
Hans Krämer (FH Aachen): 697 r.
Dawin Meckel: 196, 723 r.
Ulrich Mertens (Archiv Hochschulkommunikation FH Bielefeld/*Archive University Communication Bielefeld UAS*): 108, 110, 111
MWIDE NRW/*Ministry for Economic Affairs, Innovation, Digitalisation and Energy of the State of North Rhine-Westphalia*/E. Lichtenscheid: 58, 731 r.
Patrick Piecha (Archiv Hochschulkommunikation FH Bielefeld/*Archive University Communication Bielefeld UAS*): 113
Diane von Schoen: 600, 727 r.
Andreas Schüring Architekten BDA: 458, 459, 460, 461, 464, 465, 466
Andreas Secci: 467, 468, 469
Alessandro Sommer: 44, 45
Andreas Stang: 740 l.
Kirill Starodubskij: 71, 85, 92, 93, 114, 119, 158 (3, 6–9), 159 (1–4, 6–9), 164, 165, 201, 214, 215, 237, 244, 245, 283, 305, 322, 323, 337, 345, 350, 351, 381, 392, 393, 413, 417, 541, 557, 627
Thilo Vogel (FH Aachen): 66
Gordon Welters: 564, 695 r.

Impressum

Andreas Beaugrand (Hg.)
50 Jahre Zukunft
FH Bielefeld 1971–2021

Bielefeld 2021

Bibliografische Information der Deutschen Nationalbibliothek
Die Deutsche Nationalbibliothek verzeichnet diese Publikation in der Deutschen Nationalbibliografie; detaillierte bibliografische Daten sind im Internet über http://dnb.d-nb.de abrufbar.

Konzept
Andreas Beaugrand

Gestaltung
Alessandro Sommer

Gestaltungsassistenz
Katharina Sellier

AR- und UI/UX-Assistenz
Denise Albrecht

Fotografie
Julia Autz, Jan Düfelsiek, Kirill Starodubskij

Fotografische Beratung
Roman Bezjak

Übersetzungen Deutsch – Englisch
Susan Black, Morton Davies, Johnathan W. Smith

Imprint

Andreas Beaugrand (ed.)
50 Years of Future
Bielefeld UAS 1971–2021

Bielefeld 2021

Bibliographic information of the German National Library
The German National Library lists this publication in the German National Bibliography; detailed bibliographic data is available on the internet at http://dnb.d-nb.de.

Concept
Andreas Beaugrand

Design
Alessandro Sommer

Design Assistance
Katharina Sellier

AR and UI/UX Assistance
Denise Albrecht

Photography
Julia Autz, Jan Düfelsiek, Kirill Starodubskij

Photographic Advice
Roman Bezjak

Translations German – English
Susan Black, Morton Davies, Johnathan W. Smith

Lektorat
Hartmut Breckenkamp (Deutsch)
Lawrie Kerr (Englisch)

Gesamtherstellung
Hans Gieselmann Druck und Medienhaus
GmbH & Co. KG, Bielefeld

Papier
300 g/m² und 90 g/m² Munken Lynx zartweiß

Schriften
Antique Olive, Maxima Now Pro

Klimaneutraler Druck

klimaneutral
natureOffice.com | DE-329-239FL3A
gedruckt

Erschienen 2021 im transcript Verlag, Bielefeld

[transcript] INDEPENDENT ACADEMIC PUBLISHING

Print-ISBN 978-3-8376-5750-0
PDF-ISBN 978-3-8394-5750-4
https://doi.org/10.14361/9783839457504

Besuchen Sie uns im Internet:
www.transcript-verlag.de

Unsere aktuelle Vorschau finden Sie unter
www.transcript-verlag.de/vorschau-download

Proofreading
Hartmut Breckenkamp (German)
Lawrie Kerr (English)

Overall Production
Hans Gieselmann Druck und Medienhaus
GmbH & Co. KG, Bielefeld

Paper
300 gsm and 90 gsm Munken Lynx soft white

Fonts
Antique Olive, Maxima Now Pro

Climate Neutral Printing

klimaneutral
natureOffice.com | DE-329-239FL3A
gedruckt

2021 published by transcript Verlag, Bielefeld

[transcript] INDEPENDENT ACADEMIC PUBLISHING

Print-ISBN 978-3-8376-5750-0
PDF-ISBN 978-3-8394-5750-4
https://doi.org/10.14361/9783839457504

Visit us on the internet:
www.transcript-verlag.de

You can find our current preview at
www.transcript-verlag.de/vorschau-download

5

0

A

H